《中国国际贸易单一窗口建设年鉴》编委会◎编著

中国国际贸易单一窗口建设年鉴 2018

中国海关出版社有限公司

图书在版编目（CIP）数据

中国国际贸易单一窗口建设年鉴：2018 年版/《中国国际贸易单一窗口建设年鉴》编委会编著. —北京：中国海关出版社，2019.4

ISBN 978-7-5175-0324-8

Ⅰ.①中… Ⅱ.①中… Ⅲ.①国际贸易—贸易实务—中国—2018—年鉴 Ⅳ.①F752-54

中国版本图书馆 CIP 数据核字（2018）第 270834 号

中国国际贸易单一窗口建设年鉴 2018

ZHONGGUO GUOJI MAOYI DANYI CHUANGKOU JIANSHE NIANJIAN 2018

作　　者：《中国国际贸易单一窗口建设年鉴》编委会
策　　划：普　娜
责任编辑：李　多
出版发行：中国海关出版社有限公司
社　　址：北京市朝阳区东四环南路甲 1 号　　邮政编码：100023
网　　址：www. hgcbs. com. cn；www. hgbookvip. com
编 辑 部：01065194242-7529（电话）　　01065194231（传真）
发 行 部：01065194221/4227/4238/4246（电话）　　01065194233（传真）
社办书店：01065195616（电话）　　01065195127（传真）
　　　　　www. customskb. com/book（网址）
印　　刷：北京铭成印刷有限公司　　经　　销：新华书店
开　　本：889mm×1194mm　1/16
印　　张：29　　字　　数：900 千字
版　　次：2019 年 4 月第 1 版
印　　次：2019 年 4 月第 1 次印刷
书　　号：ISBN　978-7-5175-0324-8
定　　价：300.00 元

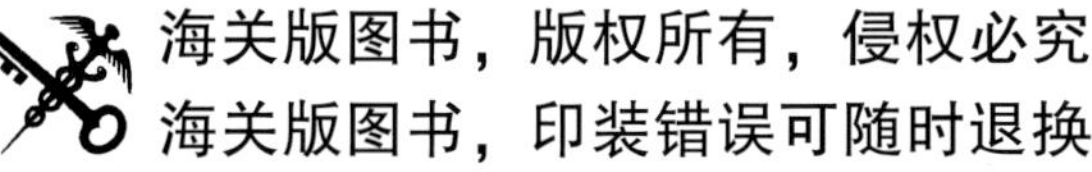

不忘初心 牢记使命

全面推进国际贸易“单一窗口”建设

党中央、国务院高度重视国际贸易“单一窗口”建设，针对“单一窗口”建设做出了一系列决策部署，要求依托电子口岸加快我国“单一窗口”建设，推进口岸“三互”大通关改革，促进贸易便利化，改善营商环境，提高国家竞争力。

为认真贯彻党的十九大精神，全面落实中央关于“单一窗口”建设的决策部署，按照国务院第 174 次常务会议和国务院口岸工作部际联席会议要求，海关总署会同科技部、工业和信息化部、公安部、自然资源部、生态环境部、交通运输部、农业农村部、商务部、卫生健康委、人民银行、税务总局、市场监管总局、广电总局、新闻出版署、电影局、移民局、林草局、民航局、邮政局、外汇局、药监局、密码局、贸促会、铁路总公司等国家有关部门，共同加快推进国际贸易“单一窗口”建设，制定“单一窗口”标准版并在全国组织试点推广，取得了显著成效。

——国家口岸管理办公室

中央领导重视

习近平
中共中央总书记
中央军委主席
国家主席

贸易是经济增长的重要引擎，我们要有“向外看”的胸怀，维护多边贸易体制，促进贸易和投资自由化、便利化。

——2017 年 5 月 14 日“一带一路”国际合作高峰论坛开幕式

要改善投资和市场环境，加快对外开放步伐，降低市场运行成本，营造稳定、公平、透明、可预期的营商环境，加快建设开放型经济新体制，推动我国经济持续健康发展。

——2017 年 7 月 17 日中央财经领导小组第十六次会议

要推动形成全面开放新格局，实行高水平的贸易和投资自由化便利化政策，推进贸易强国建设。

——2017 年 10 月 18 日中国共产党第十九次全国代表大会

李克强
中共中央政治局常委
国务院总理

加快推进国际贸易“单一窗口”建设，按标准版统一要求，年底前实现全国所有口岸全覆盖。

——2017 年 5 月 24 日国务院 174 次常务会议

这两项工作是促进贸易便利化，改善营商环境的有力举措，要加快推进。同时要对标国际先进水平，进一步深挖潜力。各相关部门都要有这种意识，主动作为，拿出提高为企业服务效率的更有针对性措施。

——2017 年 11 月 26 日批示

“五个一”走出了便利通关的很好一步，望会同有关部门继续对标国际先进水平，针对企业需要，加快推出更多有利于改善营商环境的举措。

——2018 年 2 月 22 日批示

汪洋
中共中央政治局常委
全国政协主席

统筹推进全国“单一窗口”建设，既要抓工作进度，也要抓顶层设计，制定全国“单一窗口”标准版并推广应用，把各地的“方言”转化为全国的“普通话”。

——2016 年 7 月 31 日全国“三互”大通关建设工作推进会

加快推进“单一窗口”建设和实施。国际贸易“单一窗口”是全国通关一体化的重要依托，也是当前最有效的抓手。这项工作已经有了很好的基础，下一步要坚持问题导向，对接国际标准，深入挖掘潜力，一步一个脚印地向前推进，明年货物申报、舱单、运输工具等主要应用率要达到 70%。

——2017 年 12 月 5 日全国通关一体化工作推进现场会

相关要求

★《中共中央关于制定国民经济和社会发展第十三个五年规划的建议》提出：完善法治化、国际化、便利化的营商环境，健全有利于合作共赢并同国际贸易投资规则相适应的体制机制……全面实施单一窗口和通关一体化。

★《中共中央、国务院关于构建开放型经济新体制的若干意见》提出：加快国际贸易“单一窗口”建设，全面推行口岸管理相关部门“联合查验、一次放行”等通关新模式。依托电子口岸平台，推动口岸管理相关部门各作业系统横向互联，建立信息共享共用机制。

★《2016 年政府工作报告》提出：推进贸易便利化，全面推广国际贸易“单一窗口”。

★《2017 年政府工作报告》提出：推广国际贸易“单一窗口”，实现全国通关一体化。

★《2018 年政府工作报告》提出：国际贸易“单一窗口”覆盖全国，货物通关时间平均缩短一半以上。

★《国务院关于印发落实“三互”推进大通关建设改革方案的通知》（国发〔2014〕68 号）提出：强化大通关协作机制，实现“三互”，推进“单一窗口”建设，……实现申报人通过“单一窗口”向口岸管理相关部门一次性申报，口岸管理相关部门通过电子口岸平台共享信息数据、实施职能管理，执法结果通过“单一窗口”反馈申报人。

★《国务院办公厅关于支持外贸稳定增长的若干意见》（国办发〔2014〕19 号）提出：提高贸易便利化水平，……实行国际贸易“单一窗口”受理，……实现口岸部门和地方政府信息共享。

★《国务院关于改进口岸工作支持外贸发展的若干意见》（国发〔2015〕16 号）提出：依托电子口岸公共平台，推进国际贸易“单一窗口”建设，加快推进形成电子口岸跨部门共建、共管、共享机制；推动“单一窗口”共享数据标准化，完善和拓展“单一窗口”的应用功能，进一步优化口岸监管执法流程和通关流程；2017 年在全国所有口岸建成“单一窗口”。

★《国务院关于支持沿边重点地区开发开放若干政策措施的意见》（国发〔2015〕72 号）提出：加强沿边、内陆、沿海通关协作，依托电子口岸平台，推进沿边口岸国际贸易“单一窗口”建设。

★《国务院批转国家发展改革委关于 2016 年深化经济体制改革重点工作意见的通知》（国发〔2016〕21 号）提出：推进电子口岸建设，制定“单一窗口”工作方案和相关制度。

★《国务院关于促进外贸回稳向好的若干意见》（国发〔2016〕27 号）提出：2016 年年底前将国际贸易“单一窗口”建设从沿海地区推广到有条件的中西部地区，建立标准体系，落实主体责任。

★《国务院关于做好自由贸易试验区新一批改革试点经验复制推广工作的通知》（国发〔2016〕63号）提出：依托电子口岸公共平台建设国际贸易“单一窗口”，推进“单一窗口”免费申报机制，并将其列入全国范围内复制推广的12项改革事项之一。

★2016年国务院口岸工作部际联席会议审议通过并印发《关于国际贸易“单一窗口”建设的框架意见》。

★2017年国务院第174次常务会议纪要要求，加快推进国际贸易“单一窗口”建设，按标准版统一要求，年底前实现全国所有口岸全覆盖。

★《国务院办公厅关于印发全国深化“放管服”改革，转变政府职能电视电话会议重点任务分工方案的通知》（国办发〔2018〕79号）提出：进一步完善国际贸易“单一窗口”，将“单一窗口”功能覆盖海关特殊监管区域和跨境电子商务综合试验区等相关区域；加大“单一窗口”推广应用力度，2018年年底前主要申报业务应用率达70%，力争2019年年底前达100%，2020年年底前实现国际贸易进出口业务全部通过“单一窗口”办理；提升跨境贸易便利化水平，五年内进出口整体通关时间再压缩一半。

★《国务院关于印发优化口岸营商环境，促进跨境贸易便利化工作方案的通知》（国发〔2018〕37号）提出：加强国际贸易“单一窗口”建设。将“单一窗口”功能覆盖至海关特殊监管区和跨境电子商务综合试验区等相关区域，对接全国版跨境电商线上综合服务平台。加强”单一窗口”与银行、保险、民航、铁路、港口等相关行业机构合作对接，共同建设跨境贸易大数据平台。推广国际航行船舶“一单多报”，实现进出境通关全流程无纸化。2018年年底前，主要业务（货物、舱单、运输工具申报）应用率达到80%，2020年年底前，达到100%；2021年年底前，除保密需要等特殊情况外，“单一窗口”功能覆盖国际贸易管理全链条，打造“一站式”贸易服务平台。

★2018年国务院口岸工作部际联席会议第四次全体会议纪要要求，要提高“单一窗口”标准版业务覆盖率，拓展服务功能……。数据共享是“单一窗口”建设的重要支撑，各有关部门要坚持“共享是原则、不共享是例外”，尽快向“单一窗口”开放数据接口。作为面向企业的公共平台，只要涉及口岸大通关的数据，都要在“单一窗口”共享共用。要加强与银行、保险、物流等行业机构的对接。推动“单一窗口”覆盖海关特殊监管区域、跨境电子商务综合试验区等相关区域。为企业提供国际贸易的全链条、全领域服务。

★2018年，国务院副总理韩正在自由贸易试验区建设五周年座谈会上讲到，国际贸易“单一窗口”不断取得新突破，基本形成了与国际通行规则接轨的贸易监管体系。要支持各自贸试验区根据自身特点进行有效突破，核心是要进一步加快建设具有国际先进水平的国际贸易“单一窗口”，推动数据协同、简化和标准化，实现物流和监管等信息的全流程采集，实现监管单位的信息互换、监管互认、执法互助。要以口岸管理部门的通关状态信息为基础，整合作业信息，形成完整的通关物流状态综合信息库，为企业提供全程数据服务。

马上就办 真抓实干

海关总署署长、党委书记倪岳峰到中国电子口岸数据中心视察工作

海关总署署长、党委书记倪岳峰要求，不折不扣地落实党中央、国务院有关决策部署和相关文件要求，加快推进国际贸易“单一窗口”建设。2017 年 6 月 28 日和 2018 年 4 月 23 日，倪岳峰署长先后两次视察中国电子口岸数据中心工作，提出要全面提升电子口岸和“单一窗口”建设水平，把优质服务融入“放管服”和“单一窗口”工作，设身处地从用户角度考虑问题。

海关总署副署长王令浚、副署长邹志武、党委委员张广志等领导多次到中国电子口岸数据中心视察指导工作，听取情况汇报，提出具体要求，有力地推动了“单一窗口”建设工作。

海关总署副署长、党委委员王令浚到中国电子口岸数据中心视察指导工作

海关总署副署长、党委委员邹志武到中国电子口岸数据中心视察指导工作

海关总署党委委员、国家口岸办主任张广志视察集中工作现场

国际贸易“单一窗口”建设工作启动以来，海关总署会同科技部、工业和信息化部、公安部、自然资源部、生态环境部、交通运输部、农业农村部、商务部、卫生健康委、人民银行、税务总局、市场监管总局、广电总局、新闻出版署、电影局、移民局、林草局、民航局、邮政局、外汇局、药监局、密码局、贸促会、铁路总公司等“单一窗口”建设工作组成员通力协作，齐心协力，共同稳步推进国际贸易“单一窗口”建设。

各部委共同参与

生态环境部

全力配合项目建设，派出业务专家、技术专家参与开发；

交通运输部海事局

下发《关于做好国际贸易“单一窗口”标准版试点工作的通知》；

农业农村部

积极协调试点地区农业厅，加强与地方口岸办对接；

商务部

积极支持将自动进口许可证件（机电、非机电）、两用物项和技术进出口许可证件等申领业务通过“单一窗口”实现，占该部门签发许可证总量的90%；

人民银行国库局

将支持“单一窗口”建设列为本部门优先保障项目；

海关总署

制定《“十三五”时期海关发展规划》，明确提出2020年企业通过“单一窗口”申报率达到100%；

税务总局

向“单一窗口”开放发票信息共享服务，基本实现出口退税信息“零采集”；

市场监管总局

积极共享企业登记信息，支持“单一窗口”建设，实现企业信息联网验证，方便企业办理业务；

原质检总局

印发《关于进一步支持国际贸易“单一窗口”建设的公告》，引导鼓励企业应用“单一窗口”；

移民局

下发《关于配合做好国际贸易“单一窗口”标准版试点工作的通知》；

林草局国家濒管办

积极支持将本单位许可证件申领业务全部通过“单一窗口”实现。

实施工程组

“单一窗口”标准版建设领导小组组织架构

工程办公室

项目组	牵头单位
货物申报项目组	海关总署（含出入境检验检疫）
舱单申报项目组	海关总署（含出入境检验检疫）
运输工具申报项目组	交通运输部、海关总署、移民局、民航局、铁路局、铁路总公司
企业资质办理项目组	商务部、海关总署、市场监管总局
原产地证书项目组	海关总署（含出入境检验检疫）、中国贸促会
许可证件项目组	中宣部（新闻出版署）、农业农村部、商务部、卫生健康委、市场监管总局、广电总局、药监局等发证单位
出口退税项目组	海关总署（含出入境检验检疫）、税务总局、外汇局
税费支付项目组	人民银行、海关总署、各商业银行
关检融合整合申报项目组	海关总署（含出入境检验检疫）
加贸项目组	海关总署（含出入境检验检疫）
跨境电子商务项目组	商务部、人民银行、海关总署、税务总局、外汇局
金融服务项目组	口岸管理相关部门、商业银行、保险公司
查询统计项目组	中国电子口岸数据中心
口岸通关时效评估项目组	广东省口岸办
自动寻入客户端项目组	中国电子口岸数据中心
移动应用项目组	中国电子口岸数据中心
基础架构组	中国电子口岸数据中心
标准规范组	口岸管理相关部门、中国标准化研究院、中国电子口岸数据中心

各地方领导重视

“单一窗口”标准版启动建设以来，上海、广东、浙江、重庆、福建、山东、江苏、陕西、湖南、河南、安徽、四川、山西、新疆、宁夏、湖北、辽宁、河北、黑龙江等各省（区、市）有关领导作了指示和批示，要求认真贯彻党中央、国务院决策部署，落实国务院口岸工作部际联席会议精神，有关部门切实抓好试点推广工作，努力取得成效，高效服务地方经济发展。

01 重庆市委书记陈敏尔、市长唐良智、市人大主任张轩、分管副市长刘桂平等领导多次视察中国（重庆）国际贸易单一窗口。陈敏尔书记对重庆市口岸办、重庆海关推进“单一窗口”工作非常满意，将其提高到“一项制度性安排”的高度，并指出：“要推进通关一体化建设，不断提高监管服务水平，提升便利化程度。”

重庆市委书记陈敏尔视察中国（重庆）国际贸易单一窗口

02 辽宁省委书记陈求发、省长唐一军、分管副省长陈绿平等领导多次就推进跨境贸易便利化和国际贸易“单一窗口”建设工作作出批示。陈求发书记批示：“希望省口岸办按照中央部署要求，坚持问题导向，强化协作联动，深入推进跨境贸易便利化专项行动，进一步优化口岸营商环境，提升跨境贸易便利化水平。”

辽宁省副省长陈绿平视察中国（辽宁）国际贸易单一窗口

03 江苏省委书记娄勤俭在提升跨境贸易便利化水平汇报材料上批示：“加强学习交流，提升我省口岸服务能力。”省长吴政隆批示：“把有关要求精神落实好。”

04 河南省委副书记、省长陈润儿在全面深化改革领导小组会上听取“单一窗口”建设运行情况专题汇报，指示“要扎实推进国家标准版试点，拓展延伸区域服务范围，尽早实现9项功能在我省所有口岸全覆盖”。

05 山西省委副书记、省长楼阳生主持召开全省口岸工作座谈会，专项听取了口岸工作汇报。副省长贺天才听取“单一窗口”工作汇报，要求按照国家口岸办安排部署，加强宣传，形成合力，统筹推进。

06 湖北省委副书记、省长王晓东专门考察湖北电子口岸和国际贸易“单一窗口”建设情况。

湖北省委副书记、省长王晓东考察“单一窗口”建设情况

07 上海市常务副市长周波视察上海亿通公司，听取有关工作汇报，要求下一步继续按照国际最高标准深化“单一窗口”建设，扩大企业服务范围，做好对企业的宣传工作，使制度创新的红利惠及更多国际贸易参与方。

各地方领导重视

08 广东省副省长欧阳卫民现场考察广东电子口岸平台，指示要进一步完善平台建设，深入推广应用国际贸易“单一窗口”，提高分析研究水平及综合运用效率，为省委、省政府决策提供参考，促进贸易强省建设。

广东省副省长欧阳卫民考察广东电子口岸平台

09 浙江省委副书记、宁波市委书记郑栅洁就国际贸易“单一窗口”工作作出指示：“要见到更大成效，宁波市应做到最好。”浙江省副省长高兴夫批示：“要在国家‘单一窗口’标准版试点中取得积极成效，进一步加强协同，深化改革，先行先试，全面推进‘单一窗口’建设，高效服务我省经济发展。”

10 福建省副省长李德金主持召开全省外贸、外资工作半年运行调度分析会，强调要营造良好环境，提升“单一窗口”建设水平，抓住标准版试点契机，各有关部门合力构筑福建省外贸竞争新优势。

福建省副省长李德金到福建省“单一窗口”指挥中心调研并听取汇报

11 陕西省副省长魏增军主持召开陕西省口岸工作联席会议暨全省口岸办主任会议，明确全省口岸工作的重点任务，抓好国际贸易“单一窗口”建设工作。

12 河北省副省长夏延军到河北省电子口岸公司现场调研并听取“单一窗口”进展及取得成效的情况汇报；针对河北“单一窗口”关检融合统一申报新系统上线情况作出批示：“很好！继续做好各方面保障和服务工作。”

河北省副省长夏延军赴河北省电子口岸公司调研

13 黑龙江省副省长贾玉梅在省口岸主管部门上报的《关于全省电子口岸及国际贸易“单一窗口”建设情况的报告》上作出批示：“同意，抓紧推动。”

14 宁夏回族自治区副主席王和山主持召开“单一窗口”专题会议，将国际贸易“单一窗口”列入2017年中阿网上丝绸之路重点信息化项目，并提出了明确目标。

全国推广培训

各地方口岸主管部门按照“单一窗口”建设工作组和国家口岸办的试点部署要求，做好“单一窗口”标准版在本地区的落地实施和试点推广工作。截至2018年7月30日，全国各地累计开展各类免费培训1000多场次，参加培训企业代表6万人以上。

2017年6月，陕西省口岸办组织召开“单一窗口”标准版扩大培训会

2017年6月，天津市口岸办组织召开“单一窗口”扩大试点推广会议

2017年6月，浙江省组织召开“单一窗口”标准版应用推广部署会

2017年7月，广东省口岸办组织召开“单一窗口”标准版扩大试点及落实压缩通关时间措施推进会

2017年8月，广东省中山市组织“单一窗口”标准版业务培训

2017年8月，广东省江门市组织“单一窗口”标准版业务培训

2017年8月，山东省青岛市口岸办组织召开“单一窗口”标准版推广使用培训会

中国舟山外轮代理有限公司

中国舟山外轮代理有限公司是一家由宁波舟山港集团控股的国有企业。公司现有职工220多名，大专以上学历占80%以上，是舟山市专门从事进出口船舶与货物的报关、报验、货物装卸、船舶修理、外轮供应等多种业务与服务为一体的代理企业，为舟山的港口开放做出了重要贡献。公司于1998年通过了（BSI）ISO9001质量体系认证。近年来，公司先后荣获“质量诚信企业”、“AAA级物流企业”、全国交通运输文化建设优秀单位、全国青年安全生产示范岗、浙江省文明单位、浙江省“守合同重信用AA级单位”、浙江省“纳税信用等级AAA级单位”、浙江省示范数字档案室、舟山市口岸优质服务企业、舟山市“创建劳动关系和谐企业”、舟山市健康促进示范场所等20项市级以上荣誉。

公司在六横、大衢、嵊泗等岛屿设了办事处，全天候提供准确、及时、文明、周到的优质服务。30多年的发展历程中，公司一贯秉承“以诚为先，谋求共同发展；以人为本，追求完美服务”的经营理念，凭借真诚高效的服务和良好的信誉，成为连接世界各地船、货、港三方的桥梁和纽带。2017年公司代理各类船舶1800余艘次，代理货运量（舟山中远海运物流有限公司）4000余万吨，历年来稳居舟山口岸同行业前列。为客户提供“全天候、全方位、全过程”的服务是公司的承诺；“服务与需求同步”是公司的追求。

COSCO
SHIPPING
PENAVICO
OVATION

上海亿通国际股份有限公司

上海亿通国际股份有限公司是国有股份制企业，成立于2001年7月28日，注册资本1亿元人民币。

Shanghai E&P International, Inc is a state-owned joint-stock enterprise and it was incorporated with the registered capital of 100,0000 MB) in July28th,2001

公司成立以来,致力于口岸及港航领域信息化建设，先后承建上海“大通关”平台、上海洋山深水港综合信息服务平台、上海世博会物流管理信息系统、上海国际航运中心综合信息共享平台等重大项目，形成贸易服务、政府服务、物流服务、金融服务四大核心服务能力。

Since the establishment. e&P committed to the information construc tion in both port and shipping fields. E&P successively undertook the construction of the"Great Customs Clearance"Platform, Integrated Information Service Platform of Shanghai Yangshan Deep-water Port, Logistics Management Information System of 2010 Shanghai World EXPO, Integrated Information Sharing Platform of Shanghai Internation al Shipping Center, and other major projects. E&P has formed four core service capabilities including trade service, government service, logistics service and financial service.

迈入新时代,公司将牢记使命，通过业务创新、技术创新和服务创新，全力推进“国际海港通”“国际空港通”“国际自贸通”三个高能级、高辐射的专业平台，构建上海海港、空港和自贸试验区“两港一区”高效联动体系，服务长三角高质量一体化发展，对接“一带一路”国家倡议，打响上海服务品牌，助力上海打造良好的营商环境。

In the new era, E&P will keep the mission in mind, through business innovation,technological innovation and service innovation, E&P will fully promote the three professional platforms with high energy level and high radiation of the International Seaport Connect","the International Airport Connect, and"the International Free Trade Connect build a high-effi ciency linkage coordination system of the"Two Ports and One Zone(Shanghai Seaport, Shanghai Airport and Shanghai Free Trade Zone)serve the integrative development of the Yangtze River Delta withgreater quality, connect with the national initiative "the Belt and Road" Greatly improve the Shanghai Service Brand, and help Shanghai build a world-class business environment

全天候在线支持
All-day online support

统一调度多级联动
Unified dispatching multilevel linkage

智能知识库体系
Intelligent knowledge base system

7*24*365
无间断服务
Continuous Service

循环式智能化的故障知识升级体系
以智能化、人性化、规范化服务
满足企业更高要求
现场服务、远程桌面服务、智能机器人

With a circulating and smart fault knowledge upgrade system
Meet customer service requests with intelligent, humanized and standardized services
Field service, remote desktop service and intelligent robot

广西防城港核电有限公司

Guangxi Fangchenggang Nuclear Power.,ltd.

广西防城港核电有限公司位于美丽的北部湾之畔——广西壮族自治区防城港市企沙半岛东侧，是我国西部大开发重点项目之一，也是我国西部地区及北部湾经济区较早的核电厂。广西防城港核电项目是广西能源发展史上的重要里程碑。广西防城港核电厂的建设，不仅填补了广西无核电项目的空白，有利于改善广西能源结构、增强电力保障能力，而且可以有效地拉动广西投资增长，促进经济可持续发展。防城港核电厂一期工程建成后，每年可为北部湾经济区提供150亿千瓦时的安全、清洁、经济的电力，将有力促进广西社会经济发展。

广西防城港核电有限公司规划建设6台百万千瓦级核电机组，一次规划，分期建设。其中，一、二号机组为CPR1000机组，投资约320亿元，首台机组于2016年1月1日投入商业运行。三、四号机采用我国具有自主知识产权的“华龙一号”三代技术，于2015年12月24日正式开工建设。

广西防城港核电有限公司于2015年7月获得AEO高级认证企业证书。截至当前，防城港核电共进口工程物资1079个批次，货值2.608亿美元，上缴税款约3.688亿元人民币，其中，在南宁关区进口425个批次，货值约1.3亿美元，上缴税款约2.1亿元人民币。

据测算，防城港核电一期投运后，与同等规模的燃煤电站相比，每年可减少标煤消耗482万吨，减少二氧化碳排放量约1186万吨，减少二氧化硫和氮氧化物排放量约19万吨，环保效益相当于新增了325平方千米森林，对治理大气污染、实现我国控制温室气体排放目标、保护生态环境发挥积极作用。

广西防城港核电有限公司还积极参与社会公益事业，切实履行中央企业社会责任，通过参加地方公益活动、举办核电科普“五进”系列活动等，扶贫济困、奉献爱心，争取了厂址周边居民对核电项目建设的理解和支持，为构建和谐、稳定的社会环境奉献力量。

Midori Auto Leather (CHINA) CO., LTD

美多绿汽车皮革（广州）有限公司

美多绿汽车皮革（广州）有限公司原名广州绿北洋皮革制品有限公司，是一家由广州市花都宏基实业有限公司和日本美多绿汽车皮革株式会社共同投资成立的中外合资企业，成立于 2000 年 8 月，总投资 17600 万元人民币，注册资本 9200 万元人民币，其中中方投资 20%，公司经营范围为加工、生产牛蓝湿皮和皮革，销售本企业产品。

公司主要产品为汽车内饰用牛皮革制品，包括座椅、方向盘、排挡杆、门板等真皮内饰产品。产品主要销往国内及日本、东南亚等国家和地区，产品全部供给丰田、本田、日产、三菱、富士、铃木、马自达等日系汽车零部件生产商。公司以“天然素材科学化”为主题，科学地使用天然原材料，力求制造出满足市场需求的绿色优质产品。从真皮制造到裁断、缝制加工，能广泛地提供座椅、仪表盘、方向盘、排挡等汽车内饰真皮，通过皮革表面处理、加饰加工、制革、裁断、缝制加工一体化的生产体系，来满足客户的需求。另外，基于手工缝制和贴合两种方法的卷革技术的研究和开发，公司的贴合工艺技术发展水平较高，通过拥有全球 8 个国家的专利的 MT 和工艺，使以前只能手工制作的卷革制品，现在能够稳定生产，提高贴合和设计的自由度。

经过不断发展，公司先后获得了 AITF16949：2016 质量管理体系认证、ISO14001：2015 环境管理体系认证和 BSOHS18001：2007 职业安全健康管理体系认证，是 AEO 高级认证企业。

公司现为广东省皮革协会副会长单位、制革专业委员会委员单位。

地址：广东省广州市花都区新雅街华兴工业区华兴南路 3 号
邮编：510800
电话：020-36850429
传真：020-36850410

越秀集团 成员企业

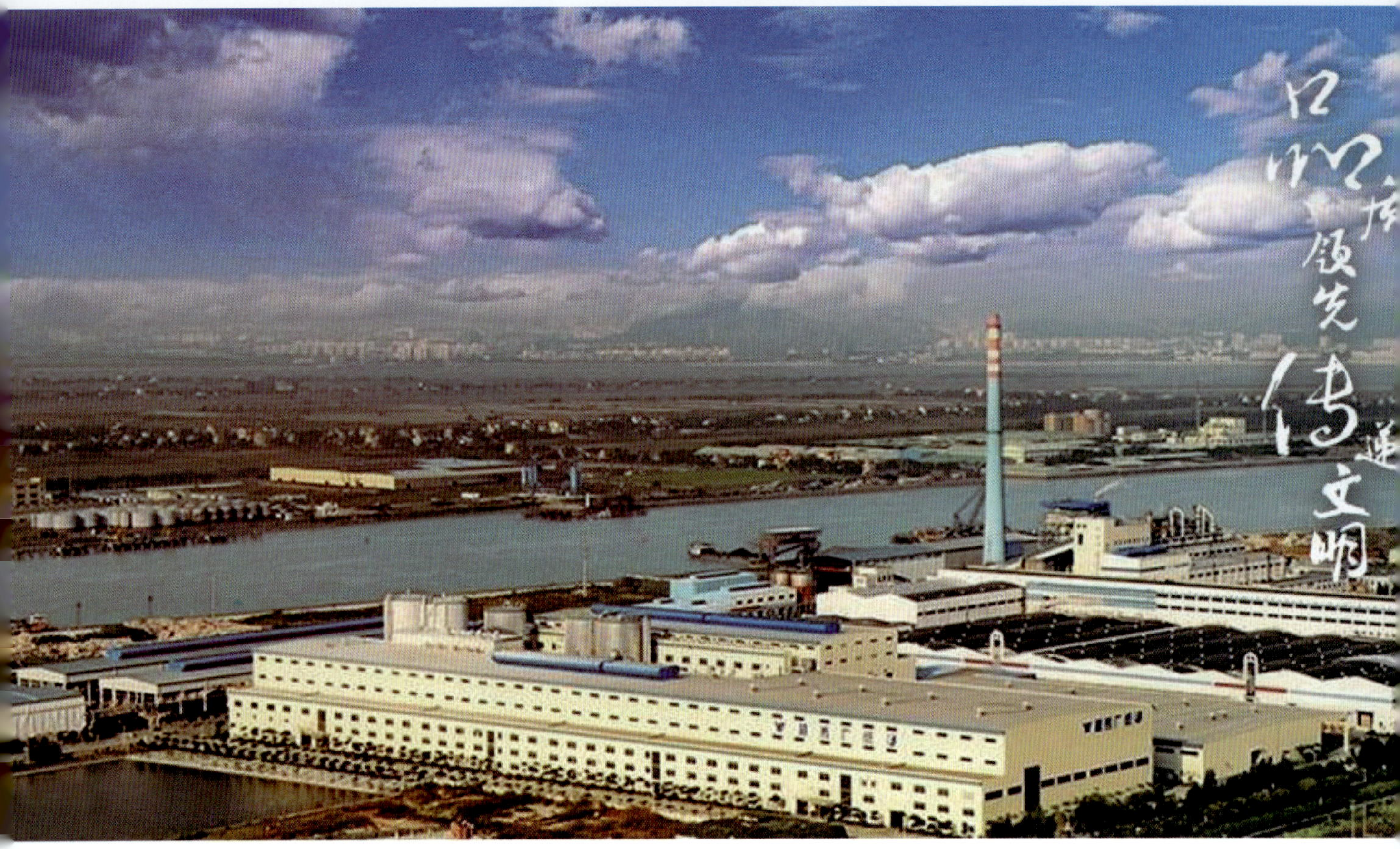

广州造纸股份有限公司（以下简称广纸）隶属于广州造纸集团有限公司，是中国较早的新闻纸造纸企业。公司经过多年发展，现已成为集制浆、造纸、热电、环保于一体，配套工程齐全的大型制浆造纸联合企业，在造纸行业和新闻纸专业领域中具有较高的地位和影响力，行业排名在全国及华南地区均居于前列。主营产品新闻纸的产能规模达 60 万吨 / 年，生产工艺技术与装备达到了国际先进水平。产品质量优良，畅销全国各地并远销 10 多个国家和地区。多年来，企业及其产品获得无数奖项和荣誉。

广纸锐意进取，不断创新，“十一五”规划期末，通过环保搬迁建设，升级技术装备，淘汰落后产能 20 万吨，构建节能降耗，清洁生产和“三废”治理体系，在南沙打造百万吨环保造纸基地。随着南沙造纸新基地的不断建设发展，崭新的广纸将迸发强大的生命力，再创辉煌！

海南文盛新材料科技股份有限公司
HAINAN WENSHENG HIGH-TECH MATERIALS CO., LTD.

海南文盛新材料科技股份有限公司（以下简称海南文盛）成立于2003年，目前是中国较大的锆英砂、钛精矿、金红石供应商之一，在行业内具有较高的影响力与知名度。

海南文盛注册资本为28125万元，总部设在海南省海口市，在海南、福建、广西、四川等地共设有7家全资子公司，具备年产75万吨锆英砂、钛精矿和金红石的产能。在产品生产方面，海南文盛严格按照ISO9001:2008标准建立了质量管理体系，产品质量稳定可靠。这些产品被广泛应用于陶瓷、航空航天、核能、耐火材料、化工、冶金、铸造、涂料、人造宝石、焊材、电子工业等行业，在市场上具有较强的竞争力和客户认可度。在原料的供应上，海南文盛与海外矿企建立了长期良好的合作关系，具有稳定的海外原料供应渠道，保证海南文盛的原料供应来源。经过多年的发展和积累，海南文盛在生产技术方面精益求精，拥有多项发明专利。

◎ **文盛价值观**

承担责任、诚信正直、科学发展、共享成就

◎ **文盛愿景**

成为卓越的新材料领域企业

◎ **文盛使命**

通过技术研究和应用领域创新，使新材料造福全人类

UMC Trading (Beijing) Limited

UMC 商贸（北京）有限公司在中国成立于 2010 年 5 月，总部设在美国 (Costa Mesa, Newport Beach, CA)，是专门制造和出口各类农业喷灌机的蜗轮蜗杆齿轮箱和行星齿轮箱的国际专业化公司。

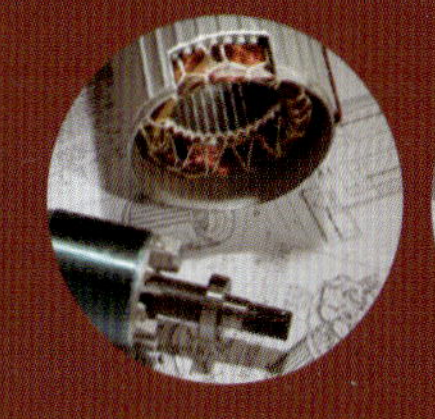

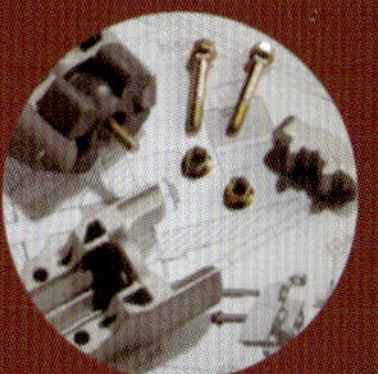

UMC 商贸（北京）有限公司

UMC 公司齿轮箱的产品型号主要有 Power Saver 3.5、TNT-2、CX 耦合器、740-U、760-U。为了应对日趋复杂恶劣的农业环境，公司的技术工程师正在持续不断地开发出新产品从而解决不断出现的新的用户需求，持续保持公司在这个领域里的优势地位。

20 多年来 UMC 公司为全球很多设备制造商提供机械配件产品。UMC 以社会民生为己任，对产品把控严格，精益求精，至今所提供的减速器已经为全球数以万计的喷灌机，以及数千万亩土地提供稳定的供水，无故障运行总时间超过 10 亿小时，为确保全球粮食安全不遗余力地贡献自己的一份力量。

UMC 的宗旨是全心全意为客户打造高品质和性价比的齿轮传动装置，用以满足客户对质量和性能的要求。

UMC 商贸（北京）有限公司非常欢迎客户来电来访。

公司地址：北京市朝阳区安立路 60 号 5 号楼 101 室　电话：010-64820076　传真：010-64827069　网址：www.umcproducts.cn

我们的使命是探索新方法，改善人们生活质量，延长人类寿命。
我们的愿景是成为引领医药行业改革的值得信赖的先行者。

诺华集团

诺华集团致力于为患者及社会提供创新医药健康解决方案，以满足日益变化的健康需求。诺华集团总部位于瑞士巴塞尔，拥有多元化业务组合，以满足包含创新药、成本节约型非专利药和生物类似药及眼科保健产品的生产。诺华的经营在上述各领域均位居全球前列。2017年，集团净销售额达491亿美元，集团研发投入约为90亿美元。诺华集团拥有近12.5万名全职员工。诺华的产品在全球155个国家和地区销售。

诺华在中国的经营活动可追溯到200多年前。早在1886年，嘉基公司就开始在中国推广染料，此后汽巴公司与山德士公司也先后进入中国市场。1970年，嘉基公司和汽巴公司合并，并于1987 年在华成立北京汽巴-嘉基制药有限公司，这就是北京诺华制药有限公司的前身。1996年，汽巴-嘉基和山德士合并成为诺华公司。

“诺华”中文取意“承诺中华”，即承诺通过不断创新产品和服务，致力于提高中国人民的健康水平和生活质量。目前，诺华在中国拥有诺华制药、诺华肿瘤（创新药）、爱尔康（眼科保健）及山德士（非专利药）等业务，全国建有三大生产基地和两大研发中心，全资或控股的公司共有6家。诺华“承诺中华”，以多元化的业务组合，全面服务中国百姓健康。

可成科技集团
Catcher Technology

可成科技集团成立于 1984 年，最初业务是生产铝合金压铸件。1994 年，公司与笔记本电脑品牌大厂合作开发笔记本电脑镁合金压铸件，并陆续获得认证。近年来，公司通过铝合金挤型、锻造等先端科技，成为智能型手机、高阶笔记本电脑及平板计算机等一体成型机壳的出色生产厂商之一。

公司不断整合关键技术与制程，提供全方位解决方案，以满足客户对产品日新月异的需求，具有全球少数可以同时提供不同设计、材质、成型、表面处理产品的能力，以优异的技术，并运用各种材料，生产轻巧、坚固、优雅而适合手持的机构件。公司与走在产品设计前端的客户，共同研制高品质的产品，展现工艺之美。

可成科技的经营理念是技术创新、服务客户、诚信务实、永续经营。公司除了不断提升经营业绩之外，也持续推动治理，发展永续环境，维护社会公益等，以止于至善为方向，落实企业的社会责任。

公司网址：http://www.catcher-group.com

SPH 上海医药 SHANGHAI PHARMA Kyuan

北京科园信海医药经营有限公司

北京科园信海医药经营有限公司成立于 1999 年，注册资金 33307 万元，是一家集医院药品供应、跨区域商业分销、疫苗销售、医疗器械耗材销售及零售药品销售服务业务于一体的大型综合性医药经营公司，2011 年正式成为上药集团旗下全资子公司。

公司始终坚持将高品质的服务和产品质量作为生命线，2002 年公司成为北京市较早的 GSP 认证企业；2005 年成为北京市较早获得疫苗经营许可企业之一；2010 年通过了 ISO9001-2008 质量管理体系认证，建立了 ISO9001-2008 与 GSP 相结合的质量管理体系。2013 年，公司再次通过新版 GSP 认证。另外，先后通过了多家跨国企业的冷链管理国际质量认证。2014 年被授予 AEO 高级认证企业，2017 年继续获评 AEO 高级认证企业，享有多项通关便利政策，包括“一次通关抽检，多次报关出库”、“分送集报”的通关政策，提高了进口产品的通关效率，并降低供应商运营成本和风险，为客户提供优质高效的进口服务。

作为一家医药经营企业，在追求回馈社会高质量、高品质的医疗增值服务之外，还承担起了更多的社会责任。捐资助学、扶弱济困，尤其在自然灾害和公共卫生危机发生时，慷慨解囊、积极捐助、奉献爱心，并成为相关部门得力的药材储备保障单位。

未来的科园信海还将继续秉承诚信、责任、创新、共赢的核心价值观，不断提升在行业内的核心竞争力。

感恩同行，携手共赢

科园信海愿成为您最忠实的合作伙伴

链通价值 传递健康

“传承卓越、共铸价值、分享成功”是北方国际一直秉承的价值理念，公司希望进一步加强同海内外各界的业务联系与合作，不断为客户提供满意的服务，以持续的优良业绩回报股东、奉献社会。

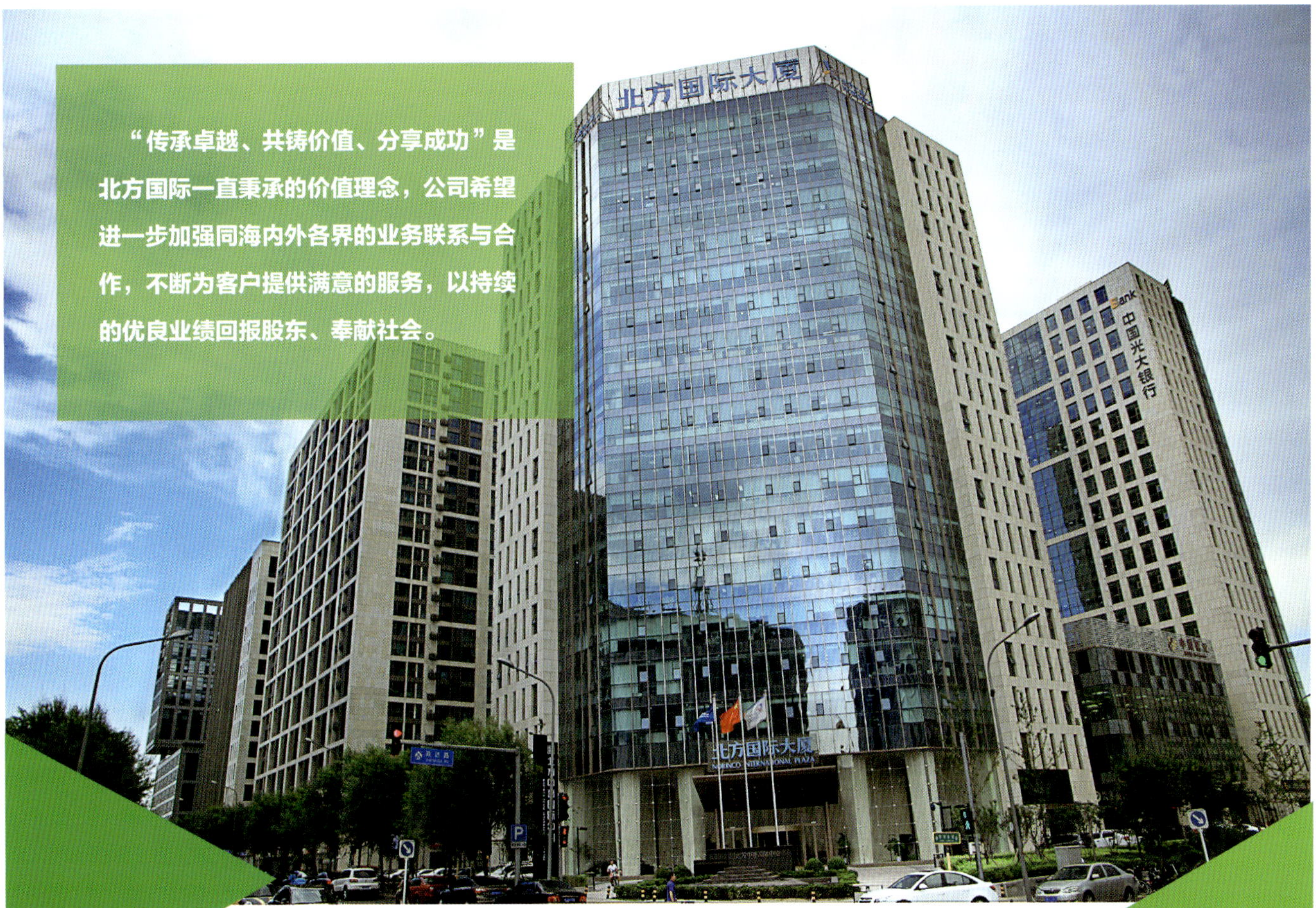

北方国际合作股份有限公司

北方国际合作股份有限公司（股票代码：000065）是中国北方工业公司控股的上市公司。公司专注于国际市场的经营，多年来建立了遍布全球的营销网络，培育了强大的国际化经营能力和投融资能力，具有优良的全球资源配置能力和项目管理能力。

公司实现了国际工程与专业化产品贸易的有机融合，充分发挥投资的驱动作用，在轨道交通、电力工程、石油矿产设施建设、市政房建、房地产开发、重型车辆与装备、包装容器研发与生产、物流一体化服务、太阳能产品应用等方面具有良好的业绩与较强的竞争力。公司业务范围广泛、专业能力突出，并具有强大的系统集成能力，可以为业主提供一体化和全方位的服务。

老挝南湃水电站

埃塞俄比亚GDYW-2输变电

巴基斯坦拉合尔轨道交通橙线

亚吉铁路机车车辆一揽子供货项目

国家核电 SNPTC 国核工程有限公司 STATE NUCLEAR POWER ENGINEERING CORP. LTD.

国核工程有限公司

STATE NUCLEAR POWER ENGINEERING COMPANY

国核工程有限公司成立于 2007 年 7 月 6 日，是国家电力投资集团公司成员单位，国家核电技术公司全资子公司，专业从事核电工程建设管理。

公司目前主要承担浙江三门、山东海阳 AP1000 自主化依托项目 4 台机组的建设管理任务。项目采用美国西屋公司开发的、代表国际先进核电水平的第三代 AP1000 非能动压水堆堆型，其中，浙江三门核电站一号机组是世界范围内较早开工建设的 AP1000 核电机组，目前已实现并网发电。

公司还承担了重大专项示范工程 CAP1400 及一批 AP1000 后续项目的建设管理任务。通过引进、消化、吸收和再创新，探索形成核电“标准化设计、工厂化预制、模块化施工、集成式供应、全范围总包、专业化运营”管理模式。

在依托项目实践与示范及后续项目准备过程中，公司建立了一套以《管理手册》为纲、以工程项目为中心的科学管理体系，锻造出一支具有活力的核电项目管理队伍，搭建了一个先进的自主化管理信息平台。围绕工程设计咨询与设计管理、集约化采购与系统集成、工程建造、核电调试与调试管理、项目管理与控制五大核心业务能力提升，初步构建以价值为主导，满足全价值链、项目总承包类型、项目管理要素三个维度考量的工程建设管理能力体系。

公司将立足国内、国际两个市场，打造“专业化、标准化、数字化”的核心能力，夯实“人才队伍、技术能力、企业文化”基础，打造具备核心竞争力的核电 AE 公司。

荣誉

- 融媒体语境下企业文化与品牌传播创新优秀单位
- 上海品牌认证
- 上海市五一劳动奖状
- 2017全国安全文化建设示范企业
- 上海市文明单位
- 上海市企业文化建设示范基地
- 电投环境文化新进单位
- 中央企业先进基层党组织

地址：上海市田林路888弄2号楼
电话：021-3395 9300　传真：021-3395 9500

RAISECOM

瑞斯康达科技发展股份有限公司成立于1999年6月8日，坐落于北京市中关村软件园。公司于2008年12月10日整体变更为股份有限公司，并于2017年4月20日成功登陆上海证券交易所主板（股票代码：603803）。

作为国内光纤通信接入设备的企业，致力于为全球电信运营商、广电运营商及行业专网用户提供接入层网络解决方案，帮助客户改善收益，提升网络运营效率，降低运营成本，实现商业成功。

自公司成立以来，瑞斯康达的努力得到了社会的认可，得到相关部门授予的各种荣誉奖项：

- 曾连续3年被评为亚太地区“高科技、高成长500强”企业；
- 2006年入选《福布斯》中国潜力企业百强；
- 常年位列“中国光传输与网络接入设备具竞争力企业10强”“中国通信产业榜通信设备技术供应商50强”。

公司现已全面通过了ISO9001、ISO14001、GB/T28001管理体系标准认证，并被授予高新技术企业、软件企业、北京市企业技术中心等称号。

目前，公司已在全球范围内建立了8家全资子公司和30多个服务机构，覆盖80多个国家和地区的电信运营商及电力、交通、军队等专网客户，在网设备累计已达到1250余万台。

中国石油工程建设有限公司

中国石油工程建设有限公司（CPECC）是以原工程建设公司（CPECC）和工程设计有限责任公司（CPE）为基础，重组整合的油气田地面工程专业化公司。公司大力实施专业化、市场化、国际化、一体化、高端化、精细化、创新化发展战略，在国际、国内石油工程建设市场业绩突出，声誉卓著。

CPECC

公司的业务定位以油气田地面工程、天然气液化工程和海上石油平台工程（海上油气田工程）为主，以油气储运工程和炼油化工施工、检维修工程为辅，拥有全业务链、全生命周期服务能力，积极发展非常规油气工程技术，适度开发非油气及非能源领域的工程能力。

自 1994 年以来，公司连续 23 年被美国《工程新闻记录》（ENR）评选为全球大型 250 家国际工程承包商之一，成为连续入围次数较多的中国承包商。公司总部设有 15 个职能部门，有 10 个直属机构、8 家下属设计单位、3 家施工制造单位、24 家海外分（子）公司，另外设有 2 家海外区域公司、2 家海外支持中心、3 家海外合资公司，造了功能完善的石油工程建设业务链，建立了遍布全球的服务网络，企业核心竞争力持续获得提高。

公司大力实施“稳定非洲、巩固中亚、突出中东、拓展美洲、布局亚太、进军俄罗斯”的市场战略，业务辐射24个国家和地区，逐步形成了海外五大区域性规模市场和国内以八大炼化基地、主要油气田为主的市场格局。2016年，海外执行项目290项，国内执行项目3461项。在非洲，项目重点分布在苏丹、乍得、阿尔及利亚等国家和地区；在中亚，项目重点分布在土库曼斯坦、乌兹别克斯坦、哈萨克斯坦等国家和地区，目前正在建设的有哈萨克斯坦PKOP炼油厂改造工程；在中东，项目重点分布在阿布扎比、伊拉克、伊朗等国家和地区；在美洲，项目重点分布在厄瓜多尔、加拿大、委内瑞拉等国家和地区；在亚太，项目重点分布在新加坡、澳大利亚等国家和地区；目前，公司正在力争进入俄罗斯市场。

公司拥有专利 312 项，形成 10 大优势设计技术、8 项集团公司技术利器、5 大系列 62 种科技产业化产品，目前企业核心技术已经达到国内同行业先进水平，部分达到国际先进水平。

公司获省部级以上奖励 592 项，其中典型代表作有加氢反应器制造等；中国建设工程鲁班奖 6 项，代表作有苏丹喀土穆炼厂改扩建工程；“百项工程暨精品工程”3 项、优质工程奖 119 项，其中代表作有独山子石化公司千万吨炼油、百万吨乙烯工程；勘察设计奖 379 项；国内 EPC 代表作有宁夏石化 500 万吨年炼油开扩建工程等，国际 EPC 代表作有哈萨克斯坦扎纳若尔油气田处理厂等。

FOTON 福田汽车

突破科技 引领未来

Technology leading into the future.

北汽福田汽车股份有限公司

北汽福田汽车股份有限公司（简称福田汽车）成立于 1996 年 8 月 28 日，1998 年 6 月在上海证券交易所上市，经过 20 多年的发展，现有资产 861 亿元，员工近 4 万人，以优质的产品和服务覆盖全球 110 个国家和地区，品牌价值已超千亿元，连续 13 年蝉联商用车行业前列，累计产销汽车 829 万辆，海外累计出口 56 万辆。

福田汽车集团现已经形成了集整车制造、核心零部件制造、汽车金融、车联网、福田电商为一体的汽车生态体系。商用车业务，涵盖整车及零部件、智能互联服务两大业务，其中整车覆盖卡车、客车、商务汽车等5大业务单元、15个产品品牌；金融业务，打造全球专业的金融服务商——福田金融集团，涵盖汽车信贷、融资租赁、供应链金融、保险服务等多元化金融业务。

在行业标准方面，福田汽车参与了中国一半以上汽车行业标准的制定，授权专利达7000多件；合作方面，联合全球三大合作伙伴——全球较大的商用车制造商戴姆勒、全球先进的发动机制造企业康明斯、世界上较大的传动和底盘技术供应商之一采埃孚等，建立全球创新联盟；客户方面，福田以实力吸引，与百度、中国电信、德邦物流、阿里巴巴、京东、菜鸟等客户建立战略联盟；企业荣誉方面，福田积极参与重要活动，在APEC会议、G20峰会、“一带一路”国际合作高峰论坛及平昌冬奥会等赛事和活动中承担重要任务，荣获“G20杭州峰会官方指定用车”“阿斯塔纳世博会中国馆指定用车”等多项美誉，并入选智能制造试点示范项目；企业责任方面，累计投入物资数亿元，发起“七彩书屋”等大型公益活动，惠及全国近30个省市，打造出一张独具特色的公益名片。

未来，福田汽车将以突破科技，引领智能汽车体验为愿景，在实现效率与可靠性的进程中不断驱动品质超越，连接高效汽车未来。至 2025 年，福田汽车将建设成为绿色、智能、高科技的全球主流汽车企业。

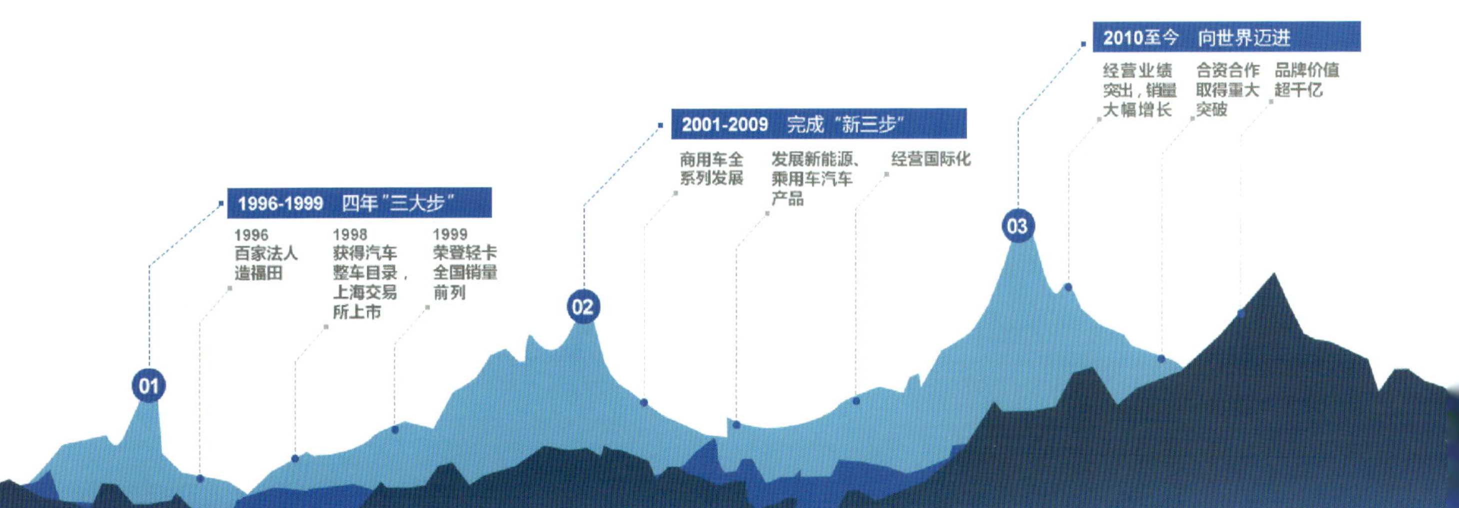

CVTE

广州视源电子科技股份有限公司

广州视源电子科技股份有限公司（以下简称视源股份）成立于2005年12月，注册资本为40500万元，旗下拥有多家业务子公司。视源股份总部设在广州市黄埔区，并在上海、深圳、香港和海外设有技术服务中心。公司目前总人数超过2000人，60%以上为技术研发人员，员工平均年龄约为28岁。

视源股份主营业务方向为液晶显示主控板卡、工业电源、交互智能平板、移动智能终端和医疗等产品的设计、研发和销售。公司旗下有两个品牌，一个是智慧教育整体解决方案“seewo”，一个是高效的会议平台“MAXHUB”。公司始终致力于提升电子产品更加丰富与高效的信息沟通体验，依托在显示驱动、信号处理、电源管理、人机交互、应用开发、系统集成等技术领域的开发经验，面向应用层面进行资源整合与产品开发，通过技术创新不断延伸和丰富产品结构，产品已广泛应用于消费电子领域和商用电子领域。

公司作为高科技企业，对研发和创新进行重点投入。公司拥有多个综合实验室，如投资千万元建造的EMC实验室。同时，公司十分重视对核心技术的保护，截至2017年3月，已获得专利1030项、著作权246项。

通过多年的努力，公司目前已获得高新技术企业、广东省较早的战略性新兴产业骨干培育企业、广东省创新型企业、广东省工程技术研究开发中心、广东省知识产权优势企业等资质认证，同时也是通过认证的AEO高级认证企业。

MAXHUB旗舰款

H和S款

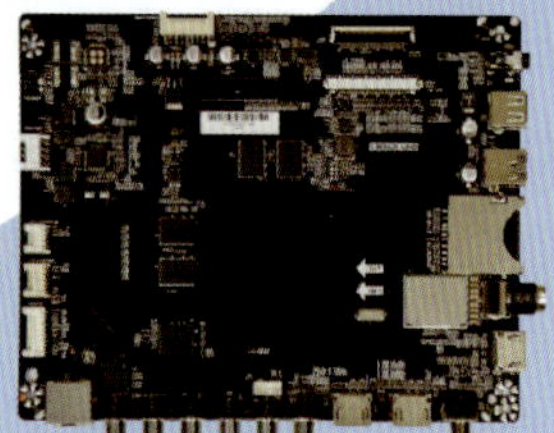

黑色板卡T

历峰集团

专注珠宝、手表和书写工具

Contents

目　录

顶层设计篇

地方建设篇

标准规范篇

功能实操篇

中国国际贸易

单一窗口

建设年鉴

顶层设计篇

DINGCENG SHEJI PIAN

2018

国际贸易“单一窗口”简介

国际贸易“单一窗口”，通常也简称为“单一窗口”，它是国际上口岸管理的先进理念和通行规则，是世界各国促进贸易便利化，提高国家竞争力的重要手段。同时，也是我国“促外贸稳增长”和推进“放管服”改革的重要措施，落实口岸“三互”（信息互换、监管互认、执法互助）大通关建设的重要任务。按照国务院要求，2017年年底前按照标准版统一要求，实现全国口岸全覆盖，2018年年底前，主要申报业务应用率要达到70%。

一、“单一窗口”的由来

（一）“单一窗口”提出的国际背景

1.“单一窗口”是国际贸易发展的现实需要

20世纪后期，随着信息时代的到来，各国都在寻求与信息化发展相适应的更加有效的行政管理模式和服务方式，诸如政府部门联合办公、一站式服务、门户网站等。在多部门管理体制下，以提高政府办事效率和减少管理相对人成本负担为目的的各类政府合作便民措施在世界各地涌现。

进入21世纪以来，随着全球经济一体化进程的加快及国际物流业的快速发展，国际贸易环境发生日新月异的变化，进出境货物总量呈快速增长态势，贸易便利化呼声日益强烈。全球货物贸易量的快速增长，对建设现代化、信息化、智能化的口岸通关模式提出了更高要求。为此，各国政府都在采取改革口岸管理体制、应用信息技术等多种措施推动贸易安全和便利。在诸多措施中，依托信息化建设“单一窗口”的理念和做法应运而生，并越来越受到国际组织和各国政府的重视，成为各国促进贸易便利化，提高国家竞争力的主要手段。

此外，“单一窗口”的产生也有一定的理论基础。一是法制治理理论，政府服务要符合国际通行规则的法律法规及制度办法；二是公共管理理论，政府服务要以公众需求为中心，加强政企沟通，做好公共服务；三是服务型政府理论，政府要通过与服务对象建立伙伴关系，开展业务流程再造，不断创新公共产品与服务，最大限度提供透明、高效、便捷的一站式、全程、自助服务。

2.“单一窗口”得到诸多国际组织的大力倡导

“单一窗口”最初由联合国贸易便利与电子业务中心（UN/CEFACT）以建议书的形式向世界各国提出。其后，包括亚太经合组织（APEC）、世界贸易组织（WTO）和世界海关组织（WCO）等在内的诸多国际组织先后提出了在各自范围内建立“单一窗口”的构想。

国际组织发布的“单一窗口”建设指南和工具书[①]：

① 相关具体内容可参见《国际贸易单一窗口（上册）（下册）》，国家口岸管理办公室编译，中国海关出版社2016年出版。

（1）联合国贸易便利与电子业务中心第33号建议书：《建立“单一窗口”以提高商界与政府之间信息交换效率的建议和指南》（2004年）；

（2）联合国贸易便利与电子业务中心第34号建议书：《国际贸易数据的简化和标准化》（2009年）；

（3）联合国贸易便利与电子业务中心第35号建议书：《建立国际贸易“单一窗口”法律框架》（2010年）；

（4）联合国贸易便利与电子业务中心第36号建议书：《“单一窗口”的互操作性》（2017年）；

（5）联合国贸易便利与电子业务中心：《“单一窗口”数据库》（2009年）；

（6）联合国欧洲经济委员会（UNECE）：《无纸化贸易路线图》（2006年）；

（7）联合国欧洲经济委员会：《国际贸易供应链中的无纸化贸易：提高效率和效能》（2008年）；

（8）联合国亚太经济社会理事会（UN/ESCAP）、联合国欧洲经济委员会、联合国亚太地区贸易无纸化专家网（UNNExT）：《“单一窗口”计划与实施指南》（2012年）；

（9）联合国亚太经济社会理事会、联合国欧洲经济委员会、联合国亚太地区贸易无纸化专家网：《电子“单一窗口”法律问题：能力建设指南》（2012年）；

（10）世界海关组织（WCO）：《全球贸易安全与便利标准框架》（2005年）；

（11）世界海关组织：《如何建立“单一窗口”环境》（2011年）；

（12）世界海关组织：《世界海关组织数据模型——“单一窗口”数据协调》（2007年）；

（13）世界海关组织：《“单一窗口”对海关的启示》（2008年）；

（14）亚洲太平洋地区经济与合作组织（APEC）：《协调数据实现无纸化“单一窗口”环境》（2009年）；

（15）亚洲太平洋地区经济与合作组织：《努力在亚太经合组织各经济体建立“单一窗口”并实现国际互联互通》（2010年）；

（16）东南亚国家联盟（ASEAN）：《建立和实施东南亚国家联盟“单一窗口”协定》（2005年）；

（17）世界贸易组织（WTO）：《贸易便利化协定》（2017年）。

3. 世界各国积极推动本国“单一窗口”建设

世界各国都将“单一窗口”作为提高国家竞争力的一种有效途径，使“单一窗口”一开始就受到各国政府的高度重视，并成为世界各国普遍接受的一种口岸管理模式。世界银行调研报告显示，目前全球已有70多个经济体实施了国际贸易“单一窗口”。

世界主要发达国家积极推动本国“单一窗口”建设。例如，日本自1978年启动第一个电子通关系统NACCS（日本自动货运清关系统），其后经过30年的努力建成以NACCS为核心的“单一窗口”；1982年，德国为解决汉堡港信息流通慢且成本高的问题，在汉堡港建立了“单一窗口”试点；新加坡最早于1989年开始建设“贸易网”（TradeNet）；同期，瑞典顺应信息技术的发展建立国家“单一窗口”；美国于1994年正式建设“国际贸易信息系统”（ITDS），现已实现将多个信息化系统整合，形成一个单一系统，实现真正的“单一窗口”及大数据管理。

“一带一路”沿线主要国家和地区也都在积极行动。东盟十国在2003年通过《实施“单一窗口”计划建议书》，2005年12月，东盟经济贸易部长会议签署了《建立和实施东盟“单一窗口”的协定》，新加坡最新版的“单一窗口”在2007年已经投入使用，文莱、印度尼西亚、马来西亚、菲律宾、泰国五国的“单一窗口”都已在2008年投入使用，另外四个东盟国家在2012年完成各自的“单一窗口”建设。

东欧和中亚各国也纷纷意识到了建设“单一窗口”的重要性。俄罗斯在最近的一系列国际和区域组织研讨会上都提交了建设成员国“单一窗口”的建议；哈萨克斯坦海关委员会专门向哈总统起草并递交了关于开展“单一窗口”的有关文件，提出具体工作设想并明确由海关牵头负责；吉尔吉斯斯坦、蒙古国也已专门成立了国家协调委员会负责实施“单一窗口”，并分别由吉尔吉斯斯坦工贸部和蒙古商会负责牵头落实。“单一窗口”已成为世界贸易改革新的浪潮。

（二）党中央、国务院高度重视“单一窗口”建设

1997年，为有效解决骗汇问题，海关总署联合外汇局开发应用了“进口报关单联网核查系统”，实现报关单电子数据的联网交换，使外汇部门能够通过报关单电子信息和纸质单证进行核对，彻底解决了骗汇问题，得到了国务院领导的充分肯定，也揭开电子口岸建设的序幕。2002年国务院部署启动电子口岸大通关统一信息平台建设，2006年国务院办公厅印发《关于加强电子口岸建设的通知》，明确电子口岸是以口岸通关执法管理为主，逐步向相关物流商务服务延伸的大通关、大物流、大外贸的统一信息平台。2012年，《电子口岸发展“十二五”规划》将电子口岸作为中国特色的“单一窗口”工程进一步推向深入。10多年来，在党中央、国务院的领导下，在各有关部门参与和支持下，电子口岸建设取得了积极进展，中央层面基本实现了大通关核心环节的数据共享和联网核查，地方层面电子口岸建设全面铺开，取得了良好的社会和经济效益。可以说，电子口岸建设与发展为“单一窗口”奠定了坚实基础。

党的十八大和十八届三中全会以来，党中央、国务院针对新时期我国对外经济贸易发展的需要，就我国国际贸易“单一窗口”建设做出了一系列决策部署，要求立足电子口岸，加快全国“单一窗口”建设，促进外贸稳定发展，并将其作为我国推进新一轮高水平对外开放的重要措施之一。

我国发布的与“单一窗口”建设有关的文件：

（1）《中共中央关于制定国民经济和社会发展第十三个五年规划的建议》提出：完善法治化、国际化、便利化的营商环境，健全有利于合作共赢并同国际贸易投资规则相适应的体制机制……全面实施单一窗口和通关一体化。

（2）《中共中央、国务院关于构建开放型经济新体制的若干意见》提出：加快国际贸易“单一窗口”建设，全面推行口岸管理相关部门“联合查验、一次放行”等通关新模式。依托电子口岸平台，推动口岸管理相关部门各作业系统横向互联，建立信息共享共用机制。

（3）《2016年政府工作报告》提出：推进贸易便利化，全面推广国际贸易“单一窗口”。

（4）《2017年政府工作报告》提出：推广国际贸易“单一窗口”，实现全国通关一体化。

（5）《2018年政府工作报告》提出：国际贸易“单一窗口”覆盖全国，货物通关时间平均缩短一半以上。

（6）《国务院关于印发落实“三互”推进大通关建设改革方案的通知》（国发〔2014〕68号）提出：强化大通关协作机制，实现“三互”，推进“单一窗口”建设，……实现申报人通过“单一窗口”向口岸管理相关部门一次性申报，口岸管理相关部门通过电子口岸平台共享信息数据、实施职能管理，执法结果通过“单一窗口”反馈申报人。

（7）《国务院办公厅关于支持外贸稳定增长的若干意见》（国办发〔2014〕19号）提出：提高贸易便利化水平，……实行国际贸易“单一窗口”受理，……实现口岸部门和地方政府信息共享。

（8）《国务院关于改进口岸工作支持外贸发展的若干意见》（国发〔2015〕16号）提出：依托电子口岸公共平台，推进国际贸易“单一窗口”建设，加快推进形成电子口岸跨部门共建、共管、共享机制；推动“单一窗口”共享数据标准化，完善和拓展“单一窗口”的应用功能，进一步优化口岸监管执法流程和通关流程；2017年在全国所有口岸建成“单一窗口”。

（9）《国务院关于支持沿边重点地区开发开放若干政策措施的意见》（国发〔2015〕72号）提出：加强沿边、内陆、沿海通关协作，依托电子口岸平台，推进沿边口岸国际贸易“单一窗口”建设。

（10）《国务院批转国家发展改革委关于2016年深化经济体制改革重点工作意见的通知》（国发〔2016〕21号）提出：推进电子口岸建设，制定“单一窗口”工作方案和相关制度。

（11）《国务院关于促进外贸回稳向好的若干意见》（国发〔2016〕27号）提出：2016年年底前将国际贸易“单一窗口”建设从沿海地区推广到有条件的中西部地区，建立标准体系，落实主体责任。

（12）《国务院关于做好自由贸易试验区新一批改革试点经验复制推广工作的通知》（国发〔2016〕63 号）提出：依托电子口岸公共平台建设国际贸易“单一窗口”，推进“单一窗口”免费申报机制，并将其列入全国范围内复制推广的 12 项改革事项之一。

（13）2016 年国务院口岸工作部际联席会议审议通过并印发《关于国际贸易“单一窗口”建设的框架意见》。

（14）2017 年国务院第 174 次常务会议纪要要求，加快推进国际贸易“单一窗口”建设，按标准版统一要求，年底前实现全国所有口岸全覆盖。

（15）《国务院办公厅关于印发全国深化“放管服”改革，转变政府职能电视电话会议重点任务分工方案的通知》（国办发〔2018〕79 号）提出：进一步完善国际贸易“单一窗口”，将“单一窗口”功能覆盖海关特殊监管区域和跨境电子商务综合试验区等相关区域；加大“单一窗口”推广应用力度，2018 年年底前主要申报业务应用率达 70%，力争 2019 年年底前达 100%，2020 年底前实现国际贸易进出口业务全部通过“单一窗口”办理；提升跨境贸易便利化水平，五年内进出口整体通关时间再压缩一半。

（16）《国务院关于印发优化口岸营商环境，促进跨境贸易便利化工作方案的通知》（国发〔2018〕37 号）提出：加强国际贸易“单一窗口”建设。将“单一窗口”功能覆盖至海关特殊监管区和跨境电子商务综合试验区等相关区域，对接全国版跨境电商线上综合服务平台。加强”单一窗口”与银行、保险、民航、铁路、港口等相关行业机构合作对接，共同建设跨境贸易大数据平台。推广国际航行船舶“一单多报”，实现进出境通关全流程无纸化。2018 年底前，主要业务（货物、舱单、运输工具申报）应用率达到 80%，2020 年底前，达到 100%；2021 年底前，除保密需要等特殊情况外，“单一窗口”功能覆盖国际贸易管理全链条，打造“一站式”贸易服务平台。

（17）2018 年国务院口岸工作部际联席会议第四次全体会议纪要要求，要提高“单一窗口”标准版业务覆盖率，拓展服务功能……。数据共享是“单一窗口”建设的重要支撑，各有关部门要坚持“共享是原则、不共享是例外”，尽快向“单一窗口”开放数据接口。作为面向企业的公共平台，只要涉及口岸大通关的数据，都要在“单一窗口”共享共用。要加强与银行、保险、物流等行业机构的对接。推动“单一窗口”覆盖海关特殊监管区域、跨境电子商务综合试验区等相关区域。为企业提供国际贸易的全链条、全领域服务。

（18）2018 年，国务院副总理韩正在自由贸易试验区建设五周年座谈会上讲到，国际贸易“单一窗口”不断取得新突破，基本形成了与国际通行规则接轨的贸易监管体系。要支持各自贸试验区根据自身特点进行有效突破，核心是要进一步加快建设具有国际先进水平的国际贸易“单一窗口”，推动数据协同、简化和标准化，实现物流和监管等信息的全流程采集，实现监管单位的信息互换、监管互认、执法互助。要以口岸管理部门的通关状态信息为基础，整合作业信息，形成完整的通关物流状态综合信息库，为企业提供全程数据服务。

党中央、国务院领导多次就我国贸易发展和“单一窗口”建设提出具体要求：

（1）中共中央总书记、中央军委主席、国家主席习近平对我国贸易发展和“单一窗口”建设提出的具体要求：

要推动形成全面开放新格局，实行高水平的贸易和投资自由化便利化政策，推进贸易强国建设。

——2017 年 10 月 18 日中国共产党第十九次全国代表大会

要改善投资和市场环境，加快对外开放步伐，降低市场运行成本，营造稳定公平透明、可预期的营商环境，加快建设开放型经济新体制，推动我国经济持续健康发展。

——2017 年 7 月 17 日中央财经领导小组第十六次会议

贸易是经济增长的重要引擎，我们要有“向外看”的胸怀，维护多边贸易体制，促进贸易和投资自由化便利化。

——2017 年 5 月 14 日“一带一路”国际合作高峰论坛开幕式

（2）中共中央政治局常委、国务院总理李克强对我国贸易发展和“单一窗口”建设提出的具体要求：

“五个一”走出了便利通关的很好一步，望会同有关部门继续对标国际先进水平，针对企业需要，加快推出更多有利于改善营商环境的举措。

——2018 年 2 月 22 日批示

这两项工作是促进贸易便利化、改善营商环境的有力举措，要加快推进。同时要对标国际先进水平，进一步深挖潜力。各相关部门都要有这种意识，主动作为，拿出提高为企业服务效率的更有针对性措施。

——2017 年 11 月 26 日批示

加快推进国际贸易“单一窗口”建设，按标准版统一要求，年底前实现全国所有口岸全覆盖。

——2017 年 5 月 24 日国务院 174 次常务会议

（3）中共中央政治局常委、全国政协主席汪洋对我国贸易发展和“单一窗口”建设提出的具体要求：

加快推进“单一窗口”建设和实施。国际贸易“单一窗口”是全国通关一体化的重要依托，也是当前最有效的抓手。这项工作已经有了很好的基础，下一步要坚持问题导向，对接国际标准，深入挖掘潜力，一步一个脚印的向前推进，明年货物申报、舱单、运输工具等主要应用率要达到 70%。

——2017 年 12 月 5 日全国通关一体化工作推进现场会

统筹推进全国“单一窗口”建设，既要抓工作进度，也要抓顶层设计，制定全国“单一窗口”标准版并推广应用，把各地的“方言”转化为全国的“普通话”。

——2016 年 7 月 31 日全国“三互”大通关建设工作推进会

按照国务院要求，2017 年年底前，按“单一窗口”标准版统一要求，实现全国所有口岸全覆盖；2018 年货物申报、舱单、运输工具等主要应用率要达到 70%。

二、“单一窗口”概述

（一）“单一窗口”的基本概念

1. “单一窗口”的定义

国际上一般采用联合国对“单一窗口”的定义，即“单一窗口”是使国际贸易和运输相关各方在单一登记点递交满足全部进口、出口和转关相关监管规定的标准资料和单证的一项措施。如果为电子报文，则只需一次性提交各项数据。

2. “单一窗口”的四个要素

“单一窗口”通常是指由一个机构来协调和集中管理各参与方交换的相关资料数据，实现有关执法要求和管理目的，其四个基本要素包括：一是一次申报，即贸易经营企业只需一次性向贸易管理部门提交相关信息和单证；二是通过一个平台申报，即该平台对企业提交的信息数据进行一次性处理；三是使用标准统一的数据元，即贸易经营企业提交的信息应为标准化的数据；四是能够满足政府管理部门和企业等相关各方的需求。

（二）“单一窗口”发展的 5 个层级

“单一窗口”功能发展主要有 5 个层级（图 1），分别为“部门单一窗口”“口岸执法单一窗口”“口岸服务单一窗口”“国家贸易基础平台”“跨国家/地区的区域贸易平台”。5 个层级由低到高，“单一窗口”相关方从最简单的一个单独部门，到整合其他政府口岸管理部门，进一步整合口岸中介机构和物流机构，最终达到和多个国家和地区信息交互、互联互通。

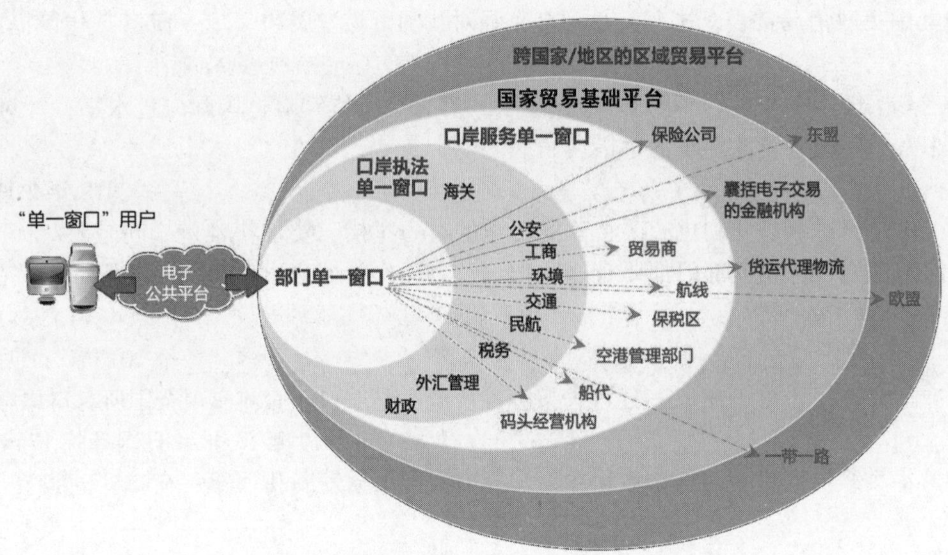

图 1 "单一窗口"的 5 个功能层级

其中，"部门单一窗口"是指口岸管理相关部门各自的信息化或无纸化系统；"口岸执法单一窗口"是指集成了包括海关、海事、边检等口岸管理相关部门系统后形成的口岸执法类"单一窗口"；"口岸服务单一窗口"是指在"口岸执法单一窗口"基础上，集成了港口码头、物流商务、船代货代等信息系统，为企业提供综合性服务的"单一窗口"；"国家贸易基础平台"是"口岸服务单一窗口"的升级版，进一步集成贸易全链条有关的金融服务、物流商务等所有服务；"跨国家/地区的区域贸易平台"是指在国家与国家之间开展跨国家或跨地区的"单一窗口"互联互通，或实现区域性"单一窗口"。

（三）"单一窗口"的作用

联合国贸易便利与电子业务中心（UN/CEFACT）根据美国、新加坡等国家的建设经验，总结归纳了"单一窗口"五项优势，可以整体提升政府和贸易商国际竞争力。

1. 降低成本

新加坡多年的成功经验证明，通过新加坡国际贸易"单一窗口"，企业费用节省 40%～60%，政府机构费用节省 50%。新加坡的企业通过新加坡国际贸易"单一窗口"办理单项单证手续的费用平均为 3 新元，是此前 15 新元费用的五分之一，单证费每年节省 10 亿美元。

根据联合国贸易便利与电子业务中心（UN/CEFACT）提供的数据，国际贸易便利化措施每年可为世界贸易节省一万亿美元费用。

2. 减少负担

"单一窗口"可以同时减少企业申报负担和政府处理负担，在许多国家，参与国际贸易的企业通常都要按照进口、出口和转口相关的监管规定编制大量资料和单证并提交给政府主管机关。这些资料和单证往往都必须经由不同的机构进行提交，每一个机构都有各自专门的（人工或自动）系统和书面格式。这些名目繁多的要求加上其相应的核算成本，对政府和企业构成一系列负担。

美国"单一窗口"系统建成后，原本复杂的各类手续、程序、信息得以全面规整。企业通过"单一窗口"一次性提交信息，可以获取海关及其他 47 个政府贸易相关方的审批，完成整个贸易流程环节，大大减少了企业负担。

新加坡海关报关大厅原来有 134 名工作人员，在全面实行国际贸易"单一窗口"后，现在报关大厅仅仅 1 名工作人员值班。

3. 数据准确

贸易商通过录入一票数据直接传送到国际贸易“单一窗口”，系统进行自动审核，大大减少了数据重复录入次数和单证数据差错。

政府机构在进口、出口和转口交易等必要信息中规定使用数据和报文的国际标准，对于国际贸易将会有重大效益，这将确保各项政府申报要求中的数据通用性和准确性，并将使各国政府都能互相交换和共享信息，从而进一步简化国际贸易和运输手续。

4. 效率提升

国际贸易“单一窗口”通过政府和企业间的电子数据无缝对接，增强了执法风险防控水平和政策透明度，提升了企业的合规度，使政府和企业可以合理配置资源，提高通关效率，压缩通关时间。

根据东盟各国统计，进出口企业按照传统的程序办理一单进出口贸易手续需要10~12天，而新加坡的企业通过新加坡国际贸易“单一窗口”在10分钟内就可以办理全套完整手续，97%的报关在10秒钟内就可以办理完报关手续。瑞典的企业通过瑞典国际贸易“单一窗口”办理手续只需要90秒钟，政府办事效率提高了百倍以上。

5. 程序便利

通过“单一窗口”，以系统化的方式收集所有数据，并就数据、单证和流程进行协调和简化，使整个贸易程序更为简洁明了且标准化。

美国政府将其列入改革政府机构、提高政府效率的重要举措。2009年系统建成后，27个政府部门的550多个下设机构实现信息共享。美国与加拿大、墨西哥及英国共同合作，使用一套标准数据集，用于多国机构办理进口、出口和转口手续，进一步促进贸易便利化。

国际贸易“单一窗口”彻底改变了新加坡的国际贸易单证处理流程，被认为是一个将新加坡的竞争力提高为国际贸易全球化大都市层次的国家战略信息系统。

三、建设“单一窗口”的必要性

“单一窗口”是各国促进贸易便利化的普遍做法，在当前中央推进供给侧结构性改革，政府简政放权、放管结合、优化服务，口岸促进外贸稳定增长的大背景下，具有十分重要的意义。

（一）建设“单一窗口”是推进供给侧结构性改革，促外贸稳增长的需要

一方面，改革开放以来，我国对外经济贸易发展迅猛，开放型经济获得长足进展，经过近40年的发展，已经成为全球第二经济大国和第一贸易大国。对外经济贸易的飞速发展，带来口岸执法成本的增加和行政资源投入的吃紧，亟须整合口岸各部门原有各自信息化系统，实行“单一窗口”，来进一步提升口岸通关效率和管理水平，促进贸易便利化。

另一方面，中国经济步入“新常态”，处在经济增长的换挡期和结构调整的阵痛期，经济增长长期以来依靠人口红利和资源红利也已走到尽头，外贸发展面临诸多困难和挑战，对降低制度性交易成本，营造国际化、法治化、便利化的营商环境提出了更高要求。新的形势下，找准落实供给侧结构性改革的发力点，从创新口岸管理模式入手，打造稳定、透明、可预期的通关环境，为企业减负增效，打造外贸竞争新优势，成为促外贸稳增长的必然选择。

（二）建设“单一窗口”是落实国务院“放管服”改革，提高口岸服务能力和管理水平的需要

改革开放以来，为适应我国对外开放的需要，国家采取了一系列措施推动口岸管理体制改革，但是现行口岸管理体制“九龙治水”的格局尚未根本转变，口岸查验部门职责交叉重叠，协调配合不密，通关环节多、过程繁，造成工作重复，贸易和执法成本增加。中央适时推出政府部门“简政放权、放管结合、优化服务”这一“三管齐下”的改革良方。口岸管理领域应当抓住“放管服”改革的有利

契机，客观分析评估口岸管理症结和企业诉求，通过借鉴国际上“单一窗口”的经验做法，建立口岸管理和服务新模式，推动沿海、内陆、沿边的大通关协作，使海关、外汇、市场、税务、交通、边防、海事等部门在一个平台上实现口岸执法和综合服务。

通过实施“单一窗口”，倒逼通关业务改革和流程优化，打破口岸管理和贸易相关部门的“条块分割”和“碎片化”服务现状，打通大通关全链条业务办理环节，将“串联”变“并联”，由“物理集中”产生“化学反应”，对于优化口岸管理和服务机制，加快转变职能实现方式，深化口岸执法合作，促进口岸综合治理体系和治理能力现代化，构建与我国开放型经济新体制要求相适应的口岸软环境具有重要意义。

（三）建设“单一窗口”是减轻企业负担，提高口岸管理效率，促进贸易便利化的需要

贸易便利化就是“使办理国际贸易事务的手续、程序、单证和操作实现简化、协调和标准化，使国际贸易业务办理更为简便、快捷和节省成本”。而“单一窗口”恰恰可以解决重复申报、多头申报的问题，实现数据和单证的协调、简化和标准化，同时充分利用现代化的信息、网络和通信技术，实现快速、高效和低成本办理通关业务，切实减轻企业负担，深受用户喜爱。

2017 年 2 月 22 日，WTO《贸易便利化协定》正式生效。该协定要求各成员通过在进出口和过境相关手续中建立“单一窗口”来简化通关手续和降低通关费用。中国作为协定签订方之一，承诺在协定生效两年内完成国际贸易“单一窗口”建设。

（四）建设“单一窗口”是推进口岸“三互”大通关建设，发挥大数据应用效益的需要

当前我国口岸信息化的现实是，口岸管理各部门大都已经建设了自己的信息化系统对外提供服务，同时各地区信息化系统层出不穷，中央和地方两级电子口岸平台也没有很好地互联互通和信息共享，口岸信息化领域“烟囱林立”和“信息孤岛”现象突出。这种状况十分不利于推进口岸“三互”大通关建设，不利于通过大数据综合分析来提高口岸通关效率和促进贸易便利化。

2014 年，国务院出台《落实“三互”推进大通关建设改革方案》，将“单一窗口”建设作为强化大通关协作机制，实现口岸管理相关部门信息互换、监管互认、执法互助的首要任务和有力抓手。通过建设“单一窗口”，以“总对总”的方式与口岸管理和国际贸易相关部门系统对接，实现更大范围的数据交换共享，便于加强统筹、规范管理和提高效率，在确保安全的前提下实现最大程度的数据共享，促进“单一窗口”建设和各部门数据资源由“物理集中”逐步向“化学反应”转变。

（五）建设“单一窗口”是与国际上“单一窗口”互联互通，助推国家“一带一路”倡议的需要

我国目前虽然跻身国际贸易大国行列，但是在国际贸易规则方面却贡献不多。在国际贸易规则制定和实施过程中，面临着与发达经济体的针锋相对和激烈竞争，为有利于我国对外开放型经济的发展，我们不仅要做国际贸易规则的接受者，更要向全球治理规则的主动参与者和制定者转变。我国主要贸易伙伴也将随着“一带一路”倡议实施，逐步由发达经济体向新兴经济体扩展。

建设国际贸易“单一窗口”，逐步采用国际普遍适用的数据协调和技术标准，保证数据的通用性，保持平台的开放性，使其成为“一带一路”倡议配套的重要国际贸易基础设施，在此基础上有序开展与“一带一路”沿线国家和地区的信息互换与服务共享，实现与国际上“单一窗口”的互联互通，将能全面对接中央构建开放型经济新体制的要求，服务国家“一带一路”倡议。同时，我国关于国际贸易“单一窗口”建设的相关成熟经验，将有助于我国深度参与全球贸易规则制定，引领全球贸易先进理念，提高我国在国际贸易领域的话语权。

关于国际贸易“单一窗口”建设的框架意见

为贯彻落实党中央、国务院关于我国国际贸易“单一窗口”（简称“单一窗口”）建设的一系列决策部署，统筹推进我国“单一窗口”建设，在总结沿海地区“单一窗口”建设试点成果基础上，结合我国口岸管理实际，并充分借鉴国际上“单一窗口”成熟经验，制定本框架意见。

一、 指导思想

深入贯彻党的十八大和十八届三中、四中、五中全会精神，认真落实党中央、国务院决策部署，坚持创新、协调、绿色、开放、共享发展理念，进一步推动简政放权、放管结合、优化服务，促进口岸信息互换、监管互认、执法互助，坚持贸易安全与便利并重，优化口岸管理和服务机制，转变职能实现方式，促进口岸综合治理体系和治理能力现代化，构建与我国开放型经济新体制要求相适应的口岸软环境。

二、 建设目标

实现申报人通过电子口岸平台一点接入、一次性提交满足口岸管理和国际贸易相关部门要求的标准化单证和电子信息，相关部门通过电子口岸平台共享数据信息、实施职能管理，处理状态（结果）统一通过“单一窗口”反馈给申报人。通过持续优化整合使“单一窗口”功能范围覆盖到国际贸易链条各主要环节，逐步成为企业面对口岸管理相关部门的主要接入服务平台。通过“单一窗口”提高国际贸易供应链各参与方系统间的互操作性，优化通关业务流程，提高申报效率，缩短通关时间，降低企业成本，促进贸易便利化。

三、 基本原则

（一）政府主导

由各级政府统筹推动，各口岸管理相关部门平等参与，共同建立并完善“单一窗口”建设协作配合机制，并将“单一窗口”建设纳入本部门的发展规划，实行共建、共管、共享，通过“单一窗口”实现政府管理和服务功能。

（二）协同治理

满足口岸管理相关部门执法和监管要求，充分发挥口岸管理相关部门现有职能作用，推进综合执法，实现单向管理向多元治理的转变。

（三）便利企业

以便利企业为目的，通过协调简化单证格式和数据标准，优化口岸业务流程，减少数据重复录入，让数据多“跑路”，让企业少奔波，突破时间和空间限制，提供“一站式”服务。

（四）规范安全

统一技术架构，统一数据交换共享和接口标准，统一和规范基本功能；加强信息安全保障性体系建设，建立健全运维管理制度和应急处置预案，确保系统运行和信息安全。

（五）创新驱动

以科技创新为引领，推动“互联网+”、大数据、云计算等新技术与口岸通关业务深度融合，高标准建设“单一窗口”，不断深化“单一窗口”应用，实现良性循环和可持续发展。

四、总体布局

推进电子口岸公共平台的公共化、平等化和单一化，依托中央和地方两级平台，实现国家部委之间、地区之间，以及国家部委与地区之间的互联互通，共同打造全国一体化的“单一窗口”环境。

中央层面依托中国电子口岸平台，以“总对总”方式与各口岸管理和国际贸易相关部门系统对接，实现信息数据互换共享，开展国际合作对接。

各地原则上以省（区、市）为单位，依托本地电子口岸建设一个省域“单一窗口”，并实现省域“单一窗口”间互联互通，探索建设符合国家区域发展战略要求的区域“单一窗口”。

五、建设内容

（一）应用服务功能建设

1. 中央层面统筹推进“单一窗口”基本功能建设

（1）口岸执法与基本服务功能

口岸执法与基本服务功能主要包括货物申报、舱单申报、运输工具申报、税费支付、贸易许可和原产地证书申领、企业资质办理、出口退税申报、查询统计等全流程服务功能，方便企业一次申报和业务办理，满足口岸管理相关部门的要求。

（2）跨部门信息共享和联网应用

跨部门信息共享和联网应用是指加强口岸管理相关部门数据的联网共享与综合利用，进一步提高口岸管理相关部门的联合执法和科学决策能力。

（3）与境外信息交换功能

与境外信息交换功能是指服务国家“一带一路”发展倡议，支持跨境联网合作，开展与“一带一路”沿线国家和地区及世界主要贸易伙伴之间的信息互换与服务共享，实现与国际上“单一窗口”的互联互通。

2. 地方层面拓展实施“单一窗口”特色服务功能

（1）口岸政务服务功能

推广应用“单一窗口”标准版，同时结合本地口岸通关业务特色需求，进一步提升和扩展项目的应用功能，建设本地口岸政务服务项目，如物流监管、特殊区域、港澳台贸易等。

（2）口岸物流服务功能

结合本地口岸业务特点与需求，打通港口、机场、铁路、公路等物流信息节点，促进运输、仓储、场站、代理等各类物流企业与外贸企业的信息共享和业务协同，支持水、陆、空、铁及多式联运等多种物流服务方式，积极开展与地方各类物流信息平台的互联合作，推动外贸与物流联动发展。

（3）口岸数据服务功能

以口岸管理相关部门的通关物流状态信息为基础，整合运输工具动态信息、集装箱信息、货物进出港和装卸等作业信息，形成完整的通关物流状态综合信息库，为企业提供全程数据服务，方便企业及时掌握通关申报各环节状态。

（4）口岸特色应用功能

发挥“单一窗口”信息资源、用户资源集聚优势，与金融、保险、电商、通信、信息技术等相关行业对接，为国际贸易供应链各参与方提供特色服务，有效支持地方口岸新型贸易业态发展。

（二）标准体系建设

1. 数据简化和标准化

遵循国际贸易便利化领域相关国际及国家标准，遵照国际通行做法积极开展国际贸易数据简化和标准化，通过数据的获取、定义、分析、协调等过程，分层级、分内容、有步骤地实施数据协调与简化，形成定义明确并经简化处理的“单一窗口”数据元目录，并建立数据协调和简化长效工作机制（见附件：推进国际贸易“单一窗口”数据协调与简化建议书）。

2. 统一门户

统一界面、统一标志、统一域名规范。整体命名为“中国国际贸易单一窗口”，各地平台面对企业的登录界面命名为“中国（××）国际贸易单一窗口”。

3. 统一认证

统一“单一窗口”的用户管理和身份认证，分步实施，最终实现一次注册、全国通用。

4. 统一数据接口标准

中央层面统一接口的管理与发布，参与各方应当向“单一窗口”统一开放接口标准，为“单一窗口”标准版的制定和推广应用提供必要的技术支持和指导。

5. 统一数据管理规范

根据《国务院口岸工作部际联席会议成员单位数据使用与管理办法》，建立数据资源共享目录，建设多边交换的数据共享池，完善数据共享机制，做到数据授权使用和对外许可提供，在确保数据安全的前提下，“以共享为原则，不共享为例外”，全面推进各口岸管理部门间信息共享。

6. 统一信息安全规范

口岸管理相关部门、“单一窗口”承建和运营单位要坚持“安全第一”原则，加强对系统、网络和数据的安全防护和应急管理，制定信息安全管理指南，明确“单一窗口”建设各方的权利和责任，签订安全管理协议，共同做好信息安全管理工作。

7. 统一运维保障体系

充分依托电子口岸现有运维体系，建立健全一体化“单一窗口”运维保障机制，规范服务接入和服务标准，明确各方运维职责，实现各负其责、联合保障。

六、建设阶段

2016年，在前期试点的基础上加强顶层设计，完善工作机制，中央和地方继续协同推进“单一窗口”建设。中央层面统一标准规范，统一基本功能，完善基础设施，初步实现统一门户，组织制定“单一窗口”标准版。2017年年底，实现“单一窗口”标准版在全国推广应用。

到2020年年底前，实现“单一窗口”功能由口岸通关执法环节向前置和后续环节拓展，进一步覆盖国际贸易链条各主要环节，实现与“一带一路”沿线主要国家和地区“单一窗口”互联互通，使“单一窗口”成为中国全面参与塑造国际经济治理新格局的重要贸易基础设施。

七、保障措施

（一）加强组织领导

国务院口岸工作部际联席会议统一承担全国及各地方电子口岸建设业务指导和综合协调职责。中央层面通过国务院口岸工作部际联席会议统筹推进“单一窗口”建设，由国家口岸管理办公室牵头，公安部、交通运输部、海关总署、原质检总局等口岸查验单位组成的“单一窗口”建设工作组（后期根据建设需要逐步扩大到其他相关成员单位）负责“单一窗口”建设的统筹规划，统一业务规范和技术架构，制定“单一窗口”建设规范和标准体系，统一“单一窗口”共性的基本功能，制定“单一窗口”标准版并推广应用。地方层面由各省（区、市）人民政府牵头形成“单一窗口”建设协调推进机制，负责落地实施，推广应用“单一窗口”标准版，遵循有关标准规范，整合地方资源，完善平台设施，积极拓展地方特色服务功能。“单一窗口”的公共接口，省级人民政府作为使用单位，国家口岸管理办公室作为管理单位，中国电子口岸数据中心作为技术承办单位，探索社会化实体运作方式。

（二）保障资金投入

中央和地方政府要为“单一窗口”建设和运行维护提供必要的资金保障，同时加强量化评估，确保资金使用效益。地方层面可根据需要向物流商务等领域拓展，在不增加企业负担的前提下，探索适合本地需要的可持续发展模式。

（三）推动完善相关法律制度

推动“单一窗口”建设相关法律法规和制度框架研究，明确“单一窗口”的法律地位和运作规则，完善部门间职责分工及协作制度，逐步建立起一整套符合国际通行规则和管理理念的法律法规和政策措施体系。

（四）加强交流宣传

积极借鉴国际先进经验，总结推广国内成熟做法，开展国内国际“单一窗口”建设经验交流，宣传“单一窗口”建设成果，为“单一窗口”建设营造良好的氛围。

附件：推进国际贸易“单一窗口”数据协调与简化建议书

附件

推进国际贸易“单一窗口”数据协调与简化建议书

当前我国国际贸易“单一窗口”（以下简称“单一窗口”）已在沿海地区口岸全部建成启用，正在向沿边和内陆地区拓展。为进一步满足“单一窗口”建设和发展的需要，亟须对通过“单一窗口”申报的、口岸管理相关部门监管需要的数据进行协调与简化，使企业和政府有关部门之间的信息交换更加流畅、高效。本建议书旨在通过采取方便务实的国际通行做法来推进“单一窗口”数据协调与简化工作，通过制定工作目标、梳理工作范畴、确定工作步骤、建立工作机制，为全国“单一窗口”建设提供统一的开发标准和工作指导。

一、“单一窗口”数据协调与简化的工作目标

以便利企业申报、简化业务手续、加强部门间协同监管为原则，研究建立能满足口岸服务和管理相关部门需求、定义明确的《国际贸易“单一窗口”数据元目录》（以下简称《数据元目录》），在

此基础上推动《数据元目录》在“单一窗口”申报等环节的应用，以及口岸管理相关部门在“单一窗口”环境下的流程再造，实现“三互”大通关建设目标。

（一）构建《数据元目录》

参与“单一窗口”建设的口岸管理相关部门各自提供经确认的数据字典，通过数据协调与简化步骤，逐步形成一套既满足口岸管理相关部门监管要求，又符合我国“单一窗口”发展需要的《数据元目录》。

（二）应用至“单一窗口”

“单一窗口”应按照《数据元目录》标准进行开发，制定申报规则，实现“单一窗口”数据“一次性递交”，跨部门、跨系统、跨地区共享交换的建设要求，且有利于开展贸易数据互认互通国际合作。

（三）实现业务协同与联动

参与“单一窗口”建设的口岸管理相关部门，应按照《数据元目录》标准对企业提出申报要求，协调各自的监管行为，进一步优化业务流程，为实现口岸管理相关部门“信息互换、监管互认、执法互助”提供数据基础。

二、“单一窗口”数据协调与简化的范围和内容

各口岸管理相关部门都有将本部门所涉及的国际贸易数据纳入协调与简化范围的权利和义务。目前，“单一窗口”数据协调与简化的范围和内容主要包括：

（一）与货物监管相关的内容

主要包括海关总署和国家质检总局对货物进出口和进出境的监管申报要求，涉及进出口（进出境）报关单、报检单等的协调与简化。

（二）与运输工具监管相关的内容

主要包括公安部、交通运输部、海关总署等对运输工具（船舶、航空器等）进出境的监管申报要求，涉及船舶申报、航空器申报、危险品申报，以及舱单申报等的协调与简化。

（三）与监管证件申领相关的内容

主要包括教育部、科技部、工业和信息化部、国土资源部、环境保护部、农业部、商务部、文化部、卫生计生委、人民银行、国家质检总局、新闻出版广电总局、体育总局、食品药品监管总局、林业局（濒危物种进出口管理办公室）、文物局、国家密码管理局、中央军委装备发展部、中国人类资源遗传办公室、国防科工委消耗臭氧层物质（ODS）办公室、贸促会等部门对所管理进出口监管证件的申领要求，涉及各类进出口监管证件申领数据的协调与简化。

（四）与企业资质备案相关的内容

主要包括交通运输部、商务部、海关总署、国家税务总局、外汇局等对企业从事国际贸易业务类别及所需相关资质的管理要求，涉及外贸业务经营主体（经营单位、收发货单位、申报单位、外贸综合服务单位）外贸经营资格、出口退（免）税备案、外汇企业名录资格，以及货物申报资质等相关数据的协调与简化。

（五）与出口退税相关的内容

主要包括海关总署、国家税务总局对出口货物退（免、抵）税的申报和管理要求，涉及出口退税申报主体、出口退税申报单证等相关数据的协调与简化工作。

（六）与“单一窗口”功能实现相关的其他内容

涉及跨境电子商务、服务贸易、出入境团体旅客申报、进出境个人物品申报等，以及随着“单一

窗口”功能不断完善涉及的相关贸易数据的协调和简化。

三、“单一窗口”数据协调与简化的方式和步骤

数据协调与简化是获取、定义、分析、统一监管数据需求的反复过程，应当分层级、分内容、有步骤地完成。当有新的部门加入或原有部门数据字典发生调整，数据协调与简化须随着新部门的加入及新需求的提出反复进行。步骤如下：

（一）数据获取

数据获取指收集汇总一份经口岸管理相关部门确认的数据目录清单，目录清单应包括数据元名称、数据元定义、表示法（格式或代码）等。

（二）数据定义

对上述数据目录清单涉及的数据元所表达、代表的内容进行定义，包括结构化、半结构化和非结构化等数据类型。

（三）数据分析

将数据目录清单中的数据元进行分类、汇总，整理各部门相同或类似数据元名称，对数据元定义及所包含的数据需求进行分析，通过识别冗余数据和比较数据定义，发现名称相同或相似的数据元对应定义上存在的差异，以及同一数据元在不同部门采用不同编码规则的情况。

（四）数据协调并取得一致

通过各部门充分协商、归并处理，对同一数据名称对应的数据定义和（或）编码达成一致，形成供多部门使用的《数据元目录》。《数据元目录》的数量规模应尽可能小，只包含相关部门目前必需采集的信息。

四、共同推进“单一窗口”数据共享共用

“单一窗口”数据协调与简化工作具有持续性和渐进性，《数据元目录》的建立和应用将伴随“单一窗口”建设的全过程，口岸管理相关部门应共同努力，建立“单一窗口”数据协调与简化工作机制，推进“单一窗口”数据共享共用。

（一）建立“单一窗口”数据协调与简化常态工作机制

在国务院口岸工作部际联席会议机制下设立“单一窗口”数据协调与简化工作委员会（以下简称工作委）。工作委由各部门选派业务和技术专家组成，负责数据协调与简化的论证、协调和推广。工作委为非常设机构，工作委秘书处设在国家口岸管理办公室。工作委根据需要邀请相关政府部门、商会、第三方机构、企业等参与论证。工作委按照专业领域下设工作组，具体承担专业领域“单一窗口”数据标准的研究、起草、修订和推广等工作。

（二）共同推进“单一窗口”数据协调与简化工作

鼓励更多部门参与《数据元目录》制定工作，共同努力寻求途径简化国际贸易管理和通关环节程序，消除手续、文件和程序中多余成分和重复操作的过程。加强与相关国际组织的对话与合作，积极按照国际公约、标准和惯例对本国的数据、手续、程序、操作及单证进行调整，积极推进开展国际间的数据比对与交换。

（三）大力推动“单一窗口”数据共享共用

参与“单一窗口”建设的口岸管理相关部门应通过“单一窗口”平台进行信息共享和执法互助，根据职责和业务需要，可以获取其他部门提供的监管执法类数据，并按照《国务院口岸工作部际联席会议成员单位数据共享和使用管理办法》管理使用。同时，支持各口岸管理相关部门通过“单一窗

口”向其他参建部门提供及时、全面和系统的数据共享服务。参与“单一窗口”建设的口岸管理相关部门如本部门数据字典发生变更，需相应调整《数据元目录》时，应提交工作委协商一致后进行变更。

国际贸易“单一窗口”基本情况介绍

一、我国“单一窗口”建设的总体思路

为统筹推进全国“单一窗口”建设，2016 年出台了《关于国际贸易“单一窗口”建设的框架意见》（简称《框架意见》），并经国务院口岸工作部际联席会议第二次全体会议审议通过后印发，标志着我国“单一窗口”顶层设计方案的出台。《框架意见》内容，明确了我国“单一窗口”建设的总要求、路线图和时间表。

（一）建设目标

即实现申报人通过电子口岸平台一点接入、一次性提交满足口岸管理和国际贸易相关部门要求的标准化单证和电子信息，相关部门通过电子口岸平台共享数据信息、实施职能管理，处理状态（结果）统一通过“单一窗口”反馈给申报人。通过持续优化整合使“单一窗口”功能范围覆盖到国际贸易链条各主要环节，逐步成为企业面对口岸管理相关部门的主要接入服务平台。通过“单一窗口”提高国际贸易供应链各参与方系统间的互操作性，优化通关业务流程，提高申报效率，缩短通关时间，降低企业成本，促进贸易便利化。

（二）基本原则

1. 政府主导

由各级政府统筹推动，各口岸管理相关部门平等参与，共同建立并完善“单一窗口”建设协作配合机制，并将“单一窗口”建设纳入本部门的发展规划，实行共建、共管、共享，通过“单一窗口”实现政府管理和服务功能。

2. 协同治理

满足口岸管理相关部门执法和监管要求，充分发挥口岸管理相关部门现有职能作用，推进综合执法，实现单向管理向多元治理的转变。

3. 便利企业

以便利企业为目的，通过协调简化单证格式和数据标准，优化口岸业务流程，减少数据重复录入，让数据多“跑路”，让企业少奔波，突破时间和空间限制，提供“一站式”服务。

4. 规范安全

统一技术架构，统一数据交换共享和接口标准，统一和规范基本功能；加强信息安全保障性体系建设，建立健全运维管理制度和应急处置预案，确保系统运行和信息安全。

5. 创新驱动

以科技创新为引领，推动“互联网+”、大数据、云计算等新技术与口岸通关业务深度融合，高标

准建设“单一窗口”，不断深化“单一窗口”应用，实现良性循环和可持续发展。

（三）核心思路

一是“总对总”。依托中国电子口岸平台，以“总对总”方式与各口岸管理和国际贸易相关部门系统对接，实现信息数据互换共享。

二是统一标准。统一建设规范和标准体系，统一共性基本功能，制定“单一窗口”标准版并推广应用，将地方的“方言”转化为全国的“普通话”，避免各地重复建设。

三是互联互通。实现国家部委之间、地区之间，以及国家部委与地区之间的互联互通，共同打造全国一体化的“单一窗口”环境，并开展与国际上“单一窗口”合作对接。

四是两个层面。中央和地方两个层面明确职责分工，共同参与建设，充分发挥两个层面的优势作用。

（四）总体布局

推进电子口岸公共平台的公共化、平等化和单一化，依托中央和地方两级平台，实现国家部委之间、地区之间，以及国家部委与地区之间的互联互通，共同打造全国一体化的“单一窗口”环境。

中央层面依托中国电子口岸平台，以“总对总”方式与各口岸管理和国际贸易相关部门系统对接，实现信息数据互换共享，开展国际合作对接。各地原则上以省（区、市）为单位，依托本地电子口岸建设一个省域“单一窗口”，并实现省域“单一窗口”间互联互通，探索建设符合国家区域发展战略要求的区域“单一窗口”。

其中，公共平台是“单一窗口”顶层设计的前提。为避免资源浪费和重复建设，并考虑到我国各地方经济体量普遍较大、贸易依存度较高的特点，采取依托现有中央和地方两级电子口岸公共平台的做法，并建立相应的运维管理机制，充分发挥中央和地方两个层面的各自优势。

（五）组织保障

国务院口岸工作部际联席会议统一承担全国及各地方电子口岸建设业务指导和综合协调职责。

中央层面通过国务院口岸工作部际联席会议统筹推进“单一窗口”建设，由国家口岸管理办公室牵头，公安部、交通运输部、海关总署、原质检总局等口岸查验单位组成的“单一窗口”建设工作组（根据建设需要逐步扩大到其他相关成员单位）负责“单一窗口”建设的统筹规划，统一业务规范和技术架构，制定“单一窗口”建设规范和标准体系，统一“单一窗口”共性的基本功能，制定“单一窗口”标准版并推广应用。

地方层面由各省（区、市）人民政府牵头形成“单一窗口”建设协调推进机制，负责落地实施，推广应用“单一窗口”标准版，遵循有关标准规范，整合地方资源，完善平台设施，积极拓展地方特色服务功能。

（六）建设内容

中央层面重点组织实施：

1. 口岸执法与基本服务功能。主要包括货物申报、舱单申报、运输工具申报、税费支付、许可证件申领、原产地证书申领、企业资质办理、出口退税申报、查询统计等标准版基本功能，基本覆盖口岸通关全流程，方便企业一次申报和业务办理，满足口岸管理相关部门的要求。

2. 跨部门信息共享和联网应用。加强口岸管理相关部门数据的联网共享与综合利用，进一步提高口岸管理相关部门的联合执法和科学决策能力。

3. 与境外信息交换功能。服务国家“一带一路”发展倡议，支持跨境联网合作，开展与“一带一路”沿线国家和地区，以及世界主要贸易伙伴之间的信息互换与服务共享，实现与国际上“单一窗口”的互联互通。

4. 标准体系建设。包括：

（1）统一数据元。遵循国际及国家标准，遵照国际通行做法，积极开展数据协调、简化和标准化，形成定义明确并经简化处理的“单一窗口”数据元目录，建立数据协调和简化长效工作机制。

（2）统一门户。统一界面、统一标志、统一域名规范。整体命名为“中国国际贸易单一窗口”，各地平台面对企业的登录界面命名为“中国（××）国际贸易单一窗口”。

（3）统一认证。统一“单一窗口”的用户管理和身份认证，分步实施，最终实现一次注册、全国通用。

（4）统一数据接口标准。中央层面统一接口的管理与发布，各参与方向“单一窗口”统一开放接口标准，为“单一窗口”标准版的制定和推广应用提供必要的技术支持和指导。

（5）统一数据管理规范。落实《国务院口岸工作部际联席会议成员单位数据共享和使用管理办法》，建立数据资源共享目录，建设数据共享平台，完善数据共享机制，在确保数据安全的前提下，全面推进成员单位间数据共享。

（6）统一信息安全规范。坚持“安全第一”原则，加强系统、网络和数据的安全防护和应急管理，制定信息安全管理指南，明确各方权利和责任，签订安全管理协议，共同做好信息安全管理工作。

（7）统一运维保障体系。充分依托电子口岸现有运维体系，建立健全一体化“单一窗口”运维保障机制，规范服务接入和服务标准，明确各方运维职责，实现各负其责、联合保障。

地方层面在推广应用“单一窗口”基本功能的基础上，拓展实施“单一窗口”特色服务功能，包括：

1. 口岸政务服务功能。推广应用“单一窗口”标准版，同时结合本地口岸通关业务特色需求，进一步提升和扩展项目的应用功能，建设本地口岸政务服务项目，如物流监管、特殊区域、港澳台贸易等。

2. 口岸物流服务功能。结合本地口岸业务特点与需求，打通港口、机场、铁路、公路等物流信息节点，促进运输、仓储、场站、代理等各类物流企业与外贸企业的信息共享和业务协同，支持水、陆、空、铁及多式联运等多种物流服务方式，积极开展与地方各类物流信息平台的互联合作，推动外贸与物流联动发展。

3. 口岸数据服务功能。以口岸管理相关部门的通关物流状态信息为基础，整合运输工具动态信息、集装箱信息、货物进出港和装卸等作业信息，形成完整的通关物流状态综合信息库，为企业提供全程数据服务，方便企业及时掌握通关申报各环节状态。

4. 口岸特色应用功能。发挥“单一窗口”信息资源、用户资源集聚优势，与金融、保险、电商、通信、信息技术等相关行业对接，为国际贸易供应链各参与方提供特色服务，有效支持地方口岸新型贸易业态发展。

（七）实施路径

1. 顶层设计

2016 年 9 月，国务院口岸工作部际联席会议第二次全体成员单位会议审议通过了《关于国际贸易“单一窗口”建设的框架意见》，并印发全国实施。

2. 工程实施

2017 年 1 月，启动“单一窗口”标准版和标准体系建设，年内建成上线 9 大基本功能，建设 7 大标准体系。

3. 试点推广

2017 年年底前，按照国务院 174 次常务会议部署要求，加快推进国际贸易“单一窗口”建设，按标准版统一要求，实现全国所有口岸全覆盖。

4. 全面推广

2018 年，推进跨境贸易电子商务、自由贸易试验区、自由贸易港区、多式联运、服务贸易等功能建设；货物申报、舱单、运输工具等主要功能应用率要达到70%，力争2019年年底前达100%。

5. 深化拓展

2020年以后，进一步覆盖到国际贸易链条各主要环节，实现国际贸易进出口业务全部通过“单一窗口”办理，并推进与“一带一路”地区及全球主要经济体“单一窗口”的互联互通，成为我国重要贸易基础设施。

二、“单一窗口” 标准版建设推进情况

（一）基本功能建设

1. 货物申报

企业通过“单一窗口”关检融合整合申报界面一次性录入/导入原报关单和原报检单所需数据，满足海关查验和出入境检验检疫等货物监管要求。以往企业需要面对多套系统，重复录入数据项超过三分之一，现在只需面对一套系统，相同数据只需提交一次。

2. 舱单申报

舱单电子数据传输义务人将舱单电子数据录入或发送到“单一窗口”后，系统自动将舱单数据按照相关部门监管要求进行传输，审核结果统一反馈。支持大型企业对接导入模式，按照标准的电子报文格式将电子数据传输到“单一窗口”。

3. 运输工具申报

实现运输工具“一单多报”。以往企业进行船舶申报需要安装使用四套系统，分别向海关、检验检疫、海事、边检四家单位申报，申报数据项1113个，船舶进出境全流程通关手续办理需要16小时以上，现在企业通过“单一窗口”即可完成所有申报，申报数据项协调简化为388个，办理时间压缩到2小时。

4. 税费支付

为企业提供进出口税费网上支付功能，方便企业足不出户办理税费支付业务，企业从发出付款指令至付款完成不超过2分钟，并可于当日、最迟次日完成税款入库，深受企业用户欢迎，同时实现税费全程无纸化办理，有效提高税款入库效率。

5. 许可证件申领

我国进出口监管证件涉及近20个部门50余种，企业需要到相关部委办事机构，或者安装各部门的客户端进行操作。现在企业可以通过“单一窗口”申请各类监管证件，并在通关环节进行联网核查，极大地方便企业，有效提高口岸联合执法能力。

6. 原产地证书申领

企业可通过“单一窗口”向海关总署或贸促会申请办理原产地证书，包括普惠制产地证、一般原产地证书等。同时“单一窗口”可实现与境外签发机构及与进口国家（地区）海关间的数据共享，提高货物在进口国（地区）的通关效率。

7. 企业资质办理

“单一窗口”实现了与市场监管总局的企业信息共享和联网验证，企业通过“单一窗口”只需补录提交少量资料信息，就可以完成在商务、海关、税务、外汇等部门的企业备案或资质办理。

8. 出口退税

以企业申报的报关单数据为基础，自动生成出口退税申报单，并经企业进行少量补充申报后，发往税务总局申请办理退税手续。通过复用报关单数据，可以减少企业90%的出口退税申报录入工作量，

同时降低了申报差错率。

9. 查询统计

提供动态查询、统计发布、实时分析、预测预警、贸易流程可视化等功能，为企业提供通关全流程信息查询服务，并为政府部门改善管理、加强监管、优化服务提供决策支持。通过主动推送、移动查询等服务，大大增强用户体验。

10. 口岸通关时效评估系统

遵循国际通行的口岸放行时间评估模型，结合我国口岸监管的实际情况，采集涵盖海关、海事、港口及口岸场站的实时运行数据，对货物通关全过程记录和统计，直观展示进出口货物通关状况，提供客观的通关时效分析。

11. 加贸保税

加贸保税申报包含委托授权子系统、保税物流管理子系统、保税货物流转子系统、加工贸易手册管理子系统、加工贸易账册管理子系统、保税担保管理子系统、特殊区域管理子系统 7 个金关二期加工贸易保税申报项目，实现有关业务“一网通办”。

12. 跨境电子商务

遵循电子商务规律，发挥电子商务全程数据留痕、可追溯的特性，利用数据共享和大数据分析等技术手段，创新监管和服务的理念方法，改革优化通关作业流程，提供“365 天全年无休、货到 24 小时内办结海关手续”的通关时限要求，进一步支持跨境电子商务这一新兴业态发展，促进“大众创业、万众创新”。

（二）跨部门信息共享和联网应用

落实《成员单位数据共享管理办法》，推动建立数据资源共享目录，完善数据共享机制，在确保数据安全的前提下，全面推进各口岸管理部门间数据信息共享。目前已实现与 17 个部委和 23 家商业银行的联网，跨部门联网应用项目 41 个，入网企业达 103 万余家，日均交换各类单证 140 万笔，累计交换共享数据 21.8 亿条。联网应用范围涵盖了许可证、通关单、出口退税、增值税抵扣、汽车证明书联网核查，以及跨境贸易人民币结算数据联网和铁路舱单数据共享等，基本实现了大通关核心环节的数据共享和联网核查，为落实口岸“三互”大通关改革奠定了基础。

此外，与海关、质检、商务、环保等部门实现通关单、自动进口许可证、固体废物进口许可证等 23 种监管证件联网核查，占涉证报关单量的 99%以上，为各政府部门实现口岸监管及联网核查、税费支付、海关无纸化通关作业打下良好基础；与海关、人民银行、国税、外汇等部门实现通关数据联网，为国家施行退税、结汇、人民币国际化等各项经济金融改革措施提供有力支撑；与海关、国税、质检、公安、环保、农业等部门实现联网数据共享，提升了口岸管理部门在收结汇管理、进出口货物检验检疫、汽车进口、罚没车辆管理、有毒化学品、固体废物及农药进出口、税收入库等方面的依法行政和联合执法能力。

（三）与境外信息交换功能

与国际上“单一窗口”互联互通和数据交换是我国“单一窗口”建设的重要内容。目前已实现中韩、中巴（基斯坦）、中新（西兰），以及内地与港澳台地区之间原产地和货物信息交换，中美、中欧 AEO（经认证的经营者）互认信息联网共享等，积极开展与“一带一路”沿线国家和地区，以及主要贸易国家的信息互换与服务共享等。

（四）标准体系建设

具体内容见表 1。

表 1　国际贸易“单一窗口”标准体系建设

序号	分类名称	标准规范
1	总体标准	国际贸易“单一窗口”术语
2		国际贸易“单一窗口”标准化指南
3	数据交换标准	国际贸易“单一窗口”货物申报服务集成接口规范
4		国际贸易“单一窗口”舱单服务集成接口规范
5		国际贸易“单一窗口”运输工具服务集成接口规范
6		电子口岸数据交换技术规范
7	应用系统标准	国际贸易“单一窗口”应用前台开发指南——浏览器版
8		国际贸易“单一窗口”应用后台开发指南
9	应用支撑标准	国际贸易“单一窗口”统一门户建设规范
10		国际贸易“单一窗口”用户管理和身份认证集成指南
11		国际贸易“单一窗口”集成部署指南
12		国际贸易“单一窗口”组件集成指南
13		国际贸易“单一窗口”REST 服务集成指南
14		国际贸易“单一窗口”数据共享集成指南
15	管理标准	国际贸易“单一窗口”服务指南（包含服务目录）
16		国际贸易“单一窗口”自动导入客户端接入指南
17		电子口岸信息安全管理规范
18		国际贸易“单一窗口”运行管理办法（暂行）
19		国际贸易“单一窗口”门户网站管理办法

（五）“单一窗口”建设取得成效情况

“单一窗口”标准版始终围绕提升企业获得感，不断优化完善应用功能，快速响应企业需求，便利企业使用，大大增强用户体验。

1. 功能特色

24 小时在线服务。实现“单一窗口”一点接入、一次提交，回执结果统一反馈，全国互联互通，企业“一地注册、全国通用”，借助互联网实现 24 小时随时随地办理网上业务。

满足不同类型企业需求。提供 SAAS 申报、自动导入客户端、服务集成等不同模式，企业可以单票提交，也可以批量导入，满足不同对接需求和企业不同操作习惯。

减少数据重复录入。通过协调简化单证格式和数据标准，将涉及原四家口岸查验单位 1781 个数据元减少至 731 个，最大限度减少数据重复录入。

一次录入、多次使用。提供逻辑校验、数据返填、单据复用等功能，为企业提供最大操作便利，提高录报效率。

全程状态主动推送。提供移动查询服务功能，主动推送通关状态信息，方便企业 24 小时随时随地掌握全程申报状态。

最多跑一次。通过推进单证无纸化，取消了需向原四家口岸查验单位递交的 44 类、70 余种纸质申报材料，实现了船舶进出境通关手续办理“最多跑一次”。

口岸通关时效分析。提供大通关时效评估，方便对通关状况进行宏观监测，促进口岸效率提升。

企业免费使用。进一步减轻企业负担，降低企业成本，提高企业竞争力。

2. “五个一”

一点接入：整合各部门相互独立的申报系统，企业通过互联网随时随地接入“单一窗口”办理各项业务。

一次提交：凡通过“单一窗口”提交或联网验核的证件、资料，企业无须重复提供。

一次查验：依托“单一窗口”实行各类查验指令对碰、预约交互、一次开箱、联合查验。

一键跟踪：主动推送进出口贸易全流程通关状态，企业可以通过手机 App 一键订阅，全程跟踪，有序调度。

一站办理：最大限度实现各个环节的无纸化，让数据多跑路、企业少跑腿。

3. 企业反馈

有了“单一窗口”这条免费的现代化“高速公路”，加上良好的维护保障措施，为各地区开放型经济发展真正起到“助推器”的作用。

——《湖南日报》

原先一家进出口企业每次都要面对海关 60 多个、检验检疫 70 多个数据项的申报。“单一窗口”上线后，一张“大表”将上述申报项精简成 103 项，免去了企业三分之一的重复录入量，报关企业也因此减轻了负担。

——上海某报关有限公司

之前报关员必须每天上午、下午到现场柜台询问，如错过核销时间节点，会增加半天以上的滞港时间，影响通关效率，产生额外费用。“单一窗口”将转关单核销状态信息推送收货人及代理人，仅这一环节优化即节约半天时间。

——重庆某报关服务公司

自从用了“单一窗口”，只要在电脑前录入一次数据，信息就能自动发送至相关部门，最快几分钟就可以完成整个申报手续，为公司节省了大量人力和时间成本，在效益上公司业务量增加了 30%。

——广东某报关船务代理有限公司

使用国际贸易“单一窗口”系统操作便利，不用缴纳服务费用，减少企业负担，增强了企业获得感。

——汕头某船务有限公司

我公司每天都要出口大量货物到世界各地，在以前，仅报关业务就要 300 多人来负责，而且要往返多地，如今企业报关业务的办公室已经腾退过半，报关员数量减少了三分之二以上。

——广州某货运代理有限公司

“单一窗口”未开放前，企业要在公司本部、洋山港、浦东机场等地各配置一套报关、报检人马，应对各项申报和监管手续。而现在两三人就能胜任，无论在单位还是在家里，只要有台能上网的电脑，就可随时随地通过一套系统完成相关手续，最快 1 个多小时就能搞定。

——上海某物流公司

通过“单一窗口”进行“一次申报”，企业可一站式办结所有通关手续，节省大量人力和时间成本。

——湖南某国际货运代理有限公司

通过“单一窗口”标准版办理船舶进出境全流程通关手续，原来累计需要16小时以上，现在压缩到2小时，网上从申报到接收审批仅需10分钟。

——中国某外轮代理有限公司

三、“单一窗口”建设未来工作展望

“单一窗口”建设永远是进行时，未来任重而道远。为将我国“单一窗口”建设成为最大、最强、最好的“单一窗口”，我们还将致力于以下几个方面的工作。

（一）使“单一窗口”功能覆盖国际贸易全链条所有环节

目前，新加坡已经在致力于构建国家贸易基础设施，将所有贸易商及合作性运营伙伴之间的信息交换系统整合到同一个平台上，构建B2B（企业与企业）、B2G（企业与政府）的生态环境，为贸易供应链的各参与方提供贸易便利化服务与增值服务。

我国“单一窗口”建设也要研究推动“单一窗口”与港口物流系统的对接和集成，以及“单一窗口”与市场监督公共信用平台的互联互通，使“单一窗口”功能由口岸通关执法环节向前置和后续环节拓展，并逐步向相关物流商务服务延伸，即实现“口岸服务‘单一窗口’”，为贸易供应链各参与方提供贸易便利化与增值服务。利用大数据提升政府监管和决策水平。引入移动互联技术，实现移动“单一窗口”等。

（二）通过“单一窗口”推动口岸执法流程优化和简化

目前，我国“单一窗口”还只是初步实现各部门系统接入“物理集中”，需要逐步向“化学反应”发展，充分发挥大数据作用。随着各口岸管理相关部门简政放权、优化职能改革的进展，适时推动加入“单一窗口”的有关部门进行业务流程分析，提出改善流程的建议，进一步优化口岸管理和执法流程，使之更加适应“单一窗口”环境。其中，“单一窗口”统一认证试点就是一个很好的例子。

目前上海、天津、福建等地“单一窗口”保留了各部门原有认证机制，通过各自认证机制实现授权访问控制。以上海“单一窗口”为例，企业使用上海“单一窗口”须事先提交真实有效的身份信息，申请成为注册用户，由上海市企业法人库和公共信用平台对企业提交的身份信息进行真实性核查审核后授予企业账号和密码。企业使用账号和密码登录“单一窗口”，办理录入和查询等业务，并分别通过口岸管理部门各自的规定和认证程序办理报关、报检等口岸业务。目前我们已经和各参建部门初步达成共识，采用跨域互信认证模式实现全国“单一窗口”统一认证，企业使用“单一窗口”只需要认证一次即可办理所有业务，进一步优化了业务办理流程。

（三）探索与国际“单一窗口”的互联互通

建设“单一窗口”是提升口岸开放水平，助推“一带一路”国家倡议的有效切入点。贸易和供应链交易都具有跨边境属性，国家层面建设的系统将来要和其他国家（地区）的系统对接和共享数据，只有这样才能最大限度发挥出“单一窗口”的应用效益。目前，很多组织就实现“单一窗口”系统间的互联互通提出了自己的一些项目和数据标准。例如，世界海关组织（WCO）提出了全球海关网络（GNC），一些国家提出了E-permit电子证书信息跨境互换，世界海关组织（WCO）提出数据模式3.0等。东盟“单一窗口”（ASW）是一个非常大的区域性“单一窗口”联通项目，这个项目将把东盟10个国家的“单一窗口”连接起来。

未来，我们还要对接国际“单一窗口”，逐步采用国际普遍适用的数据协调和技术标准，不仅要讲好“普通话”，还要学会说“世界语”，保证数据通用性和系统开放性，推进“单一窗口”向更加便利化、智能化和国际化的方向发展。探索利用“单一窗口”平台进行“一带一路”沿线主要国家间国际贸易数据交换与共享，将“单一窗口”打造成与“一带一路”沿线国家之间互联互通的最便捷接口，带动这些国家参与国际经贸合作，构建“一带一路”沿线大通关合作机制。

国际贸易“单一窗口”建设任重道远。我们要深入贯彻党的十九大精神，以习近平新时代中国特色社会主义思想为指导，坚持共建、共管、共享，积极谋划，主动作为，形成合力，深挖潜力，坚决打赢国际贸易“单一窗口”建设这场攻坚战，切实提高企业获得感，打造更大、更强、更好的“单一窗口”，为推动实现更高水平的贸易自由化便利化，建设贸易强国作出应有的贡献。

国际贸易"单一窗口"总体设计方案

（2017年2月）

一、概述

（一）建设背景

为贯彻落实党中央、国务院关于我国国际贸易"单一窗口"（简称"单一窗口"）建设的一系列决策部署，统筹推进我国"单一窗口"建设，在总结沿海地区"单一窗口"建设试点成果基础上，结合我国口岸管理实际，并充分借鉴国际上"单一窗口"成熟经验，落实《关于国际贸易"单一窗口"建设的框架意见》要求，统筹推进"单一窗口"标准版建设。

（二）业务现状

企业在口岸通关过程中，依照我国法律法规要求需要向多个部委所属职能部门进行业务申报，办理相关业务手续。目前大多数部门都开发了业务信息化系统，实现了各自部门业务申请、办理、回复的电子化和网络化。但是在中央层面，各部门系统间缺乏协同互动，未实现充分的数据共享，企业在口岸通关过程中需要登录不同的系统填报数据，严重影响了口岸通关效率。

部分发达地区的口岸管理部门已经尝试依托地方电子口岸平台建立"单一窗口"，实现企业一次录入数据后向多个管理部门的系统进行申报，并取得了良好的应用效果。但是各业务部门间的数据共享和数据交互受各自业务系统建设和运行模式制约，很多系统功能在地方电子口岸平台无法实现对接。各地方独立开发的"单一窗口"存在很多相似功能，重复建设情况比较突出。存在的主要问题总结如下：

- 登录多个部门系统，多次录入重复数据内容；
- 缺乏"一站式"办理业务统一平台；
- 单证格式、数据标准要求不统一；
- 企业申报难度大、工作量大；
- 各部门之间数据缺乏共享，综合治理程度低；
- 目前各地建设地方电子口岸，存在重复建设情况。

（三）基本原则

1. 政府主导

由各级政府统筹推动、各口岸管理相关部门平等参与，共同建立并完善"单一窗口"建设协作配合机制，并将"单一窗口"建设纳入本部门的发展规划，实行共建、共管、共享，通过"单一窗口"实现政府管理和服务功能。

2. 协同治理

满足口岸管理相关部门执法和监管要求，充分发挥口岸管理相关部门现有职能作用，推进综合执法，实现单向管理向多元治理的转变。

3. 便利企业

以便利企业为目的，通过协调简化单证格式和数据标准，优化口岸业务流程，减少数据重复录入，让数据多跑路，让企业少奔波，突破时间和空间限制，提供“一站式”服务。

4. 规范安全

统一技术架构，统一数据交换共享和接口标准，统一和规范基本功能；加强信息安全保障性体系建设，建立健全运维管理制度和应急处置预案，确保系统运行和信息安全。

5. 创新驱动

以科技创新为引领，推动“互联网+”、大数据、云计算等新技术与口岸通关业务深度融合，高标准建设“单一窗口”，不断深化“单一窗口”应用，实现良性循环和可持续发展。

（四）建设目标

实现申报人通过“单一窗口”一点接入、一次性提交满足口岸管理和国际贸易相关部门要求的标准化单证和电子信息，相关部门通过“单一窗口”共享数据信息、实施职能管理，处理状态（结果）统一通过“单一窗口”反馈给申报人。

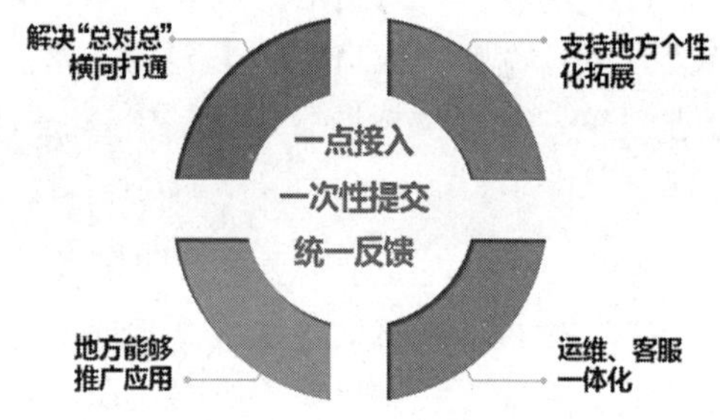

图 1　建设目标

1. 解决“总对总”，横向打通

中央层面依托中国电子口岸平台，以“总对总”方式与各口岸管理和国际贸易相关机构实现系统对接，开展信息数据互换共享，开展国际合作对接。

2. 地方能够推广应用标准版

地方层面依托地方电子口岸平台，推广应用“单一窗口”标准版，同时结合本地口岸通关业务特色需求，进一步提升和扩展项目的应用功能，建设本地口岸政务服务项目，如物流监管、特殊区域、港澳台贸易等。

3. 支持地方拓展个性化特色服务

标准版的基本功能需要提供丰富的手段，能够让地方进行既简单又灵活的集成和使用，能够满足地方进行个性化需求的二次开发，实现标准版和地方的有机融合。

4. 运维、 客服一体化

充分依托电子口岸现有运维体系，建立健全一体化“单一窗口”运维保障机制，规范服务接入和服务标准，明确各方运维职责，实现各负其责、联合保障。

二、总体架构

（一）建设范围

“单一窗口”的建设包括两大部分内容，其中，一部分是应用服务功能建设，另一部分是标准体系建设。应用服务功能建设包括中央层面和地方电子口岸。标准体系建设包括了数据简化和标准、统一门户及认证、统一的数据接口、数据管理、信息安全规范及运维保障体系。本次总体架构设计，重点在应用服务功能建设部分。

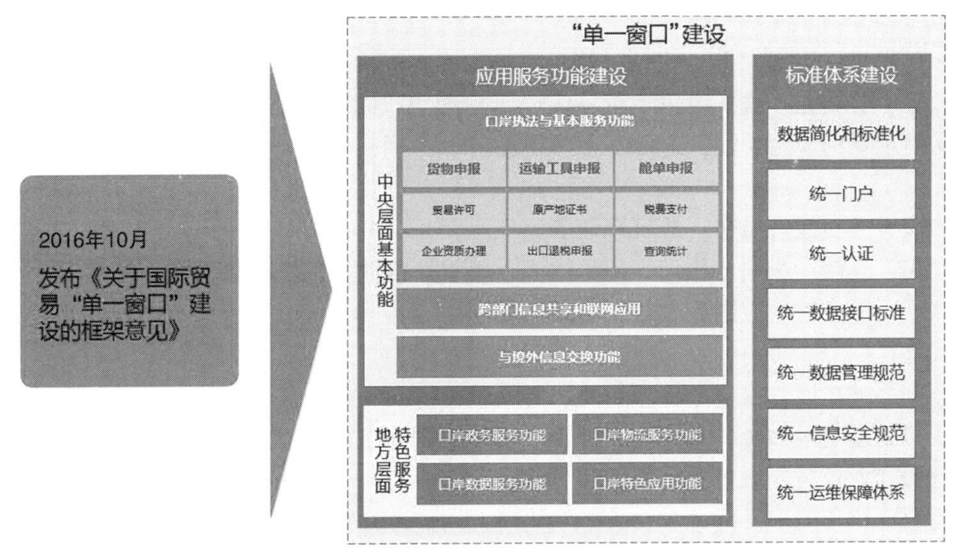

图 2　总体架构图

（二）总体布局

1. 架构布局

根据建设目标，国际贸易“单一窗口”标准版支撑中央层面集中业务统一办理，业务流程统一、数据标准规范一致，同时也支撑各地根据地方实际拓展本地特色服务，同时兼顾无特色服务地区系统部署版本的统一规划建设。建设一个可扩展、可伸缩、可协同、可维护的完整信息化架构。

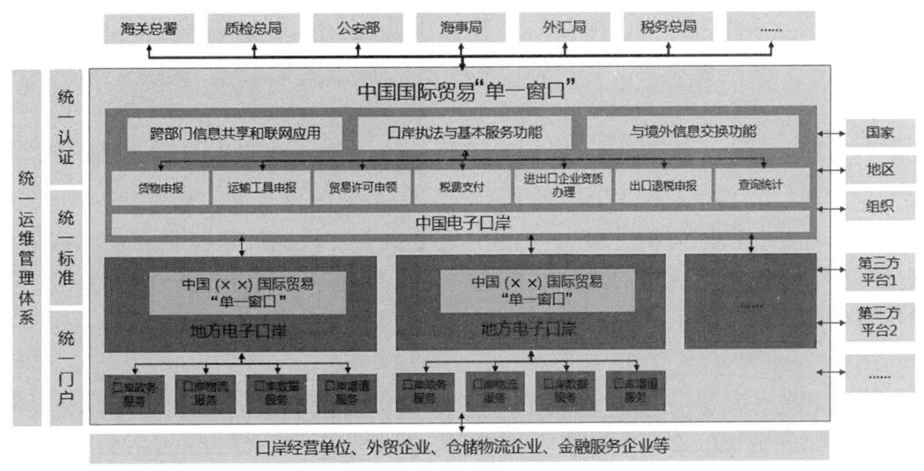

图 3　总体架构图

（1）应用服务功能建设

“单一窗口”基本功能建设，包括：

①口岸执法与基本服务功能。主要包括货物申报、舱单申报、运输工具申报、税费支付、贸易许可办理、原产地证书申领、企业资质办理、出口退税申报、查询统计等全流程服务功能，方便企业一次申报和业务办理，满足口岸管理相关部门的要求。

②跨部门信息共享和联网应用。加强口岸管理相关部门数据的联网共享与综合利用，进一步提高口岸管理相关部门的联合执法和科学决策能力。

③与境外信息交换功能。服务国家“一带一路”发展倡议，支持跨境联网合作，开展与“一带一路”沿线国家和地区，以及世界主要贸易伙伴之间的信息互换与服务共享，实现与国际上“单一窗口”的互联互通。

地方电子口岸拓展实施“单一窗口”特色服务功能，包括：

①口岸政务服务功能。推广应用“单一窗口”标准版，同时结合本地口岸通关业务特色需求，进一步提升和扩展项目的应用功能，建设本地口岸政务服务项目，如物流监管、特殊区域、港澳台贸易等。

②口岸物流服务功能。结合本地口岸业务特点与需求，打通港口、机场、铁路、公路等物流信息节点，促进运输、仓储、场站、代理等各类物流企业与外贸企业的信息共享和业务协同，支持水、陆、空、铁及多式联运等多种物流服务方式，积极开展与地方各类物流信息平台的互联合作，推动外贸与物流联动发展。

③口岸数据服务功能。以口岸管理相关部门的通关物流状态信息为基础，整合运输工具动态信息、集装箱信息、货物进出港和装卸等作业信息，形成完整的通关物流状态综合信息库，为企业提供全程数据服务，方便企业及时掌握通关申报各环节状态。

④口岸特色应用功能。发挥“单一窗口”信息资源、用户资源集聚优势，与金融、保险、电商、通信、信息技术等相关行业对接，为国际贸易供应链各参与方提供特色服务，有效支持地方口岸新型贸易业态发展。

（2）标准体系建设

①数据简化和标准化。遵循国际贸易便利化领域相关国际及国家标准，遵照国际通行做法积极开展国际贸易数据简化和标准化，通过数据的获取、定义、分析、协调等反复过程，分层级、分内容、有步骤地实施数据协调与简化，形成定义明确并经简化处理的“单一窗口”数据元目录，并建立数据协调和简化长效工作机制。

②统一门户。统一界面、统一标志、统一域名规范。整体命名为“中国国际贸易单一窗口”，各地平台面对企业的登录界面命名为“中国（××）国际贸易单一窗口”。

③统一认证。统一“单一窗口”的用户管理和身份认证，分步实施，最终实现一次注册、全国通用。

④统一数据接口标准。中央层面统一接口的管理与发布，参与各方应当向“单一窗口”统一开放接口标准，为“单一窗口”标准版的制定和推广应用提供必要的技术支持和指导。

⑤统一数据管理规范。根据《国务院口岸工作部际联席会议成员单位数据使用与管理办法》，建立数据资源共享目录，建设多边交换的数据共享池，完善数据共享机制，做到数据授权使用和对外许可提供，在确保数据安全的前提下，“以共享为原则，不共享为例外”，全面推进各口岸管理部门间信息共享。

⑥统一信息安全规范。口岸管理相关部门、“单一窗口”承建和运营单位要坚持“安全第一”原则，加强对系统、网络和数据的安全防护和应急管理，制定信息安全管理指南，明确“单一窗口”建设各方的权利和责任，签订安全管理协议，共同做好信息安全管理工作。

⑦统一运维保障体系。充分依托电子口岸现有运维体系，建立健全一体化“单一窗口”运维保障

机制，规范服务接入和服务标准，明确各方运维职责，实现各负其责、联合保障。

2. 中央与地方布局

（1）设计原则

在中央与地方的布局上，为了保证基础功能集中体现，个性化定制功能各自开发的理念，在设计上遵循如下原则：

①尽量保证“单一窗口”中央层面共性基本功能的复用，减少各地定制开发。并通过多种集成方式集成中央层面的基本功能，便于减少重复开发、重复部署、重复运维，提高需求的快速响应速度，实现共性的基本功能全国统一。

②地方电子口岸实现地方特色服务的应用功能。“单一窗口”中央层面的基本功能提供丰富的手段，能够让地方进行既简单又灵活的集成和使用，能够满足地方电子口岸进行个性化需求的应用开发，实现中央层面和地方电子口岸的有机融合。

③“单一窗口”的基本功能能够部署在统一集中的地方，中央层面功能与地方电子口岸实现松耦合结构，既能够独立运行，又可以让地方集成后运行。中央层面的更新和运行维护完全不依赖地方电子口岸，不影响地方电子口岸的稳定运行，地方电子口岸的更新维护和运行维护也完全不影响中央层面的稳定运行，中央层面和地方电子口岸能够完全各自独立进行更新维护和运行维护，互不影响、互不关联。

（2）架构布局

“单一窗口”中央层面负责“总对总”的交互，而中央层面与地方电子口岸的交互，存在 SaaS 服务、组件集成、服务集成这 3 种业务场景，具体的场景描述如下：

①SaaS 服务，适用于当地未建设“单一窗口”，直接提供 SaaS 服务给地方电子口岸调用，对中央层面功能及服务高度复用。

②组件集成，适用于已经建设了“单一窗口”，提供组件给地方电子口岸集成到本地页面中，组件包括了前台页面及后台逻辑服务，对中央层面功能及服务中度复用。

③服务调用，适用于已经建设了“单一窗口”，提供后台服务给地方电子口岸调用，对中央层面功能及服务低度复用。

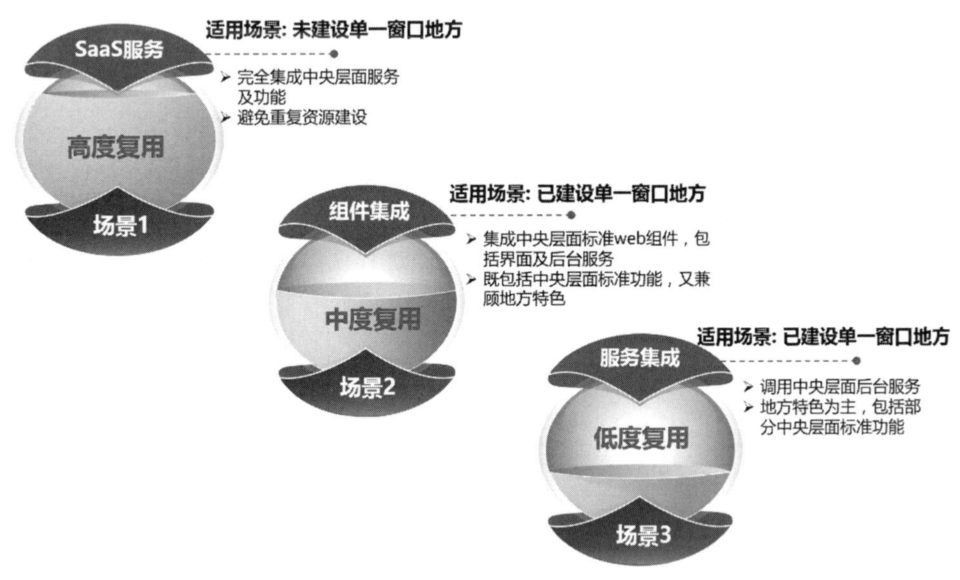

图 4　系统集成场景

针对上述的 3 种业务场景，其分别对应了 3 种技术实现手段，分别是 SaaS 服务、组件集成和服务集成，同时为了应对地方电子口岸与中央层面的数据共享，增加 1 种数据共享技术。这 4 种技术方式所对应的业务场景及其特点见表 1。

表 1　技术方式所对应的业务场景及其特点

交互方式	适用场景	建设投入	地方技术能力要求	建设周期	业务拓展	运维支持	需求响应速度
SaaS 服务	未建设“单一窗口”。	投入低，地方电子口岸只需要使用中央层面的 SaaS 服务，不需要任何开发部署工作，建设成本低，建成速度快。	对地方开发能力无要求。	地方无须开发，直接部署即可使用。	对个性化业务拓展支撑有限。	统一运维支持。	快速，中央集中开发后即可支持。
组件集成	已建设“单一窗口”，但功能不完善。	投入较低，地方电子口岸的“单一窗口”只要集成组件即可在地方电子口岸的“单一窗口”实现业务功能，开发周期短，避免重复开发，有效降低开发成本。	只需要了解集成接口即可开发本地“单一窗口”，对地方开发能力要求一般。	需要简单的开发和联调。	支持地方电子口岸在组件基础上进行业务拓展。	中央地方电子口岸均需要保持运维团队，运维边界清晰。	较快，中央集中开发后即可支持。
服务集成	已建设“单一窗口”，功能较完善且与个性化业务有深度融合。	投入高，地方电子口岸与中央层面做服务集成，界面由地方电子口岸各种定制，地方电子口岸的系统开发量大，建设周期长，投入大。	需要既了解业务逻辑，又要了解接口规范，对地方开发能力要求高。	需要长时间开发和联调测试才能上线，建设周期长。	地方电子口岸可自主进行业务拓展，灵活度高。	中央地方电子口岸均需要保持运维团队，问题处理需要综合分析。	较慢，中央层面和地方电子口岸均需要进行系统开发、联调、部署。
数据共享	补充方式。						

（三）架构设计

1. 设计方法

本次架构设计参照联邦企业架构 FEA 模型为主，部分参考国际开放组织 TOGAF 企业架构模型，结合本国国情，通过 FEA 架构分片的方式，进行设计。

FEAF 采用了第三粒度层次对企业架构的开发和维护过程模型进行了最细化。经过这个层次的细化，FEAF 表现见图 5。

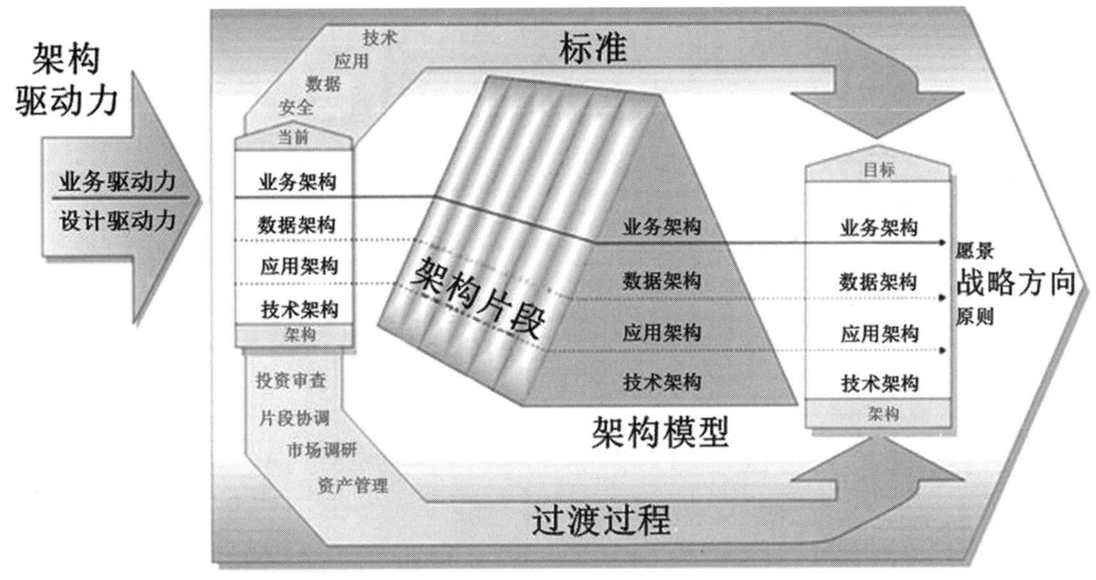

图 5 FEAF 架构模型

FEAF 阐述了一个总体架构模型，而架构包括总体架构和系统架构。总体架构是企业级、高阶的信息化设计，而系统架构设计是对总体架构中所识别的信息化改造、新建需求的设计实现。“单一窗口”架构的实现是从一个总体架构到系统架构的落地的过程。

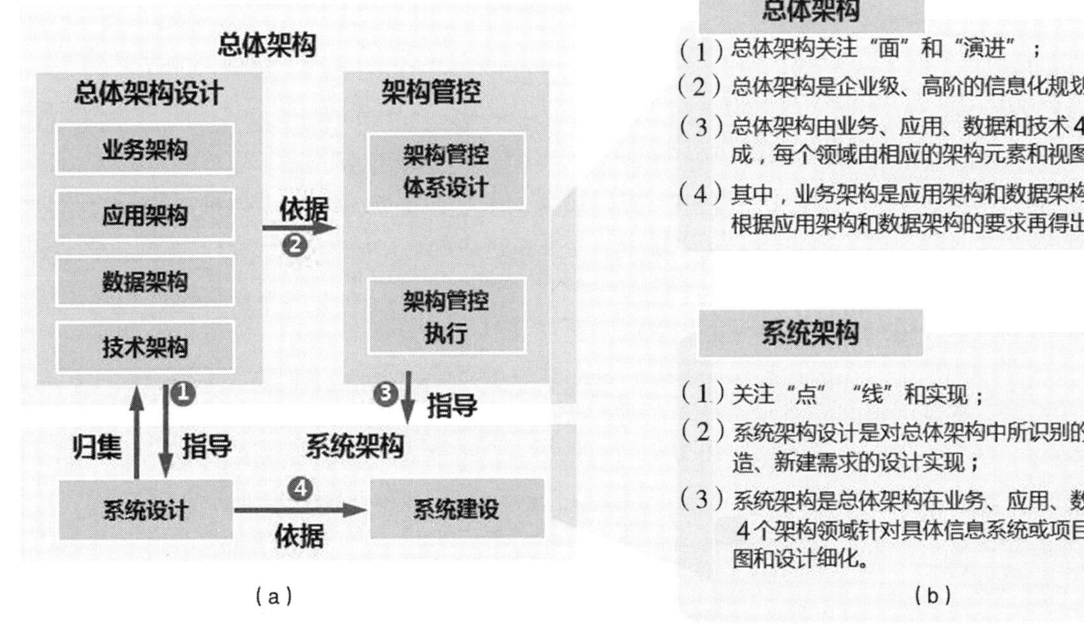

图 6 架构概述

参考 FEA 的第三层分片模型，本次“单一窗口”设计中，选择了从业务架构、应用架构、数据架构、技术架构及安全架构这 5 个方向的内容进行设计，同时从自上而下的五层视角进行逐层细化，针对首期建设的货物申报、运输工具申报、舱单申报这 3 个服务功能，细化到第 4 层设计层，其他的服务功能细化到第 3 层管理层视图，本次总体架构规划暂不涉及第 5 层的实施层设计规划，具体架构内容见图 7。

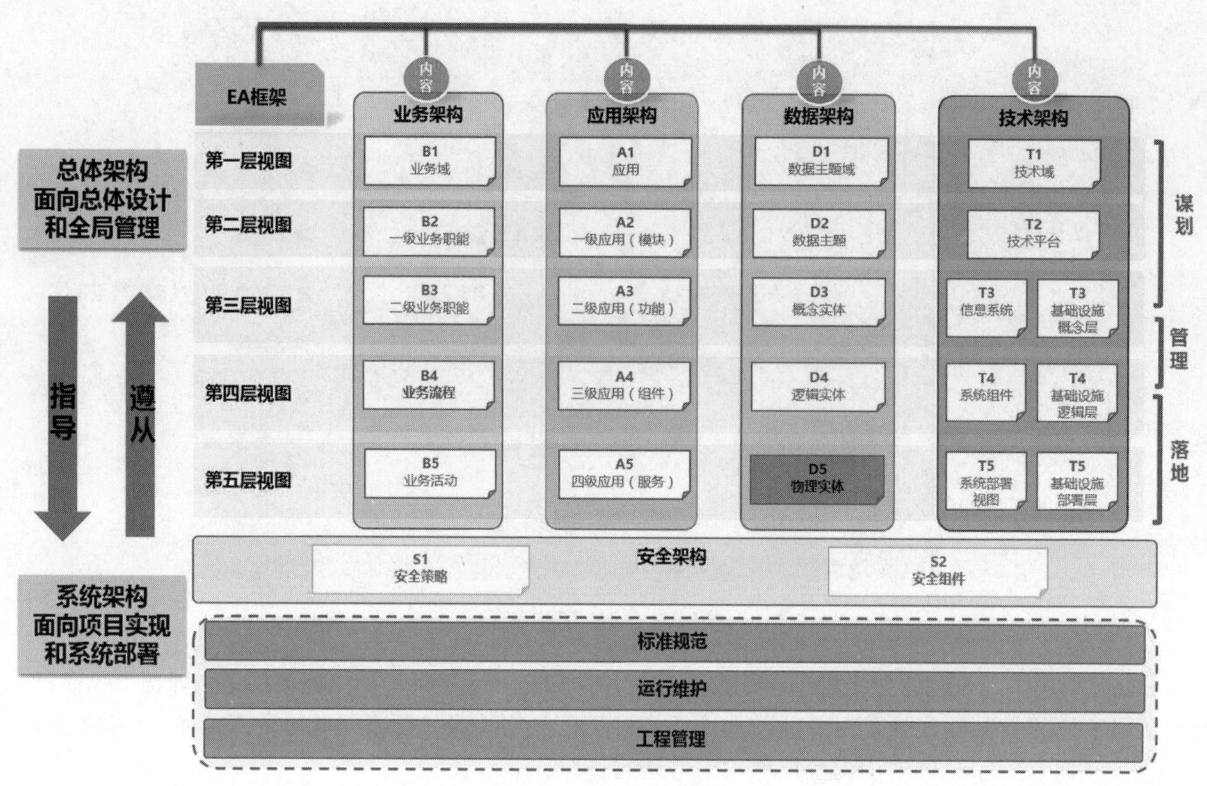

图 7　架构设计框架

2. 设计思路

针对本次“单一窗口”的两大部分建设范围，其架构设计思路如下：

业务架构设计，以解决社会问题和衔接深化改革为导向，规划业务服务域、支撑服务域、协同服务域和地方服务域四大业务域，优化口岸管理和服务机制，转变职能实现方式，促进口岸综合治理体系和治理能力现代化，构建与我国开放型经济新体制要求相适应的口岸软环境。

数据架构设计，实现“一点接入、一次性提交”的设计目标，重点是进行数据规划和数据服务的设计，并规划数据容量。通过建设数据分类、数据主题域和基础信息库，提升数据生产和数据消费效率，为满足口岸管理相关部门执法和监管要求提供坚实的数据支撑。

应用架构设计，实现国家部委之间、地区之间，以及国家部委与地区之间的互联互通，共同打造全国一体化的“单一窗口”环境。采用面向服务的架构设计理念，使用组件化、构件化方法，设计灵活开放的应用支撑平台，同时优化整合业务应用系统，形成一体化“单一窗口”业务应用架构。

技术基础架构设计，实现“按需分配、动态调度”的设计目标，对计算、存储、网络等基础设施资源建设进行规划设计。

信息安全规范设计，口岸管理相关部门、“单一窗口”承建和运营单位要坚持“安全第一”原则，加强对系统、网络和数据的安全防护和应急管理，制定信息安全管理指南，明确“单一窗口”建设各方的权利和责任，签订安全管理协议，共同做好信息安全管理工作。

运维保障体系设计，充分依托电子口岸现有运维体系，建立健全一体化“单一窗口”运维保障机制，规范服务接入和服务标准，明确各方运维职责，实现各负其责、联合保障。建立健全运维管理制度和应急处置预案，确保系统运行稳定和信息安全。

标准规范体系设计，以科技创新为引领，推动“互联网+”、大数据、云计算等新技术与口岸通关业务深度融合，对数据简化、数据标准化、统一门户、统一认证、统一数据接口标准和统一数据管理规范六个方面进行设计，为标准规范的贯彻实施与质量管理提供指导。

项目管理体系设计，重点对项目实施原则、实施管理思路以及实施计划进行设计。

三、业务架构

（一）设计思路与原则

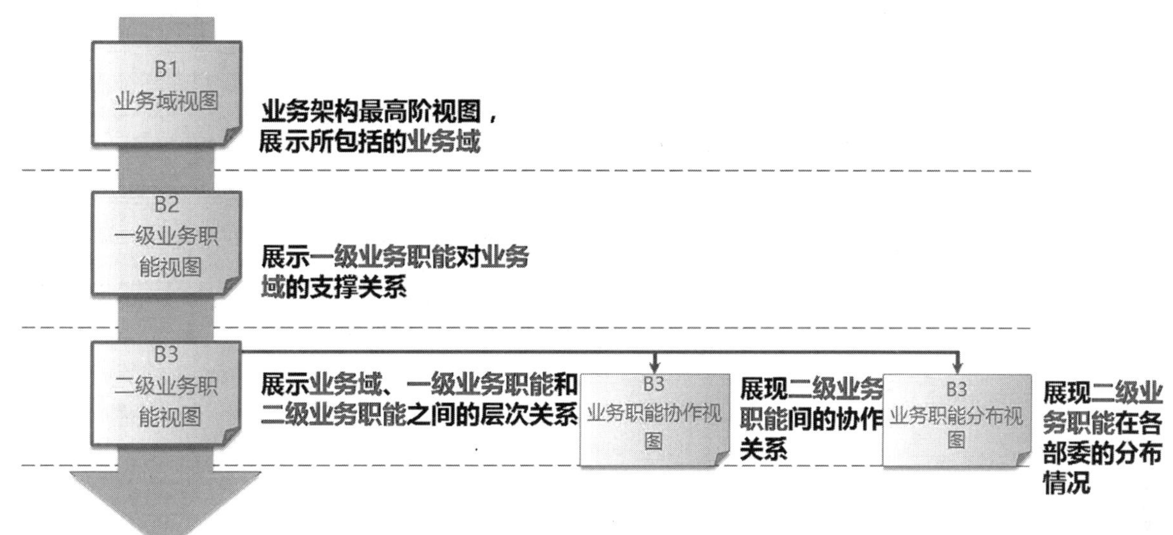

图 8　业务架构设计思路

业务架构是“单一窗口”未来业务模式的蓝图，以《关于国际贸易“单一窗口”建设的框架意见》为指导，基于国际标准的 EA 模型开展业务架构设计工作。按照国际标准的 EA 模型分 3 个层级逐步进行分解明确，其中第 1 个层级业务域视图是业务架构最高阶视图，展示所包括的业务域；第 2 个层级是一级业务职能划分，体现一级业务职能对业务域的支撑；第 3 个层级是二级业务职能划分，体现业务域、一级业务职能和二级业务职能之间的层次关系。整体的业务架构体现未来“单一窗口”的完整业务视图，而不是局部的业务活动或功能。

（二）业务域划分

1. 划分依据

业务域划分主要依据《关于国际贸易“单一窗口”建设的框架意见》，在中央层面统筹推进“单一窗口”基本功能建设，包括口岸执法与基本服务功能、跨部门信息共享和联网应用、与境外信息交换功能。对具体的业务进行梳理后，按服务对象的维度将“单一窗口”的业务划分为业务服务、协同服务、支撑服务 3 个业务域。

2. 业务域

（1）业务服务域

业务服务域是指面向开展进出口业务相关企业提供业务办理和申报等基础服务的业务域。包括企业资质申请、许可证件申请、原产地证申请、运输工具申报、舱单申报、货物申报、税费办理、出口退税办理、公共查询办理等 9 项一级业务职能。

（2）协同服务域

协同服务域是指面向口岸管理相关部门、地方口岸和贸易“一带一路”沿线国家和地区，以及世界主要贸易伙伴提供服务和数据服务。包括“单一窗口”门户、决策支持、信息共享等 4 项一级业务职能。

（3）支撑服务域

支撑服务是指对业务服务和协同服务提供支撑的服务域。包括用户管理、客服管理、运维管理、单据管理等 4 项一级业务职能。

（三）业务职能

依据业务域和一级职能的划分，继续对业务职能进行细化分解，规划了二级业务职能，如图 9 所示。

图 9　业务职能视图

1. 业务服务

（1）资质申请

资质申请一级业务职能是指进出口企业按照相关法律法规要求，向业务主管部门提交申请和企业资料，办理备案登记手续。主要包括对外贸易经营者备案、海关企业注册登记、（原）报检企业备案登记、外汇收支名录备案 4 项二级业务职能。

其中对外贸易经营者备案是指向商务部申请对外贸易经营者备案，海关企业注册登记是指向海关申请企业注册登记，报检企业备案登记是指向海关申请企业备案登记，外汇收支名录备案是指向外汇管理局申请办理企业外汇收支名录备案功能。涉及商务部、外汇管理局、海关总署、国家质检总局 4 个中央部委。

（2）许可证件申请

许可证件申请是指根据国家贸易管制政策要求，对涉及许可证件管理的进/出口货物，贸易商在货物进/出口前，向各主管部门申领进/出口许可证件。主要包括进口许可证申请、两用物项和技术进口许可证、两用物项和技术出口许可证、出口许可证、纺织品临时出口许可证、自动进口许可证、入境货物通关单、出境货物通关单、出/入境货物通关单（毛坯钻石用）、濒危物种允许出口证明书、濒危物种允许进口证明书、两用物项和技术出口许可证（定向）、港澳 OPA 纺织品证明、精神药物进

（出）口准许证、黄金及其制品进出口准许证或批件、医疗用有毒性药品进出口准许证、密码产品和设备进口许可证、自动进口许可证（新旧机电产品）、固体废物进口许可证、进口药品通关单、进口兽药通关单、进出口农药登记证明、银行调用现钞进出境许可证、合法捕捞产品通关证明、麻醉药品进出口许可证、有毒化学品环境管理放行通知单、音像制品进口批准单或节目提取单等 27 项许可，涉及市场监管总局、商务部、濒管办、文化旅游部、人民银行等多个部委。

详细见表 2。

表 2　贸易商在货物进/出口前向各管理部门申请的许可证件

序号	许可证类别	管理部门
1	进口许可证	商务部
2	两用物项和技术进口许可证	商务部
3	两用物项和技术出口许可证	商务部
4	出口许可证	商务部
5	纺织品临时出口许可证	商务部
6	自动进口许可证	商务部
7	入境货物通关单	海关总署
8	出境货物通关单	海关总署
9	出/入境货物通关单（毛坯钻石用）	海关总署
10	濒危物种允许出口证明书	林草局频管办
11	濒危物种允许进口证明书	林草局频管办
12	两用物项和技术出口许可证（定向）	商务部
13	港澳 OPA 纺织品证明	香港工业贸易署；澳门经济局
14	精神药物进（出）口准许证	药监局
15	黄金及其制品进出口准许证或批件	人民银行
16	药监局	药监局
17	密码产品和设备进口许可证	密码管理局
18	自动进口许可证（新旧机电产品）	商务部
19	固体废物进口许可证	生态环保部
20	进口药品通关单	药监局
21	进口兽药通关单	农业农村部
22	进出口农药登记证明	农业农村部
23	银行调用现钞进出境许可证	外汇局
24	合法捕捞产品通关证明	农业农村部
25	麻醉药品进出口许可证	药监局
26	有毒化学品环境管理放行通知单	生态环保部
27	音像制品进口批准单或节目提取单	新闻出版署

①进口许可证申请

进口许可证申请是指企业通过“单一窗口”向商务部申请进口许可证。

②两用物项和技术进口许可证申请

两用物项和技术进口许可证申请是指企业通过“单一窗口”向商务部申请两用物项和技术进口许可证。

③两用物项和技术出口许可证申请

两用物项和技术出口许可证申请是指企业通过“单一窗口”向商务部申请两用物项和技术出口许可证。

④出口许可证申请

出口许可证申请是指企业通过“单一窗口”向商务部申请出口许可证。

⑤纺织品临时出口许可证申请

纺织品临时出口许可证申请是指企业通过“单一窗口”向商务部申请纺织品临时出口许可证。

⑥自动进口许可证申请

自动进口许可证申请是指企业通过“单一窗口”向商务部申请自动进口许可证。

⑦入境货物通关单申请

入境货物通关单申请是指企业通过“单一窗口”向海关申请入境货物通关单。

⑧出境货物通关单申请

出境货物通关单申请是指企业通过“单一窗口”向海关申请出境货物通关单。

⑨出/入境货物通关单（毛坯钻石用）申请

出/入境货物通关单（毛坯钻石用）申请是指企业通过“单一窗口”向海关申请出/入境货物通关单（毛坯钻石用）。

⑩濒危物种允许出口证明书申请

濒危物种允许出口证明书申请是指企业通过“单一窗口”向林草局濒管办申请濒危物种允许出口证明书。

⑪濒危物种允许进口证明书申请

濒危物种允许进口证明书申请是指企业通过“单一窗口”向林草局濒管办申请濒危物种允许进口证明书。

⑫两用物项和技术出口许可证（定向）申请

两用物项和技术出口许可证（定向）申请是指企业通过“单一窗口”向商务部申请两用物项和技术出口许可证（定向）。

⑬港澳 OPA 纺织品证明申请

港澳 OPA 纺织品证明申请是指企业通过“单一窗口”向香港工业贸易署、澳门经济局申请港澳 OPA 纺织品证明。

⑭精神药物进（出）口准许证申请

精神药物进（出）口准许证申请是指企业通过“单一窗口”向药监局申请精神药物进（出）口准许证明。

⑮黄金及其制品进出口准许证或批件申请

黄金及其制品进出口准许证或批件申请是指企业通过“单一窗口”向人民银行申请黄金及其制品进出口准许证或批件。

⑯医疗用有毒性药品进出口准许证申请

医疗用有毒性药品进出口准许证申请是指企业通过“单一窗口”向药监局申请药物进出口准许证明。

⑰密码产品和设备进口许可证申请

密码产品和设备进口许可证申请是指企业通过“单一窗口”向密码管理局申请密码产品和设备进口许可证。

⑱自动进口许可证（新旧机电产品）申请

自动进口许可证（新旧机电产品）申请是指企业通过“单一窗口”向商务部申请自动进口许可证（新旧机电产品）。

⑲固体废物进口许可证申请

固体废物进口许可证申请是指企业通过“单一窗口”向生态环保部申请固体废物进口许可证。

⑳进口药品通关单申请

进口药品通关单申请是指企业通过“单一窗口”向药监局申请进口药品通关单。

㉑进口兽药通关单申请

进口兽药通关单申请是指企业通过“单一窗口”向农业农村部申请进口兽药通关单。

㉒进出口农药登记证明申请

进出口农药登记证明申请是指企业通过“单一窗口”向农业农村部申请进口农药通关单。

㉓银行调用现钞进出境许可证申请

银行调用现钞进出境许可证申请是指企业通过“单一窗口”向人民银行申请调用现钞进出境许可证。

㉔合法捕捞产品通关证明申请

合法捕捞产品通关证明申请是指企业通过“单一窗口”向农业农村部申请合法捕捞产品通关证明。

㉕麻醉药品进出口许可证申请

麻醉药品进出口许可证申请是指企业通过“单一窗口”向药监局申请麻醉药品通关单。

㉖有毒化学品环境管理放行通知单申请

有毒化学品环境管理放行通知单申请是指企业通过“单一窗口”向生态环保部申请有毒化学品环境管理放行通知单。

㉗音像制品进口批准单或节目提取单申请

音像制品进口批准单或节目提取单申请是指企业通过“单一窗口”向新闻出版署申请音像制品进口批准单或节目提取单。

（3）原产地证申请

原产地证申请是指货物出口前，为了享受优惠关税待遇，可以向中国国际商会或者海关总署申领原产地证明文件。包括国际商会原产地证书申请、海关原产地证书申请两项二级业务职能。

（4）运输工具申报

承运企业或其代理人在运输工具进入或驶离我国口岸时均应如实向口岸管理部门申报运输工具所载旅客人数、进出口货物数量、装卸时间等基本情况。主要包括船舶、航空器、公路、列车等 4 类交通工具的申报。

①船舶运输工具申报

船舶运输工具申报包括备案管理、进境/港动态预报、进境/港动态确报、进境/港确报、临时锚地、进境/港动态抵港、在港动态、离境/港动态预报、离港申报、离港单证等四级业务职能。需要按照相关的法律法规要求向交通运输部、移民局、海关总署报送船舶相关信息。

②航空器运输工具申报

航空器负责人或者业务代理单位应当按照规定提前向我国法律规定的监管部门报告入境、出境的航空器抵达、离开的时间和停留地点，如实申报员工、旅客、货物或者物品等信息。

③公路运输工具申报

公路运输工具申报包括运输工具信息备案、进境动态预报、进境动态确报等四级业务职能。需要按照相关的法律法规要求向交通运输部、移民局、海关总署报送船舶动态相关信息。

④列车运输工具申报

列车运输工具负责人或者业务代理单位应当按照规定提前向我国法律规定的监管部门报告入境、出境的列车抵达、离开口岸的时间和停留地点，如实申报员工、旅客、货物或者物品等信息。

（5）舱单申报

进出境舱单申报是指进出境运输工具负责人、承运业务经营人、货运代理企业、运输工具代理企业，以及监管场所经营人等舱单电子数据传输义务人在规定的时限内向海关、检验检疫及海事传输舱单电子数据。分为水运舱单、空运舱单、公路舱单、铁路舱单等 4 类业务。

①水运舱单申报

进出境水运舱单申报是指进出境运输工具负责人、无船承运业务经营人、货运代理企业、船舶代理企业，以及监管场所经营人等舱单电子数据传输义务人在规定的时限内向海关、检验检疫及海事传输舱单电子数据。主要包括舱单申报、运抵申报、理货申报、分拨分流、改港落装改配、国际中转、空箱申请等业务流。

②空运舱单申报

空运舱单申报是指进出境航空器负责人、货运代理企业，以及监管场所经营人等舱单电子数据传输义务人在规定的时限内向我国法律要求的进出境监管部门递交的真实、准确反映运输工具所载货物情况的载货清单。

③公路舱单申报

公路舱单申报是指进出境公路运输工具负责人、货运代理企业，以及监管场所经营人等舱单电子数据传输义务人在规定的时限内向我国法律要求的进出境监管部门递交的真实、准确反映运输工具所载货物情况的载货清单。

④铁路舱单申报

铁路舱单设备是指进出境列车负责人、货运代理企业，以及监管场所经营人等舱单电子数据传输义务人在规定的时限内向我国法律要求的进出境监管部门递交的真实、准确反映运输工具所载货物情况的载货清单。

（6）货物申报

货物申报是指进出口货物的收发货人及其代理人依照有关法律、行政法规和规章的要求，在规定的期限、地点，采用规定的形式，向海关、检验检疫报告实际进出口货物的情况。包括报关申报和报检申报。

①报关申报

出口货物的收发货人及其代理人依照有关法律、行政法规和规章的要求，在规定的期限、地点，采用规定的形式，向海关申报相关单据。

②报检申报

出口货物的收发货人及其代理人依照有关法律、行政法规和规章的要求，在规定的期限、地点，采用规定的形式，向检验检疫申报相关单据。

（7）税费办理

货物报关完成后，进行关税的支付和增值税的抵扣申请。

（8）收付汇办理

进出口企业办理完成货物进/出口手续后，根据外汇管理要求，到相关部门办理收/付外汇业务。包括出口收汇和进口付汇两项二级业务职能。

（9）出口退税办理

在货物完成结汇手续后，出口商完成有关报关单数据确认作业，并在规定期限内到国税部门办理出口退税申报登记手续。

2. 协同服务

关于共享的 IT 基础设施与应用服务项目的建设协作，下面从系统建设和运维两类协作场景入手，对多方力量参与的生态体系进行方向性说明。

（1）“单一窗口”门户

“单一窗口”门户是企业用户访问“单一窗口”标准版的入口。包括信息发布、个性化定制、报表定制等 3 项二级业务职能。

（2）决策支持

通过积累的企业用户报关数据进行统计分析，为各级政府部门制定优化通关效率的政策、各进出口企业改进进出通关申报业务流程提供数据支持。主要包括数据挖掘、报表查询、报表发布、实时分析、预测预警、国际贸易可视化等二级业务职能。

数据挖掘是对“单一窗口”收集的数据进行数据的筛选、清理，以供后续分析决策使用；报表查询可提供国际贸易相关的数据、信息查询；报表发布指定期发布国际贸易相关的分析统计报表；实时分析指提供国际贸易相关数据和信息的实时分析，对国际贸易中的重要指标进行监测和分析；预测预警指通过对国际贸易中的重要指标进行监测和分析，预测国际贸易的运行态势，并根据设定的相关规则，对超过红线阈值的指标进行预警；国际贸易可视化是指提供国际贸易通关过程的整体流程的可视化展现。

①数据挖掘

通过对“单一窗口”现有数据的集成、加工与汇总，建立数据挖掘模型，从而实现针对国际贸易各分析主题域的进一步分析功能。

②报表查询

通过即席查询和在线分析，为业务分析人员提供全平台统一的报表统计和指标查询服务。

③报表发布

提供一个统一的报表平台。“单一窗口”的相关业务人员和管理者可以自定义报表，发布到报表平台，做到报表统一管控和分享。

④实时分析

提供国际贸易相关数据和信息的实时分析，对国际贸易中的重要指标进行监测和分析。

⑤预测预警

预测预警指通过对国际贸易中的重要指标进行监测和分析，预测国际贸易的运行态势，并根据设定的相关规则，对超过红线阈值的指标进行预警。即各监管机构可以在单一平台系统中设置数据报警阈值，数据一旦超标，系统会以各种手段如短信、邮件、推送等方式通知到管理员，使国际贸易整体流程风险可控，减少安全漏洞。

⑥可视化

通过提供数据可视化平台，以图形化、多维度、互动性展示国际贸易整体运转情况，为业务人员提供更好的服务、为各级监管部门决策提供支撑。

（3）信息共享

对国际贸易货物通关过程中涉及的部委和地方口岸管理部门，“单一窗口”数据原则上应以“共享为原则，以不共享为特例”。系统应具备数据查询的分级控制的能力，实现数据分级共享控制。具体能够共享的数据需要得到主管部委的认可。

对于“一带一路”沿线国家和地区，以及世界主要贸易伙伴，提供信息互换与服务共享服务。

3. 支撑服务

（1）用户管理

用户管理提供用户注册、认证、权限管理、用户审计管理的一级业务职能。包括用户注册、用户认证、用户权限管理、用户审计管理、异常用户管理等二级业务职能。

（2）客服管理

客户服务是指通过网络和语音的方式受理客户在“单一窗口”使用过程中遇到的问题，完成问题的解答及处理过程中的监控；对影响大客户的问题进行单独管理；从日常客户服务的过程中总结、提炼共同的知识点，形成客户服务知识库。主要包含热线受理、在线答复、工单流转与跟踪、问题处理、问题反馈、大客户事件管理等 6 项二级业务职能。

（3）运维管理

为保障“单一窗口”稳定高效地对社会提供服务，需要建立一套横向联合、纵向贯通运维保障机制，可以快速定位和应对相关业务系统异常事件，可以最大限度地减少各相关业务系统升级、发布对对外服务产生的影响。主要包括事件管理、问题管理、配置管理、变更管理、发布管理、能力管理、服务水平管理等 7 项二级职能。

（4）单据管理

对进出口企业在通关过程中上传的单据和证件信息进行在线管理和分类存储。在相关业务申报时可以直接调取使用，减少进出口企业的录入工作量。主要包括单据存储和单据查找两项二级业务职能。

（四）业务职能协作

按照我国相关的法律法规要求，企业从事进出口贸易的口岸通关业务环节的主要业务关系如图 10 所示。

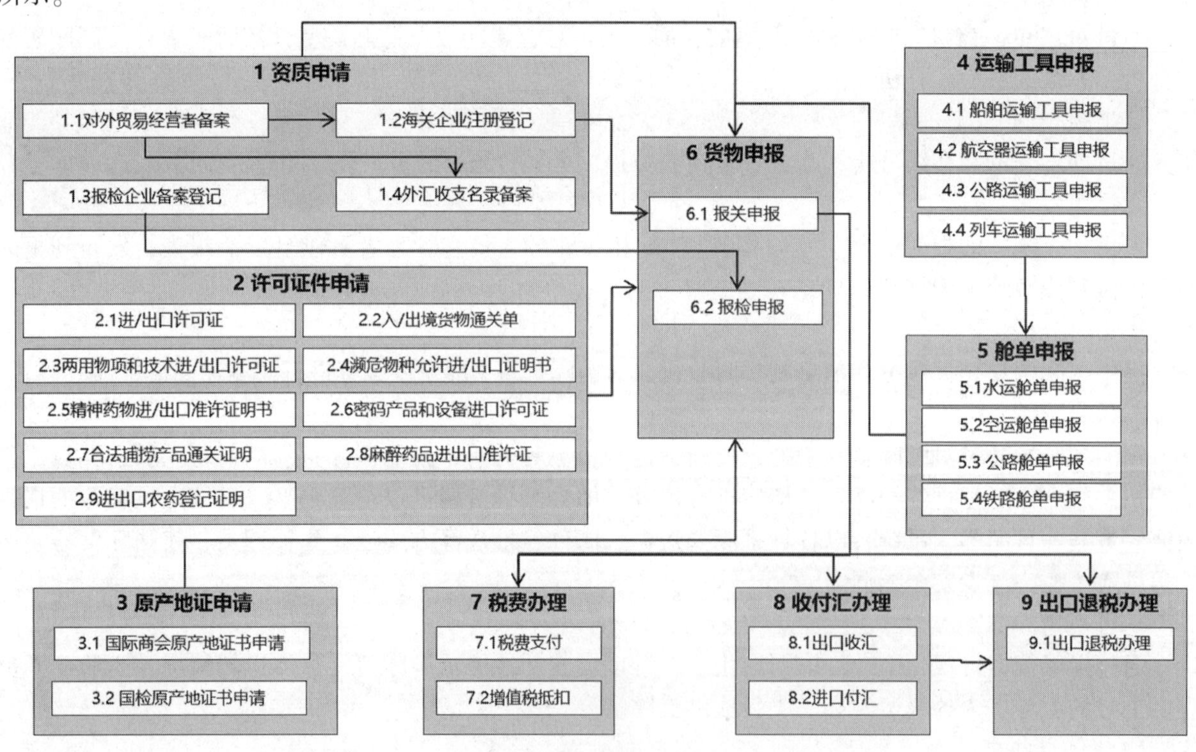

图 10　业务职能协作图

企业首先要进行进出口资质申请，从相关的主管部门获得对外贸易经营的相关资质；对于国家进行许可证管理的进出口业务，企业还需要向相关的主管部门申请进出口许可证；为获得贸易伙伴的贸易优惠政策，企业可以向原产地主管部门申请原产地证书。

货物运输过程中需要向相关的监管部门报送交通工具动态信息、舱单信息和货物信息。

货物交接完成后需要进行税费、收付汇和出口退税的办理。

（五）业务职能分布

业务职能分布见表3。

表3　业务职能分布

部委名称	一级业务职能名称	二级业务职能名称
公安部	运输工具申报	船舶运输工具申报
		航空器运输工具申报
		公路运输工具申报
		列车运输工具申报
生态环保部	许可证申请	固体废物进口许可证
		有毒化学品环境管理放行通知单
交通部	运输工具申报	船舶运输工具申报
		航空器运输工具申报
		公路运输工具申报
	舱单申报	水运舱单申报
		空运舱单申报
		公路舱单申报
农业农村部	许可证申请	进口兽药通关单
		进出口农药登记证明
		合法捕捞产品通关证明
商务部	资质申请	对外贸易经营者备案
	许可证申请	进口许可证
		两用物项和技术进口许可证
		两用物项和技术出口许可证
		出口许可证
		纺织品临时出口许可证
		自动进口许可证
		两用物项和技术出口许可证
		农产品（化学）关税配额处出口配额证
		自动进口许可证（新旧机电产品）
文化和旅游部	许可证申请	音像制品进口批准单或节目提取单
人民银行	许可证申请	黄金及其制品进出境准许证或批件
		银行调用现钞进出境许可证

续表1

部委名称	一级业务职能名称	二级业务职能名称
海关总署	资质申请	海关企业注册登记
	运输工具申报	船舶运输工具申报
		航空器运输工具申报
		公路运输工具申报
		列车运输工具申报
	舱单申报	水运舱单申报
		空运舱单申报
		公路舱单申报
		铁路舱单申报
	货物申报	海关申报
	税费办理	税费支付
税务总局	税费办理	增值税抵扣
	出口退税办理	出口退税办理
海关总署	资质申请	报检企业备案登记
	许可证件申请	入境货物通关单
		出境货物通关单
		出/入境货物通关单（毛坯钻石用）
	原产地申请	原产地证书申请
	运输工具申报	船舶运输工具申报
		航空器运输工具申报
		公路运输工具申报
		列车运输工具申报
	舱单申报	水运舱单申报
		空运舱单申报
		公路舱单申报
		铁路舱单申报
	货物申报	报检申报
药监局	许可证申请	精神药物进（出）口准许证
		医疗用有毒性药品进出口准许证
		进口药品通关单
		麻醉药品进出口许可证
林草局	许可证申请	濒危物种允许出口证明书
		濒危物种允许进口证明书
国家密码管理局	许可证申请	密码产品和设备进口许可证

续表2

部委名称	一级业务职能名称	二级业务职能名称
外汇局	资质申请	外汇收支名录备案
	收付汇办理	出口收汇
		进口付汇
香港工业贸易署，澳门经济局	许可证申请	港澳 OPA 纺织品证明
中国国际商会	原产地申请	国际商会原产地证书申请

四、应用架构

（一）设计思路与原则

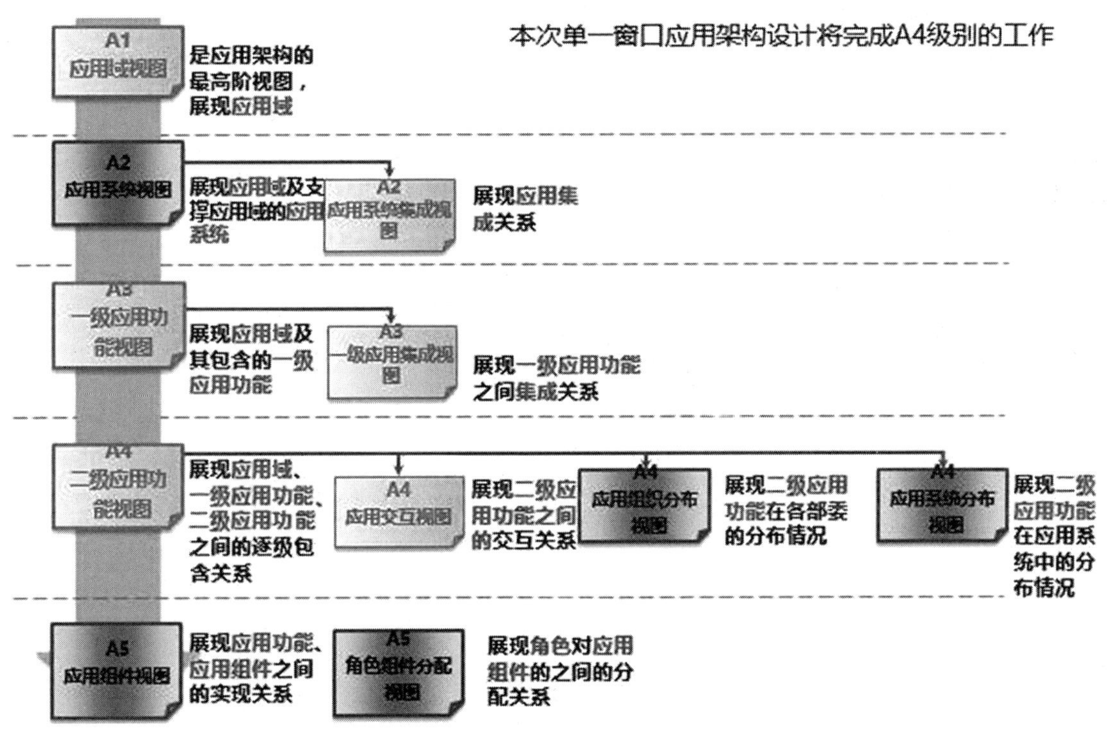

图 11　设计思路与原则

“单一窗口”标准版应用架构从总体角度规划业务应用系统设计，通过采用企业服务共享和数据交换平台技术实现“多平台、松耦合”机制，满足集中与分布式部署结合的需求，满足和各地方电子口岸对接的需求；利用 SOA 的思想，将业务架构中所规划的业务模型、业务构件转换为服务；并同时考虑对新技术的支持，以满足移动接入的应用要求。

主要的应用架构规划原则包括：

- 外部数据来源均通过数据交换平台接入；
- 系统间的数据访问以服务的形式提供，不允许直接访问数据表；
- 分布式认证应优先使用“单一窗口”的证书数据；
- 申报业务组件同时支持集中式和分布式部署；

- “单一窗口”标准版和地方申报业务应用从逻辑上分离；
- 数据转换服务由数据交换平台提供。

（二）应用架构总图

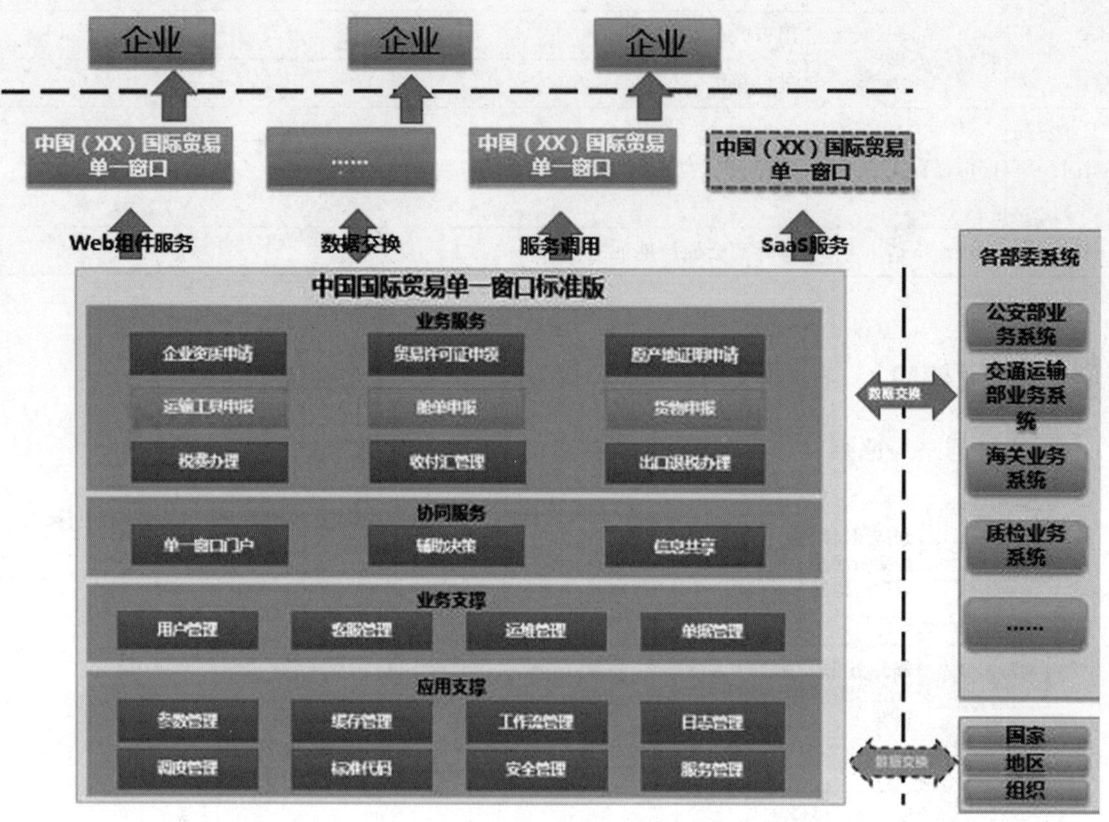

图 12 应用架构图

“单一窗口”标准版是业务架构体现中“业务应用”“跨部门信息共享和联网应用”“与境外信息交换”业务的应用支撑平台，主要是加强与国税、外汇、海关、交通等执法部门，以及与境外机构联网，促进与各执法部门的业务联动和跨境监管，提高口岸执法与基本服务功能。

“单一窗口”标准版主要分为业务服务、协同服务、业务支撑、应用支撑 4 个业务域。业务服务应用域是进出口申报及业务办理的应用域，包括企业资质申请、贸易许可证申请、运输工具申报、仓单申报等 9 个一级应用功能，对进出口业务办理提供应用支撑；协同服务应用域包括“单一窗口”门户、信息共享、辅助决策等 3 个一级应用功能，提供对“单一窗口”的协同服务支撑；业务支持应用域包括用户管理、客服管理、运维管理、单据管理等 4 个一级应用功能，提供对“单一窗口”的基础业务应用支持；应用支撑包括工作流管理、标准代码管理、缓存管理、服务管理等 8 个一级应用功能，提供对“单一窗口”标准版基础应用功能的支持。

（三）二级应用功能视图

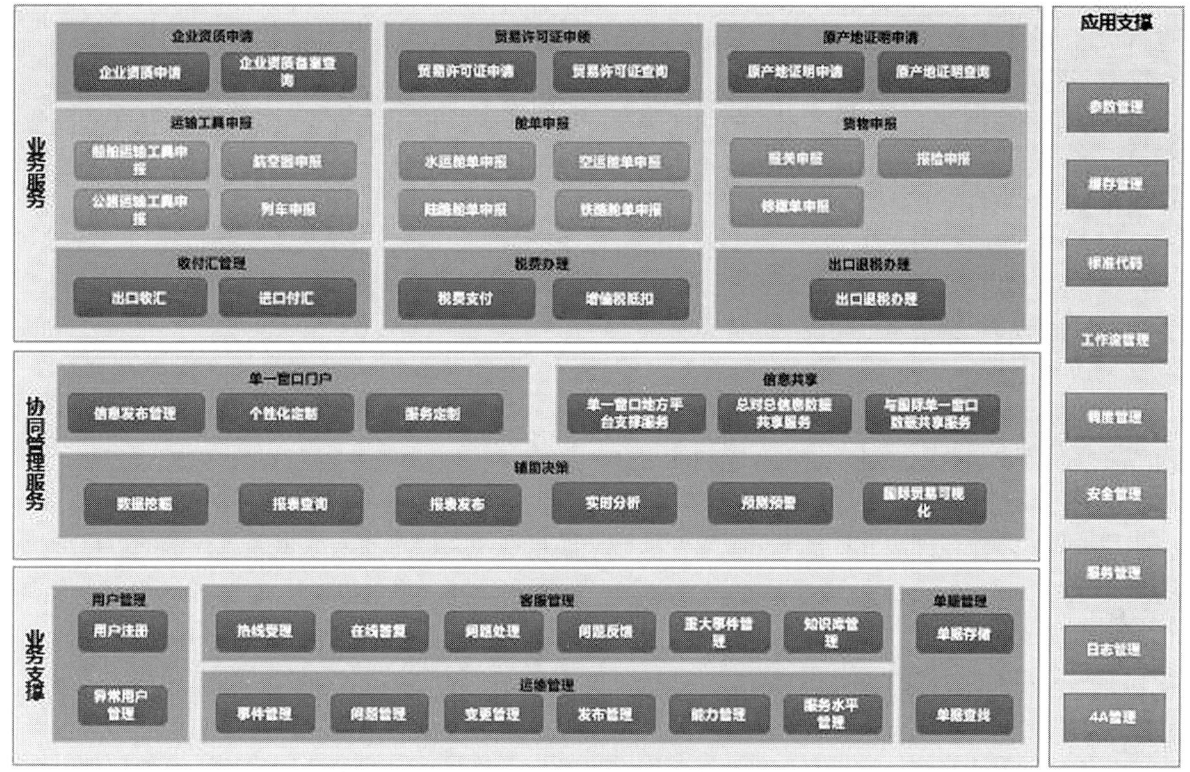

图 13　应用架构逻辑架构图

1. 业务服务

业务服务域为口岸申报业务办理相关功能的应用功能集合，提供对相关业务办理的应用支持。业务服务域包括企业资质申请、贸易许可证申请、原产地证明申请、运输工具申报、舱单申报、货物申报、税费办理、收付汇办理、出口退税办理等应用功能。

（1）企业资质申请

企业资质申请是企业相关贸易资质的申请功能集合，提供企业资质申请及查询的相关服务。企业资质申请功能子集包括对外贸易经营者备案、海关报关单位备案、报检企业备案登记、外汇收支名录备案。

（2）贸易许可证申请

贸易许可证申请是企业进行国际贸易相关许可证申请的功能集合，提供企业向各主管部门提交及查询各类贸易许可证申请的服务功能，并与各许可证颁发部委联网提交及接收反馈。

（3）原产地证明申请

原产地证明申请是企业进行原产地证明申请的功能集合，提供企业完成原产地申请和查询的相关功能。原产地证明申请的功能子集包括国际商会原产地证书申请、国检原产地证书申请等。

（4）运输工具申报

运输工具申报是企业进行运输工具申报的功能集合，支持企业完成报关流程中的运输工具申报流程。运输工具申报包括船舶运输工具申报、航空器申报、公路运输工具申报、列车申报等子功能集合，可自动按照流程要求提到交通运输部、海关等业务系统。

(5) 舱单申报

舱单申报是企业在报关流程中的舱单申报的功能集合，支持企业完成各类仓单申报功能。舱单申报包括水运舱单申报、空运舱单申报、陆路舱单申报、铁路舱单申报等子功能集合。

(6) 货物申报

货物申报是帮助企业进行货物申报的功能集合，支持企业完成报关流程中的货物申报流程。货物申报包括进口申报、出口申报、修撤单申报、转关单申报等子功能集合，可自动按照流程要求提到海关、国检等业务系统。

(7) 税费办理

税费办理是帮助企业进行税费办理的功能集合，支持企业完成报关流程中的税费办理流程。税费办理包括税费支付、增值税抵扣等子功能集合。

(8) 收付汇办理

收付汇办理是帮助企业进行税费办理的功能集合，支持企业完成报关流程中的收付汇办理流程。收付汇办理包括出口收汇、进口付汇等子功能集合。

(9) 出口退税办理

出口退税办理是帮助企业进行出口退税办理的功能集合，支持企业完成报关流程中的出口退税办理流程。

2. 协同服务

(1) “单一窗口”门户

“单一窗口”门户提供口岸相关政策、法规、新闻等信息发布和对外宣传，可通过网站、电子邮件、手机短信等方式进行信息发布，对外发布国际贸易相关政策，通知企业用户相关业务处理反馈信息。企业用户可以通过“单一窗口”门户进行各类服务定制。

(2) 辅助决策

辅助决策是“单一窗口”标准版的数据统计和决策分析模块，提供国际贸易相关信息数据分析、实时监测、流程展示、指标预警等应用功能。辅助决策包括数据挖掘、报表查询、报表发布、实时分析、预测预警、国际贸易可视化等子功能模块。

(3) 信息共享

信息共享是依托中国电子口岸与地方电子口岸、口岸管理相关部门业务系统，与部委系统进行数据传输；负责与数据交换平台与服务共享对接，处理接收到的及待发送的异步数据。

3. 业务支撑

(1) 用户管理

用户管理提供用户注册、认证、权限管理、用户审计管理等应用功能。用户管理包括用户注册、用户认证、用户权限管理、用户审计管理、异常用户管理等子功能模块。

(2) 客服管理

客户服务是指通过网络和语音的方式受理客户在“单一窗口”使用过程中遇到的问题，完成问题的解答及处理过程中的监控；对影响大客户的问题进行单独管理；从日常客户服务的过程中总结、提炼共同的知识点，形成客户服务知识库。主要包含热线受理、在线答复、工单流转与跟踪、问题处理、问题反馈、大客户事件管理等子业务模块。

(3) 运维管理

为保障“单一窗口”稳定高效地对社会提供服务，需要建立一套横向联合、纵向贯通运维保障机制，可以快速定位和应对相关业务系统异常事件，可以最大限度地减少相关业务系统升级、发布对对外服务产生的影响。主要包括事件管理、问题管理、配置管理、变更管理、发布管理、能力管理、服务水平管理等子业务模块。

(4) 单据管理

进出口企业对通关过程中需要的单据和证件信息进行在线管理。在相关业务申报时可以直接调取使用，减少进出口企业的录入工作量。主要包括单据存储和单据查找子功能模块。

4. 应用支撑

(1) 参数管理

提供集中维护系统运行、业务处理等方面所需要的参数功能。包括参数类别定义、参数定义、参数维护等功能，通过集中的参数管理，使系统可以通过统一的方式维护系统内的各种不同类型参数，极大提升应用系统的灵活性。

(2) 缓存管理

缓存是对系统参数、标准代码等常用系统数据在应用服务器上进行内存缓存，以提高常用数据的访问效率，降低数据IO，缓存管理是对系统缓存进行管理的功能集合。缓存管理包括缓存设置、缓存监控、缓存刷新等功能，实现对注册过的缓存的使用情况进行管理，必要的时候清空指定的缓存，这样可以在不重启应用的情况下，实现与数据库的数据同步。

(3) 工作流管理

工作量管理提供标准工作流功能，包括可视化流程设计功能、流程服务功能（包括流程发起、发送、回退、调度、终止、拆分、合并等）、工单管理功能、流程查询与监控等功能，实现对系统内流程化管理的功能支撑。

(4) 调度管理

调度管理提供业务应用中的应用任务管理、监控等功能，实现可配置的任务建模、分布式任务调度、可视化任务监控的功能，包括动态任务支持、任务调度管理、任务调度核心、任务调度监控。

(5) 标准代码

标准代码是以简短的数字、字母及符号来代表事物、品名、规格、类别及其他事项的一种管理工具，通过标准代码的管理，使得系统内的业务对象定义拥有统一标准。标准代码管理提供标准代码的定义、维护、查询、转换等相关功能，灵活地管理标准代码。

(6) 安全管理

安全管理提供系统安全应用管理相关功能。安全管理包括用户安全管理、用户密码安全管理、会话安全管理、安全事件查询等功能。

(7) 服务管理

服务管理提供对系统服务功能的配置管理功能。服务管理包括数据有效性检查服务、系统错误/提示服务、系统运行监控服务、消息服务等功能。

(8) 日志管理

日志管理是对系统相关操作进行记录，以待后续检查的管理功能。日志管理包括日志类别查询、日志明细查询等功能。

(四) 应用架构交互视图

应用交互是指各个应用系统按照同一规定的一套通用标准格式，将信息通过通信网络传输，在应用系统之间进行数据交换和自动处理，使各个有关部门、公司与企业之间进行数据交换与处理，并完成业务协作的过程。“单一窗口”与外部系统的交互主要有3种：与各部委业务系统的“总对总”信息交互、与地方电子口岸信息交互、与国际“单一窗口”信息交互。

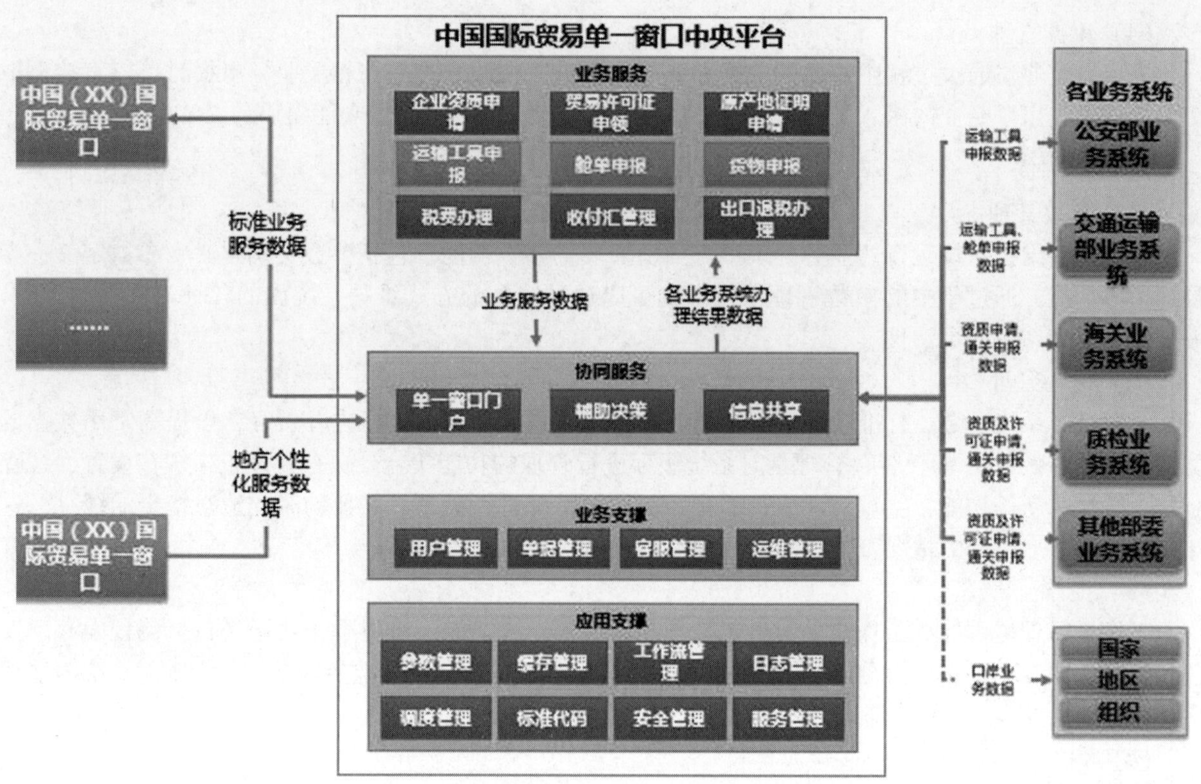

图 14　应用架构交互视图

1. 与中央“总对总” 信息交互

“单一窗口”标准版中央实现与口岸管理相关部门的业务系统建立“总对总”信息交互，实现信息数据互换共享。“总对总”信息交互明细数据类如表 4 所示。

表 4　“总对总”信息交互明细

阶段	企业资质申请	贸易许可证申请	原产地申请	运输工具申报	舱单申报	货物申报	税费办理	收付汇办理	出口退税办理
公安部				（1）总申报单 （2）船员名单 （3）旅客名单 （4）交通运输工具自备枪支（弹药）申报表 （5）船员登陆申请书					

续表

阶段	企业资质申请	贸易许可证申请	原产地申请	运输工具申报	舱单申报	货物申报	税费办理	收付汇办理	出口退税办理
交通运输部				(1) 船员名单 (2) 旅客名单 (3) 船舶证书 (4) 船员适任证书 (5) 船舶信息备案 (6) 船舶进港申报 (7) 危险品货物申报信息 (8) 船舶证书申报信息 (9) 安全检查申报信息 (10) 拖驳船申报信息 (11) 总申报单	(1) 舱单船舶航次信息表 (2) 水运原始舱单 (3) 水运预配舱单 (4) 水运理货报告 (5) 水运装载舱单 (6) 水运分拨分流申请 (7) 水运装箱清单 (8) 水运落装改配改港申请 (9) 水运空箱调运 (10) 公共提单货物表				
海关总署	海关企业注册信息			(1) 船员名单 (2) 总申报单 (3) 货物申报单 (4) 船舶航次摘要表 (5) 船员用品 (6) 船用物品申报 (7) 总申报单	(1) 水运原始舱单 (2) 水运预配舱单 (3) 水运理货报告 (4) 运抵报告 (5) 水运装载舱单 (6) 水运分拨分流申请 (7) 水运装箱清单 (8) 水运落装改配改港申请 (9) 水运空箱调运	货物报关申报单	进出口税单数据		

续表

阶段	企业资质申请	贸易许可证申请	原产地申请	运输工具申报	舱单申报	货物申报	税费办理	收付汇办理	出口退税办理
检验检疫	报检企业备案登记	(1)入境货物通关单 (2)出境货物通关单 (3)出/入境货物通关单(毛坯钻石用)	(1)国检原产地证书申请	(1)交通运输工具出/入境口岸检疫申请单 (2)总申报单 (3)国际航行船舶进口岸申请书 (4)船员名单 (5)旅客名单 (6)货物申报单 (7)船用物品申报单 (8)航海健康申报书 (9)船舶运营单位备案 (10)船舶代理单位备案 (11)船舶代理人员备案 (12)船舶信息备案 (13)航线信息备案	(1)舱单船舶航次信息表 (2)水运原始舱单 (3)水运预配舱单 (4)水运理货报告 (5)水运装载舱单 (6)水运分拨分流申请 (7)水运装箱清单 (8)水运落装改配改港申请 (9)水运空箱调运 (10)公共提单货物表	(1)出入境报检基本信息表 (2)出入境集装箱信息表 (3)出入境集装箱明细表 (4)出入境货物产品信息表 (5)出入境货物与集装箱对应表 (6)出入境许可证信息表 (7)出入境许可证 VIN 信息表 (8)出入境包装信息表 (9)出入境使用人信息表 (10)出入境报检标记号码附件表 (11)企业资质信息表			

2. 与地方电子口岸信息交互

“单一窗口”标准版依托中国电子口岸平台，通过多种方式对地方电子口岸系统进行应用支撑，包括应用组件支持、应用服务支持、数据集成支持等，实现中央系统与地方电子口岸的应用交互。中国电子口岸与地方电子口岸应用交互主要包括口岸申报业务数据、地方特色服务数据。

表 5　中国电子口岸与地方电子口岸应用交互

交互类别	运输工具申报	舱单申报	货物申报	应用支撑
口岸申报业务数据	(1) 船员名单 (2) 旅客名单 (3) 船舶证书 (4) 船员适任证书 (5) 船舶信息备案 (6) 船舶进港申报 (7) 危险品货物申报信息 (8) 船舶证书申报信息 (9) 安全检查申报信息 (10) 拖驳船申报信息 (11) 总申报单 (12) 交通运输工具自备枪支（弹药）申报表	(1) 舱单船舶航次信息表 (2) 水运原始舱单 (3) 水运预配舱单 (4) 水运理货报告 (5) 水运装载舱单 (6) 水运分拨分流申请 (7) 水运装箱清单 (8) 水运落装改配改港申请 (9) 水运空箱调运 (10) 公共提单货物表	(1) 出入境报检基本信息表 (2) 出入境集装箱信息表 (3) 出入境集装箱明细表 (4) 出入境货物产品信息表 (5) 出入境货物与集装箱对应表 (6) 出入境许可证信息表 (7) 出入境许可证 VIN 信息表 (8) 出入境包装信息表 (9) 出入境使用人信息表 (10) 出入境报检标记号码附件表 (11) 企业资质信息表	(1) 组织机构数据 (2) 用户身份数据 (3) 标准代码数据
地方特色数据	待补充	待补充	待补充	待补充

3. 与国际“单一窗口”信息交互

“单一窗口”服务于国家“一带一路”发展倡议，支持跨境联网合作，建设与境外国家和地区，以及世界主要贸易伙伴之间的信息互换与服务共享，实现与国际“单一窗口”的信息交互。

（五）应用集成视图

1. 总体集成视图

“单一窗口”标准版应用集成视图见图 15。

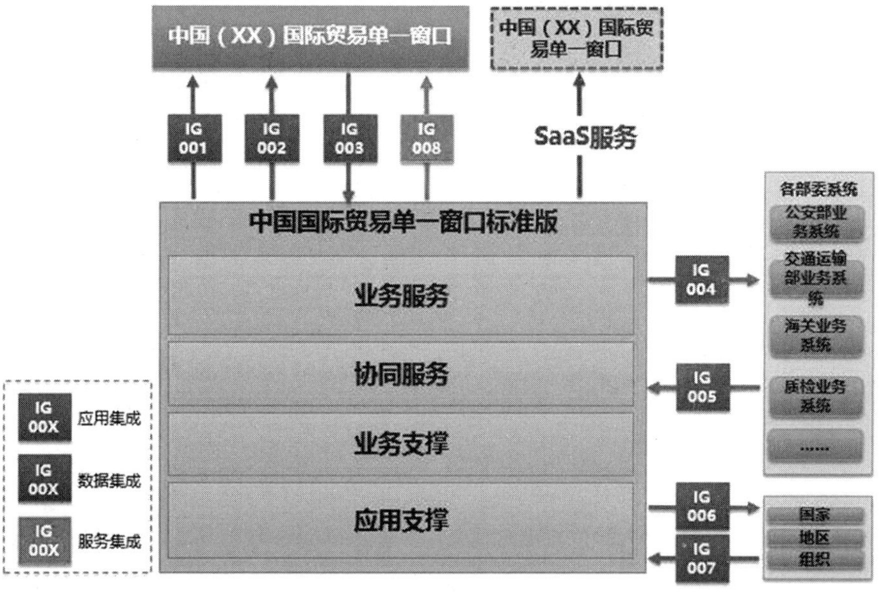

图 15　应用集成视图

2. 集成场景

“单一窗口”标准版的集成体系依据服务方式、交互方式的不同，主要有应用集成、数据集成、服务集成 3 种方式。应用集成是采用界面组件方式实现口岸业务相关基础功能，并提供给地方电子口岸进行集成应用；数据集成是采用主流数据接口方式实现中央系统与地方电子口岸的数据交换；服务集成是采用服务接口方式实现中央系统对地方电子口岸的应用支持。

表 6　应用集成

场景编号	场景描述					场景说明
	源系统	目标系统	频率	实时性	组件名称	
IG001	“单一窗口”标准版	地方电子口岸	及时响应	实时	船舶备案组件	支持船舶备案功能进行集成应用，提供船舶备案业务操作相关标准功能
					进境/港动态预报组件	支持进境/港动态预报功能进行集成应用，提供进境/港动态预报业务操作相关标准功能
					进境/港动态确报组件	支持进境/港动态确报功能进行集成应用，提供进境/港动态确报业务操作相关标准功能
					进境/港确报临时锚地组件组件	支持进境/港确报临时锚地功能进行集成应用，提供进境/港确报临时锚地业务操作相关标准功能
					进境/港动态抵港组件	支持进境/港动态抵港组件功能进行集成应用，提供进境/港动态抵港业务操作相关标准功能
					在港动态组件	支持在港动态组件功能进行集成应用，提供在港动态业务操作相关标准功能
					离境/港动态预报组件	支持离境/港动态预报组件功能进行集成应用，提供离境/港动态预报业务操作相关标准功能
					离港申报组件	支持离港申报组件功能进行集成应用，提供离港申报业务操作相关标准功能
					离港单证组件	支持离港单证组件功能进行集成应用，提供离港单证业务操作相关标准功能
					水运原始舱单组件	支持水运原始舱单组件功能进行集成应用，提供水运原始舱单业务操作相关标准功能
					水运预配舱单组件	支持水运预配舱单组件功能进行集成应用，提供水运预配舱单业务操作相关标准功能
					水运理货报告组件	支持水运理货报告组件功能进行集成应用，提供水运理货报告业务操作相关标准功能
					运抵报告组件	支持运抵报告组件功能进行集成应用，提供运抵报告业务填报标准功能
					水运装载舱单组件	支持水运装载舱单组件功能进行集成应用，提供水运装载舱单业务填报标准功能
					水运分拨分流申请组件	支持水运分拨分流申请组件功能进行集成应用，提供水运分拨分流申请业务填报标准功能
					水运装箱清单组件	支持水运装箱清单组件功能进行集成应用，提供水运装箱清单业务填报标准功能

续表

场景编号	场景描述					场景说明
	源系统	目标系统	频率	实时性	组件名称	
IG001	"单一窗口"标准版	地方电子口岸	及时响应	实时	水运落装改配改港组件	支持水运落装改配改港业务填报标准功能
					水运空箱调运组件	支持水运空箱调运组件功能进行集成应用，提供水运空箱调运业务填报标准功能
					进口报关申报组件	支持进口报关组件功能进行集成应用，提供进口报关业务填报标准功能
					进口报检申报	支持进口报检申报组件功能进行集成应用，提供进口报检申报业务填报标准功能
					出口报关申报	支持出口报关申报组件功能进行集成应用，提供出口报关申报业务填报标准功能
					出口报检申报	支持出口报检申报组件功能进行集成应用，提供出口报检申报业务填报标准功能
					申报单查询组件	支持申报单查询功能进行集成应用，提供对各种申报单提交后的反馈数据的查询标准功能

表 7　数据集成

场景编号	场景描述					场景说明
	源平台	目标平台	频率	实时性	接口名称	
IG002	中国电子口岸	地方电子口岸	及时响应	实时	企业用户身份验证接口	提供的企业用户身份验证接口，用以验证企业用户的身份信息
					资质申请接口	发送海关企业注册登记申请数据
					运输工具申报接口	运输工具申报数据
					舱单申报接口	舱单申报数据
					货物申报接口	发送货物申报数据
					申报单查询接口	提供各类申报单数据及申报反馈查询接口
IG003	地方电子口岸	中国电子口岸	及时响应/按日	实时/非实时	政务服务数据接口	共享地方政务服务数据，具体内容待细化
					物流服务数据接口	共享地方物流服务数据，具体内容待细化
					数据服务数据接口	共享地方数据服务数据，具体内容待细化
					其他特色服务数据接口	共享地方其他特色服务数据，具体内容待细化
IG004	中国电子口岸	公安部业务系统	及时响应	实时	用户身份验证接口	向公安部系统发送用户验证数据
					运输工具申报接口	向公安部系统发送运输工具申报数据

续表1

场景编号	场景描述					场景说明
	源平台	目标平台	频率	实时性	接口名称	
IG004	中国电子口岸	交通运输部业务系统	及时响应	实时	用户验证接口	向交通运输部业务系统发送用户验证数据
					运输工具申报接口	向交通运输部业务系统发送运输工具申报数据
					舱单申报接口	向交通运输部业务系统发送舱单申报数据
		海关业务系统	及时响应	实时	用户身份验证接口接口	向海关总署系统发送用户验证数据
					资质申请接口	向海关总署业务系统发送海关企业注册登记申请数据
					运输工具申报接口	向海关总署业务系统发送运输工具申报数据
					舱单申报接口	向海关总署业务系统发送舱单申报数据
					货物申报接口	向海关总署业务系统发送货物申报数据
					用户身份验证接口接口	向海关业务系统发送用户验证数据
					资质申请接口	向海关业务系统发送海关企业注册登记申请数据
					运输工具申报接口	向海关业务系统发送运输工具申报数据
					舱单申报接口	向海关业务系统系统发送舱单申报数据
					货物申报接口	“单一窗口”标准版向海关业务系统发送货物申报数据
		其他部委业务系统	及时响应/ 按日	实时/非实时	待定	待定
IG005	公安部业务系统	中国电子口岸	及时响应	实时	运输工具申报回执接口	发送运输工具申报回执数据
	交通运输部业务系统		及时响应	实时	运输工具申报回执接口	交通运输部业务系统向“单一窗口”标准版发送运输工具申报回执数据
			及时响应	实时	舱单申报回执接口	交通运输部业务系统向“单一窗口”标准版发送舱单申报回执数据
	海关业务系统		及时响应	实时	资质申请回执接口	发送海关企业注册登记申请回执数据
					运输工具申报回执接口	发送运输工具申报回执数据
					舱单申报回执接口	发送舱单申报回执数据
					货物申报回执接口	发送货物申报回执数据
					资质申请回执接口	发送海关企业注册登记申请回执数据
					运输工具申报回执接口	发送运输工具申报回执数据
					舱单申报回执接口	发送舱单申报回执数据
					货物申报回执接口	发送货物申报回执数据
	其他部委业务系统		及时响应/按日	实时/非实时	待定	待定

续表2

场景编号	场景描述					场景说明
	源平台	目标平台	频率	实时性	接口名称	
IG006	中国电子口岸	境外“单一窗口”	及时响应/按日/按月/按年	实时/非实时	待定	待定
IG007	境外“单一窗口”	中国电子口岸	及时响应/按日/按月/按年	实时/非实时	待定	待定

表8 服务集成

功能名称	服务名称	实时性	输入	输出	服务说明
船舶备案	船舶备案保存服务	实时	单据编号，申请单明细数据	操作结果	支持船舶备案功能进行服务应用，提供地方电子口岸的船舶备案提交到中央系统，进行新增、修改后的数据保存服务
	船舶备案提交服务	实时	单据编号	操作结果	提供地方电子口岸对已经保存的船舶申请数据的提交服务
	船舶备案申请注销服务	实时	单据编号	操作结果	支持船舶备案申请注销功能进行服务应用，提供地方电子口岸的船舶备案提交到中央系统后，进行申请注销服务
	船舶备案申请批量查询服务	实时	日期范围、申请编号、企业代码	单据信息	支持船舶备案数据批量功能进行服务应用，提供地方电子口岸进行船舶备案数据的批量查询和导出功能
	船舶备案申请反馈结果查询服务	实时	申请编号	申请状态数据	支持船舶备案反馈结果数据查询功能进行服务应用，提供地方电子口岸进行船舶备案反馈结果数据查询功能服务
	船舶备案数据明细查询服务	实时	日期范围、申请编号、企业代码	单据信息	提供船舶备案数据明细查询的服务支持
进境/港动态预报	进境/港动态预报查询服务	实时	日期范围、申请编号、企业代码等条件	申请明细数据信息	提供进境/港动态预报数据明细查询的服务支持
	进境/港动态预报保存服务	实时	单据编号、操作类型、申请明细数据信息	操作结果	提供进境/港动态预报申请的数据保存服务，包括申请的新增、修改数据保存等服务支持
	进境/港动态预报提交服务	实时	单据编号、提交对象	操作结果	提供进境/港动态预报保存后的申请提交的服务支持
	进境/港动态预报注销服务	实时	单据编号、撤销对象	操作结果	提供已提交的进境/港动态预报申请的撤销的服务支持
	进境/港动态预报反馈查询服务	实时	单据编号	单据状态数据	提供进境/港动态预报申请的反馈结果查询的服务支持

续表1

功能名称	服务名称	实时性	输入	输出	服务说明
进境/港动态确报	进境/港动态确报查询服务	实时	日期范围、申请编号、企业代码等条件	申请明细数据信息	提供进境/港动态确报服务数据明细查询的服务支持
	进境/港动态确报保存服务	实时	单据编号、操作类型、申请明细数据信息	操作结果	提供进境/港动态确报服务申请的数据保存服务，包括申请的新增、修改数据保存等服务支持
	进境/港动态确报提交服务	实时	单据编号、提交对象	操作结果	提供进境/港动态确报服务保存后的申请提交的服务支持
	进境/港动态确报注销服务	实时	单据编号、撤销对象	操作结果	提供已提交的进境/港动态确报服务申请的撤销的服务支持
	进境/港动态确报反馈查询服务	实时	单据编号	单据状态数据	提供进境/港动态确报申请的反馈结果查询的服务支持
进境/港确报临时锚地	进境/港确报临时锚地查询服务	实时	日期范围、申请编号、企业代码等条件	申请明细数据信息	提供进境/港动态确报服务数据明细查询的服务支持
	进境/港确报临时锚地保存服务	实时	单据编号、操作类型、申请明细数据信息	操作结果	提供进境/港确报临时锚地申请的数据保存服务，包括申请的新增、修改数据保存等服务支持
	进境/港确报临时锚地提交服务	实时	单据编号、提交对象	操作结果	提供进境/港确报临时锚地保存后的申请提交的服务支持
	进进境/港确报临时锚地注销服务	实时	单据编号、撤销对象	操作结果	提供已提交的进境/港确报临时锚地申请的撤销的服务支持
	进境/港确报临时锚地申请反馈查询服务	实时	单据编号	单据状态数据	提供进境/港确报临时锚地申请的反馈结果查询的服务支持
进境/港动态抵港	进境/港动态抵港查询服务	实时	日期范围、申请编号、企业代码等条件	申请明细数据信息	提供进境/港动态确报服务数据明细查询的服务支持
	进境/港动态抵港保存服务	实时	单据编号、操作类型、申请明细数据信息	操作结果	提供进境/港动态抵港申请的数据保存服务，包括申请的新增、修改数据保存等服务支持
	进境/港动态抵港提交服务	实时	单据编号、提交对象	操作结果	提供进境/港动态抵港保存后的申请提交的服务支持
	进进境/港动态抵港注销服务	实时	单据编号、撤销对象	操作结果	提供已提交的进境/港动态抵港申请的撤销的服务支持
	进境/港动态抵港申请反馈查询服务	实时	单据编号	单据状态数据	提供进境/港动态抵港申请的反馈结果查询的服务支持

续表2

功能名称	服务名称	实时性	输入	输出	服务说明
在港动态	在港动态查询服务	实时	日期范围、申请编号、企业代码等条件	申请明细数据信息	提供在港动态数据明细查询的服务支持
	在港动态保存服务	实时	单据编号、操作类型、申请明细数据信息	操作结果	提供在港动态申请的数据保存服务，包括申请的新增、修改数据保存等服务支持
	在港动态提交服务	实时	单据编号、提交对象	操作结果	提供进在港动态保存后的申请提交的服务支持
	进在港动态注销服务	实时	单据编号、撤销对象	操作结果	提供已提交的在港动态申请的撤销的服务支持
	在港动态申请反馈查询服务	实时	单据编号	单据状态数据	提供在港动态申请的反馈结果查询的服务支持
离境/港动态预报	离境/港动态预报查询服务	实时	日期范围、申请编号、企业代码等条件	申请明细数据信息	提供离境/港动态预报查询服务数据明细查询的服务支持
	离境/港动态预报保存服务	实时	单据编号、操作类型、申请明细数据信息	操作结果	提供离境/港动态预报申请的数据保存服务，包括申请的新增、修改数据保存等服务支持
	离境/港动态预报提交服务	实时	单据编号、提交对象	操作结果	提供进离境/港动态预报保存后的申请提交的服务支持
	进离境/港动态预报注销服务	实时	单据编号、撤销对象	操作结果	提供已提交的离境/港动态预报申请的撤销的服务支持
	离境/港动态预报申请反馈查询服务	实时	单据编号	单据状态数据	提供离境/港动态预报申请的反馈结果查询的服务支持
离港申报	离港申报查询服务	实时	日期范围、申请编号、企业代码等条件	申请明细数据信息	提供进境/港动态确报服务数据明细查询的服务支持
	离港申报保存服务	实时	单据编号、操作类型、申请明细数据信息	操作结果	提供离港申报申请的数据保存服务，包括申请的新增、修改数据保存等服务支持
	离港申报提交服务	实时	单据编号、提交对象	操作结果	提供进离港申报保存后的申请提交的服务支持
	进离港申报注销服务	实时	单据编号、撤销对象	操作结果	提供已提交的离港申报申请的撤销的服务支持
	离港申报申请反馈查询服务	实时	单据编号	单据状态数据	提供离港申报申请的反馈结果查询的服务支持

续表3

功能名称	服务名称	实时性	输入	输出	服务说明
离港单证	离港单证查询服务	实时	日期范围、申请编号、企业代码等条件	申请明细数据信息	提供离港单证数据明细查询的服务支持
	离港单证保存服务	实时	单据编号、操作类型、申请明细数据信息	操作结果	提供离港单证申请的数据保存服务，包括申请的新增、修改数据保存等服务支持
	离港单证提交服务	实时	单据编号、提交对象	操作结果	提供进离港单证保存后的申请提交的服务支持
	进离港单证注销服务	实时	单据编号、撤销对象	操作结果	提供已提交的离港单证申请的撤销的服务支持
	离港单证申请反馈查询服务	实时	单据编号	单据状态数据	提供离港单证申请的反馈结果查询的服务支持
水运原始舱单	水运原始舱单查询服务	实时	日期范围、申请编号、企业代码等条件	申请明细数据信息	提供水运原始舱单数据明细查询的服务支持
	水运原始舱单保存服务	实时	单据编号、操作类型、申请明细数据信息	操作结果	提供水运原始舱单申请的数据保存服务，包括申请的新增、修改数据保存等服务支持
	水运原始舱单提交服务	实时	单据编号、提交对象	操作结果	提供进水运原始舱单保存后的申请提交的服务支持
	进水运原始舱单注销服务	实时	单据编号、撤销对象	操作结果	提供已提交的水运原始舱单申请的撤销的服务支持
	水运原始舱单申请反馈查询服务	实时	单据编号	单据状态数据	提供水运原始舱单申请的反馈结果查询的服务支持
水运预配舱单	水运预配舱单查询服务	实时	日期范围、申请编号、企业代码等条件	申请明细数据信息	提供进境/港动态确报服务数据明细查询的服务支持
	水运预配舱单保存服务	实时	单据编号、操作类型、申请明细数据信息	操作结果	提供水运预配舱单申请的数据保存服务，包括申请的新增、修改数据保存等服务支持
	水运预配舱单提交服务	实时	单据编号、提交对象	操作结果	提供进水运预配舱单保存后的申请提交的服务支持
	进水运预配舱单注销服务	实时	单据编号、撤销对象	操作结果	提供已提交的水运预配舱单申请的撤销的服务支持
	水运预配舱单申请反馈查询服务	实时	单据编号	单据状态数据	提供水运预配舱单申请的反馈结果查询的服务支持

续表4

功能名称	服务名称	实时性	输入	输出	服务说明
水运理货报告	水运理货报告查询服务	实时	日期范围、申请编号、企业代码等条件	申请明细数据信息	提供水运理货报告数据明细查询的服务支持
	水运理货报告保存服务	实时	单据编号、操作类型、申请明细数据信息	操作结果	提供水运理货报告申请的数据保存服务，包括申请的新增、修改数据保存等服务支持
	水运理货报告提交服务	实时	单据编号、提交对象	操作结果	提供进水运理货报告保存后的申请提交的服务支持
	进水运理货报告注销服务	实时	单据编号、撤销对象	操作结果	提供已提交的水运理货报告申请的撤销的服务支持
	水运理货报告申请反馈查询服务	实时	单据编号	单据状态数据	提供水运理货报告申请的反馈结果查询的服务支持
运抵报告	运抵报告查询服务	实时	日期范围、申请编号、企业代码等条件	申请明细数据信息	提供运抵报告数据明细查询的服务支持
	运抵报告保存服务	实时	单据编号、操作类型、申请明细数据信息	操作结果	提供运抵报告申请的数据保存服务，包括申请的新增、修改数据保存等服务支持
	运抵报告提交服务	实时	单据编号、提交对象	操作结果	提供进运抵报告保存后的申请提交的服务支持
	进运抵报告注销服务	实时	单据编号、撤销对象	操作结果	提供已提交的运抵报告申请的撤销的服务支持
	运抵报告申请反馈查询服务	实时	单据编号	单据状态数据	提供运抵报告申请的反馈结果查询的服务支持
水运装载舱单	水运装载舱单查询服务	实时	日期范围、申请编号、企业代码等条件	申请明细数据信息	提供对水运装载舱单数据明细查询的服务支持
	水运装载舱单保存服务	实时	单据编号、操作类型、申请明细数据信息	操作结果	提供水运装载舱单申请的数据保存服务，包括申请的新增、修改数据保存等服务支持
	水运装载舱单提交服务	实时	单据编号、提交对象	操作结果	提供进水运装载舱单保存后的申请提交的服务支持
	进水运装载舱单注销服务	实时	单据编号、撤销对象	操作结果	提供已提交的水运装载舱单申请的撤销的服务支持
	水运装载舱单申请反馈查询服务	实时	单据编号	单据状态数据	提供水运装载舱单申请的反馈结果查询的服务支持

续表5

功能名称	服务名称	实时性	输入	输出	服务说明
水运分拨分流申请	水运分拨分流申请查询服务	实时	日期范围、申请编号、企业代码等条件	申请明细数据信息	提供水运分拨分流申请数据明细查询的服务支持
	水运分拨分流申请保存服务	实时	单据编号、操作类型、申请明细数据信息	操作结果	提供水运分拨分流申请申请的数据保存服务，包括申请的新增、修改数据保存等服务支持
	水运分拨分流申请提交服务	实时	单据编号、提交对象	操作结果	提供进水运分拨分流申请保存后的申请提交的服务支持
	进水运分拨分流申请注销服务	实时	单据编号、撤销对象	操作结果	提供已提交的水运分拨分流申请申请的撤销的服务支持
	水运分拨分流申请申请反馈查询服务	实时	单据编号	单据状态数据	提供水运分拨分流申请申请的反馈结果查询的服务支持
水运装箱清单	水运装箱清单查询服务	实时	日期范围、申请编号、企业代码等条件	申请明细数据信息	提供水运装箱清单数据明细查询的服务支持
	水运装箱清单保存服务	实时	单据编号、操作类型、申请明细数据信息	操作结果	提供水运装箱清单申请的数据保存服务，包括申请的新增、修改数据保存等服务支持
	水运装箱清单提交服务	实时	单据编号、提交对象	操作结果	提供进水运装箱清单保存后的申请提交的服务支持
	进水运装箱清单注销服务	实时	单据编号、撤销对象	操作结果	提供已提交的水运装箱清单申请的撤销的服务支持
	水运装箱清单申请反馈查询服务	实时	单据编号	单据状态数据	提供水运装箱清单申请的反馈结果查询的服务支持
水运落装改配改港	水运落装改配改港查询服务	实时	日期范围、申请编号、企业代码等条件	申请明细数据信息	提供水运落装改配改港数据明细查询的服务支持
	水运落装改配改港保存服务	实时	单据编号、操作类型、申请明细数据信息	操作结果	提供水运落装改配改港申请的数据保存服务，包括申请的新增、修改数据保存等服务支持
	水运落装改配改港提交服务	实时	单据编号、提交对象	操作结果	提供进水运落装改配改港保存后的申请提交的服务支持
	进水运落装改配改港注销服务	实时	单据编号、撤销对象	操作结果	提供已提交的水运落装改配改港申请的撤销的服务支持
	水运落装改配改港申请反馈查询服务	实时	单据编号	单据状态数据	提供水运落装改配改港申请的反馈结果查询的服务支持

续表6

功能名称	服务名称	实时性	输入	输出	服务说明
水运空箱调运	水运空箱调运查询服务	实时	日期范围、申请编号、企业代码等条件	申请明细数据信息	提供水运空箱调运数据明细查询的服务支持
	水运空箱调运保存服务	实时	单据编号、操作类型、申请明细数据信息	操作结果	提供水运空箱调运申请的数据保存服务，包括申请的新增、修改数据保存等服务支持
	水运空箱调运提交服务	实时	单据编号、提交对象	操作结果	提供进水运空箱调运保存后的申请提交的服务支持
	进水运空箱调运注销服务	实时	单据编号、撤销对象	操作结果	提供已提交的水运空箱调运申请的撤销的服务支持
	水运空箱调运申请反馈查询服务	实时	单据编号	单据状态数据	提供水运空箱调运申请的反馈结果查询的服务支持
进口关检申报	进口关检申报查询服务	实时	日期范围、申请编号、企业代码等条件	申请明细数据信息	提供进口关检申报数据明细查询的服务支持
	进口关检申报保存服务	实时	单据编号、操作类型、申请明细数据信息	操作结果	提供进口关检申报申请的数据保存服务，包括申请的新增、修改数据保存等服务支持
	进口关检申报申请反馈查询服务	实时	单据编号	单据状态数据	提供进口关检申报申请的反馈结果查询的服务支持
进口报关申报	进口报关申报查询服务	实时	日期范围、申请编号、企业代码等条件	申请明细数据信息	提供进口报关申报数据明细查询的服务支持
	进口报关申报保存服务	实时	单据编号、操作类型、申请明细数据信息	操作结果	提供进口报关申报申请的数据保存服务，包括申请的新增、修改数据保存等服务支持
	进口报关申报提交服务	实时	单据编号、提交对象	操作结果	提供进进口报关申报保存后的申请提交的服务支持
	进进口报关申报注销服务	实时	单据编号、撤销对象	操作结果	提供已提交的进口报关申报申请的撤销的服务支持
	进口报关申报申请反馈查询服务	实时	单据编号	单据状态数据	提供进口报关申报申请的反馈结果查询的服务支持

续表7

功能名称	服务名称	实时性	输入	输出	服务说明
进口报检申报	进口报检申报查询服务	实时	日期范围、申请编号、企业代码等条件	申请明细数据信息	提供进口报检申报数据明细查询的服务支持
	进口报检申报保存服务	实时	单据编号、操作类型、申请明细数据信息	操作结果	提供进口报检申报申请的数据保存服务，包括申请的新增、修改数据保存等服务支持
	进口报检申报提交服务	实时	单据编号、提交对象	操作结果	提供进进口报检申报保存后的申请提交的服务支持
	进进口报检申报注销服务	实时	单据编号、撤销对象	操作结果	提供已提交的进口报检申报申请的撤销的服务支持
	进口报检申报申请反馈查询服务	实时	单据编号	单据状态数据	提供进口报检申报申请的反馈结果查询的服务支持
出口关检申报	出口关检申报查询服务	实时	日期范围、申请编号、企业代码等条件	申请明细数据信息	提供出口关检申报数据明细查询的服务支持
	出口关检申报保存服务	实时	单据编号、操作类型、申请明细数据信息	操作结果	提供出口关检申报申请的数据保存服务，包括申请的新增、修改数据保存等服务支持
	出口关检申报申请反馈查询服务	实时	单据编号	单据状态数据	提供出口关检申报申请的反馈结果查询的服务支持
出口报关申报	出口报关申报查询服务	实时	日期范围、申请编号、企业代码等条件	申请明细数据信息	提供出口报关申报数据明细查询的服务支持
	出口报关申报保存服务	实时	单据编号、操作类型、申请明细数据信息	操作结果	提供出口报关申报申请的数据保存服务，包括申请的新增、修改数据保存等服务支持
	出口报关申报提交服务	实时	单据编号、提交对象	操作结果	提供进出口报关申报保存后的申请提交的服务支持
	进出口报关申报注销服务	实时	单据编号、撤销对象	操作结果	提供已提交的出口报关申报申请的撤销的服务支持
	出口报关申报申请反馈查询服务	实时	单据编号	单据状态数据	提供出口报关申报申请的反馈结果查询的服务支持

续表8

功能名称	服务名称	实时性	输入	输出	服务说明
出口报检申报	出口报检申报查询服务	实时	日期范围、申请编号、企业代码等条件	申请明细数据信息	提供出口报检申报数据明细查询的服务支持
	出口报检申报保存服务	实时	单据编号、操作类型、申请明细数据信息	操作结果	提供出口报检申报申请的数据保存服务，包括申请的新增、修改数据保存等服务支持
	出口报检申报提交服务	实时	单据编号、提交对象	操作结果	提供进出口报检申报保存后的申请提交的服务支持
	进出口报检申报注销服务	实时	单据编号、撤销对象	操作结果	提供已提交的出口报检申报申请的撤销的服务支持
	出口报检申报申请反馈查询服务	实时	单据编号	单据状态数据	提供出口报检申报申请的反馈结果查询的服务支持

五、数据架构

（一）设计思路与原则

1. 设计思路

数据架构设计承接业务架构、应用架构设计成果，遵循“业务驱动”的方法，对“单一窗口”标准版所涉及数据的概念模型、数据分类、存储分布、数据流转、数据处理等内容进行设计规划，为后续的技术架构设计提供输入，并在之后“单一窗口”标准版详细设计阶段提供数据方面的指导和依据。

其中，因“单一窗口”标准版建设划分多个建设阶段，在本阶段的数据架构设计将完成D3级别的工作。如图16所示。

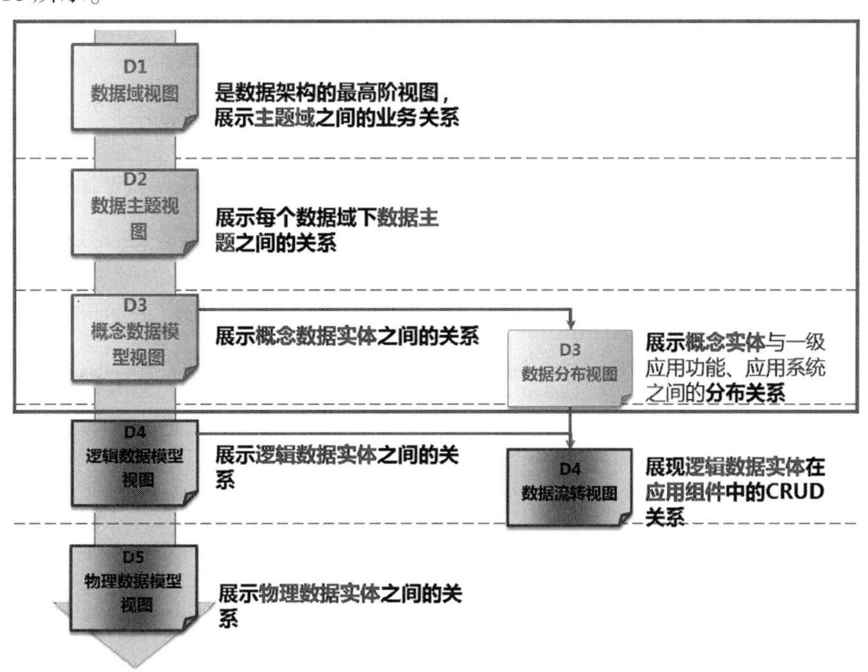

图16　数据架构设计思路

2. 架构设计原则

数据架构设计应切合“单一窗口”标准版业务实际，实现“单一窗口”标准版信息化建设由“面向过程”到“面向数据”的转变，应遵循以下基本原则：

（1）数据架构要具有体系性和动态性，不仅要规划静态的数据模型，而且要制定确保数据架构有效落地和实现动态改进的管控计划。

（2）数据架构要具有稳定性和前瞻性，数据架构是基于业务架构而设计，应该能够适应组织架构、流程的变化，表现出一定的前瞻性，同时数据架构与数据的存储地点、存储形式、存储容量及应用技术等无关，不应该随着它们的变化而变化，具有相对的稳定性。

（3）数据架构要具有开放性和包容性，使得数据架构能够不断得到改进和完善，而不是一成不变，数据架构不仅满足当前“单一窗口”业务发展对数据的需要，并且要为未来更多相关部委申报业务系统接入提供数据框架支撑。

（4）数据架构要具有落地性，应用架构、基础架构应能为数据架构提出的要求和目标提供支撑。

（二）数据架构内容概述

数据架构包括数据分类，数据概念模型，数据存储、分布、流转模型，以及数据管控架构四方面内容。

数据分类：通过数据的结构、数据特点、数据的业务作用等维度描述“单一窗口”标准版的数据分类视图。

数据概念模型：按照主题域划分描述业务实体与联系，以及抽象业务实体到现实业务实体之间的具体泛化关系。

数据存储、分布、流转：根据数据分类、数据业务特点、数据的生产和消费等描述数据的流转、设计数据的存储、数据的分布。

数据管控架构：在数据生命周期应用管控和数据标准化管控两个方面，对数据生产和利用进行管控，确保数据架构落地。

（三）数据分类

从数据应用的不同角度对数据进行分类，不同类别的数据在存储、计算、传输时对应不同的要求和技术实现手段。

“单一窗口”标准版的数据分别按两个维度进行分类：

根据数据的存储结构划分为结构化数据和非结构化数据，并且在此基础上进行了第二层划分：结构化数据划分为系统基础数据、系统运行数据、流程数据；非结构化数据划分为文件和缓存数据。虽然流程数据从数据含义上属于业务数据范畴，但流程数据与业务数据存在格式及处理差异。在图 17 中，将流程数据从业务数据中分出，便于之后数据存储与分布的设计。

根据数据的作为维度分为平台支撑数据、门户系统数据和受理系统业务数据。

“单一窗口”标准版系统的数据分类图如图 17 所示。

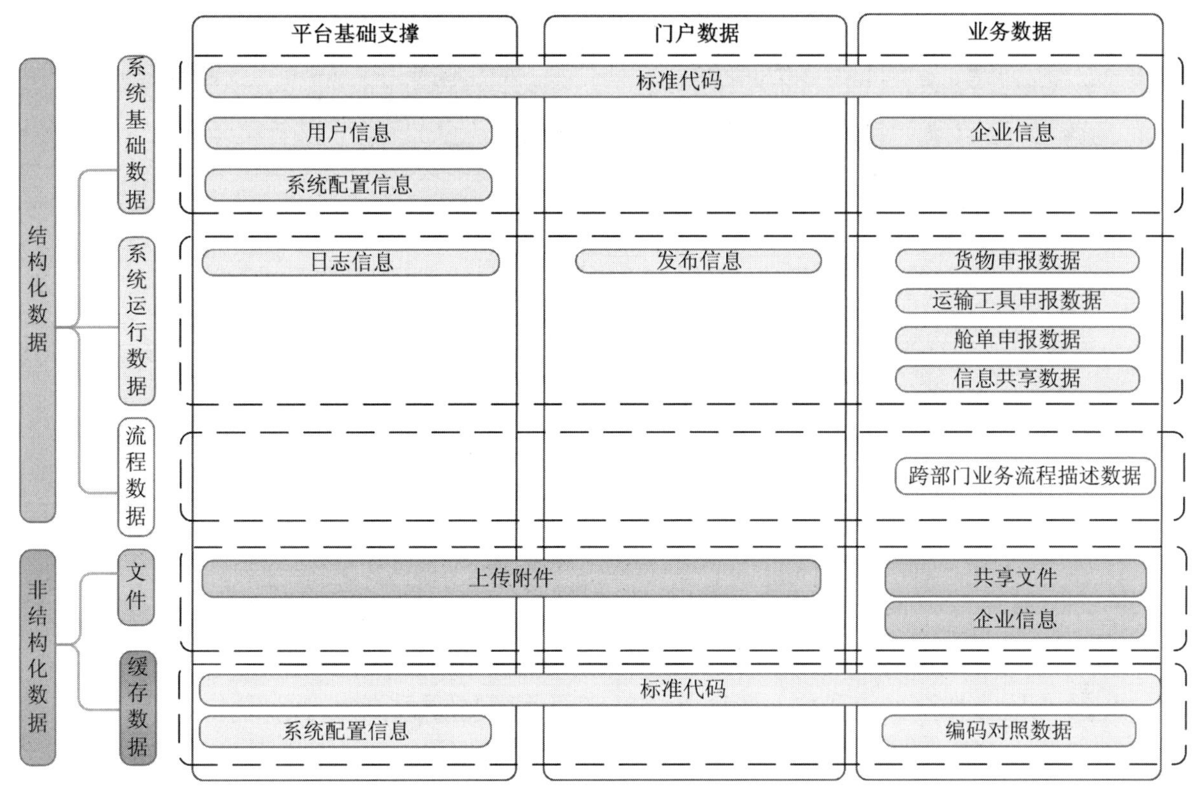

图 17　数据分类图

（四）数据概念模型设计

1. 数据主题域划分

根据“单一窗口”申报的业务特点，参考海关各相关申报系统的数据模型，按照业务域划分梳理形成业务服务、协同服务、支撑服务 3 个主题域。其中，业务服务主题域包括资质申请、许可证申请、原产地申请、运输工具申报、舱单申报、货物申报、税费办理、收付汇办理、出口退税办理、单据库共 10 个二级主题域，协同服务主题域包括门户信息、数据共享、决策支持等二级主题域，支撑服务主题域包括客服管理、运维管理、主数据、元数据等二级主题域。数据主题域划分如图 18 所示。

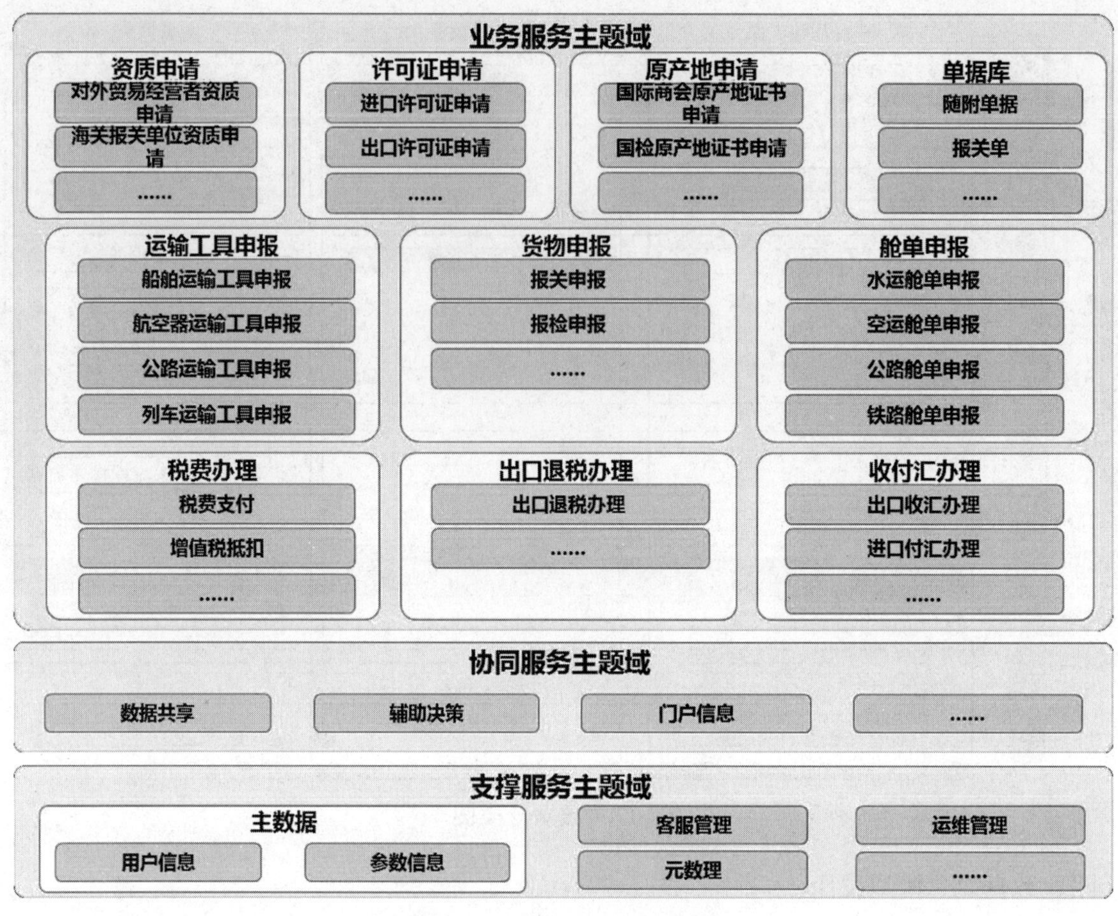

图 18　数据主题域划分图

表9为“单一窗口”二级主题域定义表，涉及二级主题域所从属的一级主题域和二级主题域定义。

表 9　“单一窗口”二级主题域定义表

序号	一级主题域	二级主题域名称	二级主题域定义
1	业务服务	资质申请	包含对外贸易经营者备案、海关企业注册登记、报检企业备案登记、外汇收支名录备案等备案登记服务信息
2	业务服务	许可证申请	包含各种类型的进/出口许可证、通关证明等申请批复服务信息
3	业务服务	原产地申请	包含国际商会原产地证书申请、国检原产地证书申请等申请批复服务信息
4	业务服务	运输工具申报	涉及船舶、航空、公路、列车各类运输工具申报的服务信息
5	业务服务	舱单申报	涉及水运、空运、公路、铁路各类货运舱单申报服务信息
6	业务服务	货物申报	涉及各类货物报关、报检申报服务信息
7	业务服务	税费办理	包含税费支付、增值税抵扣等信息
8	业务服务	收付汇办理	包含出口收汇、进口付汇等信息
9	业务服务	出口退税办理	涉及出口退税办理信息
10	业务服务	单据库	包含各类单据、单证信息
11	协同服务	门户信息	包含信息发布、个性化功能定制、报表定制等信息

续表

序号	一级主题域	二级主题域名称	二级主题域定义
12	协同服务	数据共享	包含跨部门信息共享、境外信息共享、与地方平台信息共享等
13	协同服务	决策支持	包含实时分析、预测预警、报表等信息
14	支撑服务	客服管理	包含工单流转、知识库等信息
15	支撑服务	运维管理	包含问题管理、事件管理及配置、变更、发布管理等信息
16	支撑服务	主数据	包含用户信息、参数信息等主数据内容
17	支撑服务	元数据	包含数据构成要素、数据集或数据集系列的内容、覆盖范围、质量、管理方式、数据的所有者、数据的提供方式等有关的信息

2. 数据概念模型

按照上述的数据实体域的划分，采用实体—联系表示方法（Entity-Relationship Method），对各个主题域的业务实体进行细化和关系建模，形成主题域数据概念模型，用于描述主题域业务的概念化结构，与计算机系统及 DBMS 的具体技术无关，用于指导数据库逻辑与物理设计。

其中，“单一窗口”标准版建设划分多个建设阶段，在本阶段主要完成舱单申报主题域、运输工具申报主题域、货物申报主题域的数据概念模型设计工作。

(1) 舱单申报主题域

①水运舱单申报

水运进口舱单申报见图 19。

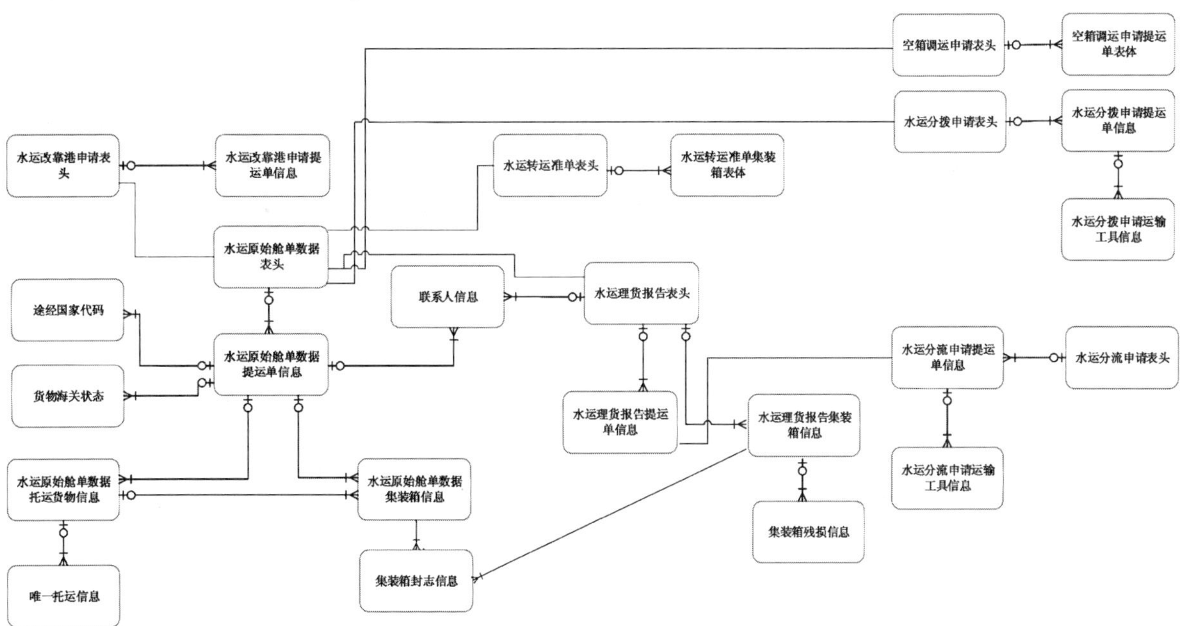

图 19　水运进口舱单数据概念模型图

水运出口舱单申报见图 20。

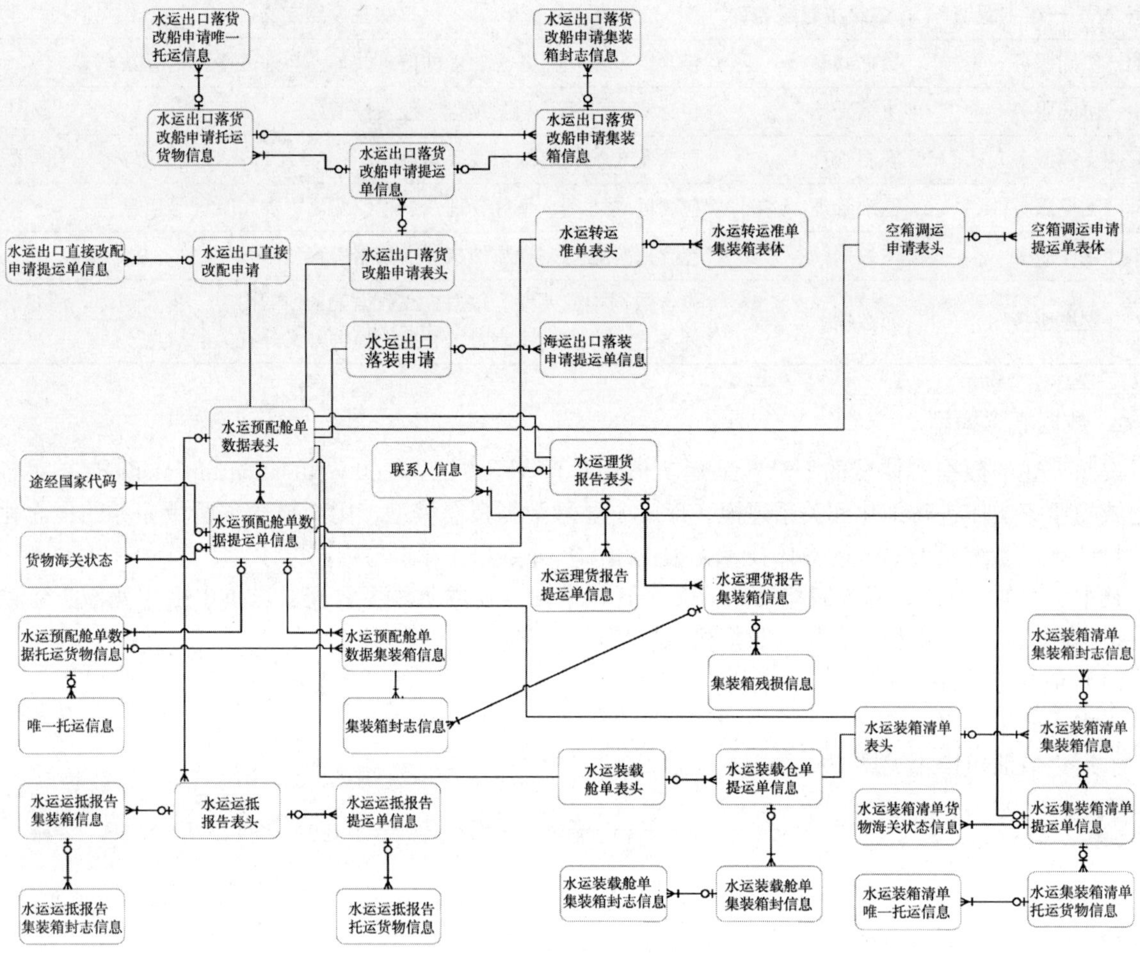

图 20　水运出口舱单数据概念模型图

②空运舱单申报

空运进口舱单申报见图 21。

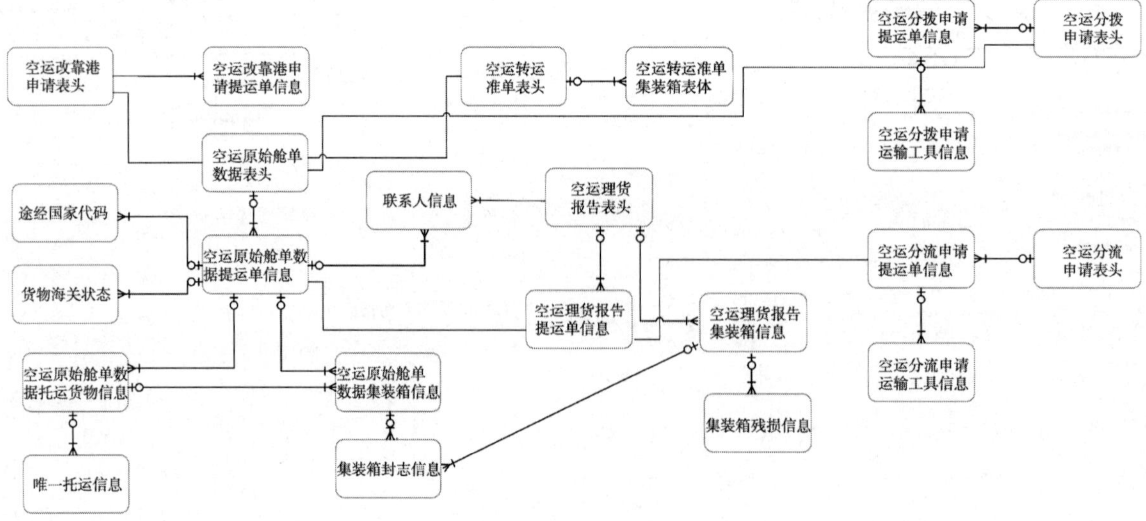

图 21　空运进口舱单数据概念模型

空运出口舱单申报见图 22。

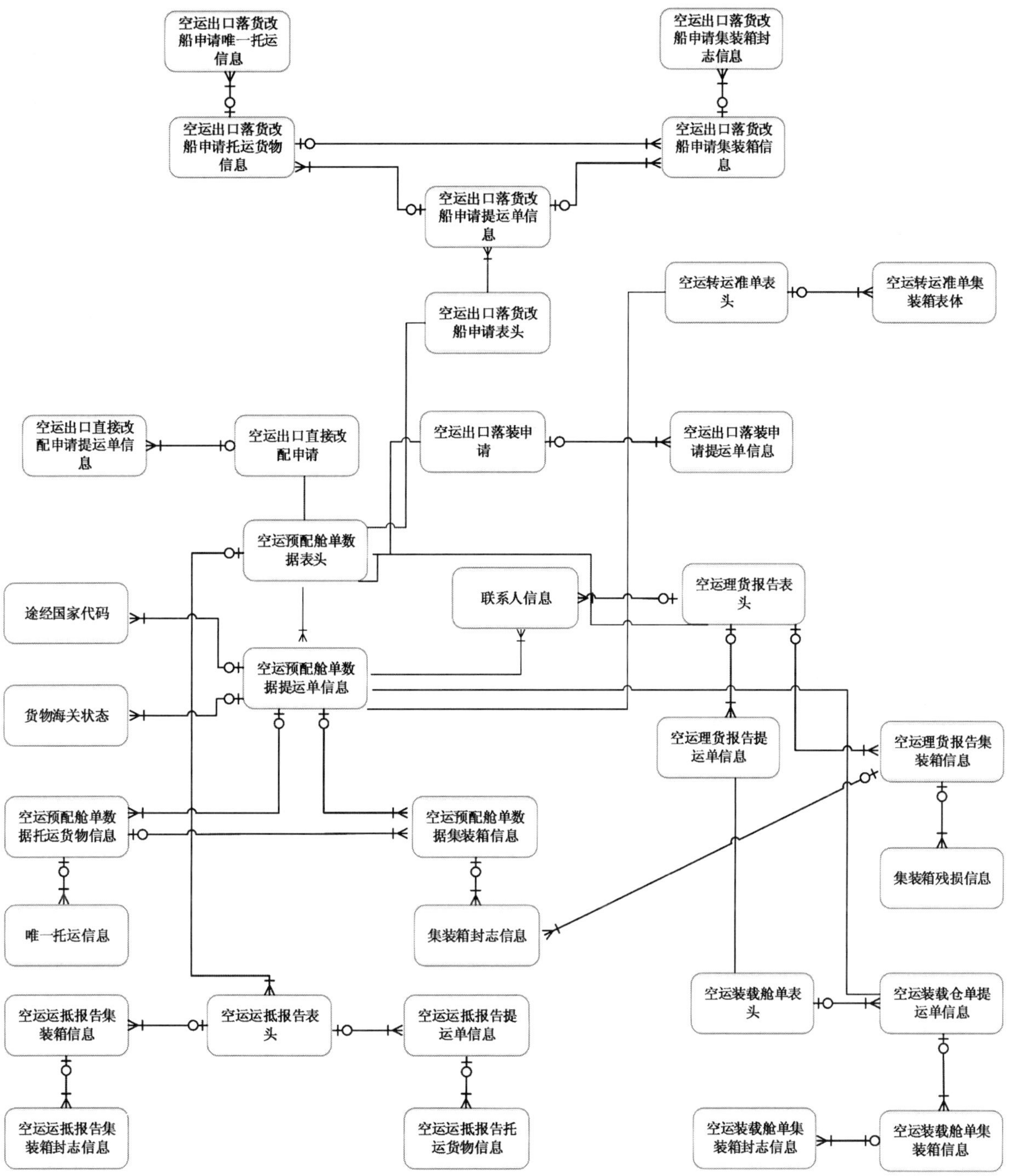

图 22　空运出口舱单数据概念模型图

③公路舱单申报

公路进口舱单申报见图 23。

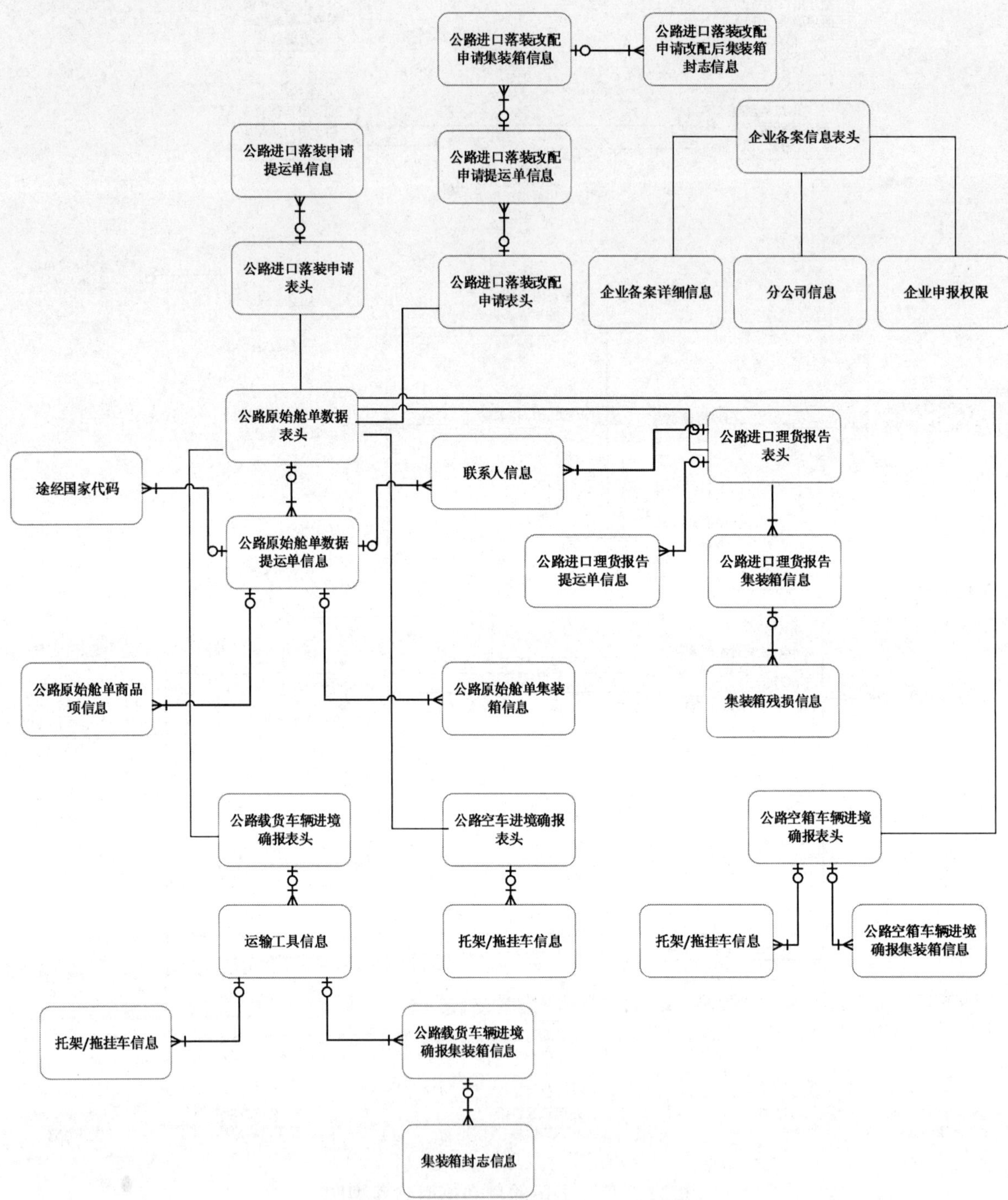

图 23　公路进口舱单数据概念模型图

公路出口舱单申报见图 24。

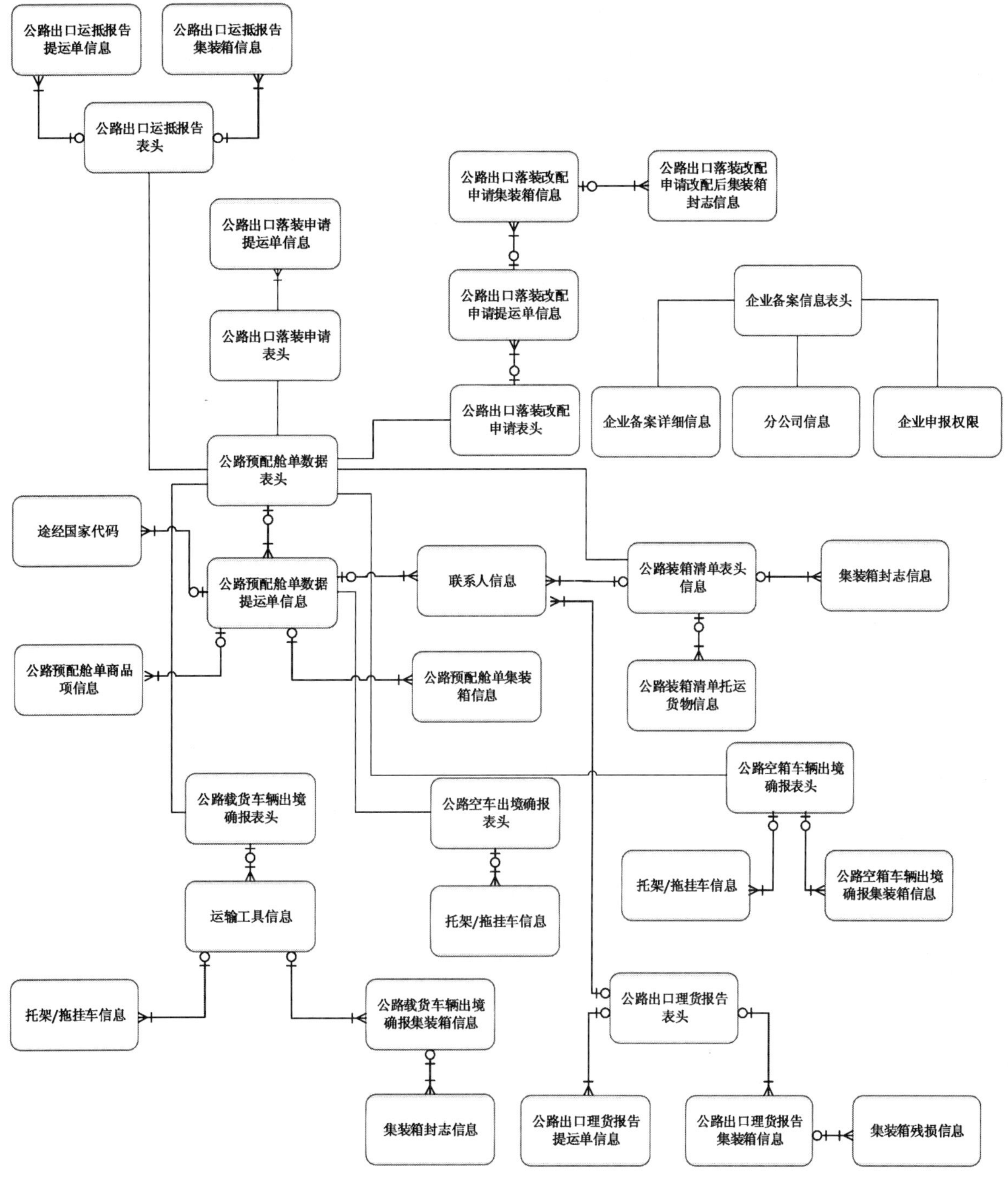

图 24　公路出口舱单数据概念模型图

④铁路舱单申报

本阶段暂时不设计，留待后续完善。

⑤舱单申报实体对照表

表 10　舱单申报实体对照表

一级应用功能	二级应用功能	三级应用功能		实体名称
舱单申报	水运舱单申报	水运进口舱单	原始舱单	水运原始舱单主要数据表头
				水运原始舱单主要数据提运单信息
				联系人信息
				途经国家（地区）列表
				货物海关状态
				水运原始舱单主要数据托运货物信息
				唯一托运信息
				水运原始舱单主要数据集装箱信息
				集装箱封志信息
			进口理货报告	水运进口理货报告表头
				联系人信息
				水运进口理货报告提运单信息
				水运进口理货报告集装箱信息
				集装箱残损信息
				集装箱封志信息
			水运分拨申请	水运分拨申请表头
				水运分拨申请提运单信息
				水运分拨申请运输工具信息
			水运分流申请	水运分流申请表头
				水运分流申请提运单信息
				水运分流申请运输工具信息
			水运进口改靠港	水运进口改靠港申请表头
				水运进口改靠港申请提运单信息
			水运进口空箱调运	进口空箱调运申请表头
				进口空箱调运申请提运单表体
			预配舱单	水运预配舱单主要数据表头
				水运预配舱单主要数据提运单信息
				联系人信息
				途经国家（地区）列表
				货物海关状态
				水运预配舱单主要数据托运货物信息
				唯一托运信息
				水运预配舱单主要数据集装箱信息
				集装箱封志信息

续表1

一级应用功能	二级应用功能	三级应用功能		实体名称
舱单申报	水运舱单申报	水运进口舱单	水运出口理货报告申报	水运出口理货报告表头
				联系人信息
				水运出口理货报告提运单信息
				水运出口理货报告集装箱信息
				集装箱残损信息
			运抵报告	水运出口运抵报告表头
				水运出口运抵报告提运单信息
				水运出口运抵报告托运货物信息
				水运出口印度薄饼集装箱信息
				水运出口运抵报告集装箱封志信息
			装载舱单	水运装载舱单表头
				水运装载舱单提运单信息
				水运装载舱单集装箱信息
				水运装载舱单集装箱封志信息
			装箱清单	水运装箱清单集装箱信息
				水运装箱清单提运单信息
				水运装箱清单集装箱封志信息
				水运装箱清单表头
				水运装箱清单货物海关状态信息
				水运集装箱清单托运货物信息
				水运装箱清单唯一托运信息
				联系人信息
			出口直接改配	水运出口直接改配申请表头
				水运出口直接改配申请提运单信息
			出口落装申请	水运出口落装申请表头
				水运出口落装申请提运单信息
			出口落装改配	水运出口落货改船申请表头
				水运出口落货申请改船提运单信息
				水运出口落货改船申请托运货物信息
				水运出口落货改船申请集装箱信息
				水运出口落货改船申请唯一托运信息
				水运出口落货改船申请集装箱封志信息
			国际转运准单	水运转运准单表头
				水运转运准单集装箱表体

续表2

一级应用功能	二级应用功能	三级应用功能		实体名称
舱单申报	水运舱单申报	水运进口舱单	空集装箱调运	出口空箱调运申请表头
				出口空箱调运申请提运单表体
	空运舱单申报	空运进口舱单	原始舱单	空运原始舱单主要数据表头
				空运原始舱单主要数据提运单信息
				联系人信息
				途经国家（地区）列表
				货物海关状态
				空运原始舱单主要数据托运货物信息
				唯一托运信息
				空运原始舱单主要数据集装箱信息
				集装箱封志信息
			进口理货报告	空运进口理货报告表头
				联系人信息
				空运进口理货报告提运单信息
				空运进口理货报告集装箱信息
				集装箱残损信息
				集装箱封志信息
			空运分拨申请	空运分拨申请表头
				空运分拨申请提运单信息
				空运分拨申请运输工具信息
			空运分流申请	空运分流申请表头
				空运分流申请提运单信息
				空运分流申请运输工具信息
			空运进口改靠港	空运进口改靠港申请表头
				空运进口改靠港申请提运单信息
			预配舱单	空运预配舱单主要数据表头
				空运预配舱单主要数据提运单信息
				联系人信息
				途经国家（地区）列表
				货物海关状态
				空运预配舱单主要数据托运货物信息
				唯一托运信息
				空运预配舱单主要数据集装箱信息
				集装箱封志信息

续表3

一级应用功能	二级应用功能	三级应用功能		实体名称
舱单申报	空运舱单申报	空运出口舱单	空运出口理货报告申报	空运出口理货报告表头
				联系人信息
				空运出口理货报告提运单信息
				空运出口理货报告集装箱信息
				集装箱残损信息
			运抵报告	空运出口运抵报告表头
				空运出口运抵报告提运单信息
				空运出口运抵报告托运货物信息
				空运出口印度薄饼集装箱信息
				空运出口运抵报告集装箱封志信息
			装载舱单	空运装载舱单表头
				空运装载舱单提运单信息
				空运装载舱单集装箱信息
				空运装载舱单集装箱封志信息
			出口直接改配	空运出口直接改配申请表头
				空运出口直接改配申请提运单信息
			出口落装申请	空运出口落装申请表头
				空运出口落装申请提运单信息
			出口落装改配	空运出口落货改船申请表头
				空运出口落货申请改船提运单信息
				空运出口落货改船申请托运货物信息
				空运出口落货改船申请集装箱信息
				空运出口落货改船申请唯一托运信息
				空运出口落货改船申请集装箱封志信息
			国际转运准单	空运转运准单表头
				空运转运准单集装箱表体
	公路舱单申报	公路进口舱单	公路原始舱单	公路原始舱单表头
				公路原始舱单提运单信息
				公路原始舱单集装箱信息
				公路原始舱单商品项信息
				联系人信息

续表4

一级应用功能	二级应用功能	三级应用功能		实体名称
舱单申报	公路舱单申报	公路进口舱单	公路进口理货报告	公路进口理货报告表头
				公路进口理货报告提运单信息
				公路进口理货报告集装箱信息
				集装箱残损信息
				联系人信息
			公路载货车辆进境确报	公路载货车辆进境确报表头
				运输工具信息
				托架/拖挂车信息
				公路载货车辆进境确报集装箱信息
				集装箱封志信息
			公路空载车辆进境确报	公路空车进境确报表头
				托架/拖挂车信息
			公路空箱车辆进境确报	公路空箱车辆进境确报表头
				托架/拖挂车信息
				公路空箱车辆进境确报集装箱信息
			公路进口落装申请	公路进口落装申请表头
				公路进口落装申请提运单信息
			公路进口落装改配申请	公路进口落装改配申请表头
				公路进口落装改配申请提运单信息
				公路进口落装改配申请集装箱信息
				公路进口落装改配申请改配后集装箱封志信息
			公路企业备案信息	企业备案信息表头
				企业备案详细信息
				分公司信息
				企业申报权限
		公路出口舱单	公路预配舱单	公路预配舱单表头
				公路预配舱单提运单信息
				公路预配舱单集装箱信息
				公路预配舱单商品项信息
				联系人信息
			公路出口理货报告	公路出口理货报告表头
				公路出口理货报告提运单信息
				公路出口理货报告集装箱信息
				集装箱残损信息
				联系人信息

续表5

一级应用功能	二级应用功能	三级应用功能		实体名称
舱单申报	公路舱单申报	公路出口舱单	公路出口运抵报告	公路出口运抵报告表头
				公路出口运抵报告提运单信息
				公路出口印度薄饼集装箱信息
			公路装箱清单	公路出口装箱清单表头
				公路出口装箱清单托运货物信息
				联系人信息
			公路载货车辆出境确报	公路载货车辆出境确报表头
				运输工具信息
				托架/拖挂车信息
				公路载货车辆出境确报集装箱信息
				集装箱封志信息
			公路空载车辆出境确报	公路空车出境确报表头
				托架/拖挂车信息
			公路空箱车辆出境确报	公路空箱车辆出境确报表头
				托架/拖挂车信息
				公路空箱车辆出境确报集装箱信息
			公路出口落装申请	公路出口落装申请表头
				公路出口落装申请提运单信息
			公路出口落装改配	公路出口落装改配申请表头
				公路出口落装改配申请提运单信息
				公路出口落装改配申请集装箱信息
				公路出口落装改配申请改配后集装箱封志信息
			公路企业备案信息	企业备案信息表头
				企业备案详细信息
				分公司信息
				企业申报权限
	铁路舱单申报			

（2）运输工具申报主题域

①船舶运输工具申报

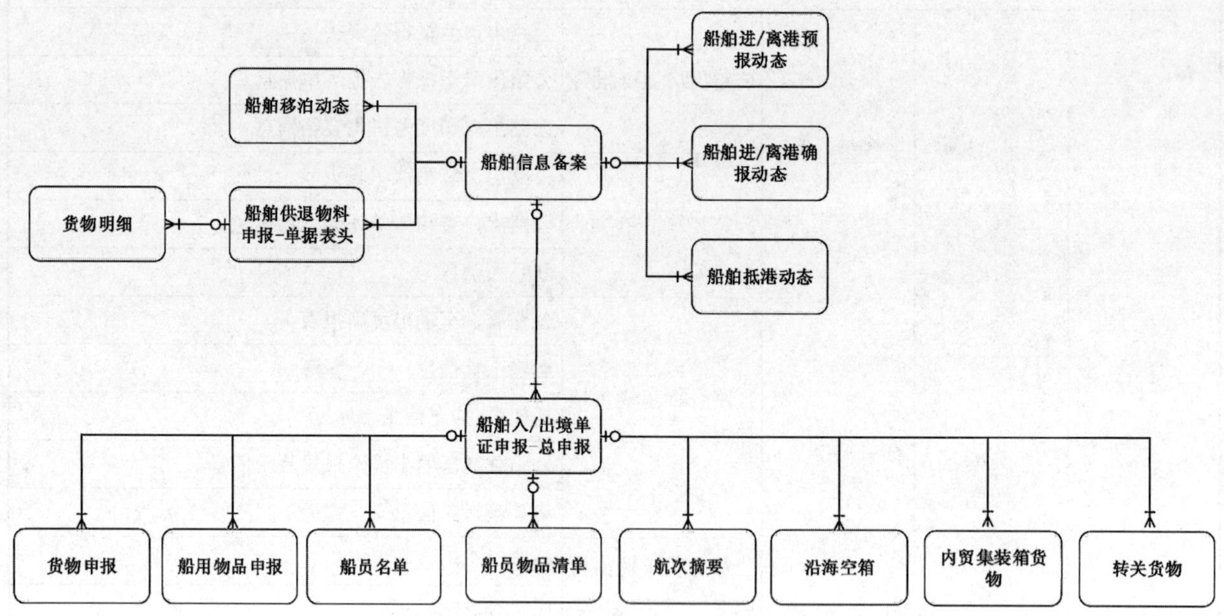

图 25　船舶运输工具申报数据概念模型图

②航空器运输工具申报

本阶段暂时不设计，留待后续完善。

③公路运输工具申报

本阶段暂时不设计，留待后续完善。

④列车运输工具申报

本阶段暂时不设计，留待后续完善。

⑤运输工具申报实体对照表

表 11　运输工具申报实体对照表

一级应用功能	二级应用功能	三级应用功能	实体名称
运输工具申报	船舶运输工具申报	船舶信息备案	船舶信息备案
		船舶进/出口岸审批	船舶进/出口岸审批
		入境/港申报	船舶入境/港预报动态
			船舶入境/港确报动态
			船舶抵港动态
			船舶进/出口岸单证申报
			货物申报
			船用物品申报
			船员名单
			船员物品清单
			航次摘要
			沿海空箱
			内贸集装箱货物
			转关货物

续表

一级应用功能	二级应用功能	三级应用功能	实体名称
运输工具申报	船舶运输工具申报	在港申报	船舶移泊动态
			船舶供退物料申报
			货物明细
		出境/港申报	船舶离港预报动态
			船舶离港确报动态
			出境单证申报
			货物申报
			船用物品申报
			船员名单
			船员物品清单
			航次摘要
			沿海空箱
			内贸集装箱货物
			转关货物
	航空器运输工具申报	暂不设计	
	公路运输工具申报	暂不设计	
	列车运输工具申报	暂不设计	

(3) 货物申报主题域

①报关申报

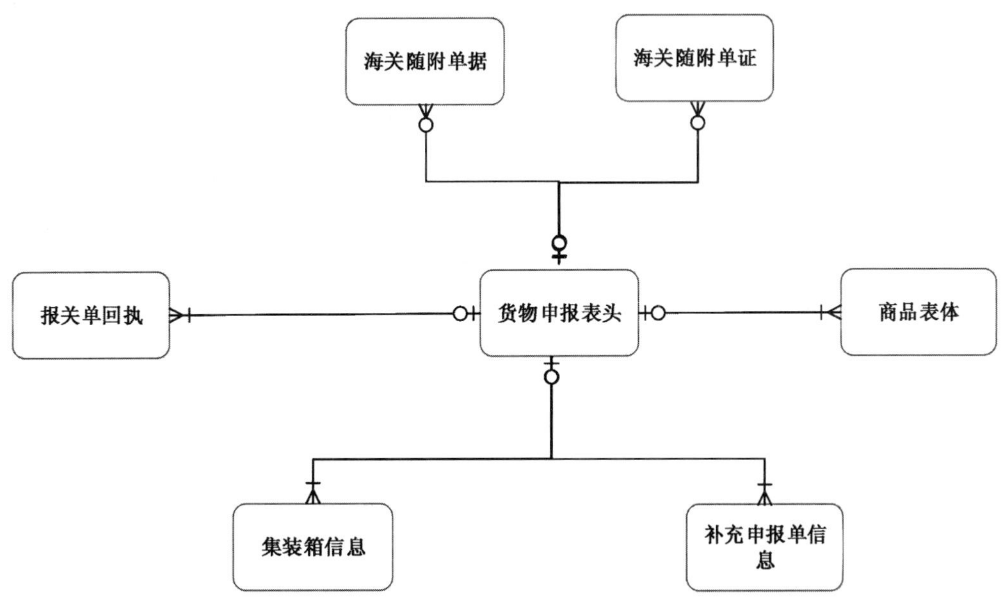

图 26 报关申报数据概念模型图

②报检申报

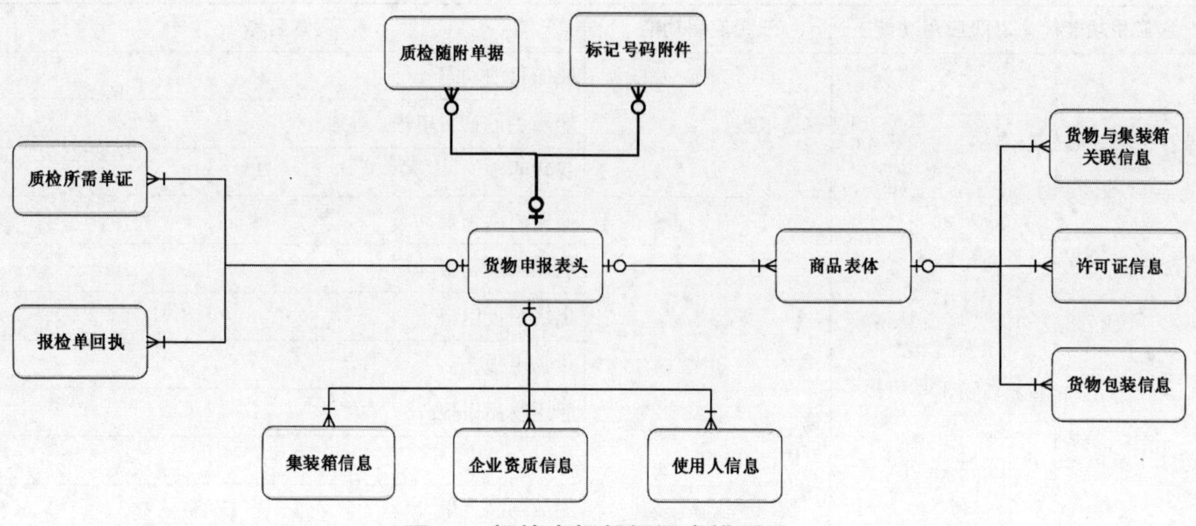

图 27　报检申报数据概念模型图

③货物申报实体对照表

表 12　货物申报实体对照表

一级应用功能	二级应用功能	实体名称
货物申报	报关申报	货物申报表头
		商品表体
		集装箱表体
		海关随附单据
		海关随附单证
		报关单回执
		补充申报单信息
	报检申报	货物申报表头
		商品表体
		集装箱表体
		企业资质信息
		海关需要单证
		海关随附单证
		许可证信息
		使用人信息
		报检单回执
		标记号码附件
		货物包装信息
		货物与集装箱关联信息

3. 部委间交互数据实体

（1）交通运输部海事局与海关交互数据实体

表 13　海关提供给交通运输部海事局的数据实体

一级业务	二级业务	实体名称
舱单	原始舱单	水运原始舱单数据表头
		水运原始舱单数据提运单信息
		水运原始舱单数据集装箱信息
		水运原始舱单数据托运货物信息
	预配舱单	水运预配舱单数据表头
		水运预配舱单数据提运单信息
		水运预配舱单数据集装箱信息
		水运预配舱单数据托运货物信息
	装载舱单	水运装载舱单表头
		水运装载舱单提运单信息
		水运装载舱单集装箱信息

表 14　交通运输部海事局提供给海关的数据实体

序号	实体名称
1	船舶基本信息
2	船舶位置信息（AIS）

（2）国家移民局与海关交互数据实体

表 15　海关提供给公安部出入境管理局的数据实体

序号	实体名称
1	船舶网上报检总申报表
2	船员名单
3	船舶旅客名单
4	枪支弹药申报

（五）数据存储、分布、流转

“单一窗口”标准版数据采用集中模式进行存储和管理。根据系统实时性、数据的结构和数据之间的耦合度，本方案对系统的数据架构设计为关系型数据库、非关系型数据库、日志数据库、缓存数据库。具体如图 28 所示。

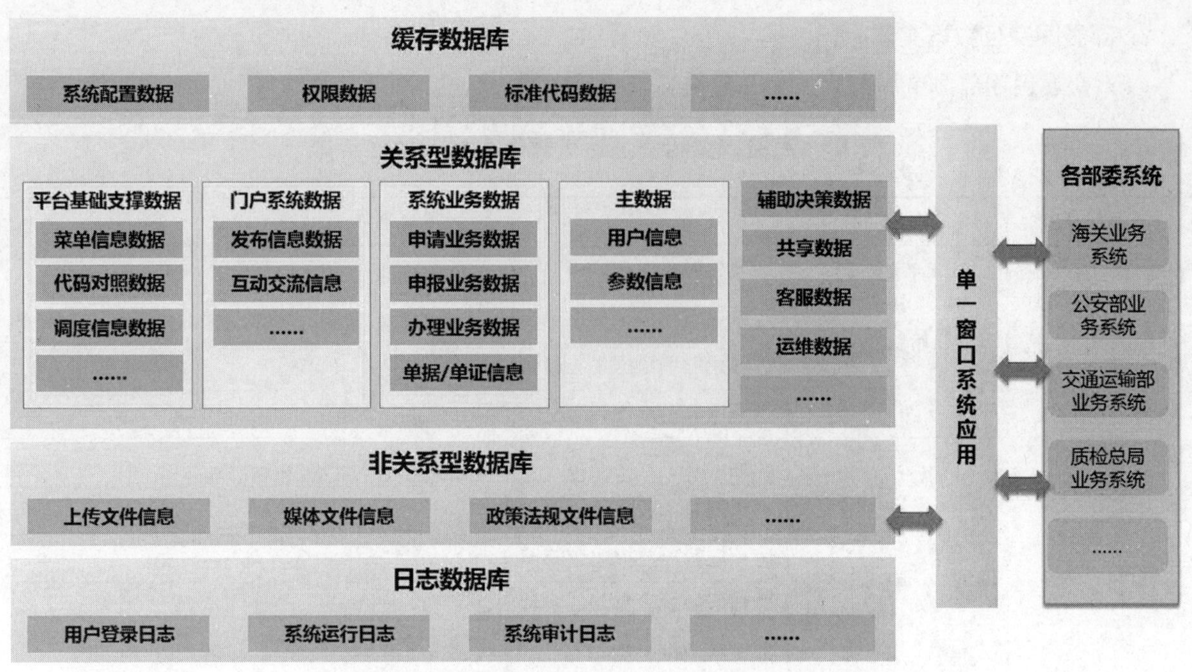

图 28　数据存储、分布、流转逻辑图

关系型数据库：主要用于存储系统的结构化数据，包含基础支撑平台数据、门户系统数据、受理系统业务数据、辅助决策数据和共享数据。

非关系型数据库：主要存储系统的非结构化数据，主要有系统用户上传的附件资料、媒体文件资料、系统公告的政策法规文档，以及一些供用户下载的电子表格文件等。

日志数据库：主要采用专业的日志存储软件数据库产品，存储系统的各类日志信息，这类半结构化的信息，便于日志信息的检索和分析，提高信息的性能。

缓存数据库：主要采用内存缓存技术，缓存系统的各类相对静止的配置数据，提高系统的响应速度。

“单一窗口”标准版应用负责采集用户提交的数据，根据数据的类别分别写入运行数据库、非关系型数据库、缓存数据库或者相关部委的受理系统，并将系统的日志信息写入日志数据库，并且根据用户的操作指令，会读取运行数据库、非关系型数据库、日志数据库和相关部委受理系统的数据，因此“单一窗口”标准版应用和运行数据库、非关系型数据库、日志数据库、缓存数据库之间的数据流转是双向的。

在系统启动的时候，缓存数据库会加载运行数据库中需要缓存的数据信息，为了加快用户应用响应速度，用户的数据写入可以先写入缓存数据库，然后异步同步到运行数据库中，因此缓存数据库和运行数据库之间的数流动也是双向的。

随着系统运行，系统的业务数据会越来越多，数据库的体量变大，会导致一系列的性能问题和数据管理问题，因此方案设计了分别针对运行数据库和非关系型数据库设计了历史数据库和历史非关系型数据库，根据业务情况，将一段时间以前的数据归档到历史数据库中，保证运行数据库和非关系型数据库控制在一定的体量，并且为了降低运行数据库的负载，设计了查询数据库，用于支撑查询统计类业务。系统的数据流转图如图 29 所示。

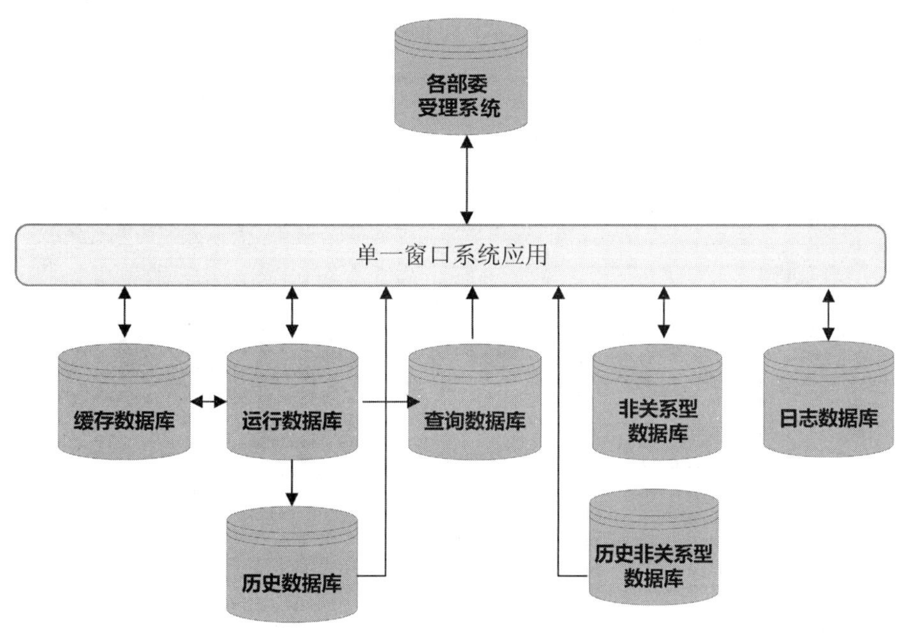

图 29　系统数据流转图

（六）数据管控架构

为确保数据合理利用和数据质量得到持续改进，需要从数据生命周期应用管控和数据标准化管控两个方面进行管控。

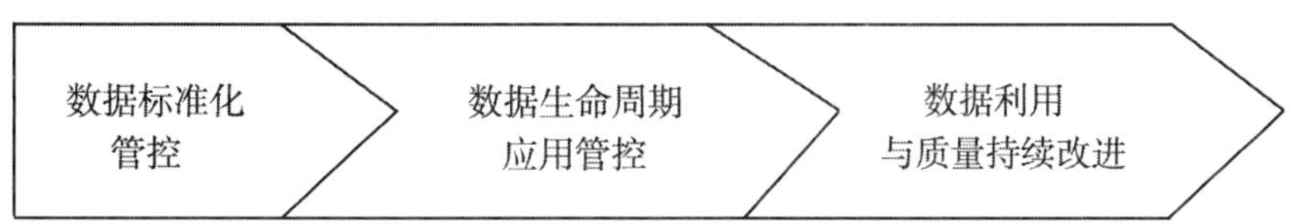

图 30　数据总体管控

数据生命周期应用管控，是对数据从产生与消亡全过程的合理应用角度进行建模，确保建立数据从创建、共享查询、挖掘分析、归档、备份，以至消亡的合理有序的生命周期过程，也为数据库物理设计、数据库性能优化提供指导。

而数据标准化管控，则是为驱动数据生命周期应用管控目标得以落实，逐步建立起来的一套完善的数据标准化体系，目标在于通过数据标准化规范和配套的流程运行机制对各个数据应用环节进行审核管控，确保数据质量和处理流程符合规范。

1. 数据生命周期应用模型

数据在业务组织中的生命周期是指数据在支撑组织业务运作过程中的不同阶段和状态。一般来说，业务组织中的数据将经历从产生、处理、存储，到应用、归档，直至最终被删除这样的一个生命周期。在数据生命周期的所有阶段，业务组织必须完全按照组织的业务需要进行处理、管控、保护，以及提供数据访问。

数据生命周期应用模型是通过制定数据生命周期的应用框架，来确保系统数据库设计能够符合这一框架要求，从而实现业务数据在生命周期内的合理有序流动，达到对整个组织数据架构的管控目的。

根据业务架构，按照数据生命周期一般过程，逻辑上将数据分布于业务生产数据库、主数据与参数数据库、业务查询数据库、数据仓库、历史归档库、备份数据库及同步镜像库。其中业务生产数据库、主数据与参数数据库、业务查询数据库作为在线数据库，提供即时的应用访问，数据仓库、历史归档库作为近线数据库，提供非实时的应用访问，而备份数据库作为离线数据库，主要用于容灾备份，在在线数据库故障情况下进行数据恢复。

数据生命周期应用模型如图 31 所示。

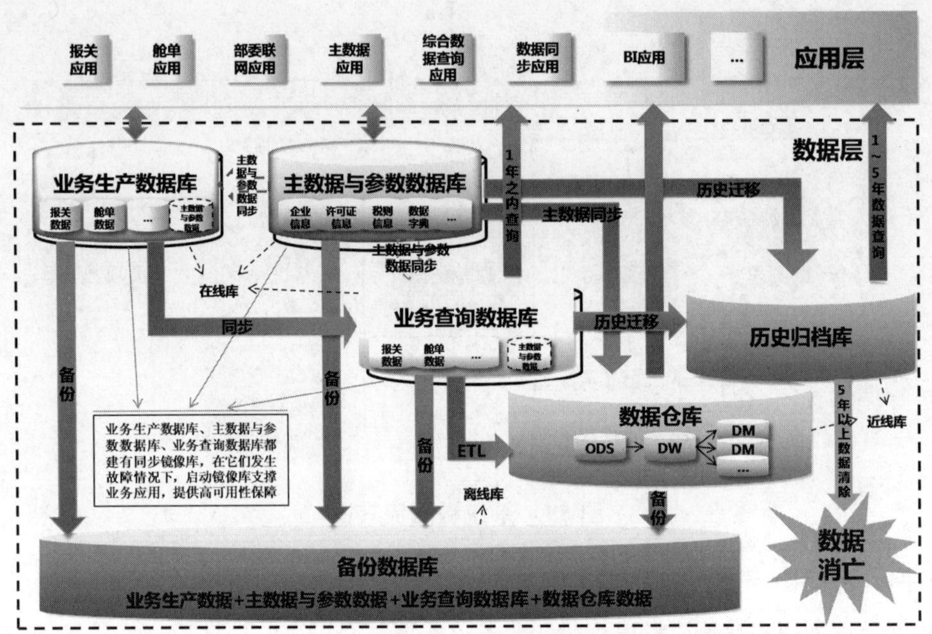

图 31　数据生命周期应用模型

业务生产数据库：业务生产数据库是中国电子口岸所有在线业务处理系统进行直接读写操作的数据库群的逻辑统称。在线业务处理系统只对业务生产数据库进行读写操作，要确保业务生产数据库中的数据能够及时进行迁移或清除，保持业务生产数据库容量相对稳定，使得业务生产数据库运行性能得到可靠保障。

业务查询数据库：业务查询数据库是中国电子口岸所有业务系统（在线业务系统、查询服务系统及部委联网查询系统）进行读操作的数据库群的逻辑统称。业务查询数据库与业务生产库在数据结构上保持完全一致，其数据是按照一定的周期规则和方式从业务生产数据库中复制过来，业务查询数据库是为了提高数据库对海量数据的并发处理性能，优化提升数据库吞吐能力而规划，业务查询数据库还是数据仓库 ETL 的数据来源。

主数据与参数数据库：主数据与参数数据库是数据中心全局共享性数据的数据库群的逻辑统称。主数据也是一类业务数据，但相对于其他业务数据而言，具有跨部门、跨业务共享，生命周期较长，数据相对稳定的特点，因而也称为基础业务数据，如企业信息、交通工具信息参数数据主要指一些规则参数、字典编码及配置信息等，如校验规则、税则信息、数据字典、系统配置参数。

数据仓库：数据仓库是为中心实现数据挖掘、BI 分析而规划，是数据仓库和数据集市的统称。数据主要来源于业务查询数据库，内部由操作性数据存储（ODS）、数据仓库（DW）、数据集市（DM）等组成。

历史归档库：历史归档库是为了避免业务查询数据库和主数据与参数数据库的数据量随着时间延续无限膨胀而规划的，目的是将超过一定时间周期的数据迁移到该库，保持数据库容量的相对稳定和高效运行，同时也作为以往业务数据的历史归档数据。历史归档库中的数据是将业务查询数据库和主数据与参数数据库中的数据按照一定的周期规则和方式迁移复制过来，这些规则和方式一般根据业务需要而定。随着时间延续，对历史归档库中的数据，可以根据业务需要，采取一定的规则进行消亡处理。

备份数据库：备份数据库作为离线数据库，主要用于容灾备份，提供在线数据库故障情况下进行数据恢复之用。一般需要对业务生产数据库、业务查询数据库、主数据与参数数据库、数据仓库进行备份，由于这些数据库应用特点不同，一般分别采取不同的备份策略和方式。

同步镜像数据库：同步镜像库为了确保数据库应用的高可用性而规划。业务生产数据库、主数据与参数数据库、业务查询数据库都建有同步镜像库，在它们发生故障情况下，快速启动镜像库支撑业务应用，提供高可用性保障。

2. 数据标准化体系

数据标准化体系是为驱动落实数据生命周期应用管控目标而设计。体系通过数据标准化规范和配套的流程运行机制对各个数据应用环节进行审核管控，确保数据质量和处理流程符合规范，从而达到数据管控目标。

数据标准化体系由四部分组成：

（1）数据标准化组织及运行机制，包括标准化组织机构设置、职责定位、运行机制，标准化活动计划及配套保障措施。

（2）一组数据标准化规范，主要包括元数据管理规范、数据元、数据分类与编码规范、数据管理标准、数据安全规范。而关于数据安全规范，应包含按照应用系统等级保护要求对数据进行保密程度划分的内容。

（3）两组数据标准化活动，一是数据管控活动，从数据采集、数据集成、数据管理、数据共享和安全等各方面对数据建设和数据质量进行核查，确保符合数据架构和标准规范要求，二是对数据标准化规范的改进完善活动，包括定义数据需求、开发数据标准、批准数据标准和实施数据标准等过程。

（4）三套标准化支持工具：元数据管理工具、数据标准化规范制定工具、数据管控活动支持工具。

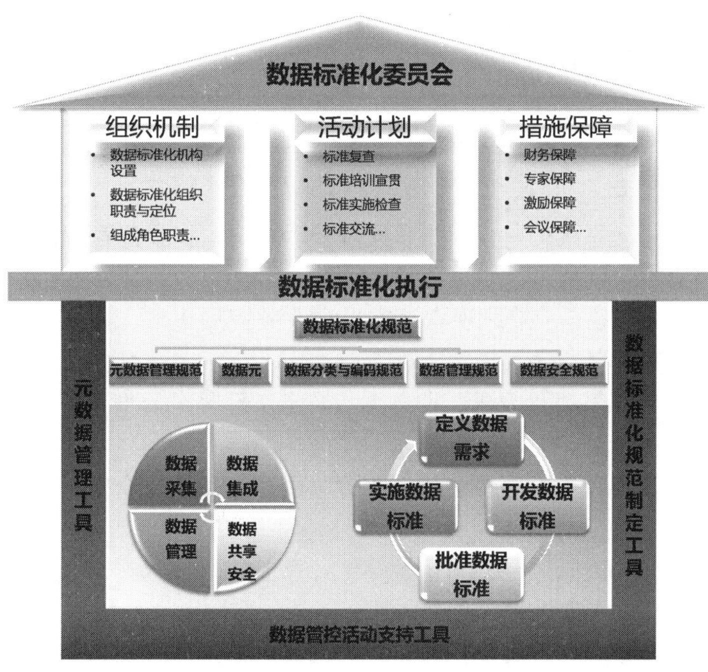

图 32　数据标准化体系

六、 技术架构

（一）设计思路与原则

“单一窗口”项目的技术架构将以“厚平台，薄应用，微服务”的建设思路进行实施，最终的技术架构设计思路体现了云化及微服务化的特性。旨在将“单一窗口”管理和服务职能进行精简、优化、整合，并通过信息化手段在政务上实现各种业务流程办理和职能服务，为各级部门提供可靠的基础 IT 服务平台。通过统一标准不仅有助于各个应用系统间的互联互通，避免“信息孤岛”的产生，也将有利于避免重复建设，节约建设资金。

技术架构规划中，需要从服务对象视角（企业用户、系统管理用户），以服务对象的实际业务场景为核心，串联、检验相关“单一窗口”服务过程，更好地贯穿服务的理念。整合目前分散在不同业务部门的监管工作和服务项目，通过场景化和个性化的服务为企业提供无缝体验，进一步提高贸易便利性。

同时，技术平台需要改变传统的 IT 交付模式，构建更灵活高效的 IT 架构，以满足快速发展变化的业务需求，为电子口岸探索出一条可复制、可推广的信息化供给侧改革思路和具体模式。

在平台设计中体现或支持企业、个人自助服务模式，通过各种服务目录的提供，让企业主体自行承担责任，加快通关流程，同时缓解各部委资源不足的问题。

未来“单一窗口”的技术平台应以弹性可扩展的一体化云平台为底座，以规则引擎模块、动态事件管理模块、数据管理平台等应用支撑平台为支撑，基于服务化理念封装业务应用，通过统一的智能化集成服务平台实现对“单一窗口”内外部应用的信息交换和数据融合，为企业提供统一的接入渠道和服务窗口，全面提升数据化移动应用服务能力。

在真正建设时，按照统筹考虑、规范先行、架构优选、先易后难的原则，确定“单一窗口”提升的建议与关键举措。整体设计需要坚持标准化、先进性和适用性并重，并充分考虑可扩展性、可用性、安全性和可靠性，全面升级现有信息架构，加速供给侧改革，助力“单一窗口”业务模式的创新发展和转型升级。

技术平台的建设，应以以下内容为目标。

1. 构建一体化应用云平台， 打造“单一窗口” 的智慧服务能力

针对“单一窗口”信息化系统的共性问题，通过云计算技术和服务管理的无缝融合，实现“单一窗口”服务的业务创新和模式创新。

一体化应用平台的设计和建设应兼顾现有地方平台业务应用集成、切换和未来业务应用实施、部署的便利性。主要的工作建议有：

（1）充分考虑“单一窗口”发展要求、业务现状及未来部署在云平台的应用的重要性，选择适合现状和未来的架构体系。

（2）云平台容量规划需通盘考虑部署在其之上的应用，包括数据仓库、数据交换平台等，且可灵活扩展。

（3）关注业务实体、业务流程、关键用户、数据管理的一体性。对服务进行标准化、产品化、SaaS 化，以云服务方式进行业务服务模式创新。

（4）以提供普适的服务平台为突破口，与“单一窗口”使用者（企业用户、系统管理用户等）形成捆绑式合作并结合需求定制“智慧应用产品+SaaS 服务”，使云服务平台成为“单一窗口”与企业和其他使用者间的“智慧桥梁”。

2. 完善数据全生命周期管理， 实现数据供应链治理能力

针对“单一窗口”业务服务和协助服务的数据采集多元化、复杂化特点，以及加强对数据创建、

存储、使用、分享、归档、销毁这一全生命周期管理方面能力需求，“单一窗口”建设应充分提高数据供应链管理能力。

以数据的创造、引入，或与其他数据相结合为出发点，使得数据沿着业务的不同环节流动，逐步获取价值，最终产生切实可行的业务洞察力，为新的信息化服务、流程创新等提供支持。通过有效的配置和管理，数据供应链有助“单一窗口”发掘内部数据，对更多数据源进行充分利用，加快数据的流动。“单一窗口”一旦具备上述能力，就能通过先进的计算技术（如机器学习）汲取更多价值。

兼顾外部数据源，联通外部数据源（海关、税务、企业等），以补充现有数据，帮助“单一窗口”形成更加全面的洞察力。

建立数据管控机制，以保障数据质量、促进数据标准一致、保障数据共享与使用安全为目标，从数据标准、数据质量、数据安全 3 个方面建立数据管理制度、流程和工具，并辅之以相应的考核目标及评价体系。

3. 构建智能化集成服务平台，提供应用接口集成能力

采用面向服务体系架构的微服务体系、事件驱动架构等先进技术，全面构建智能化集成服务平台，提高业务流程处理能力、消息转换处理能力、数据传输能力、监控管理能力及对业务应用接入的支持能力，遵循海关相关集成标准和接口规范，实现“单一窗口”业务应用的深度融合。

“单一窗口”智能化集成服务平台由应用集成平台和数据交换平台构成，应用集成平台实现后台支撑服务和“单一窗口”各核心业务能力管理与集成，同时通过微服务体系级联，实现小数据量的业务应用间的互操作、追踪和管理；数据交换平台实现中国电子口岸与其他地方电子口岸、各部委之间的数据交换。

4. 提升数字化移动应用水平，满足数字化时代需求

迎合数字技术对“单一窗口”本身的信息化发展和创新所带来的机遇，基于先进技术平台，打造完整的“单一窗口”的移动事件处理能力和接入能力。除了探索被服务对象不断变化的需求和行为，更需要打造与时俱进的数字文化，帮助相关方不断调整和学习、持续创新、推动变革。

5. 建设打造新一代 IT 运营支撑保障体系（DevOps）

构建面向敏捷的柔性“单一窗口”信息化体系运营支撑团队，推动电子口岸的数字化转型。构建以自动化为核心的 DevOps 综合快速响应能力，以通过 SaaS 实现的云计算和虚拟化能力驱动团队可以无缝地将多个开发、测试和生产环境与其他云服务相结合。

以服务化（As-a-Service）模式实现一系列可立即使用、可扩展的服务，实现“单一窗口”标准版应对新需求、变化性需求的敏捷性。利用以流程自动化、人工智能并结合“单一窗口”量身定做的 SaaS 平台，有效地分析、推动和支持各项业务流程，使之实现标准化与自动化。逐步将应用软件、基础架构、业务流程、业务数据汇集在一起，统一运营支撑，并以“一切皆服务”（As-a-Service）的方式提供给被服务对象（企业、相关部委单位）。

为了更好地提供“单一窗口”的 IT 运营能力支撑，需构建“单一窗口”智慧数据分析能力。数据分析透过数据获得相关业务洞见，并指导实践。通过捕捉和挖掘各个方面的信息——从企业统计、行为方法，一直到通信模式，更全面、深入地了解相关被服务方，提供专业定制化服务。利用针对行业和职能的专门知识与技能优化业务流程，同时借助自动化和数据分析技术提升效率和生产力，从而把握新的价值并获得可行性洞见，驱动更迅速的创新。

综上，“单一窗口”的技术架构，应以“厚平台，薄应用，微服务”的建设思路，打造 IaaS+PaaS+SaaS 的全云平台，以提供高效、快速、敏捷的服务。

在具体实施时，考虑到项目进度，应制订实施路线图，来构建云平台。

（二）技术架构总览

“单一窗口”以云平台为基础，以微服务为颗粒度来建设，具体的云平台技术架构蓝图如图 33 所示。

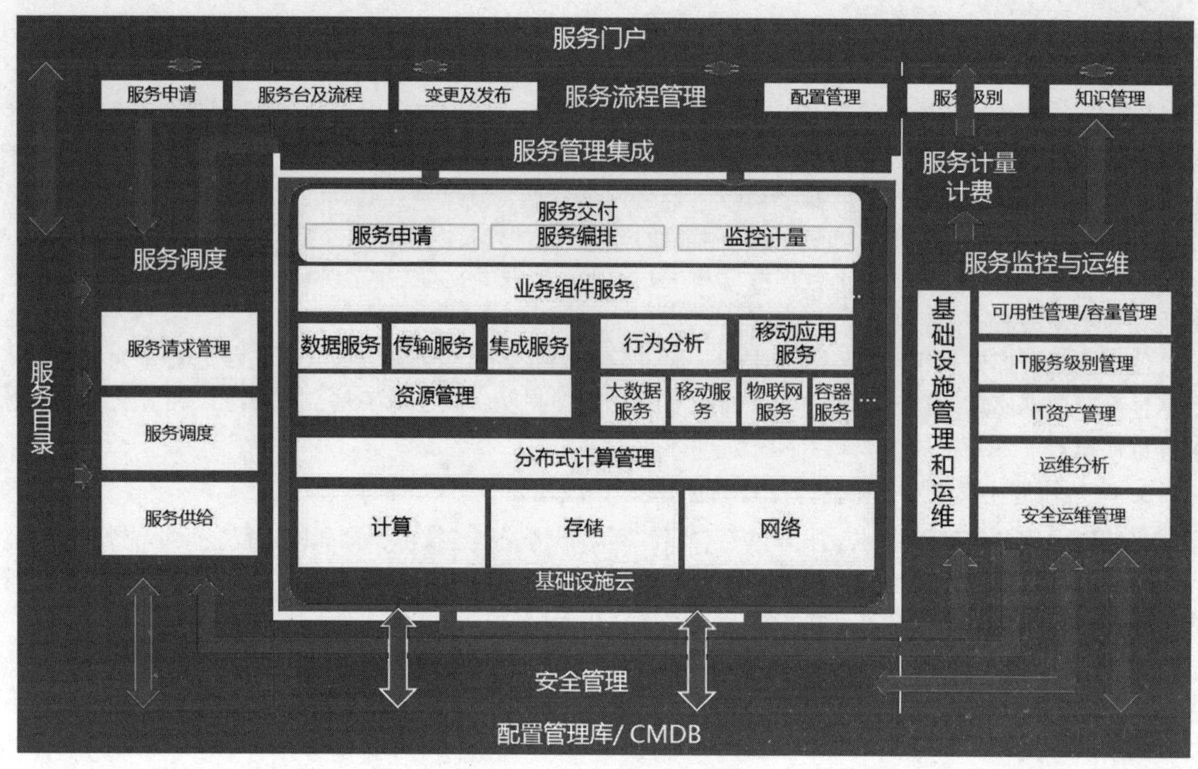

图 33　云平台能力蓝图

云平台需要具备各种能力，包括云平台向外提供的服务能力，以及为保证云平台自身正常运转的能力。

本次技术架构规划主要规划云平台向外提供的服务能力。

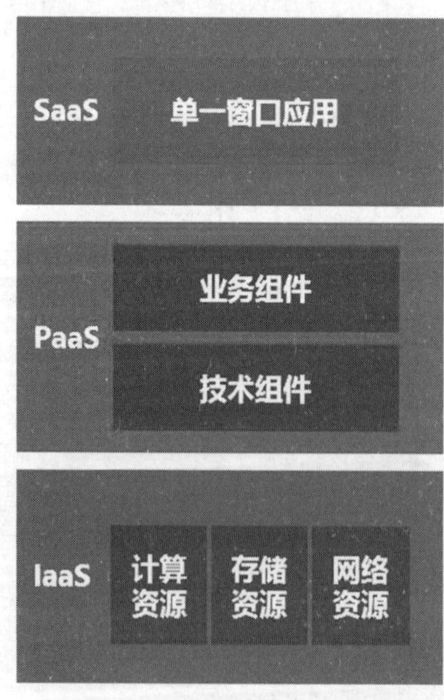

图 34　平台服务能力视图

“单一窗口”向外提供的服务能力有 IaaS（基础架构即服务）提供基本的基础设施服务，PaaS（平台即服务）提供技术组件和业务组件服务，技术组件为“单一窗口”提供与业务无逻辑关联的共享功能支撑的服务，业务组件是在 SaaS 服务中抽取具有公共业务属性并封装成标准的公共服务。最终用户将使用 SaaS 服务进行通关等各种业务操作。

技术架构中，需要重点规划 IaaS 和 PaaS 层的内容，SaaS 层由 IaaS 和 PaaS 来实现和支撑。

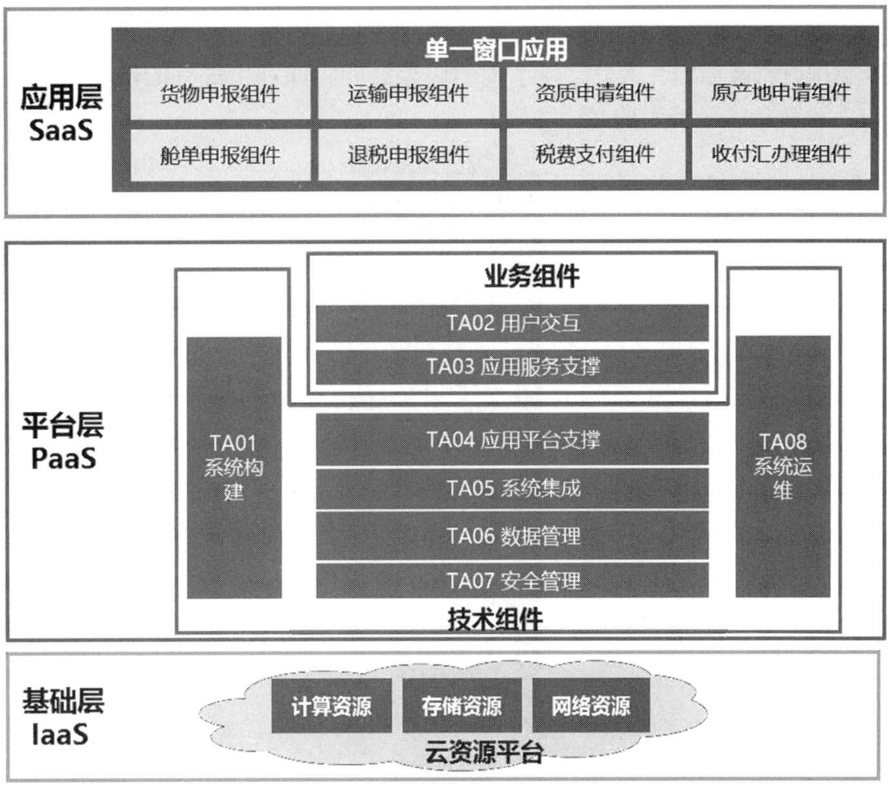

应用层 SaaS
单一窗口应用
货物申报组件 运输申报组件 资质申请组件 原产地申请组件
舱单申报组件 退税申报组件 税费支付组件 收付汇办理组件

平台层 PaaS
业务组件
TA02 用户交互
TA03 应用服务支撑
TA01 系统构建
TA04 应用平台支撑
TA05 系统集成
TA06 数据管理
TA07 安全管理
TA08 系统运维
技术组件

基础层 IaaS
计算资源 存储资源 网络资源
云资源平台

图 35　平台二级能力视图

（三）PaaS 架构设计

1. PaaS 技术域说明

“单一窗口”标准版构建于云平台之上，PaaS 技术依据业务能力和技术能力进行区分，共分成 8 个技术域，包括 TA01 系统构建、TA02 用户交互、TA03 应用服务支撑、TA04 应用平台支撑、TA05 系统集成、TA06 数据管理、TA07 安全管理、TA08 系统运维共 8 个方面的内容。

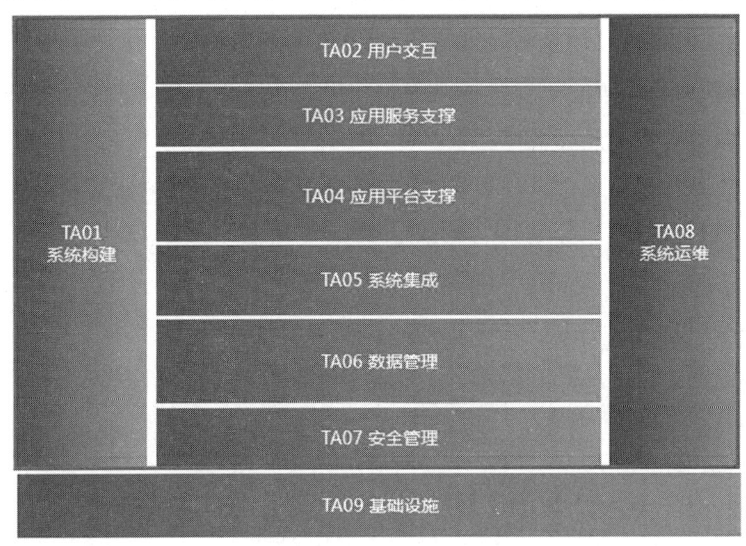

图 36　PaaS 层能力视图

2. 系统构建架构设计

“单一窗口”标准版构建于或利用现有成熟的开发平台、移动平台和测试平台之上。架构设计思路遵从总体技术架构思路及原则，参见已建系统的成果经验，并利用现有的软硬件资源，重点分析和构建“单一窗口”系统的安全稳定的运行环境。

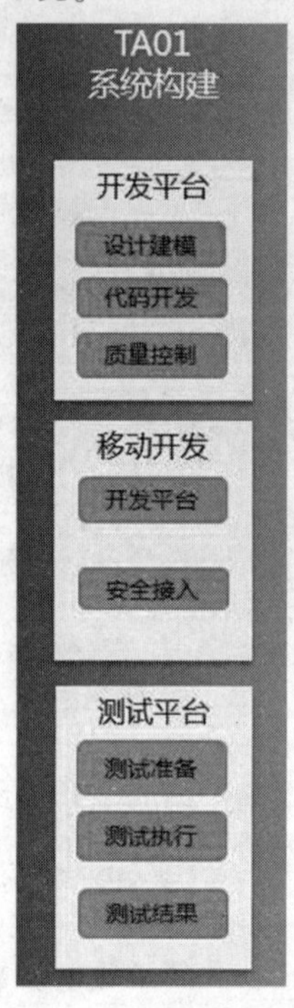

图 37　系统构建视图

（1）开发平台

“单一窗口”标准版开发，基于已有或者成熟的 Web 开发平台，采用满足技术先进性与成熟性相结合的基于 J2EE 的多层技术构架，以提高系统的灵活性、可扩展性、安全性，以及并发处理能力，同时对应用数据建模、代码开发版本控制及质量控制进行标准流程控制。

（2）移动开发

移动 APP 开发，采用多种移动技术，支持各种重点开展 3G/4G 通信、条形扫描等移动应用场景。移动 APP 开发需以业务需求为中心，以已建成熟移动技术平台为支撑，以安全防护为前提，促进各个层面的业务优化及融合。采取移动终端安全加固、安全接入平台认证等措施，重点加强移动终端及其接入的安全防护。

（3）测试平台

通过建设开发测试平台，将开发和测试工作规范化，增强复用，提升自动化水平。通过定制最佳实践过程及模板，大幅度提升软件开发的效率和质量。开发测试平台不是在内网中，面向所有实施单位。对无法接入平台的外部实施单位，应用集成时记得将所有开发测试工作成果纳入该平台。通过该平台建设，快速实现对应用、移动互联等开发测试，实现部署场景的有效支撑。从而规范“单一窗口”标准版项目的开发过程，提高开发效率，保证开发质量。

3. 用户交互架构设计

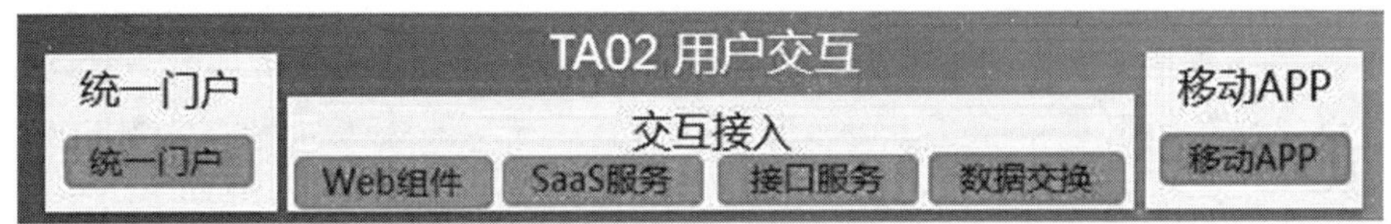

图 38　用户交互架构

“单一窗口”标准版面向不同用户提供不同的交互接入方式，面向企业及个人用户主要通过统一门户的方式提供服务，门户支持 Web 和移动两种形式；面向各部委、国际及地区和境外组织实现“总对总”数据协同主要通过数据交换方式提供服务。

面向企业和个人业务：在技术实现层面以模块（Web 组件）和应用（SaaS 服务）两种粒度供地方电子口岸进行集成使用。其中模块形式支持页面集成和接口集成两种方式实现业务，接口集成支持 RESTful 或 WebService；SaaS 服务作为应用直接提供服务。

面向部委、国家及地区和境外组织业务：在技术实现层面通过数据交换方式实现服务，支持多种数据交换协议。

（1）统一门户

统一门户作为“单一窗口”信息公开及网上办事服务统一信息发布的入口，提高公开信息质量，增强信息公开的主动性、及时性和准确性。统一门户以相关企业为中心，提升网上办事能力，提高网上办事事项的办事指南、表格下载、网上咨询、网上申请、结果反馈等五项服务功能覆盖率，提高便捷性和实效性。

①总体架构

采用基于 Web 2.0 模式的建设，所有信息资源及服务以用户为中心进行汇聚，网站内容及服务在组织展现上强调用户体验，在传统的“用户请求→网站响应”的基础上强化信息的主动推送，根据用户的不同角色划分提供个性化的信息服务聚合管理界面，使政府网站成为社会公众身边的虚拟政府，实现公众对政府网站“关注→认可→离不开”的几个层次的跨越发展。

②功能设计

门户集成——门户集成是构建个性化门户的主要环节，以用户为中心的 Web 2.0 服务集成门户架构中主要采用的门户集成技术主要有：通过 Portlet 集成：Portlet 是一组 Web 部件，是页面的一部分，但独立具有 HTTP 请求/响应的能力。通过 Web Service 集成：Web Service 是一种构建应用程序的普遍模型，它可以在任何支持网络通信的操作系统中实施运行。通过 Web 相关技术集成：如超级链接、框架等。

通过门户的基础架构支持，使各子系统通过 Web 部件的方式提供向外部用户提供自己的界面和功能。用户个性化门户提供各类数据的查询检索、数据定制、用户管理等功能。用户通过个性化门户实现浏览、检索等程序，以门户作为客户端访问、定制和下载应用系统中的各级各类数据。

栏目管理——栏目管理支持多级栏目管理，每一个栏目可以有自己的模板管理、权限管理等功能。同时提供栏目的增减、排序、移动等功能。栏目管理的功能主要包括栏目列表管理、新建栏目、导出栏目、修改栏目、删除栏目、隐藏栏目等功能。

内容管理：内容管理包括内容编辑，内容审核，内容发布，具体功能设计如下：

内容编辑：编辑器支持复制、粘贴的功能，可添加多幅图片及多个文档附件，支持插入超链接、表格、图片、符号、HTML 代码、音频、视频、Flash 动画等元素。用户可调整文档内容的字体、字号、字体颜色、背景颜色、段落对齐方式、项目符号、段落缩进等属性。支持多种格式附件的上传，包括 TXT、Word、PDF、PowerPoint、Excel，系统会自动将附件上传到资源管理系统，并分类存储。支持单个图片文件上传，也支持多个图片文件打包同时上传。支持生成图片缩略图、自动添加水印等功能。除标题、副标题、作者、正文、摘要等文章录入属性外，当现在文章属性或者字段不够用时，可以使用扩展字段。

信息审核：对于需要多人合作的编辑模式及对外征集信息的发布，需要有工作流驱动来支持内容的流转和审核，并且流程的定义和重组必须要方便和灵活。所以系统要求支持内容审核功能——即提供工作流管理功能。工作流服务可调用互联网支撑平台服务。

信息发布：系统应提供多种、灵活的发布管理机制，保证网站信息的自动、灵活信息发布。支持2种不同的管理和发布模式：动态管理动态发布、动态管理动静混合发布管理，实现跨媒体和跨操作系统平台发布。并可以选择频道和模块进行手动或者系统自动任务调度进行增量转换，通过该模块可以极大地提高站点的访问量，同时也将交互和速度结合起来，系统采用增量发布技术，实现实时发布功能。通过采用模块，可以方便地实现简单易用 HTML 静态文件转化生成功能，结合模板技术，为今后在网站的长期运营过程中避免因过分依赖软件开发商或必需招募昂贵的专业技术人员，而导致后期运营成本增加的问题，实现高效、安全、简易的动静转化和镜像部署的能力，提高了访问效率。通过调整模板的结构，可以快速重新生成 HTML 格式的页面。

模板管理——模板管理系统支持主机、主站、子站等独立的模板应用，不同的站点，可以为其设置首页模板、栏目模板、模块模板、文章模板、专题模板等，系统可以为网站进行细粒度的模板设置，最小可以为 XML 文件设置模板。模板管理以树状列表的形式展现，左侧显示站点的组织结构（如站点包括首页、栏目、模块、文章、专题等，而栏目下面又包括网站所有栏目），选择其中某个栏目，右侧则会显示栏目所有模板。

系统应该支持动态专题模板，快速实现不同风格专题定制。点击专题管理后，输入专题标题即可成功创建该专题，并可编辑、删除、查看专题信息。添加完专题后，再发布新闻时，点击所属专题菜单，将文章所属专题从“专题列表”中点到“所属专题”即可实现专题管理操作，发文后，文章所在模块与所属专题模块同时显示该篇文章。通过规划不同栏目，选择不同模板，可以方便地制作不同风格的专题，并支持页面浮动、弹出窗口等不同展现效果的专题页面展现功能。

多语种支持——采用 Unicode 编码方式存储信息，支持多语种的信息存储和发布。除了常见的简体中文、英文等语言外，还支持法文、俄文、西班牙文、阿拉伯文、日文、韩文等国际通用语种。

统计分析功能——统计分析功能包括全国“单一窗口”单据量、全国“单一窗口”单据量排名、全国应用“单一窗口”的企业数量、全国业务单据量分项统计。系统支持灵活构建符合业务需求的统计分析模型，如按频道统计、按站点访问统计（对站点及子站点的访问情况进行统计，并可进行排序）、按用户统计、按用户组统计，并能够形成多种统计图形，轻松实现绩效评估，能够提供准确、翔实、多样的统计分析模型，统计结果支持导出 Excel 文档。

用户及权限管理：用户及权限管理包括用户管理，即对访问网站的用户进行账户增加和删除管理；群组管理，即对网站用户进行分组管理，包括建组，删除组，组内人员的增减；机构管理，即对使用网站的机构进行增加和删除管理；权限管理，即区分网站使用的不同用户类型进行网站内容增删改查等权限分配和收回。

系统管理：系统管理包括广告管理，即对网站上发布的广告进行增删改；参数管理，即对网站上发布的各类公共参数进行增删改查；日志管理，即搜索和查看网站日常运行的日志，对日志内容可以手工和定期清理。

（2）移动门户

实现业务集成、应用插件集成和 UI 解析。业务集成实现通过开放一系列标准的公共服务接口，为移动应用提供全面的服务端运行支撑，后端业务系统可通过 HTTP、WebService 等方式进行对接；移动门户作为移动应用插件的统一入口，为移动应用提供安全接入，实现应用插件的安装更新；UI 框架解析主要提供组件容器管理，包括自适应屏幕布局、自定义菜单项与组件的关联，同时处理好各组件/插件的依赖关系。

（3）SaaS 服务

SaaS 层云服务，通过将“单一窗口”标准版发布出的业务功能、支撑服务、安全认证等集成，支撑未建设实体的地方电子口岸实现相应服务功能，具体集成的 Web 组件、服务接口、统一认证等。

其中业务功能包括口岸执法与基本服务功能以及地方电子口岸开放出来的业务功能。

（4）Web 组件

根据用户类别、不同需求及应用特点，提供统一的 BS 模式的应用 UI，将各应用入口整合，形成中国电子口岸平台面向企业的单点登录窗口。为用户提供多形式的展现，以及多渠道的信息发布平台，主要的功能范围包括业务功能操作、信息发布、信息展现。

为推广应用“单一窗口”标准版，需结合本地口岸通关业务特色需求，进一步提升和扩展项目的应用功能，并快速响应业务需求变化。要求前端 Web 应用框架必须具备可重用、可替换、可组合等组件化特征。业务服务 Web 组件化，提升开发和维护的效率。每个组件单独开发测试，然后逐级拼装成更复杂的组件，直到整个应用。每一级都是易装配、可追踪、可管控的。

（5）接口服务

接口服务主要面向将“单一窗口”中相关支撑服务能力开放，提供给 Web 组件、SaaS 层，以及地方电子口岸进行集成。主要提供的服务能力包括服务查找、服务审计、协议转换、认证鉴权、访问控制、流量控制、路由控制。主要以同步的方式提供，包括 WebService、Restful。

（6）数据交换

数据交换系统由数据传输、数据转换、用户管理、路由管理及集中监控子系统组成，共同实现“单一窗口”对外部用户（部委、境外机构）及内部用户（地方电子口岸）不同传输协议的数据传输及转换功能。

数据交换平台提供以下功能：

数据交换管理：此部分主要负责监控、用户、节点管理及配置管理，可以对交换平台的运行状况、报警等监控，通过用户管理模块对平台用户进行管理工作，通过配置管理对平台的相关功能进行配置。

协议接入：此部分负责解决各种接入协议，支持各种方式接入数据交换平台。

数据交换：此部分主要负责将报文按照路由规则送达，并在存在错误的情况下，按照规则进行重发。

数据加工：此部分负责对数据进行加工处理，包括加签/验签、加密/解密、压缩/解压、格式转换。

逻辑架构图如图 39 所示。

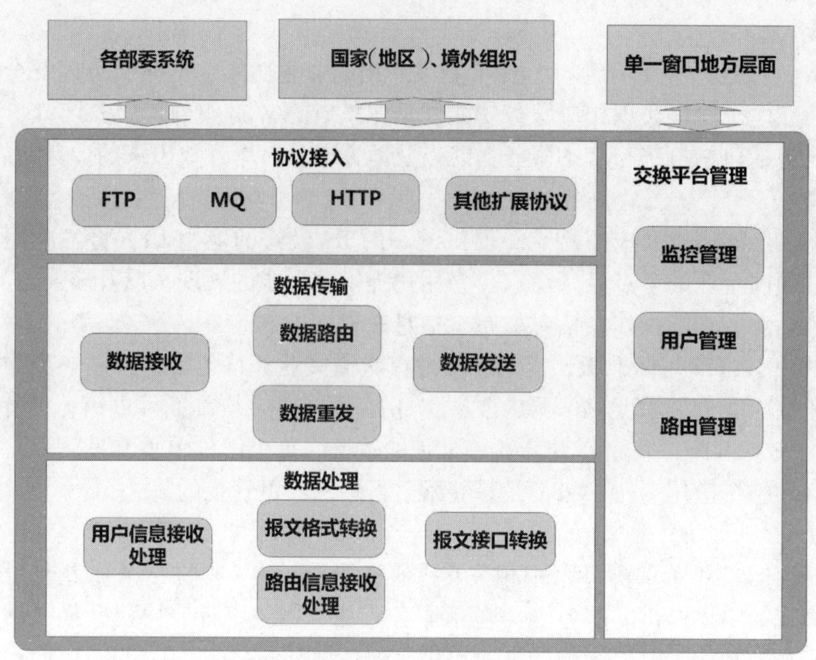

图 39 数据交换逻辑架构图

数据交换平台逻辑上分为三层：协议接入层、数据传输层和数据处理层。协议接入层提供传输协议和应用传输协议的解析和转换功能。数据传输层提供数据接收和发送功能，并提供报文路由和重发等功能。数据处理层提供报文格式的转换，以及用户和路由信息的接收和处理功能。此外数据交换平台管理组件负责整个数据交换平台的监控管理及用户和路由管理。

4. 应用服务支撑架构设计

为满足“单一窗口”业务应用建设，以服务化、构件化思路规划设计相应的公共应用支撑服务，供应用服务使用，公共应用支撑服务主要包括三类服务：业务公共支撑服务、数据标准化服务、安全公共支撑服务。

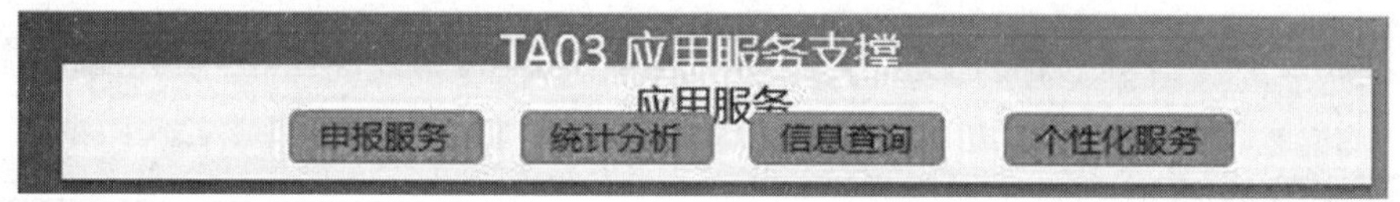

图 40 应用服务支撑架构

业务公共支撑服务：业务公共支撑服务主要包括通用信息查询服务、统计分析、消息订阅与推送和非结构化文件处理等服务。

数据标准化服务：数据标准化主要包括数据处理、数据转换、数据组装等数据标准化功能。

安全公共支撑服务：安全公共支撑服务为业务应用提供统一的用户管理、安全认证、权限管理、访问控制和审计管理的服务。

具体说明见表 16。

表 16　应用支撑服务说明表

编号	服务类别	服务提供形式	服务名称	内/外服务	服务描述
1	业务公共支撑服务	组件	业务通用查询组合服务	外部	该服务实现根据不同的请求参数，对某些业务系统的查询服务做编排，返回查询结果的操作
2			消息订阅与推送	外部	实现消息的订阅与推送
3			综合数据分析服务	外部	实现综合数据分析，根据业务目标实现数据查询、统计、报表展现，进而进行数据分析
4			非结构化文件处理服务	外部	实现非结构化文件的保存、查询、签名等处理服务
5	数据标准化服务	接口服务	参数服务	外部	实现业务中参数代码与值间的相关转换、参数查询等
6			代码转换	内部	实现请求报文中的参数各部委之间未统一代码的转换
7			代码更新同步服务	外部	实现同步各部委基础代码变更情况
8			加验签	内部	实现数据的签名、验签操作
9			加解密	内部	实现数据根据指定算法的加密、解密操作
10			压缩解压	内部	实现数据的压缩、解压缩功能
11			格式转换	内部	实现根据请求的格式对请求报文格式转换，含业务参数转换
12			格式合法性校验	内部	校验所传输报文格式的合法性
13			编码转换	内部	实现数据的编码转换
14	安全公共支撑服务	组件	统一认证	外部	实现用户的统一认证
15			用户管理	外部	实现用户管理
16			访问控制	内部	实现访问控制，包括应用操作、访问资源和数据的访问控制
17			授权管理	外部	实现授权管理
18			数据存证	内部	实现数据存证功能
19			审计管理	内部	实现审计管理

5. 应用平台支撑架构设计

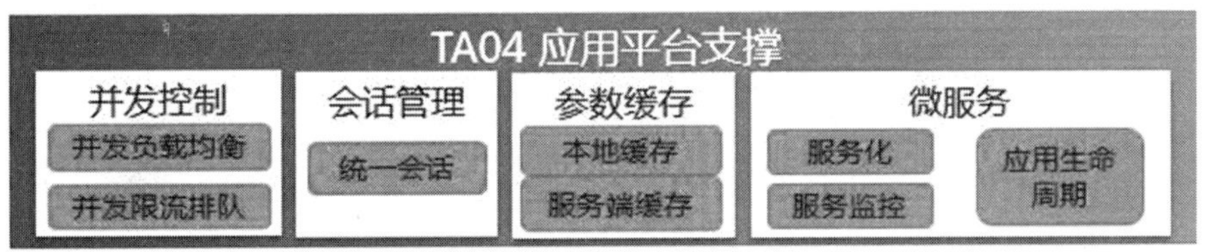

图 41　应用平台支撑架构

（1）并发控制

为了解决“单一窗口”接入个地方平台后带来的流量爆发式增长问题，“单一窗口”标准版采用成熟的分布式部署，大规模应用集群计算技术以满足高并发及高吞吐量场景。为解决地方电子口岸并发访问请求过大可能导致前端 UI 阻塞假死，系统 IO 高度拥塞容易导致用户重复提交，从而进一步加剧地方版系统健康的问题，需引入队列排队机制进行限流。

（2）会话管理

“单一窗口”标准版系统推广到地方，已建地方电子口岸与中央层面系统采用 Web 组件模式集成，两者交互频繁。地方访问中央层面系统时，要求中央层面系统会话进行统一安全管理，防止非法用户窃取会话，进行非法操作。并且由于“单一窗口”标准版采用分布式架构，要求会话管理需进行分布式统一会话的设计。

（3）参数缓存

依据系统业务特点，对使用频率较高的业务参数信息，系统必须确保对这些数据的高速访问。并依据参数信息使用场景及参数数据更新特点，设计相应的缓存数据结构、存储形式及更新频率等。

（4）微服务

和传统大型管理系统相比，“单一窗口”应用形态呈现出功能少、体量轻，能够快速交付和敏捷响应需求变化的特征。微服务采用目前流行的互联网成熟的服务框架构建，要求服务组件在应用间耦合度都降到最低，每个微应用都是可弹性扩展。

6. 系统集成架构设计

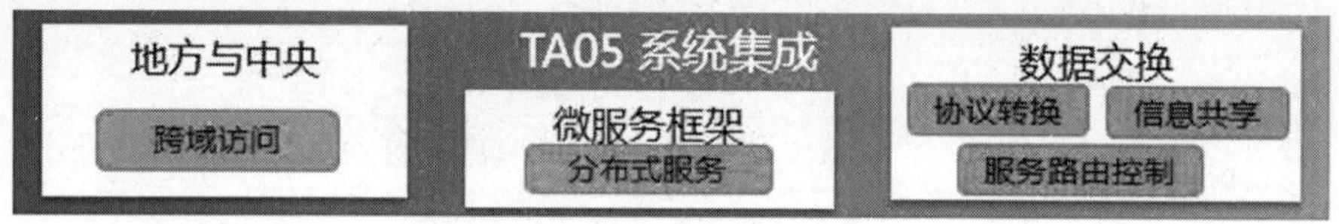

图 42　系统集成架构

（1）地方电子口岸与中央层面集成跨域访问

地方电子口岸通过集成中央层面的 Web 组件方式，实现界面集成交互。由浏览器的同源安全策略，会对 JavaScript 施加的安全限制。浏览器在访问地方电子口岸时，将不能跨域执行中央层面 Web 组件相关脚本，需要通过技术组件方式解决跨域访问问题。

（2）内部应用集成微服务

为适应业务上高并发、高吞吐等要求，运用了成熟微服务化框架作为“单一窗口”标准版内部核心组件构建和组件服务解决方案。充分利用其成熟的分布式技术（包括分布式服务化、服务监控和应用生命周期管理等），充分发挥分布式技术的计算能力，去中心化实现服务提供者和服务调用者两者直接交互。

（3）“总对总”集成数据交换

为满足“单一窗口”本身及与各部委业务系统之间的数据交换需求，快速数据交换响应需求，构建“单一窗口”业务能力 API 化。通过数据交换平台，实现跨系统跨协议的数据传输接入服务。数据交互平台为业务应用系统提供数据传输，提供协议转换、数据路由控制、数据转换等核心功能。

7. 数据管理架构设计

数据管理架构从数据存储类型来说，可以分为包括数据资源管理、非结构化数据及结构化数据管理。

图 43　数据管理架构

针对结构化、非结构化数据的管理流程，可以分为 ETL 处理、数据挖掘以及数据分析，其管理流程见图 44。

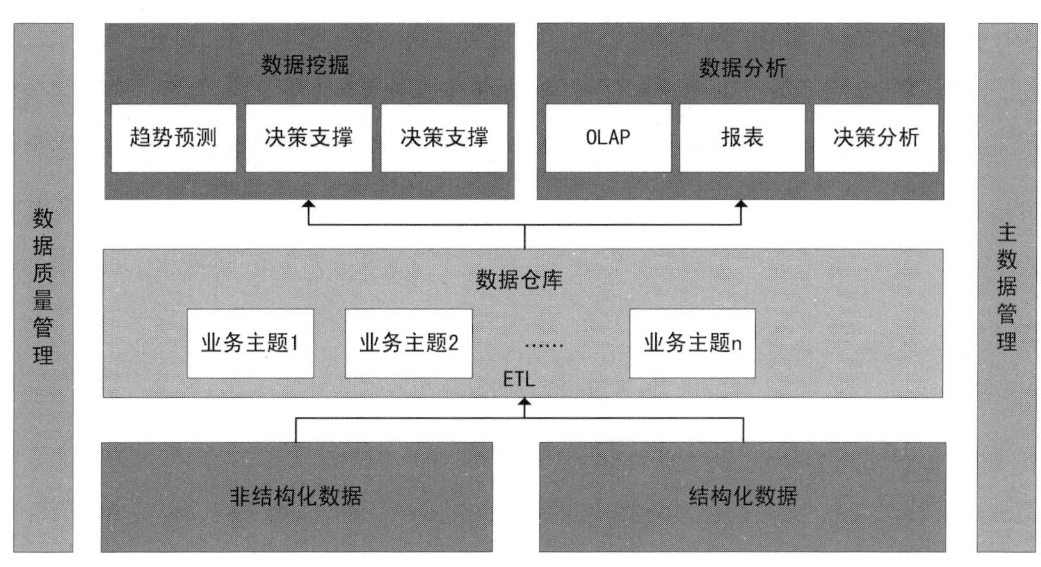

图 44　数据管理流程

（1）结构化数据管理

建立能有效安全地对结构化数据进行存储、管理、操作和查询的数据库。数据库支持集中式事务管理和分布式事务管理，满足外部系统对数据抽取、审计、分析等的需求，充分保障数据的一致性、安全性、可靠性和可维护性，并具备数据备份和故障恢复能力。

（2）非结构化数据存储

建立能有效安全地对非结构化数据进行存储、管理、操作和查询的数据管理容器。容器可以根据管理实际要求实现线性扩展和分布式运行，可以对非结构化数据进行组织并实现基于标签、格式、内容等多维度的查询和检索，满足外部系统对数据抽取、审计、分析等的需求，充分保障数据的一致性、安全性、可靠性和可维护性，并具备数据备份和故障恢复能力。

（3）数据仓库

结合业务主题、业务场景和分析需求，通过对不同业务系统数据持续性的抽取、转换、加载和汇总，建立并管理数据仓库。

（4）数据挖掘和数据分析

基于结构化数据、非结构化数据和数据仓库，建立数据挖掘模型提供业务预估、趋势预测、决策辅助、信息报分析、风险预警等功能。建立数据分析模型，建立决策分析系统和报表系统。

（5）数据质量管理

通过关键数据识别、数据分类分层、数据标准制定、数据清洗、关联结构优化等手段提高数据的质量，建立质量监控和评估体系，持续保证数据的完整性、规范性、一致性、准确性、唯一性和关联性，为数据审计、数据挖掘、数据分析和提供高质量的数据结构和数据源。

（6）主数据管理

通过对业务数据的分析，建立主数据目录。同时建立主数据管理系统，提供对跨业务系统的主数据的统一管理，为各业务系统对主数据的引用提供统一接口，实现数据标准的技术落地，提高整体数据质量，为数据仓库的维度数据来源提供标准数据源。

8. 安全管理架构设计

图 45　安全管理架构

具体安全管理架构内容，参见本文第七部分“安全架构”。

9. 系统运维架构设计

图 46　运维管理架构

参见“‘单一窗口’标准版运维架构设计”工作组成果。

（四）IaaS 架构设计

“单一窗口”标准版构建于云平台之上，其 IaaS 层包括计算资源、网络、存储、容灾这几个方面的内容。

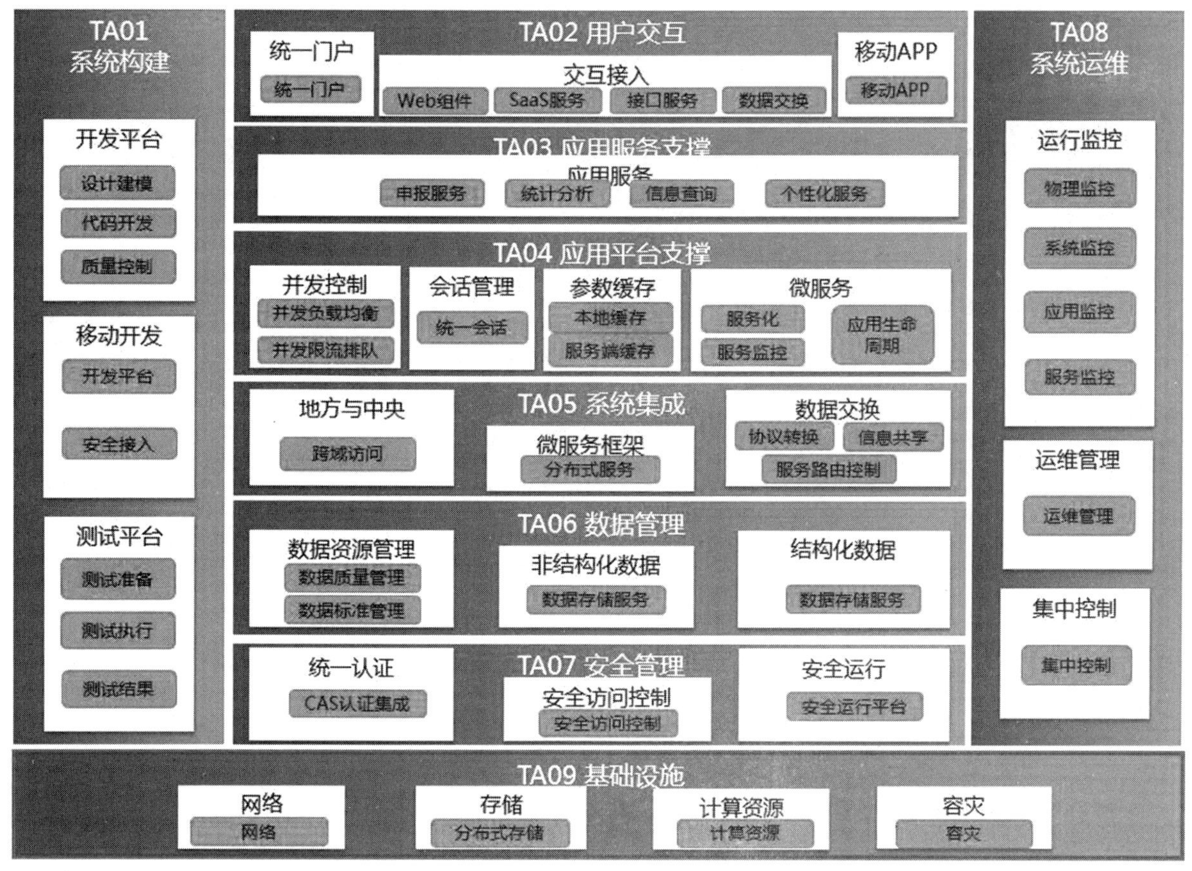

图 47　IaaS 层能力视图

1. 计算资源池规划

（1）采用标准化的 X86 物理服务器，新建华为 Fusion Sphere 虚拟化平台计算资源池，逐步承载现有 VMware 平台、X86 物理机平台及部分小机平台的中低负载业务。

（2）采用标准化的 X86 物理服务器，新建高性能计算资源池，逐步承载现有 X86 物理机平台及部分小机平台的高负载业务。

（3）采用标准化的 X86 物理服务器，新建高扩展计算资源池，逐步承载大数据和创新业务。

2. 存储资源池规划

（1）多样化存储部署，满足不同业务系统的需求，降低存储的投资成本。

（2）对于数据库、中间件、VM 文件系统采用 FC SAN 进行承载。

（3）对于非结构化数据，采用 NAS 存储承载。

（4）对于大数据和创新业务，采用 VSAN 存储承载。

3. 网络架构规划

（1）各系统网络互联规划

根据各共建单位互连业务系统的接入要求，中国电子口岸与共建单位网络互联可选择专线或互联网方式。

地方电子口岸通过专线或互联网访问中央层面服务，互联网采用 Https 保证数据安全。从网络传输安全和网络传输质量分析，优先选择专线接入。

地方电子口岸可以通过专线接入电子口岸专网二级节点或通过互联网访问中央层面服务，互联网访问需采用 Https 协议保证数据传输安全。从传输时延、抖动、丢包率等网络性能指标分析，建议优先选择专线接入（互联网作为备用）。

具体参见图 48。

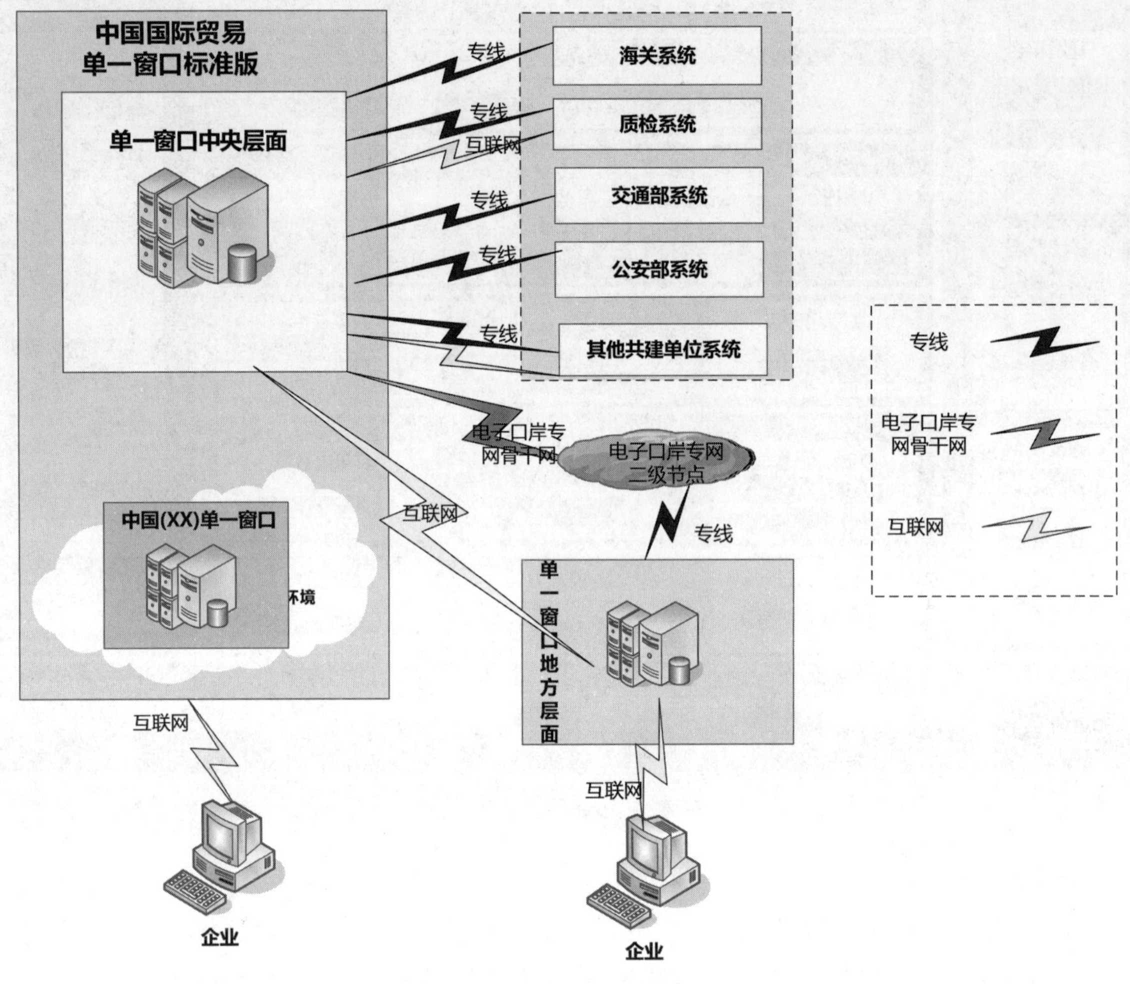

图 48　各系统网络互联规划

（2）核心网络架构规划

“单一窗口”标准版部署在中国电子口岸专网现有核心局域网内，依据现有网络规划进行部署。部署逻辑规划如下：

对外接入区域：主要负责互联网/外部单位的接入，规划部署反向代理，负载均衡服务器。

应用服务区域：主要负责部署系统运行应用中间件，规划部署反向代理，负载均衡服务器、Web、消息、缓存、服务协同等中间件。

核心处理区域：主要负责部署系统核心数据存储，规划部署结构化和非结构化存储软件，包含运行数据库、查询数据库、历史数据库、运行文档存储服务、历史文档存储服务等。具体参见图 49。

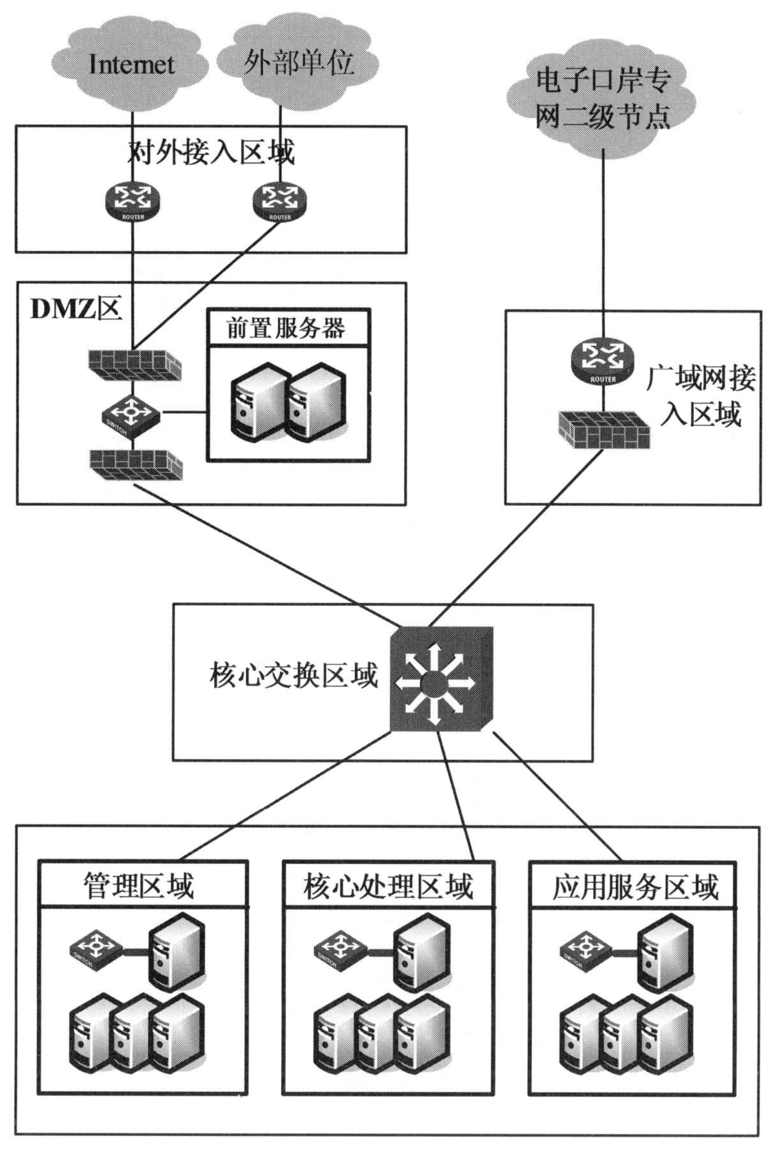

图 49　核心网络架构规划

4. 灾备架构规划

电子口岸灾难备份中心采用典型的三中心数据中心架构，如图 50 所示，即“两地三中心”，规划中的同城双中心作为生产中心，采用分担工作负载的双活模式，之间的数据复制采用同步模式，规划设计 RTO、RPO 为分钟级。能够实现无缝切换。灾备中心作为生产中心的备份中心，可以进行测试和数据查询，这样大大增加了灾备中心的利用率，实现数据中心、灾备中心的资源最大利用，使得投资更加务实。同城双中心的配置采取 1∶1 高可用设计的原则，即任何一个站点都能够独立承担所有业务的负载，异地容灾系统原则是保证关键业务的运行，实现数据的容灾，可以适当降低机房内设备高可用性级别。

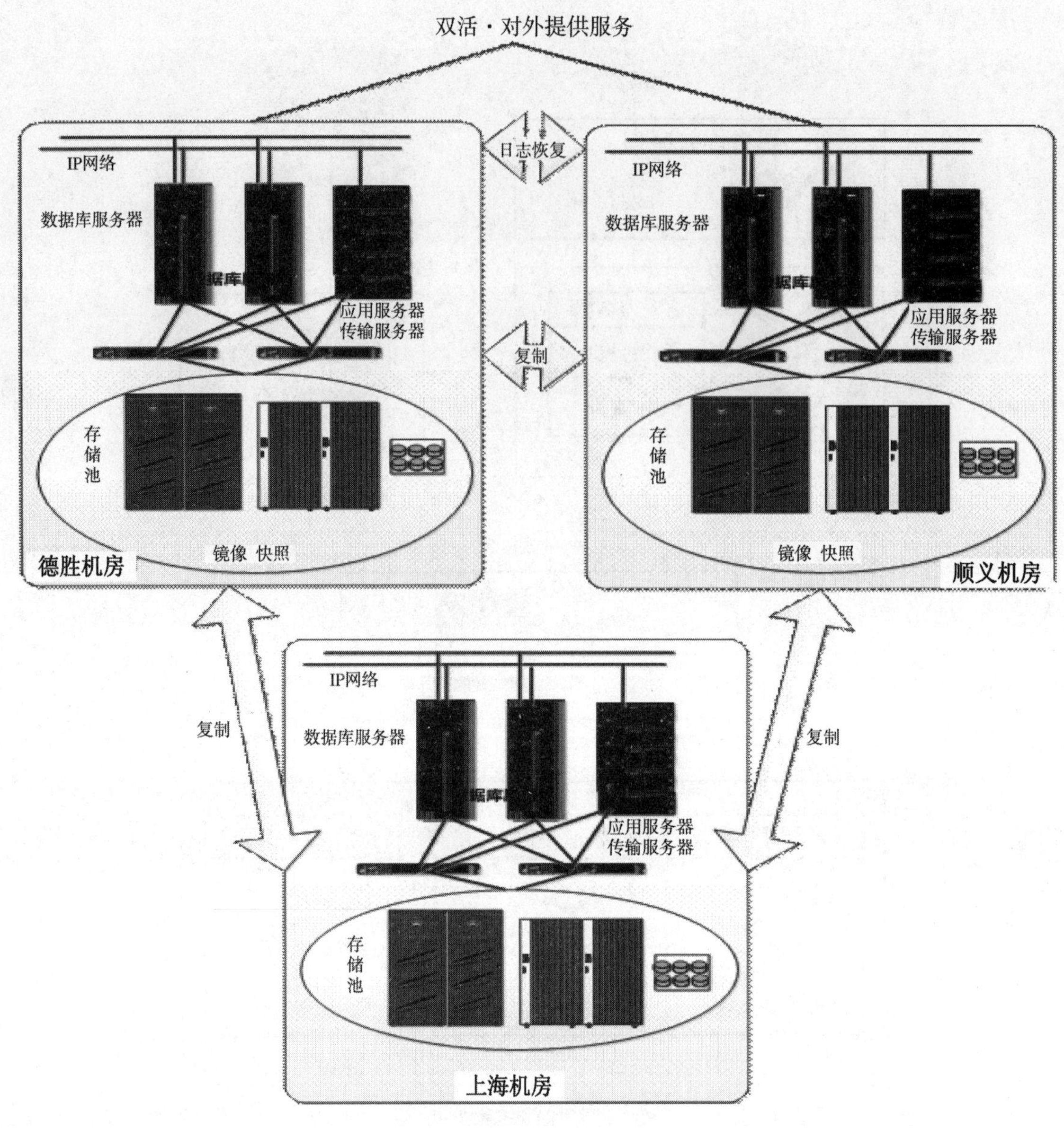

图 50　灾备架构规划

（五）总体部署设计

1. 逻辑部署设计

系统逻辑部署的核心部件包括负载均衡、微服务平台、生产数据库、查询数据库、历史数据库、非结构化数据管理系统、日志审计系统、云平台、静态页面缓存服务、数据集成网关等。

负载均衡分别实现系统内部服务的负载均衡和系统对外服务的负载均衡，在应用服务区、对外接入区、骨干网接入区等均有部署。

生产数据库、查询数据库、历史数据库共同负责存储和管理系统的关系型数据，生产数据库和查询数据库之间保持数据复制关系，查询数据库负责系统的查询统计类的数据只读业务，分担生产数据库的压力，生产数据库中运行数据超过一定时间后，归档到历史数据库中，保障生产数据库的数据量不会无限制地增长。

系统的非机构化文档数据存储在现有的非结构化数据管理系统中。

系统的日志数据存储在现有的日志审计系统中，以便于对系统的日志进行审计。

系统的逻辑部署架构如图 51 所示。

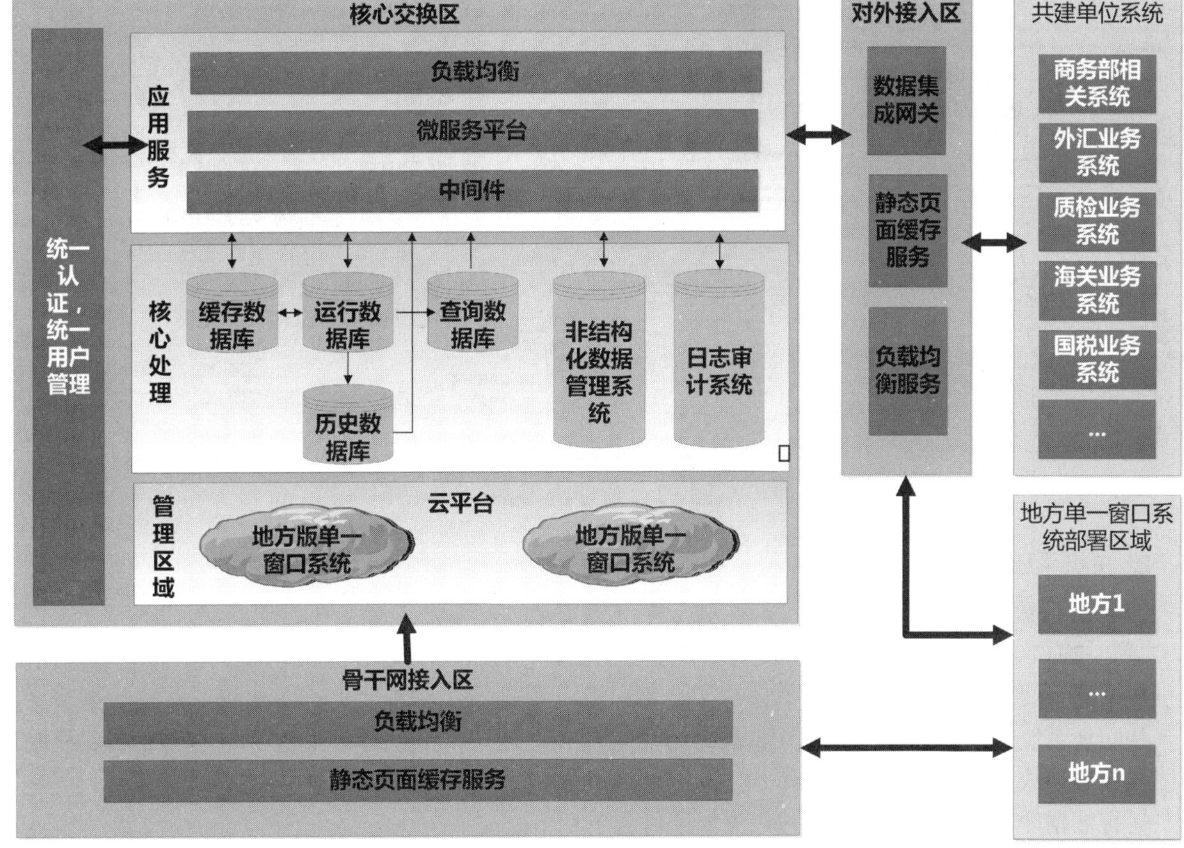

图 51　逻辑部署图

“单一窗口”标准版的基础平台部署划分为 5 个主要的部署区域：应用服务区、核心处理区、对外接入区、骨干网接入区、地方电子口岸部署区域。

骨干网接入区在防火墙的 DMZ 安全隔离区，部署负载均衡器和静态页面缓存服务器。

对外接入区和核心处理区，应用服务区通过防火墙进行安全隔离。部署负载均衡器、静态页面缓存服务器和数据集成网关服务器，“单一窗口”共建单位申报系统通过专线接入对外接入区，同时对外接入区还面临系统的互联网边界，互联网边界采用防火墙、入侵检测、入侵防御等安全设备进行安全防护。

系统的物理部署如图 52 所示。

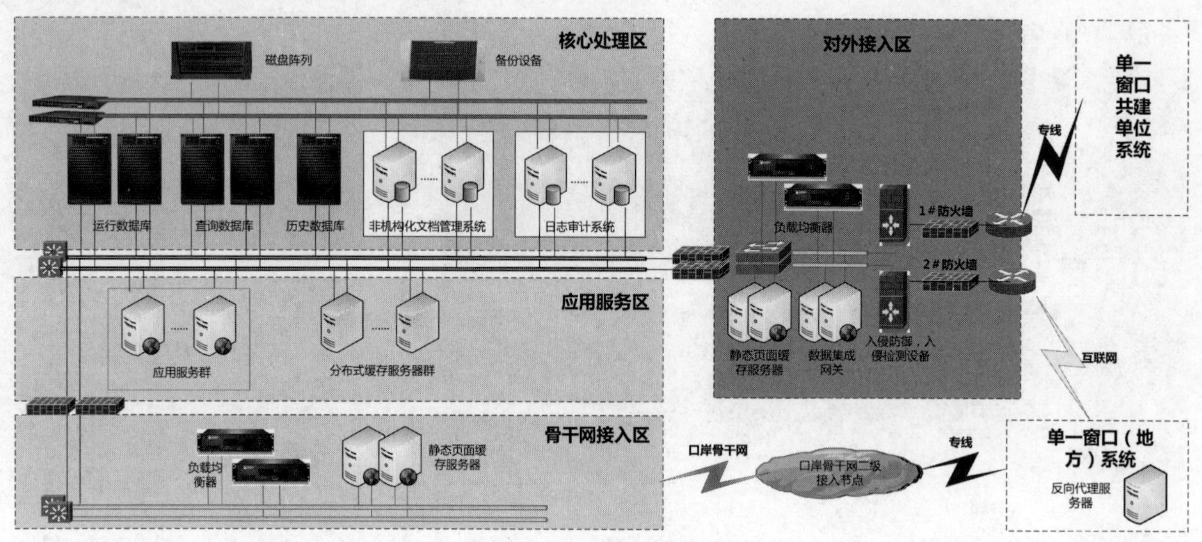

图 52　物理部署图

2. 主机系统设计

（1）运行数据库服务器

“单一窗口”系统数据库业务平台属于典型的 OLTP（联机事务处理）的应用，按系统架构设计，运行数据库主要用于企业受理业务信息的存储和管理，并需要重点满足业务高峰期高并发数据写入需求。是实现系统功能的核心，需要有非常高的稳定性和性能。本方案建议配置 2 台 UNIX 小型机服务器组成集群模式用于部署运行数据库。

运行数据库服务器的具体配置建议见软硬件清单章节。

（2）查询数据库服务器

为了分担运行数据库的压力，设计查询数据库用于支撑系统的查询和统计类业务，查询数据库和运行数据库之间采用实时数据复制软件进行数据同步。本方案建议配置 2 台 UNIX 小型机服务器组成集群模式用于部署查询数据库。

查询数据库服务器的具体配置建议见软硬件清单章节。

（3）历史数据库服务器

随着系统的运行，系统的业务数据会越来越多，这样系统数据库的体量会越来越大，将会导致系统的性能下降，并且导致一系列的问题，例如系统的数据备份时间变长，系统的数据恢复时间变长等。基于这样的问题，本方案设计了历史数据库，运行数据库只存储近一段时间内的数据，超过这个时间段的数据将归档到历史数据库。

历史数据库服务器的具体配置建议见软硬件清单章节。

（4）微应用平台服务器

微应用平台服务器主要用于部署微应用服务平台，具体包含分布式缓存服务器、微应用 J2EE 中间件服务、负载均衡服务、RPC 分布式服框架，微应用平台服务器规划 15 台 PC 服务器，具体的部署规划见表 17。

表 17 微应用平台服务器部署规划

部署组件	服务器 1	服务器 2	服务器 3	服务器 4	服务器 5	服务器 6	服务器 7	服务器 8	服务器 9	服务器 10	服务器 11	服务器 12	服务器 13	服务器 14	服务器 15
weblogic 应用中间	√	√	√	√	√	√	√	√	√	√	√	√	√	√	√
Java 运行环境	√	√	√	√	√	√	√	√	√	√	√	√	√	√	√
Redis 分布式缓存	√	√	√	√	√	√	√	√	√	√	√	√	√	√	√
Zookeeper 服务注册	√	√	√	√	√	√	√	√	√	√	√	√	√	√	√
Dubbox 分布式框控制台	√	√													
Nginx 代理服务			√	√											
mysql 平台支撑数据库					√	√									

注：√表示有该设置。

服务器的详细配置需求见软硬件清单章节。

（5）非结构化数据库服务器

“单一窗口”标准版不仅仅有大量的结构化数据，还会有大量的非结构化数据，例如企业上传的一些单据、企业资质、证件的照片等文件，针对这类数据的存储，本方案专门设计文档服务器进行存储和管理。

非结构化数据存储在现有的非结构化数据管理系统中。

（6）日志审计服务器

日志审计管理提供对系统访问过程操作日志的记载，对关键数据非正常流程处理的修改审计及对系统性能影响较大的操作记载等功能。审计信息主要分为安全审计信息和业务操作审计信息。

系统登录日志：提供系统用户对系统登录、注销时间、访问终端 IP 等。

关键业务、数据审计：提供系统用户对关键业务数据修改记录，包括操作对象、操作方式、原信息、变更后信息、操作人员、操作时间等。

系统运行日志：实现系统用户对系统不同层面关键应用访问的过程记录，包括应用访问的请求类型、开始结束时间、访问终端 IP、具体执行的组件名称或 SQL 语句等，同时针对此功能可通过对时间的过滤提供对系统的性能分析。

因此系统日志的数据量通常非常大，“单一窗口”标准版微服务平台具备强大完整的日志数据记录功能，为了便于日志数据的存储和日志数据的审计，建议将日志数据存储在现有的 hadoop 分布式平台中。

（7）对外接入区数据集成网关服务器

对外接入区数据集成网关是一个类似企业服务总线的接口集成平台，对外实现各部委各类应用接口的调用和注册，对内给“单一窗口”标准版提供统一规范的接口调用方式。

对外接入区数据集成网关服务器详细配置需求见软硬件清单章节。

（8）静态页面缓存服务器

“单一窗口”标准版采用 B/S 架构，系统面对的最终用户是广大的互联网用户，用户群体非常大，通常用户请求的页面有很多静态信息，例如页面 css 风格、图片等，这样的信息用户会反复请求，如果每次请求，这样的静态信息都从系统的应用服务器上发送给用户，会给系统的应用服务器和网络带来很大的压力，因此设计了静态页面缓存服务器，其上部署静态页面缓存软件，将用户最近请求过的静态页面信息缓存起来，用户再请求这些信息的时候，再不用从应用服务器获取，可以提高用户的请求响应速度，改善用户的应用体验，保护应用服务器。

服务器的详细配置需求见软硬件清单章节。

（9）地方反向代理服务器

地方电子口岸和“单一窗口”标准版的集成主要通过 Web 组件技术的界面集成方式进行。但是地方电子口岸和“单一窗口”标准版一般不在一个域内，通过 Web 前端技术进行集成，会受到浏览器跨域访问的安全限制，因此通过部署地方反向代理服务器的方式，将中央“单一窗口”应用的 Web 组件 URL 地址反向代理转换为和地方同一个域的 URL 请求地址，解决跨域访问的问题。

地方反向代理服务器的配置根据地方电子口岸的用户规模进行灵活配置，原则上建议 2 台以上的 PC 服务器进行部署。

3. 软件平台设计

（1）操作系统软件

根据本系统平台建设及部署要求，数据库服务器采用 UNIX 系统，其他服务器均采用 Linux 操作系统。

客户端采用 Window 操作系统。

（2）数据库软件

本项目设计采用 Oracle 11g 作为数据库管理软件。

Oracle 数据库企业版 11g 为企业提供了满足当今关键任务应用程序的可用性和可伸缩性需求的工具和功能。它不仅包含 Oracle 数据库的所有组件，并且能够通过购买选项和程序包来进一步得到增强。Oracle 不仅可以通过 RAC 组件和分区组件提高系统并行处理和快速查询能力，而且也可以监控和优化组件发现系统瓶颈和设置合理参数，从而保证系统稳定、高效运行。

其具体配置为：

Oracle Database 11g Enterprise Edition；

Oracle Real Application Clusters；

Oracle Partitioning；

Oracle Dataguard；

（3）J2EE 应用中间件软件

本项目设计采用 Oracle Weblogic 应用服务器软件作为应用服务器软件，具体版本要求为 Oracle Weblogic 11G（10.3.6）。

（4）数据复制软件

为了分档运行数据库的压力，方案设计查询数据库用于支撑查询类业务，分担运行数据的压力，查询数据库和运行数据库之间的数据同步采用 Oracle active dataguard 技术来实现进行冗余性（hot standby）设计。其技术实现如图 53 所示。

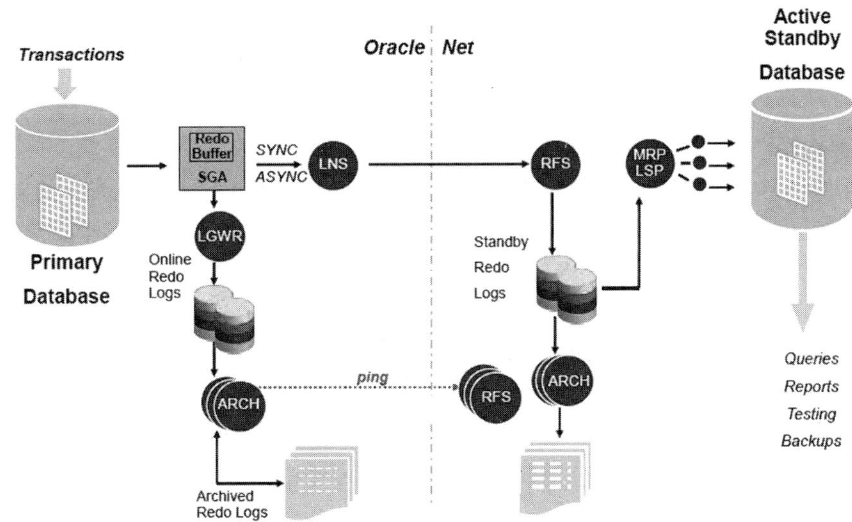

图 53 Oracle active dataguard 技术实现

进行 ADG 设计的最主要的功能是冗灾，并具备以下特点：高可用、性能提升、数据保护，以及故障恢复等。physical standby 在 redo apply 同时，可支持在线只读查询，primary / standby 均支持 RAC，查询结果在 transaction 级别一致。

（5）微服务应用平台软件

微应用方式的软件开发依托于功能强大的微应用服务器平台，微应用服务平台提供集成的应用开发框架和环境，集成的 PaaS 底层技术能力，提供标准的技术附件和服务等。

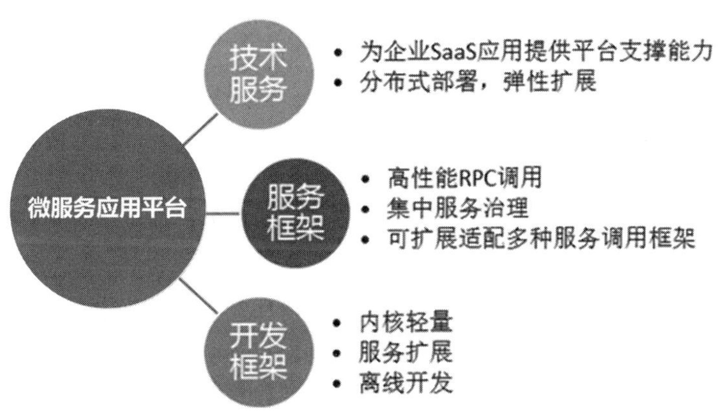

图 54 微服务应用平台

①开发框架

提供企业 SaaS 应用开发框架，满足企业 SaaS 应用快速开发的需求。主要由基础服务、MVC 框架、数据访问服务、组件运行环境、基础组件等核心模块组成。

②服务框架

企业应用 SOA 服务化治理方案的核心框架，提供高性能的 NIO 通信及多协议集成、服务寻址与路由、软负载均衡等功能，实现应用间的松耦合，提高服务的复用能力。

平台目前集成实现 Dubbox 服务框架，并可实现多种分布式服务框架的无缝适配。

SaaS 应用开发者使用 Spring 注解的方式即可方便地实现服务的发布和调用，而无须关心底层的服务框架实现。

③技术服务

技术服务是基于各应用模块共通性的技术要求抽象出来的，为上层 SaaS 应用提供支撑的标准化技术组件的集合。对于所有技术服务都将注册到服务框架，并统一发布。

(6) 负载均衡软件

“单一窗口”标准版对负载均衡的需求有两个部分：

一是内部微服务的负载均衡。由于系统内部服务的负载均衡环节比较多，和微服务平台结合比较紧密，因此负载均衡需要和微服务平台进行紧密集成。因此本方案采用 Nginx 软件负载均衡方式。

Nginx 是一款轻量级的 Web 服务器/反向代理服务器及电子邮件（IMAP/POP3）代理服务器，并在一个 BSD-like 协议下发行。由俄罗斯的程序设计师 Igor Sysoev 所开发，供俄大型的入口网站及搜索引擎 Rambler（俄文：Рамблер）使用。其特点是占有内存少，并发能力强，事实上 Nginx 的并发能力确实在同类型的网页服务器中表现较好，中国大陆使用 Nginx 网站用户有百度、新浪、腾讯等。

二是系统对外接口服务的负载均衡。系统对外接口服务的负载均衡要求处理速度比较快，网络吞吐量大，并且具备灵活的负载均衡策略和网络控制策略，因此建议选用硬件 F5 负载均衡器。

F5 BIG-IP 用作 HTTP 负载均衡器的主要功能：

①F5 BIG-IP 提供 12 种灵活的算法将所有流量均衡地分配到各个服务器，而面对用户，只是一台虚拟服务器。

②F5 BIG-IP 可以确认应用程序能否对请求返回对应的数据。假如 F5 BIG-IP 后面的某一台服务器发生服务停止、死机等故障，F5 会检查出来并将该服务器标识为宕机，从而不将用户的访问请求传送到该台发生故障的服务器上。这样，只要其他的服务器正常，用户的访问就不会受到影响。宕机一旦修复，F5 BIG-IP 就会自动查证应用保证对客户的请求作出正确响应并恢复向该服务器传送。

③F5 BIG-IP 具有动态 Session 的会话保持功能。

④F5 BIG-IP 的 iRules 功能可以做 HTTP 内容过滤，根据不同的域名、URL，将访问请求传送到不同的服务器。

F5 优点：能够直接通过智能交换机实现，处理能力更强，而且与系统无关，负载性能强，更适用于一大堆设备、大访问量、简单应用。

(7) 静态页面缓存软件

本技术设计选用 varnish 作为页面缓存软件。

varnish 是一款高性能且开源的反向代理服务器和 HTTP 加速器，varnish 采用全新的软件体系机构，和现在的硬件体系配合紧密，varnish 是一个轻量级的 cache 和反向代理软件。先进的设计理念和成熟的设计框架是 varnish 的主要特点。varnish 系统架构如图 55 所示。

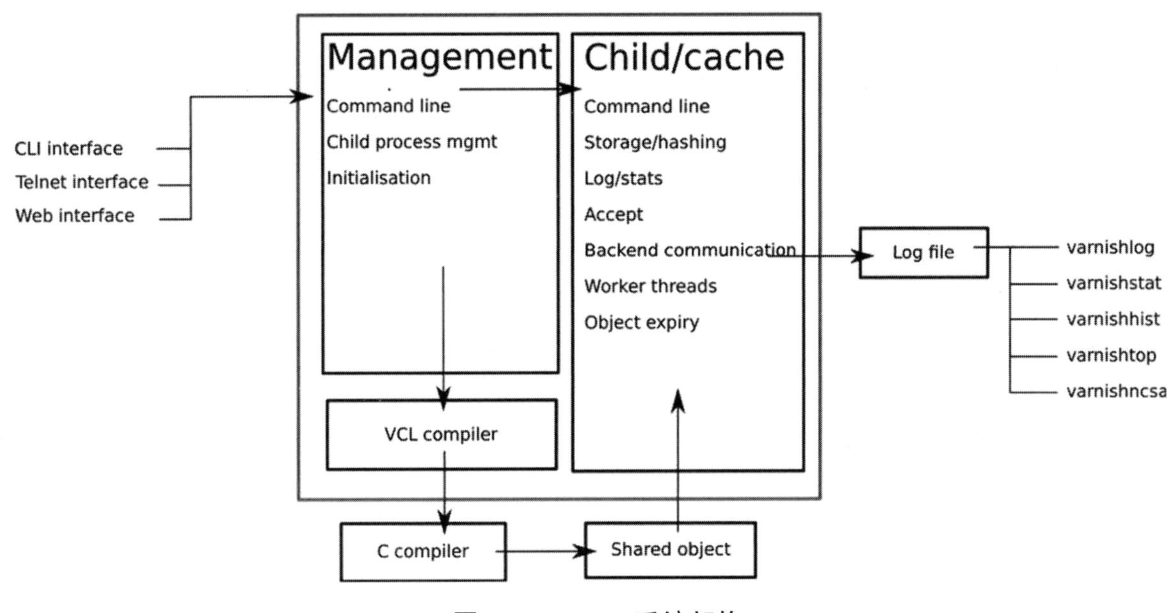

图 55　varnish 系统架构

4. 系统备份设计

为充分利用现有软硬件资源，保护投资成本，建议对数据备份进行集中管理控制，将“单一窗口”标准版数据备份纳入中国电子口岸平台统一数据备份系统，即备份管理服务器、备份设备，以及数据备份控制软件充分复用现有，备份策略可根据业务发展灵活调整。

（1）备份要求

“单一窗口”标准版备份系统的技术要求为：

为了不影响“单一窗口”标准版的正常业务应用，备份系统应能够在 8 个小时内完成一次系统的数据全备份操作，每天增量数据备份时间不超过 2 小时；

数据库备份采用 SAN 存储网络的 Lan_ Free 备份方式，操作系统及应用程序等采用 LAN 备份方式；

备份系统提供对于主流 UNIX 操作系统、Windows 操作系统和各种文件系统的支持；

备份系统（备份软件和磁带库）提供 SAN 存储网络的 Lan_ Free 备份和 LAN 备份等多种备份方式。

（2）备份策略

需要备份的内容包括 3 个部分：服务器操作系统备份、应用程序代码的备份、系统业务数据的备份。

操作系统和应用程序代码的备份策略比较简单，一般可先对所有系统做一次全备份，然后每周对关键系统做一次全备份。此外，每台机器做过软件安装或系统升级后，应立刻做一次全量备份。当操作系统和应用程序代码出现故障时，将全量备份的数据按照相应的办法恢复即可。

应用程序代码在每次进行程序发布前人工进行异机本地磁盘备份。

备份策略见表 18。

表 18 备份策略

备份内容		服务器/服务器名	备份设备	备份方法	备份时间	备份频率	保留周期	保留份数
系统备份	操作系统	全部服务器	备份存储设备	手动备份	改变系统配置后进行操作系统备份			1
	数据库软件、配置文件	数据库服务器	备份存储设备	手动备份				1
	应用服务器软件、配置文件、应用程序	应用服务服务器	备份存储设备	手动备份				1
结构化业务数据备份	关系型数据库	数据库	备份存储设备	增量备份		1 天	1 周	4
		数据库	备份存储设备	物理全备份	周六	1 周	1 个月	4
		数据库	备份存储设备	逻辑全备份	周六	1 周	1 个月	4
非结构化数据备份	文本、图像信息，多媒体文件	文本、图像信息，多媒体文件	备份存储设备	全备份	每月 1 日	1 个月	2 个月	2

5. 系统软硬件配置需求清单（略）

七、安全架构

（一）安全技术防护规划

“单一窗口”标准版提供了企业向各口岸管理部门申报数据等业务功能，因此系统安全建设应以满足各口岸管理部门对数据申报业务系统的安全需求为核心来进行安全规划设计。

经调研，目前“单一窗口”标准版所涉及的海关报关单预录入系统、海关 ECIQ 主干系统等共建单位相关的信息系统最高的信息安全保护等级为三级。因此按照就高原则，“单一窗口”标准版应参照国家信息安全等级保护三级信息系统的安全要求进行建设。

“单一窗口”标准版的技术承办单位为中国电子口岸数据中心，承载系统的机房、基础网络（电子口岸专网）、主机的安全技术防护及相关安全管理，均已按照三级信息系统要求建设，并已符合三级信息系统的安全要求。具体如下：

1. 物理安全。“单一窗口”标准版部署在中国电子口岸同城主生产机房和备份机房，均为电信级 IDC 机房，在物理访问控制、防盗窃、防破坏、防雷击、防火、防水和防潮、防静电、温湿度控制、电力供应、电磁防护等方面采取了安全技术控制措施，符合国家三级信息系统对物理安全要求。

2. 网络安全。中国电子口岸平台部署的电子口岸专网已根据网络安全需求划分为了对外接入区、应用服务区、核心处理区等网络安全域，采用了多层次、不同品牌的防火墙进行区域隔离访问控制，在互联网出口、专网重要区域部署了入侵检测系统、网络防病毒系统等安全防护系统，使用安全运维操作审计平台来进行网络设备运维，运维人员操作需持指纹 USB Key 登录系统，实现了双因素身份鉴别、集中访问控制和安全审计功能，符合国家三级信息系统对网络安全的要求。

3. 主机安全。中国电子口岸平台服务器等主机的管理、维护均使用安全运维操作审计平台，运维人员操作需持指纹 USB Key 登录系统，实现了双因素身份鉴别、集中访问控制、安全审计功能，主机部署了防病毒系统、集中监控系统，实现了基于主机的病毒防护和主机性能实时监控，符合国家三级信息系统对主机安全的要求。

因此系统安全建设的重点内容为应用安全和数据安全，具体设计如下：

1. 用户身份认证。“单一窗口”标准版支持多种身份认证方式，包括用户/静态口令、数据证书。

用户身份认证实行分级管理，根据认证安全强度不同分为不同等级，用户名/静态口令认证属于低级安全级别认证，数据证书属于高级安全级别认证。不同等级的用户赋予不同的应用权限，用户名/静态口令认证适用应用上要求使用用户名/静态口令的应用。用户已经通过了高安全级别的身份认证，对只要求低安全级别的系统服务则无须进行再次认证。如果用户已经通过了低安全级别的身份认证，需要高安全级别的认证时则需要再次进行相应的高安全级别认证。

对于使用数字证书认证的用户，系统支持跨域信任、多证多用（一张证书可用于多个应用）。

2. 访问控制。按照“基于角色访问控制”进行授权管理和访问控制，授权采用“最小权限原则”。

3. 安全审计。对每个用户的登录、登出行为、业务操作进行日志记录，保证操作过程可追溯、可审计。

4. 系统容错。对接口输入数据的格式、长度等进行有效性检查，对特殊字符要进行过滤，以防范Sql注入、XSS等攻击。

5. 抗抵赖性。根据各共建单位的安全要求，对有抗抵赖性需求的数据交换，采用数字签名技术来实现抗抵赖性。

6. 数据传输安全保护。通过互联网传输的服务调用、业务数据要采用Https协议，以实现数据传输保密性、完整性。

7. 数据存储安全保护。采用加密手段对用户静态口令、报检等业务所使用的业务账号、口令等敏感数据进行加密保护，以保障敏感数据的安全。

（二）配套安全管理机制

“单一窗口”标准版系统建设配套的安全管理机制如下：

1. 地方电子口岸运维单位以正式的书面方式（协议、方案、备忘录、会议纪要等）明确系统安全管理、数据安全管理的权责。

2. “单一窗口”标准版应根据《中华人民共和国网络安全法》和其他相关法律法规要求，通过用户协议或使用须知的形式，与用户明确关于用户认证、数据使用、隐私保护、数据申报责任等各方面的权责。

八、标准规范体系

“单一窗口”标准体系建设是在结合标准版项目建设的实际需要，并考虑新技术引入等因素，按照“单一窗口”建设基本原则建立的标准规范，以满足“单一窗口”建设的需要。

（一）标准规范体系设计

“单一窗口”标准规范体系框架是在《关于国际贸易“单一窗口”建设的框架意见》的原则基础上，根据业务实际情况进行制定的。按照“政府主导、协同治理、便利企业、规范安全、创新驱动”的原则，标准版标准体系分为数据简化和标准化、统一门户、统一认证、统一数据接口标准、统一数据管理规范、统一信息安全规范、统一运维保障体系7个方面。

（1）数据简化和标准化

遵循国际贸易便利化领域相关国际及国家标准，遵照国际通行做法积极开展国际贸易数据简化和标准化，通过数据的获取、定义、分析、协调等反复过程，分层级、分内容、有步骤地实施数据协调与简化，形成定义明确并经简化处理的“单一窗口”数据元目录，并建立数据协调和简化长效工作机制。

（2）统一门户

统一界面、统一标志、统一域名规范。整体命名为“中国国际贸易单一窗口”，各地平台面对企业的登录界面命名为“中国（××）国际贸易单一窗口”。

（3）统一认证

统一“单一窗口”的用户管理和身份认证，分步实施，最终实现一次注册、全国通用。

(4)统一数据接口标准

中央层面统一接口的管理与发布，参与各方应当向“单一窗口”统一开放接口标准，为“单一窗口”标准版的制定和推广应用提供必要的技术支持和指导。

(5)统一数据管理规范

根据《国务院口岸工作部际联席会议成员单位数据使用与管理办法》，建立数据资源共享目录，建设多边交换的数据共享池，完善数据共享机制，做到数据授权使用和对外许可提供，在确保数据安全的前提下，“以共享为原则，不共享为例外”，全面推进各口岸管理部门间信息共享。

(6)统一信息安全规范

口岸管理相关部门、“单一窗口”承建和运营单位要坚持“安全第一”原则，加强对系统、网络和数据的安全防护和应急管理，制定信息安全管理指南，明确“单一窗口”建设各方的权利和责任，签订安全管理协议，共同做好信息安全管理工作。

(7)统一运维保障体系

充分依托电子口岸现有运维体系，建立健全一体化“单一窗口”运维保障机制，规范服务接入和服务标准，明确各方运维职责，实现各负其责、联合保障。

(二)标准规范的制订、修订及维护

标准版标准规范的制订、修订工作将在电子口岸已建立的标准化管理委员会为主体的组织机构管理下展开。标准制定的主要工作流程包括：启动立项、调研、编制大纲、起草、征求意见、审核、报批、批准发布、宣贯，如图 56 所示。

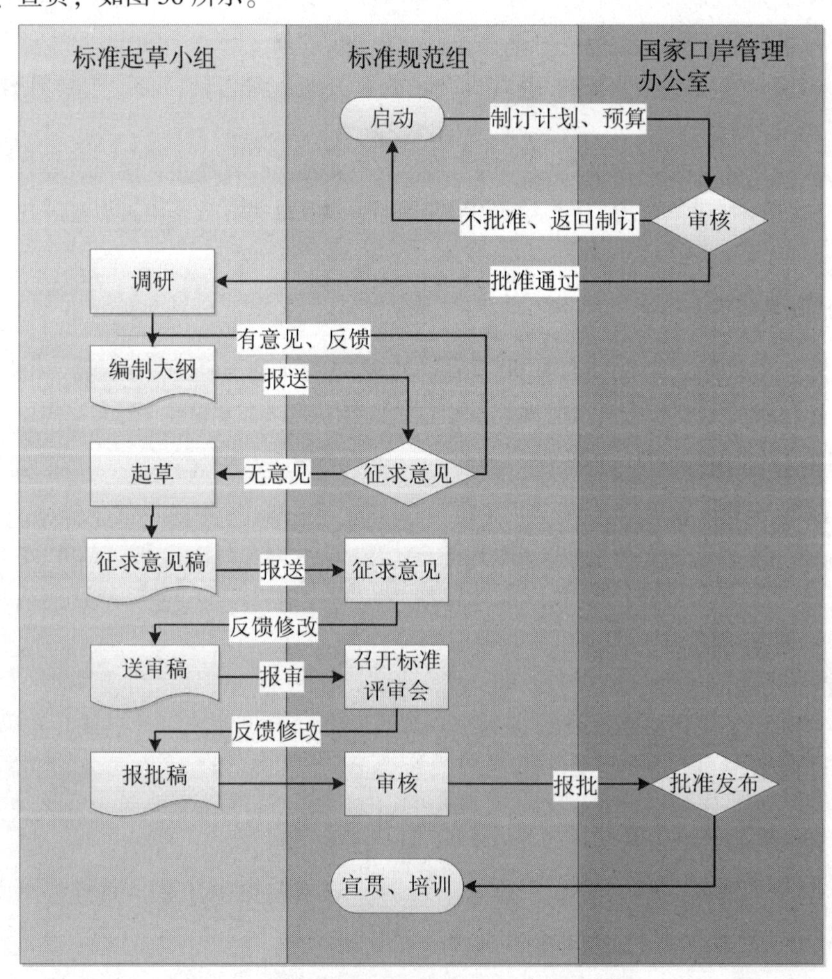

图 56　标准规范制订工作流程图

（三）标准规范实施

1. 标准规范宣贯、培训

标准版标准规范的宣贯、培训工作面向信息化建设的相关部门，可采取集中宣贯培训、现场指导等多种方式，在宣贯过程中，标准研制单位应提供必要的技术支持。

2. 标准实施与监督检查

标准版标准规范应在项目信息化基础设施建设、应用系统项目建设、信息化管理工作过程中贯彻实施。

标准实施质量监督和检查的重要手段是标准符合性测试，标准符合性测试是以标准版信息化标准为依据，将标准符合性的检查点落实到工程项目建设的各阶段中，其目的是确保标准版项目建设能够在统一标准的指导下进行，系统之间实现有效集成和共享，实现标准版的一体化建设。

标准符合性测试采用独立的第三方测试的方式进行，可采用两种手段：

一是由人工判断信息化建设过程或项目成果是否符合标准，比如软件开发过程是否符合标准，成果提交物是否符合标准规定的内容。

二是通过开发辅助测试工具，判断相关成果是否符合标准，比如开发接口测试程序测试系统对外接口是否符合标准。

人工判断一般通过召开专家测试验收会议的形式开展，或者将标准符合性作为项目验收的环节之一。

九、项目管理体系

“单一窗口”标准版作为大型信息化建设工程，参与单位众多，建设需求复杂，需要具有明确的项目管理体系，明确管理的内容和重点，并以管理工具为抓手，确保项目建设目标最终实现。

（一）项目特点分析

结合目前信息化建设的发展情况，本次“单一窗口”标准版项目具有如下特点：

1. 实行统一设计，支撑个性化需求

由于国家口岸管理办公室（以下简称国口办）的跨境业务差异较大，信息化技术和手段也各不相同，系统建设中需要在贯彻业务应用的同时，充分考虑国口办的业务差异。

为了满足系统集中建设要求，首先需要统一设计符合“单一窗口”标准版体系，形成可以指导后续设计、开发、实现的规范设计成果。同时在系统规范化设计过程中，需要充分理解和包含各地口岸合理的个性化需求，并通过需求细化分析过程，统一纳入“单一窗口”标准版规范设计成果中。

2. 需求统一管理，系统平台科学规划

口岸单位众多，信息化建设水平与个性化需求有较大差异，为了建设成为集成部署的一体化系统平台，支撑多业务共同发展，有效满足个性化功能实现的目的，系统在建设过程需要遵循统一的平台设计思路，所有功能需求需要进行统一的管理，制定科学有效的系统设计与实现验证体系，以保系统顺利建设，避免差异需求的相互矛盾与覆盖。

结合多年对口岸单位系统建设的深刻理解，采用先进的系统结构、可定制的流程配置与灵活的权限、参数配置，可以充分保证个性化需求在统一系统平台中的分级、分权实现，保障个性化需求与多业务发展的实现。

3. 制定严谨的系统迁移方案，支持持续性的系统上线

项目建设需要在不影响已上线企业正常运行的情况下，对生产环境以增量方式进行分批上线。

系统上线时需要按照系统迁移工作方案与流程，设立独立的工程配套环境，充分利用开发环境、

验证环境与仿真环境，在生产环境之外完成所有迁移的准备工作。在系统迁移之前通过开发与验证环境，对系统迁移做好充分准备与预案，采取多轮的系统迁移演练与彩排，评估迁移影响，形成系统迁移操作流程与应紧预案。仿真环境要做到对生产环境的全备份，在系统出现问题时保障系统可以回复到之前的稳定状态。

4. 建立全面的培训体系，支持多层次的培训需求

培训工作不但是要培养参培人员对系统操作应用与日常系统管理、维护的能力，还要使大家了解系统的设计思路与实现方式，同时对具备专业技能的人员进行设计、开发的培训，使各地口岸形成不同层级、各有专项的信息化人才团队。

5. 推进系统实用化，不断提升应用能力

系统的实施工作不应在系统上线验收完成后即结束，为了达到系统规范化应用，对公司提供决策支持的信息。

在后续系统运用过程中，可以周期性选择部分专项业务，执行系统应用同业对标制度，不断督导深化系统应用水平。

6. 组建专门的系统运维团队，保障系统稳定运行

本次建设的“单一窗口”标准版是一个集中部署的一体化应用系统，服务于众多企业，支撑业务功能广，系统数据处理量巨大。在系统上线之后将组建一个专门的系统运维服务团队，为客户服务信息系统提供专业、全面的运维服务。

（二）项目实施原则

1. 分阶段明确目标

将项目的整体实施分解为若干项目阶段——前期准备、需求阶段、设计阶段、开发阶段、实施阶段、试运行阶段、运行维护及质保服务阶段，明确各个阶段的项目主要里程碑目标。

2. 按领域分解工作

为实现项目阶段主要里程碑目标，将项目的工作内容分解到项目管理、需求管理、变更管理、缺陷管理、系统设计、系统开发、系统测试、系统部署、系统迁移、系统培训、系统运行及推广等主要工作领域，明确项目工作内容的责任主体。

3. 按岗位明确职责

将各工作领域的阶段工作内容，细化分解到项目各工作小组的具体岗位角色，实行岗位责任制，并最后将任务落实到个人，便于量化的跟踪考核。

4. 周期性质量审查

在项目的各个阶段，按照预期设定的质量审查点以及审查内容，对阶段工作内容的完成情况、完成质量进行审查，确保各阶段的项目计划执行及质量处于在控状态。

（三）项目实施管理思路

实现“单一窗口”标准版建设的质量和进度目标。集中进行项目总体管控、需求分析及设计、系统开发及测试等工作，并从团队组织、技术保障等方面确保系统设计成果的贯彻落实。

1. 统一项目管理

“单一窗口”标准版建设应遵循统一管理原则，由国家口岸管理办公室牵头，公安部、交通运输部、海关总署等口岸查验单位组成“单一窗口”建设工作组（后期根据建设需要逐步扩大到其他相关成员单位）负责“单一窗口”建设的统筹规划和统一管理，协调各参与单位共同推进项目建设。

2. 统一需求管理

项目在“单一窗口”建设工作组下成立业务需求组，对项目需求进行统一管理。需求管理组作为

项目建设过程中的整体需求管理机构，业务需求组由参加“单一窗口”标准版建设成员及相关业务专家组成。业务需求组负责需求调研，收集并分析口岸管理相关部门的需求，对相关需求文档的质量进行审查，并为每个业务类就系统设计成果指定专职负责人，负责进行业务需求核查/分析设计，确保所有需求整体的一致性及相关成果的一致性，并在通过业务/需求设计规范化符合性审查的前提下，指导产品开发小组及质量保证小组进行系统系统开发测试。

3. 统一测试发布

“单一窗口”建设工作组内成立质量保证组，负责产品的整体测试和配置发布工作。测试发布组主要负责软件的统一测试和同时发布管理：负责产品业务功能需求的测试，重点在于测试产品各功能模块、各业务子项、各业务项、各业务类的功能完整性，以及相互之间的数据流向和数据的准确性；根据设计的容量及业务运行周期，负责对于系统处理能力进行测试。

测试发布组同时根据需求管理流程及缺陷管理等流程，负责系统的版本控制、产品的发布以及相关文档的编制和更新。

4. 统一版本控制

依据系统设计成果，统一进行软件产品的设计和开发，对软件版本进行集中控制。对需求进行集中管理，统一分析、统一设计、统一开发、集中测试、统一发布，实现软件版本统一。对于偏离系统设计成果的需求，协同业务和技术专家，将差异的需求提交给需求方组织进行审查评审，并依据评审意见执行。

（四）项目实施方式

1. 组织分工

根据“单一窗口”标准版建设工作开展的需要，为有利于加强统筹领导和推进工程实施，对参加集中工作的人员组织结构作图 57 规划。

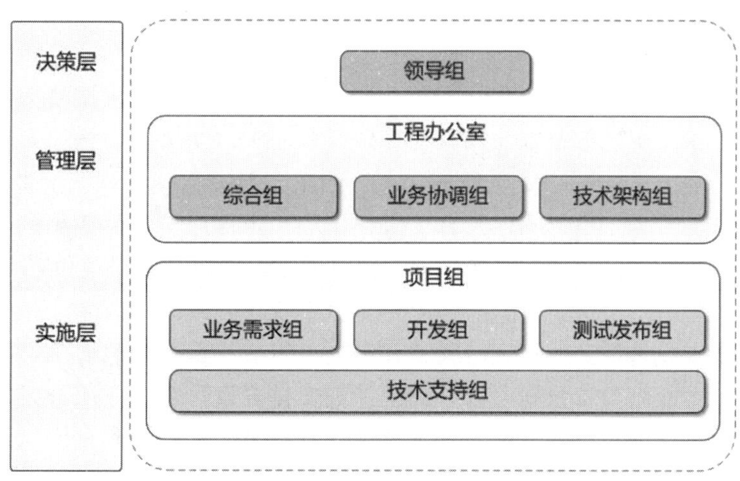

图 57　组织结构图

（1）“单一窗口”建设工作组

根据《框架意见》，中央层面通过国务院口岸工作部际联席会议统筹推进“单一窗口”建设，由国家口岸管理办公室牵头，海关总署、公安部、交通运输部等口岸查验单位组成“单一窗口”建设工作组（简称工作组），后期根据建设需要逐步扩大到其他相关成员单位。工作组负责“单一窗口”建设的统筹规划，统一业务规范和技术架构，制定“单一窗口”建设规范和标准体系，统一“单一窗口”共性的基本功能，制定“单一窗口”标准版并推广应用。中国电子口岸“单一窗口”作为技术承办单位，地方口岸办作为落地实施单位，实行共建、共管、共用。

（2）领导小组

“单一窗口”建设工作组下成立“单一窗口”建设工作领导小组（简称领导小组），负责统一领导“单一窗口”标准版建设工作，听取有关情况汇报，指导并协调解决重大问题，向部际联席会议报告重大决策事项等。领导小组组长由国家口岸管理办公室主任担任，副组长由国家口岸管理办公室分管副主任及各成员单位的司局级分管领导担任。

（3）工程办公室

“单一窗口”建设工程办公室（简称工程办公室）负责落实领导小组决定，统一推动工程各项任务，归口协调管理工程各项事务等。根据工作开展需要，工程办公室内设综合组、业务协调组和技术架构组。

①综合组

综合组由国家口岸管理办公室和中国电子口岸“单一窗口”人员构成，主要负责工程总体把控，包括跟踪工程进展、规范工程建设、汇总报告有关情况等。

②业务协调组

业务协调组主要由国家口岸办及各单位处级负责人组成，负责按照《框架意见》原则要求指导工程建设，调动相关资源，完善并确认标准版建设方案，协调解决跨部门重点突出问题，确保工程进度和工程质量等。

③技术架构组

技术架构组主要由中国电子口岸数据中心及各单位技术联系人组成，负责按照有关业务要求制定技术架构方案，提出技术实施意见，确保工程质量，做好技术保障等。

（4）项目组

项目组由参与项目建设的各单位选派相关业务、技术骨干组成，负责具体项目的推进实施和技术实现，保障项目上线后正常运行和试点期间的功能完善。项目组包括业务需求设计组、开发组、技术支持组、测试发布组。

①需求设计组

需求设计组由项目开发单位选派业务分析及设计专家组成，负责需求调研，收集并分析口岸管理相关部门的需求，对需求变更进行审查，编写和管理业务需求说明书等文档，对业务需求进行分析和核查，并按照需求进行业务架构设计、应用架构设计、UE设计及数模设计；负责需求相关问题的分析和确认；负责程序版本的规划；负责确保所有需求整体的一致性以及相关成果的一致性，并在通过业务需求设计规范化符合性审查的前提下，指导开发组、测试组进行系统开发和测试。

②开发组

开发组由项目开发单位选派开发管理专家和开发人员组成，负责按照需求设计组的设计成果组织和开展软件开发工作。开发组负责根据项目里程碑计划安排开发计划，按照开发规范的要求组织软件开发，并对软件代码进行统一控制和管理；负责软件开发测试，并配合测试发布组的测试和缺陷消除工作。

③技术支持组

技术支持组由项目开发单位选派开发技术专家组成，负责对开发组进行技术支持。技术支持组负责开发平台的技术支持，同时研究项目采用的新技术并指导开发组的开发工作；对项目中的疑难技术问题进行技术攻关，确保开发工作的顺利执行。

④测试发布组

测试发布组由项目开发单位选派测试专家组成，负责根据业务需求组的设计成果编写测试用例、制订计划、进行软件测试工作，并与开发组反馈和沟通测试结果。测试发布组负责在需求组的指导下进行软件版本管理，将完成测试的软件按照版本进行打包和发布，并编写发布说明书。

2. 项目过程管理

项目过程管理是对整个项目的总体目标和进度、质量进行管理，项目过程管理包括制定项目目标、项目总体规划、进度跟踪与监督、总结经验 4 个过程。

（1）项目管理制度

①领导小组会议

听取综合组关于工程实施进展情况的汇报，指导并协调解决工程实施中的重大问题。原则上每月一次例会，并可根据需要随时召开。

②集中工作制度

“单一窗口”标准版建设采取集中工作方式开展工作，做到分工负责、协同推进。各单位应结合本单位职责，选派业务、技术骨干参加。项目组人员要安排好自身工作，全职参与。各单位要给予大力支持，协调内部资源，保障工程实施，落实《框架意见》要求。

③周报和周例会制度

各项目组每周一向工程办公室报送上周项目进展情况和需要协调解决的重点问题；工程办公室每周五召开工作例会，业务协调组、技术架构组和项目组有关人员参加，会商解决重点问题。

（2）项目计划管理

项目计划管理包括项目总体计划、项目阶段里程碑计划、项目进度计划、项目资源分工计划、开发计划、项目质量保证计划、项目配置管理计划、测试计划等的制订和跟踪、管理。

项目计划管理按照从上到下、由粗到细的方法进行，首先根据项目合同要求制订项目总体计划，然后通过任务细分结构 WBS 进行项目过程定义的分解，确定阶段里程碑计划和进度计划。

建立项目度量标准，估计阶段里程碑的项目任务数量及工作量，通过分析项目人员能力地图，进行分工和任务分配，制订出项目资源投入和项目资源分工计划。

项目计划管理中还包括项目质量计划和项目配置管理计划。项目质量计划是项目质量得到保证的前提。项目配置管理计划对版本管理、发布管理、产品管理、文档管理等进行了规定。

为了保证产品能够合格出厂，测试计划是一个非常重要的环节，只有经过严格测试后的系统才能够保证质量，同时避免后期的返工，真正提高项目管理的效率和进度要求。

（3）项目进度管理

“单一窗口”标准版建设作为大型应用项目，在项目实施过程中并行实施、同步进行的任务量大，对项目进度的控制非常困难。综合考虑各种因素，本项目进度取决于以下几个方面：

①项目范围和任务量；

②项目的质量要求和期望；

③项目技术难度；

④项目资源情况；

⑤项目管理水平；

⑥客户参与程度。

上述各个因素不是彼此独立的，在项目执行过程中相互影响，当其中一种因素发生变化时，要全面考虑对其他因素的影响，调整项目计划，不断缩小项目计划与实际执行情况之间的差距。

定期分析项目状态、计算项目偏差、分析偏差原因，针对性地制定纠正措施，监控纠正措施执行效果，确保本项目成功实施。

控制项目进度的方法：

依据影响项目进度的因素进行工作分解，采用工作分解结构将整个项目分解为若干个阶段，建立明确的项目里程碑，将每个里程碑与多个任务相关联，达到每个里程碑需要完成的相应任务，并定期进行评审，不断调整影响项目进度的主要因素。

建立项目进度的定期评审和动态调整机制。根据项目计划和进度对项目的实施过程进行连续控制，识别偏差并采取恰当的纠正措施是控制项目进度的关键。

①监控项目执行的实际进度，并定期（每周）与计划进度进行比较，分析影响项目进度的原因，并且及时更新项目进度。

②记录每一项活动的实际开始时间和实际结束时间，并以此为依据估计其他活动的进度，在此基础上调整项目进度计划。

③首先确保项目阶段性里程碑的实现，才能在此基础上实现项目进度表。

④有效地管理有关项目范围、进度计划和预算变更的信息。

极少项目能够精确地按计划进度实施。项目组需要根据可预料到的改变，不断重新对各任务所需时间做估计，重新修改任务排序，或对进度计划作出分析。控制进度的一个重要部分是决定进度的偏差是否需要相应纠正的措施。每周量化各项任务、各执行单元的项目进展，在项目实际执行过程中评估实际与计划时间进度间差异的大小，每周上报。安排专人汇总、计算和分析全项目的偏差。超过各负责人的限定偏差时，及时向上级提交，进行分析，调整资源投入、工作方法等。随着项目经理对项目要求、人员及其他资源的了解，二者间差距将不断减小。

在每个项目阶段中，设置 3 个以上的检查点，综合各项任务完成进度、质量等全面评估项目进展情况。

另外在一个非关键活动的一个较大时间延误也许只对项目产生较小的影响，而在关键活动的较小延误也许就需要马上采取纠正措施。定期对项目进行关键路径分析，根据关键路径的活动制定内部控制里程碑，定期检查内部里程碑完成情况，密切关注关键路径的各项活动，及时识别和控制偏差。

（4）项目知识管理

通过学习和吸收国际先进的项目管理和方法，“单一窗口”知识库包括相关业务、项目管理、技术开发、技巧共享等多方面的知识积累。

针对本项目的知识管理，项目组将充分借鉴和依托知识库管理平台，进行相关的知识转移，将获取到业务专家和技术专家的“隐性知识”进行总结和提炼，并尽可能地转化成流程图、说明书等显性知识，从而便于更多的人利用和学习。

知识转移方式：

• 主题讨论

根据项目建设过程中出现的各种业务问题和技术焦点，不定期组织项目组人员分主题进行讨论和分析，集思广益各方的意见和经验，使每个人都在主题讨论中获取相应知识。

• 业务培训

按照信息系统的特点，分各业务类组织各方专家开展业务培训。

• 技术培训

技术培训涉及信息系统的各种技术知识，包括 J2EE 技术、主机硬件知识、存储系统、UNIX 操作系统知识、软件开发技术等。

• 知识文档化

为了保证知识的有效传递和可以被更多人员学习和掌握，项目组将专门安排人员将各项知识进行文档化管理，包括将论坛中的各种讨论整理、汇编、提炼成精华知识，通过知识文档化将各种业务知识、技术知识、管理知识等分类组织管理，沉淀成为一笔可共享的知识财富。

（5）项目风险管理

“单一窗口”标准版采用“统一设计”的模式，系统开发成果应完全遵照规范化设计要求，实现业务功能完善、业务模型和数据模型稳定、应用部署方式灵活，满足管理发展变化。

①风险管理过程

在信息系统项目的整个生命周期内，很多实施计划及管理决策都可能受到未知因素的影响。当不能准确地预测将来状况时，项目管理人员不能被动地等待风险的发生，而是应决定如何规避风险。对于觉察到的每个风险，应建立科学明确的应对预案，保障项目顺利进行，降低失败发生的可能性。

项目风险管理实际上就是贯穿在项目实施过程中的一系列管理过程，包括风险识别、风险分析、风险控制、风险跟踪。

在项目管理中，建立风险管理策略和在项目的生命周期中不断控制风险是非常重要的：

风险识别：识别哪些风险可能影响项目进展及记录具体风险的各方面特征；

风险分析：对风险事件制定可度量的标准，并为在整个“单一窗口”标准版项目实施期间的风险监控工作提供响应指标，及时、有效地实施风险管理控制中所制定的应急预案；

风险控制：一般而言，应对风险有三种对策：避免、减缓和吸纳；

风险跟踪：包括对风险发生的监督和对风险管理的监督，前者是对已识别的风险源进行监视和控制，后者是在项目实施过程中监督人们认真执行风险管理的组织和技术措施。

这些管理过程不仅其间相互作用，而且与其他一些区域内的过程也互相影响，每个管理过程都可能牵涉基于项目本身需要的一个人甚至一组人的努力。在每个项目阶段里，这些管理过程都至少会出现一次。

②项目风险分类

有效的风险管理可以提高项目的成功率。在项目早期就应该进行必要的风险分析，并通过规避风险降低失败概率，避免返工造成成本上升。提前对风险制定对策，就可以在风险发生时迅速做出反应，避免忙中出错造成更大损失。

- 产品规模风险

对于“单一窗口”标准版这样一个规模庞大的系统来说，各种不确定性几乎无处不在。通常项目的风险是直接与产品的规模成正比的。

- 需求风险

尽管“单一窗口”标准版采用了“统一设计”的方式，但针对各口岸单位，难以避免地会存在这样或那样的个性化需求，这些差异化、个性化的需求给项目带来了一些不确定性和混乱：

对项目缺少清晰的认识；

对项目需求缺少认同；

需求分析过程中各方面参与不够；

没有优先需求；

不断变化需求；

缺少有效的需求变化管理过程；

对需求的变化缺少相关分析；

业务规范统一程度。

- 相关性风险

许多风险都是因为项目的外部环境或因素的相关性产生的，与外部环境相关的因素有：

内部或外部转包商的关系；

交互成员或交互团体依赖性；

经验丰富人员的可得性；

项目的复用性；

为管理层撰写报告的时间过长；

设备未能及时到货；

审批时间过长；

数据迁移时获取原数据结构的清晰度。

“单一窗口”标准版既是一个规模庞大的软件工程，同时也是一个复杂的系统集成工程，相关方包括：软硬件厂商、信息系统、统一接入平台，以及原软件开发商等。由于我们不能很好地控制这些外部的相关性，因此缓解策略应该包括可能性计划，以便从第二资源或协同工作资源中取得必要的组成部分，并且觉察潜在的问题。

• 管理风险

尽管管理问题制约了很多项目的成功，但是风险管理计划中确实难以包括所有管理活动。在大部分项目里，项目经理经常是写项目风险管理计划的人，并且大部分人都不希望在公共场合暴露自己的弱点。然而，像这些问题可能会使项目的成功变得更加困难。如果不正视这些棘手的问题，它们就很有可能在项目进行的某个阶段影响项目。当我们定义了项目追踪过程并且明晰项目角色和责任，就能处理这些风险因素：

计划和任务定义不够充分；

实际项目状态；

项目所有者和决策者分不清；

不切实际的承诺；

成员之间的冲突；

不胜任的技术人员；

狭隘定义或理解职务和责任；

统一的业务规范的执行度。

• 技术风险

软件技术的飞速发展和经历丰富员工的缺乏，意味着项目团队可能会因为技巧的原因影响项目的成功。在早期，识别风险从而采取合适的预防措施是解决风险领域问题的关键，比如：培训、雇佣顾问，以及为项目团队招聘合适的人才等。主要有下面这些风险因素：

缺乏培训；

对方法、工具和技术理解得不够；

应用领域的经验不够；

新的技术和开发方法；

不能正确工作的方法；

设计错误、疏漏和理解错误。

综上所述，在“单一窗口”标准版建设项目范围内的应用系统开发、实施详细设计、数据迁移与补充、应用系统部署、试点单位运行、推广单位运行等实施阶段的全过程中都可能存在。因此，为最大限度避免信息系统实施工作中风险的发生，降低风险对项目成功造成的威胁与损失，加强风险管理已成为项目策划及实施等活动的重中之重。

（6）项目质量管理

质量管理涉及项目管理和软件产品两方面的质量管理，项目管理质量重点监控所有项目活动是否按照预先确定的工作要求完成；软件产品质量重点是保证系统符合规范化设计成果的要求。

①项目管理质量

确保每个关键阶段都有质量标准，按标准进行审核，严把质量关，在每个项目阶段设置阶段检查点，保证各阶段的工作按照要求完成，以防止阶段工作中的错误延续到下一阶段。

②软件产品质量

工作过程：

• 根据规范化设计成果，项目质量保证组制定测试的规划，包括测试计划和工作计划；

• 现场实施组配合项目工作小组对测试规划相关材料进行评审；

• 根据项目工作小组评审通过的测试规划相关材料，项目质量保证组进行测试规则的设计，包括单元测试案例、子系统测试案例、系统测试案例和验证测试案例；

- 现场实施组配合项目工作小组对于测试设计相关材料进行评审；
- 评审通过的测试设计相关材料，根据开发计划和测试计划，质量保证组将组织相关人员进行子系统、系统测试；
- 内部系统测试通过后，向项目工作小组提出系统规范化成果符合性验证申请；
- 现场实施组配合项目工作小组进行规范化成果符合性验证；
- 在通过规范化成果符合性验证后，系统开始试点运行；
- 在整个工作期间，按照沟通计划现场实施组负责每周和项目工作小组进行工作情况的沟通、汇总和上报。

（7）项目监控管理

为了保证项目过程受控，需要进行各项项目活动的有效监控管理。包括项目计划跟踪、项目进度跟踪、项目风险跟踪、项目承诺跟踪、项目工作跟踪等。项目监控过程按照责任分配的方式进行任务分解，项目经理负责对项目整体进度和项目计划的及时跟踪，保证项目能够按照预定的时间、进度完成任务。项目风险管理人员负责对风险管理文档中识别出来的各项风险和风险管理计划进行跟踪和管理，保证风险能够得到规避和解决，并随时将项目风险情况报告给项目经理。

为了有效管理项目过程中的各项待解决事务和任务，将项目执行过程中发现的问题都登记到项目事务跟踪表中。项目事务日志被用于记录和跟踪在项目执行过程中发现的问题。日志的每一行记录一个问题，当一个事务完成以后记录下来实际的解决时间和解决方案，并修改记录的状态。

中国国际贸易

单一窗口

建设年鉴

地方建设篇

DIFANG JIANSHE PIAN

2018

北京市

一、 基本情况

为贯彻落实国务院关于国际贸易“单一窗口”建设的一系列决策部署，2017 年北京市统筹推进电子口岸升级改造暨中国（北京）国际贸易单一窗口建设，经过升级改造，开发整合了 21 个应用系统，涵盖货物进出口申报、运输工具申报、资质办理、金融物流、政企大家庭、业务查询等六大功能模块，涉及海关、国检、边检、商务、国税、外管、工商、质监等部门及津冀电子口岸数据信息，初步实现了国际贸易“单一窗口”的一点接入、一次申报、一站式服务的基本功能。在与中国国际贸易“单一窗口”对接后，增加企业资质、许可证件、原产地证、运输工具、舱单申报、货物申报、出口退税 7 类 13 项功能，进一步丰富了北京国际贸易“单一窗口”平台的功能。

（一）明确目标，狠抓落实

为确保“单一窗口”建设项目的顺利实施，北京市口岸办多次召开任务部署会细化任务分工，制订了《中国（北京）国际贸易“单一窗口”建设工作方案》和《北京口岸开展国际贸易“单一窗口”标准版试点运行工作方案》，理清建设思路，明确各工作完成时限，有计划地按步骤组织实施。面对不断提升的覆盖率要求，及时调整项目任务目标。同时坚持重点项目领导包抓、主管部门主抓的工作制度，对建设中的每项任务排出时间进度，分解细化任务目标，层层落实到每名负责同志。

（二）完善制度，规范管理

依据《国际贸易“单一窗口”门户网站管理办法（暂行）》，出台《中国（北京）国际贸易“单一窗口”信息发布办法》和《中国（北京）国际贸易“单一窗口”数据共享和使用办法》，使平台信息发布及数据使用规范化，使平台的管理有章可循、有法可依。

（三）创新规划，推进二期

依托北京电子口岸暨“单一窗口”一期建设成果，以北京新机场建设和推进京津冀协同为应用突破，在充分征求各口岸联检单位意见的基础上，自 2017 年 7 月开始，北京市口岸办先后到首都机场航港发展部、中国南方航空、中国民航信息集团等单位开展需求调研，组织召开专家咨询会，完成了北京国际贸易“单一窗口”二期建设顶层设计和项目申报书。

二、 推广成效

北京市充分利用北京国际服务贸易交易会、第十五届进出口政策服务咨询会、外贸经营资格企业与政府相关部门见面会和第十六届进出口政策服务咨询会的平台，大力推广宣传国际贸易“单一窗口”；组织平台运维企业深入进出口企业报关现场，一对一培训企业业务人员，帮助企业尽快学会平台使用方法；成立服务微信群，及时解决企业用户的使用问题，并将用户的使用意见向中国电子口岸数据中心反馈。2017 年，北京市“单一窗口”平台注册企业 44 家，微信服务群用户达 400 余人。

2017 年 8 月 1 日，北京市组织联检单位和相关企业召开动员部署会，正式开展国际贸易“单一窗口”标准版货物申报系统试点工作。9 月 22 日，在北京出入境检验检疫局机场分局召开报检企业“单一窗口”标准版推介座谈会。北京市作为第二批“单一窗口”标准版试点城市，试点工作有序推进，业务量稳步提升，企业反馈良好。截至 2017 年 12 月 26 日，应用“单一窗口”标准版累计业务量 36890 票，报关 12094 票，覆盖率 50. 40%，报检 15087 票，覆盖率 89. 90%。

三、 建设大事记

4 月 12 日

北京电子口岸升级改造暨国际贸易“单一窗口”平台建设顺利通过了初步验收，进入了试运行阶段。

5 月 4 日

举办中国（北京）国际贸易单一窗口建设顶层设计专家研讨会。

8 月 1 日

北京市口岸办组织召开国际贸易“单一窗口”标准版试点应用部署会，北京市作为第二批标准版试点城市，开始“单一窗口”标准版的试点推广。

9 月 6 日

北京市信息化专家咨询委员会召开“中国（北京）国际贸易单一窗口建设项目”专家评审会，

9 月 22 日

在北京出入境检验检疫局机场分局召开报检企业“单一窗口”标准版推介座谈会。

9 月 28 日

完成北京电子口岸升级改造暨国际贸易“单一窗口”平台建设终验工作，中国（北京）国际贸易“单一窗口”正式上线运行。

10 月 17 日

北京国际贸易“单一窗口”报检覆盖率首度达标 10%。

10 月 25 日

正式印发《中国（北京）国际贸易“单一窗口”信息发布办法（试行）》和《中国（北京）国际贸易“单一窗口”数据共享和使用办法（试行）》

11 月 6 日

北京国际贸易“单一窗口”报检覆盖率达到 30%。

12 月 1 日

北京市口岸办协同北京市商委、北京海关、北京出入境检验检疫局、北京国税、北京外汇局、人民银行（北京）、北京经信委、北京科委等 12 家单位联合举办“第十六届进出口政策服务咨询会”，会上北京市口岸办面向 200 多家与会企业推广宣介“单一窗口”标准版，并进行现场答疑与交流。

12 月 19 日

北京国际贸易“单一窗口”报关覆盖率首超 10%。

12 月 22 日

北京国际贸易“单一窗口”报关覆盖率突破 20%。

12 月 26 日

北京国际贸易“单一窗口”报关覆盖率再创新高达到 50. 4%，达到国口办确定的 2017 年推广目标任务要求，至此，北京“单一窗口”实现报关报检业务覆盖率双达标，并实现舱单、原产地、企业资质等业务全覆盖。

天津市

一、基本情况

2017年以来，为贯彻落实天津市政府关于实施国际贸易“单一窗口”升级版及对接中国国际贸易“单一窗口”标准版的部署要求，天津市口岸办会同相关单位，以服务“一基地三区”建设，打造北方国际航运核心区为目标，不断优化中国（天津）国际贸易单一窗口应用服务功能，持续提高服务企业便利通关水平、深入拓展服务应用范围，全力实施国际贸易“单一窗口”升级版，促进口岸监管单位信息互换、监管互认和执法互助。

（一）深入开展标准版系统对接

1. 加强组织保障

按照“单一窗口”标准版建设领导小组的工作安排，编制了《天津口岸开展“单一窗口”标准版试点运行工作方案》，组织成立了天津市“单一窗口”标准版工作领导小组，统筹推动标准版运行，协调解决企业问题。同时，成立了天津口岸联合运维服务保障工作小组，负责标准版运行期间的协调推进、应急处理、运维服务保障工作，及时协调解决企业在实际应用中出现的各类问题。

2. 积极先行先试

在与“单一窗口”标准版系统对接过程中，天津口岸积极发挥自贸试验区示范引领和先行先试作用，先后完成全国首单进口货物报关、首单既报关又报检货物申报放行、首单船舶“一单三报”功能对接和应用，为“单一窗口”标准版推广应用探索实践，积累经验。

3. 加快功能对接

完成与“单一窗口”标准版货物申报、舱单申报、运输工具申报、税费支付、许可证申请、原产地证申请、企业资质办理、出口退税、查询统计等9项功能对接，提前实现货物报关申报功能覆盖率超过70%的工作目标。

4. 扩大试点应用

会同口岸监管单位及相关协会组织，多次邀请国家口岸办技术专家现场指导操作，获得广大外贸企业的积极响应和支持。为促进企业熟练应用“单一窗口”标准版，深入企业一线，现场与企业共同研究提高录入效率和准确率的思路方法，配合企业开展内部操作培训，促进企业提高对“单一窗口”标准版的应用。

5. 及时问题反馈

“单一窗口”标准版应用推广过程中，认真梳理企业操作应用的问题，及时向国家口岸办进行反馈说明和情况沟通，得到国家口岸办专家组的及时解决，并在新版中及时更新。

（二）深化天津国际贸易“单一窗口”服务应用

1. 丰富服务功能

一是为提高“单一窗口”网站安全防护能力，采购专业的信息安全服务商提供的 7×24 小时的网站检测服务。二是为提升现场查验效率，降低企业成本，开发应用“联合查验，一次放行”信息管理系统。三是为提升用户操作体验，建设完成“单一窗口”移动客户端。四是推动做好“单一窗口”大数据分析研究工作。

2. 完善服务应用

一是实现“单一窗口”服务功能向和平区延伸，引导高端航运、金融要素汇集“单一窗口”。二是发挥“单一窗口”标准版服务功能，服务京津冀协同发展战略。三是深化服务应用，推动天津国际贸易“单一窗口”和新加坡“单一窗口”互联互通。四是提升跨境电商平台服务应用水平，圆满完成“4·15”“5·16”“6·18”等大型跨境电商促销活动保障工作，“11·11”当日突破 25 万订单单量，确保跨境货物当日完成通关，当日安排配送，为吸引网易考拉、唯品会、菜鸟、支付宝、亚马逊等国内外大型电商落户天津提供了服务支持。

二、推广成效

截至 2018 年 2 月底，天津国际贸易“单一窗口”报关应用平台有企业 727 家，报关单量达 526.45 万票；联检核放出入境船舶达到 53805 艘次；跨境电商平台备案企业 185 家，备案商品 27955 种，订单申报量累计达到 693.52 万单，货值 13.60 亿元人民币。天津国际贸易“单一窗口”直接服务企业数量 4000 余家，间接服务企业 10000 余家，有效降低了企业通关成本，提高了口岸通关效率。

三、建设大事记

4 月 21 日

中国（天津）国际贸易单一窗口实现与国际贸易“单一窗口”标准版系统对接，并及时完成系统部署更新。

5 月 10 日

天津首票货物出口报关单应用“单一窗口”标准版成功申报。

5 月 10 日

天津首票货物进口报关单应用“单一窗口”标准版成功申报。

5 月 11 日

天津首票舱单信息应用“单一窗口”标准版成功申报。

5 月 16 日

天津首单货物“一单两报”应用“单一窗口”标准版成功申报。

河北省

一、基本情况

2017年，在深入推进中国（河北）国际贸易单一窗口自建项目扩大应用的同时，按照国家统一要求，河北省口岸办会同有关部门全力推进与国际贸易“单一窗口”标准版的对接工作。2017年9月，采取虚拟SaaS方式集成“单一窗口”标准版，并顺利植入货物、水运运输工具、舱单、原产地证、企业资质、农药、野生动植物、有毒化学品、机电许可证申报等功能。同时，搭建完成跨境电商综合服务平台，与石家庄海关、河北检验检疫局实现了互联互通，2017年10月30日起，先后在石家庄和曹妃甸综合保税区顺利完成跨境电商业务。

截至2017年12月底，河北国际贸易“单一窗口”平台注册用户2572家，货物报关申报9094单，货值24.74亿美元；货物报检申报95664单，货值337.4亿美元；原产地证申报91508单；船舶联检申报317单。随着功能的不断拓展，河北国际贸易“单一窗口”业务覆盖率大幅提升，其中报检覆盖率已达到99%，原产地证申报覆盖率已超过95%，报关周平均覆盖率超过50%，提前完成国家要求的30%的目标任务，“单一窗口”已成为河北省进出口企业开展通关业务的主渠道。

二、推广成效

为进一步扩大“单一窗口”标准版的推广应用，2017年9月19日河北省电子口岸公司联合石家庄海关召开了河北国际贸易“单一窗口”标准版试点推广会，推广会采用电视电话的方式在河北省各海关辖区实时同步培训。秦皇岛海关、唐山海关、沧州海关等各地海关工作人员及全省各地市162家进出口企业的228名代表参加了培训。

继“单一窗口”标准版货物报关系统成功运行后，2017年10月10日，在河北省电子口岸公司的指导下，河北玉星生物工程股份有限公司通过中国（河北）国际贸易“单一窗口”注册登录，成功完成了河北省首单出口报检，并获得通关单号，实现了河北国际贸易“单一窗口”应用标准版货物报检“零”的突破。

2017年，河北省电子口岸公司通过官方微博、微信、QQ交流指导群及客服中心，为企业提供技术支持及业务指导，同时采取电话回访及上门指导等多种方式切实保障试点推广期间的联合运维保障工作。共发布政策法规、指导手册等文章2600篇，客服中心为企业解决了12000多个业务问题。收集上报系统缺陷问题51个、系统待优化问题9个，提出系统需求建议6个。

截至2017年12月，河北国际贸易“单一窗口”平台注册用户2572家。报检申报95664单，货值337.4亿美元；原产地证申报91508单；报关9094单，货值24.74亿美元；船舶联检申报317单。

截至2017年12月，河北省跨境电商公共服务平台注册企业26家，其中电商企业11家、电商平台5家、物流企业3家、仓储企业3家、支付企业1家、报关行5家。保税入区1批，出区17单，入区货值 27.6 万元人民币。

自 2017 年货物报检、原产地证、船舶联检等系统上线以来，尤其是与“单一窗口”标准版对接之后，河北国际贸易“单一窗口”平台各系统发展良好，数据稳步攀升。各分项指标如下：

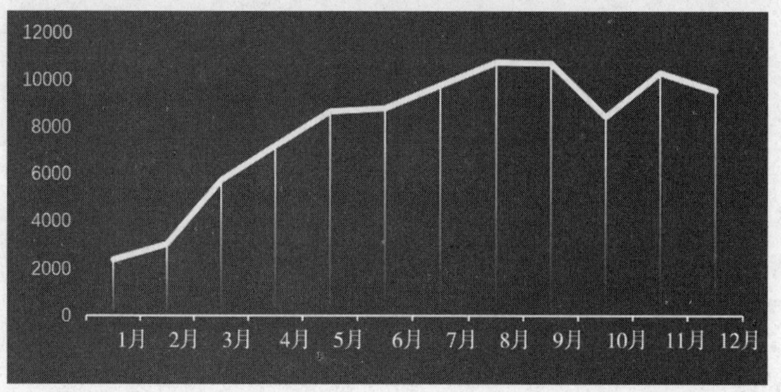

图 1　2017 年河北省通过“单一窗口”货物报检系统报检申报趋势

（一）货物报检系统

2017 年 1 月~5 月，河北国际贸易“单一窗口”货物报检系统申报量呈递增趋势（月均环比增长 61%），至 5 月“单一窗口”报检申报量占全省总量超过 80%。2017 年 5 月 ~ 11 月申报量呈稳定趋势（月均环比增长 2%），至 12 月“单一窗口”报检申报量超过全省总量的 95%。

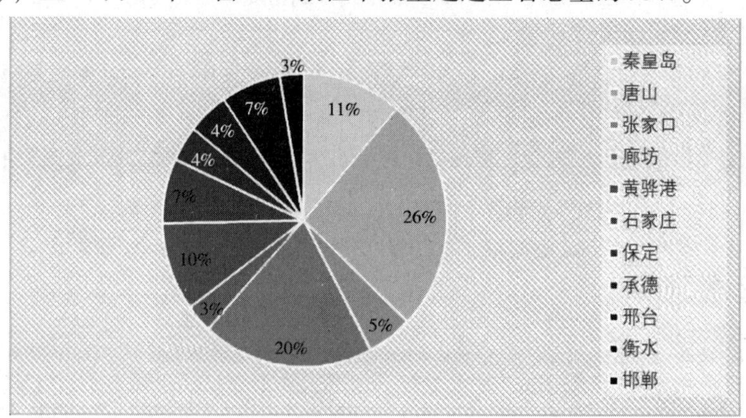

图 2　2017 年河北省各地区通过“单一窗口”货物报检系统报检情况

河北国际贸易各地区报检申报量差异较大，唐山、廊坊、秦皇岛、石家庄申报量较大（占全省总量近 70%），其余地区申报量较小。

（二）货物报关系统

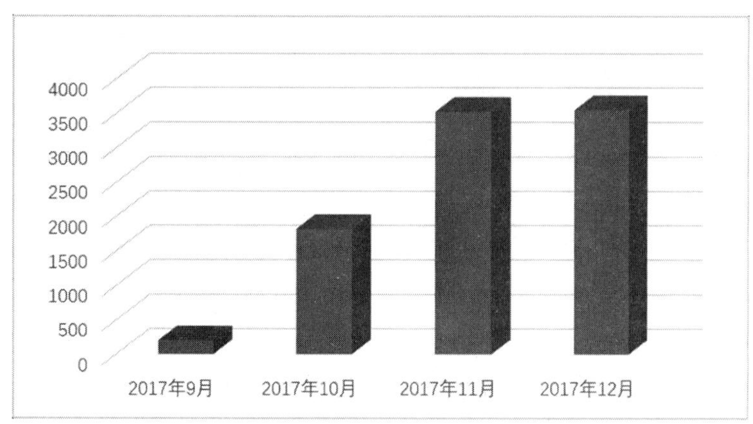

图3　2017年9月~12月河北省通过“单一窗口”货物报关系统报关趋势

自2017年9月河北国际贸易“单一窗口”货物报关系统上线以来，货物报关申报量呈爆炸式增长，月均环比增长224%。至2017年12月，通过该系统报关8892单，货值24.75亿美元，当月通过该系统申报的报关单超过全省月总量的50%。

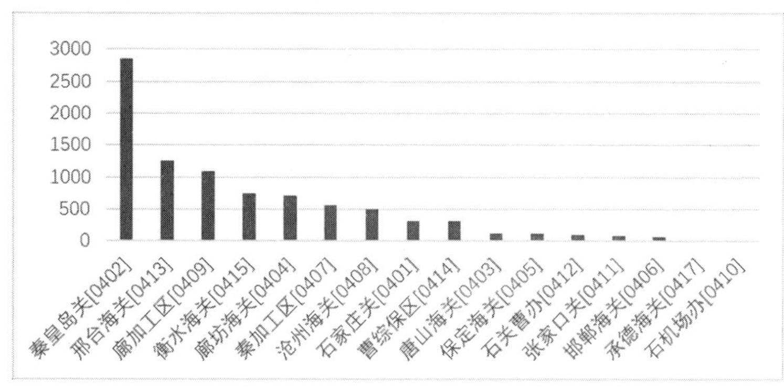

图4　2017年河北省各地区通过“单一窗口”货物报关系统报关情况

上图为河北国际贸易“单一窗口”货物申报系统各关区申报数据，秦皇岛关区居首，申报2857单，占全省申报量32%；邢台关区居次，申报1253单，占比14%；廊坊加工区居三，申报1091单，占比12%；之后依次为衡水、廊坊、秦皇岛加工区、沧州、石家庄、曹妃甸综合保税区等各关区，均实现“零”的突破。

（三）原产地证系统

原产地证系统与货物报检系统同时上线推广，2017年申报量走势基本相同，至2017年6月进入稳定期，下半年总体稳定各月略有差异。

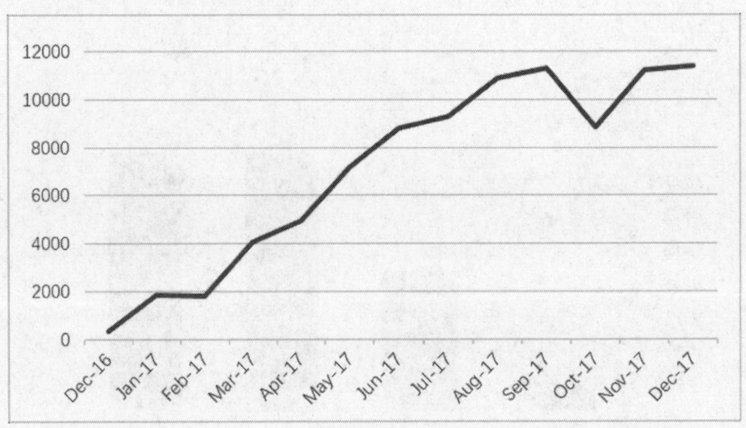

图 5　2017 年河北国际贸易“单一窗口”原产地证系统原产地证申报量趋势

（四）船舶统一申报系统

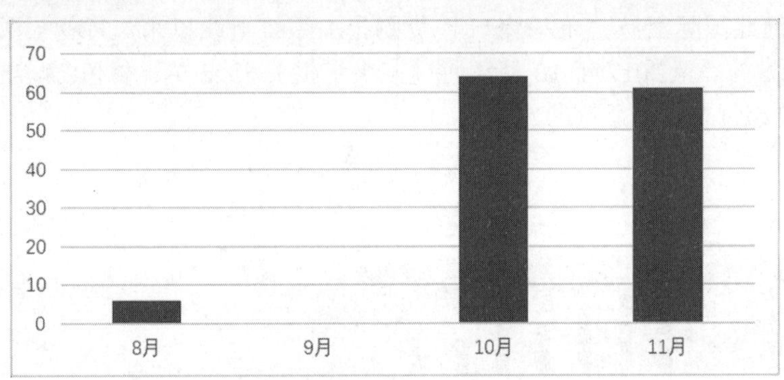

图 6　2017 年 8 月~11 月河北国际贸易“单一窗口”船舶统一申报系统申报单量

从上图中可以看出，船舶统一申报系统自 2017 年 10 月份试运行起申报单量迅速增高，企业对此系统使用状况较满意，相较以前传统报送形式更快捷，试运行停止后数据基本消失。

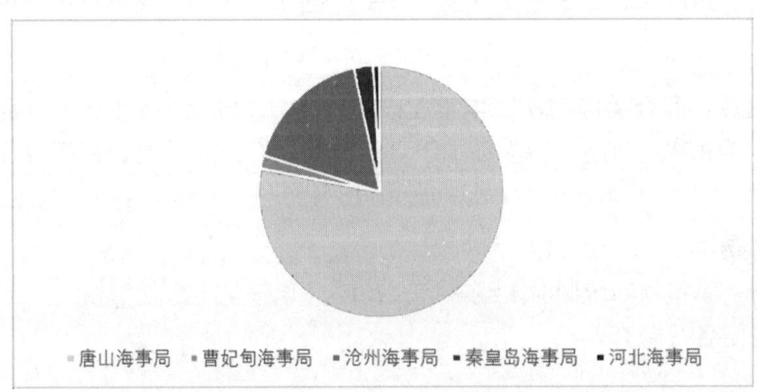

图 7　2017 年河北国际贸易“单一窗口”船停泊统一申报系统使用地域分布

上图显示唐山海事局利用船停泊系统申报单量最多，使用最为频繁，沧州海事局位居第二。传统船停泊申报方法过程复杂且申报周期长，此系统上线后给船停泊申报需求量大的唐山海事局及沧州海事局提供了很大的便利条件。

三、建设大事记

2月8日

河北省口岸办副主任宋立民会同石家庄海关、河北省出入境检验检疫局、正定综合保税区等相关人员赴河北省电子口岸发展股份有限公司召开工作调度会，研讨“单一窗口”平台下一步工作安排。

2月15日~16日

河北省口岸办组织石家庄海关、河北出入境检验检疫局及河北省电子口岸公司等赴郑州调研“单一窗口”和跨境电商服务平台建设情况。

2月23日

河北省副省长王晓东及省直、市直相关领导赴河北省电子口岸发展股份有限公司调研参观“单一窗口”平台项目建设情况。

5月3日

河北省口岸办副主任宋立民会同河北省商务厅、石家庄海关、河北出入境检验检疫局、河北海事局、河北省公安边防总队、石家庄综合保税区等代表赴河北省电子口岸发展股份有限公司召开工作调度会，研讨“单一窗口”平台下一步工作安排。

5月12日

河北省电子口岸发展股份有限公司召开河北省电子口岸一期项目建设及功能模块项目验收会。

6月6日

河北省口岸办副主任宋立民会同河北省出入境检验检疫局、石家庄海关和石家庄综合保税区等相关人员赴河北省电子口岸发展股份有限公司召开工作调度会，听取“单一窗口”平台工作进展情况和各单位近期工作汇报，并对下一步工作做出指示。

8月4日

河北省副省长王晓东赴河北省电子口岸发展股份有限公司调研指导工作，河北省发展改革委副主任张国洪、河北省商务厅副厅长裴世馨、石家庄海关副关长刘勇军、河北出入境检验检疫局副局长段文仲等有关领导一同参加调研。

9月5日

河北国际贸易“单一窗口”平台与国际贸易“单一窗口”标准版对接成功，完成首单货物报关。

10月12日

河北国际贸易“单一窗口”平台完成首单货物报检。

10月30日

河北省跨境电商平台在石家庄综合保税区顺利完成首单业务。

10月31日

河北省电子口岸发展股份有限公司参加全省外贸工作电视电话会议。

11月18日

曹妃甸综合保税区通过河北省跨境电商平台完成首单业务。

12月5日

河北省副省长王晓东会同河北省口岸办、石家庄海关、河北出入境检验检疫局、河北省商务厅、河北省国税局、河北省政府办公厅一行赴河北省电子口岸发展股份有限公司调研指导工作。

12月26日

河北省口岸办组织召开河北省电子口岸监督指导委员会工作会议，对下一步“单一窗口”建设工作进行了统筹安排，13家成员单位及河北省电子口岸公司参加了会议。

山西省

一、 基本情况

为深入贯彻党的十九大精神和习近平总书记视察山西重要讲话精神，落实《国务院关于支持山西省进一步深化改革促进资源型经济转型发展的意见》（国发〔2017〕42号），努力构建内陆地区对外开放新高地。在省委、省政府的高度重视下，按照国家口岸办安排部署，山西省经济和信息化委员会（省口岸办）、太原海关、山西出入境检验检疫局等相关部门主动作为，积极推进中国（山西）国际贸易单一窗口建设工作。

（一）高度重视，保障有力

山西省委、省政府高度重视“单一窗口”建设工作，将中国（山西）国际贸易单一窗口建设工作列入《山西省2017年政府工作报告》，同时纳入省政府重点工作予以推进。山西省省长楼阳生就加快山西“岸、港、网”建设，全力打造内陆地区对外开放新高地，主持召开了全省口岸工作座谈会，专项听取了口岸工作汇报，对口岸工作提出了新的要求。分管副省长也听取了“单一窗口”工作汇报，要求按照国家口岸办安排部署，加强宣传，形成合力，统筹推进。

1. 成立试点工作领导小组

为落实国家口岸办于2017年8月17日组织召开的“单一窗口”标准版试点部署会议精神，山西省由省政府分管副秘书长担任组长，牵头成立试点工作领导小组。成员由省经信委（省口岸办）、太原海关、山西出入境检验检疫局、太原武宿综合保税区负责人组成，负责统筹推进试点工作。领导小组下设运维服务保障工作小组，并组建了“单一窗口”微信服务群，及时沟通、反馈和解决试点工作中出现的问题，做好运维服务保障工作。

2. 确定试点企业

为提高试点成效，结合本次试点工作对外贸企业的要求，全省确定了包括太原、大同、临汾、运城、吕梁在内的34户试点企业，予以重点推广试用“单一窗口”平台。太原海关、山西出入境检验检疫局等单位成立部门“单一窗口”推广工作组，明确业务骨干现场帮助企业进行业务申报。

3. 加强宣传推广

在公开发布《关于开展国际贸易“单一窗口”标准版试点工作的公告》的基础上，利用《山西日报》《太原日报》《山西晚报》等新闻媒体和网易新闻、山西新闻网，以及山西省经信委、太原海关、山西出入境检验检疫局官网，宣传推广中国（山西）国际贸易单一窗口，为“单一窗口”推广应用营造良好的氛围。

（二）制订工作方案，召开试点启动会

按照“单一窗口”标准版试点扩大部署会议有关要求，山西省制定了《国际贸易“单一窗口”标准版扩大试点山西省试点运行工作方案》，并于2017年8月30日组织召开了国际贸易“单一窗口”标

准版扩大试点启动工作会议，传达了国家口岸办“单一窗口”标准版试点扩大部署会议精神，对全省试点工作进行了安排部署。太原海关、山西出入境检验检疫局和太原武宿综合保税区负责人对照职责分工，就支持“单一窗口”标准版试点工作进行了表态发言；参会试点企业表示，要积极参与“单一窗口”标准版扩大试点工作，运用好、发挥好标准版货物申报功能作用。

（三）试点成效明显，企业反馈良好

1. 第一时间完成首单申报

按照国家口岸办“单一窗口”标准版试点扩大部署会议精神，在太原海关、山西出入境检验检疫局等单位的高度重视和全力支持配合下，2017 年 8 月 18 日，山西中港茂捷货运代理有限公司通过国际贸易“单一窗口”标准版注册登录货物申报系统，为山西省文水县华冠农业科技有限公司完成标准版山西进口报关首单的申报，标志着国际贸易“单一窗口”标准版在山西省成功试运行。

2. 标准版试点成效明显

在国家口岸办的有力指导和省政府的高度重视下，“单一窗口”标准版货物申报模块试点工作进展顺利，太原海关、山西出入境检验检疫局组织专人深入企业指导帮助，从“单一窗口”的用户注册、功能模块介绍到申报指南逐一详细指导讲解，确保报关报检业务顺利进行。

二、 推广成效

山西作为全国第 3 批试点，截至 2017 年年底，企业通过“单一窗口”申报业务 5874 票，其中报关 5551 票，报检 323 票。试点期间，山西省“单一窗口”标准版货物申报覆盖率提前达到预期目标。国家口岸办评价山西“单一窗口”工作“协调有力、推动得力、上量给力”。

三、 建设大事记

7 月 26 日

中国（山西）国际贸易单一窗口关检融合统一申报培训在太原举办。

8 月 17 日

山西被列入“单一窗口”标准版试点扩大省份。

8 月 18 日

山西省完成“单一窗口”标准版首单申报。

8 月 30 日

组织召开“单一窗口”标准版试点启动会。省经信委副主任卢秋生主持会议并讲话，太原海关、山西出入境检验检疫局、太原武宿综合保税区以及试点企业负责人参加会议。

9 月 28 日

山西省政府张文栋副秘书长参加全国口岸办主任会议。

10 月 26 日

山西省口岸办组织召开专题会议学习传达全国口岸办主任会议有关精神。

11 月 17 日

山西省口岸开放培训班在大同举办。

12 月 6 日

山西省口岸办参加上海与中部六省口岸大通关合作秘书长会议。

12 月 22 日

富士康实现省内首家 ERP 系统对接“单一窗口”标准版。

内蒙古自治区

一、 基本情况

为进一步加快推进中国（内蒙古）国际贸易单一窗口建设，内蒙古自治区口岸办在满洲里口岸试点基础上，2017 年重点推动开展全区 10 个公路口岸智能卡口建设和“单一窗口”标准版推广应用等工作。智能卡口一期建设试点，呼和浩特海关关区所属公路口岸已实现口岸现场前端与内蒙古电子口岸平台数据联通。“单一窗口”标准版推广使用实现全区口岸地区覆盖、业务量覆盖。

（一）成立专项工作组，重点推进“单一窗口”特色功能建设

2016 年 12 月，内蒙古自治区口岸办成立专项推进小组，于 2017 年 4 月编制完成并报请内蒙古自治区政府印发《中国（内蒙古）国际贸易单一窗口建设实施方案》，制定形成《内蒙古自治区国际贸易单一窗口建设三年规划（2017—2019）》。重点启动全区公路口岸（除满洲里外）智能卡口系统建设，并于 2017 年 5 月召开专题会议对全区“单一窗口”暨智能卡口建设进行部署。

（二）强化任务落实，强力推进标准版推广应用

按照国家口岸管理办公室要求，内蒙古自治区及时开展“单一窗口”门户系统和公共数据交换系统开发建设，于 2017 年 8 月 15 日实现了与标准版平台对接。同时，制定完成运维管理制度，建成系统服务响应机制，指导组建近 20 人服务团队，为“单一窗口”标准版在全区的推广应用做好前期准备。根据国家对“单一窗口”标准版推广工作进度安排，全区先后组织 32 次业务培训，实现了全区进出口企业培训全覆盖。积极推动联检部门为“单一窗口”标准版使用建立容错免责机制，提供优先便利服务。派出联合督查组督导推进各盟市推广进度。

（三）加强协调沟通，积极争取财政资金支持

内蒙古自治区口岸办主动协调对接内蒙古自治区财政厅落实“单一窗口”建设保障资金。地方各级政府筹措公路口岸智能卡口基础设施建设资金，有效地保障了“单一窗口”年度建设任务的顺利推进。

二、 推广成效

截至 2017 年年底，内蒙古自治区应用“单一窗口”标准版完成备案企业 241 家，报关报检量共 12157 单，2017 年 12 月份最后一周报关率为 30.73%、报检率为 20.81%。

三、建设大事记

4月

内蒙古国际贸易“单一窗口”满洲里市试点工作圆满完成。

内蒙古自治区人民政府办公厅印发《内蒙古国际贸易“单一窗口”建设实施方案》。

5月

内蒙古国际贸易“单一窗口”暨智能卡口建设工作会议召开。

6月

内蒙古自治区党委书记、人大常委会主任李纪恒到内蒙古自治区电子口岸调研指导国际贸易“单一窗口”工作。

内蒙古国际贸易“单一窗口”工作会议召开。

自治区人民政府口岸办公室成功举办内蒙古国际贸易“单一窗口”标准版应用培训会（第一期）。

7月

内蒙古国际贸易“单一窗口”配套建设项目启动。

7月

内蒙古国际贸易“单一窗口”运输工具管理系统在满洲里公路口岸试点运行。

8月

内蒙古国际贸易“单一窗口”门户网站上线运行。

10月

自治区人民政府口岸办公室成功举办内蒙古国际贸易“单一窗口”标准版应用培训会（第二期）。

11月

内蒙古国际贸易“单一窗口”客户服务中心建设完成。

辽宁省

一、 基本情况

2017 年是我国把国际贸易“单一窗口”建设纳入构建开放型经济新体制的关键之年，新时期党中央、国务院对国际贸易“单一窗口”建设提出新要求、新部署。《关于国际贸易“单一窗口”建设的框架意见》（简称《框架意见》），明确提出依托中央和地方两级电子口岸平台和信息化资源，实现互联互通，共同打造一体化的“单一窗口”环境。辽宁省主动适应新常态，积极应对新挑战，全力推进国际贸易“单一窗口”标准版建设及应用工作，并在全省所有口岸组织试点实施，中国（辽宁）国际贸易单一窗口建设取得新进展，应用取得新突破。

（一）完成“单一窗口”一期项目建设

辽宁省口岸办按照既定工作计划，顺利完成辽宁国际贸易“单一窗口”一期项目建设。截至 2017 年 6 月，一期项目实现货物申报及验放信息共享系统、船舶进出口岸联网核放系统、舱单申报与跨部门共享系统、通关状态综合信息查询系统 4 项核心功能，“单一窗口”平台门户、用户认证、数据交换、平台运维及客服等体系建设已全部完成，基本实现企业与海关、检验检疫、海事、边检等 4 个口岸监管部门间通关信息的递交与反馈，以及各监管部门间的信息共享。

（二）全力推进“单一窗口”标准版建设对接

根据国务院第 174 次常务会议和国务院口岸工作部际联席会议部署，在国家口岸管理办公室的指导下，辽宁省作为第四批“单一窗口”标准版试点地区，积极开展技术对接工作。至 2017 年 10 月，已经完成标准版货物申报、运输工具申报、舱单申报、许可证件申领、原产地证书申领、企业资质办理等基本功能对接。鉴于辽宁国际贸易“单一窗口”建设基础良好，除了采取 SaaS 方式对接标准版外，船舶申报、舱单申报同时也采用了服务集成方式，满足地方业务特色，为企业提供便利。

（三）加快“单一窗口”地方特色功能建设

根据国务院《框架意见》，辽宁国际贸易“单一窗口”自 2017 年 6 月 5 日起启动二期地方特色功能项目建设，包括 9 大业务领域共 26 项业务功能。除对接标准版 9 项基本功能外，共建设 17 项辽宁地方特色应用功能，如跨境班列运输申报、国际邮轮申报等特色通关监管功能，港区查验预约、检疫处理预约等特色物流功能，数据统计分析等特色数据服务功能，以及涉税保函办理、归类智能导航等特色应用服务功能。此外，辽宁国际贸易“单一窗口”实现与中国（辽宁）自由贸易试验区三个片区行政服务“单一窗口”对接，并提供专区特色应用服务；进一步优化“三互”大通关服务，在关检“三个一”，废纸、稻草等专项货种监管信息共享，验核封志互助合作等方面取得突破。

主要取得了以下建设成效：

一是运维考核方式先行先试。辽宁省率先制订发布“单一窗口”运行管理考核办法并采用技术手段进行量化考核。考核结果以数据形式形成评估报告，并以辽宁省通关（电子口岸建设）工作领导小组文件形式报国家有关部委、省政府及相关建设成员单位。

二是率先引入海关涉税保函管理系统。保函管理系统的应用，实现了保函由纸质验核到线上验核的转变，是改革创新举措，开启了关企银合作互信的新模式，推动了“单一窗口”申报数据标准化的进程，进一步提升口岸通关效率。

三是数字化可视系统建成使用。通过展示屏，实时展示货物、船舶申报情况，跟踪船舶实时动态，实现大数据分析等，及时发现推广过程中的问题，快速响应，精准施策，解决通关过程中存在的突出问题。

二、推广成效

（一）创新工作体制机制

在辽宁省通关（电子口岸建设）工作领导小组的指导下，辽宁省口岸办牵头成立“单一窗口”建设领导工作组，统筹协调省市两级政府及各相关查验单位，建立健全“单一窗口”工作机制与建设运营体制，加大“单一窗口”推进力度，完善口岸系统各部门职责分工及协作机制，整合辽宁电子口岸公司与大连口岸物流网有限公司的相关资源，形成由政府主导推动，社会化主体运营，多方参与共建的机制模式。按照“建设一项、试点一项，成熟一项、推广一项”的思路，在全省地区分级组织试点运行。为实现年底前核心申报业务覆盖率达到30%以上目标，在时间紧、任务重的情况下，多次赴兄弟省市调研学习、赴各查验单位拜访主要领导，指导各地市口岸办成立了省市口岸交流群、“单一窗口”推广组、中国（辽宁）国际贸易单一窗口客服群，借助微信平台建立了“日通报、周小结”的工作机制，组织召开“单一窗口”专题工作会议，出台《关于加快国际贸易“单一窗口”建设的工作方案》《国际贸易“单一窗口”应用推广工作方案》等政策性文件，联合查验单位发布了《国际贸易“单一窗口”上线运行的通知》，明确了“单一窗口”建设与推广的时间表与路线图，全力推进“单一窗口”建设及推广工作。

（二）口岸主管部门主动作为，勇挑重担

辽宁省各市口岸办精心组织，大力推动，联合查验单位和技术支持单位组成联合工作组，共同商讨研究解决问题，不定期举办“单一窗口”标准版推介会，取得了较好的效果；多次率队赴企业调研、走访、倾听企业诉求，现场指导实单录入，解决申报过程出现的问题；建立“单一窗口”推进微信群，每天通报“单一窗口”平台运行状况，协调解决技术故障，指导推进路径与方法；坚持问题导向，解决重点、难点问题，调配核心技术力量攻关，部分市还出台鼓励政策，用于培训考察、宣传推广和帮扶激励，发挥了口岸办组织得力、推动扎实的工作作风。

（三）各查验单位高度重视，主动融入“单一窗口”建设推广工作

大连海关、沈阳海关、辽宁省公安边防总队、辽宁出入境检验检疫局和辽宁海事局等查验单位从大局出发、积极参与推广策划，并派出业务骨干集中在大连市港口与口岸局联合办公，建立跨部门、跨层级的联合运维、应急处理和容错纠错等工作机制，第一时间解决试点企业的各类问题，给予企业参与试点强有力的支撑。

大连海关从技术上突破，将舱单通道切换至“单一窗口”平台，一举实现了舱单申报率达标；在申报大厅开辟了“单一窗口”服务台；指派技术人员为企业提供贴身技术服务；为企业举办“单一窗口”标准版推介培训会等。

沈阳海关积极组织项目试点应用，参与政府部门组织的企业培训及对外宣传工作。

辽宁省公安边防总队设立沟通联络机制、明确异常情况处理流程，安排监管人员深入企业现场指导联调联试，鼓励企业用户使用“单一窗口”。

辽宁出入境检验检疫局成立由分管局长挂帅的领导小组，专题研究部署“单一窗口”推进工作，并及时调整业务流程规范；召集辖区内 300 多家企业开展“单一窗口”标准版货物申报报检培训会议，推出奖励政策。

辽宁海事局出台文件，要求各分支局研究制定相关促进政策，指定业务部门牵头负责各自辖区“单一窗口”的扩大推广，建立有效的沟通联络机制。

（四）辽宁省电子口岸数据中心积极配合

辽宁省电子口岸数据中心配合省、市口岸主管部门和查验单位进行培训、走访和宣传，帮助协调解决困难；组织编写、完善《“单一窗口”二期项目可行性研究报告》；完成了 2017 年度省财政涉及“单一窗口”运维采购项目的招标采购员工作；起草制定《中国（辽宁）国际贸易单一窗口专家智库组建方案（征求意见稿）》等方案措施。

（五）辽宁电子口岸公司全方位提供保障

辽宁电子口岸公司在较短的时间内组建了一支精干的攻坚团队，在技术、客户服务、培训、走访及运维等方面为“单一窗口”建设提供了全方位保障。2017 年 11 月末至 12 月底，为配合推广提速的部署，公司明确提出“不计成本，全员客服，有求必应，全力保障”的要求。抽调技术核心力量迅速组建了一支 23 人推广培训团队，确保足够的人力资源为企业提供贴身服务。

1. 培训指导

截至 2017 年 12 月 29 日，协助全省 7 个口岸城市共举办 23 场培训，每场培训都安排专人讲解，另配备 10 名技术人员现场指导企业实单申报，集中指导企业 1038 家次。

2. 服务企业

在集中推广期间分别向每个口岸城市派出 1~2 名技术人员，为企业提供“一对一”贴身服务。累计直接上门服务 173 家次，电话回访 528 家，推广里程 5 万多公里。

3. 宣传推广

专门制作和发布操作指导培训视频和宣传展架，全方位地向企业宣传推广，共发放宣传展架 40 套，覆盖全部 7 个口岸（市）的关检查验部门和操作业务现场。

4. 建立呼叫中心

客服采取 7×24 小时无间断服务保障，热线配备坐席人员 12 名，解答企业提供的各种问题，受理各种故障，共解决企业提出问题达 3000 余例。

5. 建立沟通反馈机制

与中国电子口岸建立密切的沟通联络，及时反馈申报故障，共收集问题 147 个，其中缺陷类 16 个、需求类 2 个、优化类 129 个。经与国家口岸办沟通，已解决 23 个，已反馈 62 个。

6. 运维保障

编制了《中国（辽宁）国际贸易单一窗口项目系统运维情况报告》，采取日巡检、周汇总的方式，负责全网设备的日常维护、故障处理、监控调度、硬件运维、软件运维及网络管理等工作。

三、建设大事记

6月5日

辽宁省省长陈求发主持召开加快推进国际贸易“单一窗口”工作座谈会。

7月4日

辽宁省口岸办组织大连市港口与口岸局在大连召开联席工作会议，调整“单一窗口”建设管理体制，“单一窗口”工作组正式成立。

8月9日

辽宁省通关工作领导小组办公室在大连举办国际贸易“单一窗口”建设工作推进会。

9月4日

辽宁省商务厅厅长宋彦麟在大连自贸试验区主持召开国际贸易“单一窗口”推进工作会议。

9月14日

辽宁省“单一窗口”联合办公室（统筹协调组）成立并召开第一次工作会议。

9月29日

辽宁省通关工作领导小组办公室在大连举办了国际贸易“单一窗口”应用推广工作会议。

10月9日

辽宁国际贸易单一窗口标准版正式上线运行。

10月10日~19日

在大连、沈阳、盘锦、丹东、锦州、葫芦岛、营口7个口岸（城市），由省市主管部门组织208家试点企业开展推广培训。

11月21日

为加快推进国际贸易“单一窗口”在全省的推广应用，辽宁省通关工作领导小组办公室出台工作方案。

12月7日~11日

在沈阳、丹东、大连3个口岸（城市），特邀国家口岸办领导现场授课，由省市主管部门组织263家试点企业约700人开展“单一窗口”标准版应用推广培训。

12月11日

在大连组织召开了国际贸易“单一窗口”推广应用工作座谈会。

12月14日~26日

辽宁省口岸办组织各地市口岸部门联合当地查验部门和辽宁电子口岸有限责任公司，组织当地企业开展7场“单一窗口”标准版推介培训会，实地走访企业达273家，为企业提供“一对一”“点对点”的上门服务和现场指导。

12月29日

辽宁省通过“单一窗口”货物申报报关累计19438票，覆盖率35.73%；报检累计12175票，覆盖率88.62%；舱单申报累计65121票，覆盖率63.9%；船舶申报累计1176票，覆盖率60.51%。

吉林省

一、 基本情况

（一）建设工作方案

2017 年，根据吉林省对外经贸发展特点和边境口岸建设实际，吉林省口岸联席会议办公室印发《中国（吉林）国际贸易单一窗口建设工作方案》，中国（吉林）国际贸易单一窗口创新开发和建设了“一个中心，五大服务”功能。

1. 数据交换中心

可提供保税货物和物流申报报文规范和接口，实现企业信息化系统与该平台的无缝对接，实现系统参数设置、业务代码维护、业务逻辑检验和数据比对功能，以及与监管场所、口岸联检部门申报系统进行数据互换。

2. 边境口岸特色服务

边境口岸通关一站式系统，整合口岸监管单位履职资源，使“单一窗口”作为各联检单位共同监管、联合执法的有效载体，实现一站式快速通关，提升通关效率。

3. 口岸政务服务

主要包含跨境电商公共服务平台、供应链金融服务、口岸视频监控中心。

4. 数据决策服务

以口岸数据为基础，通过分析、采集、校验、清理转化为公共可开放的口岸数据，满足外贸企业、口岸监管部门数据需求，提供口岸行业指导指数体系。

5. 基础平台服务

主要包含“单一窗口”门户网站、“单一窗口”权限系统、“单一窗口”运维平台、“单一窗口”共享数据项授权系统。

6. 监管物流服务

主要包含铁路物流协同、公路物流协同、航空物流协同，实现海关电子化放行，利用信息化系统提高货物通关效率，节约时间成本。

（二）建设实施

1. 加强组织领导

2017 年 2 月 28 日，受吉林省副省长李晋修委托，省政府副秘书长杨凯主持召开吉林省口岸工作联席会议专题会议，研究部署中国（吉林）国际贸易单一窗口的建设工作。会议议定建立“单一窗口”建设领导机制，将吉林省口岸工作联席会议作为吉林省“单一窗口”建设领导小组。会议审议了《中国（吉林）国际贸易单一窗口建设工作方案》，省口岸联席会议成员单位有关负责同志参加会议。3月13日，中国（吉林）国际贸易单一窗口领导小组办公室举行了第一次会议，会议上确定了“单一窗口”领导小组办公室的组成人员名单和分工分组，形成了例会制度，为“单一窗口”建设打下了高效率的组织基础。

2. 科学建设实施

2017年4月，吉林省国际贸易“单一窗口”总体规划及配套工程规划完成公开招标程序。8月，吉林省国际贸易“单一窗口”配套工程建设项目确定了项目中标单位。8月17日，国家口岸办在北京召开国际贸易“单一窗口”标准版试点工作部署会议，将吉林省纳入第三批“单一窗口”货物申报试点省份。8月21日，中国（吉林）国际贸易单一窗口先期采用虚拟SaaS模式正式部署上线“单一窗口”标准版货物申报功能。8月23日，福达国际物流有限公司通过国际贸易“单一窗口”标准版货物申报系统，完成首票进口报关单的申报放行，实现了国家口岸办提出的8月底之前实现“单一窗口”标准版首票申报任务。

2017年12月20日，在长春市国际会议中心举行上线运行中国（吉林）国际贸易单一窗口启动仪式暨培训会议。省政府副秘书长高志国、各共建单位负责人参加了上线仪式，吉林省商务厅厅长王志伟对中国（吉林）国际贸易单一窗口建设情况进行了简要介绍，并对“单一窗口”建设的背景、功能及主要优势进行了详细的解读。海关、检验检疫、边防等部门负责人做了表态性发言，吉林省人民政府副秘书长高志国宣布中国（吉林）国际贸易单一窗口上线。吉林电视台对本次大会做专题采访，新华社吉林分社、《吉林日报》、吉林广播电视台等30多家媒体进行集中报道，扩大了中国（吉林）国际贸易单一窗口平台的宣传，营造了良好舆论氛围。培训会邀请省内重点报关、报检企业共计150余家参会。

3. 召开标准版推广部署会议

为做好“单一窗口”标准版推广工作，于2017年9月5日在长春市召开了吉林国际贸易“单一窗口”项目建设及标注版推广部署会议，各共建单位共30余人参会。会上建设方介绍了“单一窗口”项目建设整体方案，包括了项目规划、项目组织架构、项目推进计划及成果、项目协调事项4个方面，各共建单位就建设方提出的总体方案进行了充分讨论，达成了一致共识。

4. 开展企业培训活动

于2017年9月13日、9月20日、12月27日~28日分别在长春市、延吉市、长春兴隆综合保税区召开了“单一窗口”标准版推广使用培训会议。各共建单位、驻吉林省重点外贸企业、报关企业等单位共计200余人参会。会议有领导讲话动员、标准版操作实务、政策解读、现场答疑等环节。参会企业均表示通过参加培训有很大收获，以后将积极尝试使用“单一窗口”标准版平台进行报关、报检。

二、推广成效

截止到2017年12月31日，通过吉林省“单一窗口”报关1528票、报检90票、企业资质9票，共计1627票。

三、建设大事记

2月

召开吉林省口岸工作联席会议专题会议，研究部署“单一窗口”的建设工作，讨论通过了《中国（吉林）国际贸易单一窗口建设工作方案》。

3 月 20 日

成立中国（吉林）国际贸易单一窗口领导小组办公室。

7 月 7 日

完成吉林省国际贸易“单一窗口”总体规划配套工程咨询规划报告。

8 月 21 日

国家确定吉林省为第三批试点省份后，吉林省通过虚拟 SaaS 模式实现标准版落地，吉林省福达集团通过“单一窗口”标准版申报第一单。

12 月 20 日

中国（吉林）国际贸易单一窗口上线启动仪式。

黑龙江省

一、基本情况

2017年，黑龙江省各部门密切配合，加快推进中国（黑龙江）国际贸易单一窗口建设。一是按国家要求完成系统落地任务。国际贸易“单一窗口”标准版于2017年8月21日正式上线，8月22日实现首单报关报检的成功申报，完成了国家口岸办要求的8月底前完成首单申报的任务。二是召开培训会议及下发文件，全力推进“单一窗口”推广。黑龙江省商务厅（口岸办）会同哈尔滨海关、黑龙江出入境检验检疫局下发文件并召开培训会议，对“单一窗口”推进工作进行了部署，建立了报告通报制度，并进行了现场培训。三是深入企业，现场指导。黑龙江省商务厅（口岸办）多次会同哈尔滨海关、黑龙江出入境检验检疫局，赴哈尔滨、绥芬河、东宁、抚远、同江深入企业指导和辅导，现场解决企业在使用中遇到的问题。共深入企业近200余家，辅导400余人次，使企业使用“单一窗口”的积极性得到了极大的提升。四是各口岸所在地政府及各地海关、出入境检验检疫局高度重视，全力配合强力推进“单一窗口”推广工作。同江市政府等将“单一窗口”推广工作列入政府年度考核目标，使“单一窗口”覆盖面快速提高。哈尔滨海关、黑龙江出入境检验检疫局下发文件到各口岸机构，制定针对使用“单一窗口”企业的优惠政策，提高企业使用“单一窗口”的积极性和主动性。五是建立微信群，远程辅导解决企业问题。在深入企业指导的同时，建立了黑龙江“单一窗口”微信群，入群的企业报关报检人员达到300余人。指派专人与企业人员微信交流，及时解决使用中的问题，并将系统问题反馈给国家技术团队，解决了企业使用的后顾之忧，使“单一窗口”单据量不断提高。

二、推广成效

截至2017年年末，黑龙江省通过“单一窗口”报关单据量达到8382单，其中报关7072单、报检1274单、企业资质36单。

三、建设大事记

8月21日

国际贸易“单一窗口”标准版正式上线。

8月22日

实现首单报关报检成功申报。

8月25日

下发了《关于对重点企业推广国际贸易“单一窗口”标准版货物申报应用的通知》，随附本省重点报关报检企业名录，要求各市县口岸办按照名单推进企业使用国际贸易“单一窗口”标准版货物申报系统。

9月4日~8日

黑龙江省口岸办赴绥芬河市、东宁市分别召开培训推广会议并深入企业个别辅导，宣传推广国际贸易“单一窗口”应用。

10月29日~11月8日

黑龙江省口岸办会同哈尔滨海关、黑龙江检验检疫局，赴绥芬河、东宁、抚远、同江、哈尔滨深入企业指导和辅导，现场解决企业在使用中遇到的问题，共深入企业近70家，辅导160余人次，使企业使用“单一窗口”的积极性得到了极大的提升。

11月13日

黑龙江省口岸办会同哈尔滨海关、黑龙江检验检疫局联合下发《关于加快推广国际贸易“单一窗口”标准版应用的紧急通知》。

11月16日

在哈尔滨市召开全省国际贸易“单一窗口”应用推进及培训会议。全省各口岸办、重点企业，哈尔滨海关、黑龙江检验检疫局领导共50余人参加会议。会议对下一步“单一窗口”推进工作进行了部署，建立了报告通报制度，并进行了现场培训。

12月4日

首次单日通过“单一窗口”标准版报关单据量达到389单，占上半年平均单日单据量的30. 09%。

12月14日

向黑龙江省分管副省长贾玉梅报送了《关于我省国际贸易“单一窗口”建设推进情况的报告》，总结了黑龙江省国际贸易“单一窗口”推进所做的主要工作，存在的问题及工作建议，得到了贾玉梅副省长的充分肯定。

上海市

一、 基本情况

2017年，根据《国际贸易“单一窗口”建设的框架意见》，上海进一步拓展地方应用功能。功能覆盖口岸通关各环节，包括运抵、申报、查验、支付、放行等业务办理，以及自贸试验区一线、二线监管环节；并延伸到贸易管理环节，如许可资质、出口退税办理；也扩展到物流环节的舱单、订舱、装箱、放箱手续办理，具备“监管+服务”功能。中国（上海）国际贸易单一窗口对接22个部门，服务27万家企业。

（一）功能拓展

一是进一步优化平台和扩展口岸服务功能，包括货物状态分类监管业务办理、“三自一重”业务办理、完善加贸业务办理、完善国际展会业务办理、完善邮轮业务办理、企业各类口岸资质证明办理（含边检登轮和搭靠许可）、促进监管信息共享（含船舶联合登临检查、口岸信用信息子平台）、进口食品检测信息追溯、完善跨区域货物报检的功能应用、建立与亚太示范电子口岸建设协同推进机制、探索国际间交流合作项目、建立海运口岸“通关+物流”货物跟踪查询应用、查验办理手续无纸化。等功能上线运行。二是优化平台数据处理，完善了移动版“单一窗口”功能，推出了“单一窗口”微信公众号，开发了智能货物申报软件，提升了平台服务能级。

（二）融合对接

“单一窗口”标准版上线后，上海按照国家要求，对上海国际贸易“单一窗口”进行升级改造，把对接工作作为一项重点工作。成立上海对接试点工作组，成员包括上海市口岸办、上海海关、上海出入境检验检疫局、上海海事局、上海市边检总站、上海市发展改革委、上海市交通委、上海市商务委、上海市经信委、上海自贸区管委会、上海电子口岸办等单位，由领导小组成员单位相关职能处室负责人组成。工作组根据《国际贸易“单一窗口”标准版扩大试点工作方案》要求，上海国际贸易“单一窗口”已实现与国家“单一窗口”标准版融合对接，包括货物申报、舱单申报、企业资质、贸易许可等功能板块，形成中央和地方两级平台、基本“共性”与口岸“特色”相互融合的一体化环境。

目前，上海实现100%货物报关通过“单一窗口”标准版申报，申报量日均超过1.3万票。

（三）机制保障

在国家口岸办牵头及国家相关部委支持指导下，建立了“政府主导、共建共管、协作运维”机制。上海市政府相关部门、中央驻沪监管单位联合组成“单一窗口”推进组，主要负责设计规划、协调推进和制度完善。各方平等参与，共建共管共享，共同落实建设任务、解决建设问题。按照《国际贸易“单一窗口”运行管理办法》的要求，制定了上海本地的“单一窗口”运维管理办法，上海电子口岸平台作为“单一窗口”平台主运维商，提供整体运维，并与其他各系统建设运维主体共同联合开展协作运维。2017 年，在各方共同努力下，上海国际贸易“单一窗口”平台可用率达到 99.85%，并全面推行“单一窗口”免费申报机制。

会同各相关单位，结合上海自贸试验区全面深化建设和“单一窗口”建设框架意见，编制印发《上海国际贸易“单一窗口”（2017—2020 年）深化建设方案》，提出包括全面覆盖口岸执法和贸易管理应用，推进长江经济带跨区域通关业务办理和推进与国际上“单一窗口”互联互通，实现与“单一窗口”标准版融合对接和不断优化平台建设，建设自由贸易港监管服务功能等四方面的任务。

（四）应用案例和实际成效

1. 货物状态跟踪查询功能。是全国首个面向社会提供的通关与物流全程状态免费跟踪服务，供广大贸易商、货主、货代、报关行、车队等用户使用。系统提供进口 9 个业务环节（抵港、卸船、报检、报关、查验、放行、提箱申请、提箱计划、货物提离），出口 7 个业务环节（运抵、报检、报关、查验、放行、装船、离泊）的状态查询服务，深受欢迎。

2. 贸易金融服务功能。为构建更好的贸易营商环境，“单一窗口”还向贸易金融服务延伸。新增了“信用保险”功能应用。一期已上线的功能包括风险信息、服务小微、信保融资、风险资讯、保户通道五大板块，为企业免费提供在线实时更新的国别风险预警和重点国别跟踪信息，支持企业通过出口信用保险保障收汇安全、扩大出口规模、便利获得融资及获取各类风险管理服务，加大支持企业开拓国际市场的力度。

3. 邮轮业务办理功能。搭建“单一窗口”邮轮公共服务平台，以“单一窗口”邮轮出入境人员申报信息为基础，通过系统对接的方式促进口岸单位相互间的信息共享，创新邮轮口岸通关，推出邮轮便捷通关条形码、邮轮旅客混合验放、邮轮口岸诚信管理等措施，同时为交通部在上海试点邮轮船票工作提供“单一窗口”基础数据支持。以“信息互换、监管互认、执法互助”为原则，进一步提升邮轮口岸单位的联动管理效率和游客通关便捷性，提高邮轮口岸安全预警能力，优化邮轮口岸通关环境。

4. 船舶联合登临检查功能。2017 年 9 月 28 日，国际航行船舶联合登临检查工作模块正式在上海“单一窗口”平台上线运行。与“单一窗口”现有的功能模块不同，联合登临检查工作模块面向的是各口岸查验单位，凭借平台本身汇集口岸信息的优势，从目标船选择、登临检查信息交汇、联合登临检查计划确定等方面为各口岸查验单位提供支持。通过该工作模块，各口岸查验单位依据各自的职责，在统一的国际航行船舶进出口岸动态列表内选择拟登临检查的船舶，若同一艘船舶被两家及以上单位选中，即构成联合登临检查，此时系统会发送短信给海事管理机构的联系人，由其进行联合登临检查相关事宜的协调，并在系统中制订联合登临检查计划。计划确定后，各相关口岸查验单位联系人均会收到系统发送的提示短信，获得联合登临检查的相关信息。此外，系统还支持联合登临检查计划变更、撤销、查询统计等操作。该功能使国际航行船舶联合登临检查前期的沟通更加顺畅、组织协调更加高效，促进了国际航行船舶联合登临检查工作高效有序开展。口岸四家单位登临业务变“串联”为“并联”，相较以往分散登临作业，新的模式缩短作业时间 70%以上。进一步避免了对船方作业的影响，让国际船舶入出港效率大大提高，减少企业靠泊成本。

5. 边检登轮和搭靠许可功能。为进一步便利服务对象，提高口岸工作效率，2017 年 12 月 6 日，上海“单一窗口”边检许可服务功能正式上线运行。该服务平台涵盖网页版和微信端，登轮单位可通过网页版进行单位信息登记、登轮搭靠许可申请和登轮搭靠报备，登轮人员可通过微信端进行本航次有效登轮许可申请和登轮搭靠报备。自 2017 年 11 月 1 日开始试运行以来，该服务功能得到了较好的社会反响。截至目前，已有 760 余家单位注册开通账号，1.6 万余名登轮人员和 200 余艘搭靠船舶完成信息验核，各海港边检站共计受理网上登轮许可申请 2.6 万人次，受理网上搭靠外轮许可申请 570 余艘次，共计签发电子“登轮许可证”2.3 万余张、电子“搭靠外轮许可证”470 余张。该功能的启用也标志着上海海港口岸边检业务已全面纳入上海国际贸易“单一窗口”，同时上海市边检总站也在全国率先实现了登轮搭靠业务的网上办理和登轮搭靠证件的电子化。

6. 出口退税功能推广应用。上海“单一窗口”出口退税功能自2015年起拓展建设，以出口退税管理创新为突破口，陆续落实完成项目开发、功能测试、培训辅导、试点应用等阶段任务，在全国率先建成并试点推行“单一窗口”出口退税申报。依托“单一窗口”，实现出口退税从申报“无纸化”向信息“免填报”跨越。2017年以来，上海“单一窗口”出口退税申报试点范围已覆盖浦东新区所有退税申报企业，试点运行工作总体平稳有序，企业反馈良好，取得了阶段性成效，为在本市范围内全面推广、深化应用奠定了扎实的工作基础。据统计，在浦东新区国税局辖下已启动试点的4572户出口企业中，2884户贸易型企业累计申报431.62万条发票明细记录和359.97万条出口明细记录，1688户生产型企业同期累计申报243.99万条出口明细记录，全年减少重复录入项目近10528.14万项，大大节省纳税人申报准备时间，通过“互联网+税务”和数据集成优势，有效实现了增效减负。

二、推广成效

截至2017年12月底，上海国际贸易“单一窗口”货物申报超过2900万票，船舶申报超过35.9万票，出口退税办理超过160亿元人民币，邮轮旅客申报超过90万人次。

三、建设大事记

2016年9月

上海海关EDI报关客户端整体切换至上海国际贸易“单一窗口”。

2016年11月

李克强总理考察上海国际贸易“单一窗口”，称赞上海国际贸易“单一窗口”打造我国进出口贸易新亮点。

2017年9月

上海国际贸易“单一窗口”与国际贸易“单一窗口”标准版融合对接。

江苏省

一、基本情况

2017 年，按照国家口岸办和江苏省政府相关建设要求，在口岸管理部门的支持下，以江苏省电子口岸为载体和抓手推动中国（江苏）国际贸易单一窗口建设，报关、报检、运输工具和舱单业务申报总量全部达标。

（一）全力推广标准版试点

按照 2017 年 8 月 25 日江苏省政府专题会议精神要求，进一步加大“单一窗口”建设推进力度，协调海关、质检、海事、边防、国税、贸促会和省电子口岸公司骨干技术力量先后赴上海、浙江和广东等兄弟省市调研学习“单一窗口”建设经验，组织开展多场标准版的企业集中培训会议，由省电子口岸公司组织专门人员赴全省各地企业进行现场辅导和问题排查，在苏州和昆山等重点地区组成工作组驻点工作。在标准版推广初期，在线和电话帮助企业解答问题日均达 500 余次，后期平均日均也近 150 次。同时，向国家口岸办提出标准版优化改进建议数十条，其中十余条高优先级建议被采纳并实施。发动、协调地方口岸部门参与标准版推广工作，对太仓、南通、镇江、江阴、张家港、常熟、连云港等地方电子口岸人员开展培训工作。

在各方共同努力下，“单一窗口”标准版上线试点项目涵盖了货物申报、运输工具申报、舱单申报、企业资质办理、原产地证申领、许可证件申领（农药进出口放行通知单申领和有毒化学品环境管理放行通知单申领）、税费办理（全国首单）和出口退税办理八大项功能，实现了国家口岸办下达的全口岸、全业务、核心业务覆盖率均达 30%的“三覆盖”目标。

（二）保持江苏国际贸易“单一窗口”稳定运行

江苏国际贸易“单一窗口”平台版是国家口岸办关于“单一窗口”建设框架意见中定义的省级层面平台，服务内容包括江苏省特色服务项目和标准版尚未覆盖的服务项目。2017 年，平台维持了稳定运行，实现了对标准版的补充，满足了企业的实际需求，实现了良好的社会效益。

1. 根据企业对“单一窗口”贸促会原产地证申领功能的需求，省贸促会积极争取上级支持，依托江苏省电子口岸平台，首先进行了“单一窗口”贸促会原产地证申领功能建设试点。原产地证申领系统（贸促会模块）于 2017 年 12 月 19 日完成首单原产地证打印。截至 2017 年 12 月 31 日，共受理原产地证 19. 6 万单。

2. 运输工具进出口岸申报系统完成了与“单一窗口”标准版的对接，接入了微口岸平台，根据海关要求开发了“供退物料申报”模块，根据省公安厅要求，将部分业务接入江苏政务服务网，进一步丰富了服务方式。2017 年日均服务进出口岸船舶超过 125 艘次，截至 2017 年 12 月 31 日，累计完成 60. 7 万单申报，服务 16. 5 万艘次船舶，为全省船代企业节省资金超过 4120 万元。

3. 人员出入境申报系统完成近 2. 2 万个出境旅客团队申报，服务旅客 54 万余人次，为企业节约成本近1770万元。散客出境申报系统在南通机场边检站试点成功，为口岸监管部门提前布控、提前预防，提供了信息化手段。试运行期间，项目组多次赴现场进行实地调研和调试，对系统进行了多次升级和改造。

4. 口岸通关诚信（边检）系统通过公安交换网与省边防总队内网实现网络互通，与边防业务信息系统实现数据互联，目前已建成省电子口岸平台与省边防总队公安网的交换网，外网模块在省电子口岸平台部署完成并在张家港边检站开展系统试运行。

5. 中国（江苏）国际贸易单一窗口统一门户建成。2016年年底，国家口岸办印发了国际贸易“单一窗口”建设框架意见，要求各地以省为单位，依托电子口岸建设一个省域“单一窗口”和“统一门户”。江苏快速制定江苏国际贸易“单一窗口”统一门户建设方案，设计界面，申请域名，2017年8月初完成开发工作及评审、测试，2017年11月上线运行。

（三）保障平台运维安全可靠运行

1. 严格执行国家A类机房标准和信息技术服务管理（ISO20000-1）、信息安全管理（ISO27001）体系文件规定，通过定期巡检、软件更新、设备保养、应急演练等措施，不断提高平台应急处置能力及运维效率，确保“单一窗口”平台安全运行，全年未发生重大安全责任事故，服务在线率99.99%。

2. 按照国家信息安全等级三级标准从系统、数据和人员三方面对数据中心进行了升级改造，做到各类安全网络设备防攻击防入侵防夺权，严格限制操作权限，严格按照机房管理制度控制人员进出数据中心。

3. 数据中心生产网虚拟化改造完成系统集成工作，进一步提高了生产资源利用效率，节约了能源。

（四）提供实时、有效、安全、多方位的客服服务

标准版试点初期，咨询业务难度大，较2016年话务量超出了两倍，QQ咨询量上升了84%，客服人员主动参加技术部门业务培训，学习“单一窗口”标准版和省电子口岸平台运行项目的专业知识，更好地为平台用户提供优质服务，继续保持零投诉纪录。针对平台用户咨询的热点问题，客服中心制作了《江苏国际贸易“单一窗口”预录入客户端申请流程》《江苏国际贸易“单一窗口”运输工具进出境申报业务申请指南》《产地证申报系统操作手册》等实用性较强的操作手册供用户查询使用，为用户提供实时、有效、多方位的信息服务。客服中心用户咨询QQ群升级为企业账号，消除了使用私人QQ受理用户咨询存在人员流动、账号被盗、不可追溯等安全隐患。

二、推广成效

2017年，在各部门的协力下，依托省电子口岸公司，全力推广国际贸易“单一窗口”标准版应用和建设，截至2017年12月31日，应用标准版完成各类申报38.8万单，日报关业务量最高达10666票，当日覆盖率为45.65%；日报检业务量最高达1734票，当日覆盖率超过100%（以上半年报检申报量为基数）。江苏四大核心业务（报关、报检、运输工具和舱单）最后一周覆盖率均超过30%，圆满完成年度考核任务。保持江苏国际贸易“单一窗口”平台版稳定运行，14个政务应用项目在江苏省电子口岸平台平稳运行提供服务，注册企业用户总数超过8400家，平台共完成各类申报超过648.2万单，日均申报量超过16000单，为企业节约成本累计超过7000万元。

（一）货物申报

1. 报关。2017年9月底，报关单日申报量达到1000单。11月底，报关单日申报量超过2000单，覆盖率突破10%。12月，标准版报关申报量大幅提高（如图1所示）：8日超过3000单，11日超过4000单，18日超过5000单，22日开始基本维持在每天7000单左右，25日标准版报关单日最高申报量达到10666单。

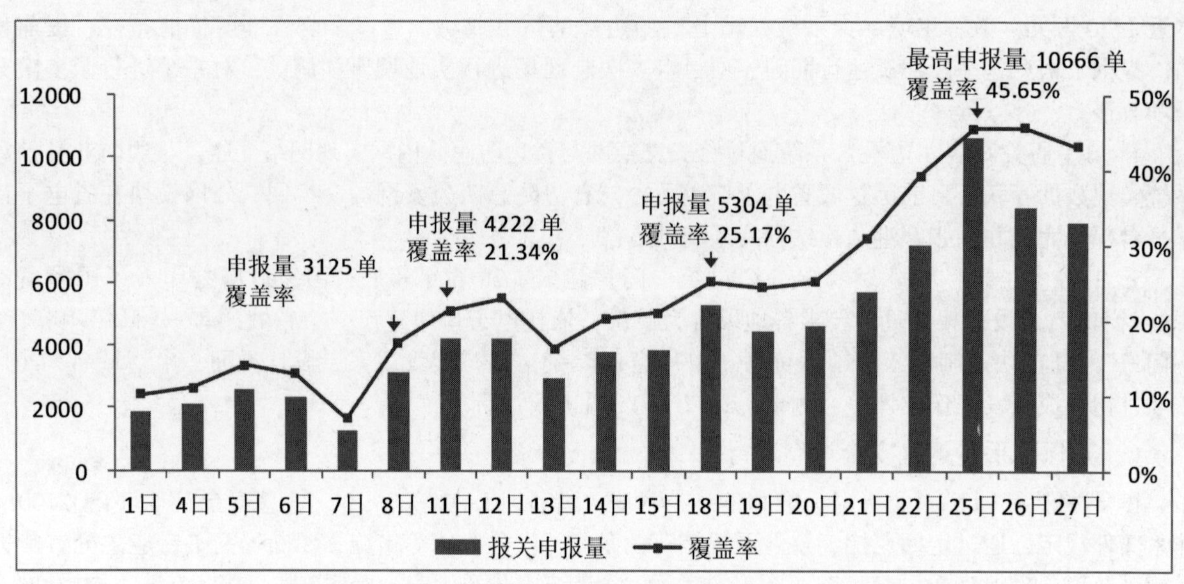

图 1　2017 年 12 月份江苏省“单一窗口”标准版报关业务走势图

2. 报检。2017 年 9 月 11 日，标准版报检申报第一单。9 月底，报检单日申报量逐渐增至近 200 单。10 月到 11 月，报检单日申报量一直维持在 200~300 单，覆盖率徘徊在十几个百分点。标准版报检申报量放量突破出现在 12 月（如图 2 所示）。12 月 11 日完成了平台版报检接口与标准版的切换工作，系统后端接口正式切换至标准版货物申报的服务集成接口。完成切换当天，标准版报检申报量猛增至 931 单，覆盖率为 65.69%，成为标准版核心业务覆盖率第一个达标的业务。12 日申报量又继续攀高，超过 1500 单，覆盖率首破 100%。18 日标准版报检单日最高申报量达到 1734 票。

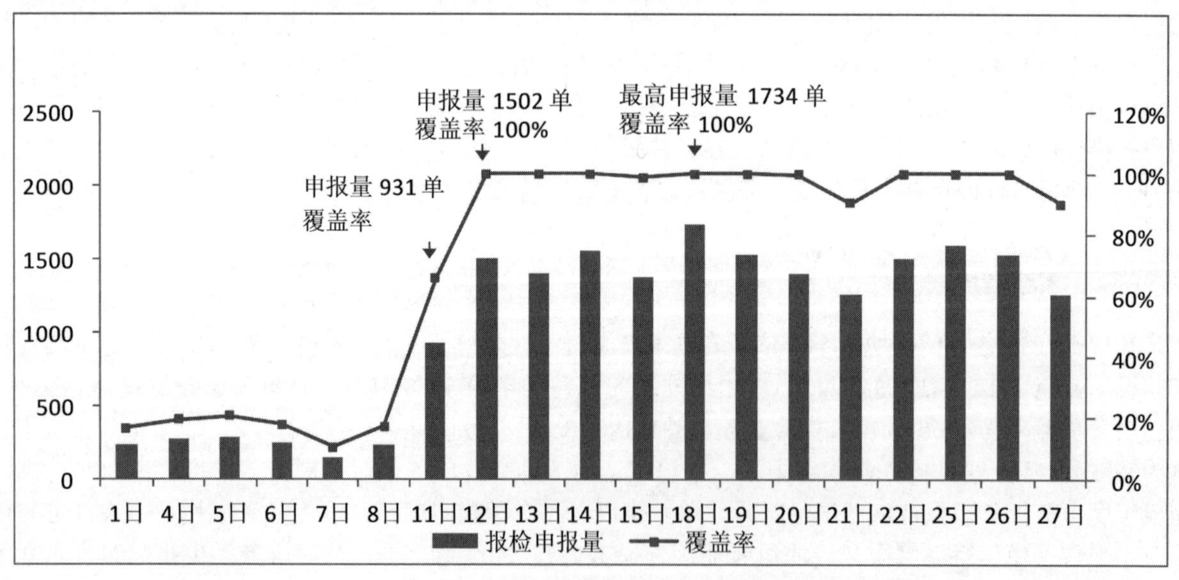

图 2　2017 年 12 月份江苏省“单一窗口”标准版报检业务走势图

（二）舱单申报

2017 年 12 月，舱单系统从无到有，从开发测试到实现与标准版对接，从申报量为 0 到覆盖率破 30%，仅仅用了不到 1 个月的时间。从 18 日开始企业测试至 31 日，标准版舱单完成 2.4 万单申报，最后一周日均申报量达到 2510 单。

（三）运输工具

运输工具的对接开发工作自2017年11月中旬启动，11月底实现了与标准版的对接。经过两周的报文调试，12月18日，全省运输工具申报系统切换至标准版，标准版运输工具单日申报量逐渐增至百单。从12月25日开始，张家港、南通地区电子口岸先后完成与标准版的对接，运输工具单日申报量维持在150单以上，25日覆盖率首超30%。11月30日～12月31日，标准版运输工具共完成1500多单申报，最后一周日均申报量达到153单。

（四）税费办理

2017年12月6日，标准版税费支付功能在江苏省圆满完成全国首次试点，试点企业成功在中国（江苏）国际贸易“单一窗口”上完成申报、税费缴纳、结关全业务流程。12月6日～31日，税费支付系统共有156名商户签约，累计完成8200万元税费的支付。

（五）出口退税

2017年12月29日，标准版出口退税办理系统在江苏省电子口岸平台上线开通，标志着江苏省“单一窗口”出口退税办理系统的建设走在了全国前列，目前正在推广中。

三、建设大事记

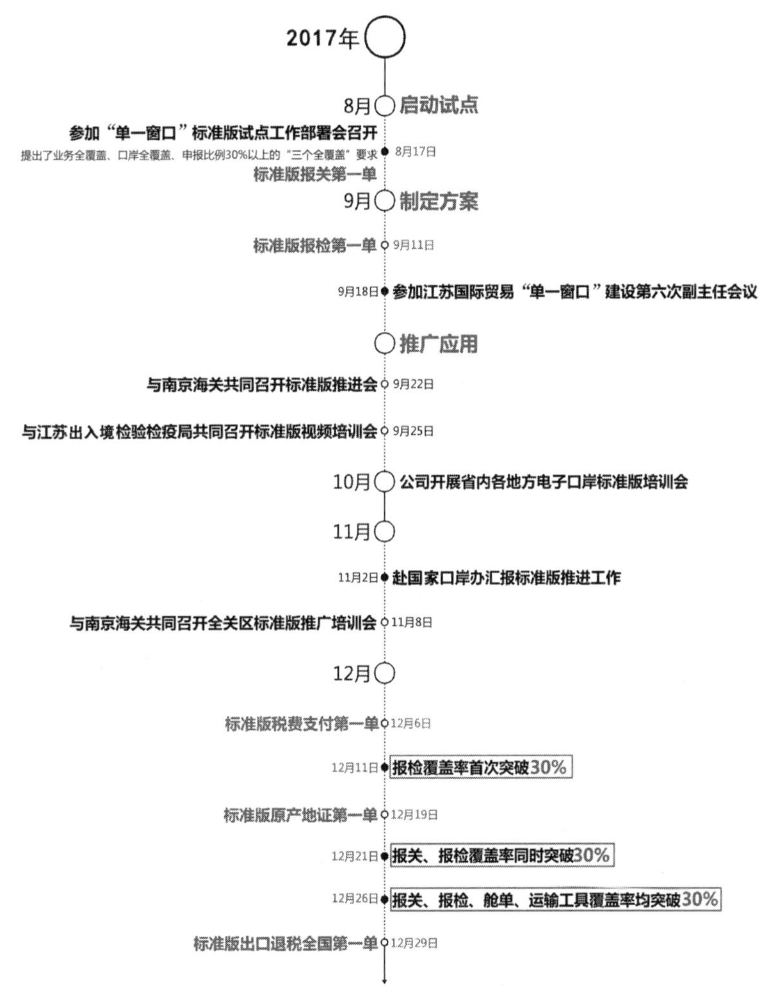

浙江省

一、基本情况

浙江省委、省政府高度重视浙江国际贸易“单一窗口”平台的建设工作，将其作为浙江省正在大力推进的“放管服”“最多跑一次”改革在口岸单位的重要载体，以及着力减轻企业负担，优化营商环境的重要举措。根据省政府安排，中国（浙江）国际贸易单一窗口的建设工作由浙江省海洋港口发展委员会（以下简称“省海港委”）全面牵头落实。

省海港委根据《国务院关于印发落实“三互”推进大通关建设改革方案的通知》（国发〔2014〕68号）、《国家口岸管理办公室关于国际贸易“单一窗口”建设的框架意见》（署岸函〔2016〕498号）等要求，加强顶层设计，依托浙江和宁波两个电子口岸平台，通过与口岸各相关部门、各监管场所以及企业等信息互联互通、执法协同协作，实现贸易相关主体通过“单一窗口”平台一点接入、一次性递交满足监管部门要求的格式化单证和电子信息，监管部门和口岸作业部门处理状态（结果）通过“单一窗口”平台反馈给申报人。监管部门按照确定的规则，通过“单一窗口”平台实现“信息互换、监管互认、执法互助”。

（一）对接并推广应用“单一窗口”标准版

浙江作为“单一窗口”标准版首批六个试点省份之一，自2017年4月试点工作开展以来，按照省委、省政府要求和国家口岸办关于国际贸易“单一窗口”标准版试点及推广应用工作的统一部署，一路攻坚克难、大力组织推进，取得了良好的工作成效。

（二）建成浙江国际贸易“单一窗口”一期、二期项目，规划启动三期项目

浙江国际贸易“单一窗口”建设工作遵循国际通行规则，按照先易后难、先试点应用后拓展完善的步骤，分三期推进建设，通过“单一窗口”平台简化和统一单证格式与数据标准，实现跨部门的信息资源共享和服务协同，提升监管效率、便利企业通关，创建适应浙江省外贸健康快速发展的管理服务环境。

一期项目已于2017年2月顺利通过验收并成功上线运行。重点上线“单一窗口”门户网站，集成了浙江电子口岸、宁波电子口岸相关应用，初步建立浙江国际贸易“单一窗口”平台基础业务框架，通过统一认证服务，实现平台用户单点登录，整合了浙江电子口岸和宁波电子口岸原有注册用户。

二期项目于2017年5月正式启动建设，在一期项目的基础上重点完善平台基础架构，拓展业务功能服务，完成了货物申报服务、杭甬货物监管一体化信息化服务、查验相关费用减免信息化服务、杭甬船舶监管一体化信息化服务、船舶申报服务、多式联运监管信息化服务、综合查询服务、统一认证中心等8大功能的建设工作，于2017年11月2日顺利通过专家组验收后正式上线。

三期项目也已于2017年7月份启动规划编制和立项工作，重点结合本地口岸业务特点与需求，互联国际贸易各环节的物流节点，建设口岸政务、物流、大数据等功能，为国际贸易供应链各参与方提

供特色服务，推动“互联网+”和智慧服务。

二、 推广成效

浙江省推广工作顺利达成了国家口岸办 2017 年年底 30%业务覆盖率目标要求，舱单与运输工具申报两项功能达成了 70%以上业务覆盖率。浙江省副省长高兴夫对“单一窗口”工作两次作出批示，予以充分肯定。

三、 建设大事记

2 月 21 日

浙江国际贸易“单一窗口”一期项目成功验收并上线运行。

4 月 26 日

国家口岸办在北京召开国际贸易“单一窗口”试点部署会，正式确定浙江省为全国首批试点省份，重点试运行运输工具申报和舱单申报两项功能。

5 月 17 日

浙江完成首单舱单数据实单测试，标志着标准版服务集成模式下全国首票舱单数据申报成功。

5 月 25 日

浙江省完成首单运输工具实单测试，标志着标准版服务集成模式下全国首票运输工具业务申报成功。

6 月 5 日

浙江国际贸易“单一窗口”应用标准版试点运行情况获浙江省副省长高兴夫批示肯定。

7 月 14 日

国际贸易“单一窗口”标准版浙江省应用推广部署会在杭州召开，并印发《国际贸易“单一窗口”标准版全面扩大试点方案的通知》。

11 月 2 日

浙江国际贸易“单一窗口”平台二期项目顺利通过验收并上线运行。

11 月 7 日

浙江国际贸易“单一窗口”标准版试点及推广应用工作成效获国家口岸管理办公室张广志主任批示肯定。

11 月 22 日

浙江省国际贸易“单一窗口”标准版推广应用工作成效获浙江省副省长高兴夫批示肯定。

12 月 31 日

浙江省顺利达成国家口岸办要求的“单一窗口”标准版年底 30%业务覆盖率目标。

四、 应用案例

【依托浙江国际贸易“单一窗口”开发建设保税燃油加注“一口受理”平台】

为加快推进东北亚保税燃油供应中心建设，按照浙江省政府“最多跑一次”的要求，从 2017 年 3 月开始，舟山市政府依托浙江国际贸易“单一窗口”平台启动舟山保税燃油加注“一口受理”平台建设。将保税燃油加注的船舶申报与货物申报集中到一个平台上，仓储、供油、货代、船代等企业通过平台一点接入、一次性提交满足口岸监管部门要求的格式化单证和电子信息，口岸监管部门和口岸作业部门审批结果通过该窗口反馈给申报人，最终实现企业从申报加注保税燃油，到受油船舶出境，只需跑一次窗口。

（一）运营模式

依托浙江国际贸易“单一窗口”平台。在浙江国际贸易“单一窗口”平台框架下，建设浙江自贸试验区特色功能模块，把舟山保税燃油加注“一口受理”作为自贸试验区特色功能模块的一项重要内容。

1. 口岸部门合作共建

“一口受理”平台建设涉及舟山四家口岸查验部门，为方便企业、实现“最多跑一次”的要求，口岸查验部门需要优化申报流程、简化申报程序，甚至要改造升级原来系统内部申报系统，所以口岸部门必须充分参与到项目建设中。

2. 充分满足企业需求

在项目建设前和建设中，广泛听取了仓储、供油、货代、船代等企业的不同需求，并邀请企业参与项目的设计、研发、应用和完善工作，并以“企业满意”为项目建设的根本原则。

（二）基本功能设计

舟山保税燃油加注“一口受理”分期建设，到建成后主要有两大类功能即船舶申报和油品申报，具体如下：

1. 货物申报

（1）保税燃油出库申请。货代企业录入保税燃油的出库信息，并上传出库申请表等相关附件，发送至对应仓储企业账户。仓储企业登录后补充相应信息，并申报。申报后平台自动生成两仓审批表及出库申请单发至海关端，通过海关审核后返回给企业，并可进行打印，实现单证无纸化流转。

（2）保税燃油供油申请。供油企业录入信息后自动生成物料审批单，打印签章后上传至“一口受理”平台进行申报，海关审批后回执自动回至“一口受理”平台。

（3）保税燃油供油核销申请。供油结束后，企业上报实际供油船信息、受油船信息，以及受油量信息，下载纸质物料申报单回执，进行三方签章并上传。对应纸质单据在附件管理进行上传。海关审批端实现所有环节附件共享，减少线下纸质流传，简化企业操作流程，实现信息复用。为满足夜间供油需要，系统设定了夜间自动审批功能。

（4）一船多供。通过本平台单艘供油船舶在一个作业航次内可以对多艘受油船舶供应保税燃油，为企业提供具有实时性和时效性的便利方案。

（5）多船一供。企业可以将多艘有剩余燃油的供油船组织起来，加注给其他受油船，实现多船一供，方便供油企业灵活应对市场需求。

（6）其他功能。为满足监管部门审批需要，系统增加了加签、自动审批、提醒、查询、船舶动态监管等功能。

2. 船舶申报

（1）备案管理。船代企业和船供企业按口岸单位的要求，在“一口受理”平台申报企业信息和船舶信息，系统将这些信息备案，并分别发送至各口岸单位，口岸单位审批后，审批结果反馈至平台页面，实现一次备案，多主体共享，全流程使用，大幅简化企业备案流程。

（2）进口岸申请书共享。海事部门完成外籍船舶进口岸申请审批后，企业将进口岸申请书上传至“一口受理”平台，平台自动发送至其他口岸单位。

（3）船舶进出口岸申报。企业可以在平台实现船舶进出口岸预报、确报等全流程申报。企业录入完毕后进行一次申报，平台会自动将进出口岸信息发送至各口岸单位进行审批。企业可在平台上查看各口岸单位审批状态，实现真正的一单多报，信息共享。

（三）实践效果

1. 只跑一次

系统建成后，原来需要分别向口岸查验部门和部门内部不同的科室申报的单证，统一在“一口受理”平台申报，实现一点接入、一口受理，整个申报过程企业只跑一次，即可办理完毕所有手续。

2. 无纸化通关

四家口岸查验单位相互之间认可船舶电子审批单证，企业不需要在四家口岸查验单位间传递纸质单证。

3. 受油船舶实时出境

企业可在一口受理平台查看出口岸申报审批状态，并在平台上自动接收出港许可证编号，方便企业实时通知船舶出境，提高运输效率。

4. 申报简便

货物申报方面，原来从出库申请、物料申报、核销、报关等需要 7 个环节，平台建成后申报审批环节全部在网上完成，整个货物申报流程大约减少 6 个半小时。船舶申报方面，原来需要向四家口岸查验部门分别申报，现在只需在系统上一次申报。

5. 效率提升

整个流程单证量减少 20%，受油船可以提前 4~6 小时离开锚地，锚地利用率提升 20%。

安徽省

一、基本情况

根据党中央、国务院决策部署，安徽省委、省政府高度重视国际贸易“单一窗口”建设，将建成中国（安徽）国际贸易单一窗口列入 2017 年改革任务，2017 年省政府工作报告明确要求，年内建成安徽国际贸易“单一窗口”。2016 年 12 月 1 日，安徽省副省长张曙光主持召开省政府口岸工作专题会议，决定由省口岸办会同相关单位组织建设安徽国际贸易“单一窗口”。在国家口岸办的统筹安排下，省商务厅高度重视，明确分工，成立专班，指定专人，加快推进建设进度。

一是建立健全组织机构。2017 年 6 月 7 日，安徽省副省长张曙光主持召开了安徽国际贸易“单一窗口”建设工作专题会，研究部署相关工作，省财务厅、交通运输厅、国税局、安徽出入境检验检疫局、合肥海关、公安边防总队、外汇局等单位负责人参加了会议并表示积极支持参与安徽国际贸易“单一窗口”建设工作。省商务厅主要负责同志高度重视、深入谋划、积极推进。在安徽省开放型经济工作领导小组的统一领导下，成立了由省政府副秘书长任组长，商务厅副厅长为副组长，海关、检验检疫、边防、海事等相关单位负责同志为成员的安徽国际贸易“单一窗口”建设推进协调小组，下设标准版试点工作领导小组、工作小组、联合运维服务保障小组，确保建成安徽国际贸易“单一窗口”。

二是及时制订工作方案。按照推进工作时间节点，2017 年 3 月 31 日，省商务厅正式上报省政府《关于报送安徽国际贸易“单一窗口”建设工作方案（送审稿）的请示》，4 月 19 日，省政府原则同意《安徽国际贸易“单一窗口”建设工作方案》，省开放型经济工作领导小组办公室正式印发各市人民政府和省直相关单位实施。省口岸办于 8 月 25 日印发了关于《国际贸易“单一窗口”标准版扩大试点安徽省工作方案》（皖岸函〔2017〕41 号），11 月 23 日印发了《全面开展中国（安徽）国际贸易单一窗口国家标准版试点推广工作的通知》（皖岸函〔2017〕61 号），确保国际贸易“单一窗口”建设和运行工作顺利开展。

三是积极主动工作。2017 年 2 月 28 日，省口岸办主持召开安徽国际贸易“单一窗口”建设工作方案研究讨论会，相关查验单位部门负责人参加会议，进一步统一思想，交流意见，达成共识。12 月 25 日，省口岸办主要负责人专程赴北京，向国家口岸办分管负责同志专题汇报安徽国际贸易“单一窗口”建设和标准版试点全面推广工作完成情况，得到了肯定。

四是加强学习调研。为推广上海自贸试验区国际贸易“单一窗口”建设试点经验，推进皖沪合作共建安徽国际贸易“单一窗口”工作。2017 年 6 月 22 日，省口岸办组织海关、检验检疫、边防、海事等口岸联检单位相关人员，赴上海调研学习上海国际贸易“单一窗口”建设；6 月 30 日，参加了在合肥召开的 2017 年长三角区域“单一窗口”第一次专题会议；8 月 21 日，参加了在台州召开的 2017 年长三角区域“单一窗口”第二次专题会议；12 月 6 日，上海与中部六省口岸大通关合作第十一次联席会议秘书长会议在马鞍山市召开，与上海、山西、江西、河南、湖北、湖南省口岸办就国际贸易

“单一窗口”建设进行了讨论交流，起到了很好的相互学习，取长补短，共同提高的效果。

五是开展政府采购项目招标。2017 年 7 月 24 日，省口岸办向省商务厅第 9 次厅长办公会议汇报安徽国际贸易“单一窗口”建设和运营维护政府采购项目招标工作，通过安徽国际贸易“单一窗口”建设和运营维护项目招标工作方案（送审稿），招标工作规范程序、符合专业技术标准、于理于法有据。8 月 28 日，在省公共资源交易中心完成项目招标工作，确定上海美华系统有限公司和安徽谦通信息科技有限公司联合体作为第三方供应商，按照时序进度计划组织实施项目建设。12 月 20 日，省口岸办会同合肥海关、安徽出入境检验检疫局、安徽省公安边防总队、安徽省地方海事局、芜湖海事局、安庆海事局监管部门和技术部门负责人组成验收组，对安徽国际贸易“单一窗口”建设和运行维护项目进行现场验收，一致同意通过验收。

六是推进试点推广应用工作。2017 年 8 月 22 日，省口岸办召开了国际贸易“单一窗口”标准版扩大试点安徽启动工作会议，确定合肥、马鞍山、芜湖口岸为试点地区，中外运安徽有限公司、中外运空运发展股份有限公司安徽分公司、安徽国际货物运输公司、安徽顺诚国际物流股份有限公司等 4 家试点企业，推广应用标准版货物申报功能。8 月 22 日下午，安徽顺通报关服务有限公司代理合肥美菱股份有限公司出口希腊 412 台冷藏箱货物应用国际贸易“单一窗口”标准版申报成功，标志着安徽国际贸易“单一窗口”建设进入实质性阶段。11 月 29 日，省口岸办在池州举行国际贸易“单一窗口”标准版全面推广培训会，正式在全省推广标准版所有申报功能，应用于安徽省境内所有的水运、航空、铁路口岸及口岸功能区。

七是加强培训宣传工作。为进一步扩大中国（安徽）国际贸易单一窗口的影响和社会认知度，及时宣传推广国际贸易“单一窗口”应用，省口岸办会同合肥海关、安徽出入境检验检疫局、省公安边防总队、省地方海事局等单位，先后在合肥、芜湖、池州、蚌埠举办 4 场国际贸易“单一窗口”标准版试点推广培训会议，组织 180 家外贸、报关、报检公司 400 多人参加免费培训，让企业积极参与申报，确保中国（安徽）国际贸易单一窗口在全省企业推广应用。《安徽日报》、安徽卫视新闻联播等多家媒体对中国（安徽）国际贸易单一窗口试运行进行了报道。

八是服务企业更加便利。国际贸易“单一窗口”标准版是全国通关一体化的重要依托和平台，企业向口岸多个部门申报，只需要通过国际贸易“单一窗口”标准版一个平台即可完成，实现了海关、检验检疫、海事及边检一单四报和电子核放，体现了一点接入和一站式业务办理，提高了通关效率，降低了企业成本。该平台为全免费公益性的政务服务平台，据使用的企业反馈，通过该平台报检每批可节省约 15 元；进出口货物申报数据由原来的 119 项整合为 85 项，时间从 4~8 个小时减少为 5~8 分钟。安徽省在实现标准版 9 项基本功能的基础上，创新开发和建设了包括数据交换中心、基础平台服务、口岸特色服务和数据决策服务在内的安徽特色应用功能。

二、推广成效

2017 年，应用国际贸易“单一窗口”标准版货物报关覆盖率达 50% 以上、报检覆盖率达 100%，完成国家要求的 2017 年年底覆盖率 30% 的目标，按时完成建成安徽国际贸易“单一窗口”的任务。截至 2017 年 12 月 27 日，应用国际贸易“单一窗口”标准版累计申报量 17371 票，其中报关 6500 票、报检 3371 票、专业版 7191 票、运输工具 2 票、企业资质 25 票、农药许可 282 票。

三、建设大事记

5 月 6 日

省政府召开专题会议，研究全省电子口岸建设工作，就下一步推进任务进行部署，明确按照“政府主导、部门联动”原则，在省开放型经济工作领导小组直接指导下，省级电子口岸和国际贸易“单一窗口”建设工作由省口岸办牵头负责，省级电子口岸和国际贸易“单一窗口”建设将统筹整合省内各开放口岸已有的电子口岸平台资源，并结合利用中国合肥跨境电子商务综合试验区“单一窗口”已有功能，避免重复建设。

8 月 24 日~26 日

省口岸办、合肥海关、安徽出入境检验检疫局、合肥市人民政府办公厅、合肥市商务局、合肥蜀山经开区管委会等单位一行 13 人组成学习调研组，先后赴浙江杭州、江苏南京重点围绕省级电子口岸和国际贸易“单一窗口”建设及运行主体、资金筹措等方面内容，对浙江、江苏电子口岸和国际贸易“单一窗口”建设情况进行了专题学习调研。

12 月 1 日

安徽省副省长张曙光主持召开省政府口岸工作专题会议，议定由省口岸办会同相关单位按照国家口岸办《关于国际贸易“单一窗口”建设框架的意见》，在借鉴省外先进经验的基础上提出国际贸易“单一窗口”建设方案组织实施。

2 月 16 日

为了推广上海自贸试验区“单一窗口”建设试点经验，复制上海国际贸易“单一窗口”建设经验，推进皖沪合作共建安徽国际贸易“单一窗口”工作，省口岸办专程赴上海，与上海市口岸服务办公室主要及分管负责同志会商安徽国际贸易“单一窗口”建设工作，得到了支持并达成了共识，并与上海亿通国际股份有限公司就安徽国际贸易“单一窗口”建设工作方案进行了具体研究和衔接。

2 月 28 日

省口岸办召开安徽国际贸易“单一窗口”建设工作方案研究讨论会，安徽出入境检验检疫局、合肥海关、省公安边防总队、芜湖海事局相关部门负责人参加会议，各参会人员对方案（讨论稿）提出了意见，省口岸办根据提出的意见修改完善了安徽国际贸易“单一窗口”建设工作方案，形成会议纪要。

3 月 6 日

省口岸办《关于征求对安徽国际贸易“单一窗口”建设工作方案意见的函》（皖岸函〔2017〕16 号）发送安徽出入境检验检疫局、合肥海关、省公安边防总队、芜湖海事局。

3 月 31 日

省商务厅上报省政府《关于报送安徽国际贸易“单一窗口”建设工作方案（送审稿）的请示》，待省政府批准实施。

4 月 19 日

《安徽省人民政府办公厅关于国际贸易“单一窗口”建设工作方案的复函》（皖政办秘〔2017〕91 号）原则同意《安徽国际贸易“单一窗口”建设工作方案》，要求以省开放型经济工作领导小组名义印发实施。

6 月 7 日

安徽省副省长张曙光主持召开国际贸易“单一窗口”建设工作专题会，省商务厅厅长张箭参加会议，副厅长杨本清汇报安徽国际贸易“单一窗口”建设的情况，省财政厅、省交通运输厅、省国税局、安徽出入境检验检疫局、合肥海关、省公安边防总队、省外汇局负责人参加会议。

6 月 9 日

省商务厅副厅长杨本清主持召开研究安徽国际贸易“单一窗口”建设招标工作会议，安徽国际贸易“单一窗口”建设工作组成员单位相关负责人参加会议，形成会议纪要。

6 月 22 日

省口岸办组织安徽国际贸易“单一窗口”建设工作组成员单位相关负责人赴上海学习调研上海国际贸易“单一窗口”建设经验，走访上海亿通国际股份有限公司，听取上海国际贸易“单一窗口”建设情况介绍。

6 月 30 日

2017 年长三角区域“单一窗口”建设第一次专题会议在合肥召开。会议由上海市口岸办主任张超美主持，江苏、浙江、安徽、上海四省市口岸办领导、相关处室负责人、国际贸易“单一窗口”相关单位负责人共 36 人参加了会议，省口岸办全体人员和合肥海关、安徽出入境检验检疫局、省公安边防总队、芜湖海事局、安庆海事局相关部门负责人参加。

7 月 24 日

省口岸办向省商务厅第 9 次厅长办公会议作安徽国际贸易“单一窗口”建设和运营维护项目招标工作情况的汇报，原则通过安徽国际贸易“单一窗口”建设和运营维护项目招标工作方案（送审稿），要求招标工作规范程序、符合专业技术标准、于理于法有据。

7 月 28 日

省口岸办根据省商务厅第 9 次厅长办公会议精神，主持召开安徽国际贸易“单一窗口”建设和运行维护政府采购项目评议会，“单一窗口”建设推进工作组和技术服务组成员单位负责人参加会议。会上，与会人员对政府采购需求（评议稿）及项目预算和评分细则进行了讨论，并提出了意见和建议，形成会议纪要。

8 月 16 日

安徽国际贸易“单一窗口”建设和运行维护政府采购竞争性磋商项目在安徽公共资源交易中心公示。

8 月 17 日

省口岸办参加国家口岸办在北京召开的“单一窗口”标准版试点扩大部署会，并参观中国电子口岸数据中心顺义基地。

8 月 22 日

省口岸办召开国际贸易“单一窗口”标准版扩大试点安徽启动工作会议，省口岸办主任徐滋跃主持会议并作总结讲话，合肥海关、安徽出入境检验检疫局的监管部门，合肥、芜湖、马鞍山市口岸办，中外运安徽有限公司、安徽国际货物运输公司、安徽顺诚国际物流股份有限公司等单位和企业负责人参加会议。

8 月 22 日

安徽顺通报关服务有限公司代理合肥美菱股份有限公司出口希腊 412 台冷藏箱货物应用“单一窗口”标准版申报成功，实现安徽首单通过标准版货物申报，标志着安徽国际贸易“单一窗口”建设进入实质性阶段。

8 月 25 日

省口岸办印发《国际贸易“单一窗口”标准版扩大试点安徽省工作方案》。

8 月 28 日

安徽国际贸易“单一窗口”建设和运行维护政府采购项目招标完成，确定上海美华系统有限公司和安徽谦通信息科技有限公司联合体作为第三方供应商。

8 月 28 日

《安徽日报》第二版刊登《国际贸易“单一窗口”标准版试点启动》报道。

9 月 28 日

全国口岸办主任会议在北京召开，国务院口岸工作部际联席会议（以下简称“联席会议”）副召集人、海关总署署长于广洲到会讲话，海关总署党组成员、国家口岸管理办公室主任张广志主持会议并作会议小结，会议对推广应用国际贸易“单一窗口”提出明确具体的要求，省政府副秘书长赵振华和省口岸办主任徐滋跃参加会议。

11 月 3 日

省口岸办与合肥市口岸办共同组织召开国际贸易“单一窗口”标准版推广培训会。

11 月 29 日

省口岸办会同合肥海关、安徽出入境检验检疫局、省公安边防总队、芜湖海事局、安庆海事局等单位在池州举行中国（安徽）国际贸易“单一窗口”标准版全面推广培训会。全省 16 个市口岸办负责人、相关企业代表等 90 余人参加培训会。

12 月 7 日

《安徽日报》第二版刊登《安徽省全面推广国际贸易“单一窗口”》报道。

12 月 12 日

安徽省通过“单一窗口”单日申报量 702 票，累计申报量 8949，货物累计报关 2871 票、报检 2630 票，农药贸易许可申报量 157 票，当日货物报关覆盖率 31. 15%、报检覆盖率 90. 42%，报关报检覆盖率双达标，提前完成国家要求的覆盖率 30%的目标任务。

12 月 20 日

省口岸办主持召开安徽国际贸易“单一窗口”建设和运行维护政府采购项目验收会议，省口岸办主要负责人，合肥海关、安徽出入境检验检疫局、安庆海事局监管部门和技术部门各 1 位负责人，省公安边防总队、省地方海事局、芜湖海事局监管部门负责人组成验收组，验收组同意安徽国际贸易“单一窗口”建设和运行维护项目通过验收。

12 月 22 日

省口岸办会同芜湖市口岸办、芜湖海关、芜湖出入境检验检疫局、芜湖边防检查站、芜湖海事局在芜湖组织召开国际贸易“单一窗口”标准版全面推广培训会议。

12 月 24 日

安徽卫视新闻联播播出中国（安徽）国际贸易单一窗口通过验收正式上线试运行的报道。

12 月 25 日

《安徽日报》第二版刊登《安徽省建成国际贸易“单一窗口”》报道。

福建省

一、 基本情况

中国（福建）国际贸易单一窗口建设工作由福建省委、省政府主导，海关、检验检疫、海事、边检等驻闽口岸查验单位共同参与建设，30 多个相关部门参与。结合推进自贸试验区发展，福建省委、省政府主要领导高度重视“单一窗口”建设工作，多次专题研究、协调推进。福建省商务厅（口岸办）牵头负责规划、设计，设立福建省电子口岸管理中心负责具体推进，建设、运维经费列入财政预算。由福建省电子口岸管理中心（省口岸数据中心）通过网络专线直接对接口岸查验单位和运营体，负责实时汇总全省通关查验、港口物流等口岸运行数据。

2017 年，福建省被国家口岸办列为国际贸易“单一窗口”标准版首批试点省份之一，为圆满完成试点工作任务，先后十多次派员参加国家口岸办组织的集中工作。一方面，制订试点工作方案，成立了工作领导小组，组建项目组，积极开展与标准版的技术对接，多次赴北京参与业务技术研讨和业务培训，顺利完成了“单一窗口”在技术架构及业务流和数据流等方面与标准版的无缝对接，使企业通过福建“单一窗口”能够顺利使用标准版功能。另一方面，统筹开展试点工作，一是安排试点企业参与业务测试和系统试运行，二是多次召开扩大试点培训会、推广会，印发“单一窗口”标准版福建推广实施方案，三是派员赴企业的业务一线开展现场推广，指导企业操作，四是及时向国口办上报福建省试点情况和试点企业反映的问题，主动跟工程组联系沟通，跟踪解决并实时反馈。2017 年，福建省提前三个月完成了试点目标和任务，初步实现“地方话到普通话的统一”。

二、 推广成效

福建“单一窗口”直接服务的口岸生产运营、国际贸易、物流企业和中介服务企业 7200 多家，日单证处理量 11 万多票，大幅提升了福建省的通关效率和口岸综合服务水平，有效减轻了企业的负担，企业得到了“获得感”，为促进福建省外贸回稳向好发挥积极作用。截至 2017 年 9 月 30 日，货物报关业务量日覆盖率最高达 56.9%，周覆盖率达 30.7%，提前完成年底前标准版业务量 30%覆盖率的目标。

三、 建设大事记

1 月 12 日

福建省商务厅（口岸办）在江阴保税区组织开展福建省“单一窗口”平台推介会。

1 月 6 日

福建省商务厅（口岸办）召开“两证合一”项目建设研讨会，完善系统功能。

1月12日

福建省依托“单一窗口”实施对外贸易经营者备案登记和原产地证企业备案登记“两证合一”。

2月24日

福建省商务厅（口岸办）在福清开展“两证合一”系统试点培训。

3月16日

福建省“单一窗口”马尾海关推介会顺利召开。

3月28日

福建省被确定为国际贸易“单一窗口”标准版第一批试点省份。

3月21日~28日

福建省商务厅（口岸办）组织人员赴宁德、平潭、福州、莆田、泉州、漳州六地海事局全面开展培训推广。

3月23日~30日

福建省“单一窗口”主动对接“出口信保”，双方达成合作意向。

4月10日

福建省副省长李德金主持召开福建省外贸、外资工作第一季度运行调度分析专题会，对福建省“单一窗口”建设工作提出新要求。

4月21日

福建省商务厅（口岸办）通关处会同马尾海关对第一批推广工作情况进行阶段的总结。

5月17日

福建省商务厅（口岸办）联合中国信保福建分公司在全国率先推出中国（福建）国际贸易单一窗口信用保险服务。

5月31日

福建省副省长李德金主持召开福建省政府专题会议，研究国际贸易“单一窗口”建设有关工作。

6月15日

中国（福建）国际贸易单一窗口上线运行全国检验检疫无纸化系统。

6月16日

福建省商务厅（口岸办）组织福建出入境检验检疫局、运营有限公司等单位跨境电商业务骨干赴杭州考察调研。

6月23日

福建省商务厅（口岸办）邀请新加坡相关专家召开“单一窗口”专题培训班。

6月28日

福建省顺利举办国际贸易“单一窗口”标准版扩大试点培训会。

6月28日

福建省“单一窗口”可视化展示与指挥平台项目可研暨初设方案报发展改革委审批，发展改革委于7月6日批复。

7月3日

福建省商务厅厅长黄新銮参加省深改办会议，并在会上作推进国际贸易“单一窗口”建设情况汇报。

8月3日

福建省率先成功试点“单一窗口”标准版企业资质备案功能。

8月3日

福建省商务厅（口岸办）组织研究讨论《福建省全面推广“单一窗口”标准版工作方案》。

8 月 9 日

福建省应用“单一窗口”标准版申领野生动植物进出口许可证，首单申报成功。

8 月 24 日

福建省电子口岸公共平台（省国际贸易“单一窗口”）（二期）可行性研究报告暨初步设计方案报发展改革委审批，发展改革委于 9 月 9 日批复。

8 月 24 日

福建省电子口岸公共平台检验检疫 E-CIQ 系统对接服务项目通过专家组织的初步验收。

8 月 30 日

福建省“单一窗口”可视化展示与指挥平台项目可研暨初设方案预算获福建省财政厅批复。

9 月 1 日

福建省商务厅（口岸办）在马尾海关辖区成功举办“单一窗口”标准版试点推广会。

9 月 28 日

福建省在全国率先完成标准版运输工具“一单四报”首单申报。

10 月 16 日

福建省商务厅（口岸办）通关处、电子口岸管理中心、运营服务公司联合在福州举行国际贸易“单一窗口”标准版培训会。

10 月 18 日

福建省商务厅（口岸办）在长乐机场举办“单一窗口”标准版推广培训会。

11 月 1 日

福建省“单一窗口”被国家发展改革委列为政务信息系统整合试点应用。

11 月 1 日~2 日

福建省商务厅（口岸办）在福清和莆田两个口岸开展国际贸易“单一窗口”标准版系统培训会。

11 月 23 日

福建省商务厅（口岸办）在三明、南平、宁德召开国际贸易“单一窗口”标准版推广会。

11 月

福建省被国家发展改革委列为电子政务信息共享试点省份，福建省国际贸易“单一窗口”作为试点项目之一。

12 月 1 日

福建省副省长李德金在福建省商务厅（口岸办）调研考察国际贸易“单一窗口”建设工作。

四、应用案例

【案例一：电子检验检疫主干系统“双模申报”】

中国（福建）国际贸易单一窗口充分尊重企业的操作习惯，创新“双模申报”模式，双模式申报是在实现口岸管理相关单位“信息互换、监管互认、执法互助”要求的同时，充分照顾企业现实需求，探索企业申报新模式，进一步简化通关手续、提高通关效率、降低通关成本，有效促进口岸通关和贸易便利化的一项举措。

2016 年，国家质检总局启动上线中国电子检验检疫 E-CIQ 主干系统出入境（以下简称 E-CIQ 主干系统），福建作为继京津冀后的第二批上线地区之一，在福建省商务厅和福建出入境检验检疫局的共同努力下，中国（福建）国际贸易单一窗口（以下简称“单一窗口”）提前参与、主动对接，并根据 E-CIQ 主干系统的接口要求提前开展系统改造，通过创新性的融合客户机/服务器和浏览器/服务器两种操作模式，充分尊重企业的操作习惯，帮助企业统一通过“单一窗口”与 E-CIQ 主干系统对接。

（一）主要做法

“单一窗口”建成以前，外贸企业进行货物报检均是通过客户机/服务器模式进行，需要安装专门的报检客户端，对客户机有较高的配置要求，同时，由于该模式将企业的申报数据直接传送至国家质检总局的CIQ2000或E-CIQ主干系统，使“单一窗口”无法将其他口岸管理单位推送到平台上的数据复用给企业，不能很好地减轻企业录入负担。“单一窗口”建成上线后，通过运用B/S（浏览器/服务器），成功对接海关总署、国家质检总局、边检、海事等口岸管理相关单位，有力推动了口岸管理单位的信息共享，大幅减少了企业的重复录入。但由于该申报模式同企业原操作习惯有所不同，企业一线操作人员希望“单一窗口”能兼顾原有的操作习惯，减少他们对新系统的适应时间。

为更好地服务企业，突出企业需求导向。“单一窗口”双模式货物报检应运而生，福建省外贸企业可以通过“单一窗口”同时使用B/S（浏览器/服务器）、C/S（客户端/服务器）两种操作模式向E-CIQ主干系统进行货物报检。

（二）创新点

双模式货物报检的实现，是“单一窗口”满足企业需求，探索企业申报新模式，进一步简化通关手续、提高通关效率、降低通关成本，有效促进口岸通关和贸易便利化的又一项全国首创举措。使企业通过“单一窗口”向E-CIQ主干系统货物报检更加便利，既保护了企业原有的录入习惯，让企业不需要重新熟悉掌握新的操作流程，保证申报效率，又通过网页版弥补了客户端只能在本机上存储数据的缺陷，使企业可以通过互联网随时随地使用及查询数据，大幅减少重复录入，极大地减少了企业的人力、时间和经济成本。

（三）实践成效

1. 企业可随时随地进行货物报检业务

2016年8月8日，中检福建公司、上海弘昊化工等十余家企业，不再需要使用专门的客户机，自主选择使用B/S或C/S两种不同操作模式，通过“单一窗口”，成功向E-CIQ主干系统进行了货物正式报检。同日，福建出入境检验检疫局全面上线E-CIQ主干系统。“单一窗口”成为全国首个与E-CIQ主干系统对接并实现双模式货物报检的“单一窗口”，福建出入境检验检疫局辖区内企业全部通过“单一窗口”办理货物报检业务。

2. 有效提高企业通关效率

双模式申报是在实现口岸管理相关单位“信息互换、监管互认、执法互助”要求的同时，充分照顾企业现实需求，探索企业申报新模式，进一步简化通关手续、提高通关效率、降低通关成本，有效促进口岸通关和贸易便利化的一项全国首创举措。极大地减少了企业人力、时间和经济成本。货物申报录入项减少36%，进出口货物申报时间从4小时减少到5~10分钟。

【案例二：船舶进出境“一单四报”和数据共享】

中国（福建）国际贸易单一窗口打通与海关、检验检疫、海事、边检四家口岸管理单位的业务和数据通道，针对企业原有的船舶业务申报流程，率先实现一单四报，进一步简化申报流程、提高通关效率，企业“一单四报”后，海关、检验检疫、海事、边检四个部门可共享企业申报信息，交换各自的审批结果，在执法监管层面实现了互认和互助，打造了更高效的口岸通关模式。

中国（福建）国际贸易单一窗口（以下简称“单一窗口”）上线前，船舶进出境申报流程非常复杂，为确保船期，船舶代理业务员要花上几天时间来回奔波于海关、检验检疫、海事、边防等口岸管理单位申请办理船舶出入境相关业务。“单一窗口”上线后，企业通过“单一窗口”开展了船舶“一单四报”申报工作，企业可同时向海关、检验检疫、海事、边检四家单位申请办理船舶出入境相关业务，无须再手持纸质材料往返于各口岸管理单位之间，大幅提高了申报效率，使福建省在推动“信息互换、监管互认、执法互助”大通关改革方面取得了又一阶段性成果。

（一）主要做法

1. 率先实现船舶申报功能的全覆盖

船舶进出境申报时，企业需按顺序向海关、检验检疫、海事、边检四个部门提交船舶申报单，并分别进行现场查验。材料齐备，审批顺利的情况下，一般船舶代理业务员也要花上半天以上的时间，慢的情况要两天。“单一窗口”的“一单四报”功能上线后，改变以往船舶进出境申报时企业需在海关、检验检疫、海事和边检等单位之间来回奔波的方式，企业足不出户就可以向对应的口岸管理单位提交申报单及相关随附单据，如船舶基础信息、船舶出入港/境预报和确报、网上办证（登轮证、搭靠外轮证、随船工作证、口岸限定区域通行证、台湾船员登陆证、临时入境许可）等。“单一窗口”再统一推送给各口岸管理单位，减少了船舶代理业务员往来奔波，大大提高申报效率，方便企业的同时也降低了企业负担。

2. 率先实现船舶数据的交换共享

企业“一单四报”后，海关、检验检疫、海事、边检四个部门可共享企业申报信息，交换各自的审批结果，在执法监管层面实现了互认和互助；同时，也将船舶监管执法非必要的作业实现了前推后移，把口岸通关现场的执法内容减到最低限度，从而打造了更加高效的口岸通关模式。

3. 率先完成与国家标准版舱单和船舶主要申报功能

2017 年 3 月底，国家口岸办在北京组织公安部、交通运输部、海关总署、国家质检总局等部委，以及福建省、天津市、浙江省、重庆市口岸办第一批国家标准版“单一窗口”试点省市开展第一阶段实施完成情况进行业务测试。福建省组织中国福州外轮代理有限公司通过省“单一窗口”正式运行环境，成功申报了全国首票标准版舱单和船舶数据，并收到相关监管单位的审批回执。

（二）创新点

一是创新实现船舶申报“一单四报”。针对企业原有的船舶业务申报流程，船舶申报管理系统可以实现一单四报（即海关、检验检疫、海事、边检），进一步简化申报流程、提高通关效率；二是打通与海关、检验检疫、海事、边检四家口岸管理单位的业务和数据通道，由此，企业可通过“单一窗口”同时向海关、检验检疫、海事、边防申请办理船舶出入境相关业务。

（三）实践成效

1. 大幅缩短船舶进出境时间

企业足不出户就可以向对应的口岸管理单位提交申报单及相关随附单据，“单一窗口”再统一推送给各口岸管理单位，减少了船舶代理业务员往来奔波，极大方便了企业。该项业务的实施，使福建省船舶进境时间由 36 小时减少至 2. 5 小时，出境时间由 36 小时减少至 1 小时。

2. 提高企业的申报效率

大幅减少企业录入项目。船舶进出境申报数据从 641 项减少为 384 项，重复申报项目减少约 40%。在减少录入工作量的同时，大幅降低了差错率，节约了人力成本。基于互联网的申报模式能够使企业灵活选择申报地点，合理配置人力和业务资源。外贸企业通过与其代理进行贸易和物流数据的双向传输，能够及时了解船舶的进出口岸和监管状态、结果和时间信息，便于开展供应链优化，进一步降低运营成本。

3. 实现船舶申报单证无纸化

与海关、质检、边检、海事的业务系统或数据通道实时数据交换，率先实现船舶申报等随附单证无纸化，船舶进出境申报时所需提交的船舶业务功能申请表、船员基本信息表、船用物品申报表、压舱水报告单等，不再需要以纸质方式提交给现场口岸管理单位，有效解决了部分单位通过各种“申报平台”搭车收费的问题。

4. 推进监管部门实现“三互”

船舶申报“一单四报”，成功将进出境船舶的通关流程由串联模式改为并联模式，推动了口岸监管部门执法联动，船舶申报“一单四报”模式确保了企业向不同监管部门申报数据的一致性。同时，口岸管理部门实现了船舶监管状态及结果的共享和互换，有效促进了监管互认、执法互助，推动了执法流程联动优化，发挥了整体执法优势。

【案例三：依托“单一窗口”实施对外贸易，经营者备案登记与原产地证企业备案登记“两证合一”】

商务、检验检疫、贸促部门合作，依托中国（福建）国际贸易单一窗口实施对外贸易经营者备案登记与原产地证企业备案登记合并办理，检验检疫及贸促部门直接采信商务部门对外贸易经营者备案审核结果，直接授予企业原产地证备案资质，实现两项登记业务一口受理、一次审核、一次发证，更为重要的是通过直接授予企业原产地证备案资质，促进了原产地证知晓率的提升和企业原产地政策的运用，增强外贸企业竞争力。

2017年3月27日起，福建省商务厅、福建出入境检验检疫局、福建省贸促会三家部门联合，依托中国（福建）国际贸易单一窗口，面向全省推广实施对外贸易经营者备案登记与原产地证企业备案登记合并办理，即“两证合一”，福建成为全国首个依托国际贸易“单一窗口”实施“两证合一”的省份。“两证合一”后，依托中国（福建）国际贸易单一窗口，商务部门企业对外贸易经营者备案信息审核结果向检验检疫及贸促会原产地业务系统快速传输，检验检疫部门及贸促会机构直接采信商务部门审核结果，当即授予企业原产地证备案资质，改变了两项登记业务由各部门分别办理、各自发证的传统模式，转变为“一口受理、一次审核、一次发证”的新模式，简化了办事程序。通过“两证合一”，实现原产地证备案企业数量迅速增长，提升了企业原产地证的知晓率和办证积极性，促进了企业运用原产地政策降低经营成本，提升了外贸企业竞争力。

（一）主要做法

1. 数据对接，信息共享

2015年，中国（福建）国际贸易单一窗口上线运行，逐渐发展成为对外贸易相关部门、企业信息互联互通的平台。2015年10月，福建省商务厅与福建出入境检验检疫局签订《进一步促进福建开放型经济发展合作备忘录》，确定合作推动实施“商务主管部门办理对外贸易经营者备案或外商投资企业批准时，同时将相关数据通过福建省国际贸易‘单一窗口’交检验检疫部门同步办理备案手续，实现两证合一”的改革举措。随即两部门抓紧研究落实改革的具体实现路径，并与福建省贸促会达成共识，将改革延伸拓展至贸促会机构主管的原产地证备案登记办理，最终确立依托福建省国际贸易“单一窗口”对接相关业务系统，共享数据，实施合并同时办理商务部门主管的对外贸易经营者备案登记和检验检疫部门或贸促会机构主管的原产地证备案登记的改革模式。经过积极争取，2016年12月，商务部国家对外贸易经营者备案登记系统向中国（福建）国际贸易单一窗口开放并推送数据，直接为实施“两证合一”创造条件。福建省也成为全国第一个获得商务部开放对外贸易经营者备案登记系统并推送数据的省份。在此基础上，福建省先后完成检验检疫部门和贸促会部门业务系统对接改造，成功对接中国（福建）国际贸易单一窗口，实现企业对外贸易经营者备案信息审核结果直接向检验检疫及贸促会原产地业务系统快速传输。

2. 直接采信审核结果，直接授予备案资质

通过中国（福建）国际贸易单一窗口，商务部门企业对外贸易经营者备案信息审核结果直接向检验检疫及贸促会原产地业务系统快速传输，检验检疫部门及贸促会机构直接采信商务部门审核结果，

当即授予企业原产地证备案资质。企业只要通过中国（福建）国际贸易单一窗口一口申请，商务部门统一接受申请，一口受理，统一审核企业资质，检验检疫部门及贸促会机构直接采信商务部门审核结果后，通过商务部门审核并备案登记的直接授予企业原产地证企业备案资质，由商务部门窗口向企业发放一份包含原产地证企业备案信息的对外贸易经营者备案登记表，即完成对外贸易经营者备案和原产地证企业备案两项登记业务。

3. 精准帮扶，提升原产地政策利用率

随着“两证合一”的实施，辖区原产地证备案登记企业数量激增。据初步估算，福建全省在已完成原产地证备案登记 2 万多家企业的基础上，将新增 3 万家以上备案登记企业。通过中国（福建）国际贸易单一窗口，商务、检验检疫、贸促部门共享全部原产地证备案登记企业名单，为对外贸企业实施精准摸排创造条件。检验检疫、贸促各分支机构通过对本辖区对外贸易企业实施精准摸排，大大提升了原产地政策宣传效率和原产地政策帮扶的针对性，有效促进了企业降低成本，提升竞争力，促进了外贸回稳向好。

4. 通过自贸区试点推进

2017 年 1 月 11 日首先在福建自贸试验区福州片区开展商务部门对外贸易经营者备案登记和检验检疫机构原产地证企业备案登记两部门的“两证合一”试点，2017 年 2 月 8 日又在福建自贸试验区平潭片区开展商务部门对外贸易经营者备案登记和检验检疫、贸促会机构原产地证企业备案登记三部门的“两证合一”试点，积累了可复制经验。截至 2017 年 3 月 26 日，福建自贸试验区福州片区成功办理 2264 家原产地证企业备案业务，其中检验检疫新增 1883 家，贸促会新增 2004 家；平潭片区成功办理 797 家原产地证企业备案业务，其中检验检疫新增 774 家，贸促会新增 788 家。在试点工作取得明显成效的基础上，福建省商务厅、福建出入境检验检疫局、福建省贸促会三部门联合部署，2017 年 3 月 27 日起依托中国（福建）国际贸易单一窗口面向全省（除厦门外）推广实施“两证合一”业务模式。

（二）实践成效

1. 缩短企业备案登记时间

以往，企业办理对外贸易经营者备案登记和原产地证企业备案登记，需分别到商务和检验检疫或贸促会行政窗口分别办理，历时 2~3 天。“两证合一”后，企业只需到一个窗口办理，立等可取，也可在家上网登录中国（福建）国际贸易“单一窗口”平台直接办理。

2. 促进原产地证备案登记企业数量激增

依托中国（福建）国际贸易单一窗口 2017 年 3 月 27 日面向全省（除厦门外）推广实施“两证合一”业务模式以来，截至 2017 年 4 月 30 日，福建省（除厦门外）共有 28378 家企业获得对外贸易经营者备案登记，检验检疫部门同步新增 18057 家原产地证备案登记企业，贸促会机构同步新增 21900 家产地证备案登记企业。

3. 推进精准帮扶，提升原产地政策利用水平

通过中国（福建）国际贸易单一窗口共享备案登记企业信息，检验检疫及贸促会机构进行原产地政策宣贯和企业帮扶针对性更强，精准度更高。如福建南安市新东源石业有限公司自 2004 年成立以来，从未申办过区域性优惠原产地证。商务部门将企业信息推送到中国（福建）国际贸易单一窗口后，泉州出入境检验检疫局获取该公司 2016 年贸易总额超千万美元的存量等信息，签证人员有的放矢，通过电话调查、微信推送、上门走访等方式，了解企业出口中碰到的问题，宣贯自贸试验区的最新优惠政策，提高企业申办原产地证书的积极性。已帮助该企业出口印度尼西亚、越南的大理石复合板申办 2 份 FORM E 证书，货值 7717 美元，约获进出口方关税减免 5000 元。漳州东山部分企业，原来出口产品不在检验检疫目录内，未在检验检疫机构备案，原产地签证人员无从得知企业出口情况，造成信息闭塞，部分企业虽满足申领自贸试验区原产地证的条件却从未办理。“两证合一”后，通过

中国（福建）国际贸易单一窗口数据共享，东山出入境检验检疫局获取了辖区“零签证”外贸企业的出口情况，制订了“一对一”企业帮扶方案。“两证合一”推行一个月内，东山出入境检验检疫局已帮助2家出口企业实现原产地签证“零突破”，共签发8分原产地证，涉及金额21.98万美元，为企业减免关税约2.185万美元。

【案例四：中国（福建）国际贸易单一窗口用保险创新】

2017年5月17日，福建省商务厅与中国信保福建分公司联合在全国率先推出中国（福建）国际贸易单一窗口信用保险服务。企业可通过福建“单一窗口”及时了解国际贸易动态，并实现信保投保一条龙服务，大幅减少了企业的重复录入，提高投保效率。

（一）主要做法

1. 率先通过“单一窗口” 提供保险服务

原企业投保时，需向中国信保公司提交各类单证材料，经过后台验核通过才能投保。材料齐备，审批顺利情况下，一般需要1~2天。福建“单一窗口”信保功能业务上线后，企业可减少填报基本信息以及单证材料。从福建“单一窗口”推送给中国信保，减少了企业的重复进行信息提交，大大提高投保效率，降低企业负担。

2. 率先实现信保业务六大功能

一是国别风险预警。对海外国家政治、经济等因素引发的风险异动进行跟踪、发布、预警。二是资信评估。拥有全球5000万家企业的数据资源为企业拓展市场、规避风险。三是小微企业信保易。为上一年度出口额300万美元以下的出口企业提供专属出口收汇风险保障。四是信保通。通过互联网提供金融保险服务及其他相关风险管理服务。五是风险咨询。在线客服第一时间为客户提供风险咨询及风险管理解决方案。六是国际贸易要闻。发布国际贸易动态，为企业提供“一路一带”专报。

3. 率先实现企业信息的交换共享

企业通过福建“单一窗口”投保后，实现数据交换共享，简化了企业办事程序，而且大幅提升了企业投保数量，帮助企业享受政府投保政策优惠，降低海外风险成本。

（二）创新点

通过福建“单一窗口”探索企业投保新模式，满足企业投保需求，进一步简化投保手续、提高通关效率、降低海外风险成本，有效促进口岸通关和贸易便利化，使企业通过福建“单一窗口”投保更加便利，既保护了企业原有的投保习惯，保证投保效率，企业可以通过互联网随时随地查询投保数据，极大地减少了企业的人力、时间和经济成本。

（三）实践成效

1. 有效降低企业投保风险

企业通过“国别风险预警”及“风险咨询”两个功能，能够有效预防国际贸易投资中由于政治、经济问题导致的各类损失。两个功能均与国家有关部门的专业资信评估平台对接，具有权威性、专业性和及时性，为外贸企业开拓国际市场提供了有力保障，减低了企业投保风险。

2. 有效提高企业投保效率

实现与中国信保公司信息互认要求的同时，充分考虑企业现实需求，探索企业投保新模式，进一步简化投保手续、提高通关效率、降低海外风险成本，有效促进口岸通关和贸易便利化，极大地减少了企业人力、时间和经济成本。企业投保前录入项减少70%。

江西省

一、基本情况

（一）领导重视，高位推动

江西省委、省政府高度重视中国（江西）国际贸易单一窗口建设工作，将此项工作纳入《2017年省政府工作报告》和全省重点改革督查任务中高位推动。按照国家口岸办的部署和要求，主动开展标准版推广应用。

（二）分级培训、积极推进

按照“分级推广、全面覆盖”的原则，2017年9月13日，江西省商务厅（口岸办）联合海关、检验检疫等部门召开了国际贸易“单一窗口”标准版推广应用动员培会议，对标准版推广应用进行了动员和部署。2017年9月15日以来，在全省范围内开展标准版拓展培训，截至2017年12月底，全省共完成培训24批次（其中省级2批次、设区市22批次），共培训1800余人次，涉及重点报关、报检和外贸进出口企业1400余家，为国际贸易“单一窗口”推广应用奠定了扎实的基础。

（三）强化沟通，确保运行

为确保国际贸易“单一窗口”在江西的全面推广和稳定运行，依托江西商务信息和电子口岸服务中心组建专业化的运维团队，设立了咨询电话，24小时面向申报企业排疑解难。为更好地服务，江西省口岸办建立了由口岸、海关、检验检疫部门工作人员及外贸企业报关报检员组成的微信工作群，及时在线协调解决申报中存在的问题。同时，始终坚持以服务企业降低企业运营成本为核心，按照“单一窗口”免费申报的原则，从电子口岸建设之初，从未向任何企业和个人收费，并多次向口岸管理部门和企业无偿提供数据共享，交换所需的软硬件设备。

二、推广成效

依托江西省电子口岸平台，建设完成了全省的物流信息平台，提升各部门之间的数据共享共用水平，截至2017年12月共收到海关、检验检疫电子放行提单68672单，涉及集装箱227192个；全省累计应用标准版申报25621票，其中货物申报报关15946票、报检8241票，专业版1263票，企业资质136票，原产地35票，报关、报检、综合覆盖率均为100%；完成免除海关查验环节没有问题外贸企业吊装移位仓储费用系统建设，减少人为干预和不诚信风险，提高核对效率，得到了财政部和海关总署的高度评价；完成“单一窗口”标准版的数据下发工作，并与物流平台采集的数据进行融合，形成完整的通关物流状态综合查询库，获得通关全环节指令数据，为企业提供全程数据服务。

三、建设大事记

8月28日

江西新丝路国际货运代理有限公司和中国检验认证集团江西有限公司分别通过中国（江西）国际贸易单一窗口应用标准版完成货物申报的报关、报检，并成功放行，标志着国际贸易“单一窗口”标准版在江西的推广应用工作全面启动。

9月13日~14日

江西省商务厅（省口岸办）在南昌组织举办了全省国际贸易“单一窗口”标准版推广动员培训会，南昌海关、江西出入境检验检疫局、江西省电子口岸及11设区市商务（口岸）主管部门负责人出席会议，11个设区市口岸办业务科长及60多家重点报关行、国际货代、外贸企业报关员共计150余人参会。

9月~12月

全省11个设区市分别组织本级国际贸易“单一窗口”标准版培训部署会两个批次，共计22场培训，参训人员1600余人次，涉及重点报关行和外贸进出口企业1400余家。

10月底

完成国际贸易“单一窗口”标准版的数据下发工作，可以实时掌握江西省报关、报检单量情况，并对报关、报检数据进行业务分析和技术处理。

12月1日

江西汇森家具（龙南）有限公司一批价值4.8万美元的出口家具通过国际贸易“单一窗口”标准版申报系统首次实现报关、报检“一次录入，分别申报”。这标志着中国（江西）国际贸易单一窗口应用标准版的功能进一步完善，今后全省外贸进出口企业都可通过该功能实现报关、报检的一次性申报，避免数据重复录入，对于节省企业申报时间、降低企业经营成本、优化通关环境具有重要的意义。

12月

江西省商务厅（省口岸办）会同南昌海关、江西出入境检验检疫局、省发展改革委、省交通运输厅组成联合工作组对全省11个设区市推广应用国际贸易“单一窗口”标准版工作开展督查和现场协调。

山东省

一、 基本情况

2017年是山东省加快推进中国（山东）国际贸易单一窗口建设的关键之年，也是重点工作取得较大进展的突破之年。一年来，山东省认真贯彻落实党的十八届三中全会和十九大精神，按照党中央、国务院和山东省委、省政府关于口岸工作的重大决策部署，把建设国际贸易“单一窗口”作为推进“信息互换、执法互助、监管互认”的突破口，以山东电子口岸为依托，部门联动，凝聚上下合力，积极探索先行先试，破难题、补短板与建机制多措并举，不断加大口岸信息化建设水平，持续优化通关环境，积极培育外贸竞争新优势，着力构建开放型经济新体制。

（一）“单一窗口”性能不断提升，功能逐步完善

山东省在国际贸易“单一窗口”建设中坚持开发运维与优化提升同步，切实解决用户实际应用中反馈的各类问题，有效满足用户差异化需求，提升用户服务体验。配合山东出入境检验检疫局部署上线E-CIQ报检系统（中国电子检验检疫主干系统），将报检系统由CIQ2000向E-CIQ主干系统切换，同时启动了济南、烟台、潍坊、威海、日照、临沂六市原产地证书申报试点工作并向全省推开。山东省口岸办积极协调山东出入境检验检疫局开发船舶申报系统并与“单一窗口”对接，开通报检、原产地证书和进出境船舶申报等各类检验检疫申报业务，全面实现了国际贸易“单一窗口”检验检疫申报。船舶申报系统联网单位扩大到海关、海事、检验检疫。

为进一步强化“单一窗口”功能，货物进出口申报系统由一般贸易申报拓展到加工贸易申报，并上线舱单申报系统。2017年4月，根据报关系统不断完善、E-CIQ报检系统取代CIQ2000系统等实际，进一步对货物进出口申报系统进行升级改造。升级改造完成后，系统实现较大迭代，能够在满足“三个一”基础上充分复用舱单等相关申报数据，提高了数据复用率，减少了申报数据录入项，提升了申报自动化程度。同时，秉承开放共用理念，平台向部分大企业开放报关单、报检单数据上传接口，与企业进行ERP对接，企业无须手工录入，实现数据无缝传输。

（二）强化对改革创新的平台支持

根据商务部、发展改革委等八部委联合批文同意山东临沂商城工程物资市场开展市场采购贸易方式试点的实际，临沂市开发建设市场采购贸易综合管理系统，并与“单一窗口”实现对接。通过该系统，海关、检验检疫、国税、外汇及商务部门实现了对临沂市场采购贸易过程和申报的全流程监管。对市场采购贸易方式下的出口货物采取便利通关措施，单票申报货值由原来的5万美元以下提升到15万美元以下；对市场采购贸易实行增值税免税政策，对外汇收支实施主体监管、总量核查和动态监测，允许市场采购贸易采用人民币结算。

开发上线免除外贸企业查验无问题集装箱相关费用统计系统。根据国家财政部、海关总署等六部委关于开展免除外贸企业查验无问题集装箱吊装移位仓储费用全面试点政策，山东省自2016年4月6

日启动试点，2017 年为全省外贸企业免除费用 1.096 亿元，惠及企业 2 万余家。从试点情况看，查验无问题集装箱的统计靠手工操作，程序复杂，工作量大，使一线海关的查验力量更加紧张，同时也存在统计错误及廉政风险等问题。为解决这一问题，依托山东电子口岸平台，开发建设了查验无问题集装箱统计系统，2017 年 3 月 1 日开始，该系统在山东所有开展试点的口岸实施运行，为海关、检验检疫、口岸办、查验服务企业、财政部门及货主企业提供自动统计及快捷查询服务，实现了网上自动统计、自动比对、自动核算，大大解放了查验人力资源，提高了工作效率和工作准确度。

（三）探索建立“单一窗口”联合运维保障机制

为推动山东电子口岸平台规范管理、持续发展，着力研究建立符合山东实际的电子口岸“1+N”联合运维体系，将山东电子口岸平台打造成口岸单位数据交换的公共平台、外贸企业一站式办理口岸综合事务的全省唯一平台。围绕这一目标，山东深入研究，探索建立符合山东实际的电子口岸“1+N”联合运维体系。其核心是按照“政府主导、部门参与、市场化运作”的原则，建立口岸主管部门及海关等查验单位共同管理、协商决策的领导体制和开发运行机制，实现“共建、共管、共享”。山东电子口岸运营主体负责平台总体运维，青岛数据分中心、济南数据分中心及检验检疫主干系统运维方等分别承担电子口岸涉及海关、检验检疫等业务的现场支持、客服热线等运维职责。浪潮云服务信息科技有限公司负责山东省级电子政务云的电子口岸云技术服务。

（四）强化“单一窗口”推广应用

随着系统的不断完善，强化对“单一窗口”的宣传推介和对外贸企业的培训应用成为当务之急。为加大推广宣传力度，省口岸办分别在威海、烟台举办国际贸易“单一窗口”培训推广会，两市口岸、商务、驻口岸查验单位、港口集团、机场集团、综合保税区等单位，以及货代、船代、报关、报检及外贸、跨境电商企业等近 400 人参加了培训。在“单一窗口”推广工作中，查验单位发挥了关键作用。山东出入境检验检疫局在完善系统的同时，主动开展企业培训，通过行政方式帮助加大推广力度，与省口岸办联合举办国际贸易“单一窗口”检验检疫申报视频培训会，全省 17 市共计 1300 余人参加培训，并下发《关于在全省推广国际贸易“单一窗口”检验检疫申报的通知》，要求各分支局采取切实措施，引导辖区外贸企业通过“单一窗口”进行检验检疫申报。对济南出入境检验检疫局全面实现国际贸易“单一窗口”申报的经验进行了通报，要求各分支局学习借鉴济南、威海、烟台等分支局的典型经验做法。同时，山东出入境检验检疫局卫生处向各分支局发函，要求从 2017 年 1 月 1 日起通过“单一窗口”进行船舶申报，1 月 31 日关闭原船舶申报系统。在检验检疫系统的力推之下，2017 年一季度船舶申报和原产地证书申报呈翻番增长，检验检疫申报呈几何倍数增长。除检验检疫之外，其他查验单位也逐步加大了行政推动力度。2017 年 5 月 31 日，山东海事局发出通知，要求各分支局自下发通知之日起正式启用国际贸易“单一窗口”进出境运输工具联检系统申报。6 月 7 日和 7 月 28 日，山东省公安边防总队、青岛海关分别发出通知要求启用“单一窗口”办理申报业务。

截至 2017 年 6 月底，平台上线应用系统达到 9 个，平台功能更加丰富。省内金融机构、综合服务平台企业踊跃参与“单一窗口”业务改革。中国银行山东省分行、中信银行青岛分行、中国建设银行山东省分行等金融机构先后与山东电子口岸建立战略合作关系，开展业务对接。11 月 23 日，山东省口岸办与中国建设银行山东分行签署战略合作协议，实现接口直连，为外贸企业提供更加优质高效的融资服务。广大进出口企业看到“单一窗口”明显优势和发展趋势，主动采用新平台进行贸易申报。

（五）积极推广应用“单一窗口”标准版

2017 年 7 月 7 日，国家口岸办在北京召开“单一窗口”标准版扩大试点部署会暨建设领导小组第五次会议，对扩大试点工作做出了部署，将山东纳入试单地区，并扩大了试点范围，提出了试点业务量的目标要求。

为确保此次试点工作顺利有序开展，山东省政府成立了由分管副秘书长任组长，由驻山东各口岸管理相关单位、省有关部门分管负责同志和相关市口岸办主任为成员的试点工作领导小组，下设业务推进小组和技术保障小组。根据部署，技术保障小组于2017年8月上旬打通了山东电子口岸平台与标准版的用户管理体系，已在山东电子口岸注册的近4000家企业成为国际贸易“单一窗口”标准版的用户。山东平台开通了标准版货物申报系统、运输工具申报（船舶）、企业资质申请系统、农药进出口登记管理放行通知单申请系统、野生动植物进出口登记管理放行通知单申请系统以及通关状态查询功能。委托青岛数据分中心通过服务集成方式对接标准版舱单申报系统（海运），并于9月上旬联调测试成功。8月16日省口岸办通过海关视频线路，在青岛、烟台、威海、日照、潍坊等12个分会场，召开了“单一窗口”标准版试点推进部署培训会，青岛海关、济南海关、山东出入境检验检疫局有关负责同志发言，对试点推广提出意见。8月27日，省政府在济南举行深化和扩大驻山东海关业务一体化工作座谈会，省口岸办在会上汇报了标准版试点推进情况和国家口岸办的要求，省政府领导同志在讲话中强调务必采取切实措施，坚决贯彻国务院部署要求，各部门全力支持配合，确保实现年底前标准版功能全覆盖和业务量达到30%的目标。座谈会结束后，青岛海关和济南海关签署《关于深化新形势下全方位合作的备忘录》，备忘录明确提出推动“单一窗口”标准版落地目标。9月5日和11日，青岛海关、济南海关分别发出通知，要求各隶属海关将助推标准版落地作为服务山东新旧动能转换和新一轮高水平对外开放的重要措施，加大标准版宣传推介力度，支持和引导企业应用“单一窗口”平台办理海关相关业务。10月19日，山东省口岸办与青岛海关、济南海关、山东出入境检验检疫局联合印发《山东省国际贸易“单一窗口”标准版试点推广通关保障机制》，建立试点通关应急保障机制，确保进出口货物正常通关。年底前，山东全面对接了中国国际贸易“单一窗口”标准版已有功能，实现了地方平台与中央平台的全面融合。各市口岸管理部门在口岸查验部门支持下，相继组织外贸代理企业和自理企业培训会，参与培训企业积极试点应用标准版，申报业务量快速提升。截至2017年年底，全省共组织培训24次，受训企业906家，参训人员1608人。

二、推广成效

截至2017年12月底，山东国际贸易“单一窗口”注册企业4959家，比2016年年底增加4510家；企业通过“单一窗口”办理报关240868票，报检208080票，原产地证77469票，船舶申报75609艘次，跨境电商“五单”申报1205.9711万票，其中清单申报327.5776万票、舱单2273557票。标准版报关覆盖率为48.73%，舱单申报覆盖率达到100%，报关、报检、舱单和船舶四项主要申报业务综合覆盖率为100%，顺利完成了国家口岸办下达的覆盖率30%的任务目标。

三、建设大事记

1月1日

山东省全面切换至“单一窗口”进行船舶检验检疫申报。

1月16日

山东跨境电商“单一窗口”实现切换跨境进口统一版后首单申报。

2月8日

山东“单一窗口”首票市场采购贸易方式报关单顺利通关。

3月底

山东“单一窗口”船舶申报系统完成与省边防系统联调，至此船舶系统实现一单四报。

6月1日

山东省全面切换至“单一窗口”进行船舶海事申报。

8月1日

山东省全面切换至“单一窗口”进行船舶海关申报。

是日

山东上线“单一窗口”标准版（货物申报、农药许可证申报），并顺利完成首单申报。

8 月 16 日

山东省口岸办召开“单一窗口”标准版推进工作部署会暨业务培训视频会议。

河南省

一、基本情况

中国（河南）国际贸易单一窗口是由河南省人民政府主导，服务于河南国际贸易，集申报、监管、物流、金融等政务、商务为一体的公益性、公共性平台。以“政府主导、协同治理、便利企业、规范安全、创新驱动”为原则，由河南省口岸办牵头，郑州海关、河南出入境检验检疫局、郑州航空港实验区管委会、郑州经济技术开发区管委会、河南省机场集团等部门共同参与建设，河南电子口岸有限公司承担具体建设和运营任务。

（一）加强统筹谋划和顶层设计

紧紧围绕河南自贸试验区和郑州跨境电商综合试验区建设加强研究谋划，制定出台了《关于加快建设国际贸易“单一窗口”的意见》，明确了2016~2018年度目标任务，提出率先建设完善跨境电商通关服务功能，加快建设一般贸易、加工贸易、服务贸易等综合服务功能，力争经过3年左右的努力，建成适应内陆地区国际贸易和国际物流特点，覆盖各种对外贸易形态和主体的“单一窗口”综合服务平台。2017年4月印发了《中国（河南）国际贸易单一窗口2017版建设方案》，重点推进一次申报、跨境电商、多式联运等功能建设，明确了具体目标、路径措施、部门分工等，确保2017年年底前完成国家标准版落地和特色应用项目建设。同时，建立健全运维保障机制和应急容错机制，快速响应企业需求，及时解决突发问题，保障河南“单一窗口”7×24小时安全、稳定、高效运行。

（二）扎实推进标准版试点

2017年7月，河南省成功列入“单一窗口”标准版试点省份，结合河南通关业务类型，采用地方门户+标准版虚拟SaaS方式，实现标准版货物申报、企业资质办理、原产地证书申领、许可证申领、统计查询等7项功能落地应用，7月18日河南新百福国际物流有限公司顺利完成“单一窗口”标准版货物申报功能第一票实单测试。

（三）培育发展跨境电商核心竞争优势

完善提升跨境系统功能与支撑能力，平台日处理单量提升至300万票，数据传输速率提升至500单/秒，真正实现了“秒申报、秒通关”，确保河南跨境业务平稳运行，2017年7月份以来实现了出口申报量300万票、500万票、1000万票的“百万三级跳”。据郑州海关统计，2017年河南省跨境电商零售进出口9128.7万票、货值113.9亿元，同比分别增长59%和71%，其中，跨境进口7366.9万票、货值106.1亿元，同比分别增长32%和60%，跨境出口1761.8万票、货值7.9亿元，较去年同期分别增长8.5倍、22.8倍，形成跨境进口、出口竞相发展格局。“单一窗口”平台已集聚电商、支付、物流、仓储、报关报检等各类企业超过600家，京东、亚马逊、菜鸟网络等知名企业相继入驻，中大门、郑欧商城等一批本土企业品牌依托平台快速成长。

1. 服务全省最大外贸企业富士康成效显著

坐落在新郑综合保税区的富士康是河南对外贸易的支柱企业，是世界最大的苹果手机生产基地，连续多年贡献了河南 60%以上的进出口贸易额。2017 年“单一窗口”标准版落地河南后，河南省口岸办、河南电子口岸公司在国家口岸办、中国电子口岸数据中心指导下，重点引导富士康等外贸龙头企业接入标准版常态化、规模化申报，富士康于 12 月 14 日成功通过标准版导入客户端功能申报第一票报关，并于 2017 年 12 月 27 日全部切换至标准版，申报单量不断提升，日均申报稳定在 500 票以上，报关成本减少 50%左右。

2. “单一窗口” 服务外贸新业态， 跨境电商业务不断实现新突破

河南“单一窗口”建设是以中国（郑州）跨境电子商务综合试验区建设为突破口，打通跨境电商“关、检、汇、税、商、物、融”之间信息壁垒所做的体制机制创新，先期功能主要服务于跨境电商，在口岸监管单位业务引领下，实现了批次处理和数据预申报清关两大突破，大大降低了企业作业时间和通关时长，有效支撑了郑州综合试验区在全国 13 个综合试验区中率先打造 9610 跨境出口业务模式。截至 2017 年年底，根据河南“单一窗口”平台显示，跨境进出口业务通过河南“单一窗口”申报已实现“三连增”，其中 2017 年出口业务量取得了突破性增长。有效支撑郑州机场开通郑州至西伯利亚、芝加哥、中亚、欧洲等地全货运包机，2017 年全年包机 34 架次、清单 472. 7 万票，占全省跨境出口量的 27%，助力郑州打造发展“空中丝绸之路”，带动河南产品通过“网上丝路”走向世界。便利的信息化通关服务叠加优越的交通条件、产业政策，促使京东将中部保税仓设在了郑州航空港区，2017 年全年申报单量达 130. 55 万单、货值 1. 63 亿元。由于河南“单一窗口”缩短了企业通关时间，也吸引了程驰速递将清关口岸由原来的上海转移至郑州。截至 2017 年年底，吸引菜鸟、京东、亚马逊等国际知名企业及郑欧商城、程驰速递、瑞贝卡等本土企业共计 600 余家入驻河南“单一窗口”平台，服务上下游企业达 2300 余家。

（四）加快拓展延伸区域服务范围

坚持立足郑州、面向全省、梯次推进的原则，河南“单一窗口”平台在覆盖郑州机场、郑州国际陆港、新郑综合保税区、郑州经济技术开发区综合保税区等区域基础上，积极向全省推广应用。2017 年在全省 18 个省辖市举办 19 场“单一窗口”培训会，共计 700 余家企业 1500 余人参加，全省进出口企业均可通过“单一窗口”实现网上一站式通关。跨境电子商务业务已从郑州延伸至许昌、焦作、洛阳等 8 个业务现场，将发制品、纺织服装、农产品等河南特色商品推向国际市场。商丘、南阳等省辖市正在积极进行跨境出口相关对接准备。郑州海关等口岸监管单位通过创新邮政转关监管流程，实现跨境商品属地办结通关手续后转至郑州邮政口岸免检出关，为省内各地市开展跨境出口业务开辟了新通道。

（五）不断强化协调推进机制

“单一窗口”建设涉及面广、专业性强，口岸管理相关部门密切协作、合力推进。河南省口岸联席会议及办公室加强工作协调，及时研究解决推进中的问题；郑州海关、河南出入境检验检疫局组建专门工作班子全流程参与建设，积极协调全省各现场查验机构配合做好“单一窗口”培训宣讲工作，指导机场、铁路东站等郑州各业务现场引导企业开展试点；河南省商务厅、省财政厅、省国税局、省外汇管理局、省工商局、省公安厅、郑州市、郑州航空港实验区、省机场集团等积极支持，河南电子口岸公司、河南保税物流中心勇于创新，扎实做好项目建设和应用。

为加快推进河南“单一窗口”建设，提升用户体验，河南省口岸办会同郑州海关、河南出入境检验检疫局、河南电子口岸公司等相关单位围绕跨境电商、多式联运、“单一窗口”等问题开展多次调研，形成了《关于郑州跨境电子商务发展情况的报告》《跨境电商网购保税进口供应商分拨模式的发展思考》《探索 E 贸易+航空产业打造国际货运枢纽港》《关于上海、广东、福建等地国际贸易“单一

窗口”建设有关情况的考察报告》《关于河南省国际贸易“单一窗口”建设问题的研究报告》等理论研究，指导河南电子口岸公司通过走访企业、微信群反馈等方式开展调研 90 余次，收集企业跨境进出口问题 220 个，解决率达 85%，标准版问题 175 个，解决问题 146 项，解决率达 83%，通过企业反馈问题，完善平台服务功能，优化系统操作，提升企业获得感。

二、 推广成效

2016 年 12 月 16 日，河南“单一窗口”正式上线运行，功能服务全省跨境电商、一般贸易、加工贸易等多种贸易业态，以关、检应用为核心，包括门户网站、企业资质办理、贸易许可申领、货物申报、跨境电商进出口、大数据应用等重点应用板块，业务种类包含 B2C、B2B、B2B2C，实现了无纸化、一体化、自动化的通关“三化”应用和一个平台登录、一次提交申报、统一数据标准、统一办理反馈、一站式通关的“五个一”服务。自上线运行以来，河南“单一窗口”以促进国际贸易便利化为目标，以企业需求为导向，不断拓展平台功能，持续提升通关承载能力，经过 2017 年的发展，在原有功能基础上实现了以下三方面应用功能拓展：一是由以海关、检验检疫应用功能为核心向其他口岸管理部门应用功能拓展，现已联通 16 个政府相关部门和口岸生产经营单位；二是由服务跨境贸易功能为主向服务一般贸易、加工贸易、服务贸易等多种贸易形态功能拓展，平台先拥有应用功能 45 个，已基本覆盖口岸业务主要流程；三是由口岸执法与基本政务服务为主向的口岸物流、口岸数据、口岸特色应用等符合河南区域战略特点的服务功能拓展，为商务服务功能拓展夯实基础。

2017 年，河南省“单一窗口”标准版注册用户达 150 余家，累计完成货物申报 10955 票，业务量综合覆盖率达 67.57%，线上办理企业资质 20 家、原产地证书申领 24 单，其中报关 10347 票，报检 608 票，报关、报检业务量覆盖率分别达到 66.14%、93.87%，其中日报关覆盖率最高达 81%，日报检覆盖率多次达到 100%。

“单一窗口”标准版功能涵盖口岸大通关服务流程的核心环节，实现了企业业务申报的一点接入、一次提交、一次查验、一键跟踪、一站办理，经过富士康等企业的试点应用，标准版业务优势主要体现在完全免费、便捷登录、录入高效、数据共享、安全稳定等 5 个方面，企业只需要在一个窗口、一次录入，就能办完所有大宗贸易申报流程，最快只需 2 个小时，报关单制作时间由 30 分钟缩短至 5 分钟，企业申报项目减少 45%，企业候查时间减少 50%，查验作业时间减少 50%，通关时间最快从 3 天缩短至 2 小时，报关成本减少 50%，国际贸易“单一窗口”减环节、降成本、优流程、提效率的综合效益日益凸显。

三、 建设大事记

4 月 13 日

召开专题会议，研究河南“单一窗口”建设工作，审议通过了《中国（河南）国际贸易单一窗口 2017 版本建设方案》并印发实施。

7 月 7 日

河南列国际贸易“单一窗口”标准版第二批试点省份，启动标准版相关功能建设。

8 月 21 日

河南省委书记谢伏瞻主持召开全面深化改革领导小组会议，听取河南“单一窗口”建设运行情况汇报。会议指出要加快推广应用，扎实推进国家标准版试点，拓展延伸区域服务范围，尽早实现 9 项功能在河南省所有口岸全覆盖。

9 月 22 日

河南省政府召开会议，专题部署国际贸易“单一窗口”标准版应用推广工作，会议要求各部门要切实提高思想认识，立足自身职能，结合河南跨境电商、多式联运等特色优势，全力推动标准版功能落地应用，不断完善河南“单一窗口”功能，提升企业获得感，共同确保完成 30%覆盖率的年度目标。

11 月 21 日

河南省政府组织召开会议，动员部署全面开展标准版试点工作，会议要求要全力推进“单一窗口”标准版落地，不断拓展平台功能，加强宣传推广，抓紧实现全省覆盖。

湖北省

一、 基本情况

中国（湖北）国际贸易单一窗口由湖北省口岸办牵头，湖北省电子口岸运行服务中心负责建设，各口岸管理部门、省直有关单位和地方政府共同参与建设，2017 年取得了阶段性的成果。

（一）主要建设内容已基本完成

截止到 2017 年年底，《湖北国际贸易“单一窗口”建设工作方案》中明确的 14 项主要建设内容已有 12 项完成了开发工作，上线运行的应用项目达到 19 个，以口岸政务服务、口岸物流服务、口岸数据服务和口岸特色应用功能为主线，以提升口岸通关便利化为导向，建设一批特色应用项目，不断优化和丰富“单一窗口”的功能，满足了口岸查验单位的监管需要，获得了企业的认可。

（二）应用功能基本涵盖进出口通关各个环节

一是基础申报业务已实现全覆盖，企业可以在“单一窗口”平台上一站式报关、报检、退（免）税。上行数据直联“单一窗口”标准版，下行数据存在本地，安全便捷，使用范围已覆盖全省所有口岸。二是打通数据壁垒，降低物流成本。通过“单一窗口”实现了订舱委托、账册核销、铁路拆拼箱、邮快件管理等复杂操作和高效作业，也为查验没有问题的外贸企业免除吊装、仓储、移位费用提供平台。三是通关流程更优化，智能监管有成效。“三个一”通关模式、“双随机一公开”监管模式已在全省口岸覆盖，入网联合审批实现了让数据多跑路，企业少跑腿，大数据分析给政府提供了口岸大数据辅助决策支持。

（三）服务湖北自贸试验区建设取得积极成效

一是与湖北省国税局通力协作，创新出口退税服务，共同推动将出口退税申报功能纳入“单一窗口”，为出口企业提供互联网方式在线申报办理出口退税的新渠道，极大地降低了企业出口退税的申报成本，这一出口退税服务新模式在第三批自贸试验区中是首家。二是与武汉海关合作，依托“单一窗口”建立了华中地区首个加工贸易边角料交易平台。可以减轻生产企业边角料销售过程中的询价、价格评估工作，减少行政干扰。通过公开交易，提升商品交易价格，增加企业收益，增加国家税收。

（四）对接“标准版”讲好“普通话”

根据《国家口岸管理办公室关于国际贸易“单一窗口”建设的框架意见》要求，确定由国家口岸办牵头开发九项具有全国通用性和基础性的标准版功能模块（简称“标准版”）。2017 年 8 月 16 日，湖北省实现了与“标准版”的对接，“标准版”已开发完成的 7 项功能已全部可以上线使用。9 月份以来，湖北省电子口岸运行服务中心先后与武汉、襄阳、宜昌、荆州、黄冈、鄂州、十堰、黄石等 8 个地市的商务局（口岸办）及属地海关、国检、国税和外汇管理部门一起，举办了多场国际贸易“单一窗口”标准版的推广和培训工作。截止到 2017 年年底，湖北省企业通过“标准版”完成各类通关业务共计 30978 单。

（五）以“单一窗口”为依托，初步形成了电子口岸跨部门共建、共管和共享机制

通过“单一窗口”，海关、检验检疫、国税、外管、工商、质监等查验部门，港口、铁路中心站、特殊监管区，以及生产企业、贸易企业、仓储企业、物流企业、代理企业以电子口岸为中心传输数据，由电子口岸对授权的相关部门和企业进行共享，消除数据孤岛，打通业务链条，提高作业效率，增加监管透明度，降低通关成本。

二、推广成效

2017 年，湖北通过“单一窗口”平台办理的各类通关业务超过 5 万单（票），使用企业累计超过 2000 家，通过标准版完成各类通关业务共计 30978 单。出口退税平台注册企业达 1259 户，通过平台发生 1304 笔退税申报，共计申报退税额 2.08 亿元，其中生产企业申报退税 1.28 亿元，外贸企业申报退税 8025 万元。

三、建设大事记

1 月 5 日

中国（湖北）国际贸易单一窗口正式上线。湖北省副省长童道驰出席启动仪式并宣布上线运行。湖北省商务厅党组书记、厅长邱丽新主持启动仪式。

4 月 7 日

湖北省委副书记、省长王晓东到省商务厅调研，专门考察湖北电子口岸和中国（湖北）国际贸易单一窗口建设情况。

6 月 1 日

中国（湖北）国际贸易单一窗口上线查验免收费系统，免除查验没有问题外贸企业吊装移位仓储费用。

8 月 14 日

中国（湖北）国际贸易单一窗口上线货物申报系统，标志着中国国际贸易“单一窗口”标准版落户湖北。

8 月 16 日

中国（湖北）国际贸易单一窗口货物申报系统首单申报成功。

8 月 25 日

中国（湖北）国际贸易单一窗口上线关检联合验放系统。

8 月 30 日

在中铁联集武汉中心站（汉欧国际海关仓库），由武汉汉欧国际物流有限公司参与建设的中国（湖北）国际贸易单一窗口铁路拆拼箱辅助管理系统正式上线启用，中国（湖北）国际贸易单一窗口驻武汉汉欧国际物流有限公司首家服务站正式授牌。

9 月 11 日

中国（湖北）国际贸易单一窗口报检首单申报成功。

11 月 15 日

中国（湖北）国际贸易单一窗口出口退税平台上线运行启动仪式在湖北省商务厅举行。湖北省商务厅党组书记秦军，湖北省国税局党组书记、局长胡立升出席仪式并共同启动“单一窗口”出口退税平台。

12 月 27 日

湖北加工贸易边角料交易平台上线运行启动仪式在省商务厅举行。湖北省商务厅党组成员、省口岸办专职副主任杨青松，武汉海关党组成员、副关长王捍洲出席仪式并共同启动湖北边角料交易平台。

湖南省

一、基本情况

为贯彻落实国务院第 174 次常务会议精神，加快推进国际贸易“单一窗口”建设，按“单一窗口”标准版建设统一要求，2017 年年底前实现全国所有口岸全覆盖。在湖南省委、省政府的统一部署和省商务厅党组正确领导下，湖南省口岸办加快推进中国（湖南）国际贸易单一窗口建设，取得积极进展。

（一）明确工作思路

在前期调研论证的基础上，聘请上海国际贸易“单一窗口”的承建公司进行技术咨询，经反复与上海及沿海省份的建设方案比较，并与国家口岸办最新文件要求相结合，根据实际确立了湖南国际贸易“单一窗口”的建设思路，即以湖南电子口岸实体平台为依托，积极对接推广标准版，整合省市资源逐步推进地方特色应用项目开发，合理把握建设节奏，避免重复建设和节约财政投资。组织力量编制完成了《湖南省国际贸易“单一窗口”建设项目库》，探索建立了各参与部门职责、工作机制设置，对前期项目开发步骤等进行了明确。

（二）科学规划设计

组织专业力量编制了《湖南国际贸易“单一窗口”建设规划（2017—2020）》，积极推动“互联网+”、大数据、云计算等新技术与口岸通关业务深度融合，在全国率先提出在省级层面使用云技术建设“单一窗口”基础平台——“口岸云”，规范技术开发标准，实行省市项目在“口岸云”平台上统一开发、统一部署、共享共用。在项目开发模式上，积极调动省市口岸部门的积极性，确立了省电子口岸与长沙电子口岸、岳阳电子口岸之间的资源共享协定，一期应用项目开发由省本级、长沙、岳阳同步启动，部署完成后向全省开放使用。这种模式既可满足本地需求，最大化协调省市共识，调动省市开发力量的积极性，也可以节约财政投资。

（三）加强部署实施

报请省政府于 2017 年 1 月 18 日召集相关部门召开专题会议，部署推进“单一窗口”建设工作。会议审议通过了《中国（湖南）国际贸易单一窗口建设工作方案》，明确了各单位工作责任，建立了工作机制，各参会单位提出了有建设性的意见建议。根据省政府专题会议精神和各参会单位意见，对经会议审议的《中国（湖南）国际贸易单一窗口建设工作方案》进行了进一步修改完善，报省政府批准后，以省开放型经济领导小组办公室名义印发各单位参照执行。

（四）组建技术团队

为确保“单一窗口”项目开发力量，组建了精通业务及计算机软、硬件知识等方面人才的项目管理专家团队，共同推进工作。借鉴外省经验，与长沙海关和湖南出入境检验检疫局协商，请其派出业务熟练、技术过硬的人员到省电子口岸跟班协助工作。同时，与项目开发公司沟通，请其调派专业技术人员组成专家组驻点上班，与省电子口岸工作人员及海关、检验检疫跟班人员共同开展“单一窗口”项目建设的需求分析、技术论证及联络协调等工作。

（五）全面推广标准版

前期，主要选取中远海运、湖南远洋、湖南友联供应链等报关行和货运代理企业开展试点推广工作，派出技术人员上门指导培训。2017 年 8 月 7 日，应用“单一窗口”标准版实现了首单成功申报。9 月底，在前期重点企业试点基础上，标准版推广工作面向全省全面展开。以省商务厅的名义下发通知面向全面推广“单一窗口”，提出工作目标和考核办法。10 月 17 日，召开全省“单一窗口”推广大会并请省政府副秘书长罗建军，以及省商务厅、长沙海关、湖南出入境检验检疫局等单位领导出席，长沙地区 60 余家重点企业负责人和业务人员约 200 人参加。10 月～12 月，组织专家赴其他 13 个市州进行了专场培训，累计培训 17 次，共 800 余家企业约 1200 人参加。

（六）功能不断完善

一是国际贸易“单一窗口”门户网站开发工作完成，“单一窗口”标准版已接入运行使用。同时，开发与门户网站配套的“单一窗口”手机 APP 可实现用户移动端查询（因手机数据输入不便，不开放报关功能）。二是做好地方特色服务。中国（湖南）国际贸易单一窗口成功与长沙海关、湖南出入境检验检疫局对接，完成了公路、铁路、水运、空港四大类型信息服务平台和加工贸易、危爆物品等应用项目平台建设，实现联检单位与口岸现场的联网和数据交换，实现全程监控和服务，提升口岸通关信息化水平。

二、 推广成效

截至 2017 年 12 月 31 日，湖南省应用“单一窗口”标准版累计报关 10217 票、报检 860 票，货物申报合计 11077 票，全省通过“单一窗口”标准版申报的进出口货物总值约 98 亿元，进出口国际贸易企业 1388 家。报关报检业务覆盖率超过 30%，标准版货物申报等 9 项功能上线运行情况良好。较为圆满完成 2017 年年内“单一窗口”覆盖全省所有口岸，达到报关报检业务量 30%的目标任务。

三、 建设大事记

7 月 7 日

湖南被确定为国际贸易“单一窗口”标准版第二批试点省份，主要开展货物申报、舱单申报和运输工具申报三项试点业务。

7 月 12 日

派遣业务专家和技术专家前往北京参加“单一窗口”标准版培训。

7 月 21 日

组织长沙电子口岸公司全体员工进行标准版整体架构设计培训，使全员对“单一窗口”标准版形成全面的、整体的、准确的认识。

8 月 3 日

组织开展国际贸易“单一窗口”标准版试点企业培训。

8 月 7 日

中国（湖南）国际贸易单一窗口应用标准版首票出口报关单申报成功。

8 月 11 日

中国（湖南）国际贸易单一窗口应用标准版首票进口报关单申报成功。

10 月 17 日

湖南省商务厅（省口岸办）在长沙举办国际贸易“单一窗口”标准版全省动员大会，标志着湖南省应用推广国际贸易“单一窗口”标准版进入全面爆发阶段。

10 月 27 日

湖南“单一窗口”周报关覆盖率突破 40%，达到 43. 9%。

11 月 1 日

湖南“单一窗口”日报关量覆盖率最高突破 90%，达到 95. 1%。

11 月 3 日

湖南“单一窗口”周报关覆盖率突破 50%，达到 55. 7%。

广东省

一、基本情况

2017年以来，根据国际贸易“单一窗口”建设的框架意见和广东省政府部署要求，广东省积极争取国家口岸办等国家有关部门支持，成为国际贸易“单一窗口”标准版首批试点省份，并于当年5月在湛江市正式启动上线运行。在驻粤口岸各查验单位的大力支持、各地政府及口岸主管部门的主动作为、各相关企业的积极参与下，依托广东电子口岸平台，中国（广东）国际贸易单一窗口取得显著成效。

（一）加强组织领导和顶层设计

按照广东省委、省政府部署要求，牵头会同驻粤口岸查验单位等相关部门成立“单一窗口”建设推广领导小组。研究制定《广东国际贸易“单一窗口”全省建设推广2017年工作要点》，并在湛江启动“单一窗口”标准版试点后及时总结经验，制定实施《“单一窗口”标准版全省扩大试点工作方案》，明确工作任务、实施路径和责任分工。根据不同阶段任务要求，先后组织召开3次全省专题会议进行动员部署，统筹推进全省扩大试点工作。

（二）强化协调联动

由广东省口岸办领导和有关负责人带队，逐一走访驻粤口岸各查验单位，就全省扩大试点工作进行研究协商、听取意见建议。驻粤口岸各查验单位主动作为，先后配套出台指导文件，采取建立容错机制、开通“单一窗口”申报专用通道等措施，鼓励、引导企业使用“单一窗口”标准版。各地市政府和口岸主管部门加强统筹协调和组织推动，形成全省上下联动、部门联动的工作格局，协同推动“单一窗口”标准版在各地落地实施。

（三）加强服务保障

充分发挥广东电子口岸管理有限公司（广东电子口岸平台运维实体）的技术支撑和运维服务保障作用，在全省各地组织开展业务技术培训120多场，参训人员1万多人次。加强与国家层面“单一窗口”运维服务保障团队衔接，派出业务技术人员进驻试点企业靠前技术指导和服务，及时反馈和解决试点企业遇到的问题。

（四）加强检查督导

定期对各地“单一窗口”标准版推广情况进行通报，推广好的经验做法；建立微信工作群，坚持日讲评、周小结、月通报，营造“比学赶超”氛围。截至2017年年底，标准版推出的主要功能模块均上线运行，多项业务指标长期位居全国前列，越来越多的企业已将通过“单一窗口”申报作为第一选择。国家口岸办充分肯定广东省“单一窗口”标准版建设推广成效，给予了“总体工作组织得力，推动措施扎实，推广成效显著”的积极评价。

二、 推广成效

广东省于 2017 年实现地市全覆盖、口岸全覆盖、功能全覆盖，以及报关、报检、舱单、运输工具申报等 4 个主要功能模块业务覆盖率 30%的年度目标；广州、深圳原有“单一窗口”实现与标准版对接，实现从“地方话”向“普通话”的转变；“单一窗口”标准版日均申报量、累计申报量、上线应用服务项目等多项业务指标长期位居全国前列并占有较大比重。截至 2017 年 12 月 31 日，全省参加试点企业已达 4939 家，注册用户 14014 个，累计申报 4206700 票，占全国总量的 36.2%。反馈问题量占全国的 28%。

（一）申报功能便利、省时、省钱

“单一窗口”实现一点接入、一次性提交标准化单证和电子信息，查验部门通过该平台共享数据进行审批，将处理结果反馈给申报人，大大提高了申报效率，缩短了通关时间，降低了企业成本。从企业反馈情况来看，“单一窗口”的优点正在逐渐凸显。

2017 年 9 月，佛山市商务局联合佛山海关、佛山出入境检验检疫局、佛山市电子口岸有限公司举办国际贸易“单一窗口”标准版政策宣讲暨培训会，邀请佛山五区 150 多家企业代表参加会议。会上，广东溢达纺织有限公司代表分享说：“由于公司出口报关单数量比较多，原来需要购买第三方软件才能实现报关单自动导入申报，现在通过‘单一窗口’免费的报关单 Excel 导入功能，不仅报关单录入准确率达到了 100%，还节省了一笔费用。”

2017 年 8 月，汕头市作“营造良好营商环境”系列报道，企业报检员分享“单一窗口”使用心得：“在没有‘单一窗口’之前，我们企业在通关的时候需要两个软件，一个是检验检疫局的，一个是海关的。现在通过‘单一窗口’这个统一的平台，我们企业就可以实现在同一个窗口一次性录入资料，有些相同的资料可以共同享用，就不用重复录入，可以节省一半的时间，通关放行也减少了一半的时间。”

东莞市口岸局在作集装箱进出口环节合规成本专项治理行动总结时提到：“‘单一窗口’申报为企业免除了第三方软件公司收费 10~30 元/批，预计全年为相关企业节省申报环节费用约 100 万元。”

（二）依托“单一窗口”建设通关时效评估系统

2016 年，受国家口岸办委托，广州市开发了口岸通关时效评估系统并在南沙港等 5 个主要口岸现场开展试点。该系统通过“单一窗口”平台对大通关环节消耗时间数据的采集和统计分析，全流程、全透明展示进出口货物通关情况，为企业提供物流通关状态跟踪查询，为政府口岸宏观管理和监管流程改革提供决策支持。从广州“单一窗口”运行实效看，广州市 5 个主要口岸现场海关报关申报至放行的时间从 2017 年 1 月份的 34 个小时逐步下降到 10 月份的不足 14 个小时，压缩了 58.8%；检验检疫报检申报、受理至放行的时间从 1 月份的近 24 个小时下降到 10 月份的约 10 个小时，压缩了 56.2%；码头经营企业作业时间以南沙二期出口为例，从 2017 年 1 月份的 7.08 天下降到 10 月份的 5.08 天，压缩了 28.2%。充分说明了海关、检验检疫、码头经营单位的各项压缩货物通关时间措施得到了有效落实。截至 2017 年 12 月，已实现省内 18 个口岸现场的数据采集与部分通关时效的展示，汇集数据超过 995 万条。

三、 建设大事记

3 月 27 日

印发《广东国际贸易“单一窗口”全省建设推广 2017 年工作要点》，全面部署 2017 年“单一窗口”建设推广工作。

4 月 20 日

会同香港特区政府商务及经贸发展局在香港召开“单一窗口”通关模式可行性研究专家小组会议，进一步加强粤港交流合作，推动两地“单一窗口”通关模式可行性研究和交流。

5 月 18 日

国际贸易“单一窗口”标准版在湛江口岸正式上线试点。

5 月 18 日

湛江市试点企业成功申报广东省第一票“单一窗口”标准版出口报检单，标志着“单一窗口”标准版在湛江口岸试点上线成功。

5 月 23 日

湛江试点企业成功申报广东省第一票“单一窗口”标准版舱单和出口报关单。

5 月 22 日

印发《国际贸易“单一窗口”标准版广东省试点运行工作方案》，扎实做好国际贸易“单一窗口”标准版在广东试点工作。

6 月 28 日

国家口岸办印发《关于做好“单一窗口”标准版货物申报项目试点工作的通知》（国岸函〔2017〕68 号），明确在广东省开展“单一窗口”标准版货物申报项目服务集成模式的试点工作。

7 月 21 日

印发《广东省国际贸易“单一窗口”标准版扩大试点工作方案》。

7 月 24 日

召开“单一窗口”标准版扩大试点及落实压缩货物通关时间措施推进会，部署“单一窗口”标准版在全省扩大试点工作。

8 月 1 日

全国第一票陆路车检场报关单应用“单一窗口”在佛山成功申报。

8 月 23 日

广东省口岸办在汕头市组织召开粤东片区“单一窗口”标准版政策宣讲和培训会议，标志着揭阳、汕尾、潮州、梅州等地市“单一窗口”标准上线试点。

8 月 25 日

实现全省 21 个地市“单一窗口”上线覆盖。

8 月 29 日

全国第一票通过标准版客户端批量申报，应用“单一窗口”在佛山成功申报。

9 月 25 日

全国第一票企业资质全流程申报，应用“单一窗口”在佛山成功申报。

10 月 25 日

印发《关于加快推进国际贸易“单一窗口”标准版运输工具》。

11 月 9 日

全国第一票小船运输工具申报，应用“单一窗口”在佛山成功申报。

12 月 29 日

印发《口岸通关时效评估系统在全省扩大推广工作方案》。

广西壮族自治区

一、基本情况

广西壮族自治区党委和政府高度重视国际贸易“单一窗口”建设，先后批复实施《北部湾经济区口岸通关一体化工作方案》《广西国际贸易“单一窗口”建设工作方案》《广西壮族自治区人民政府关于新形势下进一步加强口岸工作的若干意见》等重要文件，将“单一窗口”建设等内容作为重点改革工作任务，积极开展贸易监管制度创新，提高贸易便利化水平。广西是首个将交通运管纳入“单一窗口”建设的省份，2017 年中国（广西）国际贸易单一窗口功能不断完善，应用效果显著提升。

（一）“单一窗口”全面提升了口岸通关信息化水平

实施“单一窗口”之前，海事、检验检疫、边检的船舶申报均需要前往柜台递交纸质材料办理，“单一窗口”上线后，企业可以足不出户通过互联网完成相关申报。标准版货物申报系统推广应用后，企业可以在同一信息平台完成报关报检。

（二）“单一窗口”实现了通关作业流程优化整合

通过“单一窗口”公共信息平台将口岸查验部门传统串联执法变为并联执法，企业一次性递交申报数据，口岸查验部门将审批结果统一反馈至“单一窗口”平台，企业不再往返各个查验部门传递纸质单据，审批状态可查、审批过程更快。

（三）“单一窗口”有效节省了企业通关成本

通过一次申报、多方共享数据录入、审批结果反馈与放行无纸化等功能，提高效率、节省时间、降低成本。船舶申报数据由 194 项合并为 65 项，船舶申报与放行环节平均压缩 2 小时。

二、推广成效

（一）海港口岸运输工具百分百使用“单一窗口”申报

截止到 2017 年 12 月份，广西国际贸易“单一窗口”服务企业 1000 多家，企业通过广西“单一窗口”平台进行运输工具申报 3 万多票，舱单申报 6 万多票。

（二）全面推广应用标准版货物申报系统

2017 年 10 月，与标准版对接成功，并正式推广应用标准版货物申报系统，12 月底，标准版日报关覆盖率均在 50%以上，其中 12 月 29 日，日申报报关单 931 票，覆盖率达到 100%，圆满完成年底前覆盖 30%目标。

三、 建设大事记

3月28日

广西壮族自治区政府新闻办公室主办广西国际贸易“单一窗口”建设情况新闻发布会，邀请28家中央及地方媒体参加。广西壮族自治区口岸办、广西壮族自治区交通运输厅、南宁海关、广西出入境检验检疫局、广西公安边防总队、广西海事局分管领导出席新闻发布会，介绍广西“单一窗口”建设具体情况，并回答记者提问。

4月

广西首次将交通运管部门纳入“单一窗口”建设，“单一窗口”与广西国际道路运输管理系统进行数据对接，实现运输工具申报与备案、公路舱单申报及国际道路行车许可申请等功能。

5月

完成船舶出口岸电子签章功能开发，企业可以通过“单一窗口”在线打印国际航行船舶离港许可证。

6月22日

广西壮族自治区副主席张晓钦主持召开口岸工作联席会议，要求进一步加强国际贸易“单一窗口”以及电子口岸公共信息平台建设，不断优化口岸服务，并按照“政府主导、部门参与、实体运作”的原则，组建广西电子口岸公司，做好“单一窗口”运行维护工作，确保数据及网络安全。

9月19日

广西应用“单一窗口”标准版货物申报功能，在防城港口岸首次申报成功。

10月

在全区各口岸全面推广应用标准版货物申报系统，组织开展15场专场培训，培训企业800多家。

海南省

一、 基本情况

为加快中国（海南）国际贸易单一窗口建设，实现与标准版对接。2017 年 9 月，海南省海防与口岸办公室牵头组织召开驻琼各查验单位参加的海南省国际贸易“单一窗口”标准版推广工作部署会，确定海南省应用“单一窗口”标准版试点采取“地方门户+标准版虚拟 SaaS”对接模式，通过《海南国际贸易“单一窗口”标准版推广工作方案》，成立“单一窗口”标准版推广工作组，有序推进“单一窗口”标准版的对接工作。9 月 13 日，海南国际贸易“单一窗口”实现应用标准版首单货物申报；11 月上旬，在海口、洋浦、文昌等地区举行“单一窗口”标准版部署、推广业务培训。

二、 推广成效

中国（海南）国际贸易单一窗口项目建成后，货物申报实现一次录入、分别申报，申报录入项从原来的 143 项缩减到 84 项，申报时间缩短 20%以上；融合关检合作“三个一”通关模式，将关检“分开查验”转变成“共同查验”，货物查验时间和移柜成本减少 50%以上；将关检“分别放行”转变成“同时放行”，节约企业重复吊箱、开箱、运输和人力成本。运输工具进、出境申报分别由原来的 300 项、276 项，减少到 150 项和 140 项。截至 2017 年 12 月 31 日，共通过国际贸易“单一窗口”标准版申报 3755 单，其中货物报关 2366 单、货物报检 628 单、运输工具申报 558 单、舱单申报 134 单、企业资质申报 13 单、原产地证申报 86 单。报关、报检、交通工具申报覆盖率长期达到 100%，基本实现业务全覆盖，完成当年“单一窗口”标准版覆盖率 30%工作任务要求。

三、 建设大事记

6 月 23 日

海南省海防与口岸办公室按照国家口岸办要求，填报“单一窗口地方平台对接调研表”，为正式开展对接工作做好准备。

8 月 15 日

海南国际贸易“单一窗口”（一期）项目终验。

8 月 21 日

签订海南国际贸易“单一窗口”（二期）项目建设合同。

9 月 28 日

海南省海防与口岸办公室组织各口岸监管部门召开国际贸易“单一窗口”标准版推广工作部署会。

9月

对接中国国际贸易“单一窗口”标准版，9月13日成功完成首单货物申报。

11月1日~3日

海南省海防与口岸办公室在洋浦举办中国（海南）国际贸易单一窗口业务培训班。

11月15日

海口海关组织进出口报关企业进行中国（海南）国际贸易单一窗口推广培训。

11月23日

海南省海防与口岸办公室召开国际贸易“单一窗口”标准版推广动员部署会。

11月30日

海口市海防与口岸办公室举办国际贸易“单一窗口”标准版推广培训活动。

重庆市

一、 基本情况

重庆市委、市政府高度重视“单一窗口”建设，将其作为贯彻落实习近平总书记视察重庆时提出的“建设内陆国际物流枢纽和口岸高地、建设内陆开放高地”要求的具体举措，列入全市全面深化改革重点任务，市政府常务会议专题研究通过了建设方案。市政府领导同志多次批示，部署推动“单一窗口”建设，市口岸办会同重庆海关、重庆出入境检验检疫局等单位攻坚克难、通力协作，在系统整合、信息共享、业务协同、机制创新等方面积极作为，取得阶段性成果。

按照国家“单一窗口”《框架意见》顶层设计，全国“单一窗口”是一个整体，分为中央和地方两个层面推进建设。中央层面重点解决报关报检等政务申报、部委间“总对总”数据交换和国际合作，地方层面以省级“单一窗口”为平台，负责地方政务服务、口岸物流服务、口岸数据服务和特色应用等功能建设。循着这个思路，中国（重庆）国际贸易单一窗口按照打通国际贸易全链条信息节点，解决贸易链条中贸易、仓储、运输、代理、口岸经营单位等各类企业实际问题为抓手，兼顾各监管部门需求，推进重庆国际贸易全链条便利化特色功能建设。力争通过“单一窗口”这一改革举措，推动形成内陆地区有辐射力、竞争力的国际贸易营商环境，丰富内陆口岸高地内涵，助推“一枢纽两高地”目标达成。

重庆“单一窗口”建设工作从 2017 年 2 月份正式启动以来，在重庆海关、重庆出入境检验检疫局等单位的大力支持下，经历了需求调研、业务协调、建设实施、调试运行、推广应用 5 个阶段。开展 80 余次联合办公和调研座谈，汇总梳理部门和企业问题需求 100 余个；与涉及国际贸易的部门、企业等 20 余家单位开展 60 余次信息数据协调，推动各方系统整合和信息汇集共享。目前，对接 22 家单位 54 个系统，汇集 57 项信息 368 万余条，推动水运、航空、铁路物流信息共享和业务协同。获批成为全国标准版首批 7 个试点省市（天津、重庆、广东、福建、浙江、陕西、宁波）之一，建设了政务服务、物流协同、数据服务、特色应用四大板块，共 40 项功能。

（一）坚持协调推进

市政府主要领导多次批示，要求强力推进、加快进度、务见实效、扩大使用、形成良性循环；分管副市长针对标准版试点工作批示：“确保成功，试出成效，体现重庆口岸在全国的水平。”并多次召开专题工作会议，协调、督促、推动改革任务落地。成立国际贸易“单一窗口”工作组，市口岸办、重庆海关、重庆出入境检验检疫局、市商务委等近 20 家单位抽调业务和技术骨干合力攻坚，协调推进有关工作。

（二）坚持融合发展

认真贯彻执行《国家口岸管理办公室关于国际贸易“单一窗口”建设的框架意见》，统筹推进重庆国际贸易“单一窗口”建设与标准版试点工作，在推广应用标准版基础上，一体化建设和拓展地方

“单一窗口”功能应用，形成标准版与地方“单一窗口”互为补充、互为支撑的良好格局。

（三）坚持制度先行

与重庆海关、重庆出入境检验检疫局等部门通力合作，贯彻国家口岸办《国际贸易“单一窗口”运行管理办法》，研究制定《重庆国际贸易“单一窗口”运行管理办法（试行）》《重庆国际贸易“单一窗口”信息数据管理办法（试行）》《重庆国际贸易“单一窗口”信息数据目录（第一期）》，搭建起“单一窗口”一揽子制度框架，为标准版试点和地方“单一窗口”建设推进提供了重要的制度保障。

（四）坚持用户核心

针对不同类型报关业务，推广应用虚拟 SaaS、集成 SaaS、导入客户端和服务集成等多种标准版服务模式，让各类企业在改革中都能够有获得感。“点面结合”加大宣传推广力度，“面上”联合重庆海关、重庆出入境检验检疫局采取大规模培训推广方式，让“单一窗口”在业内家喻户晓；“点上”针对大企业，采取上门服务方式，现场咨询和解决问题。截至目前，累计培训企业 500 余家 1000 余人次，培训政府部门工作人员 500 余人次；上门服务 200 余次，现场解决问题 500 余个。建立业务和技术团队，安排专人“一对一”服务企业，收集反馈问题，在线跟踪问题解决进度，及时回应用户关切，提升用户体验。

（五）坚持互利共赢

以服务企业和监管部门为目标，以便利企业和便利监管为宗旨，注重双向需求满足而不是单向服务提供，注重通过标准版试点和“单一窗口”建设解决单方难以解决的问题，凝聚改革共识，形成改革合力。针对十几类企业、近十家政府部门，研究推出《重庆国际贸易“单一窗口”便利通关一百条》，分别为各类企业和不同监管部门提供一百余项便利措施，涉及进出口企业和海关、检验检疫等 17 个部门和单位。例如，为报关行提供便利措施 25 条、为收发货人及其代理人提供便利措施 23 条、为海关监管提供便利措施 9 条、为国检提供便利措施 7 条等，让各方获得实实在在的改革红利。

二、推广成效

重庆“单一窗口”重点解决了四个方面“堵点”问题，初步实现了“四通”（申报直通、系统联通、信息互通、业务畅通）。

（一）解决政务申报问题，实现申报直通

以往企业开展进出口业务，需要将合同、箱单、发票等同一份贸易单据，分别向海关、国检、国税、外汇、银行、运输企业、仓储企业、监管场所等提交至少 8 次，而且面对的是不同系统，要求各异，反馈的渠道和方式也各不相同，企业疲于应付，耗费大量人力和时间。

重庆“单一窗口”整合申报入口，建立企业面对外贸相关部门的一站式服务平台，企业只进入 1 个系统，有关单证只提交 1 次，有关部门按需调用，监管和服务结果通过“单一窗口”统一反馈申报人，实现了联合国有关倡议提出的目标。

“单一窗口”实行免费政务申报，据测算，申报直通每年可为企业节省相关费用 5000 万元。

（二）解决系统对接问题，实现系统联通

经业务协调，重庆“单一窗口”逐一对接海关、国检、国税、外汇、边防、工商、商务、公安、港务、机场、地服、铁路、保税区、航交所、药交所、金融保险等 22 家单位 54 个系统，并积极探索共商、共建、共享、共管、共维制度化长效运行机制，为实施更广范围、更深程度的信息汇集共享和业务协同创造条件。据测算，实现系统联通后，企业人力和对接成本可下降 10%。

（三）解决信息共享问题，实现信息互通

协调组织口岸单位和企业通过重庆“单一窗口”共享信息，汇集共享信息 57 项 3682916 条，打破了“信息孤岛”，实现了国际贸易链条各个环节的信息互通，推动水运、航空、铁路贸易环节优化。

以上海港转重庆港为例，重庆水运的绝大多数集装箱由上海洋山港转关进口，转关单核销状态是报关报检的前提。以往需要报关员每天上午、下午到现场柜台询问，如果错过核销时间节点，会增加半天以上的滞港时间，影响通关效率，产生额外费用。“单一窗口”将转关单核销状态信息推送收货人及其代理人，仅这一个环节优化就节约半天时间。因水运单量大，由此节约的通关成本可观。

（四）解决业务协同问题，实现业务畅通

以“联合查验、一次放行”通关新模式为突破口，通过“指令对碰、预约交互，一次开箱、联合查验，线上结费、一次放行”，实现海关和国检之间、收货人与海关和国检之间、机场地服与收货人之间、机场地服与海关和国检之间、机场地服与银行之间等多方业务协同，不仅为企业节省一半以上的业务协调时间，查验货物减少一半以上的移箱成本，提货时间压减一半以上，而且对于监管部门提高查验效率作用明显，为实施执法互助创造了条件，同时也为口岸场所经营人提高服务效率创造了条件。

据测算，在重庆航空口岸推行“联合查验、一次放行”模式，单票将节约通关时间半天以上。

据不完全统计，重庆国际贸易“单一窗口”正式上线运行后，39 项功能充分发挥作用，重庆口岸将实现通关环节优化 30%以上，通关时间将缩短 10%以上，企业综合成本将下降 10%以上。重庆水运转关进出口 19 个环节优化了 8 个，优化率 42%；抵港到提货时间由平均 4 天压减为 3 天，压减率 25%；企业成本下降 10%以上。重庆航空直航进口 12 个环节优化了 5 个，优化率 42%；重庆航空直航出口 14 个环节优化了 5 个，优化率 36%；口岸通关时间减少 5.5 个小时；企业成本下降 10%以上。重庆铁路转关进出口 18 个环节优化了 6 个，优化率 33%；口岸通关时间减少 6 个小时；企业成本下降 10%以上。

三、 建设大事记

5 月 9 日

中国（重庆）国际贸易单一窗口应用标准版实现全国首票货物申报成功。

8 月 2 日

中国（重庆）国际贸易单一窗口应用标准版实现全国首票原产地证书申报成功。

10 月 27 日

重庆市口岸办、重庆海关、重庆出入境检验检疫局等多部门联合召开中国（重庆）国际贸易单一窗口上线新闻发布会。

10 月 31 日

中国（重庆）国际贸易单一窗口上线运行，重庆市副市长刘桂平、国家口岸办巡视员韩坚，以及重庆海关、重庆出入境检验检疫局等 30 余家口岸相关部门、各开放平台及进出口相关企业近 50 家单位的相关人员参加了上线仪式。

11 月 27 日~29 日

重庆市口岸办分别在空港、水港、西永面向各大报关行分别进行了“单一窗口”推广培训。

12 月 27 日

重庆市口岸办联合重庆海关举办中国（重庆）国际贸易单一窗口便捷通关应用推广培训，分别就相关便利通关流程进行讲解，重庆各大报关行、进出口公司、货代等 40 多家企业共 70 余人参会。

四川省

一、基本情况

2017年，四川省认真贯彻落实国务院口岸工作部际联席会议第三次全体会议和全国口岸办主任会议部署，在全省积极推广国际贸易“单一窗口”标准版。经四川省政府批准，在四川电子口岸基础上启动了中国（四川）国际贸易单一窗口建设工作，于2017年6月出台《四川国际贸易“单一窗口”建设推进方案》，方案确定了建设阶段时间节点、2017年工作重点和部门职责。按照方案要求，重点从以下几个方面加快推动“单一窗口”建设工作。

（一）加强组织领导

成立了以分管副省长为组长，分管副秘书长为常务副组长，省政府口岸物流办、成都海关、四川出入境检验检疫局等主要领导为副组长，省发展改革委等24个部门（单位）分管领导为成员的四川国际贸易“单一窗口”建设领导小组。领导小组办公室设在省政府口岸物流办，负责加强对试点城市和领导小组成员单位的指导和督查，坚持目标导向、问题导向，检查督促“单一窗口”标准版试点工作推进情况，充分发挥重点地方、重点企业的带头作用，及时协调解决试点中出现的问题，同时对接国家口岸办试点日报制度和点评制度开展情况，每日通报试点市“单一窗口”标准版报关报检覆盖率。

（二）强化宣传培训

加大对成都、泸州、绵阳、宜宾首批4个试点城市外贸企业和报关公司的宣传动员和培训。省、市口岸主管部门和口岸查验单位联合举办了直接面向报关公司和外贸企业负责人及报关员的培训班，讲明“单一窗口”建设的重要意义、特点和优势，充分调动其参与试点工作的积极性，尤其是对重点企业，成都海关、四川出入境检验检疫局安排专人“一对一”做好引导、督促和技术服务工作，跟踪企业使用“单一窗口”标准版情况，督促企业关务人员尽快使用“单一窗口”，并及时反馈企业报关遇到的问题。

（三）完善系统功能

积极向国家口岸办申请开放国际贸易“单一窗口”标准版中的更多功能，标准版上线功能已全部开放，组织有关部门（单位）、企业在“单一窗口”建设中开发更多适应四川省外贸实际情况的地方特色功能，开放更多服务功能，包括完成国家战略配套、自贸试验区配套、跨境电商配套，搭建中国（四川）自贸试验区专用服务平台和跨境电商综合服务平台，提供口岸政务、口岸物流、口岸数据、口岸特色应用等服务功能，力图解决海关特殊监管区域“一单两报”无法接入“单一窗口”标准版等问题。《成都海关集装箱进出口环节合规成本通关时间专项治理行动实施方案》中明确要求2017年12月20日前报关率达到30%。2017年12月11日，报关覆盖率达到39.23%，报检覆盖率从10月份以来每天均达到100%。

（四）建立容错机制

成都海关、四川出入境检验检疫局在“单一窗口”标准版试点期间建立了过渡时期的容错机制，帮助企业修补数据，原则上不扣分、不退单、不责罚，并向企业公布实施。

二、推广成效

2017 年，四川“单一窗口”已对接上线标准版七大基本功能，并开发上线检验检疫无纸化申报、口岸统计分析、报检 B2B 申报等地方特色功能，配合推广标准版功能应用。“单一窗口”标准版应用已覆盖至全省所有口岸。截至 2018 年 3 月 30 日，四川省“单一窗口”注册企业达 244 家，通过“单一窗口”标准版进行申报的业务量累计达 127696 票，其中报关申报 80651 票，报检申报 21999 票，专业版申报 24793 票，企业资质办理 30 票，原产地证申领 130 票，许可证申领 70 票。日报关覆盖率突破 60%，日报检覆盖率 100%。

三、建设大事记

6 月 16 日

印发《四川国际贸易“单一窗口”建设推进方案》，四川省“单一窗口”建设进入冲刺阶段。

7 月 18 日~8 月 25 日

省政府口岸物流办组织省物流信息服务公司在全省开展四川国际贸易“单一窗口”建设需求调研工作。

8 月 17 日

四川省成功纳入“单一窗口”标准版第三批试点省份。

8 月 24 日

景鸿国际物流（成都）有限公司通过“单一窗口”标准版成功申报一票进口货物，并顺利收到海关监管审核回执信息，实现四川国际贸易“单一窗口”业务量破零，这标志着国际贸易“单一窗口”标准版在四川的落地试点工作全面启动。

8 月 26 日

四川“单一窗口”成功集成标准版货物申报功能（SaaS 集成）。

8 月 28 日

四川“单一窗口”切换到正式环境，向企业开放货物申报等标准版 SaaS 集成服务功能。

9 月 1 日

四川“单一窗口”上线试运行。

9 月 7 日

四川“单一窗口”报检业务量破零。

9 月 13 日

泸州市口岸物流办领导组织召开“单一窗口”标准版业务培训会。

9 月 17 日

第三届国际口岸经贸物流合作大会召开，省政府副省长朱鹤新、国口办副主任韩坚、省政府口岸物流办主任吴舸分别发表了关于促进通关便利化，加快“单一窗口”建设的讲话。大会之后还专门召开了国际贸易“单一窗口”标准版企业座谈，省政府口岸物流办、省物流信息服务公司分别向国口办领导汇报标准版试点情况和推广应用情况；参会企业座谈交流并提出意见建议；国口办副主任韩坚讲话。

10 月 10 日

四川省推进“单一窗口”标准版试点工作及压缩通关时间工作专题会在省政府召开，四川省副省朱鹤新长出席会议并讲话，副秘书长赵卫平主持。

10 月 12 日

省政府口岸物流办组织召开国际贸易“单一窗口”标准版宣贯暨专题培训会议。成都市政府副市长刘筱柳做了重要讲话，省政府口岸物流办主任吴舸代表省政府就国际贸易“单一窗口”的进一步推进提出了要求和意见。

10 月 16 日

宜宾市政府副市长王可组织召开“单一窗口”标准版试点工作推进会。

10 月 18 日

绵阳市召开“单一窗口”标准版试点工作再动员再部署会。

10 月 19 日

四川“单一窗口”上线标准版企业资质办理和原产地证书申领功能。

10 月 26 日

四川“单一窗口”日报检覆盖率率达到 100%。

10 月 30 日

四川省政府副秘书长赵卫平组织召开“单一窗口”标准版试点工作阶段性小结推进会，听取 10 月份试点工作汇报，分析解决试点反映出来的问题，安排下一步重点工作。

11 月 1 日

成都国航进出口有限公司成功接入标准版客户端，申报 7 票报关业务，标准版客户端实现业务量零的突破。

11 月 14 日

四川“单一窗口”注册企业达到 100 家，日报关覆盖率突破 20%。

11 月 14 日

四川省人民政府口岸与物流办公室印发《关于全面开展国际贸易“单一窗口”标准版试点工作的通知》，标准版试点范围扩大至全省，试点推广工作全面展开。

11 月 30 日

省政府口岸物流办、成都海关、四川省出入境检验检疫局联合举办的四川省国际贸易“单一窗口”标准版扩大试点宣贯培训会在成都召开。全省第二批试点地区口岸主管部门负责人、关、检分支机构负责人，进出口企业、报关报检代理企业负责人及关务人员参加，共计 130 余人参会。

12 月 8 日

四川“单一窗口”日报关覆盖率突破 30%。

12 月 12 日

四川“单一窗口”日报关覆盖率突破 40%。

12 月 19 日

国际物流（成都）有限公司通过四川“单一窗口”无纸化系统上传一票货物的随附单证，并成功申报。

12 月 21 日

四川省副省长朱鹤新主持召开“单一窗口”建设推进工作专题会。

贵州省

一、基本情况

2017 年，按国家口岸办要求，结合贵州省实际情况，在充分依托贵州电子口岸的基础上，采用 SaaS 虚拟化方式完成国际贸易“单一窗口”标准版正式应用。会同贵阳海关、贵州出入境检验检疫局等有关口岸工作单位多次召开专题会议进行研究讨论，制定下发了《国际贸易“单一窗口”标准版试点推进方案》。

（一）加强组织领导

成立了由贵州省商务厅主要领导任组长，贵阳海关、贵州出入境检验检疫局分管领导任副组长，各相关单位为成员的工作领导小组，领导小组下设综合推进与运维保障两个工作小组，切实加强组织领导与统筹调度。

（二）及时接入部署

在向国家口岸办正式上报《关于申请开展国际贸易“单一窗口”标准版接入工作的请示》后，贵州省立即拟定了有关工作实施方案，并送海关、检验检疫等单位征求意见，同时在国家口岸办有关专家的指导下，对标准版测试环境进行了接入部署和系统联调，中国（贵州）国际贸易单一窗口作为省级电子口岸重点应用服务类项目投入线上运行。

（三）迅速推广培训

在接入标准版正式环境以后，由贵州省口岸办牵头，会同贵阳海关、贵州出入境检验检疫局、贵州省商务厅外贸处确定了第一批省内进出口试点企业，并召开了专题推介会，第一时间对各试点企业进行了业务操作培训。随后，联合贵阳海关、贵州出入境检验检疫局、贵州省商务厅等单位对全省 9 个市（州）、2 个综合保税区，以及有关重点企业、报关行进行了系统培训和宣传推广。

（四）强化督促引导

按照国家口岸办关于运维服务有关要求，由贵州省口岸办组织选派业务骨干，采取“一对一”上门驻点的方式，轮班到各进出口企业、报关行现场开展协调和指导，全力推进企业报关报检业务，有效提高了“单一窗口”货物申报业务在企业中的应用率和体验度。

（五）实时跟踪反馈

通过现场收集、微信群交流、电话沟通等方式，及时收集汇总企业在使用标准版过程中的各类意见建议，每日对试点企业运行情况进行跟踪评估，向企业和有关单位通报工作进度，并及时向国家口岸办技术团队反馈，实现了国家和地方两级运维优化的无缝对接。

二、推广成效

贵州国际贸易“单一窗口”于2017年12月底完成报关报检覆盖率30%的目标。截至2018年3月5日，各类申报办结单据总计4511票，其中报关4198票、报检167票、企业资质办理45个、原产地证59个、机电许可证37个。2018年以来报关业务覆盖率均超过50%，报检业务均超过30%。

三、建设大事记

7月26日

中国（贵州）国际贸易单一窗口依托贵州省电子口岸平台正式上线运行。

8月22日

中国（贵州）国际贸易单一窗口成功应用标准版申报首票报检数据。

8月29日

中国（贵州）国际贸易单一窗口查询统计功能正式上线试运行。

10月24日

中国（贵州）国际贸易单一窗口入驻贵州省政务服务中心。企业可以自行在服务大厅中办理企业资质申请、业务状态查询等业务。

10月25日

中国（贵州）国际贸易单一窗口原产地证申报系统正式上线运行。

10月27日

中国（贵州）国际贸易单一窗口企业资质申报系统正式上线运行。

12月4日

中国（贵州）国际贸易单一窗口实现批量报关申报业务。

12月18日

中国（贵州）国际贸易单一窗口成功应用标准版申领首票自动进口许可证。

12月22日

中国（贵州）国际贸易单一窗口新闻发布会在贵州饭店举行，贵州省商务厅、贵阳海关、贵州出入境检验检疫局分别介绍中国（贵州）国际贸易单一窗口有关功能，并答记者问。

云南省

一、 基本情况

为认真贯彻落实党中央、国务院和云南省委、省政府关于在2017年年底前建成国际贸易“单一窗口”的决策部署，由云南省商务厅（省口岸办）牵头，会同昆明海关、云南出入境检验检疫局、云南省公安边防总队、云南省交通运输厅等单位，合力推进中国（云南）国际贸易单一窗口平台建设。经过口岸各单位的共同努力，云南“单一窗口”已经完成建设并上线运行，实现对全省所有口岸的全覆盖，平台运行稳定，业务量持续上升。

中国（云南）国际贸易单一窗口建设是云南省主动服务和融入“一带一路”倡议，建设面向南亚、东南亚辐射中心，推进口岸“大通关”建设，实现口岸管理相关部门“三互”（信息互换、监管互认、执法互助），优化口岸管理和服务机制，转变政府职能实现方式，缩短通关时间，降低企业成本的重要举措，是云南省重点打造的通关一体化政务公共服务平台。

（一）认真做好建设前期工作

一是完成《中国（云南）国际贸易单一窗口建设总体方案》编制。云南省商务厅根据国务院和省政府的有关文件精神，学习借鉴上海市、山东省、天津市、厦门市、四川省和重庆市等地“单一窗口”建设经验，起草《中国（云南）国际贸易单一窗口建设总体方案》，经省政府办公厅同意后已于2017年7月20日印发各州市人民政府，省直各委、办、厅、局贯彻执行。

二是完成云南“单一窗口”公开招标工作。省商务厅根据国家和省委、省政府要求，在经过前期认真调研后，完成了《中国（云南）国际贸易单一窗口项目建设（一期）可行性研究报告》并通过省工信委专家评审和技术审查，按照政府采购相关规定进行了公开招投标。

（二）合力推进项目建设

一是部署上线应用“单一窗口”标准版。2017年8月17日，云南省被列为“单一窗口”标准版第三批试点地区。根据国家的统一部署，在国家口岸办的指导和相关参与单位的共同努力下，采用SaaS服务模式成功部署了“单一窗口”标准版。云南“单一窗口”上可使用货物申报、舱单申报、运输工具申报、企业资质办理、原产地证书申领、许可证件申领、查询统计等7项功能。

二是创新开发地方特色应用功能。结合云南口岸特点，丰富和完善云南“单一窗口”功能，规划了全省边民互市管理系统、跨境自驾游管理系统和口岸突发事件应急协调处置中心等地方特色应用项目，服务边民脱贫攻坚和边疆繁荣稳定。

（三）加强平台推广培训

一是全面推广应用。为扩大云南省“单一窗口”覆盖范围，省商务厅会同昆明海关、云南出入境检验检疫局、云南省公安边防总队等部门联合印发了《关于全面推广使用中国（云南）国际贸易单一窗口的通知》文件，合力推广云南“单一窗口”。

二是加大培训力度。2017 年 9 月 22 日，云南省商务厅（省口岸办）在昆明举办了中国（云南）国际贸易单一窗口推广培训会。全省各州市商务局（口岸办）主要负责人，昆明市外贸、报关、报检等企业约 150 人参加会议。会上，邀请了国家口岸管理办公室专家对“单一窗口”进行了详细的讲解和介绍。对下一步云南“单一窗口”建设、推广工作进行研究部署，要求昆明、保山、临沧、文山、玉溪、红河等州市在 2017 年 10 月中旬前完成中国（云南）国际贸易单一窗口推广培训工作。已完成培训 1567 人/次，其中集中培训 1408 人/次，上门“一对一”培训 159 人/次。

三是召开新闻发布会，加大云南“单一窗口”宣传推广力度。2017 年 12 月 14 日，省商务厅会同相关单位邀 50 家中央驻滇、香港驻滇，省、市新闻媒体和 40 多家涉外企业参加中国（云南）国际贸易单一窗口新闻发布会，对中国（云南）国际贸易单一窗口进行了全方位宣传、推广。

四是加强沟通，及时收集和反馈问题。为便于“单一窗口”建设信息互通，建立了周、月例会制度，协调解决建设中存在的困难和问题。同时，通过云南“单一窗口”推广微信群和 QQ 群收集和整理“单一窗口”标准版存在的问题，及时上报国家口岸管理办公室。

二、推广成效

（一）全面使用，服务企业成效显著

全省口岸各管理部门坚持“共建、共管、共享”原则，以大局为重，凝心聚力、多措并举，攻坚克难，共同加快云南“单一窗口”推广使用工作。经过共同努力，云南“单一窗口”的业务量持续提升。截至 2017 年 12 月 31 日，通过云南“单一窗口”平台报检 4490 票、报关 13253 票，日覆盖率均在 50%以上，边民互市申报 28622 票。尤其是自 12 月起，通过云南“单一窗口”报关报检单量呈井喷式增长，12 月 4 日报关单覆盖率达到 100%，实现报关单量的全覆盖，成效突出。

（二）提升效率，企业获得感增强

从事国际贸易的企业和边民互市的边民，原来需要向多个管理部门报送的多项业务和数据，现在都通过中国（云南）国际贸易单一窗口这个平台，有效解决重复申报、多头申报的问题，实现“一点接入、一次提交、一次反馈结果”，让数据多“跑腿”、多共享，让企业少跑路、少奔波，企业负担大幅减少，企业获得感明显提高，口岸通关效率快速提升。

（三）简化流程，通关更加畅通

中国（云南）国际贸易单一窗口大幅简化了国际贸易环节和流程，让复杂的国际贸易变得更简单、高效。据统计，国际贸易“单一窗口”的货物申报数据由原来的 119 项整合为 85 项，舱单申报数据由 194 项合并为 65 项，仅这两项合计就减少 163 项，减少一半以上。

（四）降低成本，企业得到真实惠

中国（云南）国际贸易单一窗口是全免费的政务服务平台，由政府统一建设和运维，不收取任何费用，企业通过该平台报关每票节省约 15 元，报检每批节省 15~20 元，原产地证申报每单节省约 30 元，企业进出口货物申报时间从 4 个小时减少至 5~8 分钟，企业综合成本明显下降。

三、建设大事记

5 月 6 日

中国（云南）国际贸易单一窗口可行性研究报告通过云南省工信委召开的专家评审。

7 月 20 日

云南省办公厅下发了《关于印发中国（云南）国际贸易单一窗口建设总体方案的通知》。

8月17日

国家口岸管理办公室在北京召开“单一窗口”标准版试点扩大部署会，确定云南省为全国第三批国际贸易“单一窗口”标准版试点省份。

8月28日

中国（云南）国际贸易单一窗口正式上线。

9月5日

中国（云南）国际贸易单一窗口项目建设举行开工仪式。

9月18日

云南“单一窗口”使用业务量累计突破100票，达233票，单日突破100票，达153票，实现了双破百，日报关覆盖率达24.1%。

9月22日

云南省商务厅（口岸办）在昆明举办了中国（云南）国际贸易单一窗口推广培训会。国家口岸办、昆明海关、云南出入境检验检疫局，各州市商务局（口岸办），昆明市外贸、报关、报检等单位约150人参加会议。

9月30日

云南省商务厅（口岸办）、昆明海关、云南出入境检验检疫局联合下发《关于全面推广使用中国（云南）国际贸易“单一窗口”的通知》。

10月17日

陈舜副省长召集研究单一窗口建设等口岸工作。

10月20日

云南出入境检验检疫局召开中国（云南）国际贸易单一窗口推广培训会。

11月22日

昆明海关召开中国（云南）国际贸易单一窗口推广培训会。

西藏自治区

一、基本情况

为贯彻落实国务院174次常务会议关于2017年年底前实现“单一窗口”全国所有口岸全覆盖的要求，按照国家口岸管理办公室安排，西藏选用虚拟SaaS方式开展中国（西藏）国际贸易单一窗口建设，2017年9月1日组织边贸商会，进行“单一窗口”标准版试点工作部署。经过全区口岸系统和“一关两检”的共同努力，“单一窗口”标准版在西藏所有口岸实现全覆盖，并完成了2017年年底覆盖30%的任务。2017年12月，西藏自治区口岸办协调中国电子口岸数据中心拉萨分中心开展95198“单一窗口”热线接入工作。

二、推广成效

国际贸易“单一窗口”的建设实施对企业报关架构和操作模式产生了重大改变。通过国际贸易“单一窗口”货物申报系统，进行“一次申报”，申报作业由一天压缩到半个小时。通关效率大幅提升，大幅减轻企业负担，提升综合服务水平。截至2017年12月31日，西藏“单一窗口”平台注册用户数19个（含管理员11个、操作员8个）。截至2017年12月29日，西藏自治区通过“单一窗口”报关1461单，报检52单，办理企业资质1单，主要业务覆盖率超30%，完成所有口岸全覆盖。

三、建设大事记

6月19日

西藏自治区主席助理罗梅主持召开口岸建设管理和边境贸易发展领导小组2017年第1次会议，会议决定自治区口岸建设管理和边境贸易发展领导小组作为西藏国际贸易“单一窗口”自治区层面领导机构。

9月1日

西藏自治区口岸办组织拉萨海关、西藏出入境检验检疫局、边贸商会和试点企业召开国际贸易“单一窗口”标准版试点部署会议。

9月4日

试点工作全面展开，第一批外贸企业在拉萨完成信息注册。

9月7日

西藏龙达尔报关有限公司成功通过“单一窗口”完成第一单报关报检业务，实现西藏自治区国际贸易“单一窗口”申报零的突破。

9月21日

西藏本年度日最高报关申报量达68单，单日标准版报关业务覆盖率达到100%。

陕西省

一、 基本情况

陕西省政府高度重视中国（陕西）国际贸易单一窗口建设工作，将其列为中国（陕西）自由贸易试验区建设的重点任务，要求在2017年6月底前实现上线运行。陕西省口岸办、西安海关、陕西出入境检验检疫局、陕西电子口岸有限责任公司主管领导和业务负责同志分别参加试点领导小组和联合运维保障小组，试点企业积极参与标准版测试，一致努力为陕西顺利开展"单一窗口"试点工作奠定了良好的组织基础。

2017年3月1日，召开了全省口岸工作会议，主管副省长魏增军出席会议并讲话。会议提出加快推进电子口岸和国际贸易"单一窗口"建设，年底前与全国同步实现"单一窗口"区域、功能、业务全覆盖的工作目标。随后，多次派员赴国家口岸办、中国电子口岸数据中心了解并参与标准版的研发工作。4月26日，国家口岸办对"单一窗口"标准版首批试点进行了动员部署，陕西被列为全国5个试点省市之一，主要任务是针对标准版的货物申报功能、业务流程和联合运维机制等组织试点。

2017年5月12日，组织召开了陕西省"单一窗口"标准版试点工作部署动员暨业务培训会。会议邀请陕西省商务、海关、国检等单位，西安国际港务区、西安高新综合保税区、西咸新区空港新城、陕西电子口岸有限责任公司和5家外贸企业的负责人和业务人员参加。国家口岸办、中国电子口岸数据中心派出专家赴陕指导试点工作。

在前期试点的基础上，陕西省口岸办与海关、国检、商务等省级部门合作，将试点企业扩大至35家，并于2017年6月29日召开了扩大试点动员培训会。

2017年7月中旬开始，陕西省口岸办、省商务厅联合对全省外贸及外贸服务企业进行"单一窗口"推广应用免费培训，"单一窗口"在全省范围开展试点。在12个市（区）举办培训班27期，共培训外贸企业988户、报关报检人员1216人。

二、 推广成效

为积极推动标准版试点工作，陕西省口岸办联系《陕西日报》、陕西卫视，并通过电子口岸网站、手机APP、微信平台等多种方式，围绕本次试点工作、"单一窗口"标准版及其将实现的九大功能、促进国际贸易便利化作用等内容，向社会公众进行了近10次的宣传报道，为下一步大范围推广应用标准版奠定用户基础。

2017年，陕西省企业通过"单一窗口"标准版完成报关报检、关检联报等业务10483单（其中报关7235单、报检1388单、专业版1734单、运输工具31单、舱单3单、企业资质45单、原产地证47单）。2017年12月28日，报关覆盖率达40.66%，报检覆盖率达100%。完成了"单一窗口"在2017年年底前全省全覆盖的目标任务。

三、 建设大事记

4 月 28 日

陕西省列为国际贸易“单一窗口”标准版首批试点 5 个省市之一。

5 月 12 日

省政府口岸办组织省商务厅、西安海关、陕西出入境检验检疫局，以及 5 家试点企业在西安举办国际贸易“单一窗口”标准版试点工作培训会议。

5 月 12 日

陕西嘉禾生物科技股份有限公司实现陕西省首单通过“单一窗口”报关。

5 月 13 日

西飞科技（西安）工贸有限公司实现陕西省首单通过“单一窗口”报检。

5 月 15 日

西飞科技（西安）工贸有限公司实现陕西省首单通过“单一窗口”关检联报。

6 月 12 日

西安国际陆港保税物流投资建设有限公司通过中国（陕西）国际贸易单一窗口申报一票进境备案清单业务，并成功收到海关放行回执信息。

6 月 29 日

按照国家口岸办扩大试点的通知精神，将试点企业扩展至 35 家。

6 月 30 日

中国（陕西）国际贸易单一窗口（网址：www. singlewindowshaanxi. cn）按照国家口岸办统一域名、统一界面、统一标志的要求改版完成，正式开通并上线运行。

7 月 19 日

陕西省口岸办、省商务厅在西安召开陕西省“单一窗口”全面应用推广部署动员会，各市（区）口岸办、商务局负责同志相关负责人参加了会议。

10 月 23 日

在西安召开陕西省口岸工作联席会议暨全省口岸办主任会议，陕西省副省长魏增军出席会议并讲话，会议对“单一窗口”推广应用做了再动员、再部署。

11 月 20 日

陕西省在新加坡举办了《陕西省推进国际贸易“单一窗口”建设及物流发展推介会》。

甘肃省

一、基本情况

为贯彻落实党中央、国务院关于国际贸易“单一窗口”建设的决策部署，按照《国家口岸管理办公室关于国际贸易“单一窗口”建设的框架意见》精神，甘肃省从推广应用国际贸易“单一窗口”标准版和拓展建设国际贸易“单一窗口”地方特色功能两方面积极推进中国（甘肃）国际贸易单一窗口建设。

（一）推广应用国际贸易“单一窗口”标准版情况

2017 年 8 月，根据国家口岸办“单一窗口”标准版扩大试点部署会议精神，甘肃省被列入国家“单一窗口”标准版第三批试点省份。甘肃省召开试点工作推进会，部署试点工作，研究制定了《国际贸易“单一窗口”标准版试点运行工作方案》，同时成立由甘肃省口岸办、兰州海关、甘肃出入境检验检疫局分管领导组成的试点工作领导小组，负责指导试点企业做好标准版的试点运行工作；成立由甘肃省口岸办、兰州海关、甘肃出入境检验检疫局及运维保障企业有关人员组成的运维服务保障工作组，负责及时受理并解决试点企业推广应用中遇到的各类问题。

2017 年 8 月中国（甘肃）国际贸易单一窗口正式上线运行，实现了货物申报、企业资质申报、原产地申报等功能。为调动企业使用积极性，提高“单一窗口”覆盖率，甘肃省口岸、海关、检验检疫及运维保障等单位密切配合，通过为使用“单一窗口”的企业提供绿色通道，举办“单一窗口”业务培训班，政策宣传，辅导解疑，逐户走访，一对一指导企业使用，帮助企业安装调试，全力做好“单一窗口”标准版推广应用保障工作，建立了甘肃申报企业微信群，及时发布更新通知，快速解决企业申报中的问题，增强企业使用“单一窗口”的信心，不断提升企业的获得感。

（二）地方特色功能建设推进情况

2016 年 10 月，根据《国家口岸管理办公室关于国际贸易“单一窗口”建设的框架意见》关于“中央层面统筹推进‘单一窗口’基本功能建设，地方层面拓展实施‘单一窗口’特色服务功能”的要求，甘肃省积极研究部署，结合甘肃省外经贸和口岸发展实际，开展地方特色服务功能需求调研，于 2016 年年底编制完成了《甘肃国际贸易“单一窗口”建设方案》（初稿）。为避免与“单一窗口”标准版的重复建设，甘肃省不断优化完善建设方案，并多次征求海关、检验检疫、边防、财政、工商、外汇、国税等相关口岸单位和国际贸易相关部门的意见。2017 年 8 月，甘肃省口岸办正式向甘肃省政府上报了审定《中国（甘肃）国际贸易单一窗口建设方案》的请示和建立国际贸易“单一窗口”建设协调推进领导小组的请示。2017 年 11 月，甘肃省政府常务副省长黄强主持召开会议，专题研究审定了《中国（甘肃）国际贸易单一窗口建设方案》。2017 年 11 月，甘肃省政府办公厅正式批复同意建设方案，要求甘肃省口岸办在国家口岸办的指导下，抓紧组织实施。2017 年 11 月，甘肃省政府建立了甘肃省口岸工作联席会议制度和国际贸易“单一窗口”建设协调推进领导小组，负责统筹推进“单一窗口”建设工作。

二、推广成效

至2017年年底，甘肃省企业通过“单一窗口”标准版申报2693票，其中2017年12月申报1919票，当月报关1267票（专业版564票、标准版703票）、报检641票，12月报关、报检业务覆盖率分别为86%、63%，超额完成2017年年底前覆盖本地区30%以上业务量的目标任务。

三、建设大事记

8月

中国（甘肃）国际贸易单一窗口正式上线运行。

8月14日

甘肃省口岸办组织召开国际贸易单一窗口标准版试点运行推进会，部署试点工作，研究制定了《中国（甘肃）国际贸易“单一窗口”标准版试点运行工作方案》。

8月16日

兰州中远报关有限公司向中国（甘肃）国际贸易单一窗口平台成功申报了1票通关一体化出口报关单，顺利通过海关审核放行，标志着甘肃省国际贸易“单一窗口”标准版首单货物申报成功。

9月

甘肃企业通过国际贸易“单一窗口”成功实现了货物报检申报和原产地证申报。

10月

甘肃企业通过国际贸易“单一窗口”成功实现企业资质办理业务。

11月8日

甘肃省政府常务副省长黄强主持召开会议，专题研究审定了《中国（甘肃）国际贸易单一窗口建设方案》。

11月22日

甘肃省商务厅（口岸办）在兰州举办了中国（甘肃）国际贸易单一窗口推广培训会。

11月27日

甘肃省国际贸易“单一窗口”建设协调推进领导小组正式成立，负责统筹推进甘肃省国际贸易“单一窗口”建设工作。

12月11日

甘肃省口岸联席会议制度办公室正式下发《中国（甘肃）国际贸易单一窗口建设方案》。

青海省

一、基本情况

为确保2017年年底前全面建成中国（青海）国际贸易单一窗口，2016年年底，由青海省商务厅牵头，征求海关、检验检疫、财政、外汇、国税、交通等相关单位意见建议，研究制定了《青海省国际贸易“单一窗口”建设实施方案》，提出了青海省“单一窗口”建设的总体要求，成立了青海省国际贸易“单一窗口”工作推进小组。

2017年3月，完成了青海国际贸易“单一窗口”建设项目可行性研究报告的编制工作。5月，项目相继通过可研报告初审会和论证会。6月，青海国际贸易“单一窗口”项目可行性研究报告获得青海省发展改革委批复。

2017年8月1日，按照国家2017年年底全面建成“单一窗口”的目标，青海省口岸办多次与国家数据中心、重庆市口岸办、青海省商务厅信息中心协调沟通，走访调研外贸企业，交流座谈、通力合作，正式通过虚拟SaaS方式对接国际贸易“单一窗口”标准版。

2017年8月29日，青海省成功通过“单一窗口”标准版完成申报货值8万美元的藏毯。该批货物成功入库，当日完成录入、申报和随附单证上传等相关操作，标志着国际贸易“单一窗口”标准版在青海的推广应用工作全面启动，在尚没有电子口岸公共平台，尚未建设地方“单一窗口”的情况下实现零业务量的突破。

2017年11月，青海省口岸办组织召开国际贸易“单一窗口”标准版推广培训会。口岸各相关单位，各市、州商务局，60余家进出口企业及报关企业行共计160人参加了会议。青海省商务厅副厅长主持会议，对国家标准版推广工作进行动员和部署。会上邀请了相关专家和技术人员对“单一窗口”标准版推广使用进行实例操作培训，积极鼓励进出口企业和报关企业全面使用“单一窗口”标准版进行业务申报。

二、推广成效

截至2017年年底，青海省通过“单一窗口”总计完成383票业务申报。

三、建设大事记

3月

完成了青海省国际贸易“单一窗口”建设项目可行性研究报告的编制工作。

5月

项目相继通过可研报告初审会和论证会。

6 月

青海省国际贸易“单一窗口”项目可行性研究报告获得青海省发展改革委批复。

8 月

成功通过“单一窗口”标准版完成首票货物申报。

10 月

青海省“单一窗口”项目启动，开始项目需求调研。

11 月

完成海关和国检的需求调研。青海省国际贸易“单一窗口”门户网站样式确认完成。

宁夏回族自治区

一、 基本情况

在宁夏回族自治区党委、政府的正确领导和高度重视下，在国家口岸管理办公室及有关部委的大力支持和帮助下，宁夏始终把国际贸易“单一窗口”建设作为完善口岸功能、促进贸易便利化、压缩货物通关时间的重要抓手，在全面推广应用标准版的基础上，正在积极推进建设具有地方特色及数据分析功能的中国（宁夏）国际贸易单一窗口公共服务信息系统（实体 SaaS），这将进一步优化通关环境，降低外贸企业成本，提升全区贸易便利化水平。

2016 年 12 月 21 日，宁夏回族自治区副主席王和山主持召开专题会议，听取了自治区商务厅（口岸办）、信息化建设办公室关于国际贸易“单一窗口”试点工作进展情况的汇报，研究议定了加快推进试点工作的下一步方向、措施和任务分工，并决定将国际贸易“单一窗口”列入 2017 年中阿网上丝绸之路重点信息化项目。

2017 年 3 月，自治区商务厅组织专家团队对宁夏“单一窗口”的可行性进行了研究分析，形成了《宁夏国际贸易“单一窗口”公共服务信息系统项目可行性研究报告》。在自治区发展改革委组织的可行性研究报告评审会上，与会的各口岸管理职能部门代表及专家，对报告提出了修改意见和建议。之后，按照相关部门和专家的意见建议，自治区商务厅再次对可行性研究报告和方案进行了修改完善，并提交自治区发展改革委准备论证。

2017 年 5 月 24 日，国家口岸办在苏州召开国际贸易“单一窗口”的工作会议之后，根据会议关于“未建设国际贸易‘单一窗口’系统平台且业务量较小（5 万单以下）的地区，建议可直接推广应用国际贸易‘单一窗口’标准版”的要求，结合宁夏实际情况，为保证“单一窗口”标准版及时上线运行和数据资源的自主应用，宁夏采取虚拟软件服务（虚拟 SaaS）和实体软件服务（实体 SaaS）同步推进的模式，先期按照国家口岸办相关要求直接推广应用全国标准版，同时继续修改完善《宁夏国际贸易“单一窗口”公共服务信息系统项目建设方案》，推动实体软件服务系统（实体 SaaS）立项工作。这标志着宁夏推进国际贸易“单一窗口”建设由自主建设向先复制推广、再择机建设的模式转型。

在国家口岸办的支持下，宁夏及时取得了标准版地方服务端口，并于 2017 年 8 月 8 日在自治区商务厅官方网站公共服务条目中增设“中国（宁夏）单一窗口”模块，同时组织区内外贸企业登录注册试用，基本实现了货物申报、企业资质、许可证件、原产地证等功能的全覆盖，有效解决了企业重复申报、多头申报等问题，切实降低了企业人力和时间成本，大幅提高了企业通关效率。

2017 年 10 月 13 日，宁夏回族自治区副主席王和山主持召开全区口岸工作专题会议，安排部署国际贸易“单一窗口”标准版推广应用及中国（宁夏）国际贸易单一窗口公共服务信息系统（实体 SaaS）建设工作。按照会议要求，宁夏商务厅（口岸办）积极推动建设以“单一窗口”标准版为基础，具有地方特色的中国（宁夏）国际贸易单一窗口公共服务信息系统。

二、 推广成效

（一）推广应用标准版成效显著

2017 年 10 月 27 日，宁夏商务厅（口岸办）联合银川海关、宁夏出入境检验检疫局在银川成功举办了中国（宁夏）国际贸易单一窗口推广应用培训班。培训班特邀中国电子口岸信息中心专家详细讲述了“单一窗口”的功能架构及操作应用，并系统传达了全国国际贸易“单一窗口”工作会议精神。宁夏五市商务主管部门、银川经济技术开发区、石嘴山经济技术开发区、银川综合保税区等 11 家单位 31 名负责人及 300 多名企业代表参加培训。随后，针对企业使用中存在的问题，在线上线下开展了多轮指导和走访。截至 2017 年年底，宁夏通过国际贸易“单一窗口”累计办理报关 413 单、报检 4 单、企业资质 56 个、原产地证 7 个、各类许可证 2 个，圆满完成了申报业务量综合覆盖率 30%以上的目标任务。

（二）统筹保障体系基本建立

2017 年 2 月 8 日，宁夏成立了由自治区副主席王和山任组长，自治区人民政府办公厅、商务厅、发展改革委、经济和信息化委、财政厅等有关单位参与的国际贸易“单一窗口”建设试点工作领导小组，全面统筹和协调推进宁夏国际贸易“单一窗口”建设试点工作，协调解决试点工作中遇到的困难和问题。2017 年 12 月 6 日，在国家口岸办和中国电子口岸数据中心的大力支持下，宁夏口岸办牵头成立了由银川海关、宁夏出入境检验检疫局等相关单位组成的联合运营保障工作组，具体负责中国（宁夏）国际贸易“单一窗口”运营保障，并在线上线下为企业使用提供业务咨询和技术支持。

（三）企业通关成本切实降低

自中国（宁夏）国际贸易单一窗口正式启动以来，实现了通关业务无纸化、申报自由化，有效减免了企业中间环节代理费或数据传输费等通关杂费，减少了奔波往返于各监管部门之间的人力资源，切实降低了企业人力和时间成本。

据宁夏友信实业有限公司反馈，在使用中国（宁夏）国际贸易单一窗口以前，所有业务都是委托港口报关行代理报关，每票需事先准备好四五份不同内容的报关单据，还要支付 100~150 元/票不等的报关费，仅此一项每年需开支人民币约 20000 元。“单一窗口”不仅免费而且高效，大大地减轻了单证员的工作量，工作效率也大为提高，预计每年将会为企业降低 5%~10%的出口费用。

据西北轴承集团进出口有限公司反馈，以往通过委托货代代理报关申报需要 7 天时间，每单需缴纳 100 元代理报关费，通过中国（宁夏）国际贸易单一窗口，仅仅需要 5 分钟，且不需要任何费用，报关时间、业务人员工作量、报关费用、信息安全性等方面都实现了降本增效。

（四）贸易便利化水平有效提升

通过中国（宁夏）国际贸易单一窗口将大通关流程由“串联”改为“并联”，为国际贸易提供了一个“一站式”在线办理的窗口，有效解决了企业重复申报、多头申报等问题，大幅提高了企业通关效率，极大地促进了贸易便利化。

据银川综合保税区银保国际贸易有限公司反馈，以前通过 QP 办理海关电子账册核销业务，需要安装系统或者在海关预录入处申报，现通过“单一窗口”可以直接填报，可在任何地方申报，操作方便，节约时间。

三、 建设大事记

12 月 21 日

宁夏回族自治区副主席王和山主持召开专题会议，决定将国际贸易“单一窗口”列入 2017 年中阿网上丝绸之路重点信息化项目。

1 月 20 日

编制完成《宁夏国际贸易“单一窗口”信息系统建设项目可行性研究报告》和《宁夏国际贸易“单一窗口”公共服务信息系统项目建设方案》。

2 月 8 日

成立宁夏国际贸易“单一窗口”建设试点工作领导小组。

3 月 15 日

宁夏发展改革委召开国际贸易“单一窗口”项目可研报告论证会。

8 月 8 日

在宁夏商务厅官方网站公共服务条目中增设“中国（宁夏）单一窗口”模块，正式启动标准版。

10 月 13 日

宁夏回族自治区副主席王和山主持召开全区口岸工作专题会议，安排部署国际贸易单一窗口标准版推广应用及中国（宁夏）国际贸易“单一窗口”公共服务信息系统（实体 SaaS）建设工作。

10 月 27 日

宁夏商务厅（口岸办）联合银川海关、宁夏出入境检验检疫局在银川成功举办了中国（宁夏）国际贸易单一窗口推广应用培训班。

12 月 6 日

宁夏政府口岸办牵头成立了中国（宁夏）国际贸易单一窗口运维保障联合工作组。

新疆维吾尔自治区

一、 基本情况

中国（新疆）国际贸易单一窗口建设项目是落实国务院部署，为实施丝绸之路经济带国家发展规划提供支持，着眼于新疆地区经济发展、口岸发展、电子商务发展的核心需求，加速新疆“信息互换、监管互认、执法互助”的大通关建设改革。为建设中国（新疆）国际贸易单一窗口服务平台，整合了海关、边检、工商、交通运输厅、铁路、场站、货代、运输企业等单位的信息资源，通过管理创新和优化原有业务模式，构建以口岸数据交换、关键信息共享、监管单位协同工作，企业综合服务、口岸大数据分析为核心功能的综合性口岸大通关服务平台，形成集口岸门户、数据交换、口岸通关、加贸保税、企业服务等功能于一体的国际贸易“单一窗口”体系。

（一）建立协调推进机制

在自治区电子口岸（“单一窗口”）建设领导小组的带领下，设立“单一窗口”标准版试点推进工作小组，负责自治区“单一窗口”建设领导小组办公室日常工作和“单一窗口”标准版试点工作的具体推进，跨部门业务协调，联系运维保障组，共同做好试点工作，试点推进工作小组日常办事机构由自治区口岸办综合处兼任。运维保障小组日常办事机构由新疆电子口岸公司兼任，接受试点推进工作小组的业务政策指导，负责处理试点推进工作中数据链路衔接、交换、流转中发现的问题，确保“单一窗口”标准版安全、稳定、高效运行。

（二）建立日常联络机制

一是以口岸为单位，建立“单一窗口”标准版微信群，运维保障小组相关技术人员及申报企业具体操作人员入群。通过微信群即时在线解决企业申报过程中遇到的问题，同时收集企业问题和需求，引导企业使用。二是各地州（市）口岸（委）办和驻口岸海关、检验检疫局确定 1 名工作人员负责“单一窗口”标准版推广应用工作，每日上报情况，每月通报推广进度。

（三）制定应急处置和容错措施

企业在使用“单一窗口”标准版申报过程中如遇申报单据异常情况，可通过微信群或其他方式向电子口岸公司技术人员反映，由其联系本地监管部门及中国电子口岸数据中心技术人员进行排查。

二、 推广成效

截至 2018 年 3 月 8 日 17 时，新疆“单一窗口”共有 160 多家企业用户注册，申报总量为 14809 票。

三、建设大事记

1月~5月

完成了货物申报系统，报关业务完成申报测试，报检业务完成1单实报；完善了乌鲁木齐海关跨境电商监管系统及新疆检验检疫跨境电商监管系统；完成了统一用户权限管理及身份认证平台、统一数据交换平台、综合信息查询系统；派技术人员赴全区各口岸进行“单一窗口”和跨境电商的宣讲培训。

7月7日

国家口岸办在“单一窗口”标准版试点扩大部署会暨建设领导小组第五次会议上明确新增新疆等7个地区为第二批试点。

7月10日

新疆维吾尔自治区口岸办研究制定了《国际贸易“单一窗口”标准版试点企业试用推进计划》。

7月22日

经与标准版对接，新疆国际贸易“单一窗口”货物申报系统正式上线。

7月25日

新疆维吾尔自治区人民政府分管领导、自治区电子口岸（“单一窗口”）建设领导小组组长黄三平主持召开了自治区电子口岸（“单一窗口”）建设领导小组全体成员会议。

8月4日

制定《国际贸易“单一窗口”标准版试点企业试用推进实施方案》，印发“单一窗口”建设领导小组全体成员单位。

8月2日~3日、8月10日

举办了两期新疆国际贸易“单一窗口”标准版推介会及技术人员培训会，30多家外贸企业参与了此次推介培训会。

8月8日

新疆维吾尔自治区人民政府分管领导黄三平、副秘书长帕力外·木沙等一行4人赴自治区口岸管理办公室现场观摩了新疆中亚食品研发中心、新疆中泰进出口贸易有限公司通过新疆国际贸易“单一窗口”标准版自助报关、报检的实操过程，对货物申报系统再次进行实际检验。

8月16日

新疆维吾尔自治区口岸办筹办的国际贸易“单一窗口”标准版推介推进会在乌鲁木齐召开。

8月底

完成了企业资质审批系统、原产地证申领系统、许可证申领系统、查询统计网页版及微信版的上线工作。

11月4日

全区口岸工作会议在乌鲁木齐举行。会上督促所属口岸委（办）结合学习口岸部际联席会议第三次会议的精神，深刻领会、认真贯彻党中央、国务院关于“单一窗口”建设、使用的最新要求。

11月10日

新疆维吾尔自治区口岸办、乌鲁木齐海关、新疆出入境检验检疫局、自治区商务厅联合下发《关于做好国际贸易“单一窗口”边准备推广应用工作的通知》。

11月中旬~12月

新疆维吾尔自治区口岸办“单一窗口”培训小组先后赴霍尔果斯、阿拉山口、喀什、塔城、阿勒泰、哈密等地区对所在地区的报关（检）行、货代公司和进出口企业进行宣传培训，并邀请当地海关、检验检疫局出席并发表动员讲话。

宁波市

一、基本情况

2017年4月26日，宁波市正式被国家确定为第一批“单一窗口”标准版货物申报试点城市。当天下午，宁波市口岸办即刻安排派遣相关技术骨干前往北京开展技术对接，并成立了以宁波市口岸办主任张极星为组长，宁波海关、宁波出入境检验检疫局等相关单位为成员的宁波“单一窗口”试点工作领导小组和联合运维服务保障工作小组，制定了相关试点方案和运维保障方案。

针对试点工作中碰到的难题，宁波市口岸办采取下列措施：一是组织召开货物申报试点工作推进会。召开了由“单一窗口”货物申报试点工作领导小组和技术保障组成员、试点企业代表参加的会议，针对性地研究、解决试点中出现的各种问题。二是赴京开展试点情况专题汇报。2017年5月15日，宁波市口岸办会同宁波“单一窗口”工作组相关技术人员，专程赴北京就宁波市试点情况进行专题汇报，积极寻求解决方案。三是积极组织试点企业做好相应准备。积极组织两家试点企业做好“单一窗口”账号的注册、信息的完善、报检企业信息的报送、申报页面的熟悉等一系列准备工作。四是建立沟通联系机制赢得技术支持。除了通过常规渠道的微信群与技术人员进行工作交流外，宁波市口岸办还与中国电子口岸相关技术负责人建立了日常沟通联系机制，及时寻求点对点的技术支持和保障。

2017年5月19日，宁波地区通过“单一窗口”标准版成功开展了1票进口报检业务，并于5月22日完成1票出口报关业务。此后，宁波市口岸办发动宁波口岸业务量前20强企业参与试点工作，组织试点工作推进会，细化试点实施方案，组织试点人员培训，配合协助北京技术组及时完善优化货物申报功能等推进工作。并于7月25日、8月11日、8月17日，试点日报关业务申报量分别突破100票、500票、1000票。

除货物申报外，中国（宁波）国际贸易单一窗口相继正式上线部署运输工具、舱单申报、企业资质办理、原产地证申领、有毒化学品进出口放行单申领、农药进出口登记管理放行通知书申领及查询统计，实现标准版功能全覆盖。

二、推广成效

截至2017年12月29日，宁波应用“单一窗口”标准版已实现报关覆盖率达33.93%，报检覆盖率39.81%，运输工具覆盖率达45.49%，舱单覆盖率达83.70%。

三、建设大事记

4月26日

在国家口岸管理办公室召开的“单一窗口”标准版试点工作部署会上，正式确认宁波成为第一批货物申报试点城市。

5 月 19 日

通过“单一窗口”标准版，成功申报第 1 票货物进口报检业务。

5 月 22 日

通过“单一窗口”标准版，成功申报第 1 票货物出口报关业务。

6 月 24 日

海关总署党组书记倪岳峰、国家口岸办主任张广志一行视察中国（宁波）国际贸易单一窗口。

7 月 21 日

完成企业对接 Rest 服务集成版系统，实现首单申报。

7 月 27 日

企业资质办理功能正式上线部署。

8 月 17 日

“单一窗口”标准版货物单日申报突破 1000 票。

11 月 17 日

宁波口岸办召开“单一窗口”标准版企业推广和培训会。宁波海关、检验检疫相关业务处室负责人及试点企业近百人参加培训会。

12 月 4 日

运输工具申报正式上线部署。

12 月 21 日

舱单申报正式上线部署。

12 月 29 日

应用标准版实现报关覆盖率达 33. 93%、报检覆盖率达 39. 81%、运输工具覆盖率达 45. 49%、舱单覆盖率达 83. 70%。

深圳市

一、基本情况

作为外贸大市和口岸城市，深圳积极响应国家战略，2015 年就开始参与“单一窗口”试点建设，是全国第 2 个获批试点国际贸易“单一窗口”的城市。为推动相关工作，建立了由分管市领导牵头的地方电子口岸及国际贸易“单一窗口”建设联席会议制度，日常工作由深圳市经贸信息委牵头，与深圳海关、国检、海事、边检建立集中攻关工作小组。开展了深圳市国际贸易“单一窗口”试点工程的概算、立项并组织实施，奠定“单一窗口”平台的软硬件基础。以地方电子口岸为技术支撑，以海港船舶进境申报业务为切入点，逐步完成本地平台的搭建、开发和调试，实现货物申报、舱单申报、运输工具申报 3 大功能，建立了全市统一门户网站，推动船舶离岗联网核放、危险品申报、外贸经营者备案和跨境电商等本地化业务的整合。

为加快标准版的覆盖和推广工作，出台《深圳市国际贸易“单一窗口”标准版试点及推广工作方案》，明确对接方案、推广计划和总体任务。迅速完成平台改造和系统对接，密集组织 21 场 1600 家次企业参加的政策宣贯与应用培训会，建立 7×24 小时全天候客服、申报应急服务、试点容错制度等，推动部门联动，组建“单一窗口”国家标准版落地推广领导小组和 3 个具体工作组，形成标准版推广情况日报、阶段性通报、双周简报和领导协商机制，推动顺利完成 30%的应用覆盖任务。

二、推广成效

截至 2017 年 12 月 31 日，中国（深圳）国际贸易单一窗口注册企业 1401 家，累计应用标准版业务申报 200 万单，占全国总量的 16. 5%。

三、建设大事记

10 月 9 日

深圳市《深圳市国际贸易“单一窗口”标准版试点及推广工作方案》，明确分工及推广时间节点。

10 月 27 日

召开“单一窗口”标准版全市推广动员暨培训大会，超过 500 名外贸企业、报关报检企业、行业协会等企业代表参会。会议由市经贸信息委副主任徐志斌主持，市政府副秘书长高裕跃作了动员讲话，深圳海关副关长林国忠、深圳检验检疫局副局长夏新生均作了发言，表态将采取有力措施全力支持“单一窗口”标准版在深圳的推广运行。会议第二环节由南方电子口岸开展“单一窗口”应用培训，介绍基本功能，现场指导企业注册及使用。

12 月 21 日

深圳市政府副秘书长高裕跃主持召开专题会议，总结研究“单一窗口”推广工作，深圳市经贸信息委、深圳市编办、深圳海关、深圳出入境检验检疫局、深圳海事局、深圳边检总站负责同志参会。

12 月 27 日

在实现报关指标突破覆盖率 30%后，中国（深圳）国际贸易单一窗口四项指标（报关、报检、运输工具、舱单）均突破 30%，完成 2017 年全覆盖目标任务。

中国国际贸易
单一窗口
建设年鉴

标准规范篇

BIAOZHUN GUIFAN PIAN

2018

国际贸易“单一窗口”术语

（“单一窗口”建设工程标准 SW/T101—2018）

前　言

本标准按照 GB/T 1. 1-2009 给出的规则起草。

本标准由国家口岸管理办公室提出并归口。

本标准主要起草单位：中国电子口岸数据中心、中国标准化研究院。

引　言

党中央、国务院针对国际贸易“单一窗口”（简称“单一窗口”）建设做出了一系列决策部署，要求依托电子口岸加快我国“单一窗口”建设，推进口岸“三互”大通关改革，促进贸易便利化。根据国务院关于同意建立国务院口岸工作部际联席会议制度的批复（国函〔2015〕97 号），成立了由国务院领导同志牵头负责的国务院口岸工作部际联席会议制度（简称联席会议），联席会议不刻制印章，不正式行文，联席会议办公室设在海关总署，由国家口岸管理办公室承担联席会议日常工作；联席会议设联络员，由各成员单位有关司局负责同志担任；国家电子口岸建设协调指导委员会同时撤销，其职能并入联席会议，统筹协调电子口岸建设以及全国口岸工作。根据国务院口岸工作部际联席会议第二次全体会议审议通过并印发实施的《关于国际贸易“单一窗口”建设的框架意见》，中央层面通过国务院口岸工作部际联席会议统筹推进“单一窗口”建设。

为落实国务院口岸工作部际联席会议《关于国际贸易“单一窗口”建设的框架意见》任务要求，统一国际贸易“单一窗口”相关术语，规范指导“单一窗口”建设工作，满足“单一窗口”工程建设实际需要，确保工程建设质量和效率，特制定本标准。

1　范围

本标准规定了“单一窗口”工作相关基本术语，覆盖“单一窗口”建设、运维和应用服务等方面。

本标准适用于我国国际贸易“单一窗口”工程建设。

2 术语和定义

2. 1

电子口岸 e-port

经国务院批准、由海关总署会同国务院有关部门共同建设的，以口岸通关执法管理为主，逐步向相关物流商务服务延伸的大通关、大物流、大外贸的统一信息平台。

注：包括两个层面的内容：一是中国电子口岸；二是地方电子口岸。

2. 2

中国电子口岸 China e-port

由海关总署牵头，国务院各有关部委共同建设，中国电子口岸数据中心（简称“数据中心”）承办建设的电子口岸平台，主要包括口岸执法与基本服务功能、跨部门信息共享和联网应用，以及与境外信息交换功能。

2. 3

地方电子口岸 local e-port

由各地方人民政府牵头建设的电子口岸平台，主要包括地方层面的口岸政务服务、口岸物流服务、口岸数据服务，以及其他地方特色应用功能。

2. 4

中国国际贸易“单一窗口”China international trade single window

“单一窗口”

申报人通过电子口岸平台接入、一次性提交满足口岸管理和国际贸易相关部门要求的标准化单证和电子信息，相关部门通过电子口岸平台共享数据信息、实施职能管理，处理状态（结果）统一反馈给申报人。通过持续优化整合使“单一窗口”功能范围覆盖到国际贸易链条各主要环节，逐步成为企业面对口岸管理相关部门的主要接入服务平台。

注：“单一窗口”依托中央和地方两级电子口岸平台，实现国家部委之间、地区之间以及国家部委与地区之间的互联互通，共同打造全国一体化的“单一窗口”环境。

2. 5

省域“单一窗口”single window for provincial area

指各地方原则上以省（自治区、直辖市）为单位，依托本地电子口岸集成“单一窗口”标准版应用并在此基础上拓展地方特色应用的“单一窗口”。省域“单一窗口”是一体化“单一窗口”环境的有机组成部分。

2. 6

“总对总”方式 the linking way of China e-port platform and all respective departmental systems

依托中国电子口岸平台，使各口岸管理和国际贸易相关部门系统与“单一窗口”标准版对接，实现信息数据互换共享，并开展国际合作对接。

2. 7

“单一窗口”标准版 single window standard version

中央层面通过国务院口岸工作部际联席会议统筹推进“单一窗口”建设，由国家口岸管理办公室会同口岸管理相关部门组成“单一窗口”建设工作组，负责“单一窗口”建设的统筹规划，统一业务规范和技术架构，制定“单一窗口”建设规范和标准体系，统一“单一窗口”共性的基本功能，制定“单一窗口”标准版并推广应用。

注：目前包括货物申报、舱单申报、运输工具申报、税费支付、贸易许可申领、原产地证书申领、企业资质办理、出口退税申报、查询统计、展览品、加贸保税、跨境电子商务等全流程服务功能，方便企业“一站式”业务办理，满足口岸管理相关部门的要求。

2.8

“单一窗口”公共接口 single window public interface

包括口岸管理及国际贸易相关部门以“总对总”方式向中国电子口岸开放的统一业务接口，以及“单一窗口”标准版面向地方电子口岸开放的服务接口。“单一窗口”公共接口，省级人民政府为使用单位，国家口岸管理办公室为管理单位，中国电子口岸数据中心为技术承办单位。

2.9

数据协调与简化 data harmonization and simplification

根据《推进国际贸易“单一窗口”数据协调与简化建议书》，“单一窗口”建设遵循国际贸易便利化领域相关国际及国家标准，通过数据的获取、定义、分析、协调等反复过程，分层级、分内容、有步骤地实施数据协调与简化，形成定义明确并经简化处理的“单一窗口”数据元目录，数据协调并取得一致，用于“单一窗口”标准版建设和部门之间的数据共享共用。

2.10

标准版 SaaS 集成 SaaS integration for standard version

以软件即服务（SaaS）的方式，把标准版应用集成到地方电子口岸，地方电子口岸通过与标准版的应用入口和用户认证对接，使用标准版的全部应用功能，实现对标准版功能的高度复用。

2.11

标准版服务集成 service integration for standard version

地方电子口岸以标准版后台 RESTful 服务集成方式，把地方应用与标准版服务对接，实现“单一窗口”标准版应用功能。

2.12

联合国贸易便利化与电子业务中心 UN/CEFACT, the United Nations Centre for Trade Facilitation and Electronic Business

一个专门从事研究、制定、发布和推广国际贸易便利化与标准化的机构。它的主要任务就是制定全球统一的标准来消除国际贸易中的技术壁垒，促进贸易便利化。

2.13

贸易便利化协定 TFA, trade falicilitation agreement

2013 年 12 月，世界贸易组织巴厘部长级会议上通过了《贸易便利化协定》，该协定是世贸组织推进的多边贸易谈判（即多哈回合）的议题之一。

注：我国于 2015 年 9 月 4 日向世界贸易组织提交批准书。2017 年 2 月 22 日，随着卢旺达、阿曼、乍得及约旦 4 个成员向 WTO 提交批准书，已有 112 个成员接受该协定，超过了《WTO 贸易便利化协定》规定的三分之二成员接受的生效条件，协定正式生效。

2.14

“单一窗口”标准 single window standard

在“单一窗口”相关领域内，为获得最佳秩序，经协商一致制定并经国家口岸管理办公室批准，共同使用和重复使用的一种规范性文件。

2.15

“单一窗口”标准化 single window standardization

为规范和引导“单一窗口”建设、管理和服务而进行的以研究、制定实施“单一窗口”标准为主要内容的活动。

2.16

“单一窗口”标准体系 single window standard system

“单一窗口”标准按其内在联系组成的有机整体。

2.17

接口 interface

在面向服务的 IT 技术架构中，用于服务提供方和服务调用方之间的数据交互。

注：主要包括数据类型定义、数据格式、数据内容以及交互方式等。

2.18

报文 message

一个已标识、命名和结构化的在功能上相互关联的段的集合，它涵盖某一特定交易类型的需求，并在报文规范中说明。一个报文用报文头开始，用报文尾结束。

2.19

报文头 message header

开始并唯一标识报文的服务段。

2.20

报文体 message body

一个已标识、命名和结构化的、在功能上与段相关联的集合，它涵盖某一特定交易类型的需求，不包括报文头和报文尾，并在报文规范中说明。

2.21

地方电子口岸虚拟平台 virtual local e-port platform

地方虚拟平台

依托中国电子口岸平台为地方提供“单一窗口”服务的方式。

2.22

地方电子口岸实体平台 physical local e-port platform

地方实体平台

依托地方电子口岸平台为本地提供“单一窗口”服务的方式，本地具备网络环境及设备、服务器、中间件等软硬件资源。

2.23

中央认证服务 central authentication service（CAS）

集中式认证服务。由美国耶鲁大学发起的一个 Java 开源项目，旨在为 Web 应用系统提供一种可靠的单点登录解决方案，包括 CAS Server 和 CAS Client。CAS Server 为需要独立部署的 Web 应用，CAS

Client 支持非常多的客户端（指单点登录系统中的各个 Web 应用），包括 Java、. Net、PHP、Perl 等。

2. 24

开放授权 open authorization（Oauth）

一个开放协议。Oauth 协议为用户资源的授权提供了一个安全、开放和简易的标准。与以往的授权方式不同，Oauth 的授权不会使第三方触及到用户的账号信息（如用户名与密码），即第三方无需使用用户的用户名与密码就可以申请获得该用户资源的授权。

2. 25

REST 服务 Representational State Transfer service

REST 服务即表述性状态传递服务，定义了一组体系架构原则，可以根据这些原则设计以系统资源为中心的 Web 服务，包括使用不同语言编写的客户端如何通过 HTTP 处理和传输资源状态等，是一种简洁的 Web 服务主流设计模式。

参考文献

[1]《国家口岸管理办公室关于国际贸易“单一窗口”建设的框架意见》（署岸函〔2016〕498 号）

[2]《国务院办公厅关于加强电子口岸建设的通知》（国办发〔2006〕36 号）

[3]《推进国际贸易“单一窗口”数据协调与简化建议书》

国际贸易“单一窗口”统一门户建设规范

（“单一窗口”建设工程标准 SW 501—2018）

前 言

本标准按照 GB/T 1.1-2009 给出的规则起草。

本标准由国家口岸管理办公室提出并归口。

本标准主要起草单位：中国电子口岸数据中心、中国标准化研究院。

引 言

国际贸易“单一窗口”是党中央、国务院部署的一项建设任务，“单一窗口”统一门户是国务院口岸工作部际联席会议《关于国际贸易“单一窗口”建设的框架意见》要求的建设内容之一。为规范“单一窗口”统一门户建设，实现全国“单一窗口”统一门户，确保工程建设质量和效率，特制定本标准。

1 范围

本标准规定了国际贸易“单一窗口”统一门户建设的统一界面、统一标识、统一域名以及全国“单一窗口”统一门户集成方式和要求。

本标准适用于“单一窗口”中央门户网站和各地方门户网站。

2 规范性引用文件

下列文件对于本文件的应用是必不可少的。凡是注日期的引用文件，仅所注日期的版本适用于本文件。凡是不注日期的引用文件，其最新版本（包括所有的修改单）适用于本文件。

GB/T 2260 中华人民共和国行政区划代码

3 术语和定义

SW/T 101《国际贸易“单一窗口”术语》中的术语和定义适用于本文件。

4 统一命名

“单一窗口”中央门户网站命名为“中国国际贸易单一窗口”。

“单一窗口”各地方门户网站命名为“中国（××）国际贸易单一窗口”（××代表地方名称）。

示例：“单一窗口”黑龙江的门户登录界面命名为“中国（黑龙江）国际贸易单一窗口”。

10 注：注：地方需要保留“×××电子口岸”名称，可保留在“中国（×××）国际贸易单一窗口”右侧（用“｜”隔开）或下方。

5 统一标识

“单一窗口”的标识由徽标和命名的中英文文字构成，如图1所示。

中国（XXX）国际贸易单一窗口
China (XXXXXX) International Trade Single Window

图1 “单一窗口”标识

“单一窗口”中央统一门户网站和各地方门户网站的徽标均采用中国电子口岸标识。×××代表地方名称，××××××代表地方英文名称。具体要求见附录B.2。

“单一窗口”的标识应放置在门户首页左上角，整体显示效果应醒目，如需显示地方电子口岸标识，应放置在“单一窗口”标识右侧或下方，字体大小不应超过“单一窗口”标识的字体，示例如图2。

中国（XXX）国际贸易单一窗口 | XXX电子口岸
China (XXXXXX) International Trade Single Window

图2 显示地方电子口岸的“单一窗口”标识

6 统一域名

“单一窗口”中央统一门户网站域名为：www.singlewindow.cn。

“单一窗口”各地方门户网站有2种域名规范可供选择：

——结构为：x.singlewindow.cn，“x”的取值采用GB/T 2260中2位母码，详见附录A《省市（区）行政区划代码》。

示例：中国（江苏）国际贸易“单一窗口”门户的公共域名为：js.singlewindow.cn。

——地方可以保留原有独立域名，由中央统一门户作同名映射。

示例：中国（上海）国际贸易“单一窗口”门户网站域名为：www.singlewindow.sh.cn。

中国（江苏）国际贸易“单一窗口”门户网站域名为：www.jseport.gov.cn。

7 统一门户入口

“单一窗口”中央统一门户网站是全国“单一窗口”的统一入口，企业通过中央统一门户网站链接进入各地方门户网站办理相关业务，中央统一门户网站进入各地方门户网站导航界面采用中华人民共和国地图的形式。

8 统一界面

8.1 首页布局

“单一窗口”各地方门户网站首页要求统一界面布局，如图3所示：

图 3 地方门户界面

其中区域③和④由国际贸易“单一窗口”标准版统一提供，界面设计有关要求详见附录 B《地方门户界面设计规范》，图片色调可自行定义。首页布局参照附录 C. 1 示例代码 Index. jsp。

8. 2 首页集成

中国国际贸易“单一窗口”与各地方门户网站采用 Iframe 方式进行集成，集成方式分为虚拟 SaaS 和集成 SaaS 两种，分别如下：

8. 2. 1 虚拟 SaaS 方式首页集成

使用基于标准的 index_ vs. jsp（参见附件压缩包中目录 local-oauth-demo \ webapp）进行修改。

其中图 3 地方门户界面中的区域③，为嵌入代码地区，需进行如下修改：

```
<iframe id = " loginIframe1" style = " width: 320px; height: 300px; border: none;" scrolling = " no" src = " https: //app. singlewindow. cn/cas/login? _ local _ login _ flag = 1&service = https: //app. singlewindow. cn/cas/jump _ top. jsp%3FtoUrl%
3Duu0068uu0074uu0074uu0070uu003auu002fuu002fuu0077uu0077uu0077uu002euu0073uu0069uu006euu0067uu006cuu0065uu0077uu0069uu006euu0064uu006fuu0077uu002euu0063uu006euu002fuu0073uu0069uu006euu0067uu006cuu0065uu0077uu0069uu006euu0064uu006fuu0077uu002fuu0074uu0061uu0062uu006cuu0065uu002euu006auu0073uu0070uu0078uu003fuu0061uu0072uu0065uu0061uu005fuu0069uu0064uu003d 地区 6 位代码" ></iframe>
```

注：上述代码段中“地区 6 位代码”取本地区值，见附录 A。

用户在区域③输入用户名/密码登录后，跳转到“单一窗口”标准版应用管理桌面（见图 4）。地方无需对“单一窗口”标准版功能进行任何维护，并可通过该界面添加或修改地方特色应用。

图 4 应用管理界面

“单一窗口”标准版应用管理界面如上图所示，分为四个部分：

a）用户定制区

用户可在该区域定制并显示常用应用。

b）用户历史浏览区

记录用户的浏览历史。

b）标准版应用区

该区由“单一窗口”标准版系统管理员统一管理，包括发布、修改和启停有关应用。

d）地方特色应用区

该区域由中央“单一窗口”门户发布账号，使用统一的添加、修改界面进行管理，见图 5 所示。

图 5 地方特色应用管理界面

8.2.2 集成 SaaS 方式首页集成

采取本地集中包（附件 local-oauth-demo.zip）的方式进行集成，如果涉及地方的本地其他方式登录，可自行设置。集成包文件说明：

- 登录图标见集中包解压后的路径 \ local-oauth-demo \ webapp \ images \ login。
- 集中包解压后的路径 \ local-oauth-demo \ webapp \ 下的文件说明：

序号	文件名称	文件作用
1	index. jsp	门户首页和登录页面，示例见附录 C. 1，该文件需要修改
2	console_ show. jsp	跨域控制切换登录类型，该文件不建议修改
3	deliver_ para. jsp	跨域参数传递，该文件不建议修改
4	local_ login. jsp	地方登录页面参考示例，示例见附录 C. 2，该文件需要修改
5	logo. png	Logo 标志，提供地方使用，该文件不需要修改

附录 A
（资料性附录）
省市（区）行政区划代码

各省（区、市）的行政区划 6 位数字码及 2 位字母码如表 A. 1 所示：

表 A. 1　表 A. 1 各省（区、市）以及部分计划单列市行政区划代码

代码	名称	2 位字母码
110000	北京市	BJ
120000	天津市	TJ
130000	河北省	HE
140000	山西省	SX
150000	内蒙古自治区	NM
210000	辽宁省	LN
220000	吉林省	JL
230000	黑龙江省	HL
310000	上海市	SH
320000	江苏省	JS
330000	浙江省	ZJ
330200	宁波市	NB
340000	安徽省	AH
350000	福建省	FJ
350200	厦门市	XM
360000	江西省	JX
370000	山东省	SD
410000	河南省	HA
420000	湖北省	HB
430000	湖南省	HN
440000	广东省	GD

续表

代码	名称	2位字母码
440300	深圳市	SZ
450000	广西壮族自治区	GX
460000	海南省	HI
500000	重庆市	CQ
510000	四川省	SC
520000	贵州省	GZ
530000	云南省	YN
540000	西藏自治区	XZ
610000	陕西省	SN
620000	甘肃省	GS
630000	青海省	QH
640000	宁夏回族自治区	NX
650000	新疆维吾尔自治区	XJ

附录 B
（资料性附录）
地方门户界面设计规范

B.1 总体要求

浏览器要求如下：

——应使用 Chrome 20 及以上版本或 IE 9 及以上版本（宜使用 IE 10 或 11 版本）浏览器；

——若使用 windows 7 及以上操作系统，宜使用 Chrome 50 及以上版本；

——若使用 windows XP 操作系统，宜使用 Chrome 26 版本。

地方门户界面设计示意图见正文图 4 所示，整体界面设计环境为 1366 * 768 分辨率，内容显示区建议设定在 1000px；背景填充可设计成自适应宽度，各区域的高度尺寸请按照下文提供尺寸设定，整体界面高度可根据各地方具体栏目的多少自行设定，但风格规范需按照如下要求制作。

B.2 Logo

Logo 如图 1 所示。具体要求如下：

（1）Logo 中文：微软雅黑，字号：20px，色值：#3c3c3c，字间距 50；

（2）Logo 英文：Arial，字号：12px，色值：#3c3c3c；

（3）总体背景高度：60px，宽度自适应。

B.3 导航栏

导航栏如图 A.1 所示：

首页　平台服务　数据查询　新闻动态　通知公告　关于我们

图 A.1　导航栏

要求如下：

（1）选中状态：微软雅黑，字号：16px，色值：#0076ca，字间距 60，加粗；

（2）未选中状态：微软雅黑，字号：16px，色值：#505050，字间距 60，加粗；

（3）总体背景高度：60px，宽度自适应。

B.4　Banner

Banner 如图 A.2 所示：

图 A.2　Banner

要求如下：

（1）尺寸：1366 px ＊ 334 px（以蓝色调图片为主，可做一张也可做多张切换）。

B.5　登录框

登录框要求如下：

（1）登录方式文字

选中状态：微软雅黑，字号：18px，色值：#ffffff，字间距 25，加粗；

未选中状态：微软雅黑，字号：18px，色值：#c8c8c8，字间距 25。

（2）输入框

未选中状态：微软雅黑，字号：14px，色值：#c8c8c8，字间距 25，加粗；

输入框：背景色：#ffffff，描边色值：#c8c8c8，描边 1px；

图标背景色：#dcdcdc，图标色值：#ffffff。

登陆框尺寸标注如图 A.3，单位 px。

图 A.3　登录框

（3）登录按钮

背景色：#38cdeb，1px 描边，描边色值#4aa8e6；

字体：微软雅黑，字号：18px，色值：#ffffff，字间距 25，加粗。

(4)“立即注册”和“忘记密码”

字体：微软雅黑，字号：14px，色值：#323232，字间距 25，加粗外发光。

B.6 功能应用区

功能应用区要求如下：

(1) 应用导航栏

尺寸：高度 40px，宽度自适应，单个应用按钮宽度 140px（也可根据字数调整宽度）；

背景色：# 2d82eb；

选中状态文字：微软雅黑，字号：16px，加粗，色值# 0f69d7；

未选中状态文字：微软雅黑，字号：16px，不加粗，色值# ffffff。

(2) 一级菜单栏

尺寸：65px×112px，描边 1px，描边色值#dcdcdc；

未开通状态文字：微软雅黑，字号：16px，不加粗，色值# 8c8c8c；

开通状态文字：微软雅黑，字号：16px，不加粗，色值# 3c3c3c；

选中状态文字：微软雅黑，字号：16px，加粗，色值# 3c3c3c。

(3) 二级菜单栏

背景尺寸：120×120px；

开通背景填充色：# 0f69d7，图标色：#ffffff；

未开通背景填充色：# b4b4b4，图标色：#ffffff；

文字：微软雅黑，字号：14px，#ffffff。

尺寸标注见图 A.4，单位 px。

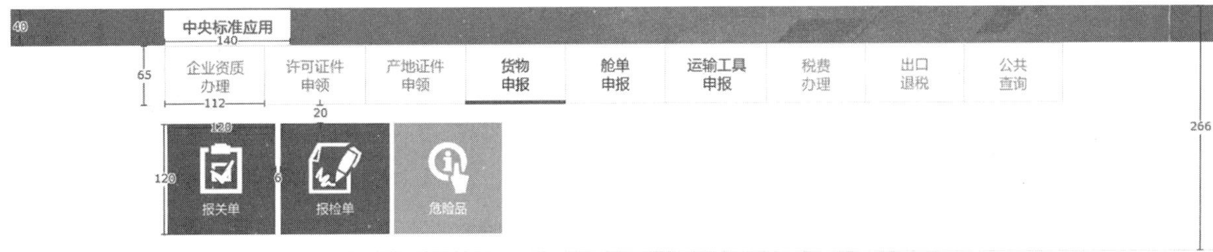

图 A.4　功能应用区尺寸

B.7 新闻栏

新闻栏如图 A.5 所示：

图 A.5　新闻栏

要求如下：

(1) 导航栏

尺寸：高度 40px，宽度自适应，单个应用按钮宽度 140px（也可根据字数调整宽度）；

背景色：# 2d82eb；

选中状态文字：微软雅黑，字号：16px，加粗，色值# 0f69d7；

未选中状态文字：微软雅黑，字号：16px，不加粗，色值# ffffff。

（2）新闻图片

背景色填充# e6e6e6，尺寸 214×336px；图片尺寸 202×324px，如图 A. 6 所示；

图 A. 6　新闻图片尺寸

（3）标题字体：微软雅黑，字号：18px，色值：#0076ca，间距 60；

（4）“年月”字体：微软雅黑，字号：16px，色值：#6e6e6e，间距 60；

（5）“日”字体：微软雅黑，字号：58px，色值：#0076ca，间距 60；

（6）正文字体：微软雅黑，字号：16px，色值：#0505050；

（7）“了解更多”字体：微软雅黑，字号：16px，色值：#0076ca。

B. 8　Foot

Foot 栏要求如下：

（1）背景填充色：#323232，整体高度 160px，宽度自适应；

（2）中文字体：微软雅黑，字号：14px，色值：#bebebe，间距 25；

（3）英字体：微软雅黑，字号：12px，色值：#bebebe，间距 3；

（4）左侧可添加微信公众号二维码：尺寸 72 * 72px，多个二维码之间间距 20px。

Foot 栏尺寸如下图所示：

图 A. 7　Foot 栏尺寸

附录 C
(资料性附录)
示例文件

C.1 示例文件 index.jsp

```
<%
    String area_ id=" 360000"; //地方行政区划代码
  //1. 设置本应用的地址，即地方系统的地址
  String localServerUrl=" http: // XX. singlewindow. cn/本地目录";

  //2. 设置标准版登录地址，如：  https: //app. singlewindow. cn/cas ,
//     PlatConstant. OAUTH_ SERVER_ URL 值配置在 platformconfig. properties 的参数项 sw. oauth. url 里
  String standartLoginUrl = PlatConstant. OAUTH_ SERVER_ URL;

  //3. 设置登录成功后返回地方的地址
  String service=" http: //www. singlewindow. cn/singlewindow/table. jspx? area_ id=" +area_ id; //
默认标准版门户地址，360000 为行政区划，地区 6 位代码取值见附录 A。
      //service=request. getParameter (" service" ); //传入地址

  //4. 如地方有本地登录，可设置地方登录地址和链接名称（可选）
  String isLocalLogin=" 0"; //是否需要本地登录链接，如果不需要，设置为 0；需要设置为 1。
  String localLoginLinkName=" 上海本地登录"; //本地登录链接名称，如果不需要，设置为空字符
  String localLoginUrl=" /local_ login. jsp"; //本地登录链接地址，如果不需要，设置为空字符
```

```
  String localConfig=" &localServerUrl=" + localServerUrl;
if (" 1" . equals (isLocalLogin) ) {
  localLoginLinkName=SWUtil. string2uuCode (localLoginLinkName);
  localConfig += " &isLocalLogin=" + isLocalLogin
              +" &localLoginLinkName=" + localLoginLinkName
              +" &localLoginUrl=" + localLoginUrl ;
  }

  //5. 设置地方定制的标准版账号登录地址，不用修改
   String jumpUrl=standartLoginUrl+" /jump. jsp";
   service=SWUtil. getJumpUrl (service, jumpUrl);
   String customLoginUrl=standartLoginUrl
              +" /login? _ local_ login_ flag=1"
              +" &service=" + service
              + localConfig;
%>
```

C.2 示例文件 local_ login. jsp

local_ login. jsp 是地方登录页面参考示例，主要解决在本地登录里如何切换到标准版登录。

```
<script type=" text/javascript" >
  document. write (" <a href=\" #\" onclick=\" parent. parent. show1 () \" style=\" text-decoration: none; color: #ffffff; \" ><span id='span2'><%=username_ login_ linkname%></span></a>" );
</script>
</div>
<div id=" div_ right5" >
<script type=" text/javascript" >
  document. write (" <a href=\" #\" onclick=\" parent. parent. show2 () \" style=\" text-decoration: none; color: #ffffff; \" ><span id='span3' > | <%=card_ login_ linkname%>   | </span></a>" );
</script>
</div>
<script type=" text/javascript" >
  document. write (" <span id='span31'>  <%=local_ login_ linkname%></span>" );
</script>
```

国际贸易“单一窗口”用户管理和身份认证集成指南

（“单一窗口”建设工程标准 SW 502—2018）

前 言

本标准按照 GB/T 1.1-2009 给出的规则起草。

本标准由国家口岸管理办公室提出并归口。

本标准主要起草单位：中国电子口岸数据中心、中国标准化研究院。

引 言

党中央、国务院针对国际贸易“单一窗口”（简称“单一窗口”）建设做出了一系列决策部署，要求依托电子口岸加快我国“单一窗口”建设，推进口岸“三互”大通关改革，促进贸易便利化。为落实国务院口岸工作部际联席会议《关于国际贸易“单一窗口”建设的框架意见》有关统一认证的任务要求，规范中国国际贸易“单一窗口”的用户管理和身份认证，指导“单一窗口”标准版（简称标准版）与地方电子口岸平台进行用户管理和身份认证技术集成，实现“单一窗口”一次注册、全国通用，特制定本标准。

1 范围

本标准阐明了地方电子口岸平台与标准版在用户管理、身份认证上的技术集成对接方案，明确了“单一窗口”的用户管理和身份认证业务模式，规范了地方电子口岸平台和标准版在用户管理、统一认证集成上的技术接口。

本标准适用于“单一窗口”的用户管理和身份认证。

2 规范性引用文件

下列文件对于本文件的应用是必不可少的。凡是注日期的引用文件，仅所注日期的版本适用于本文件。凡是不注日期的引用文件，其最新版本（包括所有的修改单）适用于本文件。

GB 32100 法人和其他组织统一社会信用代码编码规则。

3 术语、定义和缩略语

3.1 术语和定义

SW/T 101 定义的术语适用于本文件。

3.2 缩略语

下列缩略语适用于本文件：

CAS：集中式认证服务（Central Authentication Service）

SaaS：软件即服务（Software-as-a-Service）

OAuth 开放授权 Open Authorization

4 总体框架

“单一窗口”用户管理和统一认证总体框架见图 1。

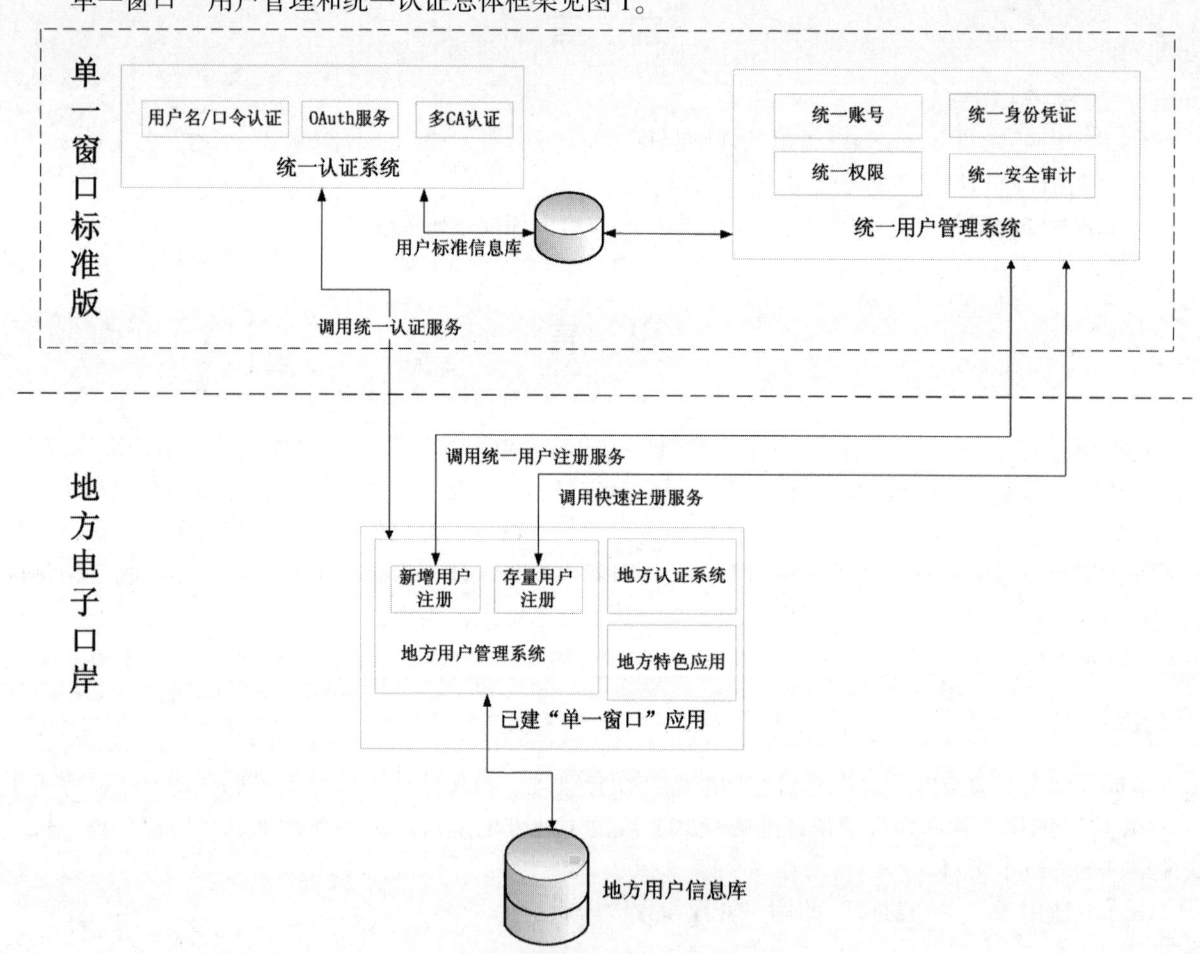

图 1　用户管理和统一认证总体框架

地方已建成“单一窗口”应用的用户管理和身份认证的集成，应调用标准版提供的服务接口，由用户发起将已有用户数据导入到标准版统一的用户标准信息库，将新增用户数据保存至标准版统一的用户标准信息库。

通过上述方式实现集成后，可以实现全国“单一窗口”统一的身份认证、单点登录及用户信息共享。统一身份认证服务主要支撑能力具体如下：

a）支持单点登录。

b）支持多种身份认证方式，包括用户名/静态口令，数据证书认证等。

c）根据安全级别的高低采取不同的认证方式：

—— 用户名/静态口令认证属于低安全级别认证，数据证书属于高安全级别认证；

—— 用户若通过了高安全级别的身份认证，获取低安全级别的应用服务时，无需再次认证；

—— 用户若通过了低安全级别的身份认证，获取高安全级别的应用服务时，需要再次认证。

5　业务场景描述

5.1　用户注册场景

5.1.1　存量用户注册

5.1.1.1　业务场景

地方电子口岸原有用户使用标准版业务时，需要注册标准版账号。

用户使用地方账号登录地方电子口岸后，访问标准版业务时，需要注册标准版账号，可以在登录地方电子口岸后，点击“快速注册标准版账号”链接调用标准版快速注册服务，地方电子口岸将用户的基本信息发送至标准版，用户补充注册信息后可以快速注册标准版账号，并在标准版用户管理系统中完成资质备案及应用权限备案等操作。

5.1.1.2　注册流程

存量用户注册业务流程见图 2。

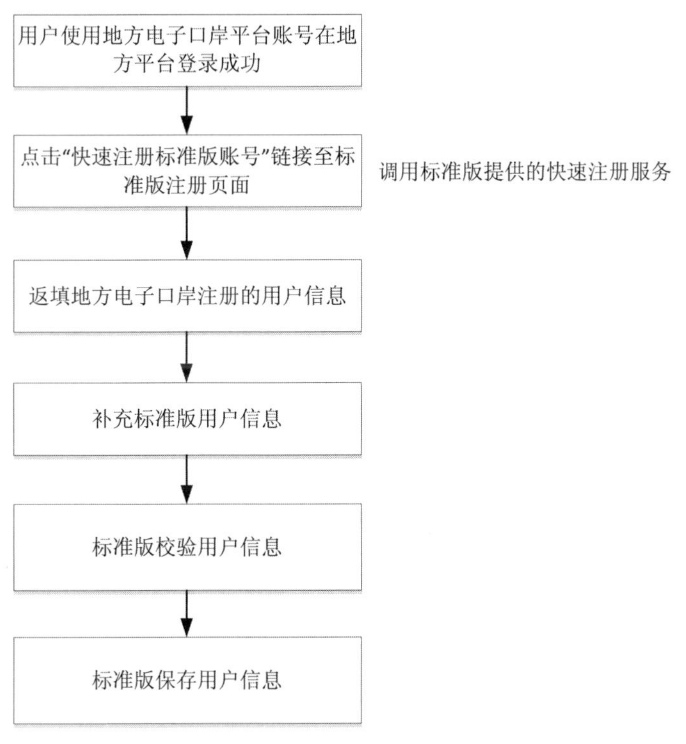

图 2　存量用户注册业务流程

5.1.2　增量用户注册

5.1.2.1　业务场景

新用户在已建地方电子口岸注册账号。

用户在地方电子口岸点击“注册”链接，进入地方注册页面，用户填写标准版注册信息和地方扩展信息，地方电子口岸通过调用标准版接口，验证用户名是否重复、企业信息是否正确，当注册管理员时，可验证该企业是否已被使用。同时还要验证扩展信息。都通过校验后，可调用标准版注册接口，注册成功后，再将标准版用户信息及地方扩展信息保存到地方数据库，同时将标准版账号与地方用户信息进行绑定。

5.1.2.2　注册流程

增量用户注册业务流程见图3。

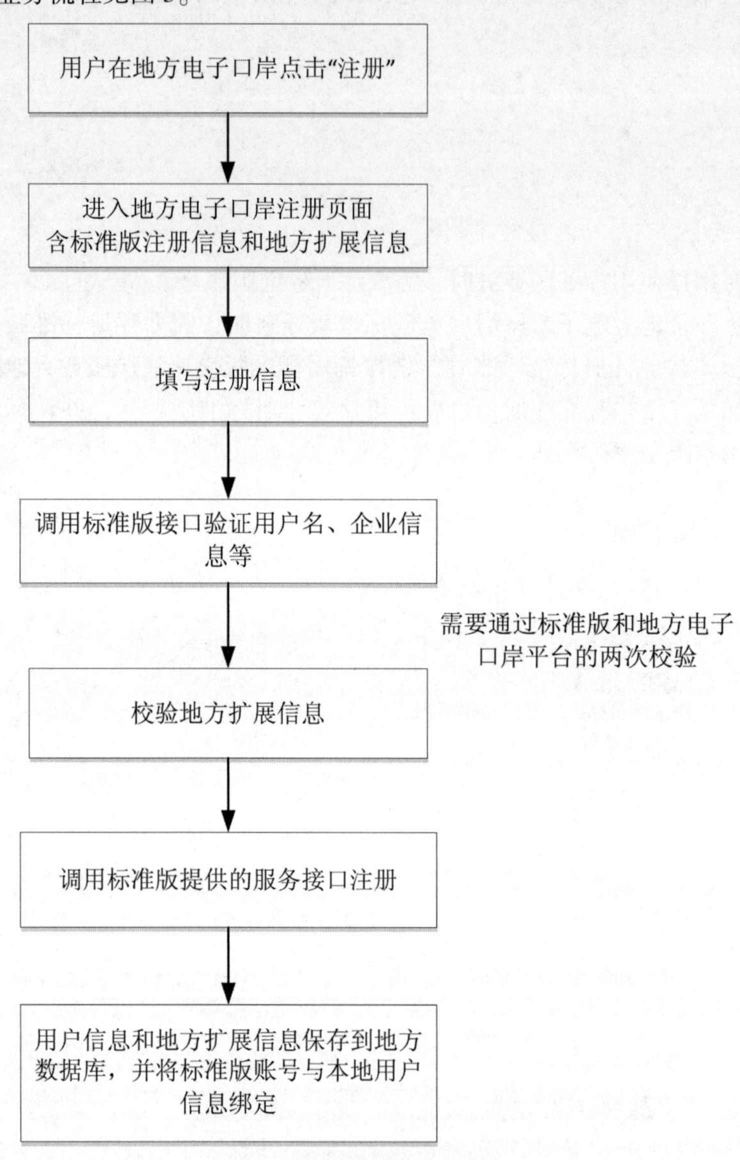

图3　增量用户注册业务流程

5.2　用户登录场景

5.2.1　用标准版应用

5.2.1.1　业务场景

用户访问地方电子口岸，使用标准版账号登录系统，登录成功后，在地方电子口岸选择使用标准版业务系统。

5.2.1.2　业务流程

用标准版账号登录地方电子口岸，并使用标准版业务系统流程见图4。

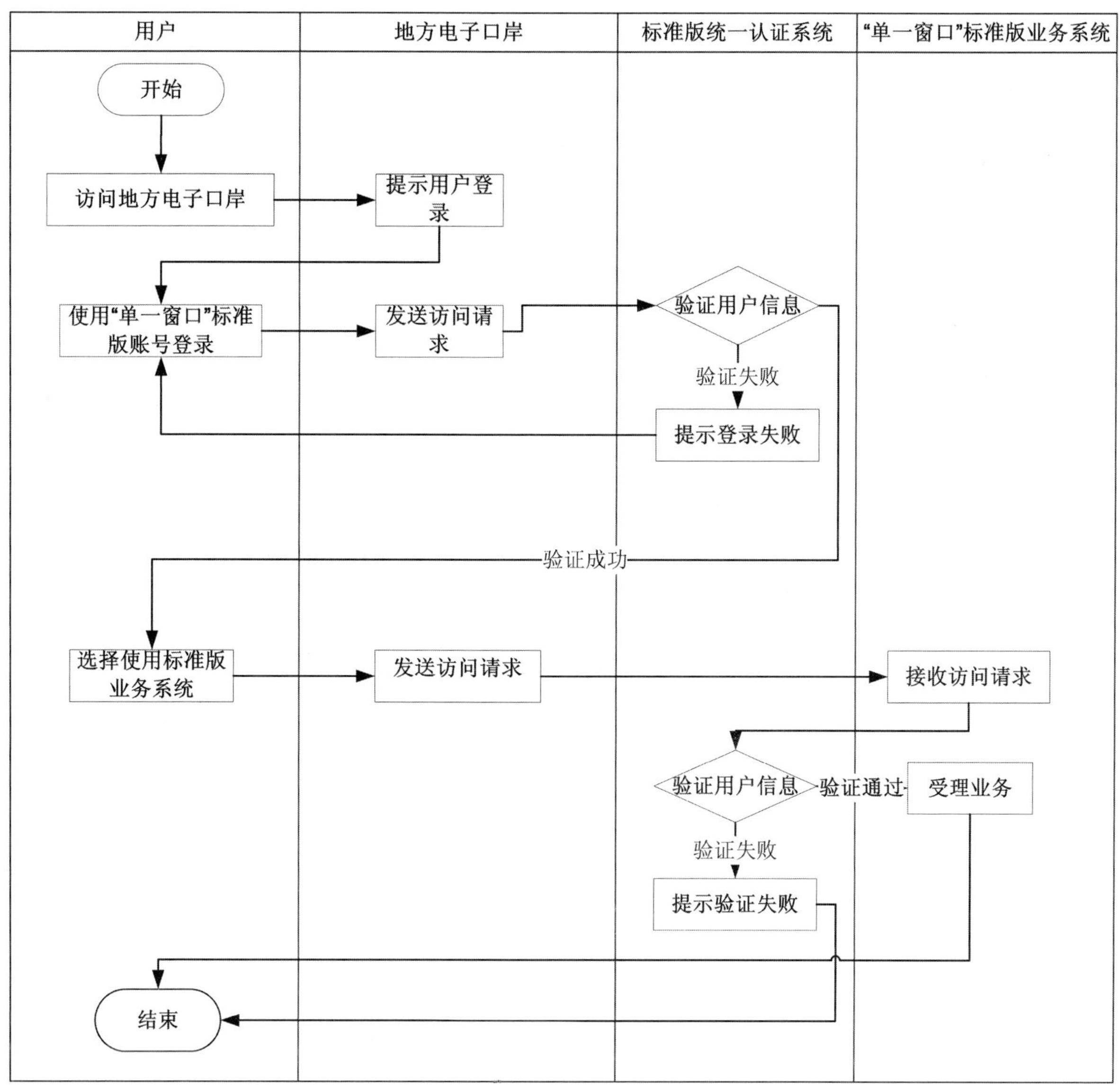

图 4　用标准版账号登录地方电子口岸，并使用标准版业务系统流程

5.2.2　**使用地方平台应用**

5.2.2.1　业务场景

业务场景：用户访问地方电子口岸，使用标准版账号登录系统，登录成功后，在地方电子口岸选择使用地方已建“单一窗口”业务系统。

5.2.2.2　业务流程

用户使用标准版账号登录地方电子口岸，先在标准版登录，标准版将用户信息传给地方电子口岸，地方电子口岸根据用户标准版账号与地方电子口岸账号的绑定关系完成地方电子口岸账号自动登录。用标准版账号登录地方电子口岸，并使用地方电子口岸业务系统流程见图 5。

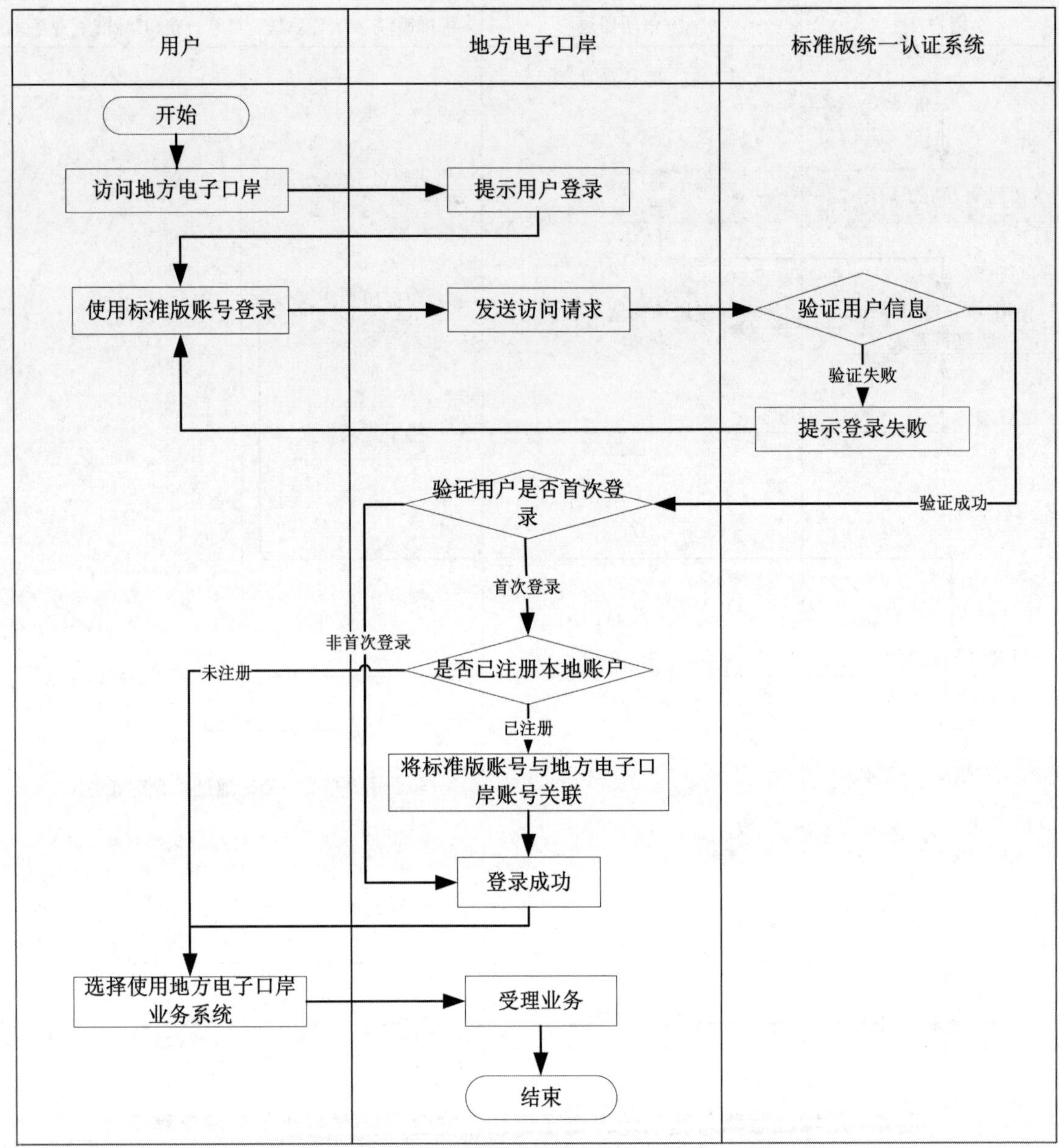

图 5　用标准版账号登录地方电子口岸，并使用已建地方电子口岸业务系统

6　用户管理

6.1　地方用户集成

6.1.1　新增用户

6.1.1.1　概述

新增用户在标准版注册有两种方式：

a）直接在标准版注册：有卡注册（有 IC 卡）或无卡注册；

b）地方电子口岸调用标准版服务接口进行注册（推荐）。

6.1.1.2　适用场景

地方电子口岸使用标准版服务接口为用户提供标准版用户注册功能。

6.1.1.3 接口使用流程

接口使用流程如下：

a）使用随机数接口获取随机数；

b）若地方电子口岸已经申请打开加签开发，调用业务接口时，将随机数加签并赋值给业务接口的signature参数，然后调用业务接口；

c）若地方电子口岸未申请打开加签开发，调用业务接口时，将随机数直接赋值给业务接口的signature参数，然后调用业务接口。

6.1.1.4 接口

除获取随机数接口外，其他的接口都有两种参数形式调用，一种是各参数项独立的方式，另一种是业务参数封装为json格式（platid和signature不在json里），接口地址在原基础上增加ByJson，如checkUserLoginName变为checkUserLoginNameByJson。

调用接口的地址为：

a）联调环境：https：//apptest. singlewindow. cn；

b）运行环境：https：//app. singlewindow. cn。

接口调用全局返回码见表1。

表1 用户接口调用全局返回码

返回码	状态含义
0000	操作成功
1111	系统异常
4444	无效的平台ID
7777	验签失败
9999	随机数已过期或未申请随机数

6.1.1.4.1 获取随机数接口

6.1.1.4.1.1 功能描述

接口见表2。

表2 获取随机数接口

接口名称	获取随机数接口
接口描述	地方电子口岸调用标准版接口，获取用于加签的随机数
接口地址	/userserver/rest/user/random/getRandomNumber？platid=SW23000020170331
接口提供者	标准版用户管理系统
接口使用者	地方电子口岸用户管理系统
接口类型	http GET/POST方式
应用场景	获取随机数
编码格式	UTF-8
备注	

6.1.1.4.1.2 输入参数

无输入参数。

6.1.1.4.1.3　输出参数

输出参数见表 3。

表 3　输出参数

序号	关键字	值	是否必填	备注
1	rtn_ code	返回码	是	0000：成功 0001：平台 Id 不存在
2	random	随机数	否	标准版分配给地方电子口岸的用于加签的随机数
3	validity_ time	有效时间	否	标准版分配 random 后，该 random 的有效时间，单位为分钟

示例：

{
" rtn_ code"：" 0000"，
" random"：" d3eb9a9233e52948740d7eb8c3062d14"，
" validity_ time"：" 1440"
}

6.1.1.4.2　验证用户名是否存在接口

6.1.1.4.2.1　接口描述

接口描述见表 4。

表 4　验证用户名是否存在接口描述

接口名称	验证用户名是否存在接口
接口描述	地方电子口岸调用标准版接口，验证用户名是否存在
接口地址	/userserver/rest/user/userCheck/checkUserLoginName? platid = SW23000020170331&signature = d3eb9a9233e52948740d7eb8c3062d14
接口提供者	标准版用户管理系统
接口使用者	地方电子口岸用户管理系统
接口类型	http GET/POST 方式
应用场景	验证用户名是否被使用
编码格式	UTF-8
备注	用户名不区分大小写。 signature 为地方电子口岸根据随机数和加密机所获取的签名

6.1.1.4.2.2　输入参数

输入参数见表 5。

表 5　验证用户名是否已被使用接口输入参数

序号	关键字	值	数据类型	是否必填	备注
1	login_ name	登录用户名	Varchar2（18）	是	

6.1.1.4.2.3　输出参数

输出参数见表6。

表6　验证用户名是否已被使用接口输出参数

序号	关键字	值	备注
1	rtn_ code	返回码	0000：成功 0001：登录名已使用

示例：

成功：{" rtn_ code":" 0000" }

失败：{" rtn_ code":" 0001" }

6.1.1.4.3　验证企业代码是否被使用接口

6.1.1.4.3.1　接口描述

接口描述见表7。

表7　验证企业代码是否被使用接口描述

接口名称	验证企业信息是否被使用接口
接口描述	地方电子口岸调用标准版接口，验证企业代码是否被使用
接口地址	/userserver/rest/user/userCheck/checkEtpsCode? platid=SW23000020170331&signature=d3eb9a9233e52948740d7eb8c3062d14
接口提供者	标准版用户管理系统
接口使用者	地方电子口岸用户管理系统
接口类型	http GET/POST 方式
应用场景	验证企业代码是否已被使用
编码格式	UTF-8
备注	signature 为地方电子口岸根据随机数和加密机所获取的签名

6.1.1.4.3.2　输入参数

输入参数见表8。

表8　验证企业代码是否被使用接口输入参数

序号	关键字	值	数据类型	是否必填	备注
1	social_ credit_ code	企业18位信用代码	Varchar2（18）	是	企业18位信用代码与企业组织机构代码必须填一项，组织机构代码不需要录入“-”
2	org_ code	企业组织机构代码	Varchar2（9）	是	

6.1.1.4.3.3　输出参数

输出参数见表9。

表 9　验证企业代码否已被使用接口输出参数

序号	关键字	值	备注
1	rtn_ code	返回码	0000：成功 0001：企业代码已使用

示例：

成功：{" rtn_ code":" 0000" }

失败：{" rtn_ code":" 0001" }

6.1.1.4.4　验证企业信息是否正确接口

6.1.1.4.4.1　接口描述

接口描述见表 10。

表 10　验证企业信息是否正确接口描述

接口名称	验证企业信息是否正确接口
接口描述	地方电子口岸调用标准版接口，验证企业信息是否正确
接口地址	/userserver/rest/user/userCheck/checkEtpsIdentity？ platid=SW23000020170331&signature=d3eb9a9233e52948740d7eb8c3062d14
接口提供者	中国电子口岸
接口使用者	地方电子口岸
接口类型	http GET/POST 方式
应用场景	验证企业信息是否正确
编码格式	UTF-8
备注	signature 为地方电子口岸根据随机数和加密机所获取的签名

6.1.1.4.4.2　输入参数

输入参数见表 11。

表 11　验证企业信息是否正确接口输入参数

序号	关键字	值	数据类型	是否必填	备注
1	social_ credit_ code	企业 18 位信用代码	Varchar2（18）	否	企业 18 位信用代码与企业组织机构代码必须填一项，组织机构代码不需要录入“-”
2	org_ code	企业组织机构代码	Varchar2（9）	否	
3	etps_ name	企业中文名称	Varchar2（256）	是	
4	correp_ name	法人姓名	Varchar2（256）	是	

6.1.1.4.4.3　输出参数

输出参数见表 12。

表 12　验证企业信息是否正确接口输出参数

序号	关键字	值	备注
1	rtn_ code	返回码	0000：成功 0003：必填项为空 0004：统一社会信用代码和组织机构代码不匹配 0005：企业状态已注销 0006：法人不一致 0007：企业名称不一致

示例：

成功：{" rtn_ code" :" 0000" }

失败：{" rtn_ code" :" 0007" ," rtn_ message" :" 企业名称不一致!" }

6.1.1.4.5　用户注册接口

6.1.1.4.5.1　接口描述

接口描述见表 13。

表 13　用户注册接口描述

接口名称	用户注册接口
接口描述	地方电子口岸通过该接口为用户提供注册标准版账号的功能
接口地址	/userserver/rest/user/quickRegister/newUserQuickRegister? platid=SW23000020170331&signature=d3eb9a9233e52948740d7eb8c3062d14
接口提供者	中国电子口岸
接口使用者	地方电子口岸
接口类型	http GET/POST 方式
应用场景	用户注册接口
编码格式	UTF-8
备注	其中 platid 为标准版分配给地方电子口岸的 id； signature 为地方电子口岸根据随机数和加密机所获取的签名； 用户名不区分大小写

6.1.1.4.5.2　输入参数

输入参数见表 14。

表 14　用户注册接口输入参数

序号	关键字	值	数据类型	是否必填	备注
1	login_ name	登录用户名	Varchar2（18）	是	
2	password	账号密码	Varchar2（16）	是	
3	name	用户姓名	Varchar2（256）	是	
4	iddoc_ type	用户证件类型	Varchar2（25）	是	
5	iddoc_ no	用户证件号码	Varchar2（256）	是	

续表

序号	关键字	值	数据类型	是否必填	备注
6	account_ type	账号类型	Varchar2（3）	是	1. 企业管理员；3. 企业操作员
7	mobile	手机号码	Varchar2（256）	是	
8	email	邮箱	Varchar2（50）	否	
9	etps_ name	企业中文名称	Varchar2（256）	是	
10	social_ credit_ code	企业 18 位信用代码	Varchar2（18）	否	企业 18 位信用代码与企业组织机构代码必须填一项
11	org_ code	企业组织机构代码	Varchar2（9）	否	“-”不用填写
12	legal_ iddoc_ type	法人证件类型	Varchar2（25）		注册企业管理员必填 注册企业操作员不填
13	legal_ iddoc_ no	法人证件号码	Varchar2（256）		注册企业管理员必填 注册企业操作员不填
14	correp_ name	法人名称	Varchar2（256）	是	
15	approveByHand	是否自动转入人工审批	Varchar2（9）	否	0：表示不自动转入 1：自动转入

6.1.1.4.5.3 输出参数

输出参数见表 15。

表 15 用户注册接口输出参数

序号	关键字	值	备注
1	rtn_ code	返回码	0000：成功 0001：登录用户名已存在 0002：统一社会信用代码已使用 0003：企业组织机构代码已使用 0004：企业身份验证不通过 0005：数据错误 0006：管理员未注册 0007：和管理员数据中的企业信息不一致 0065：企业注册信息，已自动转入人工审核，请耐心等待审核结果 0066：企业信息正在审核中，请等待人工审核完成（场景：该企业注册信息已转入人工审核，正在等待审核结果） 0067：审核信息保存错误
2	rtn_ message	返回信息	对返回码的补充，如：当 rtn_ code 为 0001 时，rtn_ message 为“登录用户名已存在”。

备注：用户注册增加人工审核功能

因在工商注册时间不到两周，或者没有统一社会信用代码等原因，无法通过工商接口验证企业信息。为了解决该问题，增加注册或修改企业信息的人工审核功能。使用用户接口注册需要了解如下情况：

a）户接口注册增加了一个属性 approveByHand，表示该注册如果系统自动审查企业信息为不通过，可转入后台人工审核；//0：表示不自动转入 1：自动转入 ；

b）因为人工审核会参考工商网站结果，为了减少不必要的审核，当传递 approveByHand 的参数值为 1 前，要求提示用户检查填写是否正确，确定没有问题再提交。注册提示信息窗口见图 6。

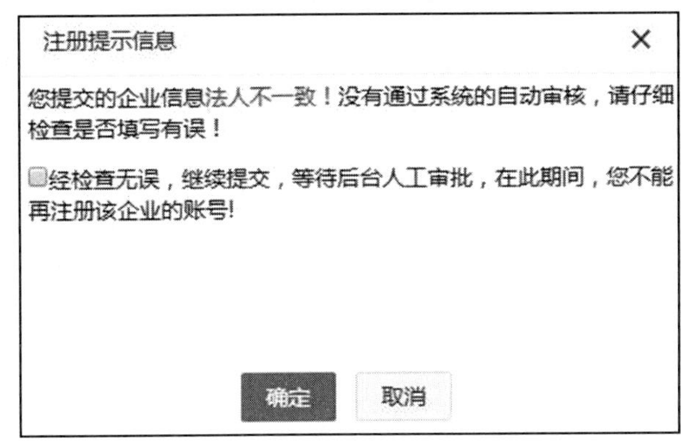

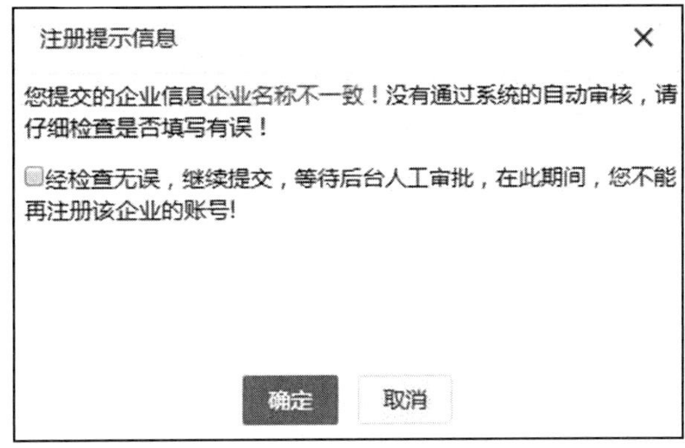

图 6　注册提示信息窗口

示例：

成功：{" rtn_ code":" 0000" }。

失败：{" rtn_ code":" 0003"," rtn_ message":" 企业组织机构代码已使用" }。

返回“0005：数据错误”可能是因为如下原因：

a）用户证件类型或证件号码为空；

b）用户证件号码非法；

c）法人证件类型或证件号码为空；

d）法人证件号码非法；

e）账号类型不对；

f）平台 Id 为空；

g）登录用户名为空；

h）登录用户名长度超过 30；

i）密码为空；

j）密码不能有中文；

k）用户姓名为空；

l）账号类型为空；

m）法人姓名为空；

n）企业中文名为空；

o）手机号码格式错误；

p）邮箱号码格式错误；

q）统一社会信用代码和组织机构代码信息不匹配；

r）统一社会信用代码和组织机构代码不能全为空或位数不对。

6.1.1.4.6　修改用户信息接口

6.1.1.4.6.1　接口描述

接口描述见表 16。

表 16　修改用户信息接口描述

接口名称	修改用户信息接口
接口描述	地方电子口岸调用该接口修改用户信息
接口地址	/userserver/rest/user/userManagement/modifyUser？platid=SW23000020170331&signature=d3eb9a9233e52948740d7eb8c3062d14
接口提供者	标准版
接口使用者	地方电子口岸
接口类型	http GET/POST 方式
应用场景	修改用户信息
编码格式	UTF-8
备注	注 1：修改对象的用户名、管理员用户名、管理员密码作为修改条件，其他项为修改值。 注 2：signature 为地方电子口岸根据随机数和加密机所获取的签名。

6.1.1.4.6.2　输入参数

修改用户信息接口输入参数见表 17。

表 17　修改用户信息接口输入参数

序号	关键字	值	数据类型	是否必填	备注
1	login_ name	修改对象的用户名	Varchar2（18）	是	修改条件
2	admin_ login_ name	管理员用户名	Varchar2（18）	是	修改条件
3	admin_ password	管理员密码	Varchar2（16）	是	修改条件
4	name	用户姓名	Varchar2（256）	是	被修改项
5	email	邮箱	Varchar2（50）	否	被修改项
6	iddoc_ type	用户证件类型	Varchar2（25）	是	被修改项
7	iddoc_ no	用户证件号码	Varchar2（256）	是	被修改项

6.1.1.4.6.3　输出参数

输出参数见表 18。

表 18　调用修改用户信息接口输出参数

序号	关键字	值	备注
1	rtn_ code	返回码	0000：成功 0001：用户名不存在 0002：管理员用户名或密码错误 0003：用户姓名不正确 0004：邮箱不正确 0005：用户证件类型不正确 0006：用户证件号码不正确 0007：当前用户与管理员不匹配 0008：数据项为空

续表

序号	关键字	值	备注
2	rtn_ message	返回信息	对返回码的补充，如：当 rtn_ code 为 0005 时，rtn_ message 为用户证件类型不正确

示例：

成功：{" rtn_ code":" 0000" }

失败：{" rtn_ code":" 0002"," rtn_ message":" 管理员用户名或密码错误" }

6.1.2　**存量用户**

6.1.2.1　概述

存量用户在标准版里注册，有三种方式：

a）地方调用标准版注册接口；

b）地方推送用户信息到标准版快速注册（推荐）；

c）直接在标准版注册：有卡注册（有 IC 卡）或无卡注册。

6.1.2.2　适用场景

用户已在地方注册，要访问标准版内容，需要到标准版注册。

6.1.2.3　用户集成流程

用户集成流程见图 7。

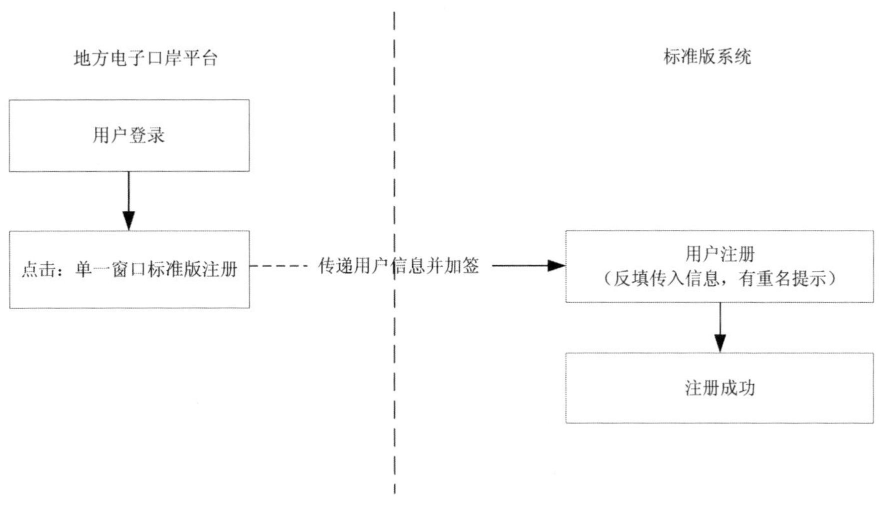

图 7　地方存量用户集成流程

6.1.2.4　流程说明

用户在地方登录后，点击"'单一窗口'标准版注册"，地方电子口岸将按下面接口，将用户信息提交到标准版。标准版先判断提交过来的用户名是否重复，如果重复，提醒用户修改用户名。用户输入密码等信息后，进行注册。

6.1.2.5　用户信息传递到标准版接口

6.1.2.5.1　接口描述

接口描述见表 19。

表 19 接口描述

调用方式	GET/POST 提交
提交地址	/rest/user/pageRegister/localUserPageRegShow

6.1.2.5.2 输入参数

用户信息提交参数见表 20。

表 20 用户信息提交参数

序号	参数名称	数据类型	是否必填	描述
1	platid	Varchar2（32）	是	地方平台 ID
2	plat_ sign	Varchar2（1024）	是	地方对“用户名+手机号”进行加签
3	login_ name	Varchar2（18）	是	登录用户名：用户在地方注册的用户名
4	name	Varchar2（256）	是	用户姓名
5	iddoc_ type	Varchar2（25）	是	证件类型
6	iddoc_ no	Varchar2（256）	是	证件号码
7	account_ type	Varchar2（3）	是	账号类型：1. 企业管理员；3. 企业操作员
8	mobile	Varchar2（256）	是	手机号码
9	email	Varchar2（50）	否	邮箱
10	etps_ name	Varchar2（256）	是	企业中文名称
11	social_ credit_ code	Varchar2（18）	否	企业 18 位信用代码：企业 18 位信用代码与企业组织机构代码必须填一项
12	org_ code	Varchar2（9）	否	企业组织机构代码
13	admin_ name	Varchar2（18）	否	该企业的管理员账号：没有可不填
加签使用类 com. sw. plat. local. core. sign. AbstractSingleWindowSign 的方法 sign，此方法为抽象方法，默认实现类为：com. sw. plat. local. core. sign. DefaultSingleWindowSign. java。				

6.1.2.5.3 输出参数

无输出参数。

6.1.3 地方应用集成标准版用户

如果用户先到标准版注册，地方没有该用户信息。当该用户访问地方电子口岸时，地方电子口岸可通过 OAuth 联合认证获取用户信息，如需要用户扩展信息，可引导用户填写，最后保存到本地，并进行用户关联，可见 6. 3. 2 OAuth 联合认证及用户绑定参考流程。

7 身份认证

7.1 概述

地方电子口岸集成标准版身份认证有两种可选方式：分别为 CAS 客户端和 OAuth 联合认证。CAS 客户端为主要方式，OAuth 联合认证用于在已建地方实体平台保留地方认证系统的情况下，实现用户一次认证即可访问标准版应用和受地方认证系统保护的地方特色应用。

7.1.1 **集成规则**

统一认证集成规则如下：

a）集成标准版应用的地方电子口岸，必须使用标准版身份认证，认证须集成标准版 CAS 客户端；

b）新建地方电子口岸特色应用应集成 CAS 客户端，使用标准版统一的身份认证；

c）不保留地方认证系统的地方电子口岸应集成 CAS 客户端，实现特色应用使用标准版统一的身份认证；

d）保留地方认证系统的地方电子口岸应集成 OAuth 联合认证，实现用户一次认证即可访问标准版应用和受地方认证系统保护的地方特色应用。

图 8 是统一认证身份集成示意图。

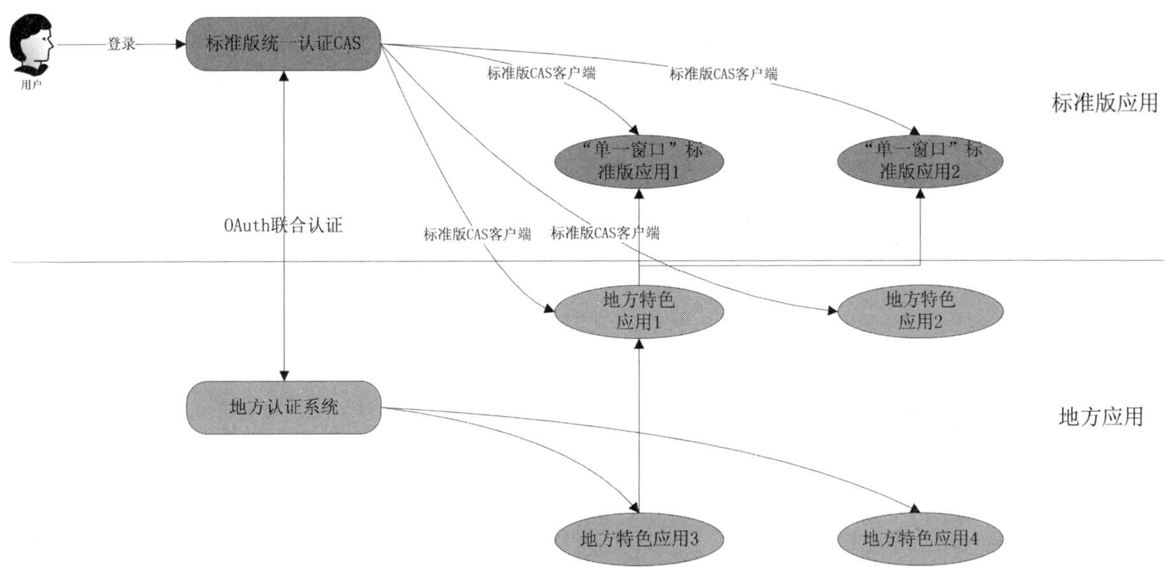

图 8　统一身份认证集成示意图

7.1.2 **CAS client 与 OAuth 的比较**

共性：用户在标准版登录后，地方电子口岸都可以获取用户标准信息。

差异如下：CAS Client 是集成到地方电子口岸的应用系统上，而 OAuth 联合认证是集成到地方认证系统上。

OAuth 联合认证应用场景：用户首先在标准版登录，如果地方有自建的认证系统，当用户再次访问受地方自建认证系统保护的特色应用时，地方认证系统可以通过 OAuth 联合认证获取该用户的身份信息，在地方的认证系统进行免密码的身份认证，免去用户在地方再次输入用户名和密码进行登录，提高用户体验。虽然用户没有感觉到在地方电子口岸进行登录，但用户在地方认证系统也完成了身份认证，等效于用户用“用户名”和“密码”登录地方认证系统，而且受地方认证系统保护的系统不用作任何修改。

7.2 **CAS 客户端集成**

7.2.1 **jar 包引入**

jar 包引入包括 plat-local-core-1.0.0.jar，其他日志相关 jar 包请自行引入。

7.2.2 **相关配置**

在 web.xml 文件中增加如下配置见表 21。

表 21　web. xml 文件中增加如下配置

```
<! -- 单点登出监听器 -->
<listener>
  <listener-class>
    org. jasig. cas. swclient. session. SingleSignOutHttpSessionListener
  </listener-class>
</listener>

<filter>
  <filter-name>SWCAS Single Sign Out Filter</filter-name>
  <filter-class>org. jasig. cas. swclient. session. SingleSignOutFilter</filter-class>
</filter>
<filter>
  <filter-name>SWCASFilter</filter-name>
  <filter-class>org. jasig. cas. swclient. authentication. AuthenticationFilter</filter-class>
  <init-param>
    <param-name>casServerLoginUrl</param-name>
    <param-value>http：//localhost：8082/cas/login</param-value>
  </init-param>
  <init-param>
    <param-name>serverName</param-name>
    <param-value>http：//localhost：8080</param-value>
  </init-param>
</filter>
<filter>
  <filter-name>SWCAS Validation Filter</filter-name>
  <filter-class>
    com. sw. plat. local. core. validation. SWCas20ProxyReceivingTicketValidationFilter
  </filter-class>
  <init-param>
    <param-name>casServerUrlPrefix</param-name>
    <param-value>http：//localhost：8082/cas</param-value>
  </init-param>
  <init-param>
    <param-name>serverName</param-name>
    <param-value>http：//localhost：8080</param-value>
  </init-param>
  <init-param>
    <param-name>singleWindowSignClassName</param-name>
    <param-value>com. sw. plat. local. core. sign. DefaultSingleWindowSign</param-value>
  </init-param>
  <init-param>
    <param-name>platId</param-name>
    <param-value>SWC2900002</param-value>
  </init-param>
  <init-param>
    <param-name>signPrivateKeyNo</param-name>
```

续表1

```
      <param-value>1</param-value>
    </init-param>
    <init-param>
      <param-name>platSignSwitch</param-name>
      <param-value>false</param-value>
    </init-param>
    <init-param>
      <param-name>encoding</param-name>
      <param-value>utf-8</param-value>
    </init-param>
    <init-param>
      <param-name>protocol</param-name>
      <param-value>TLS</param-value>
    </init-param>
    <init-param>
      <param-name>keyStoreType</param-name>
      <param-value>JKS</param-value>
    </init-param>
    <init-param>
      <param-name>keyStorePath</param-name>
      <param-value>/var/secure/location/. keystore</param-value>
    </init-param>
    <init-param>
      <param-name>keyStorePass</param-name>
      <param-value>changeit</param-value>
    </init-param>
    <init-param>
      <param-name>certificatePassword</param-name>
      <param-value>aGoodPass</param-value>
    </init-param>
    <! -- 代理端配置（开始）-->
    <init-param>
      <param-name>proxyCallbackUrl</param-name>
      <param-value>http：//localhost：8080/test-client/proxyCallback</param-value>
    </init-param>
    <init-param>
      <param-name>proxyReceptorUrl</param-name>
      <param-value>/proxyCallback</param-value>
    </init-param>
    <! -- 代理端配置（结束）-->
    <! -- 被代理端配置（开始）-->
    <init-param>
      <param-name>acceptAnyProxy</param-name>
      <param-value>true</param-value>
    </init-param>
    <! -- 被代理端配置（结束）-->
</filter>
<filter>
```

续表2

```
    <filter-name>SWCAS Assertion Thread Local Filter</filter-name>
    <filter-class>org. jasig. cas. swclient. util. AssertionThreadLocalFilter</filter-class>
</filter>

<! -- 代理端配置（开始）-->
<filter-mapping>
    <filter-name>SWCAS Validation Filter</filter-name>
    <url-pattern>/proxyCallback</url-pattern>
</filter-mapping>
<! -- 代理端配置（结束）-->
<filter-mapping>
    <filter-name> SWCAS Single Sign Out Filter</filter-name>
    <url-pattern>/ * </url-pattern>
</filter-mapping>
<filter-mapping>
    <filter-name>SWCASFilter</filter-name>
    <url-pattern>/ {FOLDER} / * </url-pattern>
</filter-mapping>
<filter-mapping>
    <filter-name>SWCAS Validation Filter</filter-name>
    <url-pattern>/ * </url-pattern>
</filter-mapping>
<filter-mapping>
    <filter-name>SWCAS Assertion Thread Local Filter</filter-name>
    <url-pattern>/ * </url-pattern>
</filter-mapping>
```

7.2.3 配置详解

表21 逐一解释表22中红色部分的配置，可根据实际情况需要进行修改。

表22 配置详解

配置名称	详细解释
casServerLoginUrl	CAS服务端的登录地址，根据实际部署的CAS服务器的地址进行修改，结尾应该是/login
serverName	客户端地址，根据客户端的实际地址进行修改，只需配置IP和端口
casServerUrlPrefix	CAS服务端地址前缀，改地址是为了拼接验证ticket地址使用的，根据实际部署的CAS服务器地址进行修改，需要配置IP、端口和部署的服务名
singleWindowSignClassName	加签所使用的类全名，地方电子口岸自行继承com. sw. plat. local. core. sign. AbstractSingleWindowSign类，使用密码设备提供的功能重写sign方法，方法说明如下：public abstract String sign (String value)，其中value为待签名的数据（UTF-8编码），方法的返回值为BASE64编码的签名数据。签名使用RSA+SHA1算法，数字签名操作符合PKCS#1 V2.0规定的RSASSA-PKCS1-v1_ 5数字签名操作规范。AbstractSingleWindowSign. java、加签实现类例子DefaultSingleWindowSign. java以及加签测试实例数据见表后

续表

配置名称	详细解释
platId	地方平台 ID
signPrivateKeyNo	加签密钥号
proxyCallbackUrl	指定代理回调地址，根据客户端地址进行修改，结尾为/proxyCallback
proxyReceptorUrl	proxyCallbackUrl 相对于代理端的地址，这里不需要修改
acceptAnyProxy	被代理端配置，true 表示允许任何代理
/ {FOLDER} /*	CASFilter 保护路径地址，{FOLDER} 为受保护资源所在目录
protocol	协议类型（TLS 安全传输层协议）
keyStoreType	密钥库类型
keyStorePath	密钥库路径（绝对路径）
keyStorePass	密钥库密码
certificatePassword	证书密码

AbstractSingleWindowSign. java 的代码如下：

```
package com. sw. plat. local. core. sign;
public abstract class AbstractSingleWindowSign {

private int signPrivateKeyNo;

private boolean platSignSwitch = true;

public abstract String sign (String value);

public int getSignPrivateKeyNo () {
  return signPrivateKeyNo;
}

public void setSignPrivateKeyNo (int signPrivateKeyNo) {
  this. signPrivateKeyNo = signPrivateKeyNo;
}
public boolean isPlatSignSwitch () {
  return platSignSwitch;
}

public void setPlatSignSwitch (boolean platSignSwitch) {
  this. platSignSwitch = platSignSwitch;
}
}
```

加签实现类例子 DefaultSingleWindowSign. java 代码如下：

```
package com. sw. plat. local. core. sign;

import java. io. IOException;
```

```
import org. apache. xml. security. utils. Base64;

import com. cneport. common. crypto. CipherApi;

/**
 *“单一窗口”标准版对随机数加签功能的默认实现
 */
public class DefaultSingleWindowSign extends AbstractSingleWindowSign {

private CipherApi cipherApi = new CipherApi ();

@Override
public String sign (String random) {
  if (random ! = null) {
    byte [ ] source = random. getBytes ();
    byte [ ] b;
    try {
      b = cipherApi. sha1RsaSign (getSignPrivateKeyNo (), source, source. length);
      String signStr = Base64. encode (b, 1);
      return signStr;
    } catch (IOException e) {
      e. printStackTrace ();
    }
  }
  return " ";
}

public CipherApi getCipherApi () {
  return cipherApi;
}

public void setCipherApi (CipherApi cipherApi) {
this. cipherApi = cipherApi;
}
}
```

加签测试实例数据如下：

下面是某一次加签过程中的测试数据，可用于测试和比较：

待加密数据 random 首先进入 DefaultSingleWindowSign. java 的方法：

public String sign (String random),

入参 String random =" ST-778-m4IaGGfaA5Hj5f6gGe1X-cas01. example. org";

执行到 byte [ ] source = random. getBytes (); 之后，source 值为：

[83, 84, 45, 55, 55, 56, 45, 109, 52, 73, 97, 71, 71, 102, 97, 65, 53, 72, 106, 53, 102, 54, 103, 71, 101, 49, 88, 45, 99, 97, 115, 48, 49, 46, 101, 120, 97, 109, 112, 108, 101, 46, 111, 114, 103]

getSignPrivateKeyNo () 为配置在 web. xml 里的值，本例为 1

7.2.4 “单一窗口”服务类密码设备技术要求

7.2.4.1 概述

地方电子口岸应部署服务密码设备，用于存储平台数字证书对应的私钥并提供数字签名等密码运算功能。服务类密码设备包括服务器密码机、签名验签服务器等商用密码产品类型，适用于各类应用系统进行高速的、多任务并行处理的密码运算，可以满足应用系统数据的签名/验证、加密/解密的要求，保证传输信息的机密性、完整性，同时提供安全、完善密钥管理机制。密码设备产品名录可在国家商用密码管理办公室网站“产品信息”栏目下查询《商用密码产品目录》（网址：http://www.oscca.gov.cn）。

7.2.4.2 技术要求

“单一窗口”服务类密码设备技术要求见表23。

表23 “单一窗口”服务类密码设备技术要求

基本要求	应具备国家密码管理局批准的商用密码产品型号证书（在有效期内）
必备功能	具有数字签名和签名验证功能
	具有密钥对生成和管理功能
	支持RSA（1024位）、RSA（2048位）非对称密码算法
	支持SHA1、SHA256杂凑算法
	支持国产SM2非对称密码算法、SM1、SM4对称密码算法、SM3杂凑算法
	支持按照PKCS#10标准生成证书请求并导出请求包
	支持双机热备或集群部署
	提供接口库程序包和相应开发、配置等技术文档
运行环境要求	应支持主流操作系统，包括Windows、Linux等操作系统

7.2.5 代理模式

当需要使用代理模式时，可以根据当前客户端是代理端还是被代理端自行增减web.xml中的配置。需要增减的配置已在6.2.2注释中说明。若不使用代理模式则都去掉，若既做代理端又做被代理端则保留全部配置。

7.2.6 注意事项

在设置过滤器映射地址时，除CASFilter必须设置为“/{FOLDER}/*”的形式外，其他为默认情况即可。CASFilter一般不能设置为“/*”的匹配模式，原因是应用验证或用户单点登出时，CAS服务器会回调应用，此时CAS Authentication Filter如果对“/*”进行过滤的话就会将CAS的回调重定向到CAS登录页面，产生错误。因此在设计应用时，要注意不要将受保护资源放到应用的根目录下。

7.2.7 用户信息获取

用户信息获取见表24。

表 24　用户信息获取

```
Assertionassertion = AssertionHolder. getAssertion ( );
// 获取用户名
Stringaccount = assertion. getPrincipal ( ) . getName ( );
// 获取用户信息
Map<String, Object>attrs = assertion. getPrincipal ( ) . getAttributes ( );
```

7.2.8　用户详细信息

用户详细信息见表 25，实际返回值因用户类型、账号绑卡情况、企业备案情况的差异有所不同。

表 25　用户详细信息

序号	关键字	值	备注
1	login_ name	登录名	不区分大小写，以全部大写形式返回
2	login_ type	登录类型	0. 登录名和密码登录；1. 电子口岸介质登录
3	name	管理员姓名	如果用户绑定了 IC 卡，该字段才有值
4	account_ type	账号类型	1. 企业管理员；3. 企业操作员
5	mobile	手机号	
6	mobile_ stucd	手机号验证状态	0. 未验证；1. 已验证
7	etps_ name	企业名称	
8	social_ credit_ code	统一社会信用代码	
9	org_ code	组织机构代码	组织机构代码与统一社会信用代码必有一个
10	correp_ name	法人姓名	
11	correp_ iddoc_ typecd	法人证件类型	
12	correp_ iddoc_ no	法人证件号码	
13	op_ name	当前用户姓名	
14	safe_ fec_ etps_ dir_ emvry_ stucd	外汇收支企业名录审核状态	0. 未审核；1. 已审核
15	moc_ extr_ trade_ putrec_ stucd	对外贸易经营者备案审核状态	0. 未审核；1. 已审核
16	cards	绑定的介质号集合	规则：各部委的介质号使用 $ 符做分隔符，第一部分为电子口岸的 IC 卡号，第二部分为 XX 部委号。8910000448896 $ 48985948
17	etps_ vrffy_ stucd	企业身份核验状态	0. 未认证；1. 已认证
19	iddoc_ typecd	用户证件类型	01：身份证；06：护照；07：外国人居留证；08：港澳居民来往内地通行证；09：台湾同胞来往内地通行证
20	iddoc_ no	用户证件号码	

续表1

序号	关键字	值	备注
21	biz_ records	业务权限设置集合	按 $ 符做分割符， 第一部分是货物申报：依次为报关申报、报检申报 第二部分是运输工具申报：第 1 位为船舶运输工具申报，2-4 位暂无意义 第三部分是舱单申报：第 1 位为水运舱单申报，2-4 位暂无意义 第四部分是贸易许可：依次为农药进出口登记管理放行通知单、野生动植物进出口证书申请 第五部分是企业资质办理：企业资质申请 第六是原产地证书：质检总局原产地证书申请 通过 0、1 表示是否可以使用该应用功能，1 代表可以。 示例：10 $ 1000 $ 1000 $ 01 $ 1 $ 0，表示可以使用的应用有：报关申报、船舶运输工具申报、水运舱单申报、野生动植物进出口证书申请、企业资质申请
22	platId	地方平台 Id	OAuth 认证不返回，cas client 返回
23	show_ name	注册用户名	区别大小写
24	gs_ reg_ no	工商注册号	
25	gs_ regcap	注册资本（万元）	
26	gs_ regcapcur	注册资本币种	
27	gs_ esdate	（工商登记）成立日期	
28	gs_ s_ ext_ nodenum	省节点编号	
29	gs_ domdistrict	住所所在行政区划	
30	gs_ enttype	公司类型	
31	gs_ opfrom	营业期限自	
32	gs_ opto	营业期限至	
33	gs_ ent_ status	登记状态	
34	gs_ can_ date	注销日期	
35	gs_ rev_ date	吊销日期	
36	gs_ dom	住所	
37	gs_ op_ scope	经营范围	
38	gs_ regorg	登记机关	
39	gs_ oploc	经营场所	
40	gs_ tel	联系人电话	
41	mc_ corp_ code	企业代码（13 位企业进出口代码）	
42	mc_ en_ full_ co	企业英文名称	
43	mc_ bus_ adds_ en	英文营业地址	
44	mc_ email_ box	电子邮箱	
45	mc_ post_ code	邮政编码	

续表2

序号	关键字	值	备注
46	mc_ phone	联系电话	
47	mc_ fax	传真	
48	mc_ manage_ dept	注册地区	
49	mc_ corp_ apply	经营者类型	
50	mc_ manage_ code	备案机关	
51	mc_ last_ approval_ number	最新批准文号	
52	mc_ first_ approval_ date	最早审批日期	
53	cus_ reg_ no	海关 10 位注册编号	单个编号
54	cus_ reg_ no	海关 10 位注册编号	如果有两个编号，中间用-隔开，最多两个编号
55	cus_ cop_ type	企业类别（管理类别）	
56	cus_ cop_ master_ cus	主管海关	
57	cus_ trade_ type	企业经营类别	
58	cus_ avail_ date	海关有效期	
59	cus_ en_ addr_ co	企业英文地址	
60	cus_ first_ reg_ date	（海关）首次注册日期	
61	cus_ late_ reg_ date	（海关）最近一次注册日期	
62	cus_ law_ man_ mobile	法人移动电话	
63	cus_ law_ man_ tel	法人固定电话	
64	cus_ appr_ dep_ code	报关权批准机关	
65	cus_ appr_ id	批准文号	
66	cus_ inv_ total	投资总额	
67	cus_ curr_ code_ inv	投资总额币制	
68	cus_ taxy_ rg_ code	税务登记号	
69	cus_ busi_ kind	行业种类	
70	cus_ mft_ decl_ code	舱单申报企业海关备案代码	
71	ciq_ oricet_ no	质检产地证备案号	
72	ciq_ etps_ reg_ no	报检企业注册号	
73	ciq_ comm_ pltf_ accts	质检通讯平台账号	
74	ciq_ comm_ pltf_ pw	质检通讯平台密码	
75	ciq_ dcl_ accts	质检 ECIQ 申报账号	
76	ciq_ dcl_ pw	质检 ECIQ 申报密码	
77	ciq_ decl_ cop_ code	舱单申报人检验检疫备案代码	
78	non_ em_ flag	（商务部）非机电类是否备案	
79	em_ flag	（商务部）机电类是否备案	
80	agricultural_ flag	金农是否备案	

7.3 OAuth 联合认证集成

7.3.1 前提条件

地方电子口岸提出 OAuth 联合认证集成申请，提出申请时提供执行联合认证的系统的域名。

域名用于验证，域名不匹配时用户无法登录标准版身份认证系统。

申请成功后，会得到统一分配的 client_ id 和 client_ secret，程序开发时需要配置它。

7.3.2 OAuth 联合认证及用户绑定参考流程

集成 OAuth 联合认证、用户绑定流程见图 9。

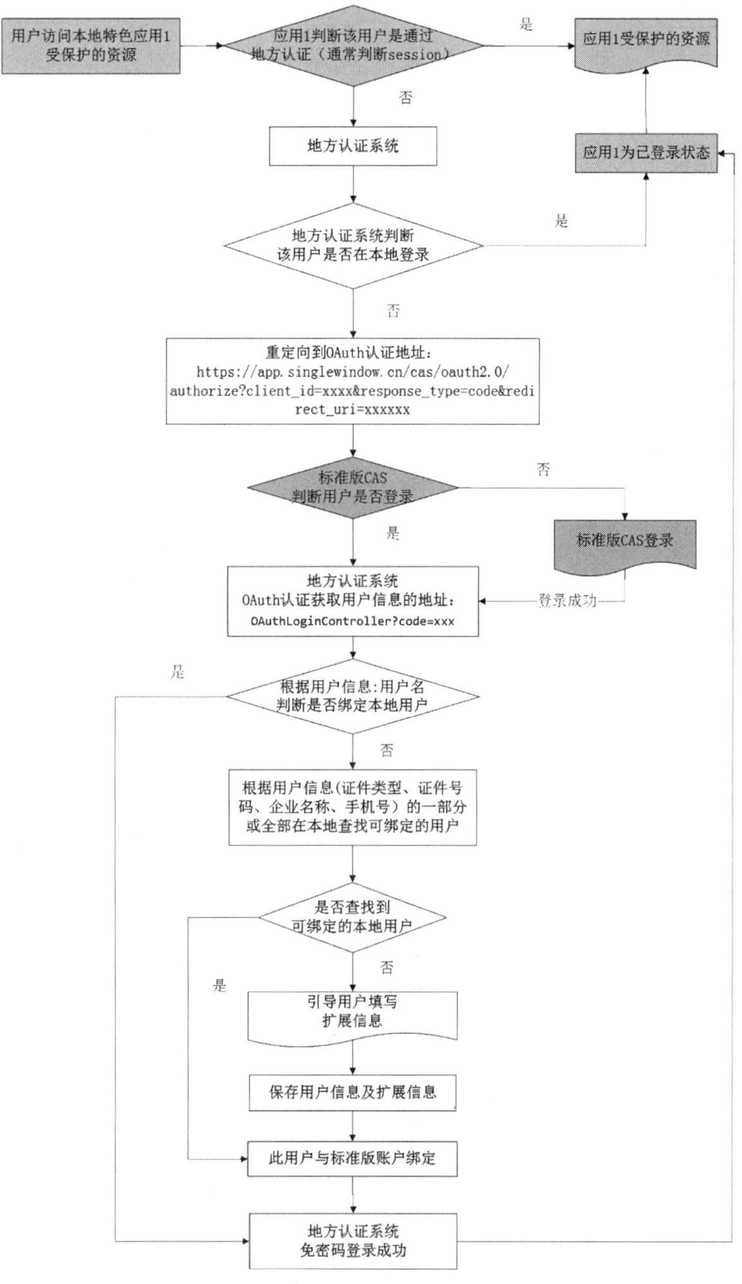

图 9 集成 OAuth 联合认证、用户绑定流程

判断用户是否在“单一窗口”标准版登录的前端参考代码如下：

```
<script type=" text/javascript" src=" js/jquery-2. 1. 4. min. js" ></script>
<script type=" text/javascript" >
function checkSwLogin (json) {
  try {
    if (json. code. indexOf (" ST-" ) = =0) {
      alert (" 该用户已在“单一窗口”标准版登录，code=" +json. code); //测试用
      location. href=" OAuthLoginController? code=" +json. code;
    } else {
      alert (" 该用户还没有登录“单一窗口”标准版!" ); //测试用
    }
  } catch (e) {
  }
}

function callJsonpUrl (myurl)
{
  $. ajax ( {
      type:" get",
      async: false,
      url: myurl,
      dataType:" jsonp",
      jsonp:" callback",
      success: function (json) {
          checkSwLogin (json);
      },
      error: function () {
  //alert (" fail" );
      }
  } );
}

callJsonpUrl (" http: //localhost: 8080/cas/oauth2. 0/authorize? client_ id = 1367&response_ type = code&redirect_ uri =
http%3A%2F%2Flocalhost%3A8082%2Flocal-oauth-demo%2FOAuthCode" );
</script>
```

7.3.3 OAuth 联合认证接口

7.3.3.1 登录接口

登录接口调用见表 26。

表 26 登录接口调用

调用地址	https: //<CAS 服务器域名>: <CAS 端口>/<CAS 上下文>/oauth2. 0/authorize
请求方式	GET
返回类型	页面

7.3.3.1.1 请求参数

“单一窗口”CAS 接口请求参数见表 27。

表 27 “单一窗口”CAS 接口请求参数

名称	类型	是否必填	描述
client_ id	String	是	应用的唯一标识，从“单一窗口”标准版工程组处申请的 client_ id
response_ type	String	是	返回类型，统一为 code
redirect_ uri	String	是	返回地址：认证完成后重定向到该页面，系统可获取 code

7.3.3.1.2 返回

返回 CAS 联合登录页面见图 10。

图 10 返回 CAS 联合登录页面

示例：<a href=" http://localhost:8080/cas/oauth2.0/authorize? client_ id=8888&response_ type=code&redirect_ uri=http%3A%2F%2Flocalhost%3A8082%2Flocal-oauth-demo%2FOAuthLoginController " >使用“单一窗口”标准版账号登录</a> 。

7.3.3.2 获取 access_ token 接口

调用地址：https://<CAS 服务器域名>:<CAS 端口>/<CAS 上下文>/oauth2.0/accessToken 。

请求方式：GET。

返回类型：String。

7.3.3.2.1 请求参数

获取 access_ token 接口请求参数见表 28。

表 28 获取 access_ token 接口请求参数

名称	类型	是否必填	描述
client_ id	String	是	应用的唯一标识，从“单一窗口”标准版工程组处申请的 client_ id
redirect_ uri	String	是	返回地址：认证完成后重定向到该页面
grant_ type	String	是	授权模式，统一用授权码模式：authorization_ code
client_ secret	String	是	应用的唯一标识，从“单一窗口”标准版工程组处申请的 client_ secret
code	String	是	登录成功后返回的 code

7.3.3.2.2 返回

返回 access_ token 信息，如：

access_ token=VEdULTEtQW1wYkxpZ1JZSXRuajZJM3ZEVUxPQllJZkJjYVMwYldoUWFaTWZXaFh6THh

FRWFYRmQtY2FzMDEuZXhhbXBsZS5vcmcjMTAwMDAwMDQ=&expires=7200。

示例：如访问如下网址：

示例：http：//localhost：8080/cas/oauth2.0/accessToken？client_ id=8888&client_ secret=secret&grant_ type=authorization_ code&redirect_ uri=http：//localhost：8082/local-oauth-demo/OAuthLoginController&code=ST-1-ZXEdPKcGwYkMmrFhciZC-cas01.example.org。

7.3.3.2.3 获取用户信息接口

获取用户信息接口见表 29。

表 29 获取用户信息接口

调用地址	https：//<CAS 服务器域名>：<CAS 端口>/<CAS 上下文>/oauth2.0/profile
请求方式	GET
返回类型	JSON

7.3.3.2.4 请求参数

获取用户信息接口请求参数见表 30。

表 30 获取用户信息接口请求参数

名称	类型	是否必填	描述
access_ token	String	是	获取的 access_ token 值

7.3.3.2.5 返回

获取用户信息接口的返回用户信息如下：

{"id":"SWBJOP0101","attributes":[{"gs_ dom":"湟源县申中乡庙沟村"},{"etps_ name":"中国大恒（集团）有限公司"},{"gs_ opfrom":"20110704"},{"gs_ enttype":"农民专业合作经济组织"},{"gs_ oploc":"湟源县申中乡庙沟村"},{"moc_ extr_ trade_ putrec_ stucd":"0"},{"iddoc_ type":"150105198202047314"},{"plat_ id":"SW61000020170331"},{"cus_ avail_ date":"2011-06-2300：00：00"},{"cus_ trade_ type":"10000000"},{"permissions"：[]},{"etps_ aptt_ id":"F439CB8E747F7EC60DA640C1684CDDB8"},{"biz_ records":"11$1000$1000$00$0$0$00$0$0$00$0$0"},{"cards":"8950000038776"},{"account_ type":"3"},{"enterpriseNo":"9737A367A05D80CD19AD4807833FC9B5"},{"credentialNo":"150105198202047314"},{"em_ flag":"0"},{"cus_ appr_ dep_ code":"经贸部"},{"gs_ esdate":"20110704"},{"etps_ vrffy_ stucd":"0"},{"org_ code":"100006493"},{"gs_ opto":"20171020"},{"ciq_ comm_ pltf_ pw":"g70den2o"},{"gs_ domdistrict":"110111"},{"cus_ busi_ kind":"13"},{"cus_ appr_ id":"00451535"},{"etps_ id":"9737A367A05D80CD19AD4807833FC9B5"},{"gs_ op_ scope":"组织成员进行秸秆、燕麦种植、销售以及秸秆、燕麦种植有关的技术、信息服务。"},{"phoneNOChecked":"1"},{"cus_ curr_ code_ inv":"502"},{"credentialType":"01"},{"accountMobile":"15511111111"},{"mobile":"15511111111"},{"cus_ ie_ ent_ no":"1100102452083"},{"cus_ late_ reg_ date":"20040623"},{"accountId":"E571E68EDC4EE1E386CEE3E0DC50C335"},{"iddoc_ typecd":"01"},{"cus_ mft_ decl_ code":"1234"},{"LATEST_ LOGON_ TIME":"2017-04-14 17：12：05"},{"correp_ iddoc_ no":"110102411126275"},{"gs_ regcapcur":"142"},{"agricultural_ flag":"0"},{"gs_ regorg":"青海省西宁市湟源县工商行政管理

局"},{"cus_ reg_ no":" 1114960222"},{" ciq_ dcl_ accts": null},{" showName":" swbjop0101"},{" cus_ first_ reg_ date":" 20040623"},{" ciq_ etps_ reg_ no": null},{" accountStatus":" 1"},{" ciq_ dcl_ pw":" 100006493"},{" name":" 张家林"},{" non_ em_ flag":" 0"},{" op_ name":" 秦正荣"},{" cus_ law_ man_ tel":" 61501980"},{" login_ type":" 0"},{" mobile_ stucd":" 1"},{" gs_ tel":" 13099746821"},{" cus_ cop_ type":" B"},{" gs_ ent_ status":" 在营（开业）"},{" cus_ en_ addr_ co":" BEIJINGTONGZHOUZHANGJIAWANXIDING"},{" ciq_ decl_ cop_ code":" 5678"},{" gs_ s_ ext_ node-num":" 110000"},{" gs_ regcap":" 150"},{" correp_ iddoc_ typecd":" 01"},{" gs_ reg_ no":" 630123NA000111X"},{" cus_ cop_ master_ cus":" 0117"},{" login_ name":" SWBJOP0101"},{" account-Type":" 3"},{" indb_ time":" 2017-06-22 10: 08: 12.0"},{" ciq_ oricet_ no": null},{" create_ user":" SWBJAD01"},{" social_ credit_ code":" "},{" correp_ name":" 张家林"},{" ciq_ comm_ pltf_ accts": null}]}

注：id 为在系统内的用户名，全大写，attributes 为扩展属性，各项含义参考“表 24 用户详细信息”。

7.3.4 Demo 配置和部署

7.3.4.1 获取 demo

local-oauth-demo.zip 可在“单一窗口”门户网站（www.singlewindow.cn）的服务指南栏目中下载。

7.3.4.2 配置 platformconfig.properties

打开 /local-oauth-demo/resources/platformconfig.properties，修改红色部分完成 Demo 配置。

示例：示例见表 31。

表 31 配置 Demo

```
#“单一窗口”OAuth 联合认证服务器地址
sw.oauth.url=http://localhost:8080/cas
#线下申请的本应用的唯一标识
sw.oauth.client.id=8888

#线下申请的本应用的唯一标识
sw.oauth.client.secret=secret

#本应用的访问地址
local.url=http://localhost:8082/local-oauth-demo
```

7.3.4.3 部署

本 Demo 可在下面环境下（但不限于）部署：

——应用服务器：apache-tomcat-7.0.42；

——jdk：jdk1.7.0_13。

7.3.5 访问

7.3.5.1 从本应用进入标准版身份认证系统

访问：http://localhost:8082/local-oauth-demo/loginServlet，将进入标准版登录页面。

7.3.5.2 标准版身份认证系统登录

输入用户名/密码可完成登录，标准版身份认证登录页面见图 11。

图 11　标准版身份认证登录页面

7.3.5.3　登录成功后返回本应用

本应用可获得用户信息见图 12。

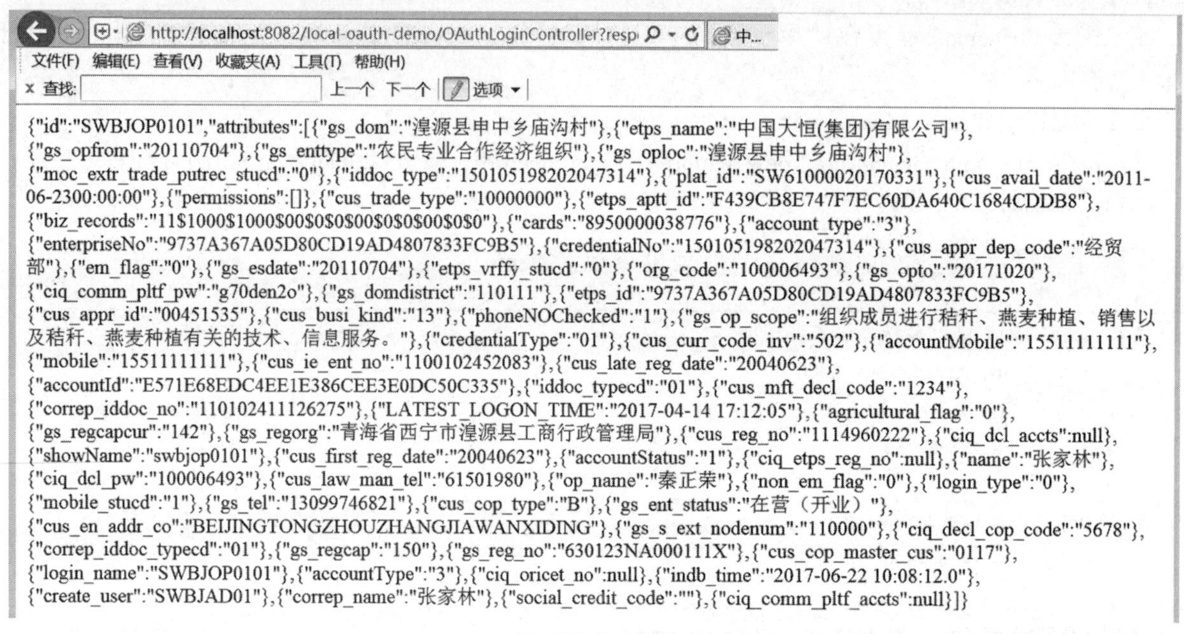

{"id":"SWBJOP0101","attributes":[{"gs_dom":"湟源县申中乡庙沟村"},{"etps_name":"中国大恒(集团)有限公司"},{"gs_opfrom":"20110704"},{"gs_enttype":"农民专业合作经济组织"},{"gs_oploc":"湟源县申中乡庙沟村"},{"moc_extr_trade_putrec_stucd":"0"},{"iddoc_type":"150105198202047314"},{"plat_id":"SW61000020170331"},{"cus_avail_date":"2011-06-2300:00:00"},{"permissions":[]},{"cus_trade_type":"10000000"},{"etps_aptt_id":"F439CB8E747F7EC60DA640C1684CDDB8"},{"biz_records":"11$1000$1000$00$0$0$00$0$0$00$0$0"},{"cards":"8950000038776"},{"account_type":"3"},{"enterpriseNo":"9737A367A05D80CD19AD4807833FC9B5"},{"credentialNo":"150105198202047314"},{"cus_appr_dep_code":"经贸部"},{"em_flag":"0"},{"gs_esdate":"20110704"},{"etps_vrffy_stucd":"0"},{"org_code":"100006493"},{"gs_opto":"20171020"},{"ciq_comm_pltf_pw":"g70den2o"},{"gs_domdistrict":"110111"},{"etps_id":"9737A367A05D80CD19AD4807833FC9B5"},{"cus_appr_id":"00451535"},{"cus_busi_kind":"13"},{"phoneNOChecked":"1"},{"gs_op_scope":"组织成员进行秸秆、燕麦种植、销售以及秸秆、燕麦种植有关的技术、信息服务。"},{"credentialType":"01"},{"cus_curr_code_inv":"502"},{"accountMobile":"15511111111"},{"mobile":"15511111111"},{"cus_ie_ent_no":"1100102452083"},{"cus_late_reg_date":"20040623"},{"accountId":"E571E68EDC4EE1E386CEE3E0DC50C335"},{"iddoc_typecd":"01"},{"cus_mft_decl_code":"1234"},{"correp_iddoc_no":"110102411126275"},{"LATEST_LOGON_TIME":"2017-04-14 17:12:05"},{"agricultural_flag":"0"},{"gs_regcapcur":"142"},{"gs_regorg":"青海省西宁市湟源县工商行政管理局"},{"cus_reg_no":"1114960222"},{"ciq_dcl_accts":null},{"showName":"swbjop0101"},{"cus_first_reg_date":"20040623"},{"accountStatus":"1"},{"ciq_etps_reg_no":null},{"name":"张家林"},{"ciq_dcl_pw":"100006493"},{"cus_law_man_tel":"61501980"},{"op_name":"秦正荣"},{"non_em_flag":"0"},{"login_type":"0"},{"mobile_stucd":"1"},{"gs_tel":"13099746821"},{"cus_cop_type":"B"},{"gs_ent_status":"在营（开业）"},{"cus_en_addr_co":"BEIJINGTONGZHOUZHANGJIAWANXIDING"},{"gs_s_ext_nodenum":"110000"},{"ciq_decl_cop_code":"5678"},{"correp_iddoc_typecd":"01"},{"gs_regcap":"150"},{"gs_reg_no":"630123NA000111X"},{"cus_cop_master_cus":"0117"},{"login_name":"SWBJOP0101"},{"accountType":"3"},{"ciq_oricet_no":null},{"indb_time":"2017-06-22 10:08:12.0"},{"create_user":"SWBJAD01"},{"correp_name":"张家林"},{"social_credit_code":""},{"ciq_comm_pltf_accts":null}]}

图 12　获取用户信息

7.4　用户退出

7.4.1　概述

用户在点退出时，既要退出所有标准版的应用，还要退出所有地方应用。

7.4.2　退出标准版

用户在标准版应用里点“退出”时，系统除要退出标准版的所有应用外，还应退出地方的应用。地方应提供一个能退出地方所有应用的 url，供标准版调用。

示例：某地方提供的地址为：http：//singlewindow. xx. cn/xxx/logout. do

标准版的应用在退出时会调用：

http：//singlewindow. xx. cn/xxx/logout. do？ from＝app. singlewindow. cn

from 参数表示调用来源，避免循环调用，退出地址完成后，应反馈给被调用者，可参考附件 local-oauth-demo. zip。

7.4.3　退出地方应用

用户在地方应用里点“退出”时，地方应用系统除要退出地方的所有应用外，还应退出标准版的所有应用。因此需在浏览器里调用退出标准版所有应用的统一地址：

a）运行环境：https：//app. singlewindow. cn/cas/logout；

b）联调环境：https：//apptest. singlewindow. cn/cas/logout。

示例：在运行环境，用户在某地的应用里点退出时，该应用应调用标准版的退出地址：

https：//app. singlewindow. cn/cas/logout？from=singlewindow. xxx. cn

其中，singlewindow. xxx. cn 为调用者的域名。

参考文献

《商用密码产品目录》（网址：http：//www. oscca. gov. cn）

“单一窗口”标准版 REST 服务集成指南

（“单一窗口”建设工程标准 SW 505—2018）

前　言

本标准按照 GB/T 1.1-2009 给出的规则起草。

本标准由国家口岸管理办公室提出并归口。

本标准主要起草单位：中国电子口岸数据中心、中国标准化研究院。

引　言

党中央、国务院针对国际贸易“单一窗口”（简称“单一窗口”）建设做出了一系列决策部署，要求依托电子口岸加快我国“单一窗口”建设，推进口岸“三互”大通关改革，促进贸易便利化。为落实国务院口岸工作部际联席会议《关于国际贸易“单一窗口”建设的框架意见》相关建设任务，满足“单一窗口”工程建设的需要，规范“单一窗口”标准版 REST 服务架构、服务数据规约及调用方式，指导地方电子口岸平台的服务调用，特制定本标准。

1　范围

本标准规定了“单一窗口”标准版 REST 服务架构、服务数据规约及调用方式。

本标准适用于地方电子口岸平台调用“单一窗口”标准版 REST 服务。

2　规范性引用文件

下列文件对于本文件的应用是必不可少的。凡是注日期的引用文件，仅所注日期的版本适用于本文件。凡是不注日期的引用文件，其最新版本（包括所有的修改单）适用于本文件。

SW 301“单一窗口”标准版货物申报服务集成接口规范

SW 302“单一窗口”标准版舱单服务集成接口规范

3　术语和定义

SW/T 101《国际贸易“单一窗口”术语》中的术语和定义适用于本文件。

4　概述

地方电子口岸平台，可直接调用“单一窗口”标准版提供的接口服务进行数据交互，支持的接口协议为 REST 协议，采用的集成方案为 REST 集成。

采用 REST 服务集成，可达到以下目标：

a）调用“单一窗口”标准版统一标准的服务；

b）地方特色为主，包括部分“单一窗口”标准版功能。

5 技术要求

5.1 总体架构

“单一窗口”服务集成总体架构如图 1 所示。

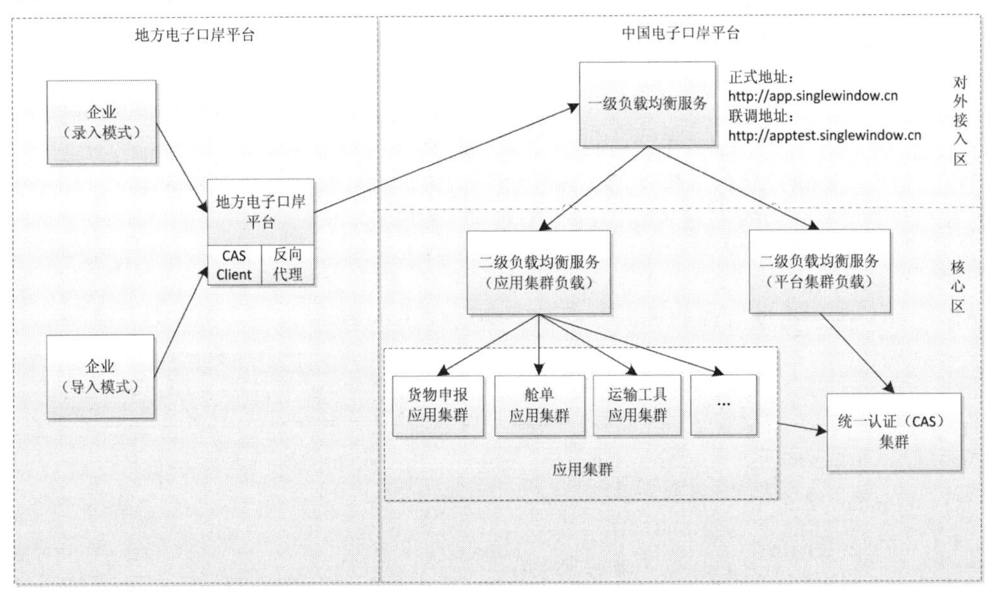

图 1 “单一窗口”服务集成总体架构

企业用户通过用户口令或安全介质登录到地方电子口岸平台，可手工录入或企业 ERP 系统批量导入数据到地方电子口岸平台。地方电子口岸平台集成 Cas Client 组件，完成 Cas 服务认证，访问中国电子口岸平台页面，并获取相应的会话 ID（Token）。企业用户通过地方电子口岸平台的反向代理组件，根据会话 ID（Token）访问中国电子口岸平台的货物申报、舱单、运输工具等 REST 服务，实现数据的交互。图中中国电子口岸平台的相关内容，属于内部支撑运行机制，地方电子口岸平台只需关注对外接入区的服务地址（即一级负载均衡服务）。

REST 服务可由各个业务项目开发并发布相应的服务，应遵守如下约定的规范：

a）各业务项目发布服务 Url 必须以“/rest/业务代码”开头。

示例：/rest/dec。

b）各个业务项目发布服务最多增加两级路径。

c）业务完整的 REST 服务 Url。

示例：http：//＊.＊.＊.＊：＊＊＊＊/decserver/rest/dec/＊＊/＊＊

d）各业务项目接口服务设计时，应考虑高内聚、低耦合。

e）业务相似的接口服务，应尽量设计统一。

f）企业传输的数据通过报文传递。

5.2 安全策略

5.2.1 传输安全

传输安全是数据在传输过程中通过加密的方式，保证数据不会被篡改、不会被非法窃取，保证数据完整可靠地传输到目的地。传输安全可通过建立安全的传输链路和采用点对点数据加签方式来保证。其中：

a）安全的传输链路

在交互的系统之间，应通过采用 HTTPS 协议来建立一个安全的通讯链路。

注：HTTPS 是超文本传输协议和 SSL/TLS 的组合，用以提供加密通讯及对网络服务器身份的鉴定。HTTPS 的主要思想是在不安全的网络上创建一安全信道，并在使用适当的加密套件和服务器证书可被验证且可被信任时，对窃听和中间人攻击提供合理的保护。

b）点对点数据加签方式

由接口双方共同协商，应采用对称或非对称加密方式，对传输报文中的关键信息或整个报文进行数据加签，服务端进行报文数据验签。

5.2.2 访问安全

REST 服务，应由统一认证 Cas 服务进行安全访问控制。

REST 服务调用方应部署及配置相应的 Cas Client，通过既定的交互，获取服务端的 SessionId（Token），每次 REST 请求时，都会验证 SessionId（Token）有效性。

5.3 交互流程

“单一窗口”REST 服务交互流程如图 2 所示，包含以下内容：

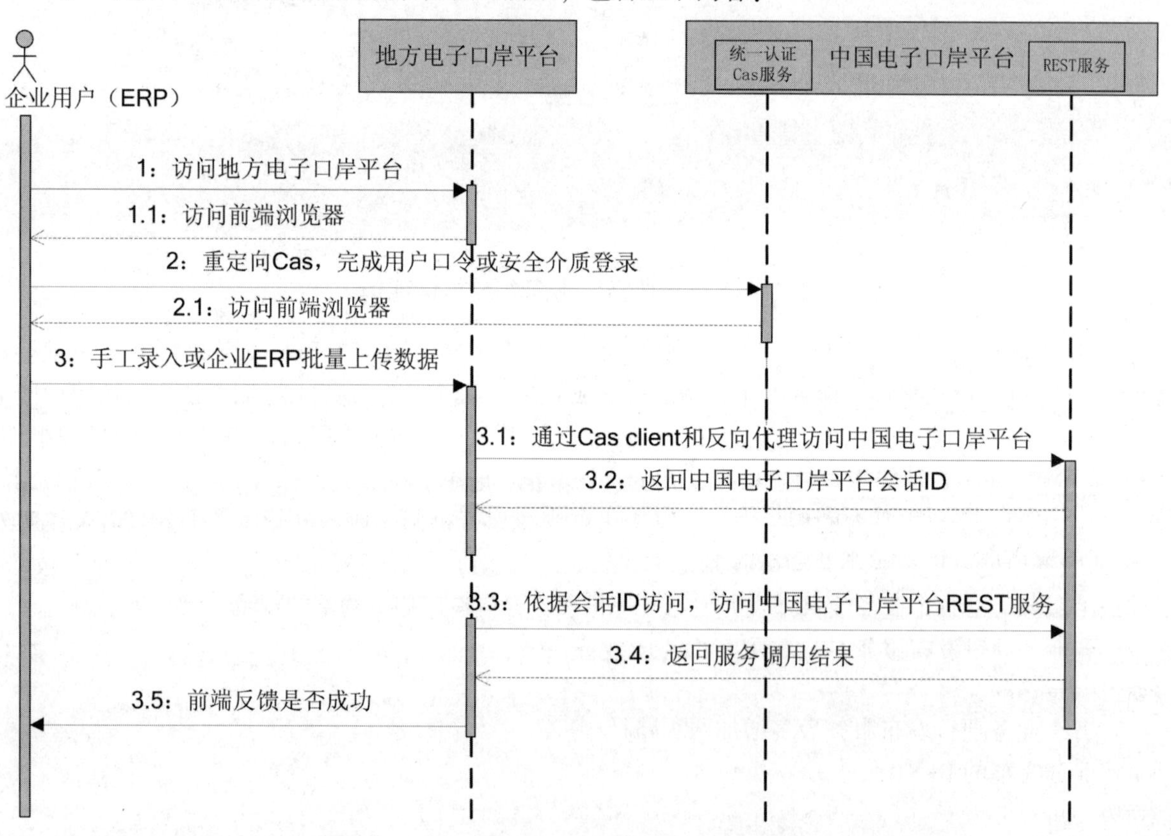

图 2 “单一窗口”REST 服务交互流程

a）企业用户（ERP）访问地方电子口岸平台应用系统。

b）地方电子口岸平台系统发现用户没有登录认证过，重定向页面到 Cas 服务端进行统一的用户认证。用户完成口令或安全介质登录。

c）企业用户（ERP）手工录入或 ERP 批量上传数据至地方电子口岸平台应用系统。企业用户在地方电子口岸平台界面通过反向代理访问中国电子口岸平台的页面时，通过 Cas Client 组件获取中国电子口岸平台系统的会话 ID。

d）地方电子口岸平台依据中国电子口岸平台会话 ID，通过 Cas 统一认证，访问中国电子口岸平台 REST 服务，获取返回的服务调用结果。

e）地方电子口岸平台依据中国电子口岸平台返回的调用结果，将信息反馈给前端。

6 REST 服务数据规约

6.1 总体要求

REST 服务数据规约总体要求如下：

a）客户端和服务端统一采用 JSON 格式的字符串来交互业务数据；

b）客户端将业务数据组织成 JSON 格式的字符串作为入参，调用服务端接口；

c）服务端解析 JSON 格式的字符串进行业务数据处理，并把结果组织成 JSON 格式的字符串返回给客户端。

6.2 格式约定

业务数据组织成 JSON 格式的字符串来交互。

a）JSON 语法规则

JSON 语法是 JavaScript 对象表示语法的子集，规则要求如下：

——数据在键值对中

——数据由逗号分隔

——以花括号（{}）保存对象

——以方括号（[]）保存数组

b）JSON 名称/值对

JSON 数据的书写格式是：名称/值对。

名称/值对组合中，名称在前（加双引号），值对在后（加双引号），中间用冒号分隔。

示例:" firstName" :" John" 。

c）JSON 值

JSON 值可以是：

——数字（整数或浮点数；

——字符串（在双引号中）；

——逻辑值（true 或 false）；

——数组（在方括号中）；

——对象（在花括号中）；

——null。

6.3 数据报文格式

数据报文格式应符合 SW 301、SW 302 标准要求。

6.4 REST 服务入参

入参对象类为 RestAccessVo. java，对象参数见表 1。

表 1　REST 服务入参对象参数

<table>
<tr><th>请求参数</th><th>参数说明</th><th>参数定义</th><th>备注</th></tr>
<tr><td>userId</td><td>导入用户名</td><td></td><td>该用户需经过“单一窗口”单点登录认证</td></tr>
<tr><td>platId</td><td>平台 ID</td><td></td><td>调用方的平台 ID</td></tr>
<tr><td>msgType</td><td>报文类型</td><td>参见舱单报文类型定义</td><td></td></tr>
<tr><td>functionCode</td><td>业务功能代码</td><td></td><td></td></tr>
<tr><td>format</td><td>请求报文数据格式</td><td>xml-xml 格式
json-json 格式</td><td>data 节点的数据格式</td></tr>
<tr><td>compress</td><td>是否压缩</td><td>0-未压缩
1-压缩</td><td>data 节点数据是否压缩格式</td></tr>
<tr><td>signature</td><td>签名信息</td><td>签名 userId | | platId | | data</td><td></td></tr>
<tr><td>data</td><td>报文数据</td><td></td><td>业务报文数据</td></tr>
</table>

示例：


```
{
 " userId" :" userId-01001111",
 " platId" :" platId-0123131",
 " msgType" :" MT3102",
 " functionCode" :" ",
 " format" :" xml",
 " compress" :" 0",
 " signature" : " 0",
 " data" :" <? xml version=" 1. 0" encoding=" UTF-8" standalone=" yes"? ><Manifest xmlns=" urn: Declaration: datamodel: standard: CN: MT3101: 1" ><Head><MessageID>1</MessageID><FunctionCode>2</FunctionCode><MessageType>MT3102</MessageType><SenderID>1</SenderID><ReceiverID>1</ReceiverID></Head> </Manifest>"
}
```


6.5　REST 服务出参

在获取 REST 服务响应结果后，应先将响应报文中 JSON 格式的字符串转换为 JSON 对象，然后再从 JSON 对象中获取相关报文节点信息并进行后续处理。严禁通过字符串截取的方式解析 REST 服务响应报文。

出参对象类为 RestResultVo. java，对象参数见表 2。

表 2　REST 服务出参对象参数

<table>
<tr><th>响应参数</th><th>参数说明</th><th>参数定义</th><th>备注</th></tr>
<tr><td>resultFlag</td><td>处理结果</td><td>0-处理失败
1-处理成功</td><td></td></tr>
<tr><td>failCode</td><td>错误代码</td><td></td><td>resultFlag 为 0 时，返回错误代码</td></tr>
</table>

续表

响应参数	参数说明	参数定义	备注
failInfo	错误信息		resultFlag 为 0 时，返回错误信息
retData	返回数据		resultFlag 为 1 时，返回处理结果报文

错误代码见表 3。

表 3　错误代码

错误代码	备注
00	内部错误
01	报文解析错误
02	SQL 执行错误
03	SQL 执行超时
04	SQL 查询为空
05	错误参数
06	非法用户
07	非法授权
08	非法 IP

示例：


```
{
  " resultFlag" : " 1" ,
  " failCode" : null,
  " failInfo" : null,
  " retData" : " {" head" : {" messageID" :" CN_ MT3102_ 1p1_ 1_ 20170327041420103" ," functionCode" :" 2" ," messageType" :" MT3102" } ," borderTransportMeans" : {" journeyID" :" F12" } ," consignment" : [ {" transportContract" :" 1" } ] } "
}
```


6.6　业务 REST 调用

货物申报的 REST 调用示例，见 SW 301；舱单的 REST 调用示例，见 SW 302。

“单一窗口”标准版自动导入客户端接入指南

（“单一窗口”建设工程标准 SW 702—2018）

前　言

本标准按照 GB/T 1.1-2009 给出的规则起草。

本标准由国家口岸管理办公室提出并归口。

本标准主要起草单位：中国电子口岸数据中心、中国标准化研究院。

引　言

党中央、国务院针对国际贸易“单一窗口”（简称“单一窗口”）建设做出了一系列决策部署，要求依托电子口岸加快我国“单一窗口”建设，推进口岸“三互”大通关改革，促进贸易便利化。为落实国务院口岸工作部际联席会议《关于国际贸易“单一窗口”建设的框架意见》相关建设任务，满足“单一窗口”工程建设的需要，规范“单一窗口”标准版自动导入客户端接入流程，指导企业使用“单一窗口”标准版自动导入客户端，实现企业信息化系统与“单一窗口”标准版进行自动对接，完成企业业务数据批量导入，提高业务申报效率，特制定本标准。

1　范围

本标准规定了“单一窗口”标准版自动导入客户端的接入流程及相关服务。

本标准适用于企业用户使用自动导入客户端接入“单一窗口”标准版。

2　术语和定义

SW/T 101 界定的术语和定义适用于本文件。

3　概述

3.1　总体目标

按照“开放、规范、高效”的服务理念，规范接入标准和服务流程，为企业提供各类业务数据自动批量导入功能及相关服务。

3.2　服务原则

“单一窗口”标准版自动导入客户端免费供企业使用。

4 流程

企业通过“单一窗口”地方电子口岸在线自助申请接入服务。“单一窗口”标准版自动导入客户端接入工作总体流程见图 1。企业做好技术准备后，应先进行联调测试，测试通过后方可申请正式接入。中国电子口岸数据中心联合地方电子口岸运行服务实体（简称地方运行服务实体）进行运行维护。

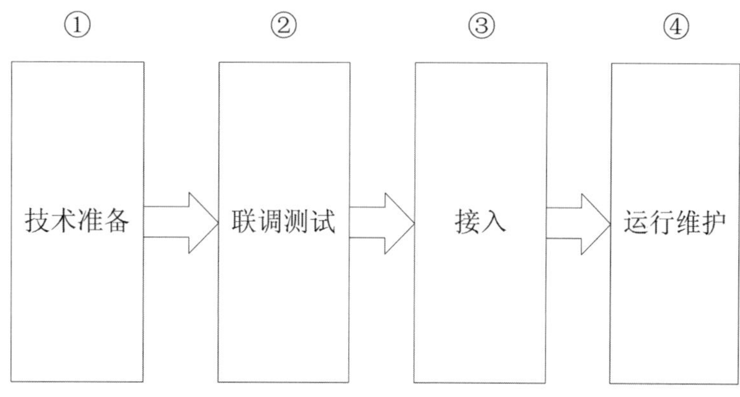

图 1　总体流程

4.1 技术准备

“单一窗口”标准版自动导入客户端分为联调测试和运行环境两种客户端。企业在接入前，在“单一窗口”门户网站（www.singlewindow.cn）的“服务指南”栏中自行下载相应客户端及《“单一窗口”标准版自动导入客户端操作手册》、《“单一窗口”标准版自动导入客户端接口报文规范》等相关资料，并按照相关资料要求做好技术准备。具体工作包括：

a）环境准备

企业应按照《“单一窗口”标准版自动导入客户端操作手册》中系统环境的要求，准备相关软硬件环境。

b）内部系统改造

企业应按照《“单一窗口”标准版自动导入客户端接口报文规范》中的要求，改造内部信息化系统并生成符合规范的报文。

c）客户端下载和注册

企业下载安装相应环境的客户端及其控件。企业首先需要在网页进行客户端用户注册，并选择确定所属地区和申请开通自动导入客户端。注册完成后，将配置信息填写到客户端对应位置，应参照《“单一窗口”标准版自动导入客户端操作手册》的说明设置相关配置，完成技术准备。

4.2 联调测试流程

技术准备完成后，企业进入联调测试，联调测试流程见图 2。

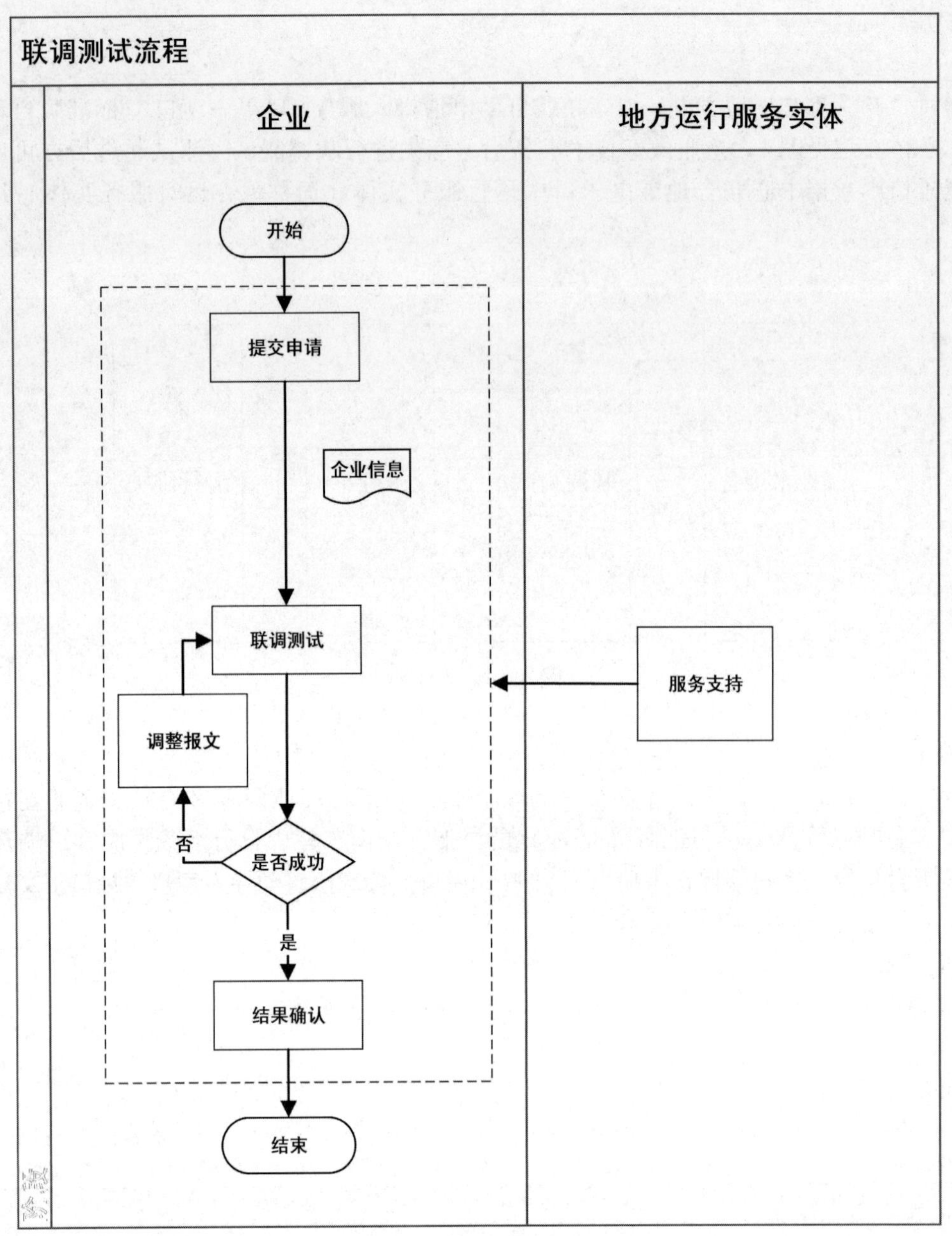

图 2　联调测试流程

联调测试具体流程包括：

a）提交申请

企业在“单一窗口”账号信息管理界面中注册用户信息并申请导入客户端。企业可自助上传企业信息，并且标准版会反馈对应配置信息。

注：中国电子口岸数据中心采用白名单管理机制，且仅对纳入白名单系统的企业开通客户端数据通道。

b）联调测试

企业进行联调测试时应确保业务测试的完整性和充分性。若出现问题，企业应根据回执信息对报文进行调整。如需要服务和支持时，可与地方运行服务实体进行联系。

c）结果确认

对联调测试结果进行确认。

4.3 接入流程

企业“单一窗口”标准版自动导入客户端接入流程见图 3。

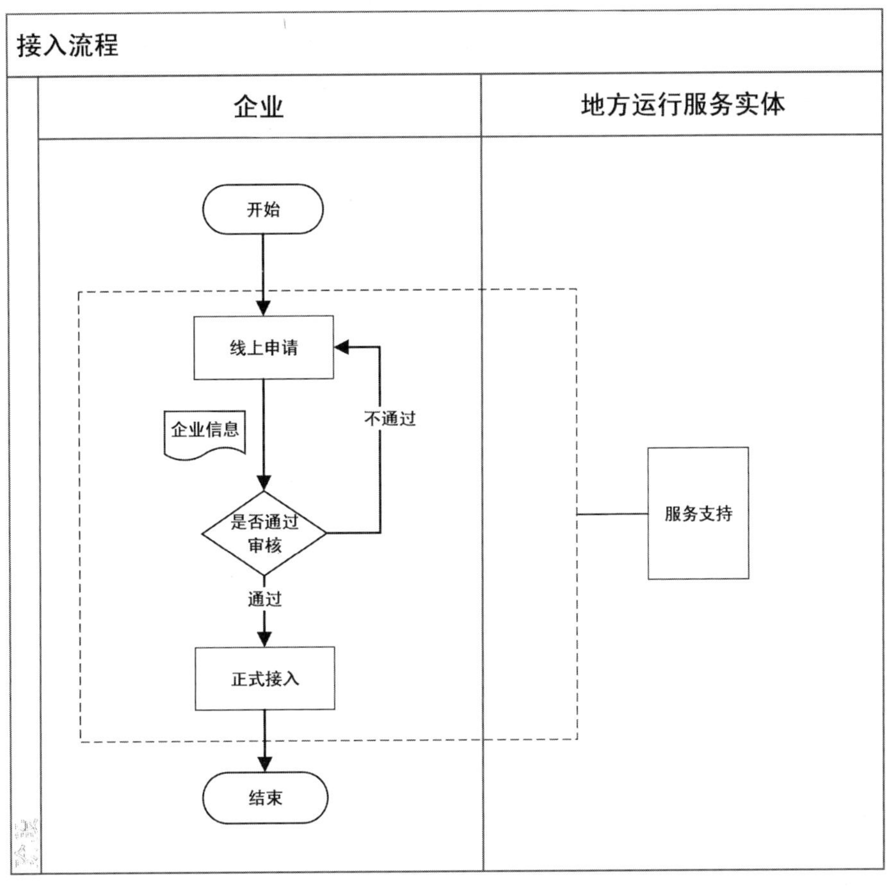

图 3 接入流程

接入具体流程包括：

a）提交申请

企业联调测试通过后，在运行环境注册用户并申请导入客户端，与联调环境注册申请流程大致相同。

b）受理

企业正式环境申请后，标准版系统将会在第二个工作日内线上审批申请企业的信息，并将导入客户端配置反馈企业。

c）接入

接入过程中，企业若遇到问题，可拨打地方运行服务实体服务热线，及时沟通反馈情况，获取相关服务支持。

5 服务和维护

5.1 服务内容

地方运行服务实体应指引企业进行“单一窗口”客户端软件的下载、安装、接口报文规范使用、联调测试及接入，并提供热线、维护等服务。

企业在使用过程中如果遇到问题，可拨打地方运行服务实体服务热线。由中国电子口岸数据中心直接受理接入的企业可拨打 010-95198。

5.2 服务要求

“单一窗口”标准版自动导入客户端提供统一的标准服务，具体服务要求如表 1 所示。

表 1 “单一窗口”标准版自动导入客户端服务要求

业务内容	提供服务	热线服务	技术支持	办理时限	服务提供方
客户端软件及相关资料	下载（自行）	7×24	5×8	—	地方运行服务实体、中国电子口岸数据中心
	安装指引	7×24	5×8	—	地方运行服务实体、中国电子口岸数据中心
客户端接入	联调测试	7×24	5×8	5 工作日	地方运行服务实体、中国电子口岸数据中心
	正式接入	7×24	5×8	2 工作日	地方运行服务实体、中国电子口岸数据中心

参考文献

[1]《“单一窗口”标准版自动导入客户端操作手册》
[2]《“单一窗口”标准版自动导入客户端接口报文规范》

中国国际贸易

单一窗口

建设年鉴

功能实操篇

GONGNENG SHICAO PIAN

2018

“单一窗口”基本功能介绍和操作指南

“单一窗口”标准版的主要应用系统包括用户注册、企业资质、许可证件、原产地证、运输工具、舱单申报、货物申报、加工贸易、税费办理、跨境电商、查询统计等。

一、用户注册

（一）基本功能介绍

为了减少企业分别向海关、海事等多个部门、不同系统登录注册的环节，“单一窗口”标准版建立了统一的用户管理功能，使国际贸易进出口业务领域的用户在“单一窗口”标准版中进行一次注册、单点登录，即可统一、集中地管理用户信息，办理各项业务，操作简单便捷的同时还能够提高通关效率，为用户带来实质性的便利。根据登录用户的角色不同，主要包括注册、登录、认证、账号维护、权限与角色管理等功能。

（二）操作指南

打开“单一窗口”标准版门户网站，在页面右上角点击“登录”字样，进入“单一窗口”标准版登录界面（图1）。

图1 “单一窗口”标准版门户网站

图 2 “单一窗口”标准版登录

如果首次使用“单一窗口”标准版，须点击界面中的“立即注册”字样进行注册操作。在注册方式选择内，根据需要选择“企业用户注册”或“个人用户注册”。

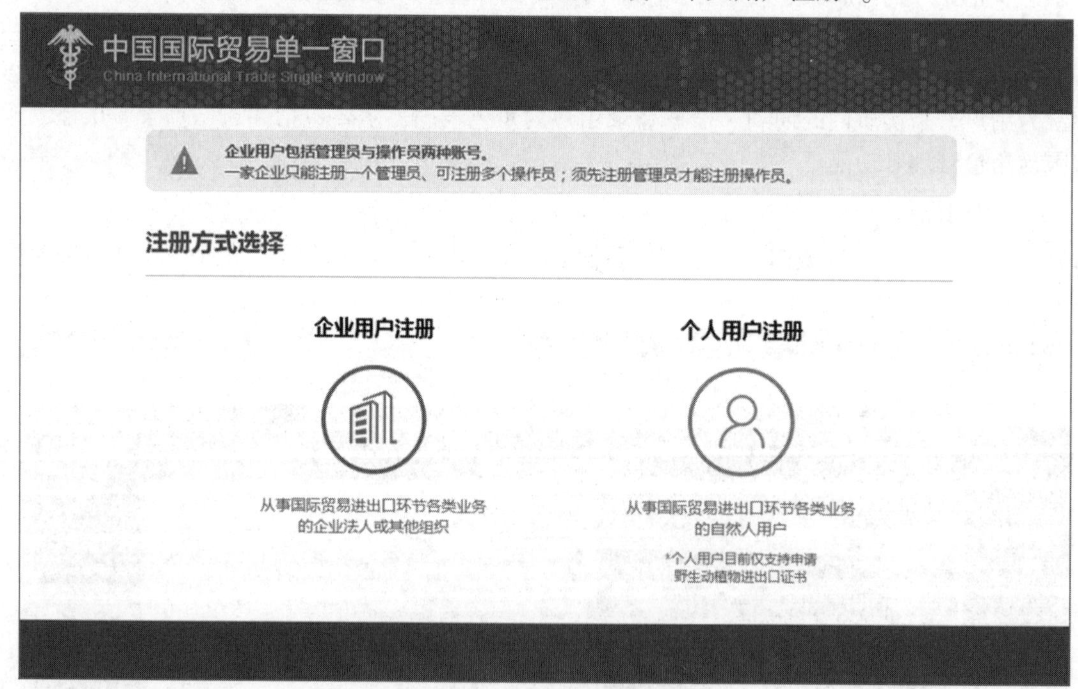

图 3 注册方式选择

有卡注册企业管理员

如果电脑中已连接读卡器或拥有 IKey 等介质，可点击图 4 中的“有卡用户”注册按钮，进行快速注册。

图 4　企业用户注册方式

将 IC 卡插入与电脑连接好的读卡器中，或插入 IKey，输入介质密码，点击“登录”。

图 5　快速登录/有卡用户注册入口

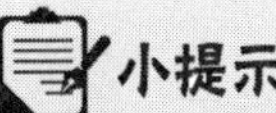

小提示

如无法正常登录，请检查当前电脑或浏览器版本。

或许还需要下载并安装“中国电子口岸客户端控件”，按照提示安装后，重新打开浏览器进行登录。

使用法人 IC 卡/IKey 注册管理员

使用法人 IC 卡或 IKey 登录成功后，系统进入企业管理员账号注册界面（图 6、图 7）。

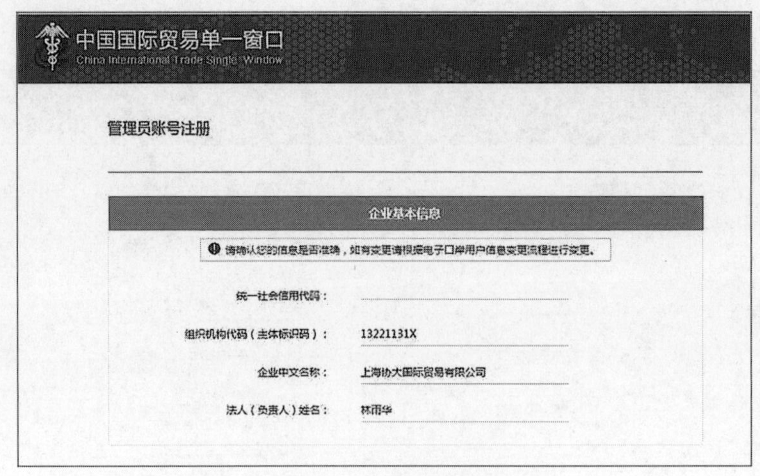

图 6　使用法人卡注册管理员（一）

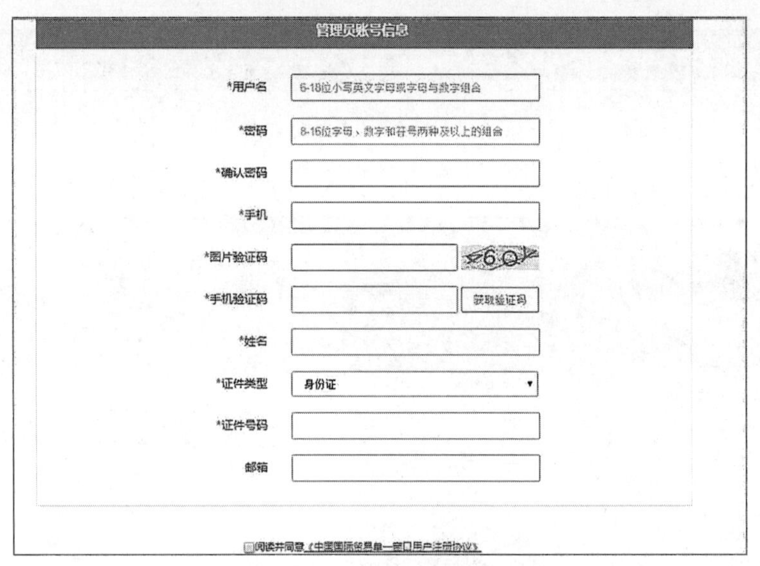

图 7　使用法人卡注册管理员（二）

使用 IC 卡或 IKey 登录系统，系统会自动检测该企业是否已注册管理员。若没有注册，系统直接跳转到管理员注册界面，企业信息自动返填，管理员账号信息（法人身份证件号等）需手动输入。若已经注册管理员，系统进一步检测该管理员账号是否已经绑定 IC 卡，如未绑定，系统提示需要输入账号密码进行 IC 卡绑定。

使用操作员 IC 卡/IKey 注册管理员

使用操作员 IC 卡或 IKey 登录系统，系统会自动检测该企业是否已注册管理员，若没有注册，系统直接跳转到管理员注册界面，企业信息自动返填，管理员账号信息（法人身份证件号等）需要用户手动输入。若已经注册管理员，系统直接跳转到操作员注册界面，企业信息自动返填，操作员信息需手动输入。

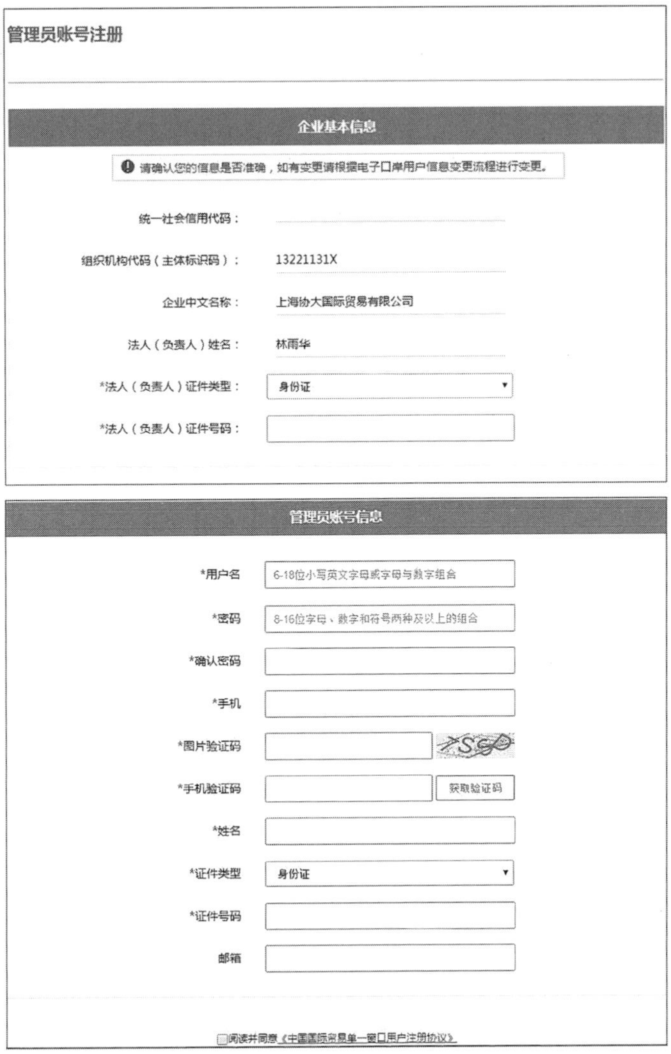

管理员账号注册

企业基本信息

请确认您的信息是否准确，如有变更请根据电子口岸用户信息变更流程进行变更。

统一社会信用代码：

组织机构代码（主体标识码）： 13221131X

企业中文名称： 上海协大国际贸易有限公司

法人（负责人）姓名： 林雨华

*法人（负责人）证件类型： 身份证

*法人（负责人）证件号码：

管理员账号信息

*用户名 6-18位小写英文字母或字母与数字组合

*密码 8-16位字母、数字和符号两种及以上的组合

*确认密码

*手机

*图片验证码

*手机验证码 获取验证码

*姓名

*证件类型 身份证

*证件号码

邮箱

阅读并同意《中国国际贸易单一窗口用户注册协议》

图 8　使用操作员卡注册管理员

所有信息须如实填写，带有星号标志的字段为当前注册操作过程中的必填项。

企业基本信息

系统根据当前登录所使用 IC 卡或 IKey 内的信息进行返填，注册时不允许修改或编辑。

账号信息

填写要求如下：

用户名：必填，英文字母或字母与数字的组合，6~18 位。

密码：必填，字母、数字或符号（两种以上的组合），8~16 位。

确认密码：必填，确保与密码一栏输入的内容完全一致。

手机：必填，用于接收验证码等推送消息，须如实填写。

图片验证码：必填，输入字段右侧图片内的数字或字母，不分大小写。

手机验证码：必填，点击右侧“获取验证码”，根据收到的短信内容填写。

邮箱：非必填，可填写联络邮箱。

以上信息按要求填写完毕后，点击界面下方《中国国际贸易“单一窗口”平台服务使用协议》，阅读后勾选“阅读并同意”，点击“确认注册”按钮即可。

注册成功后，系统跳转至账号信息管理界面，更多操作可参见后续章节中的相关描述。

无卡用户

如果暂无读卡器或 IKey，请点击界面下方“无卡用户”，暂无 IC 卡的用户可以手工录入的方式进行注册。

无卡用户注册分为：企业基本信息、管理员账号信息两部分，填写完毕后企业即可成功注册。企业基本信息中，企业中文名称、法人（负责人）姓名等字段前带星号的，需要完整填写或选择。统一社会信用代码和组织机构代码至少选填一项。填写完毕后，点击下方按钮“下一步”，系统自动比对工商信息成功后，进入管理员账号信息填写界面。

图 9　填写企业基本信息

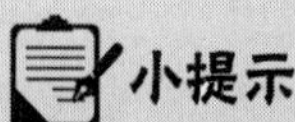
小提示

如果拥有 IC 卡或 IKey 等介质，建议使用快速注册的方式。使用此种方式注册，系统可自动读取相关信息，减少后续的人工操作。

二、 企业资质

（一）基本功能介绍

本系统提供商务部资质、海关企业通用资质、查询等功能。实现国际贸易企业通过单一窗口一点接入，一次性提交满足口岸监管部门要求的资质备案信息，各管理部门按照确定的规则进行审核，并将审核结果通过单一窗口反馈。

（二）操作指南

注册登记申请

点击左侧菜单中“海关企业通用资质—企业注册登记申请”右侧区域展示（图 10）。

图 10　企业注册登记——注册登记申请（一）

用户可以通过扫描工商电子营业执照微信小程序进行身份验证，也可以跳过此验证直接进入企业基本信息界面。

企业基本信息

进入企业基本信息录入界面（图 11）。

图 11　企业注册登记——注册登记申请（二）

如果企业没有统一信用代码系统则会提示（图 12），企业需按照提示要求完善信息。如果企业注册审批通过，会提示企业已经注册成功，无法再次注册。

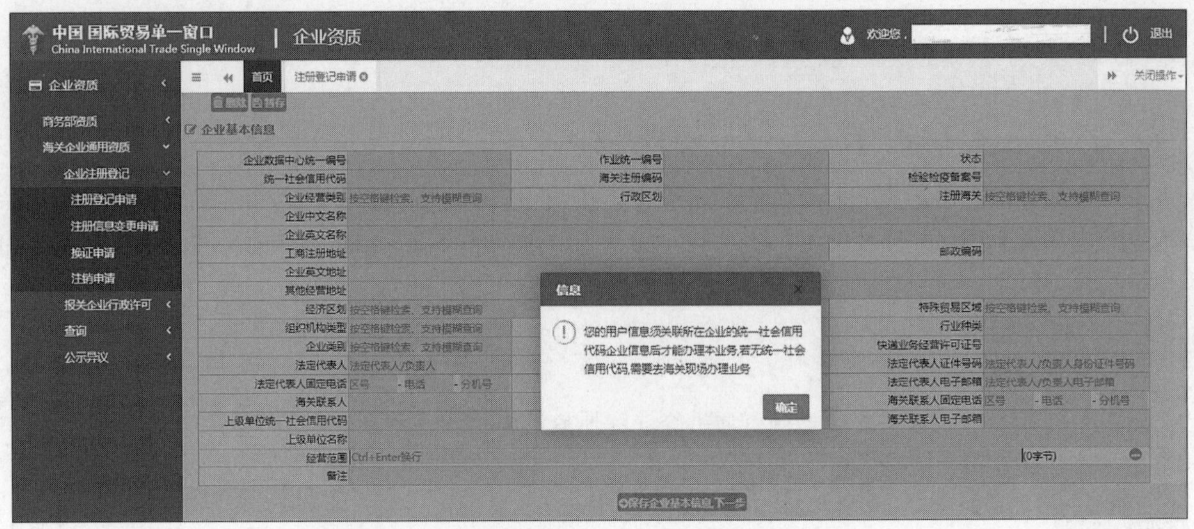

图 12　企业注册登记——注册登记申请（三）

企业基本信息录入要求：海关编码、检验检疫备案号由系统自动产生，不需要进行填写；必须录入统一社会信用代码，无统一社会信用代码的临时注册登记单位、保税仓库、出口监管仓库暂时到海关现场申请。

经营类别和行政区划通过点击空格键进行选择，支持模糊查询，需要先选择行政区划后才能选择注册海关。

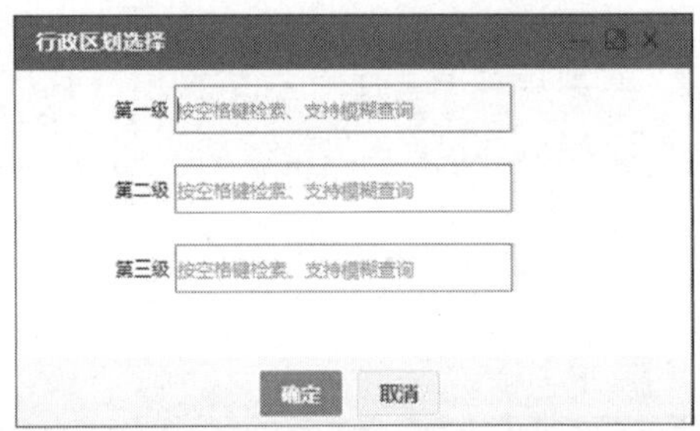

图 13　企业注册登记——行政区划选择

- 市场主体类型信息从工商端获取，如没有工商数据则该项选项为空。
- 经济区划和特殊贸易区域如没有相关信息，则系统默认填写默认值。
- 组织机构类型、经济类型通过工商数据进行返填，如没有信息则需要通过下拉框进行选择。
- 上级单位统一社会信用代码：报关企业分支机构的上级单位统一社会信用代码为必填项，与上级单位关系：通过下拉框进行选择，上级单位名称：报关企业分支机构的上级单位名称为必填项。
- 其他需手工录入的字段，请根据您的业务主管部门要求，如实填写相关内容。

如果企业注册登记信息已审批通过，则系统提示当前状态不允许进行注册暂存操作，可进入注册信息变更申请进行变更操作或者进行查询，查询企业基本信息。

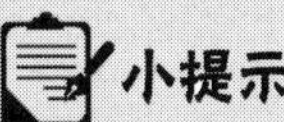

小提示

补充录入完企业基本信息后，须点击“保存企业基本信息,下一步”才能进入企业资质信息录入界面进行操作。

点击界面上方“删除”按钮和“暂存”按钮进行的操作，将影响当前录入申请的所有数据。

录入过程中，可通过点击界面顶部的“暂存”按钮，将当前正在录入的信息进行保存，以防数据丢失。

企业投资人员信息

企业投资人员信息录入要求：当经济类型为外资，出资者信息至少添加一条信息。其他经济类型为选填项。当出资者类型为企业，出资者身份证件类型，出资者身份证件号码，出资金额万美元不用填写，其他为必填项。企业出资者组织机构代码通过社会信用代码返填，不需要手动填写；当出资者类型为个人，出资者社会信用代码，出资者组织机构代码，出资金额万美元不用填写，其他为必填项；出资者身份证件类型，出资国别，出资方式，出资金额币制通过点击空格键在下拉列表中进行选择。

点击 保存企业基本信息,下一步 按钮后，页面直接进入企业投资人员信息录入界面。

点击 +新增 按钮后，会提示选择投资人员类型。

图 14　企业注册登记——投资人员类型选择

当投资人员类型为个人时图 15。

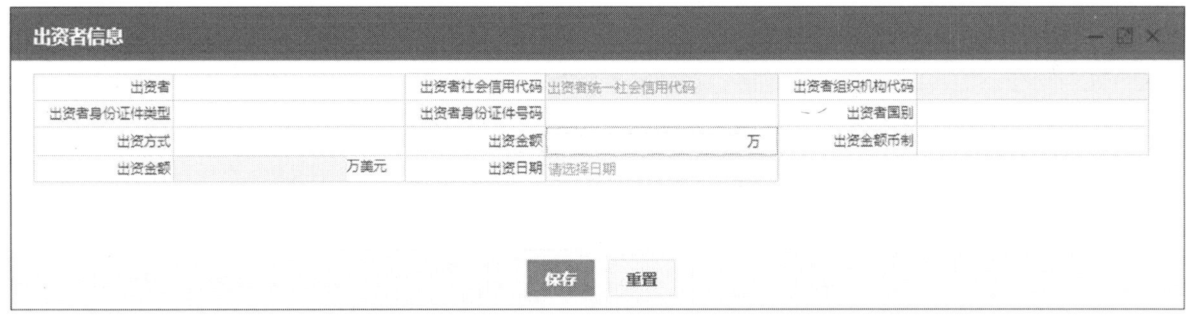

图 15　企业注册登记——个人投资人员信息

当投资人员类型为企业时如图 16。

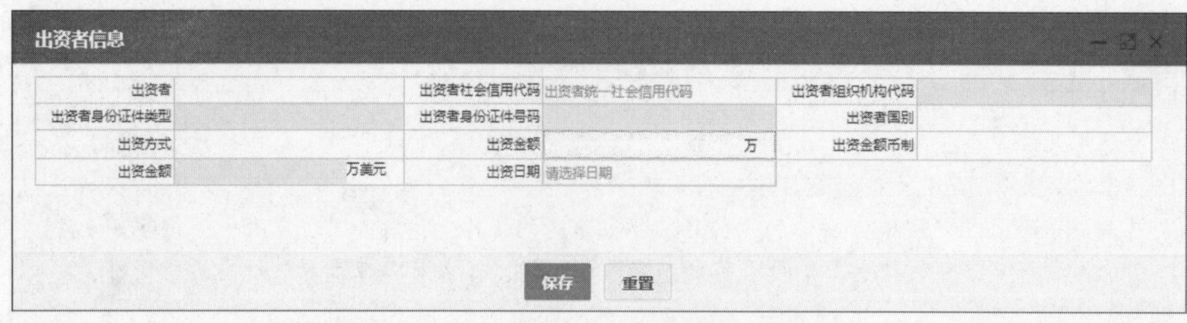

图 16　企业注册登记——企业投资人员信息

如果当前出资类型为外资时，单击“下一步”时，提示必须添加一条出资者信息（图 17）。

图 17　企业注册登记——必填提示

报关人员信息

报关人员信息录入要求：报关人员备案号和报检人员备案号为灰色，在审批通过后系统自动返填；统一信用代码、姓名、身份证件类型、身份证件号码、移动电话为必填项；其他为选填项。

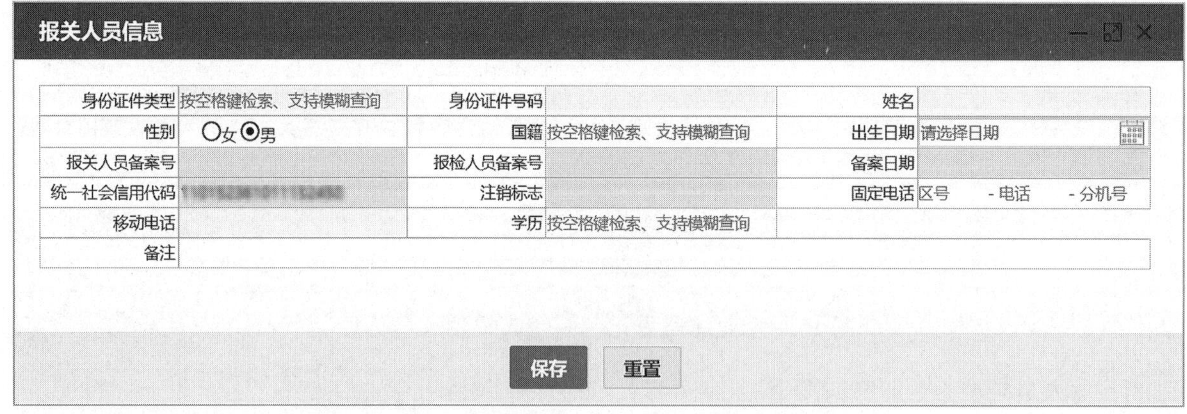

图 18　企业注册登记——报关人员信息（一）

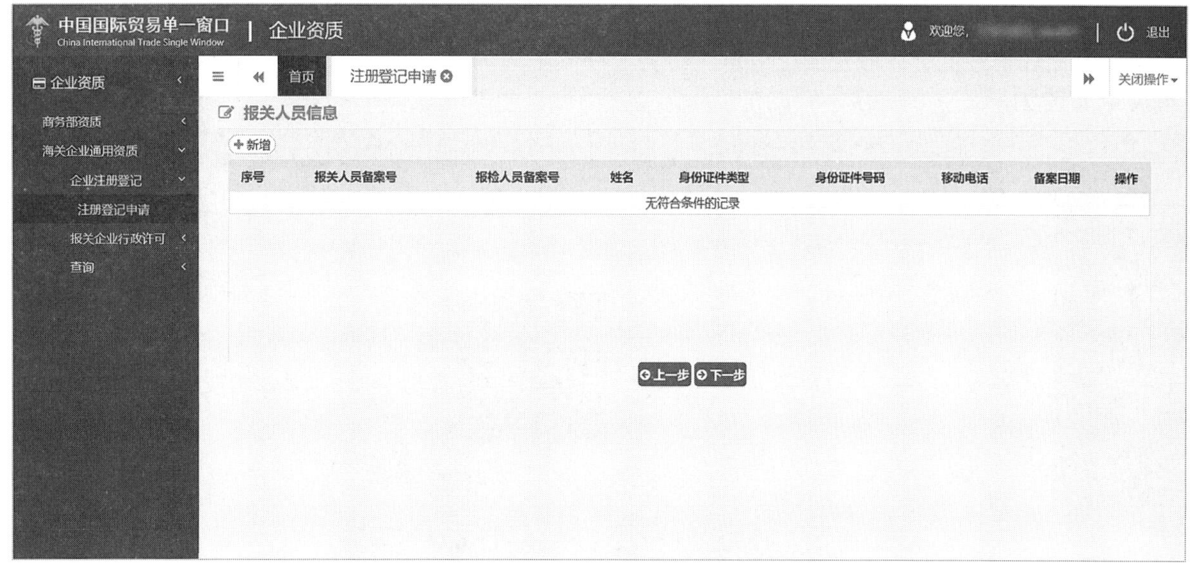

图 19　企业注册登记——报关人员信息（二）

图 20　企业注册登记

所有信息录入完后点击“申报”按钮，系统将向相关业务主管部门发送企业注册登记申请的数据。

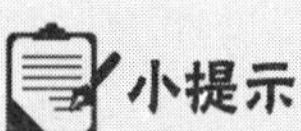小提示

点击对企业区域基本信息中的“删除”按钮，将清空对录入基本信息的所有内容，便于重新录入信息，请谨慎操作。

行政许可申请

报关企业和特殊监管区域企业应申请注册登记许可申请。点击左侧菜单中“行政许可申请”右侧区域展示（图 21）。

图 21　报关企业行政许可——行政许可申请

界面中，需要扫描工商电子营业执照微信小程序进行身份验证后进入录入界面。

企业基本信息

通过扫描工商电子营业执照微信小程序二维码进入企业基本信息录入界面。

图 22　报关企业行政许可——行政许可申请——企业基本信息

录入及填写操作，参照上文企业注册登记申请部分即可。

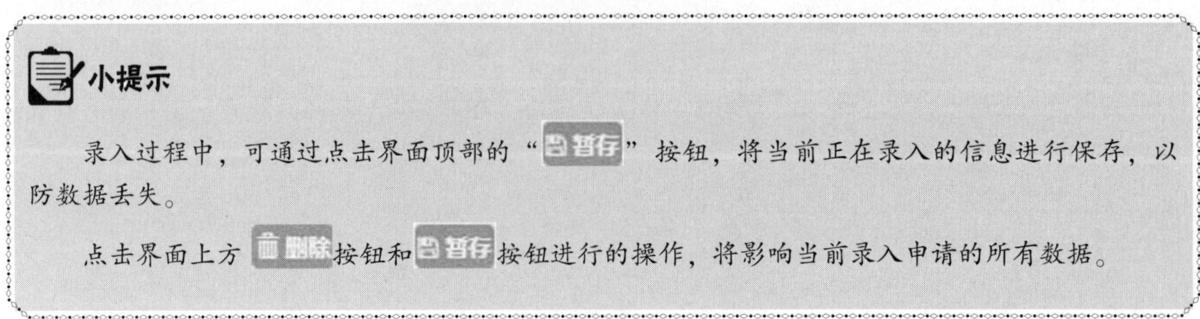

小提示

录入过程中，可通过点击界面顶部的“暂存”按钮，将当前正在录入的信息进行保存，以防数据丢失。

点击界面上方删除按钮和暂存按钮进行的操作，将影响当前录入申请的所有数据。

投资人员信息

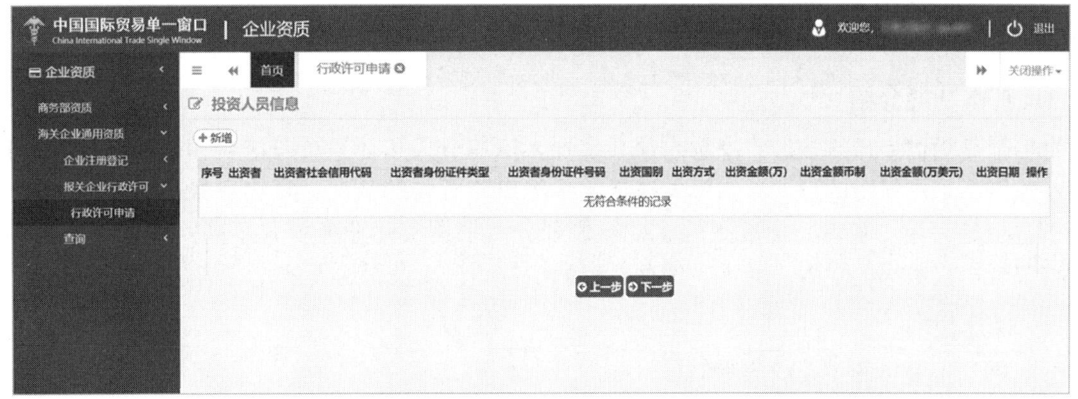

图 23　报关企业行政许可——行政许可申请——投资人员信息

报关人员信息

图 24　报关企业行政许可——行政许可申请——报关人员信息

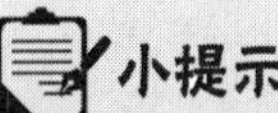
小提示

点击对企业区域基本信息中的“删除”按钮，将清空对录入基本信息的所有内容，便于重新录入信息，请谨慎操作。

申报即意味着您的数据将向相关业务主管部门进行发送，并等待其审批。

三、 货物申报

（一）基本功能介绍

货物申报是指进出口货物的收发货人及其代理人依照有关法律、行政法规和规章的要求，在规定的期限、地点，采用规定的形式，向海关报告实际进出口货物的情况。货物申报是整个进出口业务的中心环节，也是“单一窗口”标准版的重要组成部分。根据实际业务模式不同，本系统提供各类进/出口货物整合申报数据的录入、导入、保存、查询、打印，以及报检无纸化与其他报检等功能。

（二）操作指南

以录入进口报关单的主要内容为例。

1. 表头——报关信息

申报地海关				申报状态			
统一编号				预录入编号			
海关编号				进境关别			
备案号				合同协议号			
进口日期	20180801			申报日期			
境内收发货人	18位社会信用代码		10位海关代码	10位检验检疫编码	企业名称(中文)		
境外收发货人	境外收发货人代码				企业名称(外文)		
消费使用单位	18位社会信用代码		10位海关代码	10位检验检疫编码	企业名称		
申报单位	18位社会信用代码		10位海关代码	10位检验检疫编码	东莞测试来料企业1		
运输方式		运输工具名称		航次号			
提运单号				监管方式		征免性质	
许可证号		启运国(地区)		经停港		成交方式	
运费		保险费		杂费		件数	
包装种类			其他包装	毛重(KG)		净重(KG)	
贸易国别(地区)		集装箱数		随附单证			
入境口岸		货物存放地点				启运港	
报关单类型		备注	备注			(0字节)	其他事项确认
		标记唛码	N/M			(3字节)	业务事项

图 25　报关信息界面

申报地海关（必填）

从参数下拉列表中选择，也可录入代码、名称。

预录入编号、统一编号、海关编号、申报状态、申报日期

置灰的为不可编辑，暂存后，由系统自动生成。

进/出境关别（必填）

从参数下拉列表中选择，也可录入代码、名称。

备案号

长度为 12 位，超过长度则自动截取前 12 位返填。

备案号不为空时，系统自动返填备案号对应已备案的信息。

备案号为空时，由企业参照现行一般贸易方式的报关单，直接录入申报商品项。

合同协议号

录入 32 位，超过长度则自动截取。

录入备案号、运输方式、监管方式这三项后，能正确返填合同协议号，返填后可以修改。

进出口日期（必填）

进口类，暂存后自动返填当前系统时间。

出口类，报关单收到“海关入库成功”回执后，返填海关入库的时间。

境内收发货人（必填）

社会信用代码，必填。录入为 18 位或 NO。

海关代码，选填。录入 10 位，可为海关临时编码。
企业名称，必填。最长 70 位，超长自动截取。
检验检疫编码，选填。录入为 18 位。

小提示

- 信用代码为空时，录入海关编码，自动返填信用代码和企业名称，此处的返填值可修改。
- 企业无信用代码，请填写 NO 时，注意使用大写；填写 NO 时，请务必填写海关编码。
- 填写企业信用代码，返填海关代码和企业名称。

（企业用户为双海关编码的，默认选择第一个，如需修改，请到“企业资质管理”栏修改）

境外收发货人（必填）
代码，选填。最长 20 位，超长自动截取。
企业名称，必填。最长 100 位，超长自动截取。

小提示

企业名称，如有检验检疫等特殊需要的，在英文名称后填报该单位或自然人除英文外的其他外文名称，以半角括号分隔。为已互认 AEO 企业的，同时填报 AEO 编码。

如果确定无法获得境外收发货人，名称处填写 NO，编码可空。

消费使用/生产销售单位（必填）
社会信用代码，必填。录入为 18 位或 NO。
海关代码，选填。录入 10 位，可为海关临时编码。
企业名称，必填。最长 70 位，超长自动截取。

小提示

- 信用代码为空时，录入海关编码，自动返填信用代码和企业名称，此处的返填值可修改。
- 企业无信用代码，请填写 NO 时，注意使用大写；填写 NO 时，请务必填写海关编码。
- 填写企业信用代码，返填海关代码和企业名称，同时返填境内目的地/境内货源地。

（企业用户为双海关编码的，默认选择第一个，如需修改，请到“企业资质管理”栏修改）

申报单位（必填）
社会信用代码，必填。录入为 18 位或 NO。
海关代码，选填。录入 10 位，可为海关临时编码。
企业名称，必填。最长 70 位，超长自动截取。

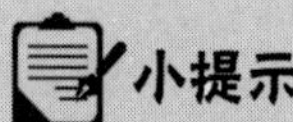

新增一票报关单，自动返填申报单位初始值，即当前登录用户单位的信息。

信用代码为空时，录入海关编码，可返填企业信用代码和企业名称；如企业无信用代码，请填写 NO。

录入/修改申报单位信用代码，返填企业海关编码（企业用户为双海关编码的，默认选择第一个）和企业海关名称。

运输方式（必填）

参数下拉选择录入框，可录入代码、名称。

运输工具

最长 200 位，超长自动截取。

航次号

最长 32 位。

调用舱单

目前仅支持水路运输和航空运输，区分进出口。

水路运输调用舱单：运输工具名称、航次号、提运单号必填。

航空运输调用舱单：运输工具名称、提运单号必填。

调用舱单成功，点击“回填舱单数据”按钮，系统先把舱单系统原始/预配的进出口岸、件数、毛重返填至录入页面，若原来有值就覆盖原来数据；点击“回填集装箱”按钮，系统返填集装箱数据。

监管方式（必填）

参数下拉表选择录入框，也可录入代码、名称。

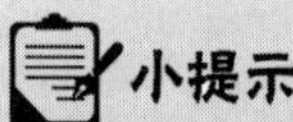

监管方式代码为 0715（进料非对口）的，则征税比例由只读->可用；其余监管方式征税比例不可用，并且清空进口报关单征税比例字段内容。

征免性质

参数下拉列表选择录入框，也可录入代码、名称。

许可证号

最长 20 位，超长自动截取。

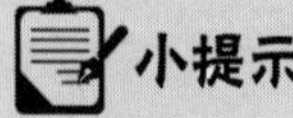

一份报关单只允许填报一个许可证号，许可证号格式：年-××-顺序号，例如经贸部发：00-AA-000001。

启运国（地区）、经停港（进口必填）

参数下拉列表选择录入框，也可录入代码、名称。

运抵国（地区）、指运港（出口必填）

参数下拉列表选择录入框，也可录入代码、名称。

成交方式（必填）

参数下拉列表选择录入框，也可录入代码、名称。

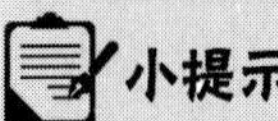

小提示

如果进口报关单的成交方式是 CIF，或者出口报关单的成交方式是 FOB，则不允许录入运费，也不允许录入保费。

如果进口报关单的成交方式是 C&I，或者出口报关单的成交方式是 C&F，则允许录入运费，而不允许录入保费。

如果进口报关单的成交方式是 C&F，或者出口报关单的成交方式是 C&I，则不允许录入运费，而允许录入保费。

运费、保险费、杂费

运费、保险费、杂费填写规范相似，此处以运费为例进行说明，运费右侧的三个录入框依次为标志代码、运费/费率、运费币制。

标志代码与运费/运费率的对应关系

标志代码 1—费率：费率录入为 0.0001～99，代表费率是 0.0001%～99%。

标志代码 2—单价：整数最多录入 10 位，小数点后面最多录入 4 位。

标志代码 3—总价：整数最多录入 12 位，小数点后面最多录入 4 位。

（注：当标志代码录入 1 时，币制置灰不可编辑，即无须录入）

运费币制

参数下拉列表选择录入框，也可录入代码、名称。

件数（必填）

填报有外包装的进出口货物的实际件数。

不得填写 0。裸装填写 1。

包装种类（必填）

参数下拉列表选择录入框，也可录入代码、名称。

页面录入包装种类及件数保存后，显示在当前字段。

小提示

包装种类，要填写运输包装，如果还有其他包装，就在“其他包装”中填报。其他包装上就需要把纸箱、塑料桶、支撑物，特别是支撑物一定要做好申报。植物源性材料的包装，是海关最为关注的包装。其他包装选择包装种类即可，无须填写件数。

其他包装

点击“其他包装”按钮，弹出其他包装信息的编辑页面。通过勾选，选中其他包装材料，点击“保存”。

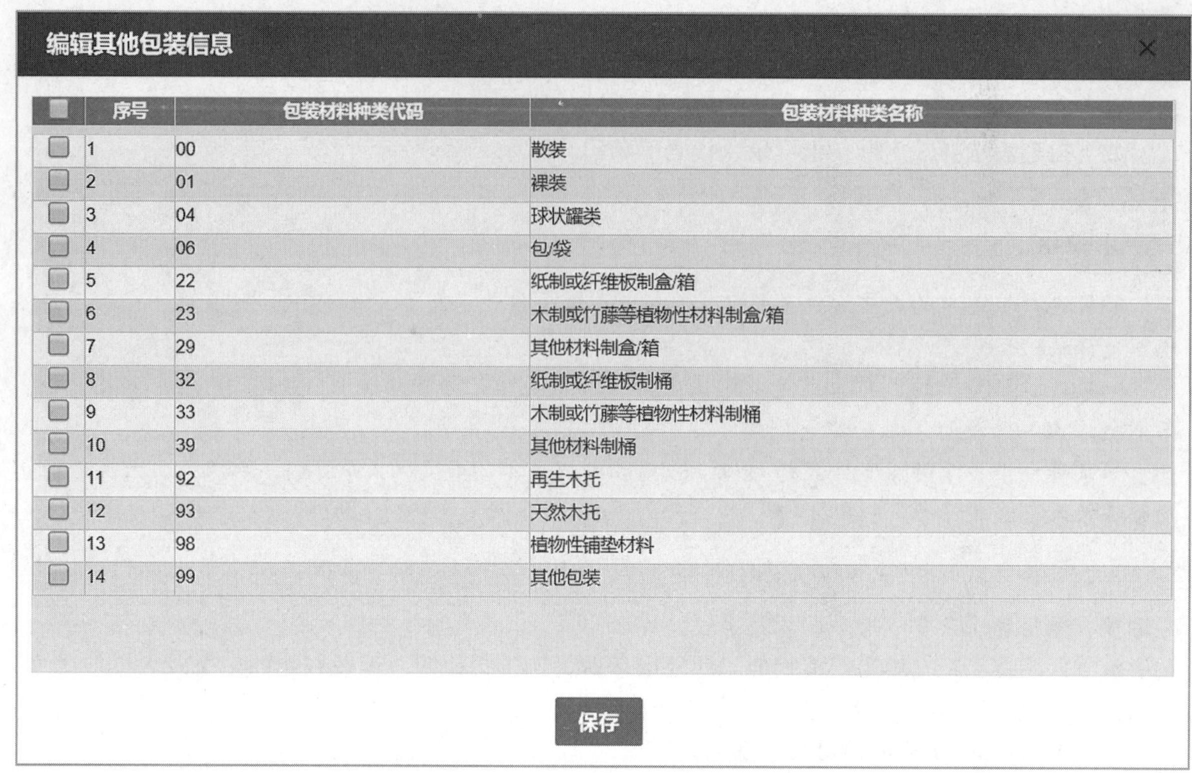
编辑其他包装信息

	序号	包装材料种类代码	包装材料种类名称
	1	00	散装
	2	01	裸装
	3	04	球状罐类
	4	06	包/袋
	5	22	纸制或纤维板制盒/箱
	6	23	木制或竹藤等植物性材料制盒/箱
	7	29	其他材料制盒/箱
	8	32	纸制或纤维板制桶
	9	33	木制或竹藤等植物性材料制桶
	10	39	其他材料制桶
	11	92	再生木托
	12	93	天然木托
	13	98	植物性铺垫材料
	14	99	其他包装

保存

图 26 编辑其他包装界面

毛重、净重（必填）

毛重、净重大于或等于 1，如果小于 1，则输入 1。

贸易国别（地区）（必填）

参数下拉列表选择录入框，也可录入代码、名称。

集装箱数

置灰框不可编辑，通过录入页面右侧的集装箱项目进行录入，保存后，显示在当前字段。

随附单证

置灰框不可编辑，通过录入页面右侧的随附单证项目进行录入，保存后，显示在当前字段。

入境口岸（进口必填）

参数下拉列表选择录入框，也可录入代码、名称。

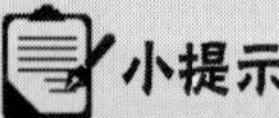

小提示

- 进口货物填写从运输工具卸离的第一个境内口岸。
- 中转货物填写货物最终卸离的境内口岸。
- 从特殊监管区输出的，填写具体特殊监管区名称或特殊监管区所在城市名称。

本栏目应按海关规定的《国内口岸编码表》选择填报相应的境内口岸名称及代码。

出境口岸（出口必填）

参数下拉列表选择录入框，也可录入代码、名称。

货物存放地点（必填）

手动录入。

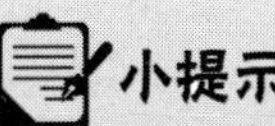

小提示

填写货物入境后拟实施检验检疫现场作业的场所或地点，包括海关监管作业场所、分拨仓库、定点加工厂、隔离检疫场、企业自有仓库等。

不涉及检验检疫的入境货物在申报时免予填报。

启运港（进口必填）、指运港（出口必填）

参数下拉列表选择录入框，也可录入代码、名称。

报关单类型、清单类型（必填）

参数下拉列表选择录入框，也可录入代码、名称。

备注（选填）

点击右侧圆形按钮，可弹出备注完整界面进行查看或编辑。

图 27　完整备注界面

其他事项确认

点击“其他事项确认”按钮，可弹出完整界面进行填写。

包含“特殊关系确认”“价格影响确认”“与货物有关的特许权使用费支付确认”三部分：参数下拉列表选择录入框，也可录入代码、名称。

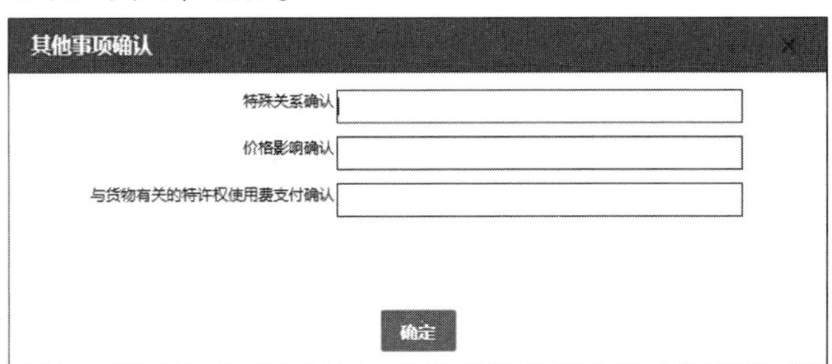

图 28　其他事项确认

标记唛码（必填）

标记唛码录入中除图形以外的文字、数字，无标记唛码的填报“N/M”。点击圆形按钮，可弹出标记唛码完整录入界面，进行编辑。

图 29　标记唛码

图 30　标记唛码完整界面

点击上传按钮，可弹出附件上传窗口，包含预览、上传、下载、删除功能。

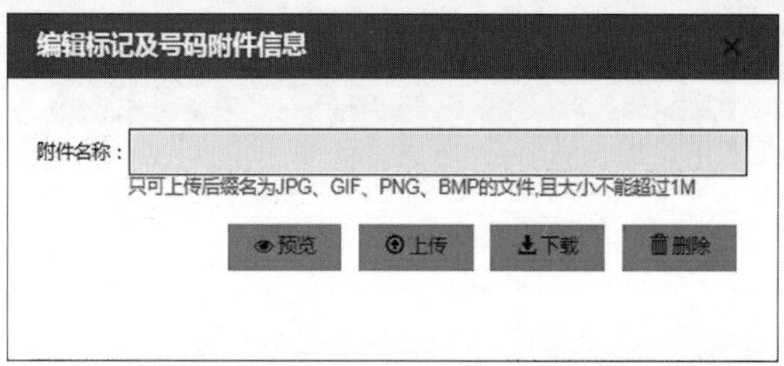

图 31　编辑标记及号码附件信息

业务事项

点击“业务事项”按钮，可弹出业务事项完整界面进行填写。

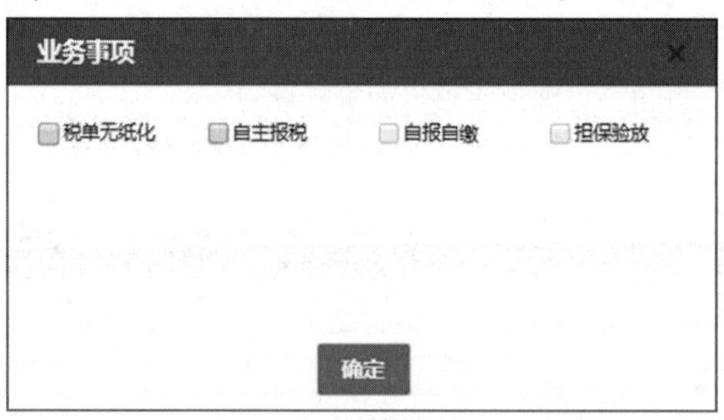

图 32　业务事项

自报自缴

进出口报关单/进出口转关提前报关单/进出口公路舱单跨境快速通关报关单中，业务事项含“自报自缴”可供选择。

自报自缴必须满足两个条件：（1）报关单类型是通关无纸化，否则会予以退单；（2）报关单申报企业所在关区已开通“自主报税”模式。

勾选“自报自缴”且满足条件，完成报关单录入后，点击“申报”，弹出自报自缴界面。

料件首次进口日期

可写，报关单表头的备案号非 Z 非 Y 时，该项必填（备案号为空时，该项非必填）。

协定编号

可写，计税前可录入，计税后只读。

计税

可用，点击“计税”按钮后，返填税费信息。点击“确认提交”，继续进行报关申报。

取消

可用，点击“取消”按钮后，提示“取消将清空税费信息，确定取消?”，点击“确定”后，提示“是否继续申报?”。点击“是”，按非自报自缴继续申报，点击“否”，页面显示暂存状态未申报。其他未说明字段中，“只读”（置灰框）不可编辑，系统自动分配或返填报关单表头、表体。

水运中转

在出口整合报关申报的各项报关单（备案清单）中，业务事项含“水运中转”可供选择。

勾选该项后，在“数据查询/统计”的报关数据详情界面也相应增加水运中转字段。

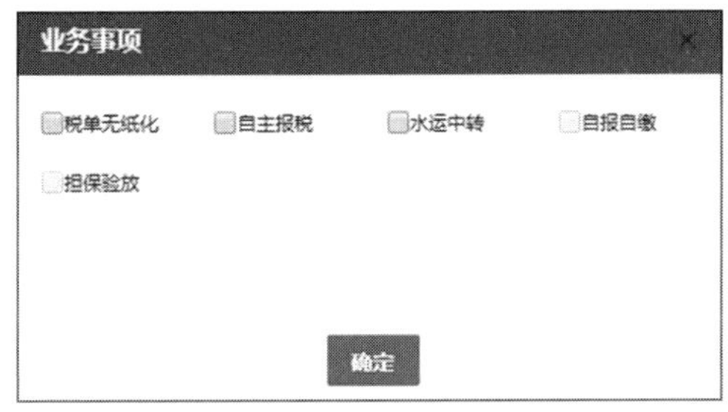

图 33　业务事项勾选界面

税单无纸化、汇总征税、自主报税、担保验放

按照实际业务勾选填报。

2. 表头——报检信息（折叠项）

在报关单录入界面，报关信息填写完成之后，如果涉检，请点击左下角按钮，点击可弹出涉检报关信息录入区域。

申报地海关				申报状态	
统一编号				预录入编号	
海关编号				进境关别	
备案号				合同协议号	
进口日期	20180801			申报日期	
境内收发货人	18位社会信用代码	10位海关代码	10位检验检疫编	企业名称(中文)	
境外收发货人	境外收发货人代码			企业名称(外文)	
消费使用单位	18位社会信用代码	10位海关代码	10位检验检疫编	企业名称	
申报单位	18位社会信用代码	10位海关代码	10位检验检疫编	东莞测试来料企业1	
运输方式		运输工具名称		航次号	
提运单号				监管方式	征免性质
许可证号		启运国(地区)		经停港	成交方式
运费		保险费		杂费	件数
包装种类			其他包装	毛重(KG)	净重(KG)
贸易国别(地区)		集装箱数		随附单证	
入境口岸		货物存放地点			启运港
报关单类型		备注	备注	(0字节)	其他事项确认
		标记唛码	N/M	(3字节)	业务事项

		标记唛码	N/M	(3字节)	业务事项
检验检疫受理机关				企业资质	
领证机关		口岸检验检疫机关		启运日期 请选择日期	B/L号
目的地检验检疫机关		关联号码及理由	关联号码	关联理由	使用人
原箱运输		特殊业务标识		所需单证	检验检疫签证申报要素

图 34　报关单录入界面

检验检疫受理机关（涉检必填）

参数下拉列表选择录入框，也可录入代码、名称。

企业资质（涉检必填）

企业资质 100 通关司类

图 35　企业资质界面

置灰框不可编辑，点击圆形按钮，可弹出完整录入界面，进行编辑。

录入保存后，显示在企业资质右侧的录入内容。

录入多条数据，在录入页面默认显示第一条企业资质信息，可以通过圆形方向按钮，依次查看不同的企业资质信息。

企业资质录入说明

在企业资质信息完整录入界面中有“企业资质类别”和“企业资质编号”。

企业资质类别：参数下拉列表选择录入框，也可录入代码、名称。

企业资质编号：手工录入。

录入企业资质类别和对应的企业资质编号，点击“保存”，在下方表格显示已录入的信息；勾选表格序号前的☑，点击“删除”，可以对已录入数据进行删除。

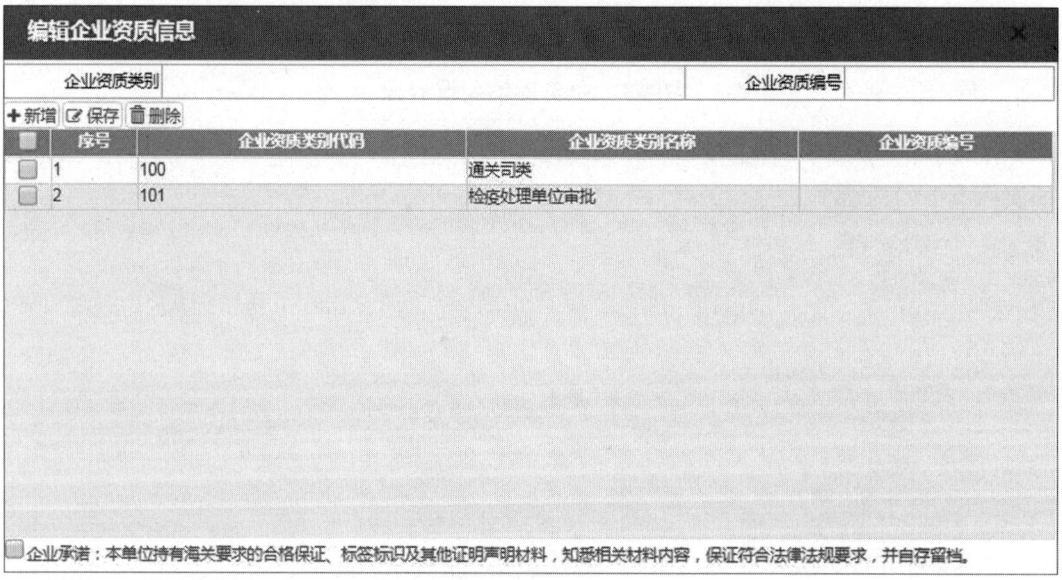

编辑企业资质信息

企业资质类别　　企业资质编号

+新增　保存　删除

	序号	企业资质类别代码	企业资质类别名称	企业资质编号
	1	100	通关司类	
	2	101	检疫处理单位审批	

企业承诺：本单位持有海关要求的合格保证、标签标识及其他证明声明材料，知悉相关材料内容，保证符合法律法规要求，并自存留档。

图 36　编辑企业资质信息

领证机关、口岸检验检疫机关、目的地检验检疫机关

参数下拉列表选择录入框，也可录入代码、名称。

B/L 号（进口）

填写入境货物的提货单或出库单号码。

当运输方式为“航空运输”时无须填写，其他运输方式必填。

参数下拉列表选择录入框，也可录入代码、名称。

关联号码及理由

填写关联报关单号的关联理由，当有关联报关单号时填写。

使用人（进口）

点击“使用人”按钮，可弹出使用人完整界面进行填写。

录入使用单位联系人和对应的联系号码，点击“保存”，在下方表格显示已录入的数据。

勾选表格序号前的☑，点击“删除”，可以对已录入数据进行删除。

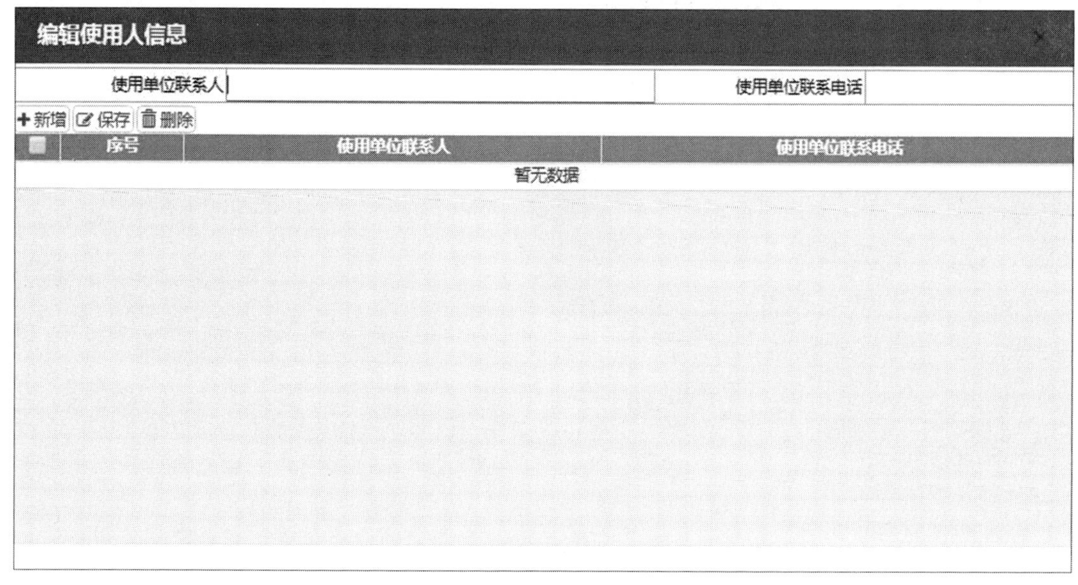

图 37　编辑使用人信息

原箱运输（进口）

参数下拉列表选择录入框，也可录入代码、名称。

特殊业务标识

置灰框不可编辑，点击圆形按钮⊖，可弹出完整录入界面，进行编辑。勾选后点击“确定”，返填在“特殊业务标识”字段。

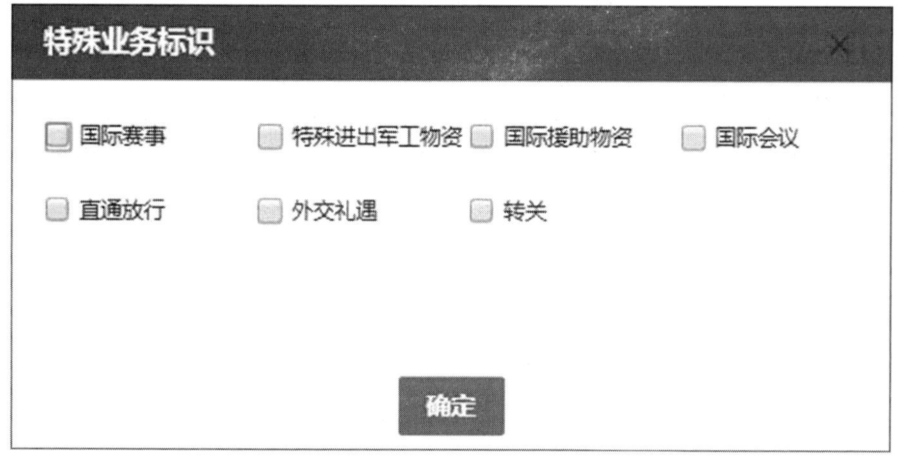

图 38　特殊业务标识

所需单证——检验检疫签证申报要素

点击“检验检疫签证申报要素”按钮，可弹出完整界面进行填写；录入保存之后返填到所需单证右侧的录入内容。

序号	证书代码	证书名称	正本数量	副本数量
1	11	品质证书	1	2
2	12	重量证书	1	2
3	13	数量证书	1	2
4	14	兽医卫生证书	1	2
5	15	健康证书	1	2
6	16	卫生证书	1	2
7	17	动物卫生证书	1	2
8	18	植物检疫证书	1	2
9	19	熏蒸/消毒证书	1	2
10	20	出境货物换证凭单	1	2
11	21	入境货物检验检疫证明（申请出具）	1	2
12	22	出境货物不合格通知单	1	2
13	23	集装箱检验检疫结果单	1	2
14	24	入境货物检验检疫证明（申请不出具）	1	2
15	94	电子底账	1	2

图 39　检验检疫签证申报要素

商品英文名称

置灰框不可编辑。点击圆形按钮，可弹出完整录入界面，勾选“保存”后，显示在当前字段。

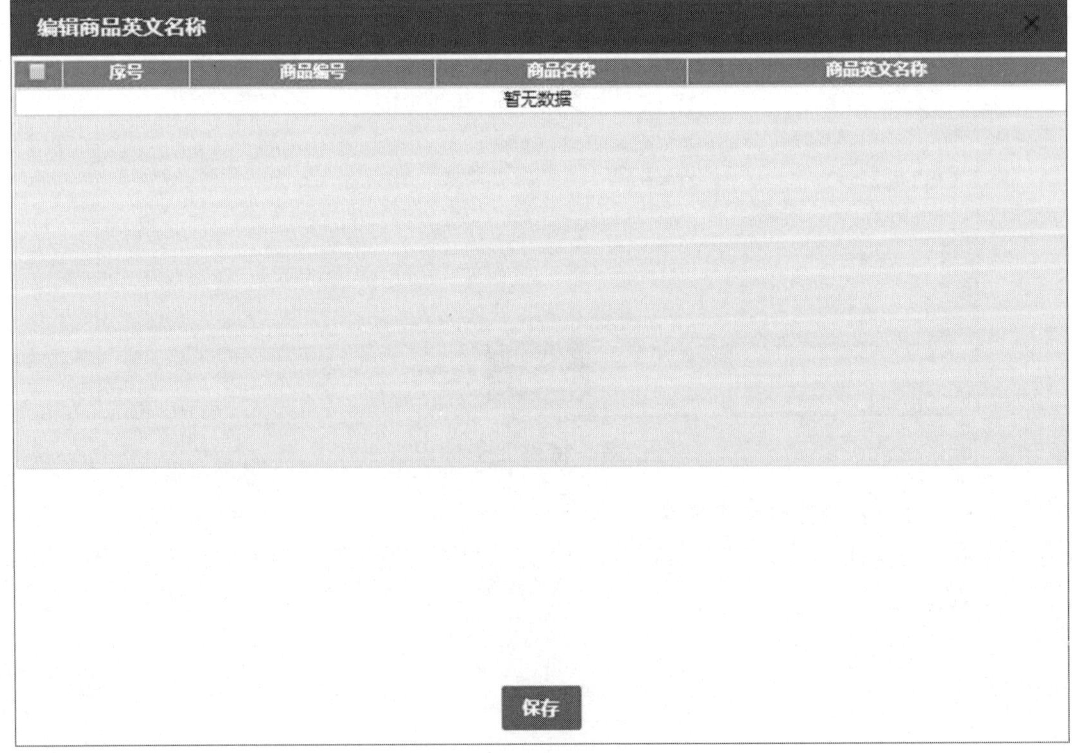

图 40　编辑商品英文名称

3. 表体——商品信息

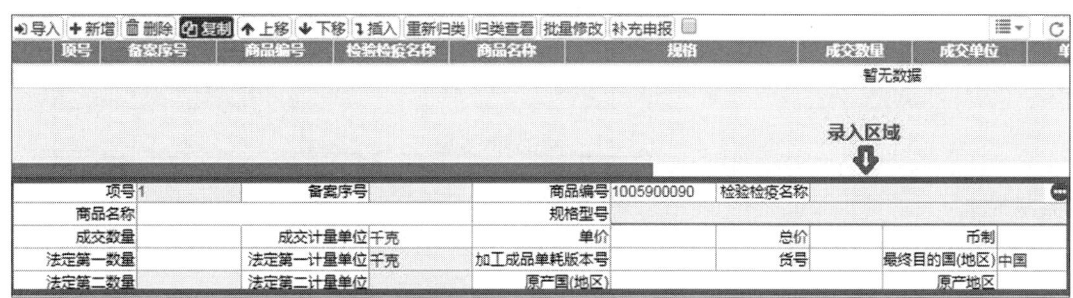

图 41　商品信息录入

商品信息录入界面上部分的白色按钮可以对已录入的信息进行操作。

导航栏

点击“导入”，可以通过 Excel 模板进行商品信息导入。

商品导入

请选择对应的excel模板文件！　选择文件

模板下载　上传

图 42　商品录入

点击“新增”，可以清空录入区域的内容。

点击“删除”“上移”“下移”，对选中的已录入商品项进行相应的操作。

点击“复制”，复制选中的已录入商品项，并自动返填项号和备案号。

点击“重新归类”，可修改已录入商品项的规格型号。

点击“归类查看”，可查看已录入商品项的规格型号，一次仅可查看一个选中的商品项。

点击“批量修改”，可修改所有商品项的币制、原产国（地区）、征免方式。

商品批量修改

币制

原产国(地区)

征免方式

确定　取消

图 43　商品批量修改

点击“补充申报”，可进行商品项的补充申报。

点击☑，可以同时选中多个商品项。

点击☰▾，可以选择显示的商品项对应字段。

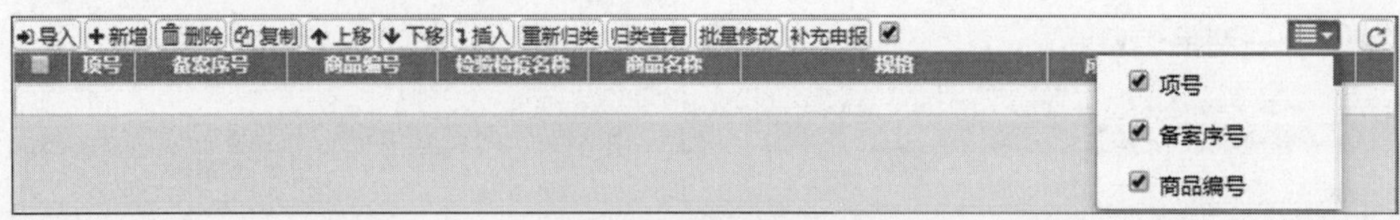

图 44　商品项信息

商品项列表

单击商品项列表，选中该已录入商品项。

双击商品项列表，选中已录入商品项，可以在录入区域修改该商品项。

	项号	备案序号	商品编号	检验检疫名称	商品名称	规格	成交数量
◉	1	-	2201101000	-	未加糖及未加味的矿泉水	1|3|1 |1	1
○	2	-	2201101000	-	未加糖及未加味的矿泉水	1|3|1 |1	1

图 45　商品项列表

录入区域

选中任一字段，按回车（Enter 键）键，跳转至下一字段。

完成所有的必填录入字段，在最后一个字段点击回车键后自动保存至商品项列表。

项号、备案序号

点击导航栏操作的“新增”，自动返填。

商品编号、规格型号、商品名称

商品编号：输入商品编号前 4 位，按回车键，弹出模糊匹配前 4 位商品编码的商品列表可选择。

规格型号：输入商品编号后按回车键，弹出完整录入界面填写，保存后返填。如无弹录入界面，则可以在规格型号右侧手动录入。

商品名称：输入商品编号后按回车键返填。

例如，输入商品编号前 4 位，按回车键，弹出模糊匹配前 4 位商品编码的商品列表，勾选所需的商品。点击“确定”后，自动返填商品编码、商品名称、成交单位、法定第一计量单位和法定第二计量单位。点击“取消”后，则不返填。

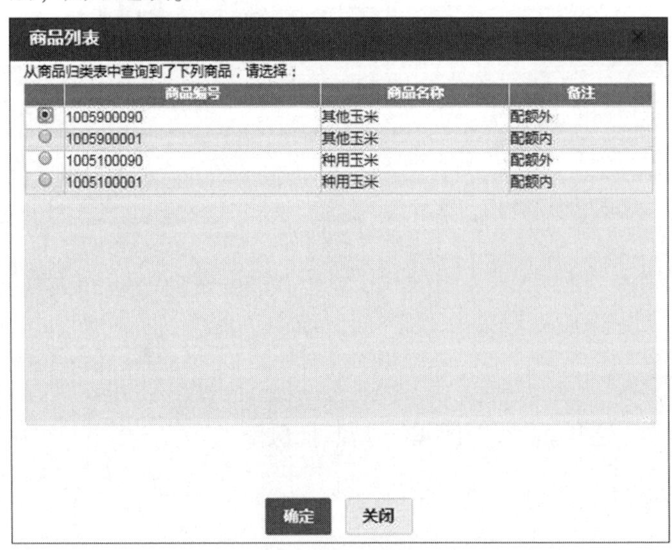

图 46　商品列表

输入商品编号，点击“确定”后，弹出商品申报要素录入窗口。

录入完成后，点击“确定”，申报要素返填至规格型号；点击“取消”后，则不返填。

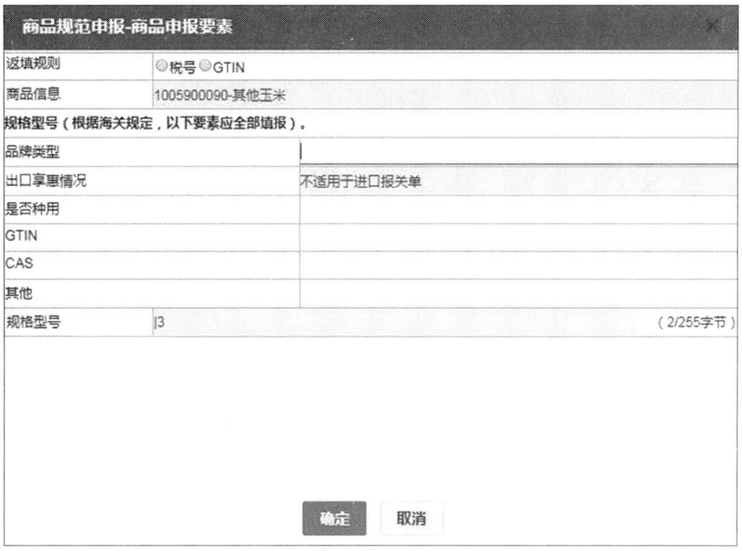

商品规范申报-商品申报要素

返填规则	◎税号 ◎GTIN
商品信息	1005900090-其他玉米
规格型号（根据海关规定，以下要素应全部填报）。	
品牌类型	
出口享惠情况	不适用于进口报关单
是否种用	
GTIN	
CAS	
其他	
规格型号	|3 （2/255字节）

确定　取消

图 47　商品申报要素录入窗口

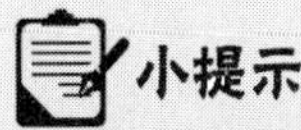

小提示

如果商品的税号一样，可以合并一条申报。如果检验检疫名称不同，需分开填写申报。

检疫检疫名称

录入 10 位商品编码后，系统自动匹配并显示该商品对应的检验检疫名称，如果一个 10 位编码对应多个 3 位附加码及名称，用户自行选择一个并显示，系统保存 3 位检验检疫编码。

点击录入字段右侧圆形按钮，弹出完整录入界面。

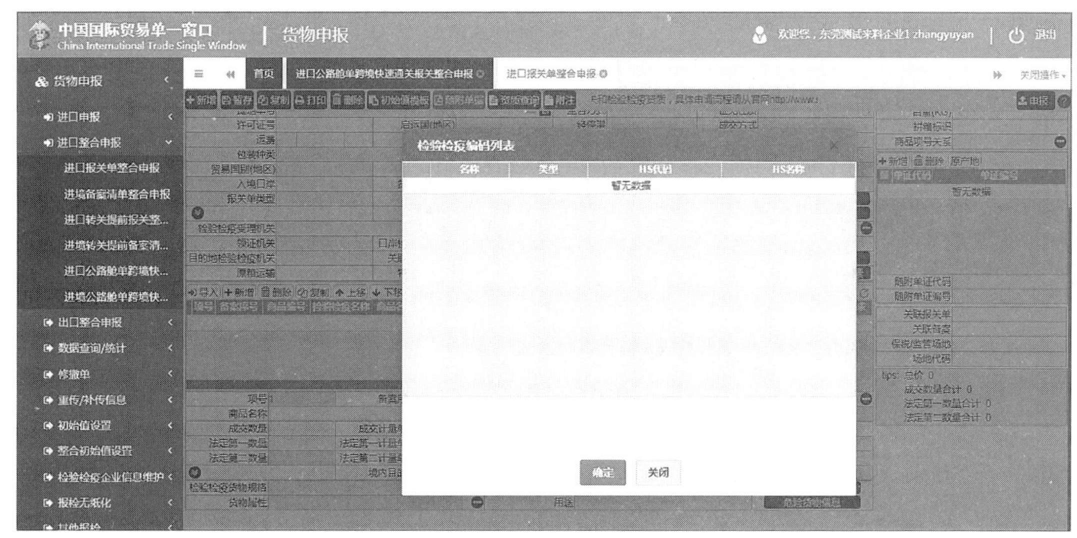

图 48　录入界面

成交数量、单价、总计

系统会根据输入的字段进行计算：

成交数量×单价＝总价（自动返填）或 总价/成交数量＝单价（自动返填）

成交计量单位

从参数下拉列表中选择，也可录入代码、名称。

币制（必填）

从参数下拉列表中选择，也可录入代码、名称。

法定第一数量、法定第二数量

法定第一数量对应法定第一计量单位，法定第二数量对应法定第二计量单位。

商品存在第二计量单位，则允许录入法定第二数量；不存在，则保持第二数量为只读状态，不允许录入。

法定第一计量单位、法定第二计量单位

置灰框不可编辑，根据海关编码（HS 编码）返填。

加工成品单耗版本号

超长自动截取 8 位返填。

适用加工贸易货物出口报关单。应与《加工贸易手册》中备案的成品单耗版本一致，通过《加工贸易手册》备案数据或企业出口报关清单提取。

最终目的国（地区）（进口必填）、原产国（地区）（出口必填）

从参数下拉列表中选择，也可录入代码、名称。进口时最终目的国默认值：中国。出口时原产国默认值：中国。

境内目的地（进口必填）、境内货源地（出口必填）

从参数下拉列表中选择，也可录入代码、名称。

征免方式

从参数下拉列表中选择，也可录入代码、名称。

本栏目应按照海关核发的“征免税证明”或有关政策规定，对报关单所列每项商品选择海关规定的《征减免税方式代码表》中相应的征减免税方式填报。

加工贸易货物报关单应根据《加工贸易手册》中备案的征免规定填报；《加工贸易手册》中备案的征免规定为“保金”或“保函”的，应填报“全免”。

4. 表体——商品涉检（折叠项）

在报关单录入页面，货物信息填写完成之后，如果涉检，请点击左下角方向按钮，点击可弹出涉检货物信息录入区域。

选中商品项列表的涉检商品项，编辑该商品项的涉检信息。

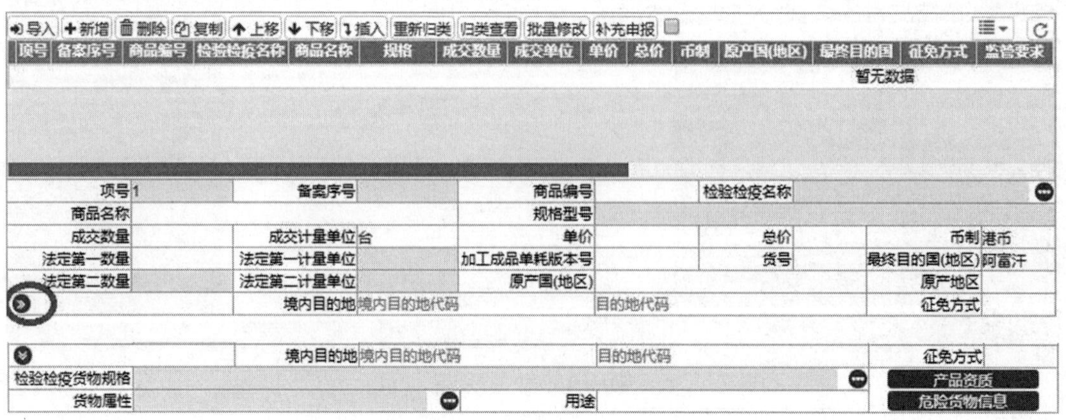

图 49　报关单录入界面

检疫检疫货物规格

点击录入字段右侧圆形按钮，弹出完整录入界面。

录入完成后，点击“确定”按钮保存，自动返填到字段右侧，展示数据无误且置灰不可修改，修改需要录入字段右侧圆形按钮。

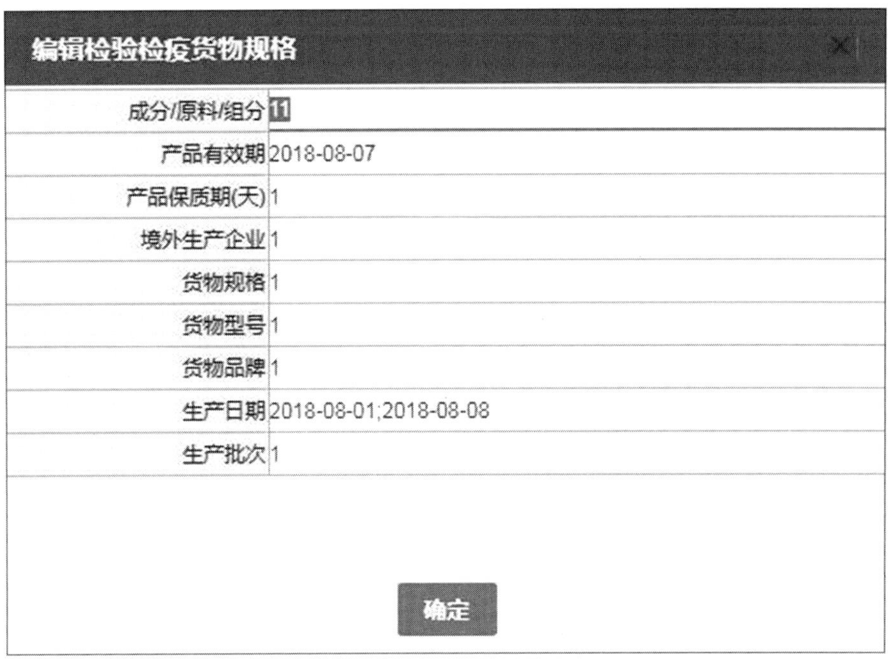

图 50　编辑检验检疫货物规格界面

产品资质

点击“产品资质”按钮，弹出完整录入界面。

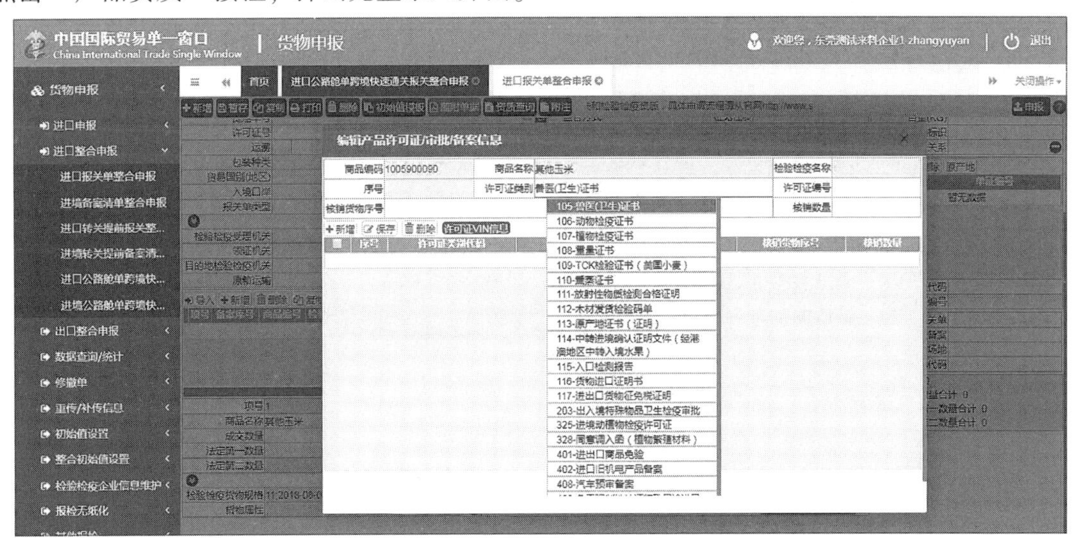

图 51　产品资质录入界面

录入产品许可证/审批/备案信息后，点击“许可证 VIN 信息”按钮，弹出完整录入界面。

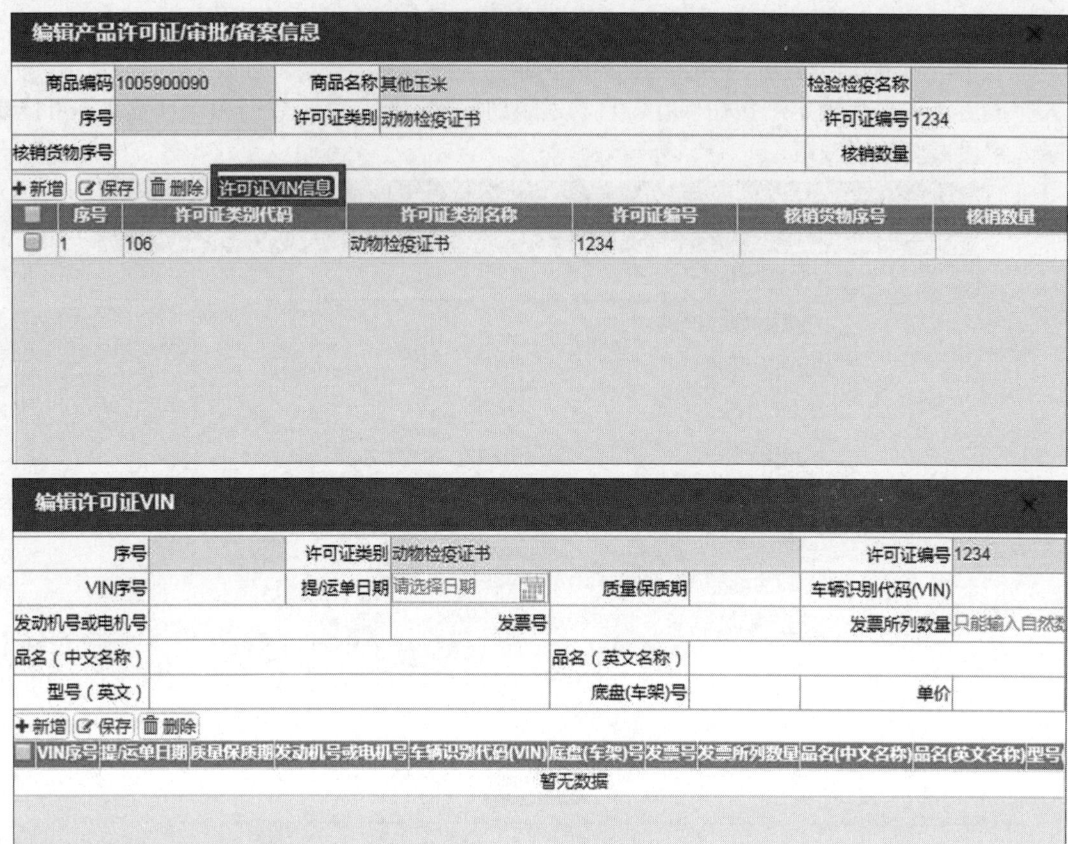

图 52　产品许可证信息

货物属性

点击录入字段右侧圆形按钮，弹出完整录入界面。单击字段，被选中，再单击，字段呈白色表示取消选中。录入保存后，自动返填到字段右侧。

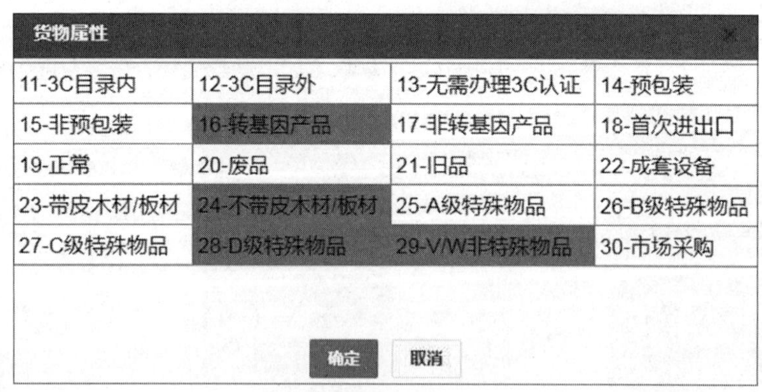

图 53　货物属性

用途（必填）

从参数下拉列表中选择，也可录入代码、名称。

危险货物信息

点击“危险货物信息”按钮，弹出完整录入界面。

货物为危险货物的情况，UN 编码、危险货物名称、危包类别、危包规格必填。

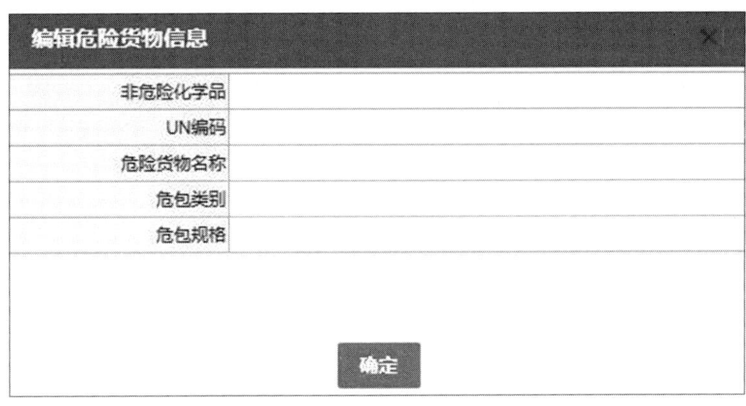

图 54　编辑危险货物信息

集装箱

集装箱项目录入保存，自动返填到集装箱。

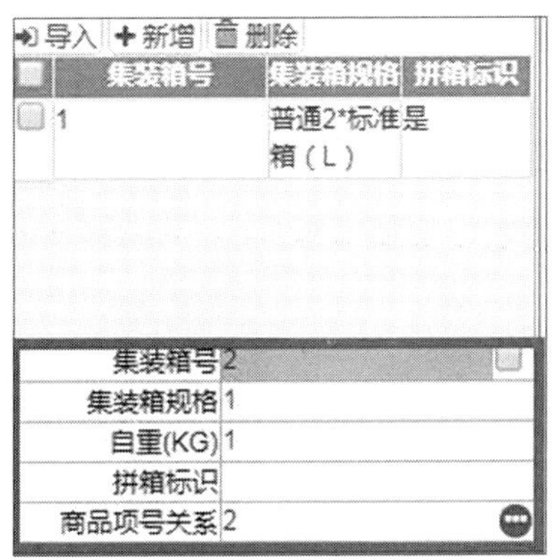

图 55　集装箱项目

导航栏操作说明

图 56　导航栏

集装箱信息录入界面上部分的白色按钮可以对集装箱列表进行操作。

点击“导入”，可以通过 Excel 模板进行商品信息导入。

点击“新增”，可以清空录入区域的内容。

点击“删除”，对选中的已录入集装箱项进行相应的操作。

集装箱项列表操作说明

单击，选中该已录入集装箱项；双击，选中已录入集装箱项，可以在录入区域修改。

录入区域操作说明

选中任一字段，按回车键，跳转至下一字段。

完成所有的必填录入字段，在最后一个字段点击回车键后自动保存至商品项列表。

集装箱号（必填）

勾选集装箱号选项，集装箱号自动转换为大写字母，且当前会话内勾选框一直保持勾选状态。

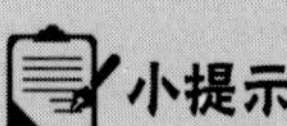

小提示

申报地海关为广州海关，可以录入 6、7、10、11 位四种长度的集装箱号。

申报地不为广州海关，只能录入 11 位集装箱号。

集装箱区分大小写。

不符合以上要求，集装箱号会显示为红色。

集装箱规格（必填）

从参数下拉列表中选择，也可录入代码、名称。

自重

按实际情况填写。

拼箱标识

从参数下拉列表中选择，也可录入代码、名称。

商品项号关系（必填）

输入集装箱和商品项的关系，箱货关系按每个集装箱为单元申报。

点击“商品项号关系”右侧圆形按钮，弹出页面，可以选中对应商品项；也可手动输入对应商品项的序号。

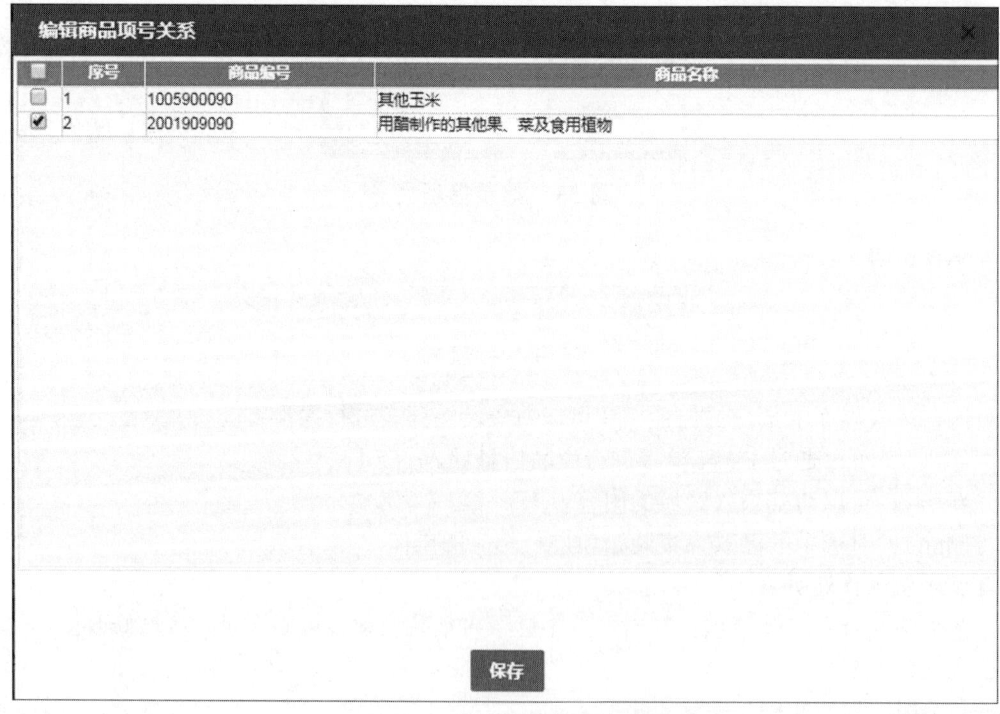

图 57　编辑商品项号关系

随附单证

随附单证项目录入保存，自动返填到随附单证。

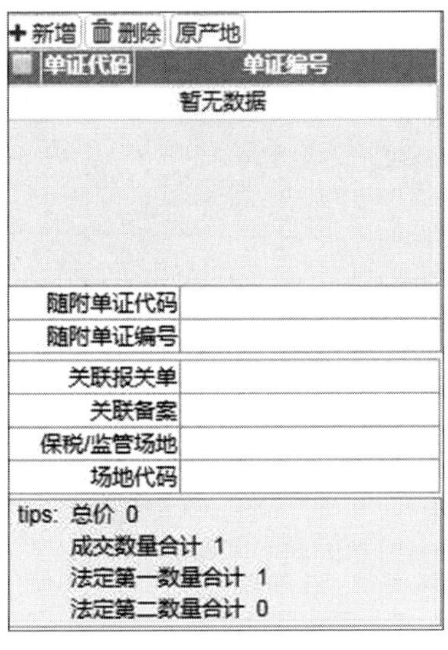

图 58　随附单证信息

导航栏操作说明

随附单证信息录入界面上部分的白色按钮可以对集装箱列表进行操作。

+新增　删除　原产地

图 59　导航栏

点击“新增”，可以清空录入区域的内容。

点击“删除”，对选中的已录入集装箱项进行相应的操作。

点击“原产地”，随附单证代码录入为 Y、E、R、F、J，“原产地”按钮可用，选中随附单证项列表，点击“原产地”按钮，弹出完整录入界面，依次填入回车自动保存并返填到对应关系列表。

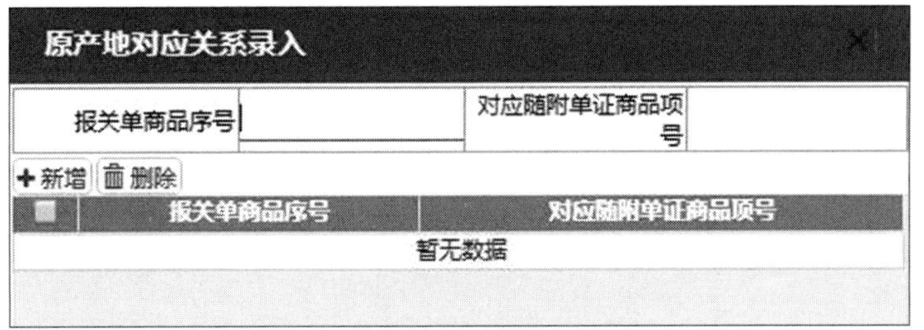

图 60　原产地对应关系录入

随附单证项列表操作说明

单击，选中该已录入随附单证项，可以在录入区域进行修改，按回车键后保存。

录入区域操作说明

选中任一字段，按回车键，跳转至下一字段。

完成所有的必填录入字段，在最后一个字段点击回车键后自动保存至商品项列表。

随附单证代码

从参数下拉列表中选择，也可录入代码、名称。

小提示

如果要录入随附单证数据，必须录入随附单证代码。

随附单证代码选择Y、E、R、F、J，可录入原产地对应关系；录入了原产地对应关系后，修改或变更随附单证代码和编号时，原产地对应关系同时变更。原产证上传操作请参考导航栏操作说明中的“原产地”。原产证申请采用原有各渠道。

在进口报关单中，随附单证代码选择“Y”，且报关单类型选择“M-通关无纸化”，随附单据必须上传该随附单证对应的发票、提运单。

随附单证编号

请按照海关填制规范进行填写。

关联报关单

填写与本报关单有关联关系的报关单号。

小提示

加工贸易结转类的报关单，应先办理进口报关，并将进口报关单号填入出口报关单的“关联报关单”录入项中。

办理进口货物直接退运手续的，除另有规定外，应当先填写出口报关单，再填写进口报关单，并将出口报关单号填入进口报关单的“关联报关单”录入项中。

减免税货物结转出口（转出），应先办理进口报关，并将进口（转入）报关单号填入出口（转出）报关单的“关联报关单”录入项中。

关联备案

与本报关单有关联关系的，同时在业务管理规范方面又要求填报的备案号，填报在电子数据报关单中“关联备案”录入项。

小提示

加工贸易结转货物及凭“征免税证明”转内销货物，其对应的备案号应填报在“关联备案”。

减免税货物结转进口（转入），报关单“关联备案”应填写本次减免税货物结转所申请的《中华人民共和国海关进口减免税货物结转联系函》的编号。

减免税货物结转出口（转出），报关单“关联备案”应填写与其相对应的进口（转入）报关单备案号中“征免税证明”的编号。

保税/监管场地、场地代码

请按照实际情况进行填写。

四、运输工具

（一）船舶

1. 基本功能介绍

运输工具用户或其代理用户在“单一窗口”标准版船舶运输工具系统中，可录入、保存、申报进出境运输工具的相关数据，用户可根据海关、边检、海事等监管部门的要求，在系统中进行业务数据的一次录入、关联使用，并一次性向各监管部门进行申报。此外，系统还为企业提供船舶备案、进出境/港动态申报、单证申报、在港申报、数据查询等功能。

2. 操作指南

为了提高操作效率、方便用户使用船舶动态的基础数据进行进境/港信息的录入，点击左侧菜单“进境/港动态申报”，右侧显示动态数据的查询界面（图 61）。

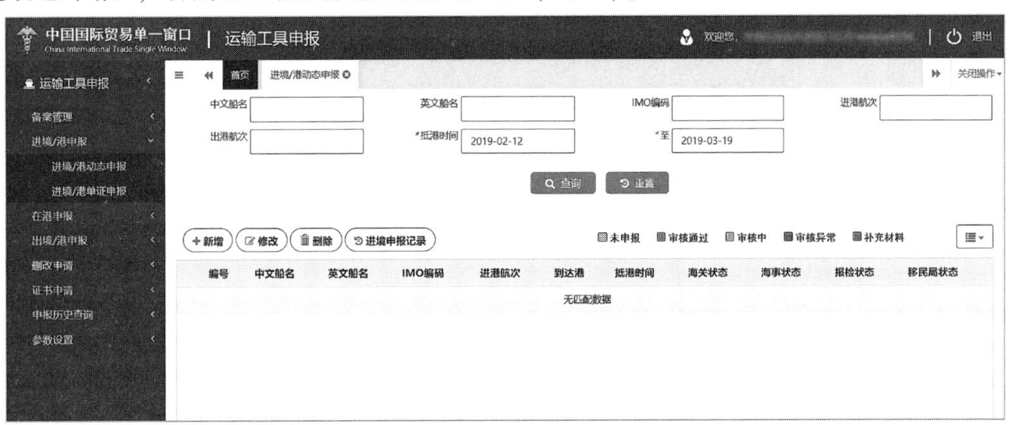

图 61　进境/港动态申报

输入条件或直接点击“查询”按钮，下方列表显示相应的船舶动态信息（图 62）。点击“重置”则清空当前录入的查询条件。

图 62　进境/港动态申报——查询结果列表

在上图的界面中部，可直观地在列表中预览各业务主管部门的数据状态。

此外，还可将光标置于列表上悬停，系统弹出更详细的状态信息。点击色块后，系统可弹出入境申报记录的信息框，显示更多内容。

录入与暂存

首次录入数据，点击图 62 进境/港动态申报中“新增”按钮，跳转至“进镜/港动态新增”数据录入界面，包含船舶动态信息、海事船岸活动信息、海事前十港船到船活动、附件管理四部分，以切换页签的方式在界面中显示（图 63）。

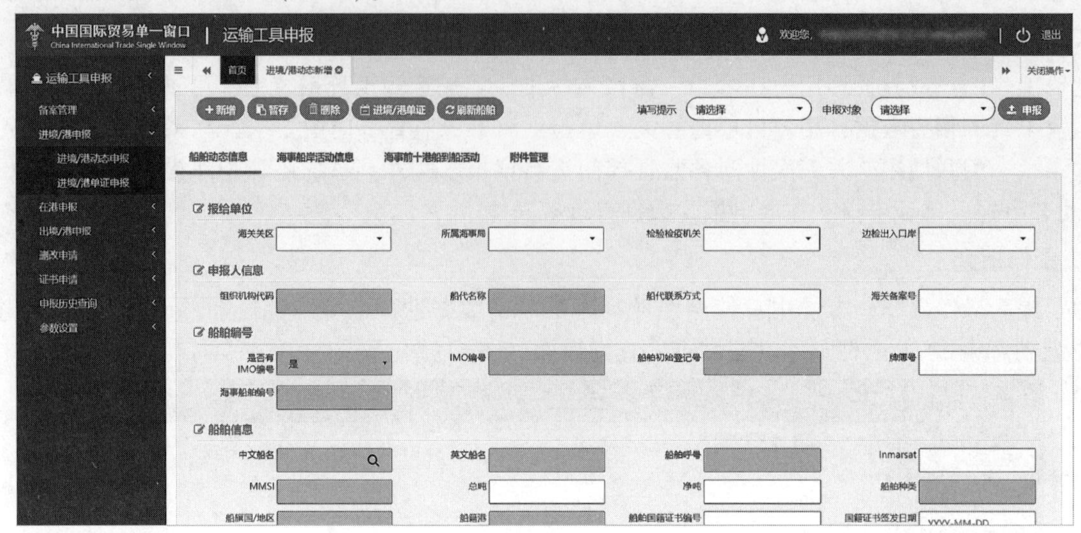

图 63　新增进境/港动态申报

小提示

图 64 按钮将根据用户当前选择的页签，区分是否可点击。如发现按钮不可点击，请尝试切换页签。

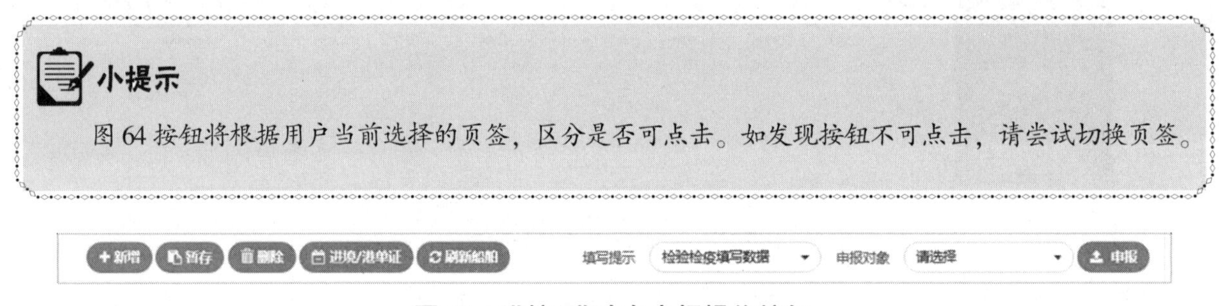

图 64　进境/港动态申报操作按钮

在操作按钮“填写提示”的下拉菜单中进行选择后（可同时勾选多项），系统将在界面中高亮显示当前业务主管部门监管所需的字段，其中带有星号的字段，为必填项（图 65）。

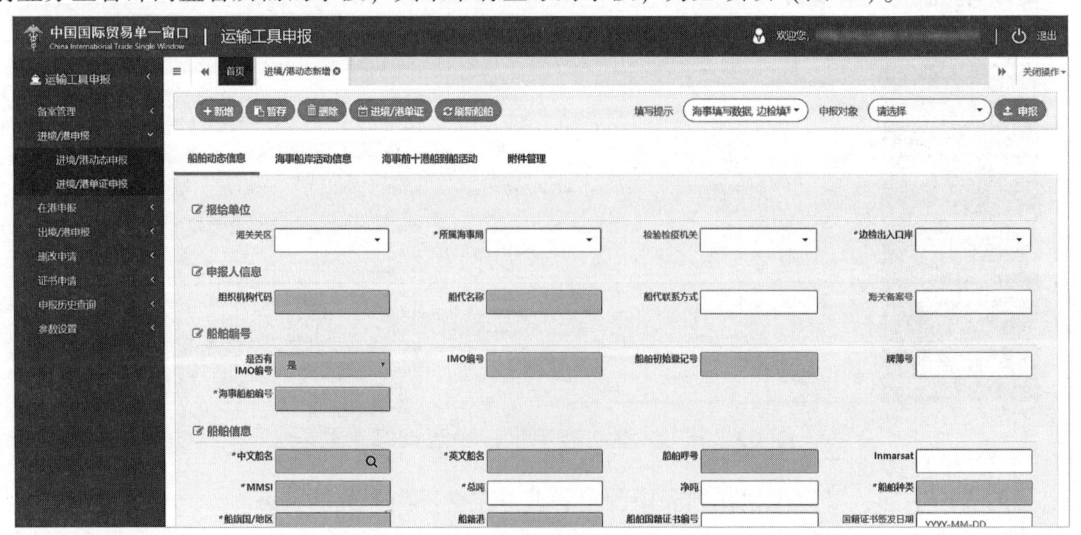

图 65　新增进境/港动态申报（高亮显示字段）

如未选择任何填写提示，界面所有字段名称均为黑色，如图 65 新增进境/港动态申报。

录入过程中，可点击界面上方“暂存”按钮，将当前正在录入的数据进行保存，以防数据丢失。

海事船岸活动信息与海事前十港船到船活动的操作前提为，已将船舶动态信息暂存成功。

船舶动态信息

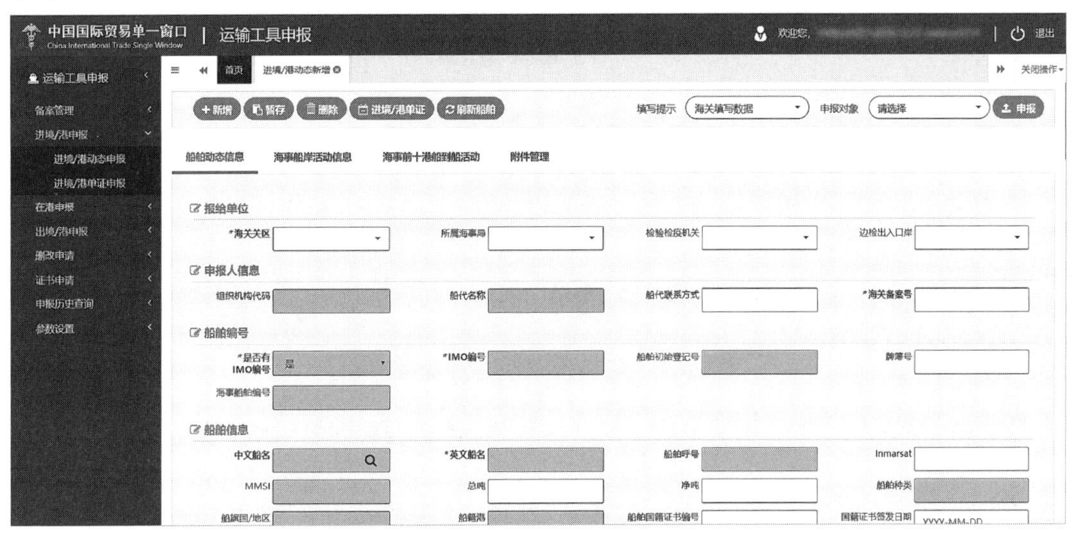

图 66　船舶动态信息（填写提示已选择海关）

小提示

界面中高亮显示的字段，会根据操作按钮栏内填写提示当前所选业务部门的监管所需而变化。带有星号的字段，为必填项。

界面中，灰色字段（例如 IMO 编号、海事船舶编号、中英文船名等）表示不允许手工录入，系统将根据相应的操作或步骤后自动返填。

进港航次、进口实载货物吨数等字段需手工录入，请根据业务主管部门要求，如实填写相关内容。

右侧带有三角形标志（例如报给单位的四个字段、来港目的、到达港等），表示该类字段需要在参数中进行调取，不可随意录入。将光标置于字段中，点击空格键，调出下拉菜单并在其中进行选择。也可直接输入已知的相应数字、字母或汉字，迅速调出参数，使用上下箭头选择后，点击回车键确认录入。

日期类字段（例如抵港时间、离港时间等），点击录入框后，系统自动弹出日历，用户可根据实际情况进行选择，也可直接按照 YYYY-MM-DD 的格式使用键盘直接录入。

此外，部分字段的操作特别说明如下。

中文船名

点击“中文船名”右侧的按钮，在弹出的船舶信息查询窗口中，进行查询。直接点击“查询”按钮，下方列表显示全部已备案的船舶信息（图 67）。也可录入各类查询条件，点击“查询”，相应船舶信息显示在下方列表中。点击“重置”则清空当前录入的查询条件。

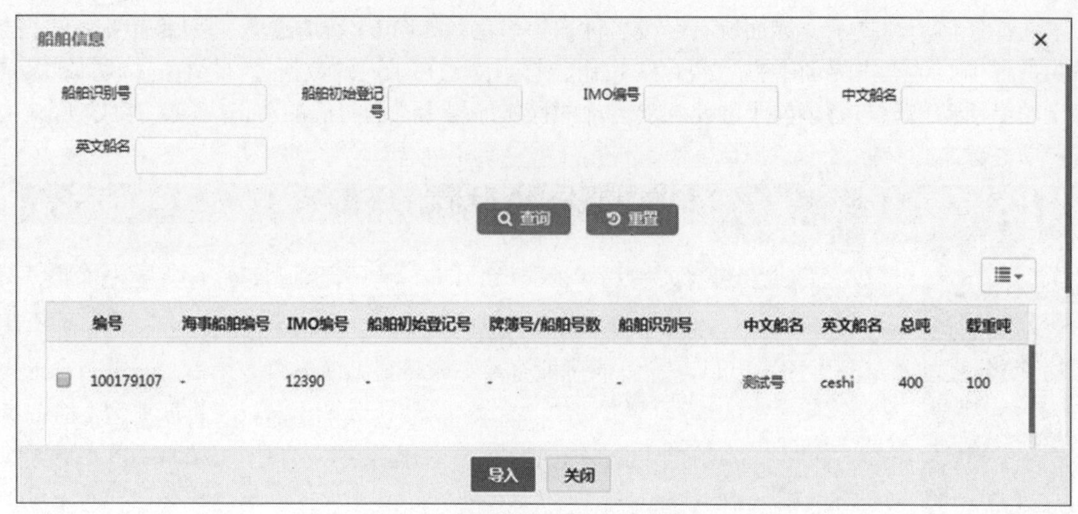

图 67　船舶信息（中文船名）

勾选列表中的信息后，可点击“导入”按钮，将相关数据返填到船舶动态信息的部分字段中（图 68）。

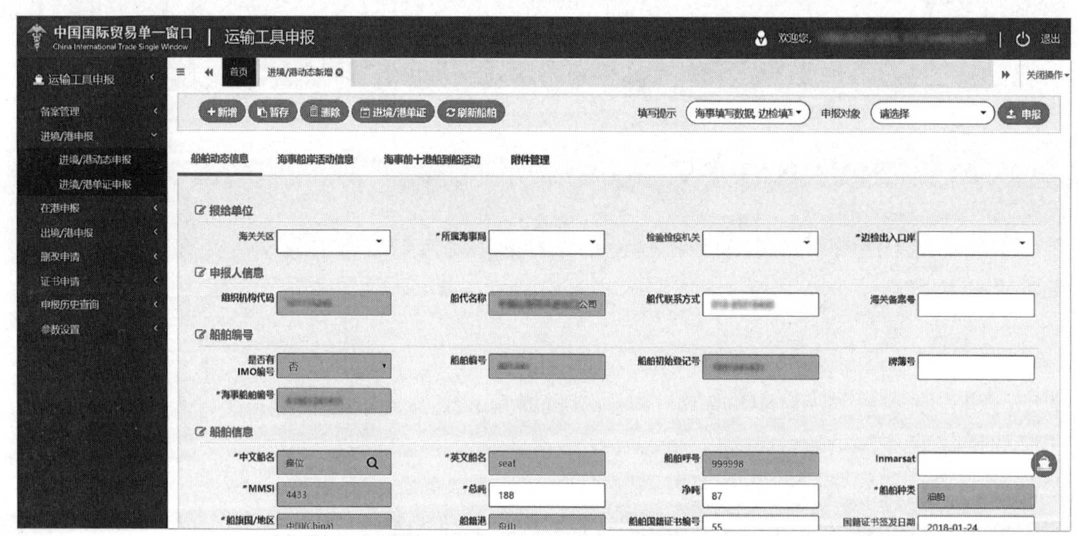

图 68　船舶动态信息（中文船名返填信息）

申报

录入完毕并确认无误的数据，可根据实际业务，通过在前文图 64 进境/港动态申报操作按钮中“申报对象”的下拉菜单中进行勾选后，点击界面右上方的“申报”按钮，将数据向相关业务主管部门进行发送，并等待其审批。

不勾选任何填写提示，申报对象包括：海事进口岸申请、海事进口岸确报、海事两岸直航船舶进港申请、海关进境/港预报、海关进境/港确报、海关进境/港抵港报、海事进口岸手续、海事两岸直航船舶进港手续、海关进境/港单证申报、检验检疫入境申报、边检入境/港申报。

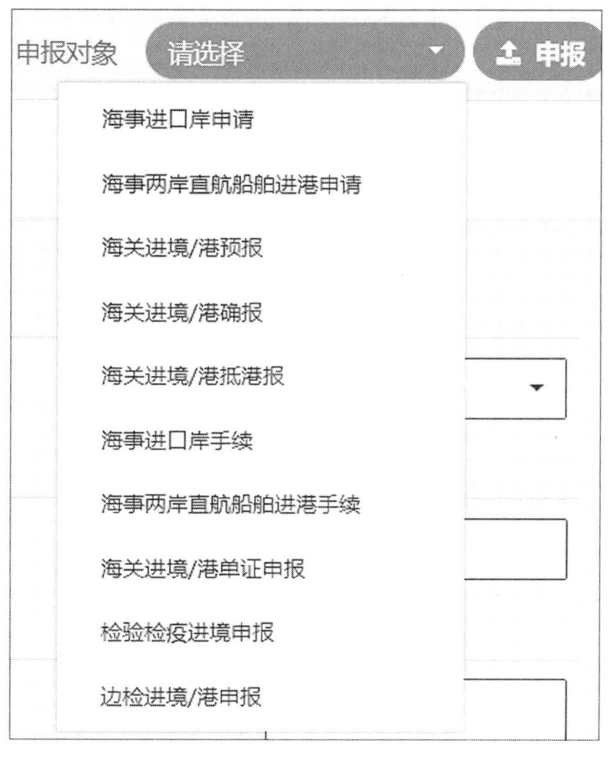

图 69　进境/港动态申报对象

（二）航空器

1. 基本功能介绍

运输工具航空器用户或其代理用户在“单一窗口”标准版运输工具系统中，可录入、保存、申报进出境运输工具的相关数据，用户可根据各部门的监管要求，在系统中进行业务数据的一次录入、关联使用，并一次性向各监管部门进行申报。系统为用户提供航空器企业/航空器信息/航班信息/当日飞行计划备案、进/出境/港动态申报、在港申报及单据的状态查询等功能。

2. 操作指南

点击左侧菜单栏“备案管理——航空器备案申报”，在打开的网页中可以对航空器信息进行新增、暂存、删除、数据查询及申报操作。

图 70　航空器信息备案

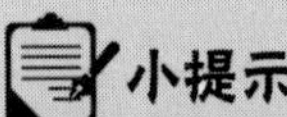

小提示

页面上方按钮将根据用户当前选择的页签，区分是否可点击。如发现按钮不可点击，请尝试切换页签。

在操作按钮“填写提示”的下拉菜单中进行选择后，系统将在界面中高亮显示当前业务主管部门监管所需的字段，其中带有星号的字段，为必填项。如未选择任何填写提示，界面所有字段名称均为黑色。

界面中，文本类字段（例如中文注册地址、传真号码、备注等）可手工录入，请根据业务主管部门要求，如实填写或修改相关内容。

右侧带有三角形标志（例如企业性质等）的字段，表示该类字段需要在参数中进行调取，不可随意录入。将光标置于字段中，点击空格键，调出下拉菜单并在其中进行选择。也可直接输入已知的相应数字、字母或汉字，迅速调出参数，使用上下箭头选择后，点击回车键确认录入。

日期类字段（例如注册登记时间），点击录入框后，系统自动弹出日历，用户可根据实际情况进行选择。

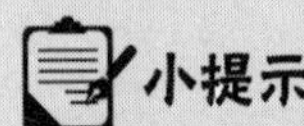

小提示

首次调用海关备案的航空器信息数据，可通过点击页面顶端的“海关航空器数据查询”按钮，具体操作可参考下文海关航空器数据查询相关描述。

此外，部分字段的操作特别说明如下：如果不是首次进行航空器信息备案（例如调用之前的航空器信息数据进行修改），可点击“航空器注册编号”字段右侧的 按钮，在弹出的窗口中进行查询（图 71）。

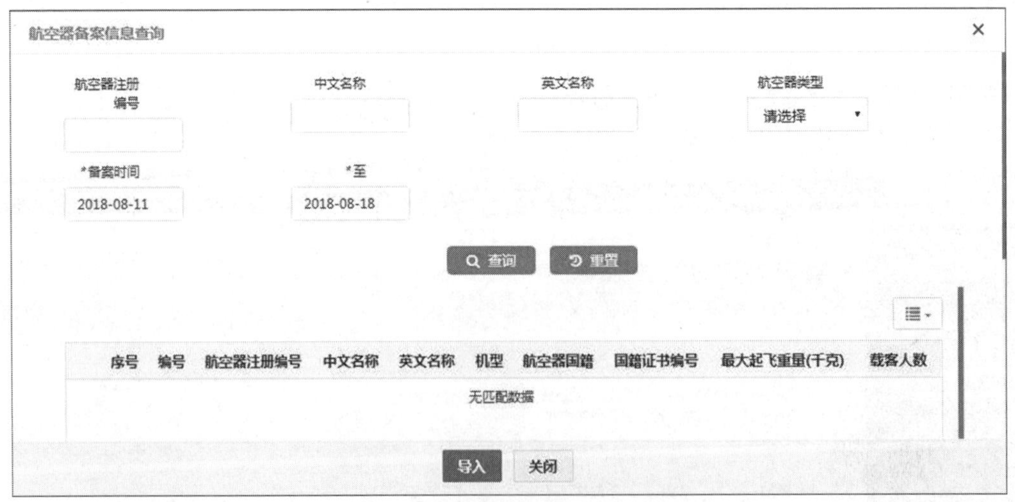

图 71　航空器备案信息查询

可录入航空器注册编号、航空器类型或中、英文名称，选择备案时间，点击“查询”按钮，相应航空器备案信息显示在下方列表中（图 72）。点击“重置”则清空当前录入的查询条件。

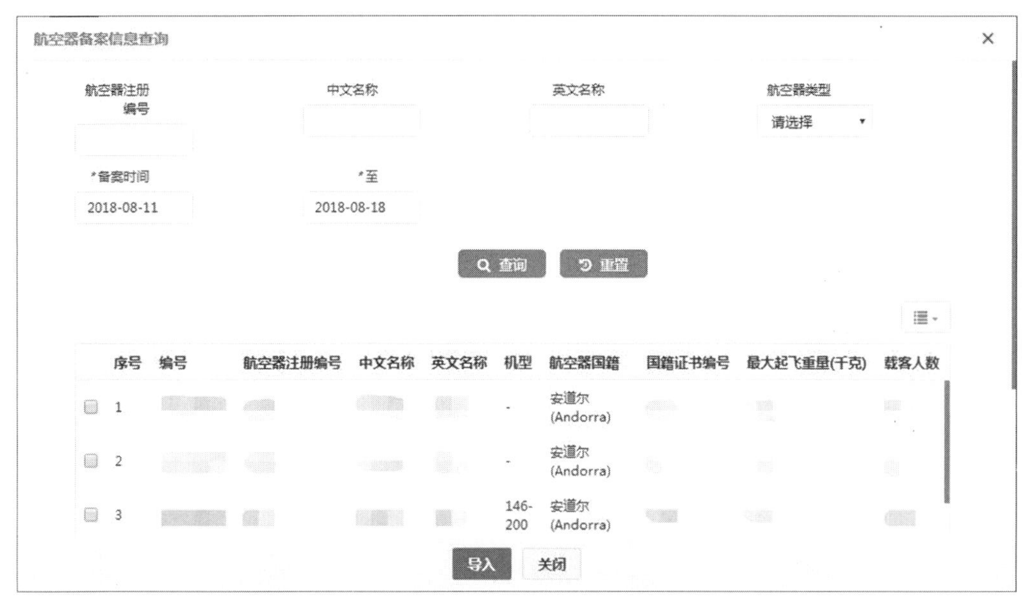

图 72　航空器备案信息查询（列表）

勾选列表中的信息后，点击“导入”按钮，将相关数据返填到航空器备案申报基本信息的界面中（图 73）。此时可根据实际业务需要，继续进行录入或修改操作。

图 73　航空器备案信息查询（返填）

操作按钮说明

新增：点击界面顶部的“新增”按钮，将当前录入的内容清空，此时可填写新增内容。如未暂存，则数据无法再调取。请在新增操作前，先使用“暂存”按钮，将需保存的已填写数据进行保存。

暂存：对当前已录入数据进行暂存，暂存时如果相关字段填写不规范，会有提示。

删除：只可以删除状态为暂存的记录，删除后数据不可恢复。

申报：点击“申报”按钮，当前录入企业信息将向所选申报对象发送。申报时会对相关字段进行初核，如有相关字段不符合相关填报要求则无法申报成功，用户可按系统提示修改信息后再申报。

海关航空器数据查询：此处可以查询在海关备案的航空器数据，点击界面顶部的“海关航空器数据查询”按钮，系统弹出对话框如图 74。

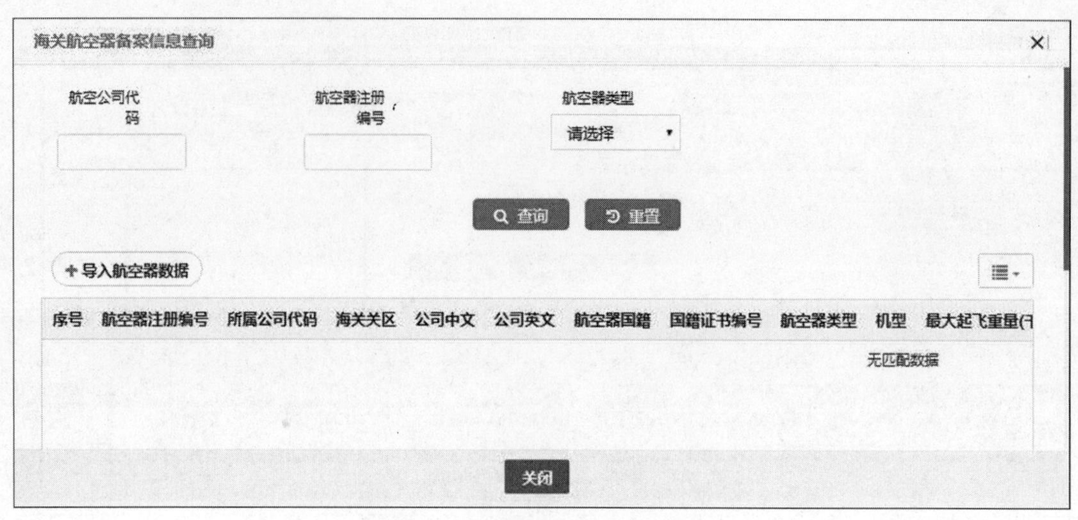

图 74　海关航空器数据查询

输入查询条件，点击“查询”按钮，系统将查询航空器在海关备案的数据，结果返回在下方列表中。点击“重置”清空当前录入的查询条件。

勾选记录，点击“导入航空器数据”按钮，将相应数据导入到“单一窗口”标准版的后台（此时数据不会显示在界面中）。如果用户想在录入界面调用上述导入成功的数据，需点击下图界面中“航空器注册编号”右侧的按钮，在弹出的窗口中进行查询与调用。更多操作可参见上文中关于航空器注册编号的描述。

图 75　航空器备案

（三）公路

1. 基本功能介绍

公路运输工具用户或其代理用户在“单一窗口”标准版运输工具系统中，可录入、保存、申报进出境运输工具的相关数据，用户可根据各部门的监管要求，在系统中进行业务数据的一次录入、关联使用，并一次性向各监管部门进行申报。系统为用户提供企业信息/车辆信息/挂车信息/驾驶员信息备案、进/出境动态申报及单据的状态查询等功能。

2. 操作指南

进入“备案管理”界面，输入相应条件点击“查询”按钮，可查询到相关信息备案记录，查询到的信息显示在列表中，同时可以选择列表中信息进行修改、删除、查看申报记录等操作。也可点击“新增”按钮，打开企业信息备案录入界面，新增备案数据。

图 76　企业信息备案首页

查询：输入查询条件后，可以查询到对应查询条件的企业备案信息。

重置：点击“重置”，原输入的查询条件信息将清空。

新增：如果用户想新增备案信息，点击“新增”按钮直接跳转到相关录入界面。

修改：可对列表中选中的数据进入数据明细，可对数据进行修改、暂存与申报。

删除：只可以删除海关状态为暂存的记录，删除后数据不可恢复。

企业备案申报记录：如图 77，选择列表记录，可以查询该数据从首次申报至当前时间的企业备案申报情况及回执情况。

企业备案申报记录

查询　回执查询

序号	申报编号	申报类型	申报人	申报时间	回执时间	回执状态
1	10001122	企业备案(海关)	[illegible]	2018-08-07 11:25:55	2018-08-07 11:25:11	已发往海关
2	10001120	企业备案(海关)	[illegible]	2018-08-07 11:25:10	2018-08-07 11:24:10	已发往海关
3	10001118	企业备案(海关)	[illegible]	2018-08-07 11:15:39	2018-08-07 11:15:02	已发往海关
4	10001117	企业备案(海关)	[illegible]	2018-08-07 11:15:32	2018-08-07 11:15:32	申报失败
5	10001116	企业备案(海关)	[illegible]	2018-08-07 11:15:11	2018-08-07 11:15:11	申报失败
6	10001115	企业备案(海关)	[illegible]	2018-08-07 11:14:08	-	-

关闭

图 77　企业备案申报记录

申报历史回执查询

查询　查看

序号	申报对象	回执时间	接收时间	回执状态	回执内容	其他信息
1	海关	2018-08-07 11:25:11	2018-08-07 11:25:11	已发往海关	处理成功	-

关闭

图 78　申报历史回执查询

如果要进行新备案，用户点击“新增”按钮，网页将跳转至“企业备案申报”录入界面。如下图。

图 79　企业备案新增

企业备案申报界面操作说明

新增：点击后清除当前界面中所有信息，如当前已有录入数据建议保存后再点击该按钮，否则当前已录入数据无法找回。

暂存：对当前已录入数据进行暂存，暂存时如果相关字段填写不规范，会有提示。

删除：删除当前数据。一旦删除无法恢复，需慎用。

申报：点击“申报”按钮，当前录入企业信息将向所选申报对象发送。申报时会对相关字段进行初核，如有相关字段不符合相关填报要求则无法申报成功，用户可按系统提示修改信息后再申报。

“企业备案”录入页面上方的“新增”“暂存”“删除”“申报”按钮只在“企业备案申报”表中才能点击；在其他分页信息表填写的信息要使用当前页的相关按钮，所有录入数据确认完成后，返回“企业备案申报”进行该备案数据申报。

小提示

申报时，如果出现提示“批文扫描图不能为空”，代表必须先上传相关附件。

五、 舱单申报

（一）海运

1. 基本功能介绍

运输企业、运输工具代理企业或者理货部门在“单一窗口”标准版舱单系统中，可录入、保存、申报进出境舱单、理货报告、运抵报告、空箱调用相关数据，用户可根据各部门的监管要求，在系统中进行业务数据的一次录入、关联使用，并向各监管部门进行申报。此外，系统还为用户提供单据的状态查询等功能。

2. 操作指南

点击左侧“原始舱单——原始舱单主要数据”，右侧区域展示录入界面（如图 80）。界面上方为表头（基本字段）部分、下方列表为表体（提运单信息）部分。

小提示

界面中，带有星号的字段为必填项，否则可能无法继续进行保存或申报等操作。

界面中的白色按钮，所影响的数据仅为当前涉及的页签或字段。

图 80 原始舱单主要数据

表头录入与暂存

界面中，部分字段（例如航次、航班编号等）需要用户手工录入，请根据业务主管部门要求，如实填写相关内容。

部分字段右侧带有三角形标志（例如离境地海关代码等），表示该类字段需要在参数中进行调取，不可随意录入。直接点击三角形图标，调出下拉菜单并在其中进行选择。也可直接输入已知的相应数字、字母或汉字，迅速调出参数，使用上下箭头选择后，点击回车键确认录入。

日期类字段（例如启运日期、时间等），点击录入框后，系统自动弹出日历，用户可根据实际情况进行选择。

录入航次、航班编号与运输工具代码后，按回车键，系统将查找该票数据是否已经存在。如找到则自动返填所有已存在的数据，并将航次、航班编号和运输工具代码字段置灰，不允许修改。

点击“暂存”按钮后，航次航班编号和运输工具代码字段变为灰色，不允许修改。

录入运输工具代码后，可点击字段旁的放大镜图标，系统自动查找运输工具中备案的相关数据。如未查询到信息，则弹出提示“在运输工具中没有找到此备案信息”，更多关于运输工具备案信息的查询，请移步至“单一窗口”标准版运输工具申报系统。

表体录入与暂存

须将表头数据录入完毕，点击图 80 原始舱单主要数据上方的“暂存”按钮成功保存后，方可新增表体提运单数据。

点击图 80 原始舱单主要数据中部的“新增”按钮，界面弹出表体提运单信息（图 81）。包括基本信息、集装箱信息与商品项信息三部分，以切换页签的方式在界面中显示。点击右下角“保存、新增”按钮所进行的操作，将影响当前整票提运单信息的数据。

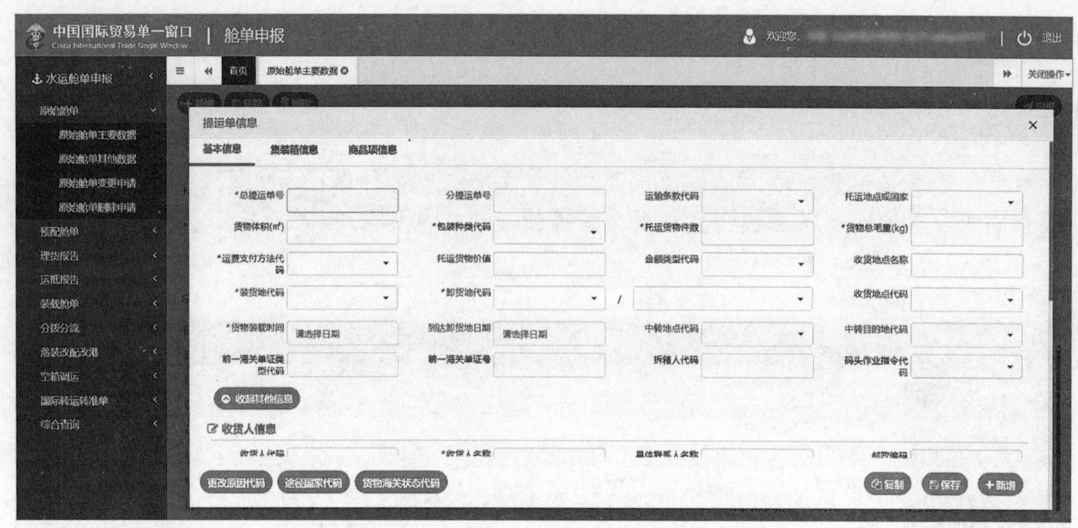

图 81　原始舱单主要数据——表体提运单信息

基本信息、集装箱信息、商品项信息 3 个页签，其中集装箱信息不是必填项，可根据实际业务选择填写，基本信息与商品项信息则必须填写。

基本信息

界面中，部分字段（如总提运单号、分提运单号、拆箱人代码等）需用户手工录入，请根据业务主管部门要求，如实填写相关内容。

部分字段右侧带有三角形标志（例如运输条款代码、包装种类代码等），表示该类字段需要在参数中进行调取，不可随意录入。直接点击三角形图标，调出下拉菜单并在其中进行选择。也可直接输入已知的相应数字、字母或汉字，迅速调出参数，使用上下箭头选择后，点击回车键确认录入。

日期类字段（如货物装载时间等），点击录入框后，系统自动弹出日历，用户可根据实际情况进行选择。

在图 81 原始舱单主要数据——表体提运单信息中点击“展开其他信息”按钮，编辑框下方展开更多信息（如下图），例如收发货人、通知人等。可点击“收起其他信息”按钮，将更多信息再次收起。

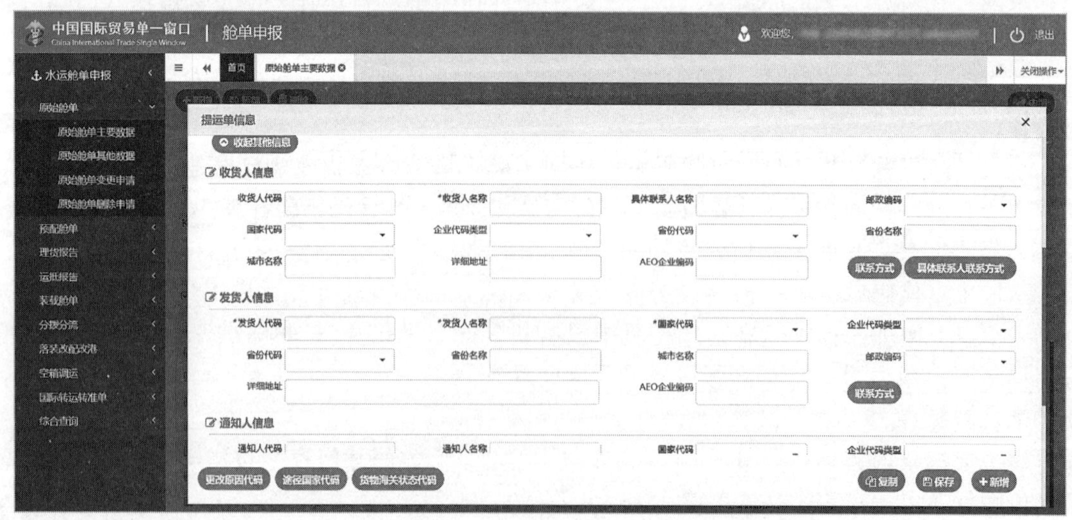

图 82　原始舱单主要数据——展开其他信息

须将提运单基本信息上方必要字段填写完毕，并点击图 81 原始舱单主要数据——表体提运单信息右下角“保存”按钮后，才可继续录入或保存收货人信息、发货人信息、通知人信息、货物交付目的信息、其他联系信息、界面下方途经国家代码与货物海关状态代码等。部分按钮弹出的编辑框，操作说明如下。

联系方式

在图 81 原始舱单主要数据——表体提运单信息中点击任意“联系方式”按钮，系统弹出编辑框（如下图，发货人、通知人、其他联系信息弹出的编辑框可参考），根据实际情况如实填写。

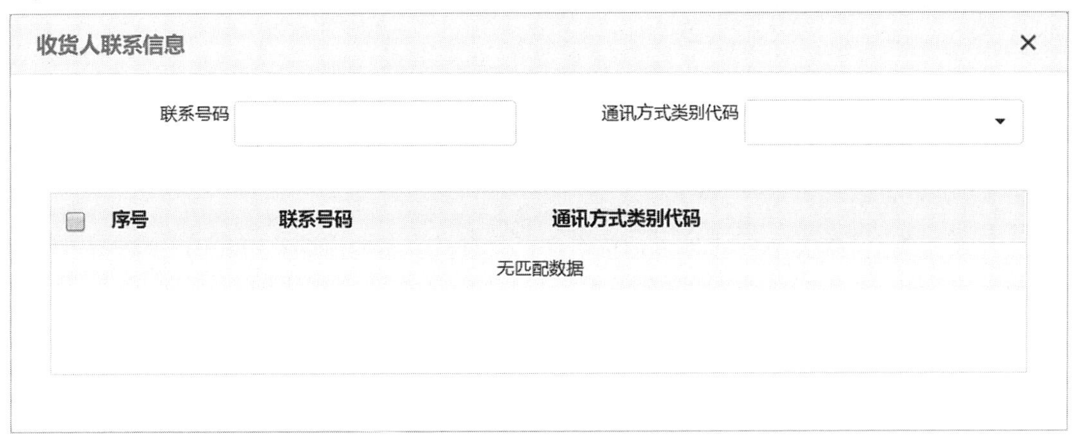

图 83　原始舱单主要数据——联系信息

调用参数字段或手工录入字段要求与基本信息一致，不再赘述。

录入相应信息后，点击上图中“保存”按钮，系统自动将记录保存至下方列表中。点击“新增”按钮，将清空当前界面显示的数据，便于用户重新录入并保存数据。在列表中对任意记录进行勾选（可多选），可点击“删除”按钮进行删除。

途经国家代码

在图 81 原始舱单主要数据——表体提运单信息下方点击“途经国家代码”按钮，系统弹出编辑框（如下图），根据实际业务情况填写信息。

途经国家信息

选择国家代码

序号	国家代码
无匹配数据	

图 84　原始舱单主要数据——途经国家信息

调用参数字段要求与基本信息一致，不再赘述。

录入相应信息后，点击上图中“保存”按钮，系统自动将记录保存至下方列表中。点击“新增”按钮，将清空当前界面显示的数据，便于用户重新录入并保存数据。在列表中对任意记录进行勾选（可多选），可点击“删除”按钮进行删除。

小提示

途经国家信息，每种代码限录入一次，最多录入 99 条记录。

货物海关状态代码

在图 81 原始舱单主要数据——表体提运单信息下方点击“货物海关状态代码”按钮，系统弹出编辑框（图 85），根据实际业务情况填写信息。

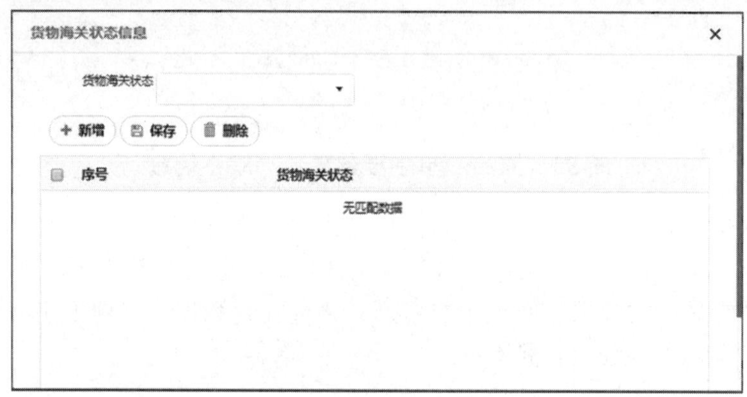

图 85　原始舱单主要数据——货物海关状态信息

调用参数字段要求与基本信息一致，不再赘述。

录入相应信息后，点击图 85 中“保存”按钮，系统自动将记录保存至下方列表中。点击“新增”按钮，将清空当前界面显示的数据，便于用户重新录入并保存数据。在列表中对任意记录进行勾选（可多选），可点击“删除”按钮进行删除。

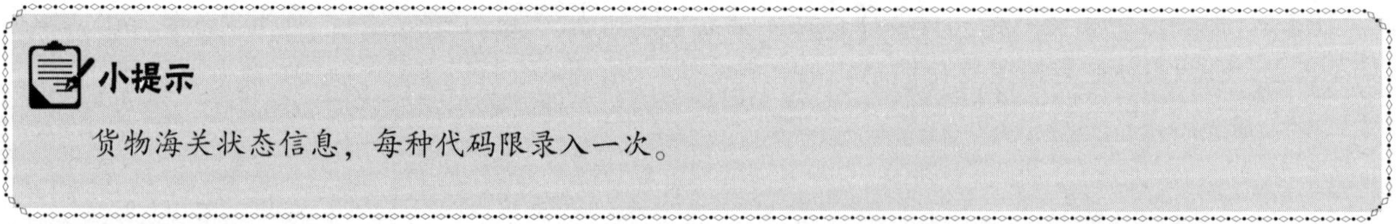

小提示

货物海关状态信息，每种代码限录入一次。

更改原因代码

“更改原因代码”按钮，只可在变更申请或删除申请时点击并录入。

（二）空运

1. 基本功能介绍

运输企业、运输工具代理企业或者理货部门在“单一窗口”标准版舱单系统中，可录入、保存、申报进出境舱单、理货报告、运抵报告的相关数据，用户可根据各部门的监管要求，在系统中进行业务数据的一次录入、关联使用，并向各监管部门进行申报。此外，系统还为用户提供单据的状态查询等功能。

2. 操作指南

点击左侧菜单“理货报告——进口理货申报”，右侧区域展示录入界面（图 86）。界面上方为表头部分，下方列表为表体（提运单信息）部分。

图 86　进口理货申报

本部分仅对理货报告的特殊部分进行说明。

小提示

界面中，带有星号的字段为必填项，否则可能无法继续进行保存或申报等操作。
界面中的白色按钮，所影响的数据仅为当前涉及的页签或字段。

表头录入与暂存

首次进口理货申报界面，运输方式代码默认为海上运输。

须录入表头数据后，点击界面上方“暂存”按钮，才能点击理货责任人名称与船长/大副名称右侧的“联系方式”按钮，系统弹出界面图 87。

图 87　进口理货申报——理货责任人信息

表体录入与暂存

录入表头数据后，点击“暂存”按钮，方可新增表体数据。

提运单信息

在图 86 进口理货申报中选中提运单信息标签页，点击界面中部“新增”按钮，界面如下图。

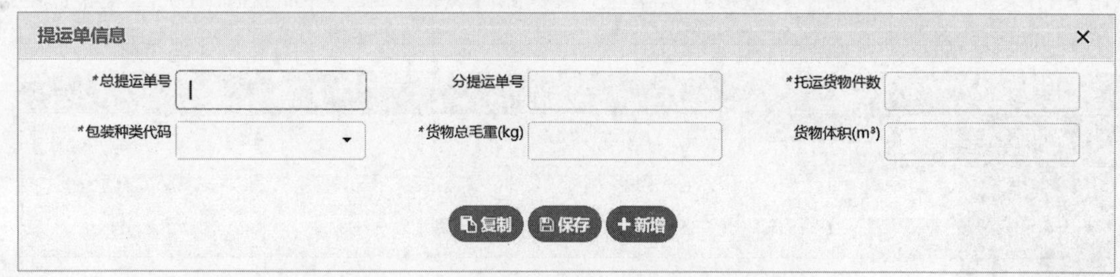

图 88　进口理货申报——提运单信息

新增

在图 86 进口理货申报中点击界面上方“新增”按钮，系统将自动清空当前界面内所有已录入的数据，便于用户重新录入一票数据。

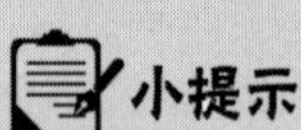
小提示

如在录入数据的过程中，点击了“暂存”按钮，则系统将自动保存当前所录入的数据，即使进行新增操作，也不会丢失数据，可在综合查询中进行查找。

申报

可勾选图 86 进口理货申报中录入完毕并确认无误的表体数据，通过点击右上方的“向海关申报”按钮进行申报。

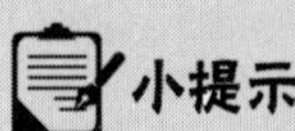
小提示

申报即意味着数据已向相关业务主管部门进行发送，并等待其审批。

删除

可删除整票进口理货申报的数据。点击图 78 进口理货申报上方的“删除”按钮，系统将提示用户是否删除当前数据，删除的数据将不可恢复，需重新录入，应谨慎操作。

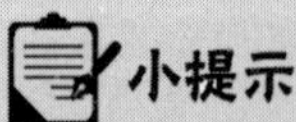
小提示

当进口理货数据只有表头没有提运单表体或集装箱表体，或所有提运单状态为暂存、申报失败或海关退单，进口理货数据删除申请状态为海关接受申报，可进行该项删除操作，否则，系统可能弹出不允许删除的相应提示。

（三）公路

1. 基本功能介绍

“单一窗口”标准版公路舱单系统，为企业提供公路口岸进出口过程中原始舱单、预配舱单、理货报告、运抵报告、进出境确报、装箱清单、落装改配等各类单证的录入、申报功能；接收审批回执和监管指令，为企业提供回执查询和转发功能。

通过该系统的实施，实现对公路舱单数据的规范管理，建立统一的公路进出口舱单管理平台，实现公路进出口舱单及相关单证的企业规范化申报，实现接单、审核、放行核销等一系列电子化的业务管理过程，建立舱单的风险分析，提高公路口岸的物流监控水平。

2. 操作指南

运输企业可自行录入或者委托代理企业完成载货车辆进境的数据录入，录入完成申报后向海关发送申报信息。海关收到载货车辆进境确报信息后，由关员进行审核，审核后将审核结果发送到公路舱单申报系统。企业可通过公路舱单申报系统查询审核结果。载货车辆进境确报功能模块包括舱单数据录入、暂存、删除、申报、打印功能。

界面中，带有输入框的字段为必填项，否则可能无法继续进行暂存或申报等操作。

点击“载货车辆进境确报”，右侧区域展示录入界面（图 89）。界面分为表头和表体（运输工具、托架/拖挂车信息、集装箱）。

图 89　公路舱单申报系统——载货车辆进境确报

新增

界面各录入字段中，带输入框的字段为必填项，置灰输入框的字段为系统返填项或不可修改项。

暂存前表头必填项信息必须填写，否则不可暂存。

系统根据企业备案信息自动返填该企业的备案关区、企业代码、确报传输人名称。

表头信息录入完成后，点击“暂存”按钮，系统保存表头数据，然后可以依次录入表体信息，表头信息不暂存时，表体信息仍可录入。

暂存

点击“暂存”按钮，可对当前录入的内容进行保存，系统弹出提示框提示暂存成功。

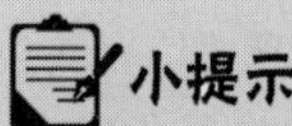

小提示

至少录入载货车辆进境确报业务主键“货物运输批次号和进出境口岸海关代码”，“暂存”按钮方可激活，可点击操作。

删除

点击图 89 公路舱单申报系统——载货车辆进境确报上方“删除”按钮，系统将提示用户是否删除当前数据，删除的数据将不可恢复，需重新录入，应谨慎操作。

小提示

当载货车辆进境确报暂存成功后，“删除”“申报”按钮方可激活，可点击操作。

申报

载货车辆进境数据录入完毕，可点击右上方的“申报”按钮进行申报。

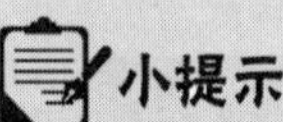

小提示

申报即意味着数据已向相关业务主管部门进行发送，并等待其审批。

申报时，默认选择运输工具、托架/拖挂车、集装箱信息都应申报。

申报时，表头和表体中的必填项必须录入相关数据，才能申报成功。

打印

用户点击右上角的“打印”按钮，系统生成一个 PDF 格式文件，可直接打印或保存文件。

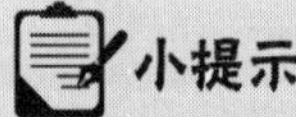

小提示

当载货车辆进境确报申报成功后，“打印”按钮方可激活，可点击操作。

表体录入

表头数据录入完毕，在图 89 公路舱单申报系统——载货车辆进境确报表头下方依次新增表体的运输工具、托架/拖挂车、集装箱信息。

录入运输工具信息时，应该先录入信息再点击“新增”按钮，直接点击“新增”按钮则提示“运输工具代码不能为空”。

录入托架/拖挂车或者集装箱信息时，应该先录入信息再点击“新增”按钮，直接点击“新增”按钮则提示“请先保存运输工具信息”。

录入运输工具或者托架/拖挂车信息时，可使用如下方式进行录入：先录入完信息至最后一项后点击回车键，增加一条表体信息。

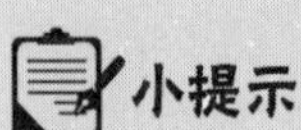

小提示

录入集装箱封志信息时，应注意页面录入提示规则，如下图所示。

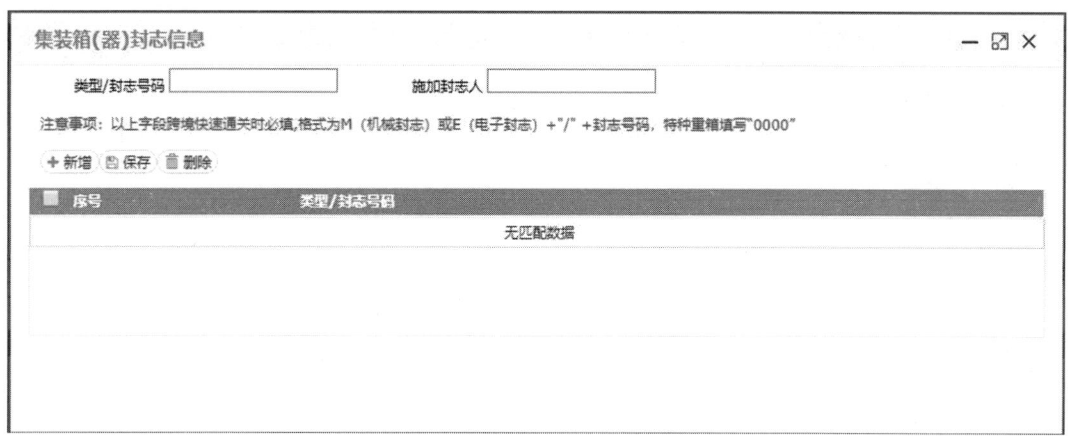

图 90 集装箱（器）封志信息

六、原产地证

（一）海关原产地证

1. 基本功能介绍

"单一窗口"海关原产地证业务申报系统，包括海关总署的原产地签证申报与查询等业务功能，实现国际贸易企业通过"单一窗口"一点接入，一次性提交满足口岸监管部门要求的原产地签证信息，管理部门按照确定的规则进行审核，并将审核结果通过"单一窗口"统一反馈，便于企业申报与查询。

2. 操作指南

新建证书界面（图 91），用户可根据需要选择一般原产地证、普惠制原产地证或中国—韩国自贸区原产地证。为用户提供各类原产地证书的录入、暂存、复制、删除、打印等功能。

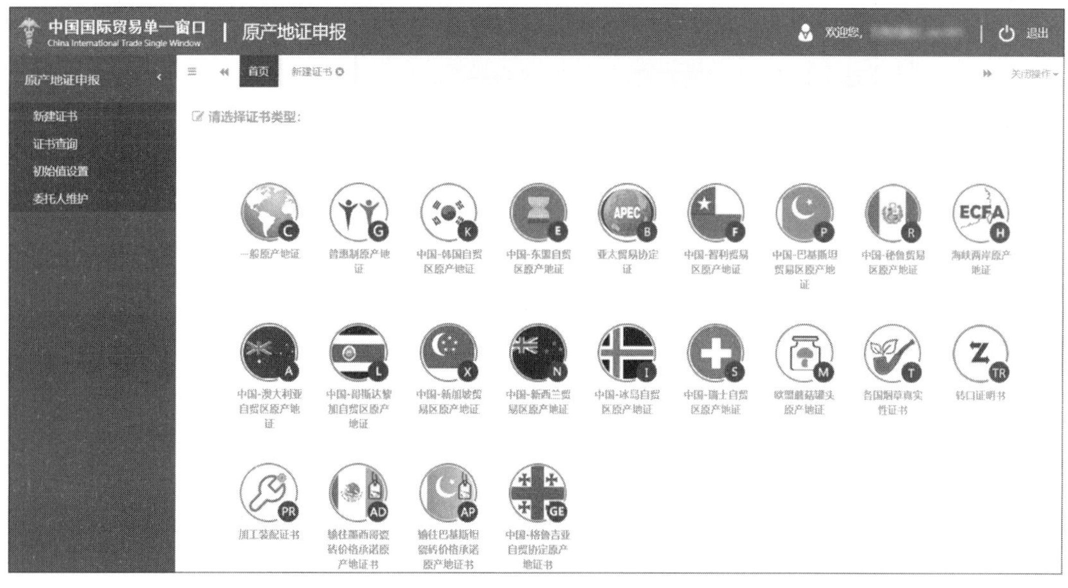

图 91 原产地证申报

选择"一般原产地证"图标，界面显示如图 92。部分字段（如进口商、出口商、特殊条款等）需要用户手工录入，请根据业务主管部门要求，如实填写相关内容。

图 92　一般原产地证——基本信息

部分字段右侧带有三角形标志（例如签证机构、领证机构等），表示该类字段需要在参数中进行调取，不允许用户随意录入。直接点击三角形图标，调出下拉菜单并在其中进行选择。如果想使用键盘进行快捷操作，可将光标置于字段中，系统自动显示下拉菜单。如果已经知道相关参数的代码，也可直接输入相应数字、字母或汉字，迅速调出参数，使用上下箭头选择后，点击回车键确认录入。部分字段说明如下。

日期类字段（例如申请日期等）

需点击录入框后，在系统自动弹出的日历中选择日期。

目的地国家/地区字段

可直接输入中文名称，也可先在输入框中点击后，再在“目的地国家/地区”字段上单击左键，系统将会弹出对话框（图 93），用户可自行查询。

目的地国家/地区　×

请输入国家编码或者名称(模糊查询)　查询

国家/地区编码	国家/地区名称(中文)	国家/地区名称(英文)	国检国别代码(原)	海关国别代码(原)
ABW	阿鲁巴	Aruba	533	403
AFG	阿富汗	Afghanistan	004	101
AGO	安哥拉	Angola	024	202
AIA	安圭拉	Anguilla	660	499
ALA	阿兰群岛（波罗的海中芬兰所属群岛）	脜and Islands	248	399
ALB	阿尔巴尼亚	Albania	008	313
AND	安道尔	Andorra	020	314
ARE	阿联酋	United Arab Emirates	784	138
ARG	阿根廷	Argentina	032	402

显示第 1 到第 10 条记录，总共 265 条记录 每页显示 10 条记录　« ‹ 1 2 3 4 5 › »

图 93　基本信息——目的地国家/地区字段弹框

唛头

即货物的商标或标签，如无运输标志，该项可勾选或填写 N/M（NO MARK）。

运输细节

在基本信息中，填写好启运港、卸货港、运输方式、运输工具、船名/航次等，点击运输细节字段后的“生成”按钮，填写过的字段将会被自动生成到该项中。

点击“暂存”按钮后，用户之前填写的数据将被系统保存，以便下次操作时调出该票数据。

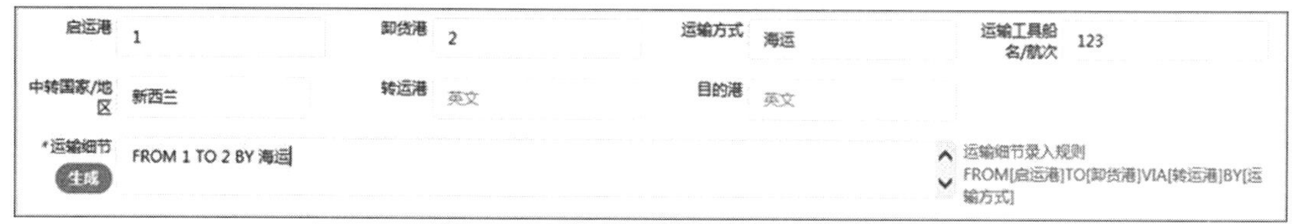

图 94　基本信息——运输细节生成

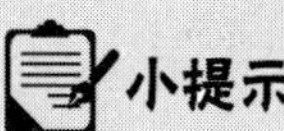

小提示

界面中，带有星号的字段为必填项，必须如实填写完整并暂存，否则可能无法继续进行申报等操作。

货物信息

需将基本信息录入完毕，点击上方的“暂存”按钮成功保存后，可以点击货物信息页签，开始录入货物信息。

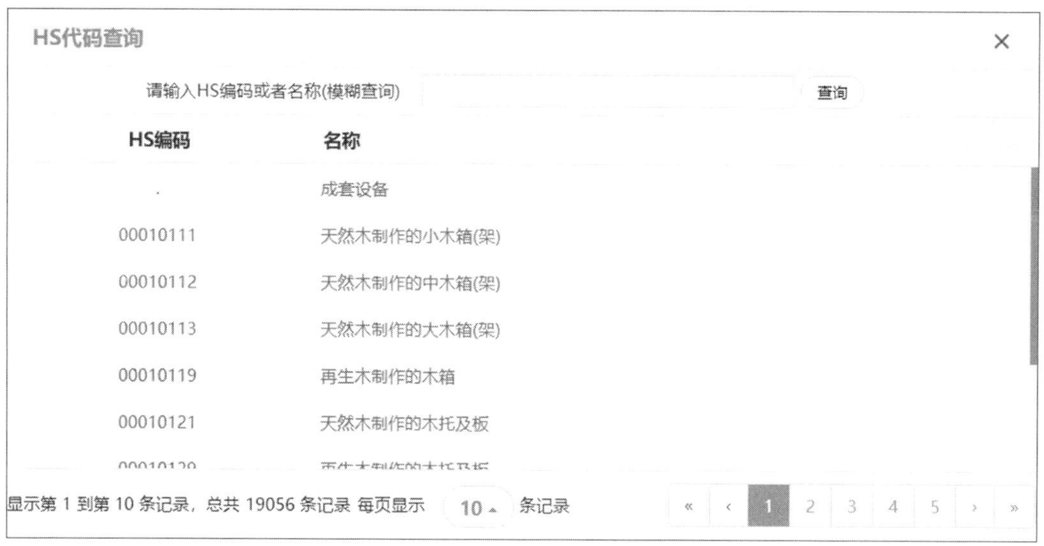

图 95　一般原产地证——货物信息（一）

点击 HS 编码字段后的放大镜图标，系统将弹出如图 96，用户可通过 HS 编码或货物名称进行模糊查询。

原产地证明书申请书

申请单位(盖章): 测试企业A　　备案号: A00000001　　证书号码: H18A000000010001

郑重声明

本人是被正式授权代表申请单位申请办理原产地证明书和签署本申请书的。

本人所提供原产地证明书及所附单据内容正确无误，如发现弄虚作假，冒充证书所列货物，擅改证书，自愿按照有关规定接受处罚并负法律责任。现将有关情况申报如下：

证书种类	海峡两岸原产地证书	发票号码	eeeee
最终目的国／地区	中国台湾	中转国／地区	
出运日期	NOV. 01,2018		
贸易方式		商品FOB总值（美元）	$ 333

序号	HS编码	货物名称	进口成分*	生产企业／联系人／电话	数／重量	单位	FOB值（美元）
1	02011000	其他整头及半头鲜或冷藏的牛肉	0%	33//////	3.00	3	$333.00
2							
3							
4							
5							
6							

图 96　一般原产地证——货物信息（二）

非货物项

如需申报非货物项，用户需勾选该项，勾选后，货物信息中除货物申报外所有字段均变为灰色不可填写，如图 97 所示。

图 97　非货物项勾选

界面中，部分字段（例如包装件数、包装单位等）需用户手工录入，字段前带星号的需要完整填写，应根据实际进出口情况，如实填写相关内容，填写完毕后，点击货物信息界面的“保存”按钮，数据即被保存至表格中，具体显示如图 98。

图 98　一般原产地证——表格显示

填写完带星号的必填信息后，点击货物描述字段的“生成”按钮，货物英文名称、包装单位和包装件数将会被返填到该项中。点击“新增”按钮，可以新增一条货物信息。选中需要操作的数据，点击“上移”“下移”按钮，可以调整数据的顺序。

新建

点击界面上方“新建”按钮，系统将自动清空当前界面内所有已录入的数据，便于用户重新录入一票数据。

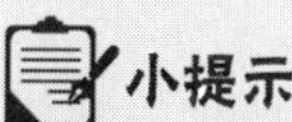

小提示

如在录入数据的过程中，点击了“暂存”按钮，则系统将自动保存当前所录入的数据，即使进行新增操作，也不会丢失数据，可在证书查询中进行查找。

删除

用户可对暂存状态和审核不通过状态的原产地证书数据进行删除操作。点击界面上方“删除”按钮，系统将提示用户是否删除当前数据，删除的数据将不可恢复，需重新录入，应谨慎操作。

打印证书

点击右侧展示区界面上方“打印”按钮，系统弹出“请选择打印类型”选项（图 99），选择打印类型为“证书”。

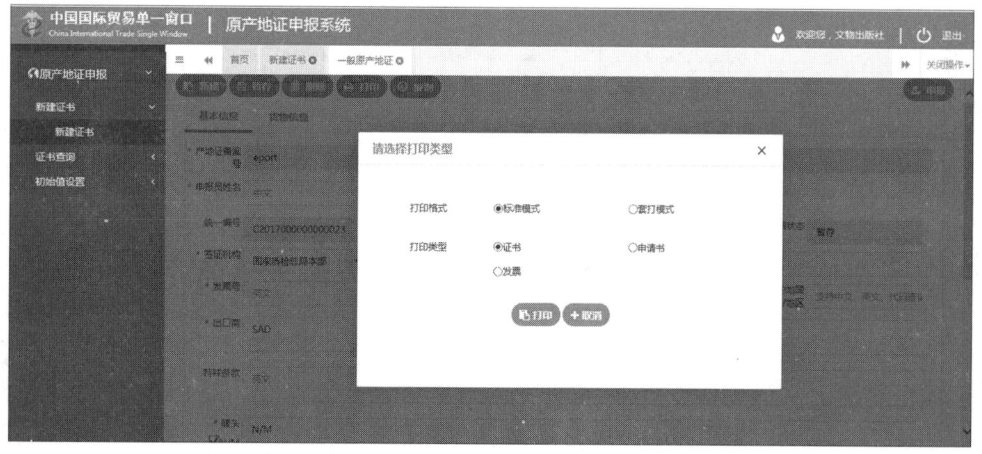

图 99　一般原产地证——打印选项

标准格式即打印带表格的原产地证书，套打格式即仅打印各字段的内容，无表格（目前仅证书支持套打格式，申请书和发票无套打格式）。点击“打印”按钮后，页面跳转至如图 100 所示界面。点击右上角图标，根据当前的浏览器设置或打印机实际情况进行打印即可。如未录入或保存任何数据，系统不提供打印完全空白原产地证书的功能。如有需要，也可点击右上角下载图标，先下载后打印。如用户打印未审批通过的证书，证书中会显示“非有效证书”。

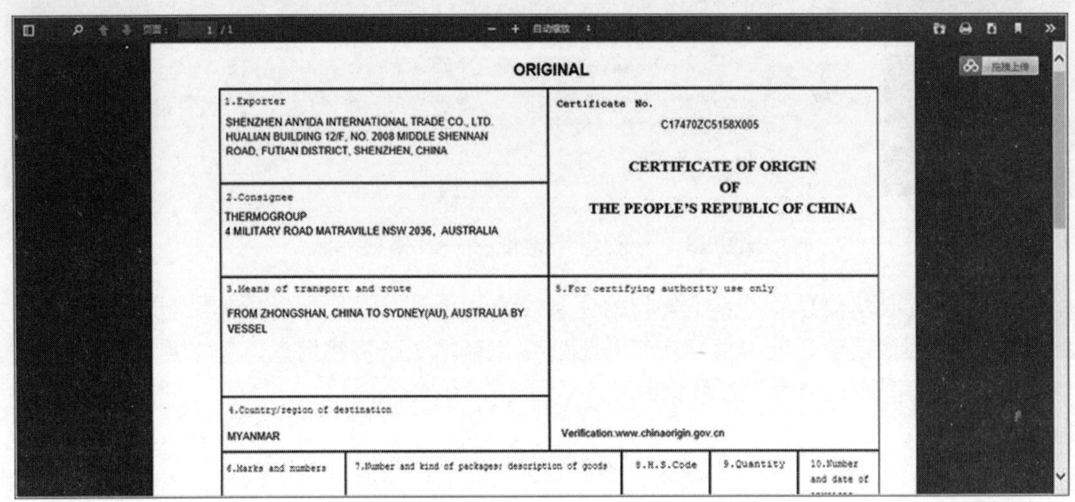

ORIGINAL

1.Exporter SHENZHEN ANYIDA INTERNATIONAL TRADE CO., LTD. HUALIAN BUILDING 12/F, NO. 2008 MIDDLE SHENNAN ROAD, FUTIAN DISTRICT, SHENZHEN, CHINA	Certificate No. C17470ZC5158X005 CERTIFICATE OF ORIGIN OF THE PEOPLE'S REPUBLIC OF CHINA
2.Consignee THERMOGROUP 4 MILITARY ROAD MATRAVILLE NSW 2036, AUSTRALIA	
3.Means of transport and route FROM ZHONGSHAN, CHINA TO SYDNEY(AU), AUSTRALIA BY VESSEL	5.For certifying authority use only
4.Country/region of destination MYANMAR	Verification:www.chinaorigin.gov.cn

6.Marks and numbers	7.Number and kind of packages; description of goods	8.H.S.Code	9.Quantity	10.Number and date of

图 100　一般原产地证——打印证书（标准格式预览）

打印申请书

点击右侧展示区界面上方“打印”按钮，系统弹出“请选择打印类型”选项，选择打印类型为“申请书”。点击“打印”按钮后，页面跳转至下图。点击右上角图标，根据当前的浏览器设置或打印机实际安装情况进行打印即可。如未录入或保存任何数据，系统不提供打印完全空白申请书的功能。如有需要，也可点击右上角下载图标，先下载后打印。

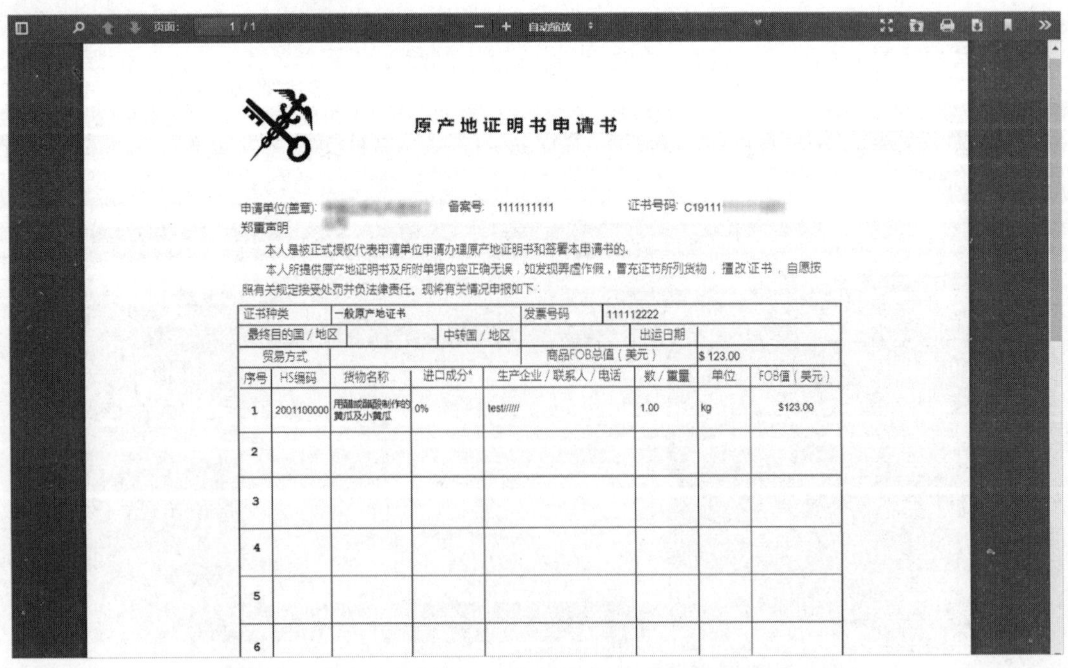

原产地证明书申请书

申请单位(盖章)：　　备案号：1111111111　　证书号码：C19111

郑重声明

本人是被正式授权代表申请单位申请办理原产地证明书和签署本申请书的。

本人所提供原产地证明书及所附单据内容正确无误，如发现弄虚作假，冒充证书所列货物，擅改证书，自愿按照有关规定接受处罚并负法律责任。现将有关情况申报如下：

证书种类	一般原产地证书			发票号码	111112222		
最终目的国 / 地区		中转国 / 地区		出运日期			
贸易方式				商品FOB总值（美元）	$ 123.00		
序号	HS编码	货物名称	进口成分*	生产企业 / 联系人 / 电话	数 / 重量	单位	FOB值（美元）
1	2001100000	用醋或醋酸制作的黄瓜及小黄瓜	0%	test//////	1.00	kg	$123.00
2							
3							
4							
5							
6							

图 101　一般原产地证——打印申请书（标准格式预览）

打印发票

点击右侧展示区界面上方“打印”按钮，系统弹出“请选择打印类型”选项，选择打印类型为“发票”。点击“打印”按钮后，页面跳转至下图。点击右上角图标，根据当前的浏览器设置或打印机实际安装情况进行打印即可。如未录入或保存任何数据，系统不提供打印完全空白发票的功能。如有需要，也可点击右上角下载图标，先下载后打印。

图 102　一般原产地证——打印发票（标准格式预览）

复制

图 103　复制证书成功提示

用户可基于已经暂存提交后的原产地证书生成新的原产地证书。点击右侧展示区界面上方“复制”按钮，系统出现如下弹框，点击“确定”，将跳转到一票新建的数据，除发票号外的数据将被全部复制，用户无须重复录入数据。具体界面显示如图 104。

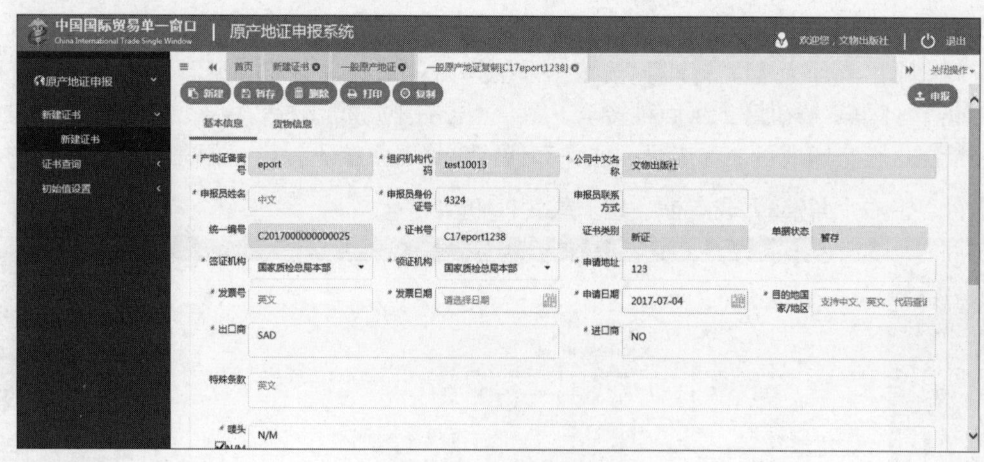

图 104　复制证书界面

申报

用户录入完基本信息和货物信息字段数据后，通过点击右上方的“申报”按钮进行申报。各字段数据通过了逻辑规则校验，则提示申报成功，可将原产地证书数据申报到检验检疫局进行受理，并等待其审批。如未通过逻辑校验，页面上会提示需要修改的项目，用户需根据提示进行修改。

（二）贸促会原产地证

1. 基本功能介绍

单一窗口贸促会原产地证申请系统，涵盖贸促会的原产地证业务功能，实现国际贸易企业通过“单一窗口”一点接入提交满足贸促会要求的原产地证信息，管理部门按照确定的规则进行审核，并将审核结果通过“单一窗口”统一反馈，便于企业查询。

2. 操作指南

各种原产地证书录入分为基本信息和货物信息两部分录入。

除一般原产地证外，其他优惠原产地证书在录入货物信息时需要从已审核通过的商品备案数据中选择商品数据。

选择一般原产地证，部分字段（例如进口商、出口商、特殊条款、申请地点、签署地点等）需要用户手工录入，请根据您的业务主管部门要求，如实填写相关内容。点击“一般原产地证”图标，界面跳转如图 105 所示：

图 105　一般原产地证——基本信息

部分字段右侧带有三角形标志（例如付款方式、贸易方式等）表示该类字段需要在参数中进行调取，不允许用户随意录入。直接点击三角形图标，调出下拉菜单并在其中进行选择。如果想使用键盘进行快捷操作，可将光标置于字段中，系统自动显示下拉菜单。如果已经知道相关参数的代码，也可直接输入相应数字、字母或汉字，迅速调出参数，使用上下箭头选择后，点击回车键确认录入。部分字段说明如下：

日期类字段（例如签署日期等）

需点击录入框后，在系统自动弹出的日历中选择日期。

起运地/港、目的地/港字段

可直接输入中文名称，也可先在输入框中点击后，在弹出的对话框中（图 106）选择。

图 106　目的地/港下拉菜单

录入信息说明

企业注册号：贸促会统一分配的企业编码。

单证序列号：只在改证重发、关联单据中发送。

统一编号：点击保存后返填至该字段，无法手动输入或修改。

手签员：贸促会备案的手签员姓名。

进口成分标志：P，全部国产 W，含进口成分。

发票金额、FOB 金额：小数点前最大长度 9 位，小数点后必须精确到 2 位。

特殊条款打印：结束符打印在特殊条款（货物后描述）前。

签署地点、申请地点

需输入城市名称（英文）+，国家名称（英文），如：BEIJING，CHINA。

图 107　签署地点

运输路线

按起运地/港，目的地/港，运输方式生成返填的，返填后修改（即需先将起运地/港、目的地/港和运输方式填写完毕后，点击“运输路线”的“生成”按钮）。

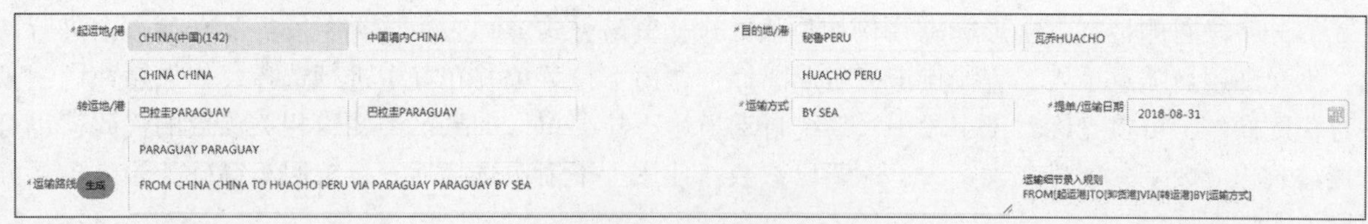

图 108　运输路线

出口商选择

点击图 105 一般原产地证——基本信息中的出口商“选择”按钮，页面将跳出如图 109 所示弹框，用户可点击“新增”“编辑”“删除”按钮，对出口商信息进行编辑。

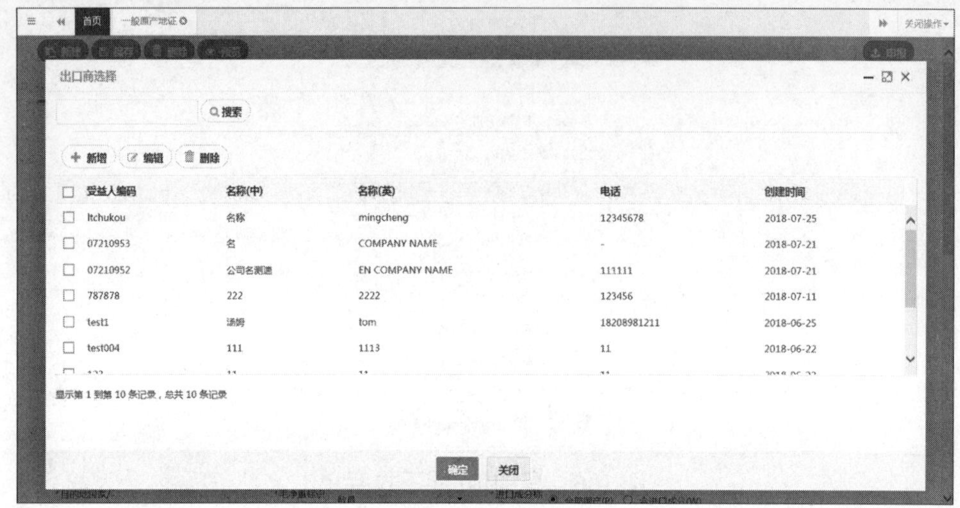

图 109　出口商选择

特殊条款（货物前描述）、特殊条款（货物后描述）

点击图 105 一般原产地证——基本信息中的特殊条款填写框后的“选择”按钮，页面将跳出编辑框，如图 110 特殊条款信息（一）所示，用户可通过点击“新增”按钮，新增特殊条款，或直接勾选已保存的条款。

图 110　特殊条款信息（一）

图 111　特殊条款信息（二）

图片唛头

便于识别货物，支持 jpg、png、gif 格式，大小不超过 600K。填写完上方基本信息并点击保存后，点击唛头图片后“选择文件”按钮，可选择符合条件的文件，选择完毕后点击“上传”按钮，进行文件上传。勾选已上传的唛头图片，点击“编辑”或“删除”按钮，可对已上传的唛头进行操作。

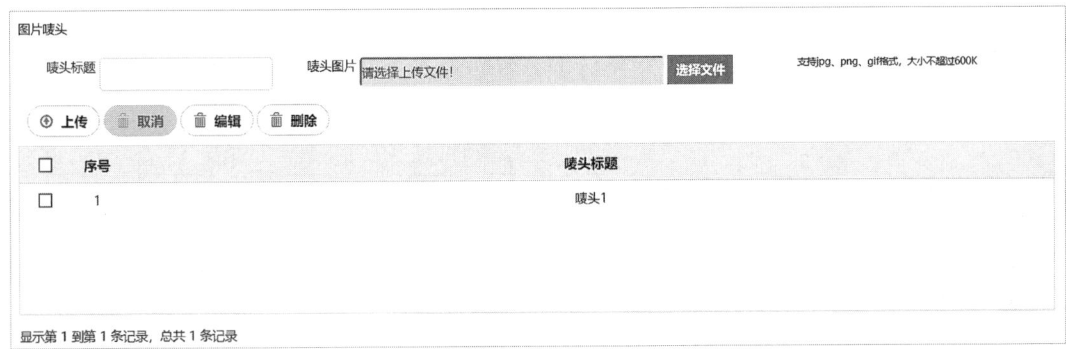

图 112　图片唛头

点击图 105 一般原产地证——基本信息中的“暂存”按钮后，用户之前填写的数据将被系统保存，以便下次操作时调出该票数据。

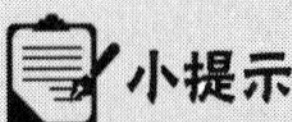

小提示

界面中，灰色字段为系统返填项无法录入或修改，带有红色星号的字段为必填项，必须如实填写完整并暂存，否则可能无法继续进行商品信息录入等操作。

商品信息

图 113 一般原产地证——商品信息

需将基本信息录入完毕，点击图 105 一般原产地证——基本信息上方的“暂存”按钮成功保存后，可以点击“商品信息”模块开始录入货物信息。

录入信息说明

编辑加工工序

需在商品 HS 编码字段输入 6、8、10 位数字后，点击后方“编辑加工工序”按钮，界面将弹出加工工序编辑界面。如下图 114 所示：

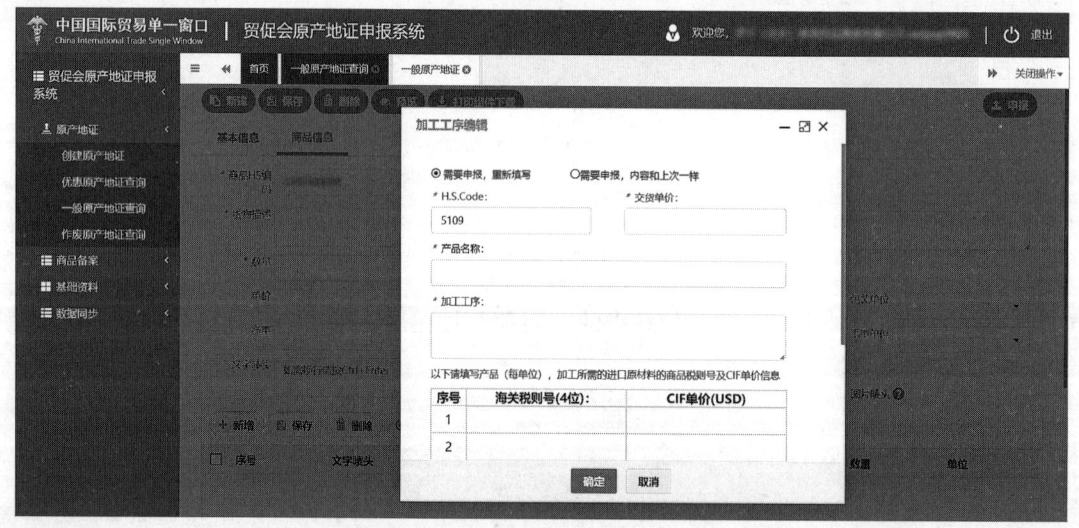

图 114 加工工序编辑

选择首行选项“需要申报，重新填写”或“需要申报，内容和上次一样”，选择选项 1，填写完毕后，点击“确认”按钮，保存信息；选择选项 2，下列数据不会保存，系统默认与前次申报内容一致。

商品信息填写完毕后，点击图 113 一般原产地证——商品信息所示界面左下方“保存”按钮，将已编辑完毕的商品信息保存至下方列表中，如图 115 所示：

图 115　商品信息保存

勾选已保存的商品信息，点击“复制”或“删除”按钮，可对已上传的商品信息进行操作。

七、许可证件

（一）农药

1. 基本功能介绍

本系统提供农药进出口登记管理放行通知单的申请功能，从事农药进出口业务的自营企业或进出口企业可以使用本系统向农业部相关管理部门申请农药进出口放行通知单。同时系统还提供农药放行通知单相关的委托书管理功能，以及申请企业备案、企业办证员管理、农药检定所联系信息查询等基础服务。

2. 操作指南

申报野生动植物证书之前，请先使用管理员账号登录，进入“管理员账号信息管理—我的资质”界面，进行金农信息备案。

（1）企业备案

点击左侧菜单中“备案管理”—“企业备案”，右侧区域展示详细信息界面。

已在金农系统中备案成功的企业，进入该页面时字段均为灰，不允许编辑，系统将自动调取并显示备案信息（图 116），企业无需再次备案，可直接使用系统的其他功能模块。如未在金农系统备案，则需在系统中进行录入并提交备案信息。

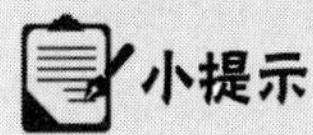

界面中，带有星号的字段为必填项，否则无法进行提交。

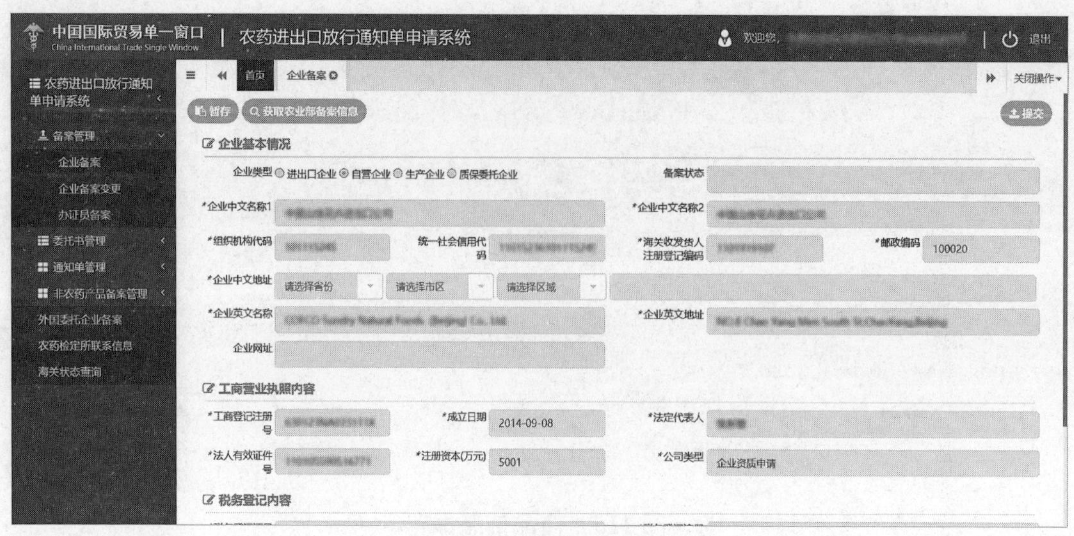

图 116　企业备案界面

小提示

在录入数据的过程中，可随时点击“暂存”按钮，系统将保存当前所录入的数据。

企业基本情况

企业类型，请根据真实情况在所列内容中进行勾选。

灰色字段（如备案状态、组织机构代码、统一社会信用代码等）表示不允许录入，系统自动获取企业在“单一窗口”注册的用户信息或根据当前数据状态进行返填。

部分字段（如企业中文名称、企业英文名称、姓名、身份证号等）需手工录入，须根据业务主管部门要求，如实填写相关内容。

部分字段右侧带有三角形标志（如企业中文地址等），表示该类字段需要在参数中进行调取，不允许随意录入。直接点击三角形图标，调出下拉菜单并在其中进行选择。如果已经知道相关参数的代码，也可直接输入相应数字、字母或汉字，迅速调出参数，使用上下箭头选择后，点击回车键确认录入。

进出口资质与海关备案信息验核

当用户选择企业类型为“自营企业”或“进出口企业”时，系统会根据该企业的“单一窗口”注册信息自动判断是否已在海关备案，是否具有进出口资质，没有的将提示“海关备案信息验核不通过!”或“进出口资质验核不通过!”，并将暂存、提交按钮置灰，不允许进行企业备案；验核通过的自动返填海关收发货人注册登记编码。

工商营业执照内容

工商登记注册号、成立日期等字段的内容，系统将自动调取企业在“单一窗口”注册的用户信息和工商信息进行返填。

税务登记内容

税务登记证号：系统自动调取信息并返填。

税务登记注册类型：需根据真实情况手工录入。

企业业务负责人联系信息

位于企业备案页面最下方，需如实填写联系人姓名、身份证号、联系电话、手机和电子邮箱等信息。

设置金农系统登录账号/密码

位于企业备案页面右下角，点击“设置金农系统登录账号/密码”按钮即进入设置页面。如当前用户所属企业未在金农系统中进行过备案或注册，则在“单一窗口”标准版中，可在此设置金农系统的账号密码，以便登录金农系统。

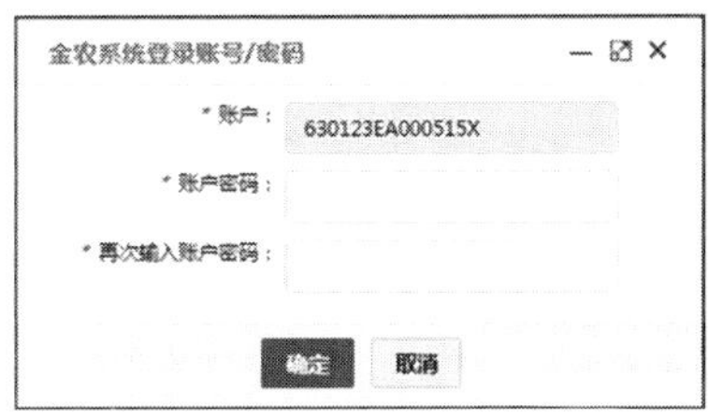

图 117　设置金农系统登录账号/密码界面

设置金农系统企业业务负责人密码

位于企业备案页面右下角，点击“设置金农系统企业业务负责人密码”按钮，系统弹出编辑框（图 118），根据实际业务情况填写信息。如当前用户所属企业未在金农系统中进行过备案或注册，则在“单一窗口”标准版中，可设置金农系统的企业业务负责人密码，用于在金农系统中管理企业相关信息。

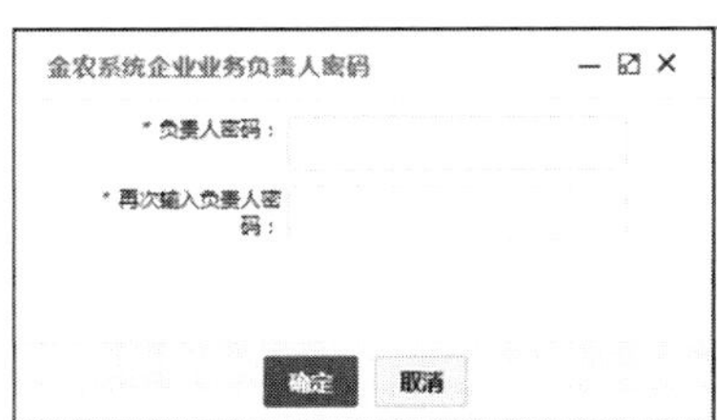

图 118　设置金农系统企业业务负责人密码界面

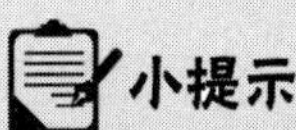

小提示

请谨慎操作，并于修改密码成功后，妥善保管或牢记新密码。

提交

数据录入完毕并确认无误，点击界面右上方的“提交”按钮，系统将向农业部发送该企业备案的数据。

获取农业部备案信息

当企业变更了金农系统中的企业备案信息，但“单一窗口”未同时变更时，可点击界面上方的“获取农业部备案信息”按钮，将金农系统的企业信息更新到“单一窗口”中，系统在更新企业备案信息的同时，会自动将金农系统的办证员信息也同步更新。

（2）农药出口通知单

点击左侧菜单中“通知单管理”—“农药出口通知单”，右侧区域展示详细信息界面见图 119。

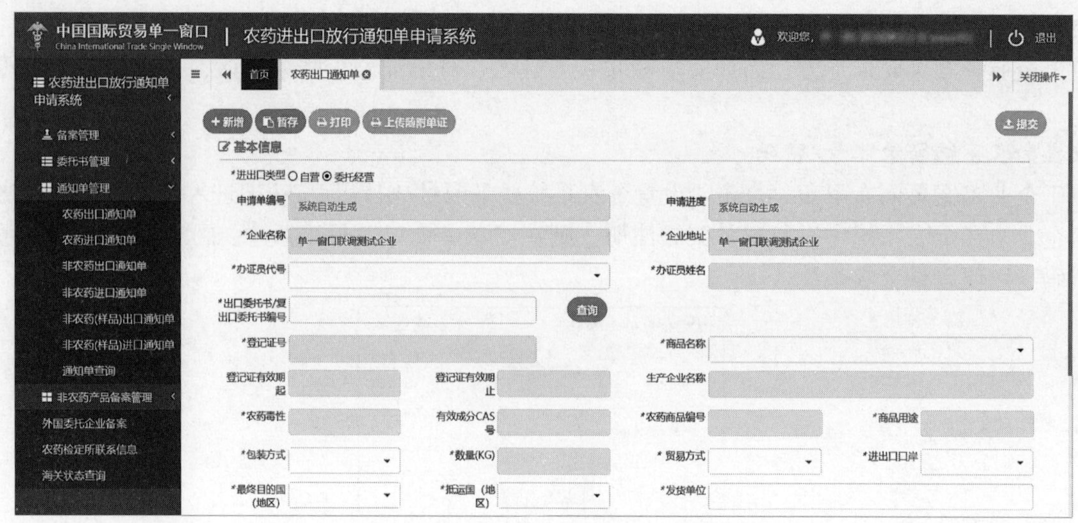

图 119　农药出口通知单界面

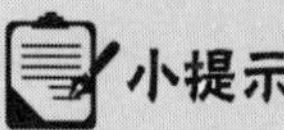

小提示

企业备案成功后，才能进行出口通知单的申请操作，否则界面提示“请先进行企业备案再使用本功能”。

界面中，带有星号的字段为必填项，否则可能无法进行暂存或提交。

基本信息

进出口类型，需根据真实情况在所列内容中进行勾选。

灰色字段（如申请单编号、申请进度、企业名称、办证员姓名、登记证有效期等）表示不允许录入，系统自动返填状态，或根据办证员代号、委托书或登记证的相关信息进行返填。

如进出口类型选择的是“自营”，录入登记证号后点击“查询”按钮，系统自动返填登记证有效起止日期、生产企业名称等信息。

如进出口类型选择的是“委托经营”，录入生产企业/复出口委托书编号后点击“查询”按钮，系统自动返填相关信息。

外贸合同中外方企业信息

外方企业名称为必填，其他例如联系地址、联系人、联系电话等字段为非必填项。该段内容需用户手工录入，应如实填写。

放行单邮寄地址

该部分内容为非必填项，如有需要，需如实填写相关信息。

提交纸质材料要求

在系统中提交申请表数据后，打印出纸质表格，连同其他纸质材料一并提交到农业部相应的农药检定所。

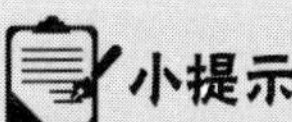

小提示

企业属于山东、河北、天津、浙江、江苏、上海六省市的，提交到省（市）农药检定所。不属于上述六省，或使用复出口委托书和仅境外使用产品出口委托书申请的，或使用了 JW 开头的农药登记证的，均提交到农业部农药检定所。

农药检定所对电子数据和纸质材料进行审核后，将出具纸质放行通知单，并将通知单号信息反馈到“单一窗口”，企业在“单一窗口”查询到通知单号后，可到农药检定所现场领取或申请邮寄放行通知单。

（二）野生动植物

1. 基本功能介绍

建设“单一窗口”标准版野生动植物允许进出口证明书申请系统，涵盖濒管办的野生动植物进出口证明书申请功能，实现国际贸易企业通过“单一窗口”一点接入，提交满足监管部门要求的许可证信息，管理部门按照确定的规则进行审核，并将审核结果通过“单一窗口”统一反馈，便于企业申报查询。

2. 操作指南

（1）单位备案

备案单位基本信息

提供备案单位基本信息的录入。在图 120 备案单位基本信息中，部分字段（例如单位名称、注册资金、通讯地址等）需要用户手工录入，需根据业务主管部门要求，如实填写相关内容。

图 120　备案单位基本信息

部分字段右侧带有三角形标志（例如注册资金币制、法定代表人等），表示该类字段需要在参数中进行调取，不允许用户随意录入。直接点击三角形图标，调出下拉菜单并在其中进行选择。如果想使用键盘进行快捷操作，可将光标置于字段中，系统自动显示下拉菜单。如果已经知道相关参数的代码，也可直接输入相应数字、字母或汉字，迅速调出参数，使用上下箭头选择后，点击回车键确认录入。部分字段说明如下：

海关注册编码、企业组织机构代码等：无须企业填写，从用户管理系统中自动返填。

备案单号字段：无须企业填写，备案成功后自动生成。

具有人工繁殖能力：根据实际情况勾选，如勾选“是”，该字段会展开如图 121 显示。展开内容均为必填项，用户需根据要求填写。

图 121　具有人工繁殖能力相关字段

具有人工培植能力：根据实际情况勾选，如勾选“是”，该字段会展开如图 122 显示。展开内容均为必填项，用户需根据要求填写。

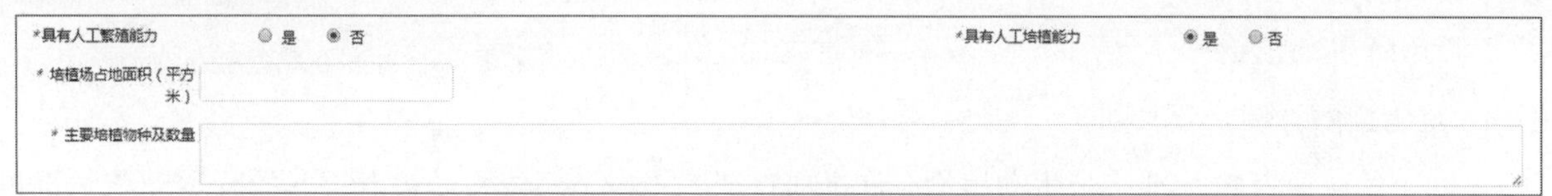

图 122　具有人工培植能力相关字段

点击“暂存”按钮后，用户之前填写的数据将被系统保存。备案单位基本信息填写完毕并暂存后，界面左上角将会显示“删除”按钮，右上角将会显示“申报”按钮，以便用户操作数据。

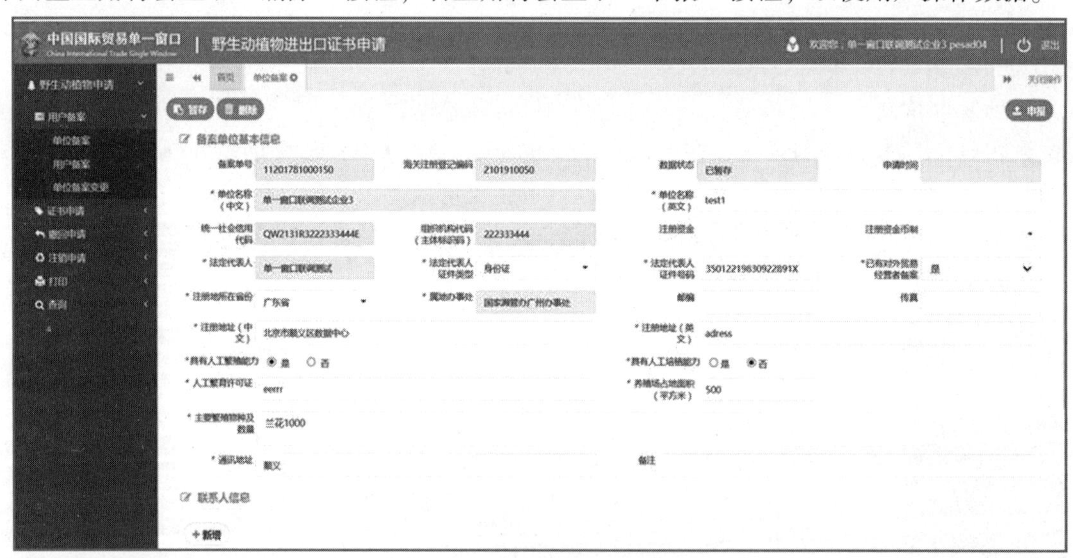

图 123　暂存后显示界面

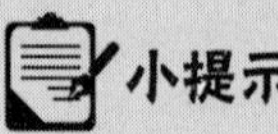
小提示

界面中，带有星号的字段为必填项，否则可能无法继续进行保存或申报等操作。

联系人信息

将备案单位基本信息填写完毕并暂存后，点击联系人信息下方“新增”按钮，界面跳出如图 124 弹框。

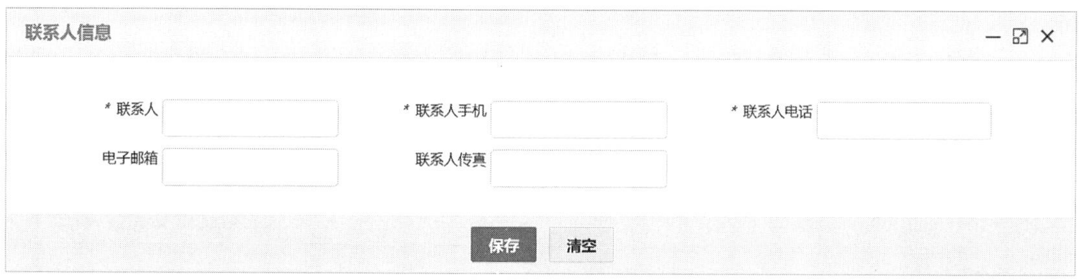

图 124　添加联系人信息

字段后带星号的为必填项，用户需如实填写，填好后点击“保存”按钮，数据将会被保存到图 125 中。选中后点击“删除”按钮，可将勾选的联系人数据删除。

图 125　查看联系人信息

查看审核结果

数据申报成功后，页面将会显示为灰色不可变更的状态。此时页面上方“暂存”“删除”“申报”按钮将不会显示，左上角出现一个“查看审核结果”按钮，点击后界面弹框如下图所示。用户可查询审核结果。该状态同时也会显示在“备案单位基本信息”的数据状态字段中。

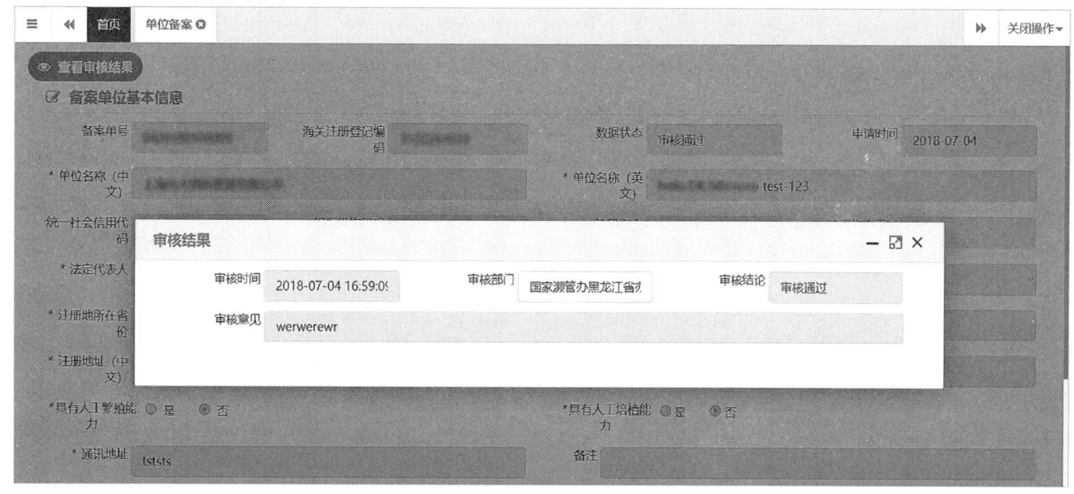

图 126　查看审核结果

(2) 证书申请

持卡企业或个人用户，均可填写物种证明申请。

在左侧菜单中点击“物种证明”，右侧显示界面如图 127。

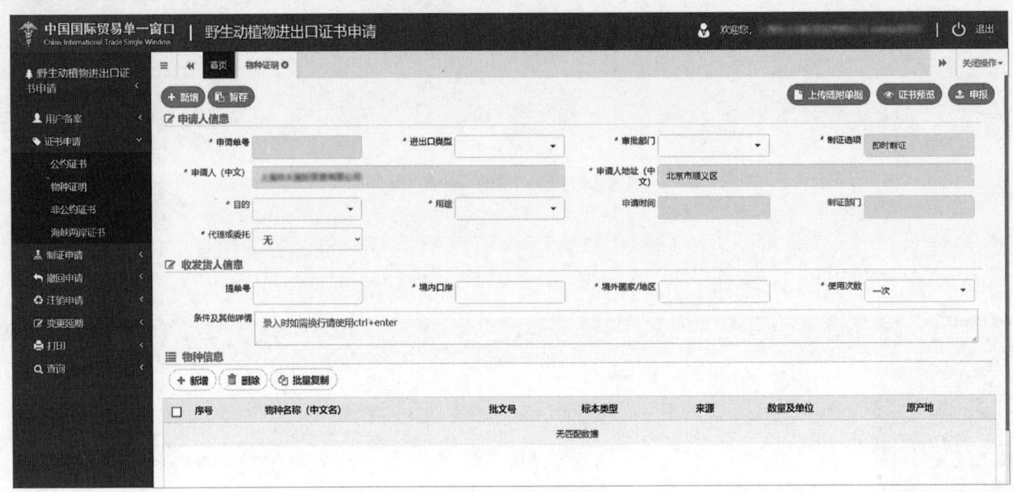

图 127　物种证明

基础信息

在图 127 物种证明中，带星号的字段为必填项，用户需要如实填写。字段后带下拉三角符号的，用户可以点击下拉三角符号选择相应数据，或填写该字段对应代码，系统将自动返填需要的数据。

进出口类型：进口、出口、再出口，用户根据实际情况选择。

制证选项：只能选择即时制证。

申请单号：填写备案信息后系统自动生成。

申请时间：填写备案信息后系统自动生成。

物种信息

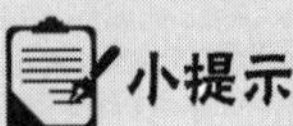

填写好基础信息和收发货人信息后，该字段才可以新增。

在图 127 物种证明中，点击物种信息中的“新增”按钮，系统显示一个弹框如图 128 所示。

图 128　新增物种信息

批文类型、物种名称（中文名）、CITES 附录级别、来源、海关商品编码、标本类型、货物单价、币值等字段后带星号的为必填字段。灰色字段为系统返填字段，不可修改。

批文类型

光标在该字段中单击，下拉弹框显示：A 国家林业主管部门批文、B 国家农业渔业主管部门批文。选择对应选项后，系统显示一个弹框如图 129 所示。

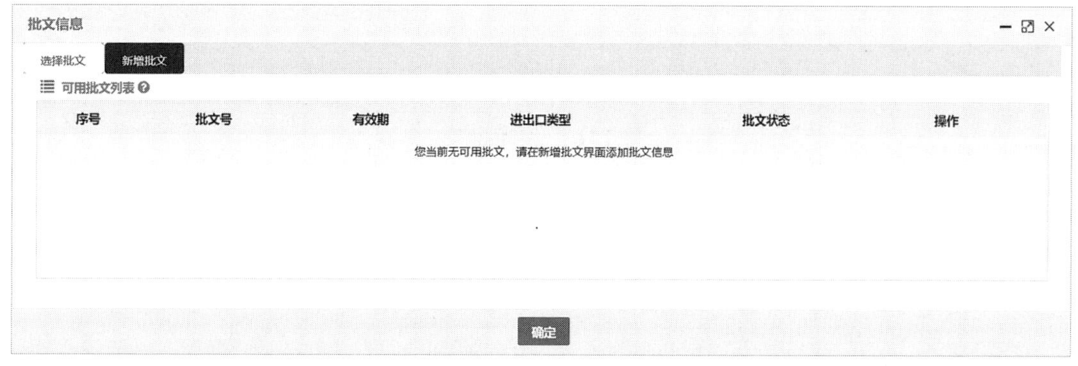

图 129　批文信息

如已有可用批文，用户可以直接选择，如没有可用批文，用户需先新增批文，点击左上角新增批文，界面显示如图 130。

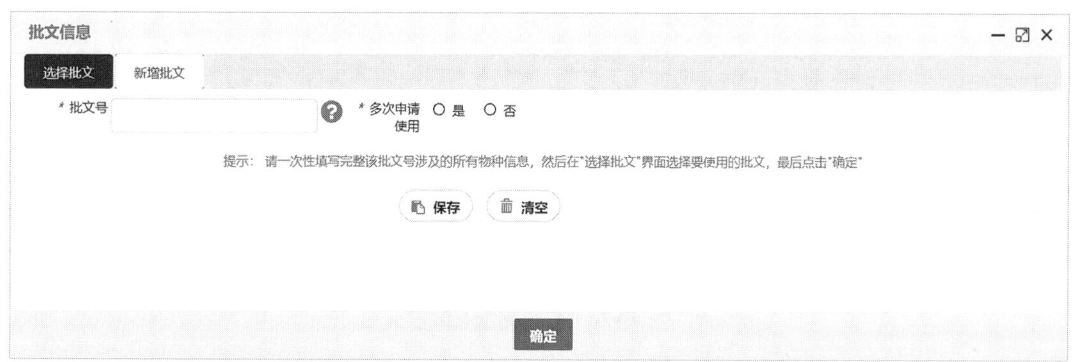

图 130　新增批文

请填写完整的批文信息并保存，新增完成后可在选择批文界面选择需使用的批文。

在是否多次使用字段中，点击“是”，界面将自动展开。如下图所示，企业可在弹框中填写物种名称、批准数量和数量单位，填写好后点击“保存”按钮，数据将被保存到下方“物种列表”中。

填写完毕后，点击左上角“选择批文”。可以看到新增的批文，企业勾选该批文后，点击“选择”按钮，选择使用该批文。

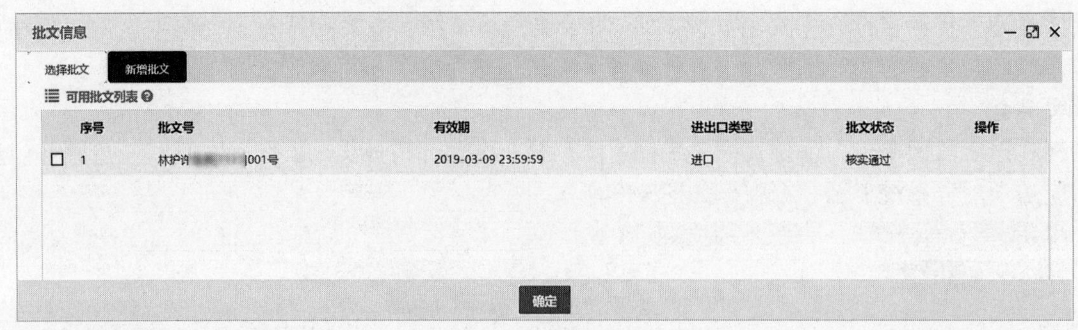

图 131　选择批文

填写完物种信息弹框内容后，点击“保存”按钮，数据将被保存到图 127 物种证明下方的表格中。

上传随附单据

点击页面右上角“上传随附单据”按钮，系统自动跳出一个弹框。用户可以根据需要点击上传、下载或删除。具体页面显示如图 132。

图 132　上传随附单据

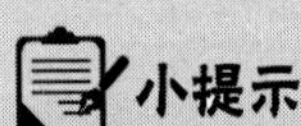

小提示

允许上传 PDF 格式文件，大小不超过 4M，每页不超过 200K。

证书预览

点击图 127 物种证明右上角“证书预览”按钮，页面跳转至下图。点击右上角图标，根据当前的浏览器设置或打印机实际情况进行打印即可。如未录入或保存任何数据，系统不提供打印完全空白物种证明的功能。如有需要，也可点击右上角图标下载数据。

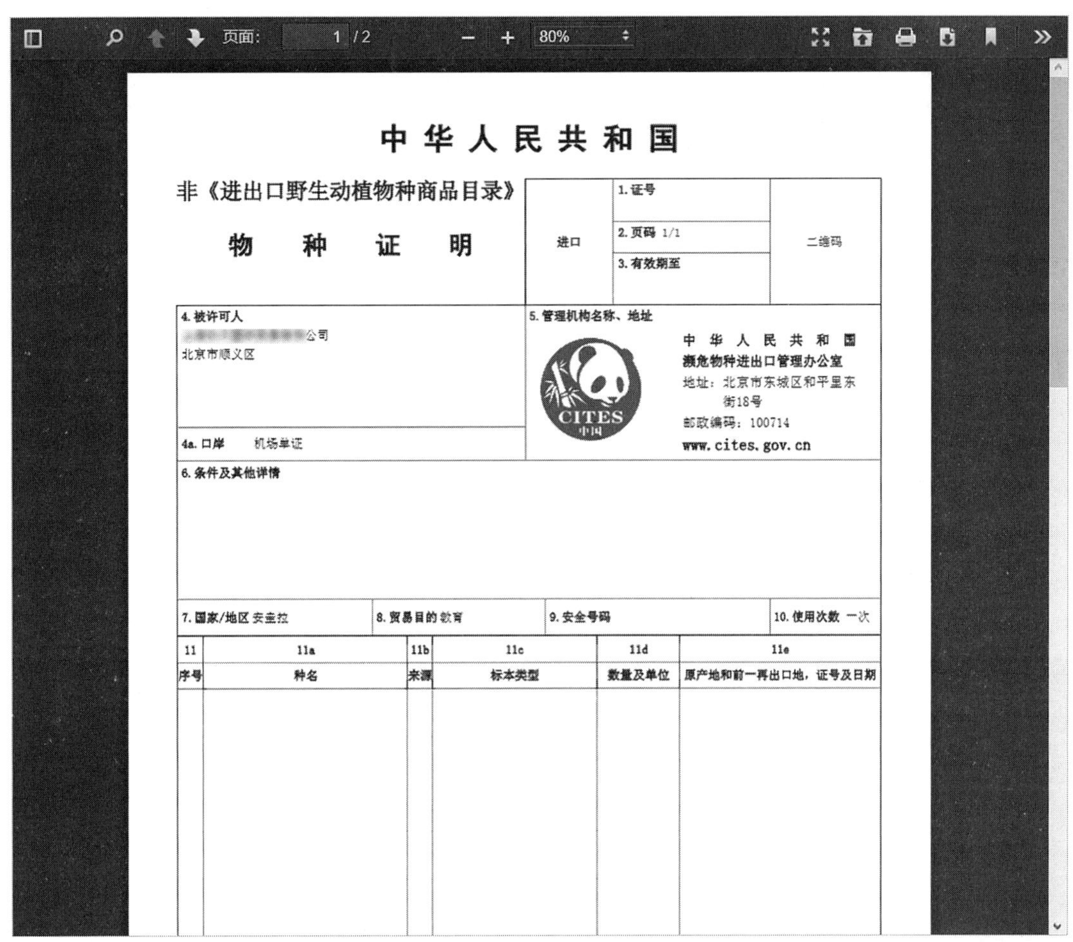
页面： 1 / 2　80%

中华人民共和国

非《进出口野生动植物种商品目录》

物种证明

进口	1. 证号	二维码
	2. 页码 1/1	
	3. 有效期至	

4. 被许可人 公司 北京市顺义区	5. 管理机构名称、地址 CITES 中国 中华人民共和国 濒危物种进出口管理办公室 地址：北京市东城区和平里东街18号 邮政编码：100714 www.cites.gov.cn
4a. 口岸　机场单证	
6. 条件及其他详情	

7. 国家/地区 安圭拉	8. 贸易目的 教育	9. 安全号码	10. 使用次数 一次

11	11a	11b	11c	11d	11e
序号	种名	来源	标本类型	数量及单位	原产地和前一再出口地，证号及日期

图 133　证书预览界面

删除

点击图 127 物种证明界面右上角“删除”按钮，界面跳出弹框，如图 134。

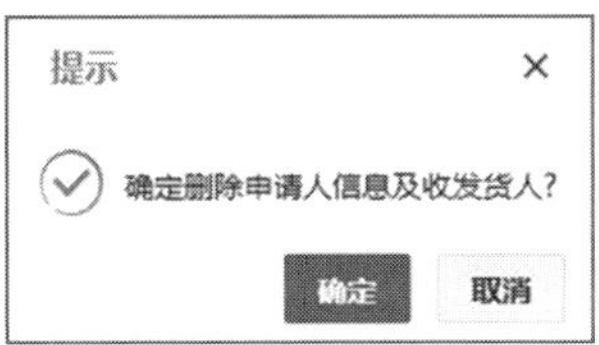

图 134　删除信息提示

如确认需要删除页面上已录入的基础信息及收发货人信息，可点击“确认”按钮将数据删除。

物种信息

+ 新增　删除

	序号	物种名称（中文名）	批文号	标本类型	来源	数量及单位	原产地
☐	1	安氏树鳄蜥蜴	-	10-去乙酰基紫杉醇	公约前所获 Pre-Convention/人工繁殖 Captive Bred	11Kg	中国

显示第 1 到第 1 条记录，总共 1 条记录

图 135　删除物种信息

勾选图 135 删除物种信息中的相关物种信息，点击“删除”按钮，可以删除选中的物种信息。

小提示

删除的数据将不可恢复，需重新录入，请谨慎操作。

（三）有毒化学品

1. 基本功能介绍

建设“单一窗口”标准版有毒化学品进出口环境管理登记系统，涵盖环境保护部的有毒化学品进出口企业放行单申请功能，实现国际贸易企业通过“单一窗口”一点接入，提交满足监管部门要求的放行单信息，管理部门按照相关规定进行审核，并将审批结果通过“单一窗口”统一反馈，便于企业查询，实现部门间数据共享。

2. 操作指南

申请单位信息

在该界面，可进行进口放行通知单申请，实现企业向环境保护部申请进口放行通知单。

图 136　进口放行单申请——申请单位信息

部分字段右侧带有三角形标志（例如注册地址、通讯地址等），表示该类字段需要在参数中进行调取，不允许用户随意录入。直接点击三角形图标，调出下拉菜单并在其中进行选择。如果想使用键盘进行快捷操作，可将光标置于字段中，系统自动显示下拉菜单。如果已经知道相关参数的代码，也可直接输入相应数字、字母或汉字，迅速调出参数，使用上下箭头选择后，点击回车键确认录入。

日期类字段（例如有效截止日期等）

点击录入框后，在系统自动弹出的日历中选择日期。

豁免办理

如在“豁免办理”字段前打钩，登记证号、有效截止日期起和有效截止日期至 3 个字段变为灰色，用户无须填写，如不打钩，该三个字段为必填项，用户需如实填写。

图 137　申请单位信息——豁免办理

单位类型

该项可选择使用企业和贸易经营企业，如选择贸易经营企业，用户还需填写下游企业信息。

单据号

用户填写部分信息后点击暂存，单据号将会自动生成，无须用户手动填写。

图 138　申请单位信息——单据号

SN 码

用户将申请单位信息、用户信息和下游单位信息填写完整后，点击“打印”后返回进口通知单申请界面，SN 码将会自动生成。如单位类型中选择使用企业，则填写好申请单位信息和用户信息后，直接点击“打印”即可生成。

图 139　申请单位信息——SN 码

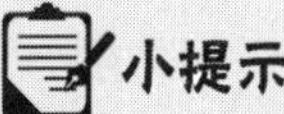

小提示

界面中，带有星号的字段为必填项，必须如实填写完整并暂存，否则可能无法继续进行申报等操作。

进口信息

提供商品进口信息的录入。

图 140 进口信息

进口信息界面显示如上图所示，企业需按照实际情况填写。

英文化学名称

显示为灰色，用户点击中文化学名称中三角下拉箭头选择对应商品或直接填写商品名称后，该项会自动返填。

填写好进口信息的基本信息后，点击页面上“新增”按钮，系统跳出弹框，如图 141 所示，均为必填项。

图 141 进口信息——新增（一）

填写完成后，点击“确定”按钮，信息将被保存到下表中，如图 142 所示。

	序号	进口数量	申请份数	进口报关口岸及关区代码	包装方式	贸易方式	原产地国（地区）	起运国（地区）	合同号	放行通知单号
☐	1	123	1	京监管处 0102	1	易货贸易	阿尔及利亚	阿尔及利亚	1	无
☐	2	22	2	浦江海关 2201	2	对外投资	阿尔及利亚	阿尔及利亚	2	无

显示第 1 到第 2 条记录，总共 2 条记录

图 142 进口信息——新增（二）

总申请数量、总申请份数

显示为灰色，用户填写好对应商品信息后，该两个字段内容将会被自动返填。显示的值为表中商品进口数量和申请份数的总和。

图 143　进口信息——总申请数量、总申请份数

下游企业信息

如用户在申请单位信息表中，单位类型选择贸易经营企业，则还需填写下游企业信息表。

图 144　进口放行单申请——下游企业信息（一）

数量

需和进口信息中总申请进口数量一致，否则无法申报。

下游企业信息均为必填项，用户如实填写后，点击左下方“保存”按钮，信息即可保存。

图 145　进口放行单申请—下游企业信息（二）

新增

在图 136 进口放行单申请—申请单位信息中点击界面上方“新建”按钮，系统将自动清空当前界面内所有已录入的数据，便于用户重新录入一票数据。

小提示

如在录入数据的过程中，点击了“暂存”按钮，则系统将自动保存当前所录入的数据，即使进行新增操作，也不会丢失数据，可在列表查询中进行查找。

删除

用户可对暂存状态的数据进行删除操作。点击图 136 进口放行单申请—申请单位信息上方“删除”按钮，系统将提示用户是否删除当前数据，删除的数据将不可恢复，需重新录入，应谨慎操作。

打印

点击右侧展示区界面上方“打印”按钮，界面跳转到打印预览页，如图 146 所示。

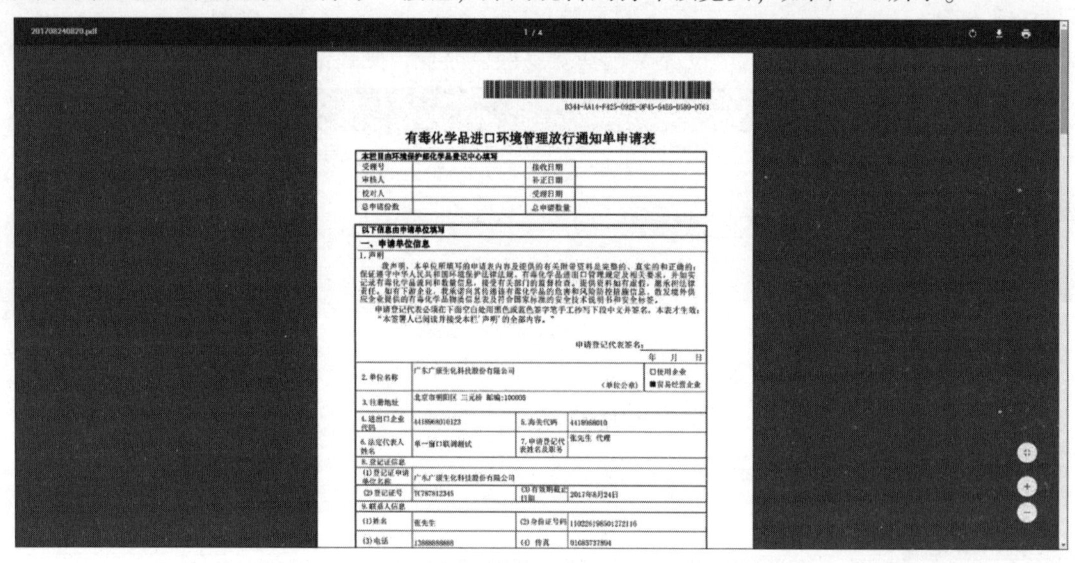

有毒化学品进口环境管理放行通知单申请表

本栏目由环境保护部化学品登记中心填写			
受理号		接收日期	
审核人		补正日期	
校对人		受理日期	
总申请份数		总申请数量	

以下信息由申请单位填写

一、申请单位信息

1. 声明

申请登记代表签名：

年 月 日

2. 单位名称	广东广援生化科技股份有限公司（单位公章）	□使用企业 ■贸易经营企业	
3. 注册地址	北京市朝阳区 三元桥 邮编：100000		
4. 进出口企业代码	4418968010123	5. 海关代码	4418968010
6. 法定代表人姓名	单一窗口联调测试	7. 申请登记代表姓名及职务	张先生 代理
8. 登记证信息			
(1) 登记证申请单位名称	广东广援生化科技股份有限公司		
(2) 登记证号	TC787812345	(3) 有效期截止日期	2017年8月24日
9. 联系人信息			
(1) 姓名	张先生	(2) 身份证号码	110226198501272116
(3) 电话	13888888888	(4) 传真	01085737894

图 146　进口放行单申请——打印选项

点击右上角图标，根据当前的浏览器设置或打印机实际情况进行打印即可。

申报

用户录入完申请单位信息、进口信息等字段数据后，需先点击界面右上角“打印”图标，如有相关字段未通过校验，系统会直接弹框提示。如通过校验，则可以显示打印界面，关闭打印预览界面。在图 136 进口放行单申请—申请单位信息中，通过点击右上方的“申报”按钮进行申报。各字段数据通过了逻辑规则校验，则提示申报成功。

（四）机电产品

1. 基本功能介绍

建设“单一窗口”标准版机电产品进口单证申请系统，主要包括企业信息备案、机电产品进口单证申请、查询等功能模块，实现国际贸易企业通过“单一窗口”一点接入、一次性提交满足商务部门要求的资质备案信息，商务部按照确定的规则进行审核，并将审核结果通过“单一窗口”统一反馈，便于企业查询，实现部门间数据共享。

2. 操作指南

为用户提供向商务部进行机电产品进口许可证申请数据的录入、暂存、删除、打印等功能。点击左侧菜单栏“机电产品进口单证申请”，可展开业务菜单（图 147）。

图 147　机电产品进口单证申请

录入与暂存

点击界面上方按钮（图 148）所进行的操作，将影响当前单证申请的所有数据。

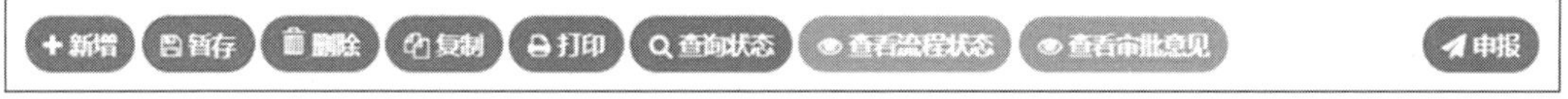

图 148　机电产品进口单证申请——操作按钮

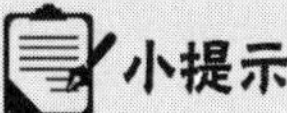

小提示

界面中，带有星号的字段为必填项，否则无法进行提交。

界面中的白色按钮，所影响的数据仅为当前涉及的页签或字段。

录入过程中，可通过点击界面顶部的“暂存”按钮，将当前正在录入的信息进行保存，以防数据丢失。

点击左侧菜单中“机电产品进口单证申请”，右侧区域展示录入界面（图 149）。

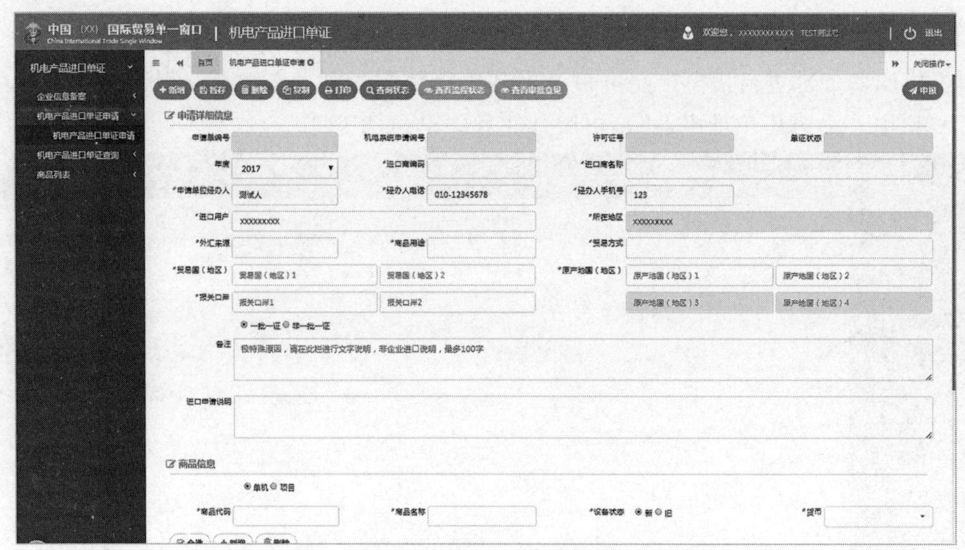

图 149　机电产品进口单证申请录入界面

申请详细信息

界面中，灰色字段（如申请单编号、许可证号等）表示不允许录入或修改，系统将根据相应操作或步骤（例如申报等）后自动返填。

部分字段（如进口用户、所在地区等），系统自动获取当前企业已备案成功的信息并进行返填。

部分字段（如年度、贸易国、外汇来源、商品用途、贸易方式等）须在参数中进行调取，不允许随意录入。将光标置于录入框中，点击空格键或点击三角形图标，调出下拉菜单并在其中进行选择。也可直接输入已知的相应数字、字母或汉字，迅速调出参数，使用上下箭头选择后，点击回车键确认录入。

其他需手工录入的字段，需根据业务主管部门要求，如实填写相关内容。

勾选类字段（如一批一证、非一批一证），请根据实际业务填写，勾选代表“是”，不勾选代表“否”。

商品信息

须先将申请详细信息保存成功，才能继续进行商品信息的录入与保存等操作。商品信息录入界面如图 150。

图 150　机电产品进口单证申请——商品信息

在图 150 中，勾选“单机”选项时，请根据实际需求及业务主管部门的要求，如实填写各业务字段相关内容。各类字段填写方式可参考上文申请详细信息部分。

其中，商品代码字段可模糊查询，输入至少四位商品编码后回车，系统可弹出选择框（图 151），用户可在列表中，选择相应商品后点击“确定”。

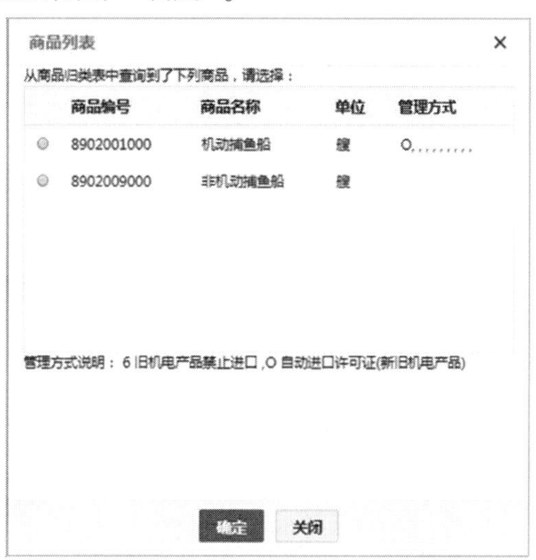

图 151　机电产品进口单证申请——商品信息商品列表

完成上述步骤后，点击图 150 界面中的“新增”按钮，系统弹出录入框如图 152。

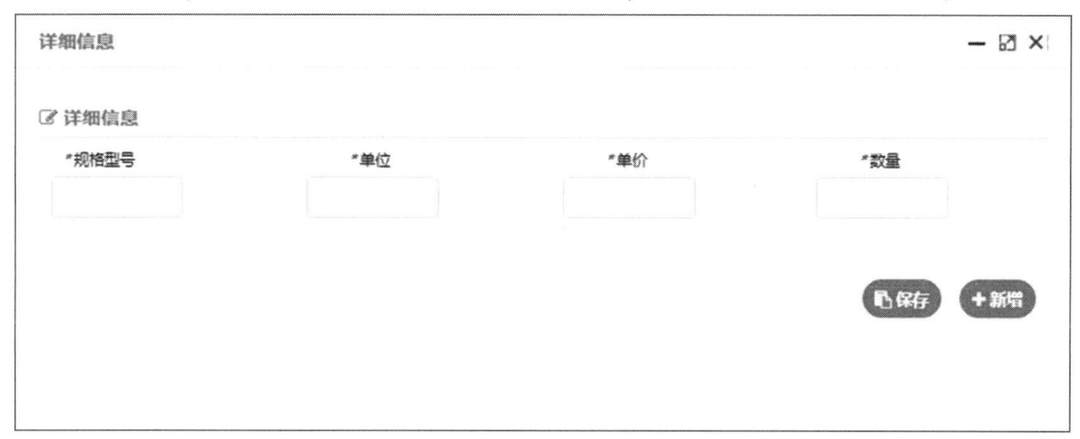

图 152　机电产品进口单证申请—新增商品信息

如实填写相关内容后，点击“保存”按钮，将详细信息保存到图 150 的列表中。此时可继续录入更多商品详细信息并保存，也可点击右上角关闭按钮，关闭此窗口。

在图 150 中，勾选列表中已录入的任意记录，点击“删除”按钮，将删除当前详细信息的记录，请谨慎操作。

勾选“项目”选项时，界面如图 153 所示。各类字段填写方式可参考前文所述。其中，项目类型、项目所属行业与货币须在参数中进行调取，也可直接输入已知的相应数字、字母或汉字，迅速调出参数，使用上下箭头选择后，点击回车键确认录入。

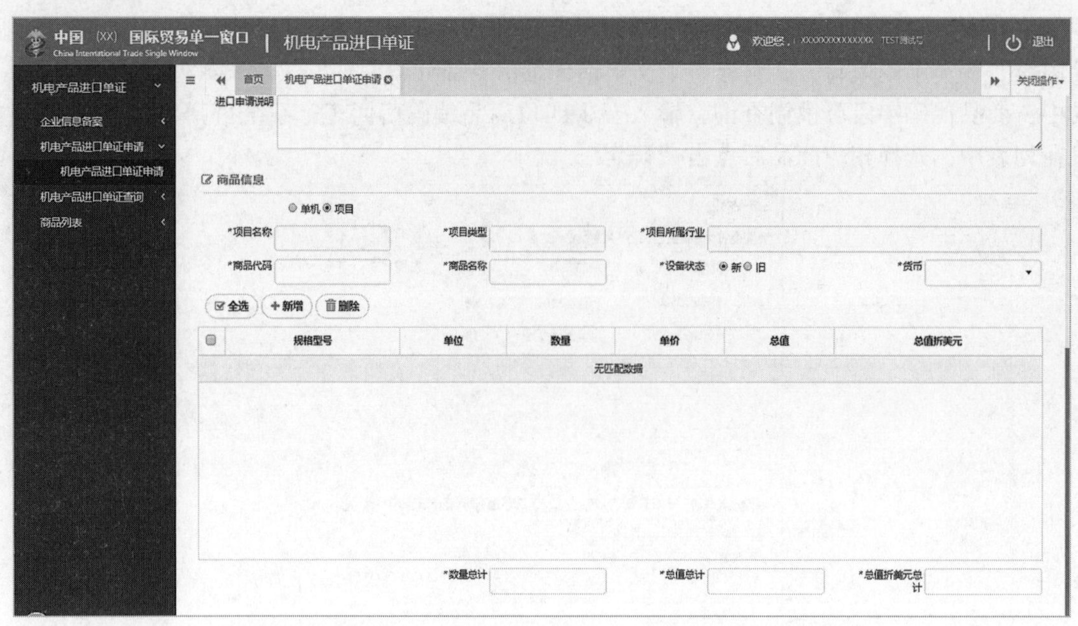

图 153　机电产品进口单证申请——商品信息“项目”

在图 150 界面最下方，“数量总计、总值总计、总值折美元总计”三个字段，系统将根据上面列表中、用户所录入的数据自动进行计算，不允许手工录入。

新增

点击图 149 上方的“新增”按钮，将清空当前界面显示的数据，便于用户重新录入并保存一票单证数据。如未将上次的录入内容进行过暂存（保存）操作，清空的数据将不可恢复，需重新录入，应谨慎操作。

删除

点击图 149 机电产品进口单证申请录入界面上方的“删除”按钮，系统将提示用户是否删除当前机电许可证数据。删除的数据将不可恢复，需重新录入，应谨慎操作。

如当前数据为审批中等状态时，表示所申报的数据已被相关业务主管部门接收，此时该按钮不可点击，表示不允许在“单一窗口”标准版系统中进行删除操作。

复制

点击图 149 机电产品进口单证申请录入界面上方的“复制”按钮，系统将提示用户是否确认复制一份新单证，点击“确定”按钮，将当前机电许可证数据进行复制后生成一票新数据，可对复制的数据继续进行录入或编辑等操作。

打印

点击图 149 机电产品进口单证申请录入界面上方的“打印”按钮，系统将结合用户录入的内容，显示“机电产品进口申请表”预览。

YS1700000000000256.pdf 1 / 1

机电产品进口申请表

IMPORT APPLICATION FORM OF MECHANICAL AND ELECTRONIC PRODUCTS

许可证号： 请您于 后 个工作日（遇节假日顺延）到 机电办领证（地址 ）

1. 进口商 Importer XXXXXXXXXXXXXXXXXX	3. 经办人（进口用户签章）：测试人 Name of Operator(Stamp of Consignee) 电话：010-12345678 Telephone
2. 进口用户 Consignee XXXXXXXXXX	4. 进口用户所在地区（部门）： Are/Department of Consignee 江苏省
5. 贸易方式 Terms of trade 国家间、国际组织无偿援助和赠送的物资	8. 贸易国（地区） Country/Region of trading 安道尔 安提瓜和巴布达
6. 外汇来源 Terms of foreign exchange 银行购汇	9. 原产地国（地区） Country/Region of origin 阿富汗 荷属安地列斯群岛 荷属安地列斯群岛 亚美
7. 报关口岸 Place of clearance XXXX XXXX	10. 商品用途 Use of goods 生产配套件

A. 项目类型：☐基本项目 ☑技改项目 ☐其他项目 项目行业：☐ ☐

11. 商品名称： 过滤或净化饮料的机器及装置 Description of goods	商品编码（H.S）： 8421220000 Code of goods	设备新旧：旧 Status of equipment

图 154 机电产品进口申请表预览

查看状态

点击图 149 机电产品进口单证申请录入界面顶部的“查询状态”按钮，可查看已提交至业务主管部门待审批的数据状态。当前数据未申报时，该按钮不可点击。

查看流程状态

点击图 149 机电产品进口单证申请录入界面顶部的“查询流程状态”按钮，可查看已提交至业务主管部门待审批数据的流程状态。当前数据未申报时，该按钮不可点击。

查看审批意见

点击图 149 机电产品进口单证申请录入界面顶部的“查询审批意见”按钮，可查看许可证审批过程中，业务主管部门的审批意见。当前数据未申报或主管部门未审批时，该按钮不可点击。

申报

将录入完毕并确认无误的数据，通过点击图 149 机电产品进口单证申请录入界面右上方的“申报”按钮，系统将向相关业务主管部门发送该机电许可证数据。

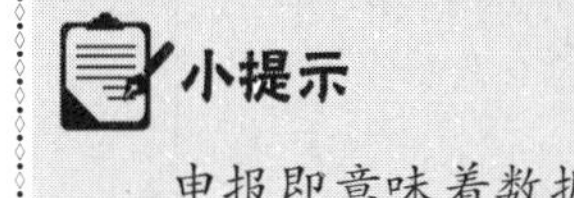

申报即意味着数据将向相关业务主管部门进行发送，并等待其审批。

（五）非机电产品

1. 基本功能介绍

建设“单一窗口”标准版非机电产品进口单证申请系统，主要包括非机电产品自动进口单证申请、查询、统计查询、重农企业信息备案等功能模块，实现国际贸易企业通过“单一窗口”一点接入、一次性提交满足商务部相关部门要求的非机电产品自动进口单证申请信息，商务部按照确定的规则进行审核，并将审核结果通过“单一窗口”统一反馈，便于企业查询，实现部门间数据共享。

2. 操作指南

为用户提供向商务部进行企业单证申请各类数据的录入、暂存、删除、打印等功能。点击左侧菜单栏“单证申请”，可显示右侧页面（图 155）。

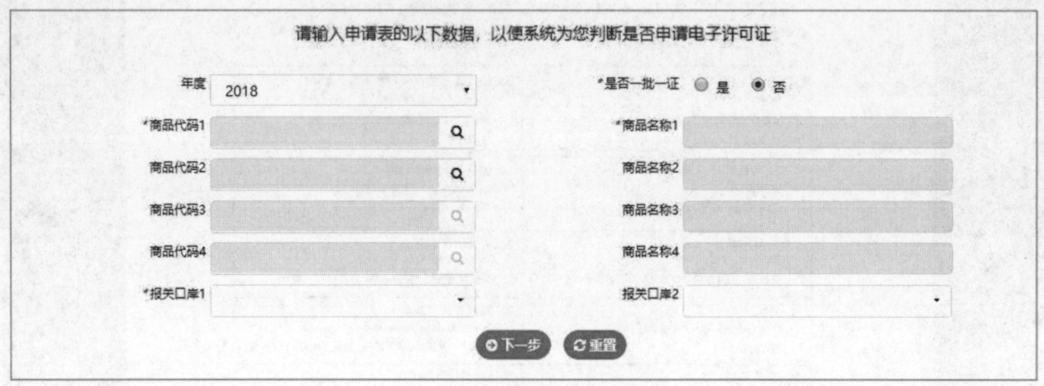

图 155　单证申请页面

数据录入中，是否一批一证的选择、商品代码、报关口岸等选择完毕后，可一点“下一步”按钮，根据商务部回执该商品是否可做电子版许可证信息，会弹出提示窗口。

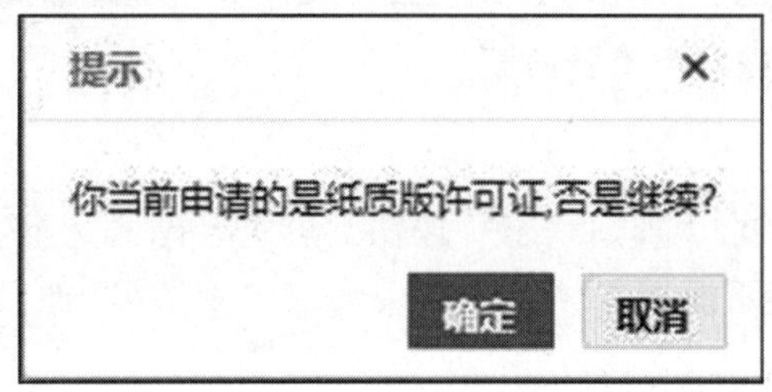

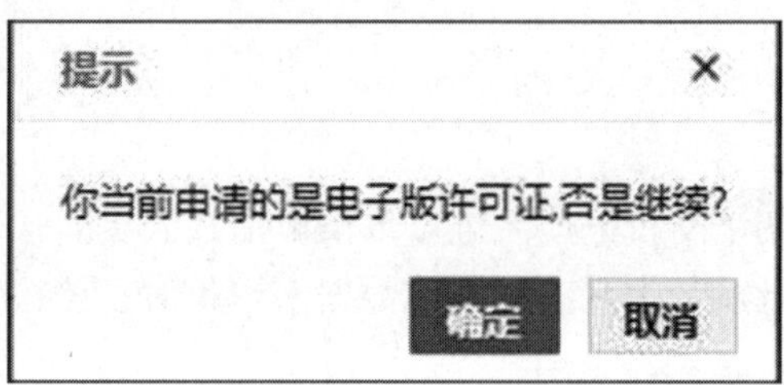

图 156　提示窗口

点击“确认”按钮，可显示右侧页面单证申请录入界面，如图 157。

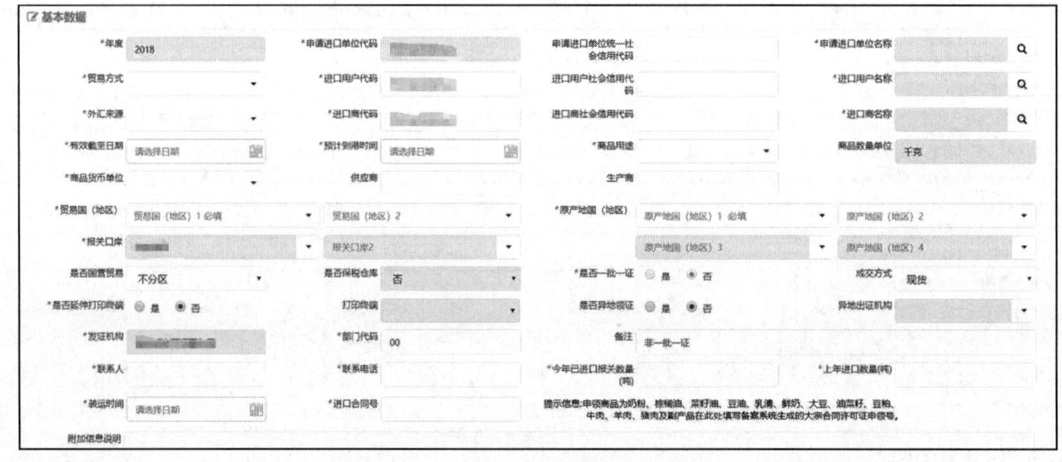

图 157　单证申请录入界面

录入与暂存

点击界面上方按钮（图 158）所进行的操作，将影响当前单证申请的所有数据。

图 158　单证申请——操作按钮

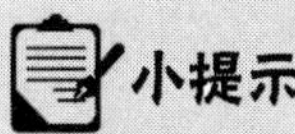

界面中，带有星号的字段为必填项，否则无法进行提交。

录入过程中，可通过点击界面顶部的“暂存”按钮，将当前正在录入的信息进行保存，以防数据丢失。

在录入申请单证的基本数据后，必须先点“暂存”按钮，方可对“商品信息”及“规格型号信息”进行修改。

合同表信息

申报信息录入完成后，输入合同号，点击左上角“合同信息表”，弹出录入框，逐行添加信息，保存即可。

铁矿石合同信息

如商品为铁矿石类，点击左上角“铁矿石合同信息表”，弹出录入框，逐行添加信息，点击“暂存”，保存相关信息。

申请单证复制

点击界面上“复制”按钮，弹出提示信息窗口，输入想复制数量，再点击“确认”按钮，即复制成功。

申请单证删除

点击界面上“删除”按钮，可弹出提示页面；如需要删除，点击“确认”按钮，不需要可点击“取消”按钮。

申请单证打印

点击单证申请界面顶部“打印”按钮，系统将结合企业基本信息，显示企业单证申请表预览（图159）。将鼠标移到界面顶部，菜单自动出现后，点击右上角打印图标，根据当前浏览器的设置或打印机实际情况，进行打印即可。

自动进口许可证申请表

1. 申请进口单位：	2. 自动进口许可证申请表号： 自动进口许可证号：
3. 申请单位经办人：	4. 自动进口许可证有效截止日期： 2018-03-31
5. 进口用户：	6. 进口商：
7. 贸易方式： 10 一般贸易	8. 贸易国：VG （地区） 9. 外汇来源： 1 人民币
10. 原产地国 （地区）	11. 报关口岸：
12. 商品用途： 1 自用	13. 预计到港时间： 2018-03-31
14. 商品代码：	15. 商品名称：

16. 商品规格	17. 单位	18. 数量	19. 单价（CNY）	20. 总值（CNY）	21. 总值折美元
1	千克	100	1.23	123	18
33	千克	33	33	1089	159
22. 总计		133		截图(Alt + A)	177

23. 备注 12 申领日期： 申请盖章单位：	24. 签证机关审批 暂存

中华人民共和国商务部监制　　自动进口许可证联网申领系统2005版 制表

图 159　企业单证申请表预览

申请单证附件上传

非机电单证申请，只有该单证为电子版时，可进行单证的附件上传操作；可点击页面顶部按钮“附件上传”，弹出附件上传操作界面，如图 160。

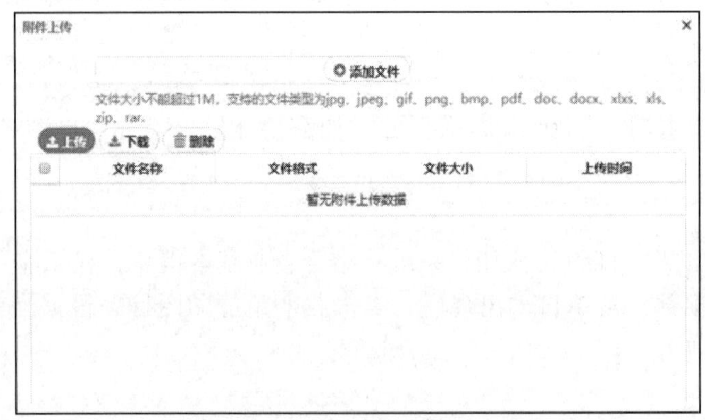

图 160　附件上传操作界面

附件上传操作步骤：

①点击“添加文件”按钮，选择需要上传的附件信息；如果附件超过 1M，上传附件的类型不支持，会有相应错误提示信息；

②待步骤 1 完成后、可点击“上传”按钮，进行单据的上传操作；

③如果想查看附件的信息，勾选想下载的附件信息，点击“下载”按钮，对附件进行下载操作；

④ 删除操作，勾选删除的数据，点击“删除”按钮，进行删除操作。

（六）进口广播电影电视节目带（片）

1. 基本功能介绍

建设“单一窗口”标准版进口广播电影电视节目带（片）提取单申请系统，主要包括提取单的申请、查询等功能模块。系统将提取单电子数据发送给海关总署形成电子底账，海关系统接收企业申报的报关单后，调用提取单电子底账，根据业务规则与报关单电子数据自动比对，同时，海关系统将提取单使用信息数据反馈给国家广电总局，实现海关总署与国家广电总局之间数据共享。

2. 操作指南

点击“提取单申请”模块，界面跳转如下图所示，界面分为表头和表体两部分。

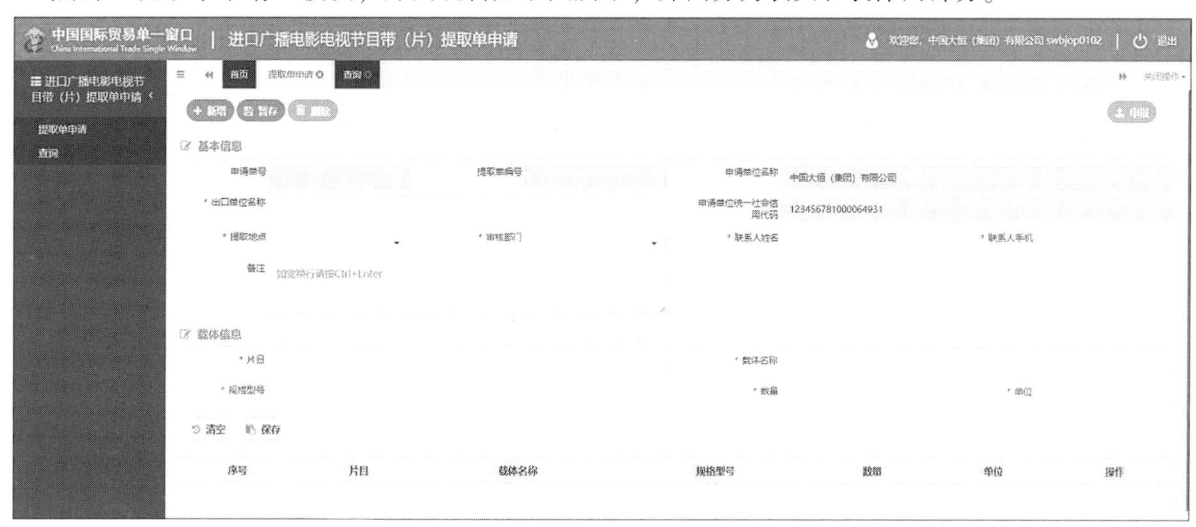

图 161　提取单申请

（1）表头—基本信息

提供提取单信息的录入。点击“提取单申请”，部分字段（例如出口单位名称、联系人姓名、联系人手机等）需要用户手工录入，请根据您的业务主管部门要求，如实填写相关内容。

提取地点、审核部门字段

可直接输入中文名称，也可先在输入框中点击后，在弹出的对话框中（图 162、图 163）自行选择。

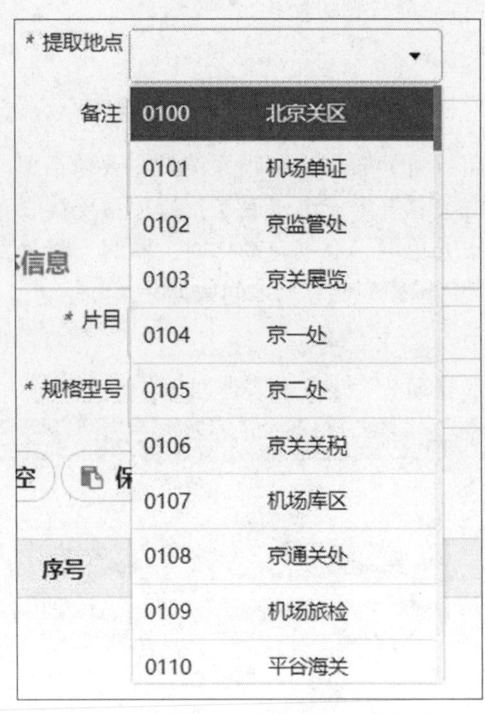

图 162　提取地点下拉菜单

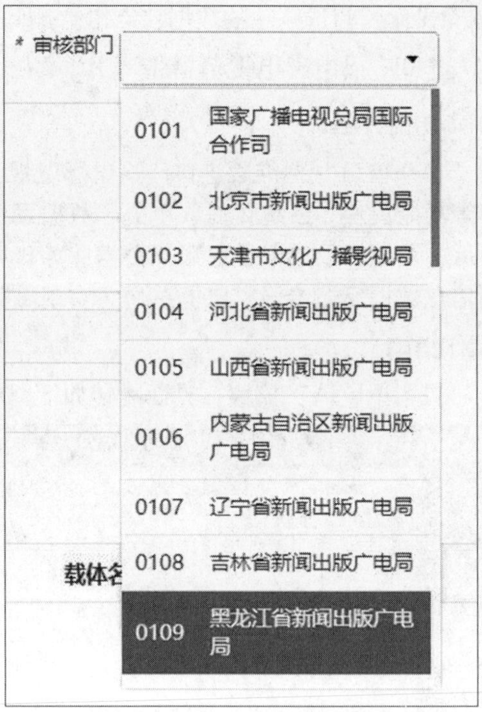

* 审核部门
0101 国家广播电视总局国际合作司
0102 北京市新闻出版广电局
0103 天津市文化广播影视局
0104 河北省新闻出版广电局
0105 山西省新闻出版广电局
0106 内蒙古自治区新闻出版广电局
0107 辽宁省新闻出版广电局
0108 吉林省新闻出版广电局
0109 黑龙江省新闻出版广电局

图 163　审核部门下拉菜单

录入信息说明

申请单号：点击暂存后返填至该字段，无法手动输入或修改。

提取单号：审批端审核通过后返填至该字段，无法手动输入或修改。

申请单位名称：用户登录后自动返填该字段。

申请单位统一社会信用代码：用户登录后自动返填该字段。

（2）表体—载体信息

载体信息界面实现表体信息的保存、清空功能。

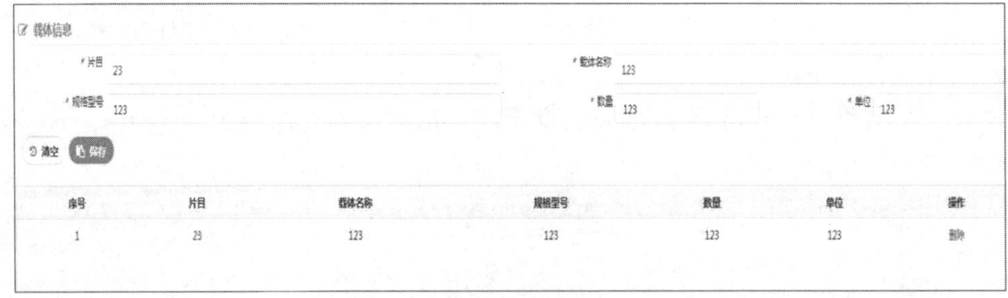

图 164　提取单申请——表体

操作按钮说明

清空：清空界面输入的载体信息。

保存：点击对当前录入信息进行暂存，根据业务类型在暂存时如有必填项未录入，会有相关提示。

删除：点击“删除”按钮，可对增加的表体进行删除操作。

录入信息说明

数量：小数点前最多输入 14 位，小数点后最多精确到 5 位。

（七）援外项目

1. 基本功能介绍

建设“单一窗口”标准版援外项目任务通知单申请系统，涵盖商务部（国际经济合作事务局、中国国际经济技术交流中心）的援外项目任务通知单申请和审核功能，实现企业通过“单一窗口”一次性提交满足商务部（国际经济合作事务局、中国国际经济技术交流中心）要求的申请信息，审核部门审核完成后并将审核结果通过“单一窗口”统一反馈，便于企业查询。

2. 操作指南

为用户提供向商务部进行企业通知单申请各类数据的录入、暂存、删除、申报等功能。

点击左侧“援外项目任务通知单申请”，在展开的菜单中选择“通知单申请”，点击左侧菜单栏“通知单申请”，右侧界面显示如图 165。

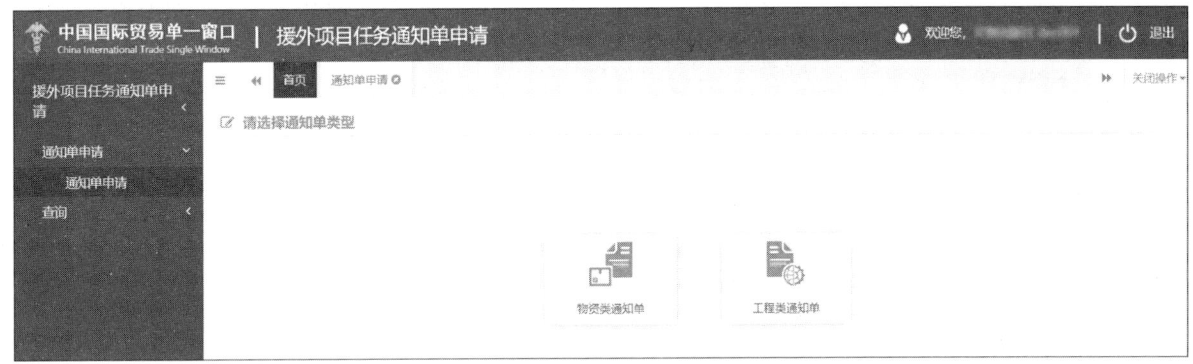

图 165　通知单选择

选择“物资类通知单”，界面显示如图 166。

图 166　物资类通知单申请

商品信息

物资类通知单基本信息录入完成后，点击导入商品信息按钮，界面弹出如图 167。

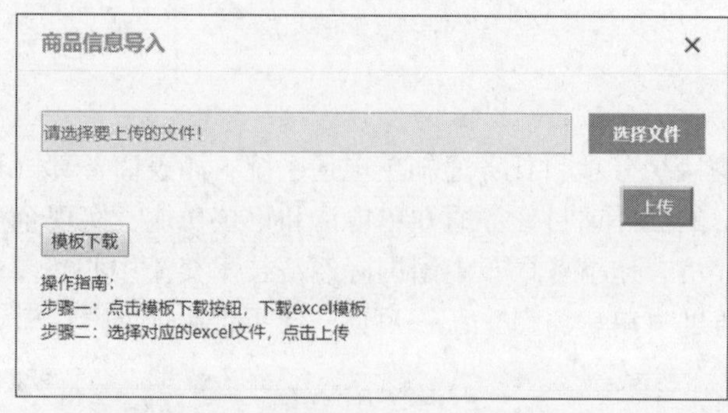

图 167　物资类通知单商品信息导入

点击“模板下载”按钮，系统自动下载 Excel 模板，通过 Excel 模板中填写示例及说明，填写商品信息。导入商品 Excel 表填写完毕并保存后，点击“选择文件”按钮，选中要上传的 Excel 表，点击上传按钮，系统提示上传成功，商品信息列表中显示导入的商品信息。

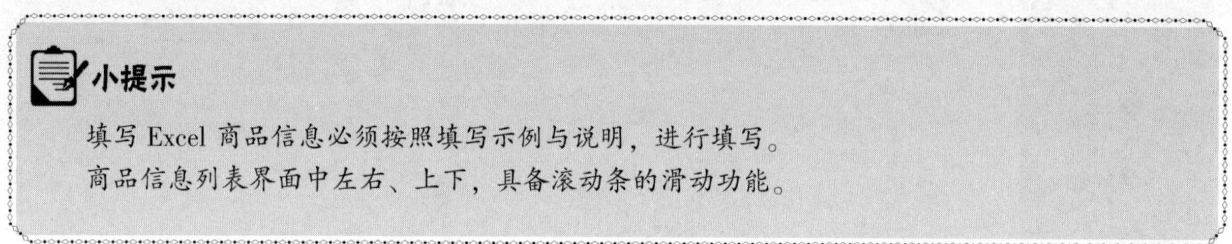

（八）音像制品

1. 基本功能介绍

建设单一窗口音像制品（成品）进口批准单申请系统，可将纸质证明电子化，通过中国电子口岸，在海关总署和新闻出版署之间建立一个安全稳定的数据交换通道，将音像制品（成品）进口批准单电子数据发送给海关通关作业系统，形成监管证件电子底账。海关人员在通关作业系统通关审核时，调用电子底账，实现与报关单电子数据根据业务规则自动比对，同时，海关通关作业系统将监管证件核销数据反馈给新闻出版署。

2. 操作指南

点击左侧“批准单申请”菜单，进入批准单申请主界面。

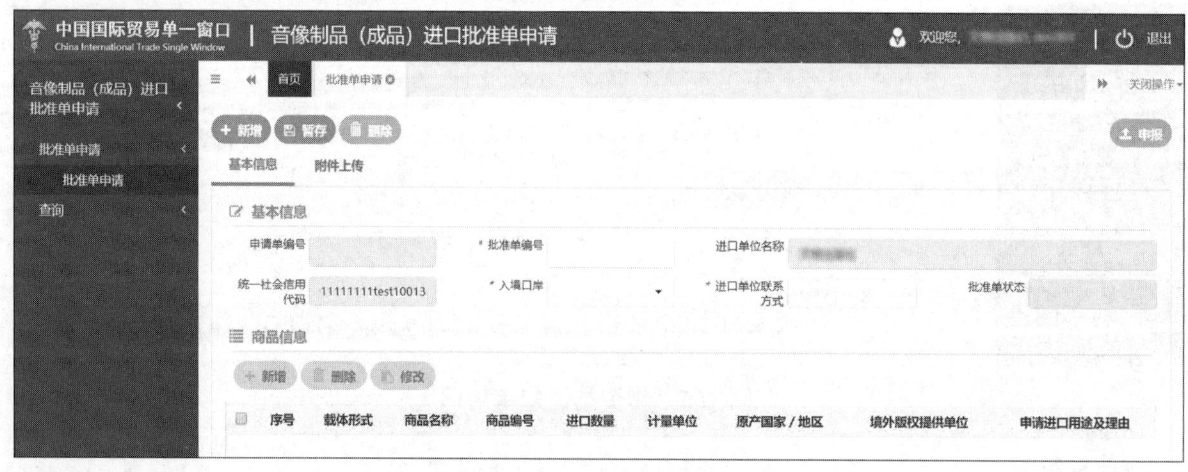

图 168　批准单申请

页面共有“新增”“暂存”“删除”及“申报”四大功能按钮。

新增：点击“新增”按钮，初始化证明文件录入信息。

暂存：点击“暂存”按钮，保存录入的证明文件，必填字段未填写，暂存证明文件时会提示存在未填写信息。

申报：点击“申报”按钮，发送录入的证明文件到审批端，必填字段未填写，提交证明文件时会提示存在未填写信息。

删除：点击“删除”按钮，删除暂存的证明文件。

批准单录入申请步骤

需要先录入基本信息→暂存→在录入商品信息→最后附件上传后才可申报。

基本信息：基本信息需要人工录入的有批准单编号、入境口岸、进口单位联系方式。

商品信息：只有在录入基本信息并暂存后才可录入商品信息，否则商品信息的“新增”“删除”“修改”是置灰的。点击“新增”按钮弹出商品信息录制页面，所有信息均为必填项，填写完毕点击“保存”按钮即可。

附件上传：如果是第一次使用，先下载到本地电脑中（附件为 Excel 格式），在下载的模板中填写相应的附件信息，填写完毕后保存，点击弹出的页面中所对应的 Excel 文件即可。

八、加工贸易

按照“单一窗口”的总体建设要求，建设完整的加工贸易体系，实行“料号级管理”的新型监管模式，实现“精准化”核销核算，构建相对规范又局部个性化的管理模式，有效解决海关保税加工的监管难题，探寻把关与服务新的平衡点。此类业务模式既满足企业生产经营管理的实际需要，也符合海关实际监管的要求；在提高企业运作效率的同时，有效降低海关执法风险。支持特殊监管区域的发展，方便跨区监管货物流动，支持区内开展新型业务。

（一）手册

1. 基本功能介绍

“单一窗口”标准版加工贸易电子手册系统，实现将企业申报数据、海关审批回执等信息数据下发功能，分为备案、通关、外发加工、不作价设备、核销功能模块。

备案环节实现加工贸易手册的备案、变更及查询功能。外发加工环节实现外发加工备案、变更及查询功能，外发加工收发货单的申报、撤销及查询功能。不作价设备环节实现不作价设备使用情况的申报及查询功能。通关环节实现核注清单备案、修改、复制、导出及查询功能等。核销环节在加工贸易手册备案审批通过基础上，实现手册报核的正常申报、补充申报和核销结果确认的申报、修改及查询功能。

2. 操作指南

在加工贸易手册新增录入界面录入完成表头、料件、成品、单损耗和随附单据等申报内容后，点击申报按钮向海关发送申报信息，海关收到申报信息并审核通过后即备案成功，通过本系统的查询功能可查询海关的审核结果。

（1）表头

表头部分包含手册编号、主管海关、手册类型、申报类型、经营单位、有效期等加工贸易手册基本信息，表头暂存成功后才能录入编辑加工贸易手册料件、成品、单损耗、随附单据等数据。

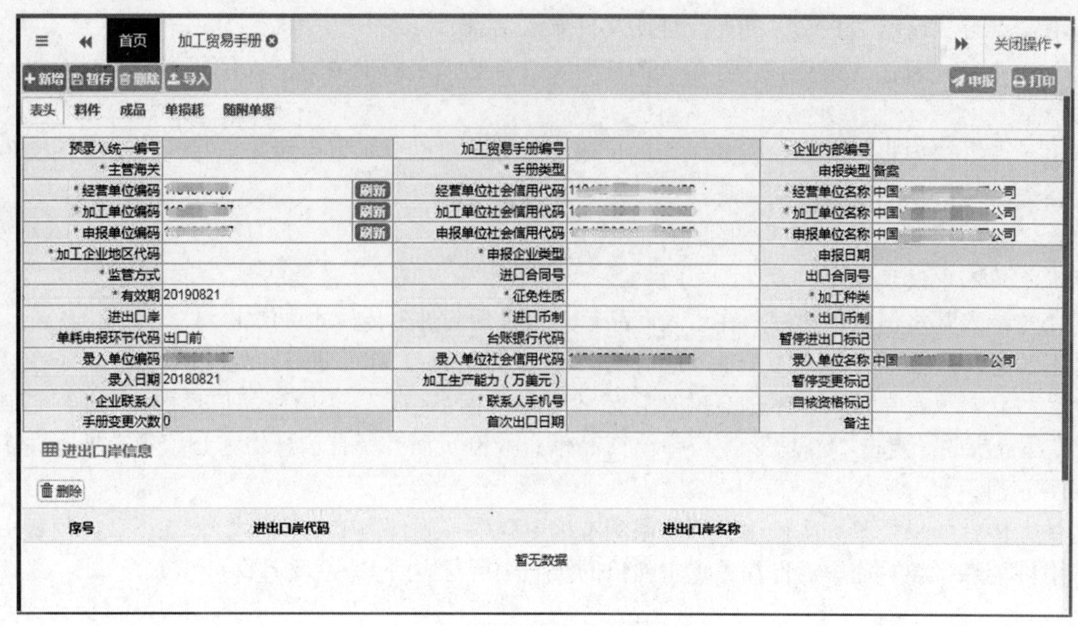

图 169　加工贸易手册表头

新增

①点击“加工贸易手册”菜单，系统默认打开加工贸易手册新增录入界面，也可点击表头左上方新增按钮进入新增录入界面。

②灰色项由系统填入，不需手工录入。

③经营单位编码、加工单位编码和申报单位编码录入海关 10 位编码，点击编码录入框右侧刷新按钮或敲回车键系统会自动返填对应的单位社会信用代码和单位名称，新增录入界面，系统默认填入录入单位信息。

④表头暂存成功后，方可录入料件、成品、单损耗和随附单据等信息。

⑤表头信息为必填，料件、成品、单损耗和随附单据等信息可根据实际情况选择录入。

⑥有效期和录入日期项，按“yyyyMMdd”格式填入 8 位年月日信息，如“20180808”。

⑦主管关区、手册类型、加工企业地区代码、申报企业类型、监管方式、征免性质、加工种类、进出口岸、进口币制、出口币制、单耗申报环节代码、台账银行代码、自核资格标记等填报项，可直接输入相应代码或名称并敲回车键确认，也可从弹出的下拉列表中选填。

暂存

点击表头左上方的暂存按钮，可对当前录入的表头内容进行保存，系统弹出提示框提示暂存成功，如图 170。

图 170　暂存状态提示框

删除

可删除整票加工贸易手册数据。点击表头左上方的“删除”按钮，系统将提示用户是否删除当前数据，删除的数据将不可恢复，需重新录入，须谨慎操作。

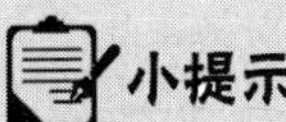

小提示

当加工贸易手册状态为暂存、申报失败或海关退单时，方可进行该项删除操作。否则，系统弹出不允许删除的相应提示。

导入

可批量导入料件、成品、单损耗等数据。根据需要导入的内容，先点击料件、成品或单损耗页签按钮，再点击表头上方的“导入”按钮，选择导入模板来导入数据，具体操作请参见料件导入。

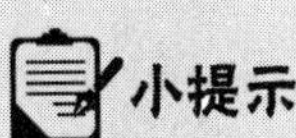

小提示

加工贸易手册表头暂存后才可进行料件、成品、单损耗数据导入。

申报

加工贸易手册数据录入完毕后，可点击右上方的“申报”按钮进行申报。

小提示

申报即意味着数据已向相关业务主管部门进行发送，并等待其审批，点击申报前须将中国电子口岸 IC/IKey 正确连接电脑。

打印

系统提供任何状态下的打印功能，用户点击右上方的“打印”按钮，系统将生成一个 PDF 文件，可直接打印或保存文件。

（2）料件

表头暂存成功后，方可进行料件数据的新增、修改、删除及导入等操作。

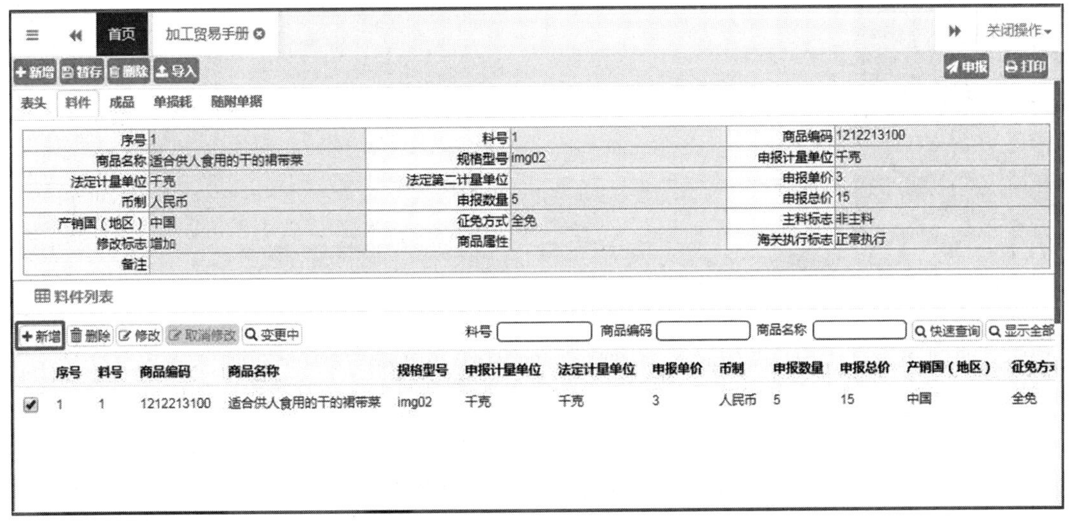

图 171　加工贸易手册料件

料件——新增

点击图 171 加工贸易手册料件界面中的“新增”按钮，界面弹出表体料件信息，如图 172。

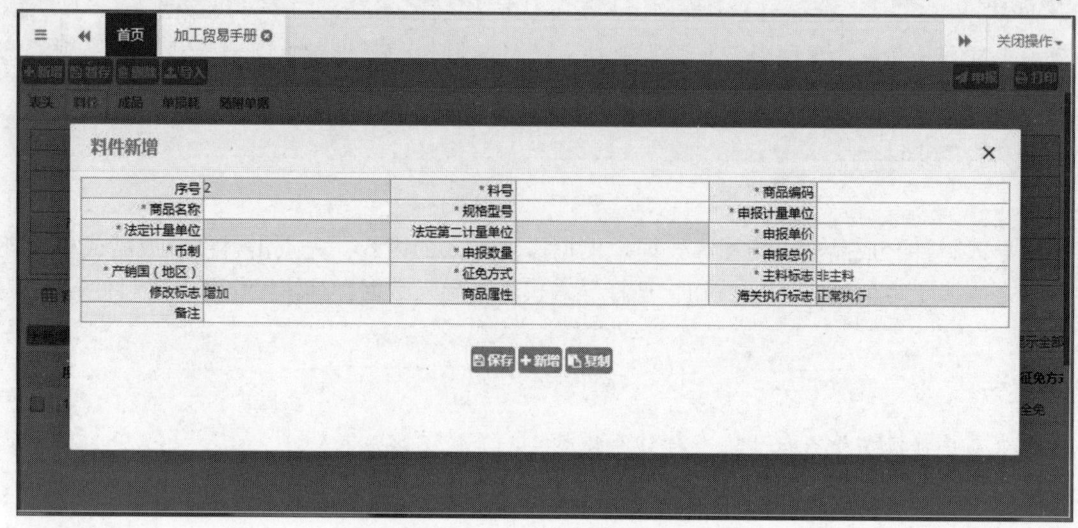

图 172　加工贸易手册料件新增

①序号项由系统根据账册已有料件记录条数自动累计。

②商品编码按《中华人民共和国进出口税则》和《中华人民共和国海关统计商品目录》规范录入。敲击回车键，系统根据所录编码弹出商品列表窗口，选择相应商品，点击确定后，系统自动补全商品编码，并返填商品名称、申报计量单位、法定计量单位等。

图 173　加工贸易手册料件商品编码录入

③币制、产销国（地区）、征免方式、主料标志等项，可直接录入相应代码或名称并敲击回车键确认，也可从弹出的下拉列表中选取。

料件——保存

在图 172 加工贸易手册料件新增中按要求编辑完料件数据后，点击界面的“保存”按钮，系统将自动校验并保存当前界面内已录入的数据，提示保存成功，完成料件数据的新增，如图 174。

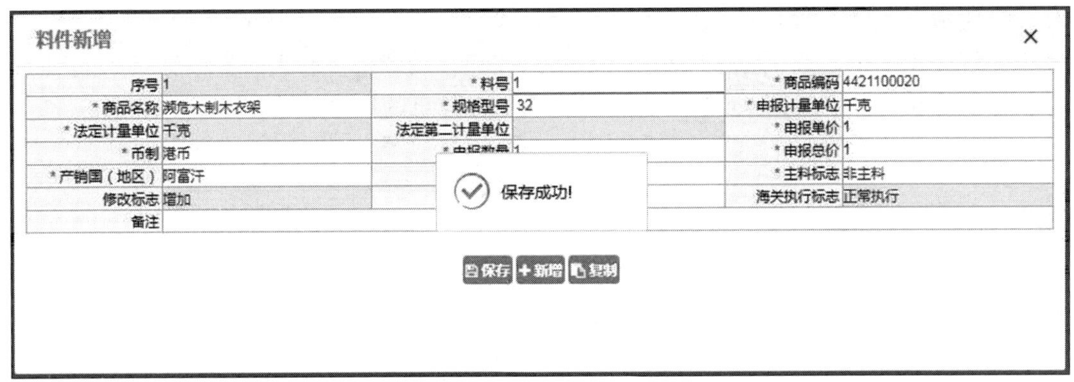

图 174 料件表体——保存

料件——连续新增

点击图 175 所示界面的“新增”按钮，系统将自动清空当前界面内所有已录入的数据，序号自动累加，可继续录入一票数据。

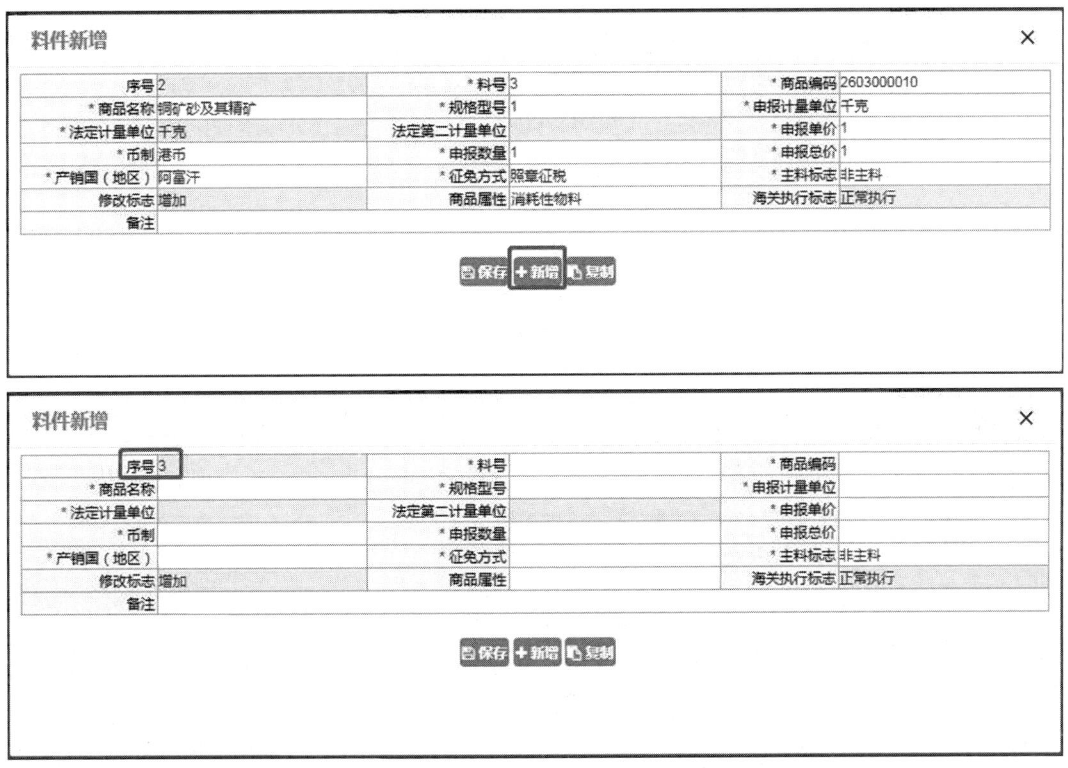

图 175 料件表体——连续新增

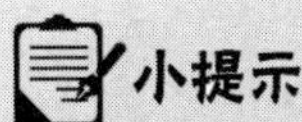

小提示

如在录入数据的过程中，点击了“保存”按钮，则系统将自动保存当前所录入的数据，即使进行新增操作，也不会丢失数据。

料件——复制

在图 176 料件表体—复制中点击界面的“复制”按钮，系统将复制当前界面已录入的数据，序号自动累加，按需修改料件信息后，点击“保存”完成料件信息的快速新增。

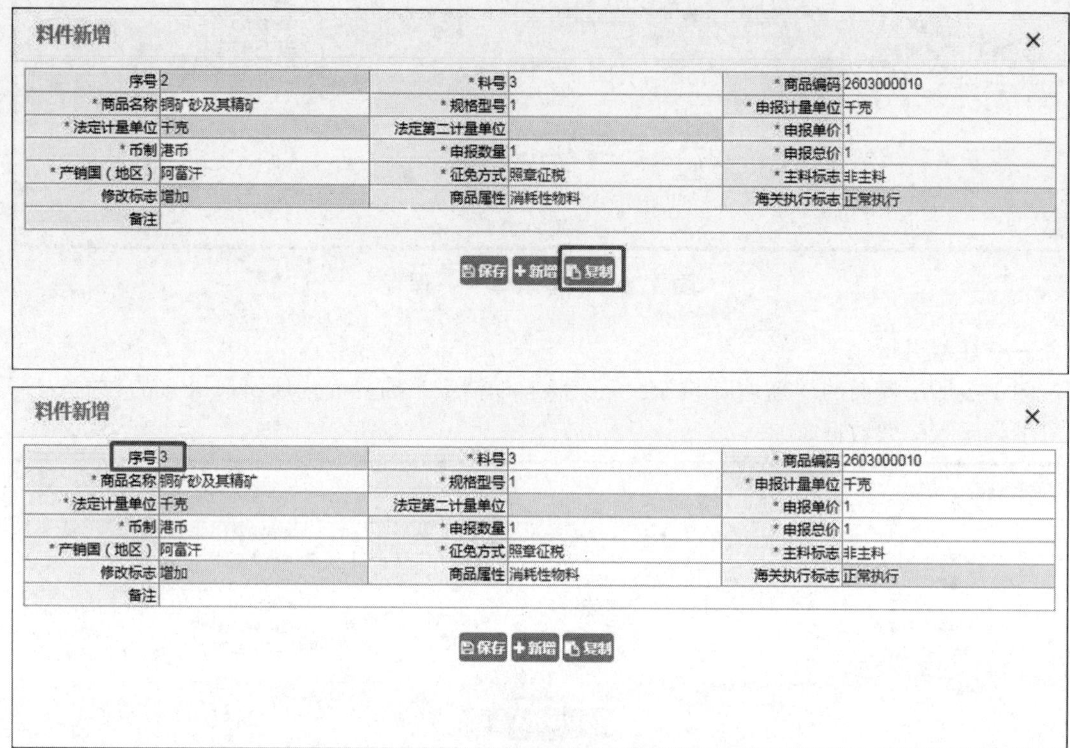

图 176　料件表体——复制

料件——删除

在图 171 加工贸易手册料件中选中某条料件表体，点击“删除”按钮（图 177），点击“确定”，将删除本条表体数据。

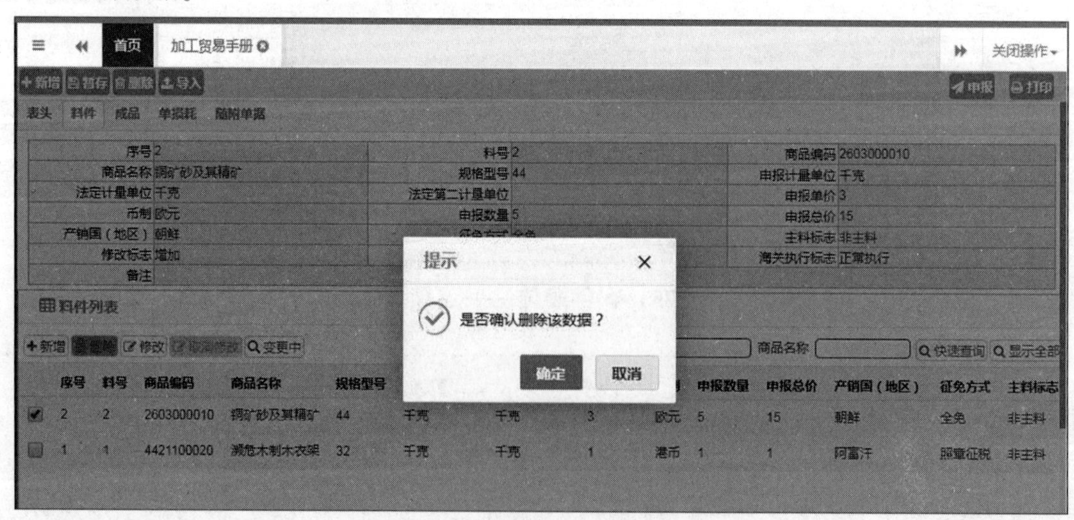

图 177　加工贸易手册料件表体删除

料件——修改

在图 171 加工贸易手册料件中选中某条料件表体，点击“修改”按钮，系统将弹出本条料件录入界面（图 178），修改相应数据，点击“保存”完成修改操作。

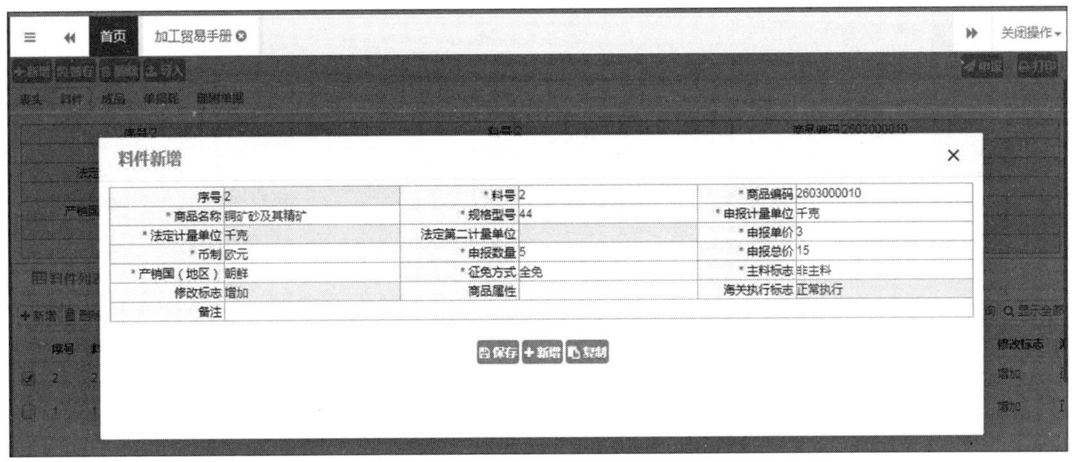

图 178　加工贸易手册料件修改

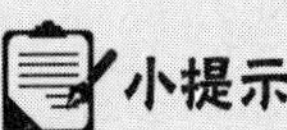

小提示

仅当修改处于变更状态的手册料件信息时，“修改标志”字段才能使用。

料件——变更中

该项查询功能仅限海关终审通过，进行变更业务时使用。企业修改数据成功后，可点击“变更中”按钮，系统将本次变更修改的数据全部列出。

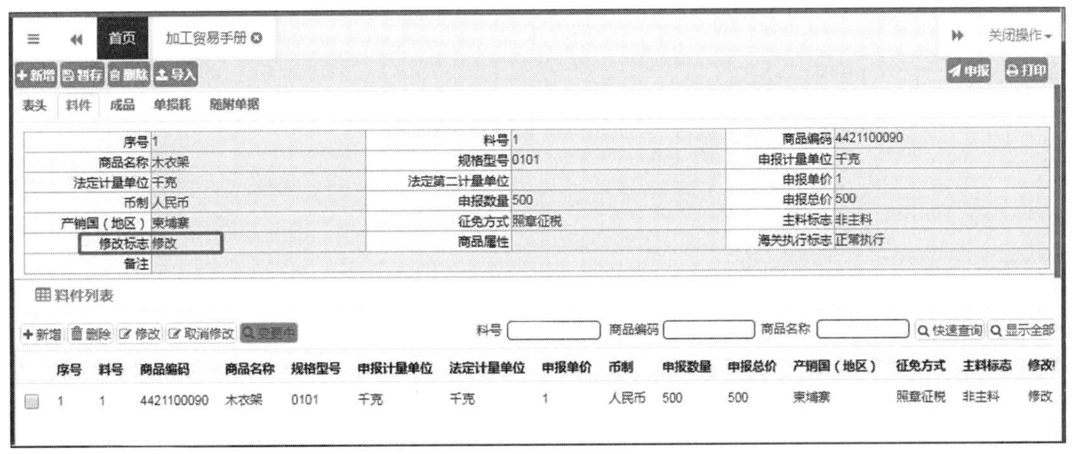

图 179　加工贸易手册料件变更中

料件——快速查询

如图 180 加工贸易手册料件快速查询所示，输入料号、商品编码或商品名称等查询条件，点击“快速查询”按钮，系统自动列出符合查询条件的料件记录。

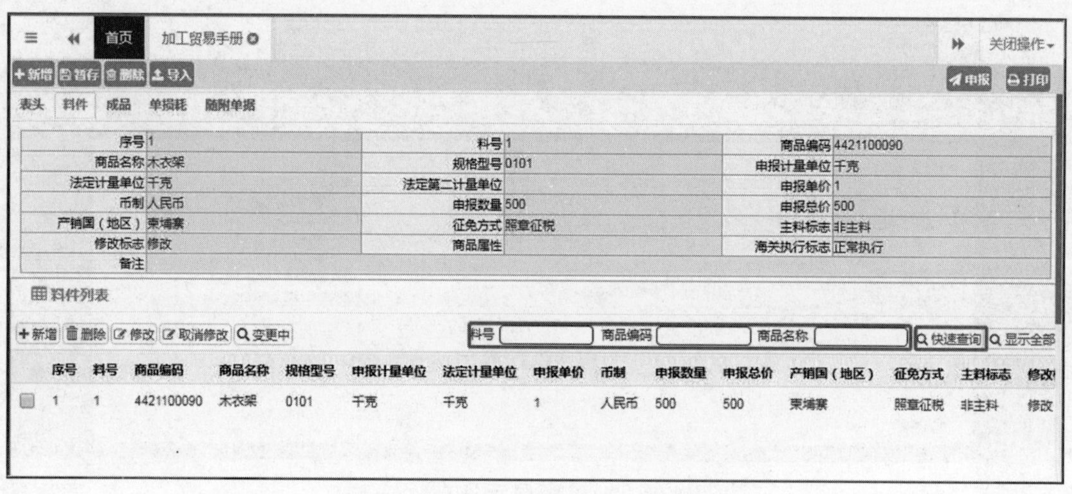

图 180　加工贸易手册料件快速查询

料件——显示全部

用户使用快速查询或变更中功能查询出某条数据后，可点击“显示全部”按钮，系统将数据全部列出。

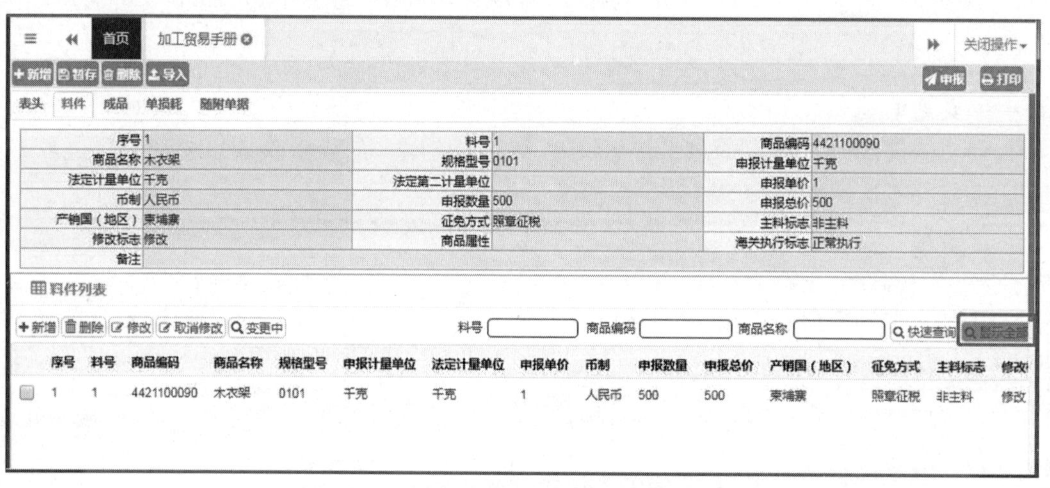

图 181　加工贸易手册料件显示全部

料件——导入

表头暂存成功后，即可使用导入功能导入料件数据。点击“导入”按钮，在弹窗中打开料件导入模板具体保存路径，选择导入模板，点击弹窗上的“打开”按钮，系统自动导入料件数据，如图 182。

图 182　导入料件数据

(3) 成品

表头暂存成功后，方可进行成品数据的新增、修改、删除及导入等操作。点击图 183 加工贸易手册成品中“新增”按钮，界面弹出成品信息录入窗口，编辑录入成品数据。

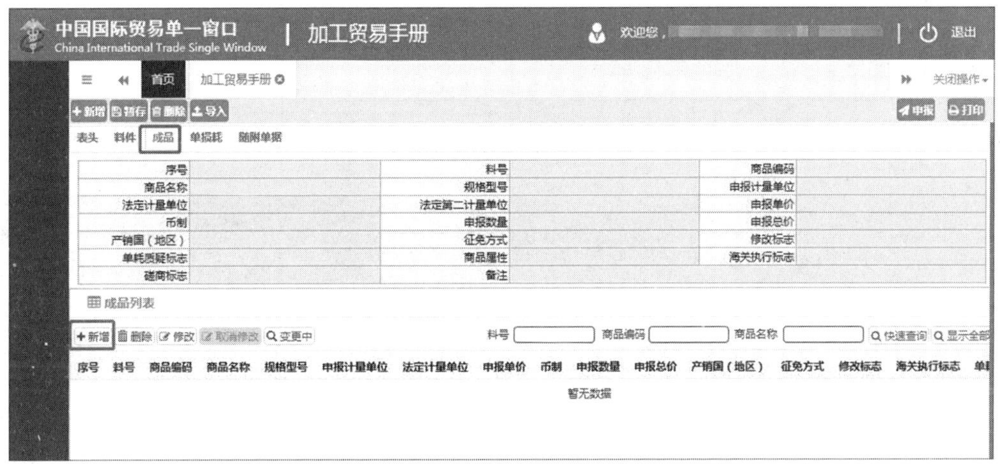

图 183　加工贸易手册成品

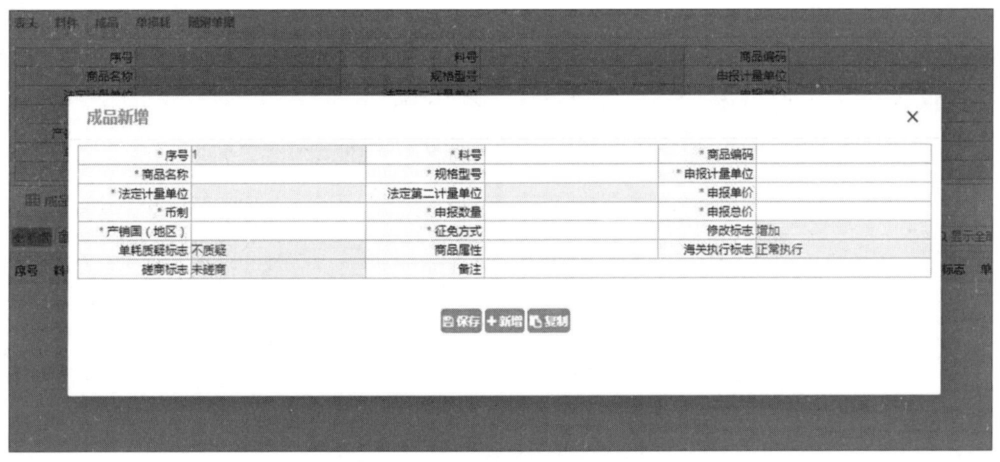

图 184　加工贸易手册成品录入

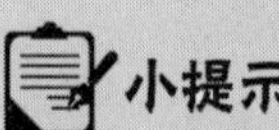

小提示

成品数据的新增、删除、修改、导入、查询等具体操作同“2. 料件”。

(4) 单耗损

表头暂存成功后，方可进行单耗损数据的新增、修改、删除及导入等操作。点击图 185 加工贸易手册单损耗中的“新增”按钮，界面弹出单耗损信息录入窗口，编辑录入成品数据。

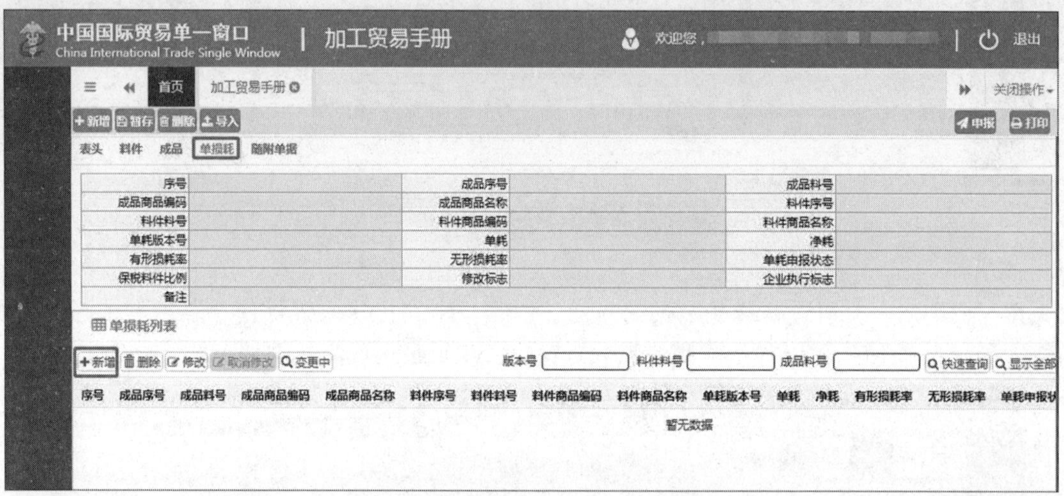

图 185　加工贸易手册单损耗

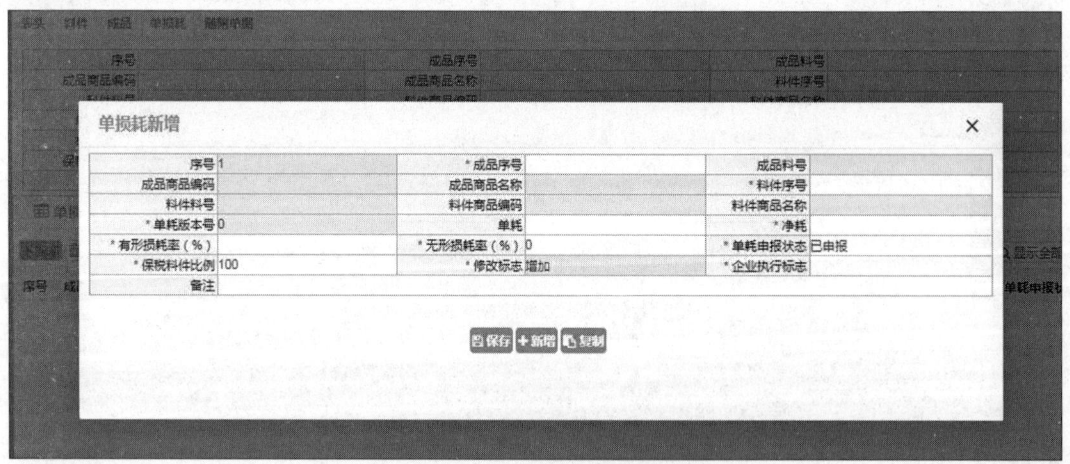

图 186　加工贸易手册单损耗录入

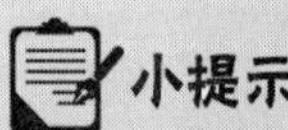

小提示

单损耗数据的新增、删除、修改、导入、查询等具体操作同“(2) 料件”。

(5) 随附单据

表头暂存成功后，方可进行随附单据的新增、暂存、删除及上传等操作。点击随附单据页签，系统默认打开随附单据新增编辑界面。

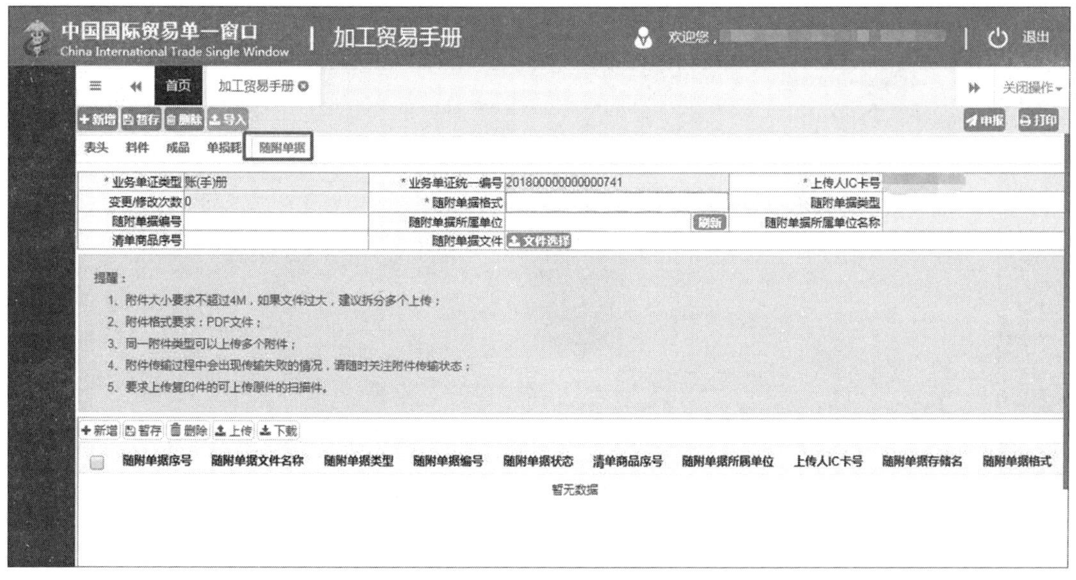

图 187　随附单据

①随附单据格式、随附单据类型等录入项，可直接录入相应代码或名称并敲击回车键确认，也可从弹出的下拉列表中选取。

②随附单据所属单位录入项填写企业海关 10 位编码，点击录入框右侧“刷新”按钮或敲回车键，系统会自动返填随附单据所属单位名称。

③随附单据格式录入“非结构化”选项时，随附单据文件录入项的“文件选择”按钮才可点击并弹窗选择需上传的随附单据文件。

随附单据——暂存

填写随附单据各录入项信息，选择完毕随附单据文件。点击界面“暂存”按钮，随附单据文件保存至表体，状态为待上传，如图 188。

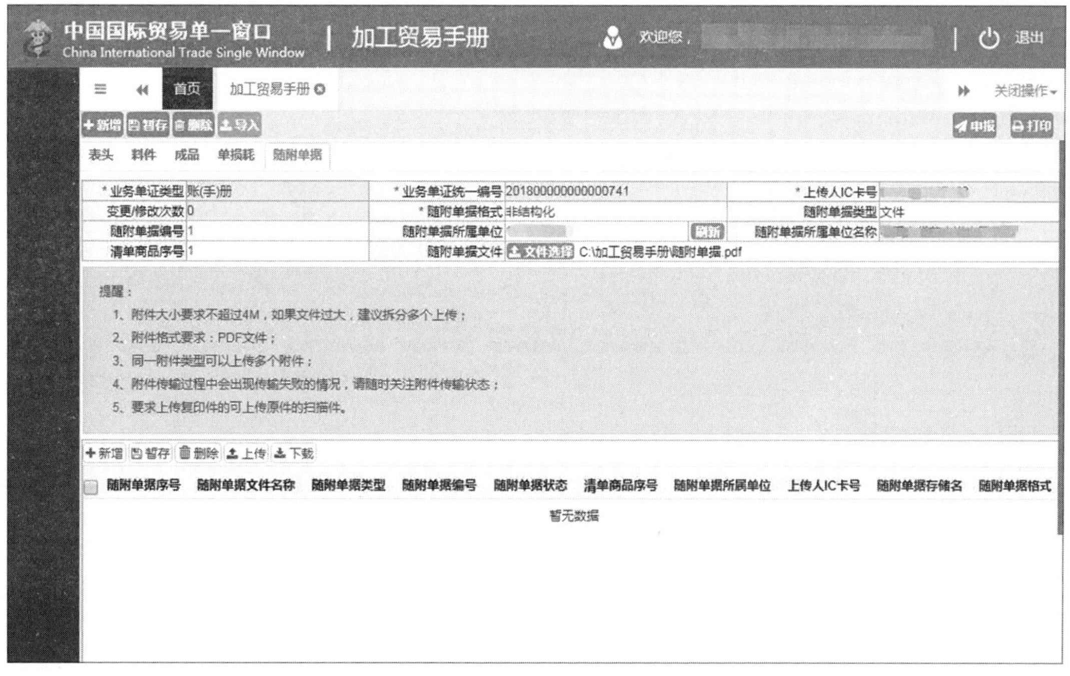

图 188

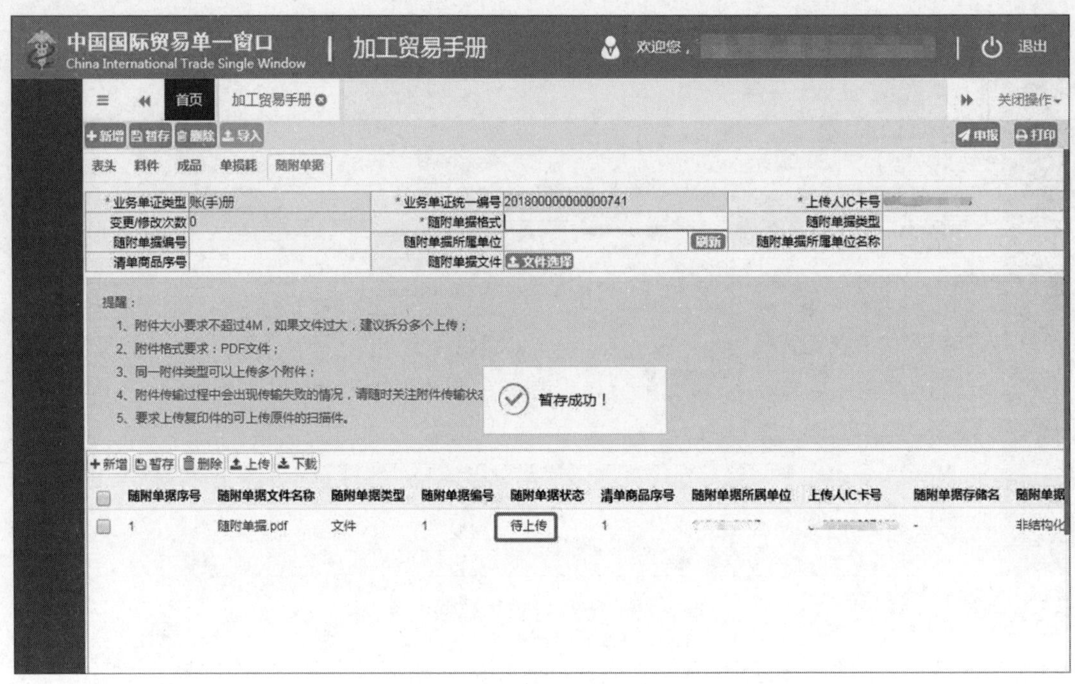

图 189　随附单据——暂存

随附单据——上传

在图 189 界面中，选中待上传的随附单据，点击“上传”按钮，系统提示“上传成功”，如图 190。

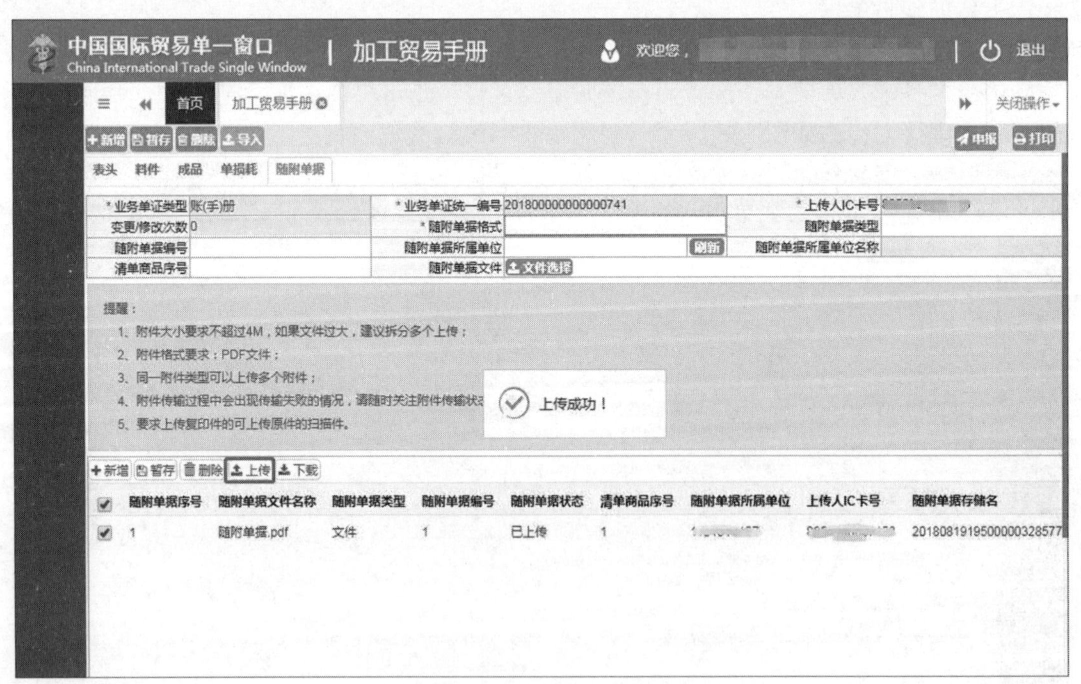

图 190　随附单据——上传

随附单据——下载

在图 190 随附单据——上传界面中，选中某一条随附单据数据，点击“下载”按钮，系统将该票随附单据下载至本地。

随附单据——删除

在图 190 随附单据——上传界面中，选中某一条随附单据数据，点击“删除”按钮，系统将该票随附单据直接删除。

随附单据——新增

在图 187 随附单据界面中，填写部分随附单据表头信息时，点击“新增”按钮，系统将清空界面，恢复至初始化界面。

（二）账册

1. 基本功能介绍

建立符合海关特殊监管区外企业需求和海关监管要求的加工贸易账册，优化“备案、通关、核销”三段式管理模式，支持对以企业生产管理实际料号级数据为基础的管理，实现料号级保税监管；推广全流程信息化管理，实施保税无纸化、智能化作业；增加对销毁、受灾保税货物、保税货物和非保税货物串换等业务的信息化管理，确保底账数据全面、准确；实现由结果管理向过程实时管理转变，达到严密监管、高效便利、风险可控的工作目标。

2. 操作指南

（1）账册备案

参考上文手册备案。

（2）核注清单

提供保税核注清单（进口）的新增、修改、删除、查询、暂存、申报、复制、打印等功能。

（3）表头

点击菜单“数据录入”，选择“保税核注清单（进口）”，进入保税核注清单（进口）录入界面，如下图。

图 191　保税核注清单（进口）表头

新增

在图 191 保税核注清单（进口）表头界面中录入手（账）册编号，按回车键，系统根据手（账）册编号自动返填“经营单位代码”“经营单位社会信用代码”“经营单位名称”信息，以及“收发货单位代码”“收发货单位社会信用代码”“收发货单位名称”信息，同时录入框为白色底色的字段开放为可录入状态。

清单表头“新增”说明：

清单类型：企业按照实际情况从下拉列表中选择。

手（账）册编号：录入经海关核发的金关工程二期加工贸易及保税监管各类手（账）册的编号。

企业内部编号：填写保税核注清单的企业内部编号。

录入日期：填写保税核注清单的录入日期，由系统自动生成。

料件、成品标志：根据保税核注清单中的进出口商品为手（账）册中的料件或成品填写。料件、边角料、物流商品、设备商品填写“I”，成品填写“E”。

监管方式：本栏目按照报关单填制规范要求填写。特殊情形下填制要求为，调整库存核注清单，填写 AAAA；设备解除监管核注清单，填写 BBBB。

运输方式：企业按照实际情况从下拉列表中选择。

进（出）口岸：下拉列表中选择，本栏目按照报关单填制规范要求填写。

主管海关：下拉列表中选择，主管海关指手（账）册主管海关。

启运国（地区）：企业按照实际情况从下拉列表中选择。

报关标志：由企业根据加工贸易及保税货物是否需要办理报关单（进出境备案清单）申报手续填写。需要报关的填写“报关”，不需要报关的填写“非报关”。

报关类型：“关联报关”适用于特殊监管区域、保税监管场所申报与区（场所）外进出货物，区（场所）外企业使用 H2010 手（账）册或无手（账）册。“对应报关”适用于特殊区域内企业申报的进出区货物需要由本企业办理报关手续的。

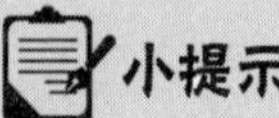

界面中，带有星号的字段为必填项，否则可能无法继续进行保存或申报等操作。界面中的灰色字段，为系统返填字段，无须填写。

暂存

点击图 191 保税核注清单（进口）表头上方“暂存”按钮，可对当前录入的内容进行保存，系统弹出提示框提示暂存成功，如图 192。

图 192　暂存成功提示框

删除

可删除整票保税核注清单数据。点击图 191 保税核注清单（进口）表头上方“删除”按钮，系统将提示用户是否删除当前数据，删除的数据将不可恢复，需重新录入，须谨慎操作。

当保税核注清单状态为暂存、申报失败或海关退单，可进行该项删除操作。否则，系统可能弹出不允许删除的相应提示。

申报

保税核注清单数据录入完毕，可点击右上方的“申报”按钮进行申报。

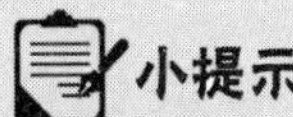

小提示

申报即意味着数据已向相关业务主管部门进行发送，并等待其审批。

打印

系统提供任何状态下的打印功能，用户点击右上角的“打印”按钮，系统将生成一个 PDF 格式文件，可直接打印或保存文件。

(4) **表体**

须录入表头数据后，点击界面上方“暂存”按钮，方可新增表体数据。

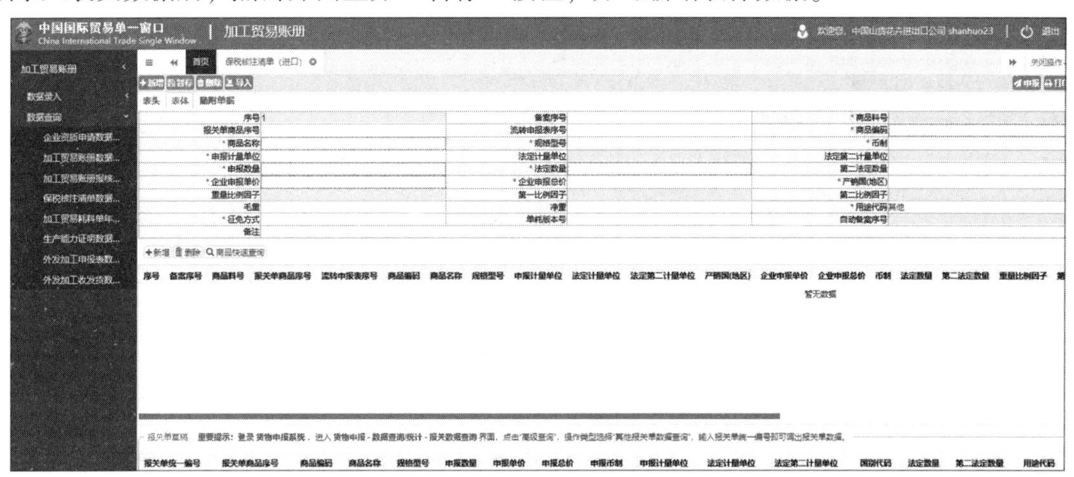

图 193　保税核注清单表体

表体——新增

在图 193 保税核注清单表体中点击“新增”按钮，界面清空已有数据，企业进行表体录入。

清单表体新增说明：

商品料号：填写进出口商品在保税底账中的商品料号级编号。

商品编码：参照《中华人民共和国进出口税则》《中华人民共和国海关统计商品目录》确定 10 位商品编号。

商品名称、规格型号：企业按照实际情况如实填写，最多录入 255 个字符。

币制：下拉列表中选择，按报关单规范要求进行填写。

申报计量单位：企业按照实际情况从下拉列表中选择。

法定数量：按法定单位填写法定数量。

企业申报单价：填报同一项号下进出口货物实际成交的商品单位价格。无实际成交价格的，填报单位货值（整数部分最多 14 位，小数部分最多 5 位）。

企业申报总价：填报同一项号下进出口货物实际成交的商品总价格。无实际成交价格的，填报货值（整数部分最多 15 位，小数部分最多 2 位）。

产销国（地区）：下拉列表中选择。

用途代码：下拉列表中选择。

征免方式：按照手（账）册中备案的征免规定填报；手（账）册中的征免规定为“保金”或“保函”的，应填报“全免”。

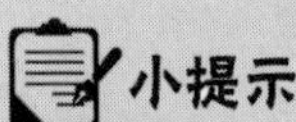

小提示

记账式账册（累计物流账册/加工贸易耗料账册）录入表体备案序号字段时需注意：

- 通过核注清单完成通关手续的已存在的备案序号，在新增表体时需要填写，通过备案序号调出商品信息；
- 不存在备案序号的，新增表体时备案序号为空。

表体——删除

在图 193 保税核注清单表体中选中某条料件表体，点击“删除”按钮（图 194），点击“确定”，将删除本条表体数据。

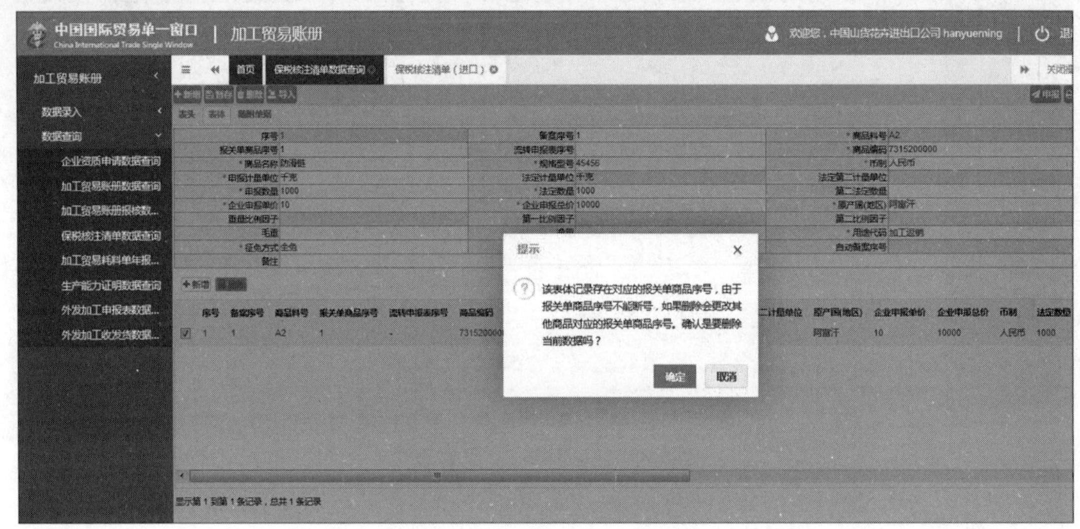

图 194　保税核注清单删除

表体——快速查询

用户输入相应的查询条件，点击“快速查询”按钮，系统将在本次数据中查询出相应数据。

表体——显示全部

用户使用快速查询功能查询出某条数据后，需要回到全部数据时，点击“查询全部”按钮，系统将本次数据全部列出。

表体——导入

表头暂存成功，即可使用导入功能导入表体数据。点击“导入”按钮，系统提示选择保存路径，提示导入成功，如图 195。

图 195 核注清单导入

随附单据

见图 196。

图 196 随附单据

（三）特殊监管区域

1. 基本功能介绍

海关特殊监管区域管理系统包括保税加工、保税物流、服务贸易、新兴业务（检测、维修、研发等生产性服务业）等的海关业务管理，系统以企业为单元，以账册和记账凭证管理作为基础，以区域为整体进行一体化规划和作业流程设计。将区内企业的货物流、单证流和海关的信息流有机结合，实现数据智能化管理，对进出区域货物的进、出、转、存等环节实施全方位监管，构建全国统一、分层级管理的区域系统。

海关特殊监管区域管理系统支持全自动导入、录入两种数据申报方式，并实现将企业申报数据、海关审批回执等信息数据下发功能，分为备案和通关功能模块。

备案环节实现加工贸易账册、物流账册、加工贸易耗料单的备案、变更功能。

核销环节在加工贸易账册备案和物流账册审批通过基础上，实现账册报核的正常申报、补充申报和核销结果确认的录入申报功能。

基本功能包括核注清单备案功能，业务申报表备案、变更、结案功能，出入库单的备案、作废功能，核放单的备案、作废功能，集中报关，车辆信息备案、变更功能等。

2. 操作指南

物流账册功能模块实现物流账册的备案新增、修改、删除、查询、变更等功能，主要内容包括物流账册企业基本信息、表体信息和随附单据等数据。

点击海关特殊监管区域系统界面中“ 物流账册”，右侧区域展示录入界面（图 197）。界面分为表头、表体、随附单据。

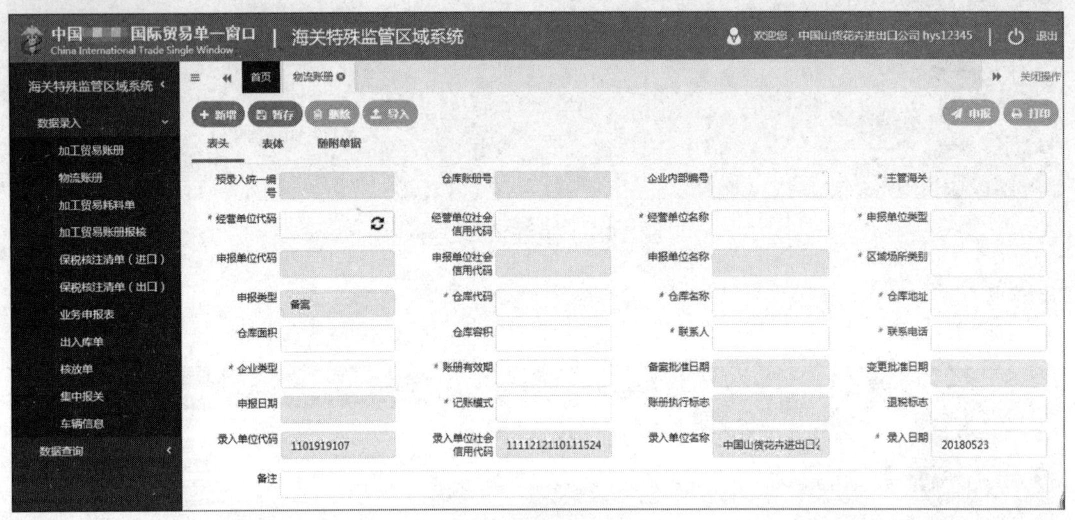

图 197　物流账册表头

本功能模块主要提供物流账册备案的录入申报功能。

企业可自行录入或者委托预录入机构完成物流账册数据录入，录入完成申报后向海关发送申报信息。海关收到物流账册信息后，由关员进行审核，审核后将审核结果发送到电子口岸。企业可通过电子口岸查询审核结果。物流账册功能模块包括物流账册录入新增、修改、删除、申报、查询、打印功能。

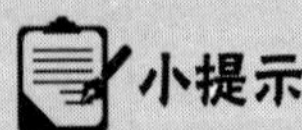

小提示

界面中，带有星号的字段为必填项，否则可能无法继续进行保存或申报等操作。

界面中的白色按钮，所影响的数据仅为当前涉及的页签或字段。

（1）表头

新增

①在网站界面各录入字段中，蓝色底色的字段为必填项，黄色底色的字段为选填项，灰色底色的字段为系统反填项或不可修改项。（注：此规则适用于所有业务，且各字段颜色标志会随着数据状态的不同而变化。）

②暂存前必须录入经营单位代码。

③经营单位代码录入海关 10 位编码，回车后系统会自动返填经营单位社会信用代码、经营单位名称。

④表头信息录入完成后，点击“暂存”按钮，系统保存表头数据，备案时表体信息不可录入。

⑤物流账册信息录入界面包含三部分：表头、表体和随附单据。物流账册备案时表头信息表为必填，表体信息不可录入。物流账册变更时表体信息仅商品编码与存储（监管）期限字段可以录入。

暂存

点击“暂存”按钮，可对当前录入的内容进行保存，系统弹出提示框提示暂存成功，如下图所示。

图 198　暂存功能提示框

删除

可删除整票加工贸易账册数据。点击加工贸易账册表头上方“删除”按钮，系统将提示用户是否删除当前数据，删除的数据将不可恢复，需重新录入，应谨慎操作。

当物流账册状态为暂存、申报失败或海关退单，可进行该项删除操作。否则，系统可能弹出不允许删除的相应提示。

申报

物流账册数据录入完毕，可点击右上方的“申报”按钮进行申报。

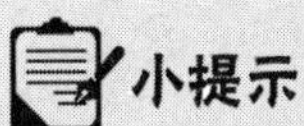

申报即意味着数据已向相关业务主管部门进行发送，并等待其审批。

打印

系统提供任何状态下的打印功能，用户点击右上角的“打印”按钮，系统将生成一个 PDF 文件，可直接打印或保存文件。

(2) 表体

物流账册为记账式账册，备案时表体不可录入。根据海关终审通过的核注清单的记账回执记录物流账册表体数据。

变更时，可以使用“导入”功能，进行批量导入表体。

(四) 保税物流

1. 基本功能介绍

保税物流管理系统包括保税物流、服务贸易、新兴业务（检测、维修、研发等生产性服务业）等的海关业务管理，以账册和记账凭证管理作为基础，区域为整体进行一体化规划和作业流程设计。将区内企业的货物流、单证流和海关的信息流有机结合，实现数据智能化管理，对进出区域货物的进、出、转、存等环节实施全方位监管，构建全国统一、分层级管理的区域系统。

保税物流管理系统支持全自动导入、录入两种数据申报方式，并实现将企业申报数据、海关审批回执等信息数据下发功能，分为备案和通关功能模块。

备案环节实现物流账册的备案、变更功能。

基本功能包括核注清单备案功能，业务申报表备案、变更、结案功能，出入库单的备案、作废功能，核放单的备案、作废功能，集中报关，车辆信息备案、变更功能等。

2. 操作指南

备案、核注清单参考上文手册、账册操作指南，此处略。

（1）业务申报表备案

本功能模块主要提供业务申报表备案的录入申报功能。

企业可自行录入或者委托预录入机构完成业务申报表数据录入，录入完成申报后向海关发送申报信息。海关收到业务申报表信息后，由关员进行审核，审核后将审核结果发送到电子口岸。企业可通过电子口岸查询审核结果。业务申报表功能模块包括业务申报表录入新增、修改、删除、申报、查询、打印功能。

（2）表头

点击菜单“数据录入”，选择“业务申报表”，进入“保税物流管理系统—业务申报表—新增”的信息录入界面，如下图。

图 199　业务申报表表头

新增

①界面各录入字段中，带星号的字段为必填项，其他字段为选填项，灰色底色的字段为系统返填项或不可修改项。（注：此规则适用于所有业务，且各字段颜色标志会随着数据状态的不同而变化。）

②暂存前必须录入区内企业编码。

③区内企业编码、区外企业编码录入海关10位编码，系统会自动返填区内企业社会信用代码、区内企业名称、区外企业社会信用代码、区外企业名称。

④底账料件成品标志字段填写规则：

- 业务类型为分送集报、简单加工、保税展示交易时，底账料件成品标志字段必填，为其他业务类型时不可填写。
- 业务类型为分送集报、简单加工、保税展示交易时，区内账册号为物流账册时，底账料件成品标志字段系统返填成I料件；区内账册号为加工账册时，由企业录入。
- 表头信息录入完成后，点击“暂存”按钮，系统保存表头数据，然后可以依次录入表体信息，表头信息不暂存时，表体信息不可录入。
- 业务申报表录入界面包含表头、表体、单耗和随附单据。表头信息表为必填，表体信息可以根据实际情况选择填写。

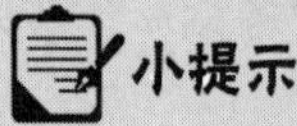

小提示

暂存、删除、申报、打印功能具体操作详见物流账册备案章节相关功能。

(3) 表体

录入表头数据后，点击界面上方“暂存”按钮，方可新增表体数据。

图 200　业务申报表表体

①申报表料件成品标志代码字段为外发加工、简单加工类型的申报表专用，业务类型为外发加工时可以填写 I：料件/半成品、E：成品/残次品、R：边角料、副产品；简单加工时可以填写 I：料件/半成品、E：成品/残次品；其他业务类型必须填写 I：料件/半成品。

②底账商品序号字段录入规则：

- 分送集报、保税展示交易、简单加工类型的业务申报表料件成品标志为“料件”时该字段可录入，其他情况该字段不可录入。
- 分送集报、保税展示交易类型的业务申报表，区内账册类型为加工贸易账册中的耗料账册和工单账册时，底账商品序号字段必填；货物流向为出区的物流账册时底账商品序号字段必填。
- 简单加工类型的业务申报表，底账料件成品标志字段为料件时，底账商品序号字段必填。
- 如果填写了底账商品序号字段，则必须从底账信息中调取到商品信息，否则该字段必须为空。
- 底账商品序号字段录入调出有关底账数据后，该字段不允许再修改。

导入

业务申报表提供表体料件及单耗批量导入功能，点击“导入”按钮，选择本地导入数据。如数据格式正确，系统提示“导入成功”。

图 201　业务申报表导入

(4) 业务申报表变更

本功能模块主要提供业务申报表的变更功能。

企业可自行录入或者委托预录入机构完成业务申报表数据变更录入，录入完成申报后向海关发送申报信息。海关收到业务申报表变更信息后，由关员进行审核，审核后将审核结果发送到电子口岸。企业可通过电子口岸查询审核结果。业务申报表变更功能模块包括业务申报表录入新增、修改、删除、申报、查询、打印功能。

用户点击“业务申报表数据查询”，输入查询条件进行查询，选中数据状态为海关终审通过，需要变更的数据，点击“变更”按钮，如图 202。

图 202 业务申报表数据查询

系统进入业务申报表录入界面，可以对表头、表体、单耗和随附单据数据进行修改，表体可以新增或删除。具体操作参考业务申报表备案章节。

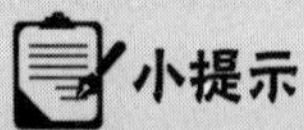

业务申报表状态为海关终审通过时，可进行变更操作。否则，变更按钮不可用。

(5) 业务申报表结案

本功能模块主要提供业务申报表的结案功能。

企业可自行或者委托预录入机构完成业务申报表数据结案申请，申报后向海关发送申报信息。海关收到业务申报表结案信息后，由关员进行审核，审核后将审核结果发送到电子口岸。企业可通过电子口岸查询审核结果。

点击菜单“数据查询”，选择“业务申报表数据查询”，进入“业务申报表数据查询”界面，或者点击选择菜单“数据录入—业务申报表—修改”，进入“业务申报表数据查询”界面。输入查询条件，点击“查询”按钮，选中海关终审通过的记录，点击“结案”按钮，如图 203。

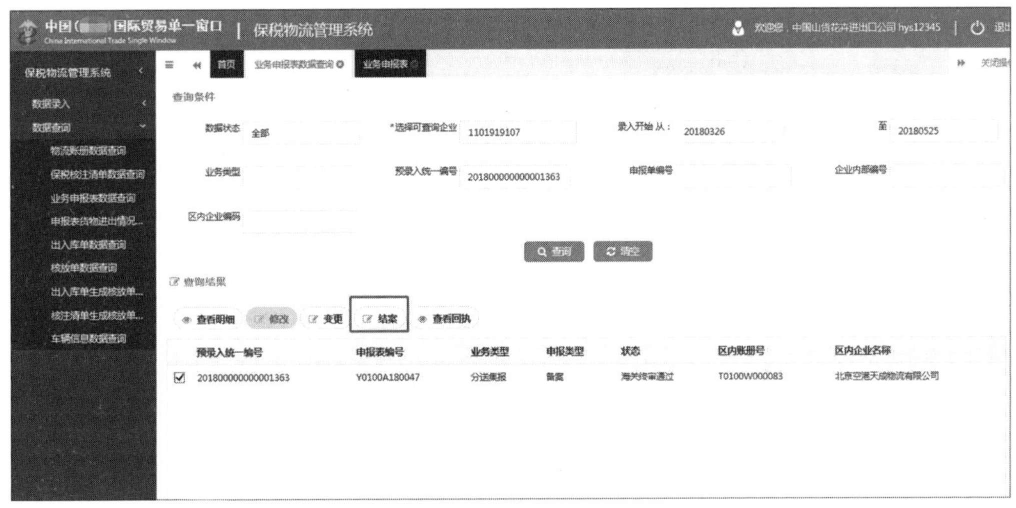

图 203　业务申报表查询

系统跳转到结案录入界面，点击“结案申请”申请结案，结案时不允许对表头、表体、单耗和随附单据数据进行修改，如图 204。

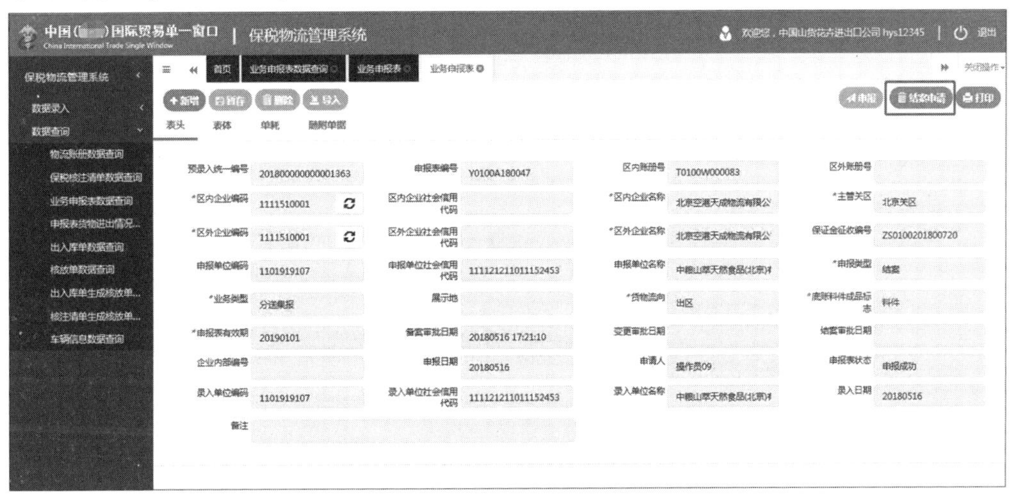

图 204　结案申请

（6）出入库单备案

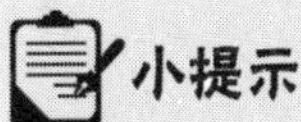

小提示

表体数量很多时可以根据申报表序号、商品编码、商品名称进行查找需要的表体，录入查询条件后点击查询按钮，查询出符合条件的记录，如图 205。

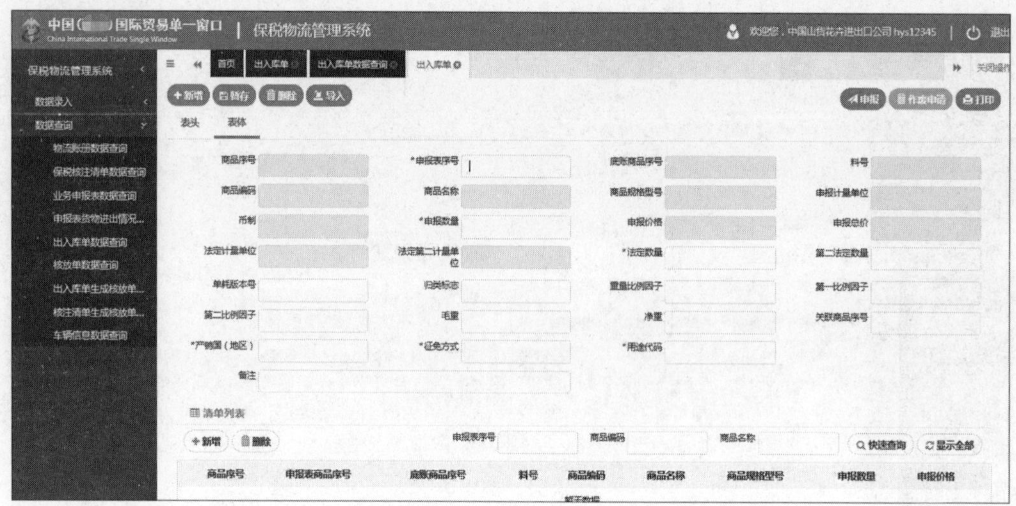

图 205　出入库单录入表体

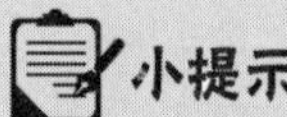

小提示

新增、暂存、删除、申报、打印功能具体操作同物流账册备案章节相关功能。导入功能具体操作同业务申报表章节相关功能。

(7) 出入库单作废

点击菜单"数据查询"，选择"出入库单数据查询"，进入"出入库单数据查询"界面，如图206。

图 206　出入库单数据查询

查询出入库单数据后，选择一条数据类型为海关终审通过的记录，点击“作废”按钮，进入录入详情界面，如图 207。

图 207　出入库单录入

点击“作废申请”，弹出对话框，如图 208。

图 208　出入库单作废确认

点击“确定”按钮，提示“作废成功”，如图 209。

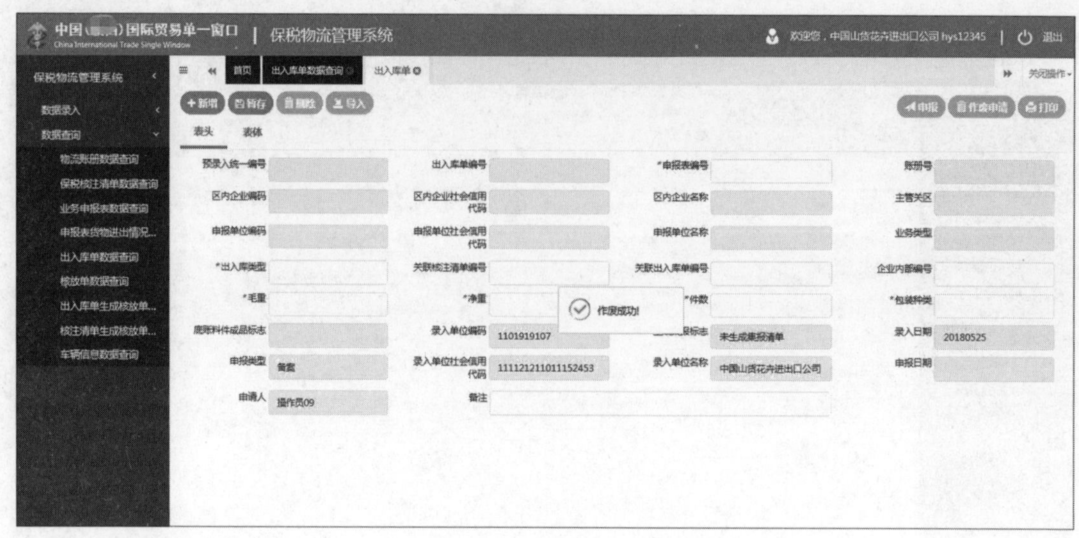

图 209　出入库单作废成功

（8）核放单备案

点击菜单“数据录入”，选择“核放单”，进入核放单录入界面，如图 210。

图 210　核放单录入

表头字段全部录入完毕后，在备注字段按回车键或点击“暂存”按钮，系统提示暂存成功，如图211。

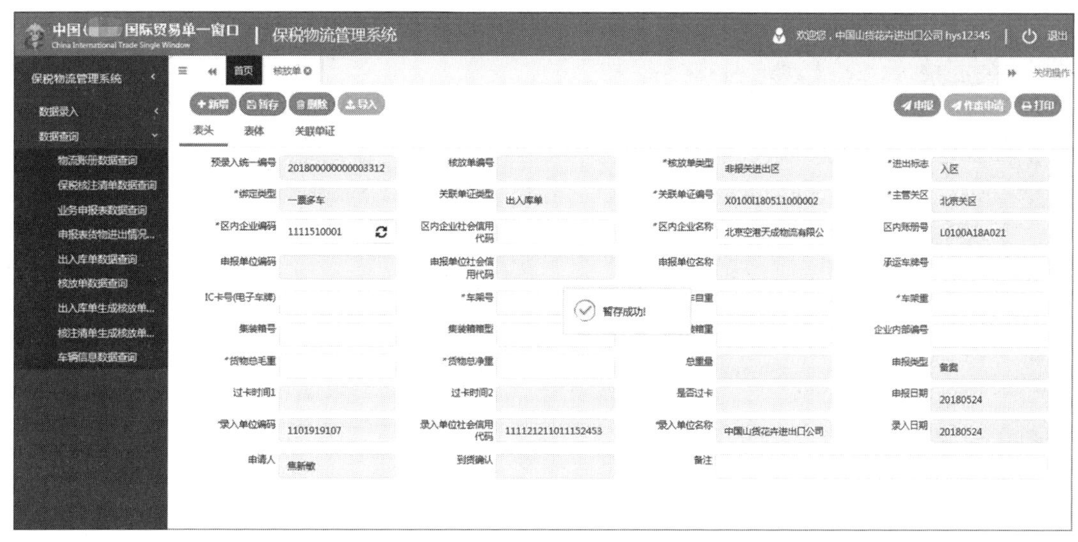

图 211　核放单暂存成功

表体和关联单证录入规则：

①录入核放单类型和进出标准，与关联单证对应关系应遵循核放单类型和进出标志与关联单证对应。

②当核放单绑定类型是“1：一车多票”时，只需要录入核放单表头、核放单关联单证表体信息即可。

③当核放单绑定类型是“2：一票一车”时，只需录入核放单表头信息即可，系统自动将关联单证编号信息插入关联单证表体。系统对用户是否有权限查询该关联单证进行权限检查。

④当核放单绑定类型是“3：一票多车”时，只需要录入核放单表头、核放单表体信息即可，系统自动将关联单证编号信息插入关联单证表体。系统对用户是否有权限查询该关联单证进行权限检查。

⑤当核放单类型是“5：卡口登记货物”时，核放单表头的绑定类型、关联单证类型、关联单证编号字段为空，不可录入。核放单表体信息企业自行录入。核放单关联单证表体不可录入。

⑥当核放单类型是“6：空车进出区”时，核放单表头的绑定类型、关联单证类型、关联单证编号字段为空，不可录入，核放单表体信息不可录入，核放单关联单证表体不可录入。

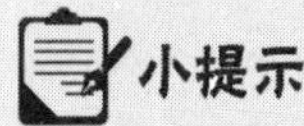

小提示

删除、申报、打印功能具体操作请详见加工贸易账册备案章节。导入功能具体操作同业务申报表章节相关功能。

(9) 核放单作废

点击菜单“数据查询”，选择“核放单数据查询”，进入“核放单数据查询”界面，如图 212。

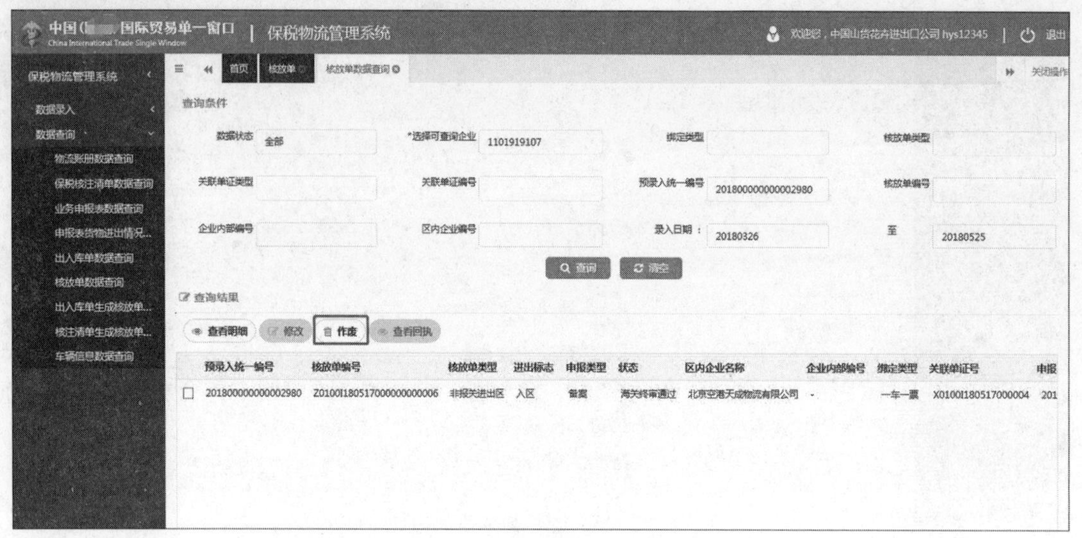

图 212　核放单数据查询

查询核放单数据后，选择一条数据状态为海关终审通过的记录，点击“作废”按钮，弹出对话框“确认要作废该数据吗？”，如图 213。

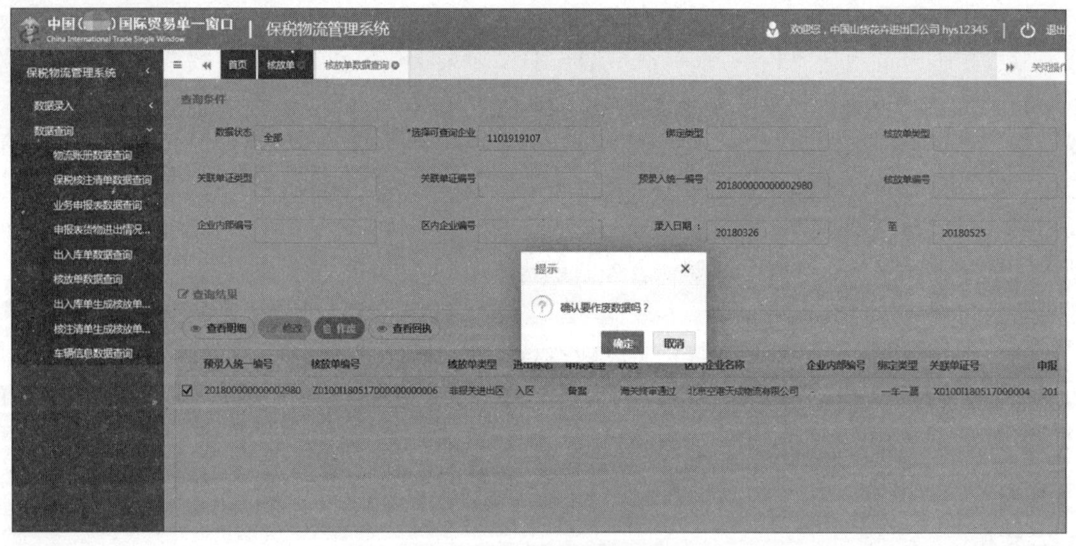

图 213　核放单作废

点击“确定”进入数据录入界面，点击“作废申请”按钮，如图 214。

图 214　核放单申请作废

系统弹出提示框“确定要作废该数据吗？”，如图 215。

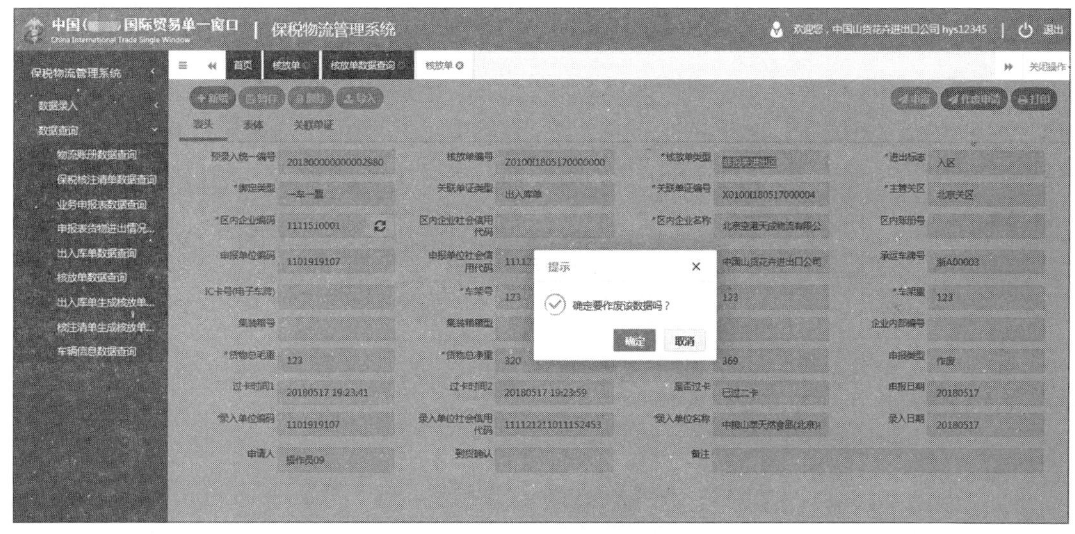

图 215　核放单申请作废提示

点击“确定”按钮，提示“作废申请成功!”，如图 216。

图 216　核放单申请作废成功

（五）保税担保

1. 基本功能介绍

海关关员可在各项业务审核过程中根据企业风险情况，触发保证金征收业务，目前此业务在线下手工完成。现根据海关总署任务书开发“单一窗口”标准版保税担保管理系统，实现线上海关向企业发送保证金征收单、缴款通知等信息，企业通过系统向海关申报保证金征收单确认、总担保等信息。

2. 操作指南

(1) 保证金确认

被担保单位或被担保单位指定的委托代理单位可查询到该保证金征收单，点击“确认”按钮后，可看到具体保证金征收单信息，并对被担保单位、企业信息、缴款单位、缴款账号等信息进行修改、补充录入，完成后点击“确认”按钮，对该保证金征收单进行确认。

本模块主要提供担保管理系统保证金确认功能模块。

点击菜单“保证金”，选择“保证金确认”，进入“保证金确认”界面，如图 217。

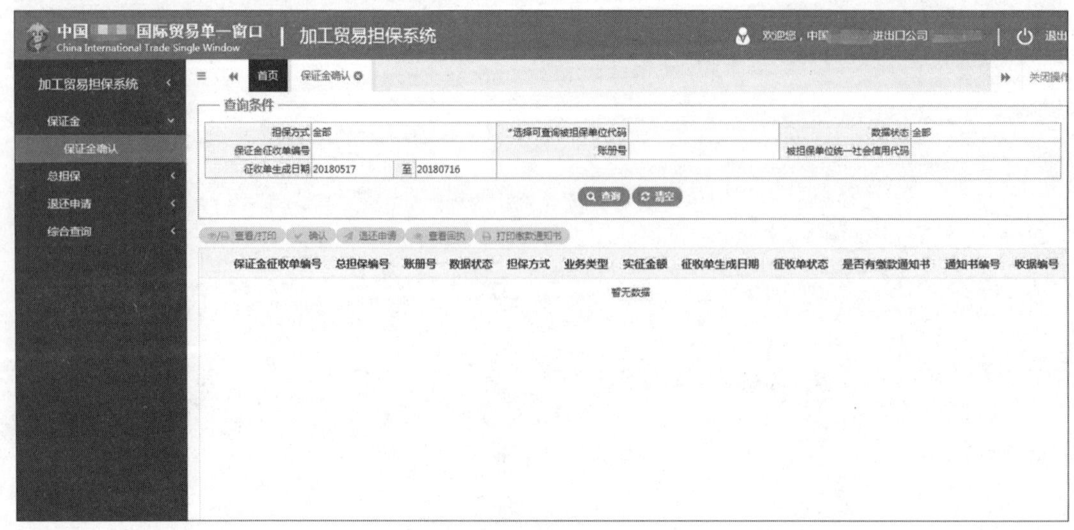

图 217　保证金确认

输入查询条件，点击“查询”按钮，系统查找符合条件的记录显示在查询列表中，如图 218。

图 218　保证金征收单查询

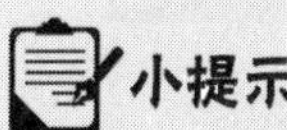

小提示

必须录入查询条件中的选择可查询被担保单位代码（可按空格键后在弹出的下拉列表中选择），才可以查询出对应信息。

查看/打印

在图 218 保证金征收单查询界面中，点击“查看/打印”按钮，系统进入保证金征收单数据录入界面。此时，数据为只读状态，不允许编辑，如图 219。

图 219　保证金确认查看/打印

点击“打印”按钮，页面生成 PDF 文件界面，可供下载或打印，如图 220 所示。

保证金确认

（仅供核对使用）

打印日期：20180716

保证金征收单编号	ZS0100201800724	账册号	B010018A0004	账册有效期	20200101
被担保单位代码	1111510001	被担保单位统一社会信用代码	1101919107AAAAAAAA	被担保单位名称	北京空港天成物流有限公司
担保类型	单笔担保	业务类型	手册设立变更	业务单据编号	B010018A0004
担保方式	保证金	总担保编号		保函编号	保函编号
实征金额	6666	保函有效期		支付方式	柜台支付
保证金性质	风险类担保金	资金到账日期		企业联系人姓名	
企业联系人电话	13810100101	缴款单位代码	1111510001	缴款单位统一社会信用代码	1101919107AAAAAAAA
缴款单位名称	北京空港天成物流有限公司	缴款单为开户银行	中国银行	缴款单位账号	缴款单位账号
保证金缴款截止日期	20180613	收款单位名称	中华人民共和国晋城海关	收款单位开户银行	中国工商银行
收款单位账号	30000000000000002113	申报单位代码	1101919107	申报单位统一社会信用代码	111121211011152453
申报单位名称	中国山货花卉进出口公司	主管关区	北京关区	申报日期	20180714

图 220　保证金确认 PDF 文件界面

确认

在图 218 保证金征收单查询界面中，点击“确认”按钮，系统进入保证金确认录入界面，如图 221。

图 221　保证金确认

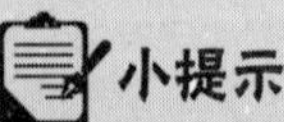

修改时灰色底色的字段不可修改。

对修改完毕的数据可继续进行暂存操作，也可直接进行申报。

数据状态为暂存和退单的数据可进行修改操作，数据如果已经申报或海关已审批通过，则不可再修改。

退还申请

在图 218 保证金征收单查询界面中，点击“退还申请”按钮，系统会跳转到退还申请界面，如图 222。

图 222　保证金退还申请

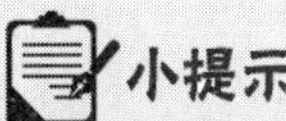小提示

数据状态必须为海关审批通过才可进行退还申请操作。退还结转金额、退还结转原因描述为必填。

查看回执

在图 218 保证金征收单查询界面中，点击“查看回执”按钮，系统会显示最近一次收到的海关回执的详细内容，如图 223。

图 223　保证金确认查看回执

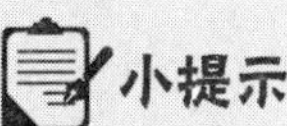小提示

如果相应账册数据没有收到海关任何回执，. 则查看回执按钮不可用。

打印缴款通知书

在图 218 保证金征收单查询界面中，点击“打印缴款通知书”按钮，系统会打开 PDF 文件界面，如图 224。

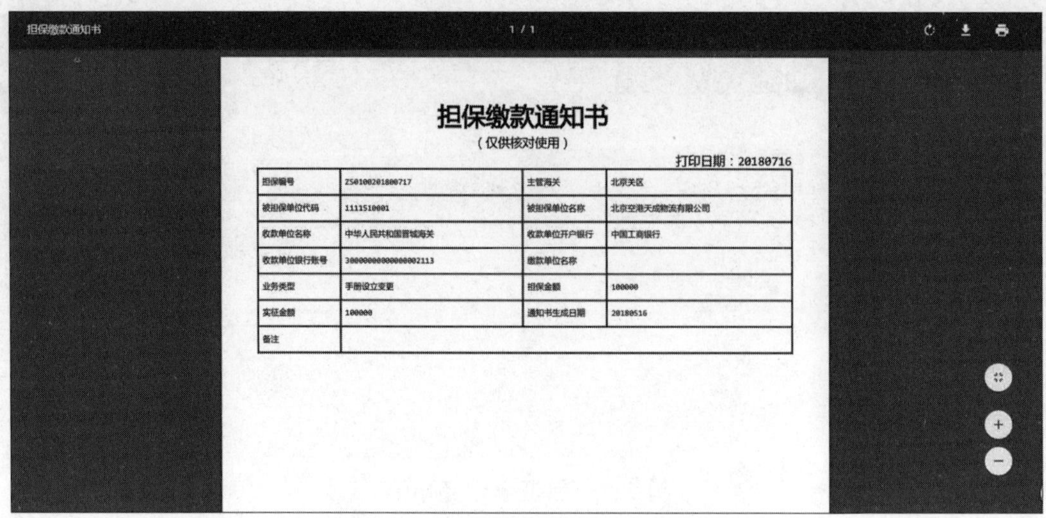

担保缴款通知书

（仅供核对使用）

打印日期：20180716

担保编号	ZS0100201800717	主管海关	北京关区
被担保单位代码	1111510001	被担保单位名称	北京空港天成物流有限公司
收款单位名称	中华人民共和国首都机场海关	收款单位开户银行	中国工商银行
收款单位银行账号	3000000000000002113	缴款单位名称	
业务类型	手册设立变更	担保金额	100000
实征金额	100000	通知书生成日期	20180516
备注			

图 224　保证金确认打印缴款通知书

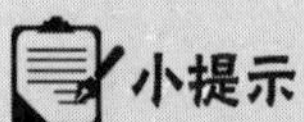

小提示

有缴款通知书才可使用打印缴款通知书功能。

（2）总担保设立登记

企业申请向海关设立总担保的，可在此模块录入总担保设立申请。总担保包含缴纳保证金和开立保函两种形式。

点击“总担保— 总担保设立登记”，右侧区域展示录入界面（图 225）。

图 225　总担保设立登记

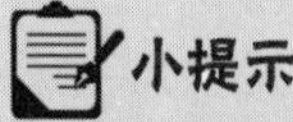

小提示

界面中，带有星号的字段为必填项，否则可能无法继续进行保存或申报等操作。

新增

界面各录入字段中，带星号的字段为必填项，灰色底色的字段为系统返填项或不可修改项。（注：

此规则适用于所有业务，且各字段颜色标识会随着数据状态的不同而变化。）

暂存

点击“暂存”按钮，可对当前录入的内容进行保存，系统弹出提示框提示暂存成功。

删除

可删除整票总担保设立登记数据。点击图 225 总担保设立登记上方“删除”按钮，系统将提示用户是否删除当前数据，删除的数据将不可恢复，需重新录入，请谨慎操作，如图 226。

图 226　总担保设立登记删除

弹出提示框“是否确认删除该数据？”点击“确定”按钮，提示“删除成功”，如图 227。

图 227　总担保设立登记删除成功

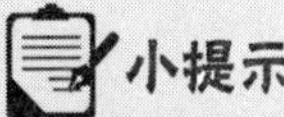
小提示

当总担保设立登记状态为暂存、申报失败或海关退单，可进行该项删除操作。否则，系统可能弹出不允许删除的相应提示。

打印

系统提供任何状态下的打印功能，用户点击右上角的“打印”按钮，系统将生成一个 PDF 文件，可直接打印或保存文件。

申报

总担保设立登记数据录入完毕，可点击右上方的“申报”按钮进行申报。

小提示

申报即意味着数据已向相关业务主管部门进行发送，并等待其审批。

必须插入当前用户绑定的电子口岸 IC 卡或 IKey 才可进行申报。

（六）委托授权

1. 基本功能介绍

本系统为加工贸易账册、加工贸易手册、担保管理、保税物流管理、特殊监管区域等加贸数据，提供授权管理功能。

委托授权系统提供企业间授权录入、企业内授权、查看操作员权限等功能，可根据实际业务为代理企业授予查询、操作权限。

2. 操作指南

本功能模块主要提供加工贸易账册经营或加工企业，将其代理预录入权限授给代理企业的功能。权限分为加工贸易账册、加工贸易手册、物流账册等。企业间及企业内授权功能模块包括新增、保存、删除功能。

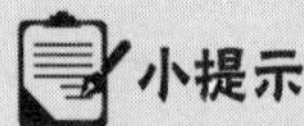

小提示

进入本系统的菜单或模块时，必须保证当前登录的账户已绑定法人 IC 卡或 IKey，否则无法进行授权操作。

点击菜单“委托授权”，选择“企业间授权录入”，进入“企业间委托授权录入”的录入界面，如图 228 所示。

序号	授权企业编号	代理企业编号	授权子系统	授权类型	授权日期	有效期	授权企业信用代码	代理企业信用代码	统一编号
1	1101919107	1105910159	-	查询权	20180525	20180525	-	-	2018000000000000641
2	1101919107	1111510001	-	查询权	20180521	20190521	111121211011152453	-	2018000000000000621
3	1101919107	1111510001	-	操作权	20180416	20190416	1101919107AAAAAAAA	-	2018000000000000537
4	1101919107	1101919107	-	操作权	20180416	20190416	1101919107AAAAAAAA	1101919107AAAAAAAA	2018000000000000536
5	1101919107	1101919107	-	操作权	20180416	20190416	1101919107AAAAAAAA	1101919107AAAAAAAA	2018000000000000535
6	1101919107	1101919107	-	操作权	20180412	20190412	111121211011152453	1101919107AAAAAAAA	2018000000000000533
7	1101919107	1108919038	-	查询权	20180329	20190329	111121211011152453	-	2018000000000000519
8	1101919107	1108919038	-	查询权	20180329	20190329	111121211011152453	333	2018000000000000512

图 228　企业间授权录入界面

录入

在图 228 企业间授权录入界面录入企业间授权信息数据，在授权子系统字段录入框输入空格，会显示下拉列表，可以从中选择需要的值。

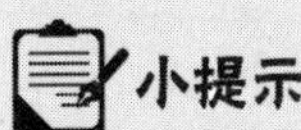

小提示

系统会读取登录账户绑定的管理员卡的海关 10 位编码、社会信用代码和企业名称，作为授权企业的信息显示在界面上，系统将自动填写授权日期。

界面各录入字段中，蓝色底色的字段为必填项，黄色底色的字段为选填项，灰色底色的字段为系统返填项或不可修改项。

代理企业编号录入海关 10 位编码，按回车键后系统会自动返填代理企业的社会信用代码和代理企业名称。

新增

点击“新增”按钮，可以增加企业间授权的记录。点击“新增”按钮，系统会清空代理企业编号、代理企业社会信用代码、代理企业名称、权限有效期、授权子系统字段的值，授权类型默认为查询权。

暂存

点击“保存”按钮，可对当前录入的内容进行保存，系统弹出提示框提示保存成功，如图 229 所示。

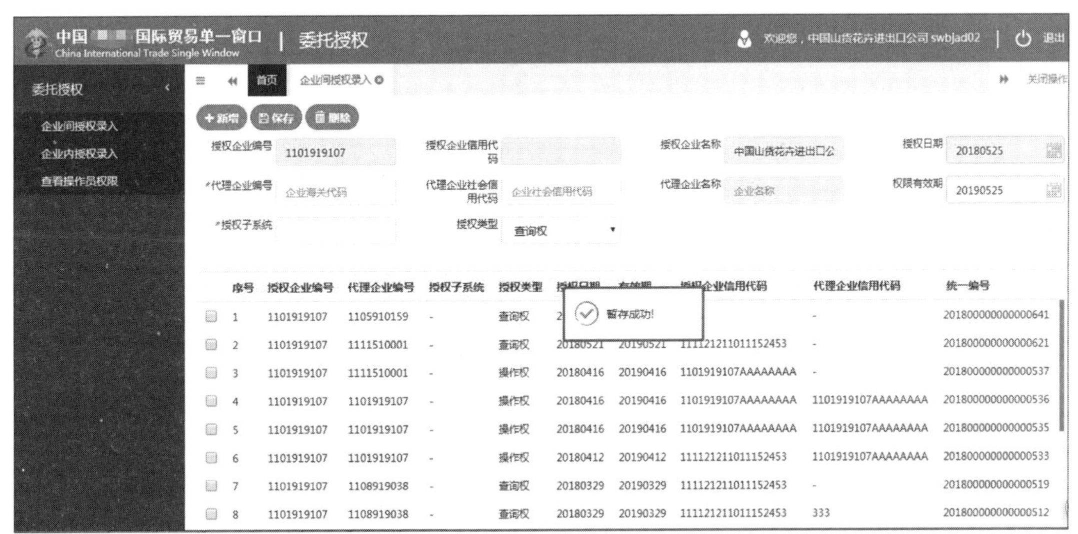

图 229　企业间授权录入暂存成功

删除

如不再需要授予代理企业权限，可进行删除操作。在图 230 企业间授权录入所示界面中选中需要进行删除的记录，点击“删除”按钮。

图 230　企业间授权录入

点击“删除”按钮，系统弹出删除确认框，如图 231。

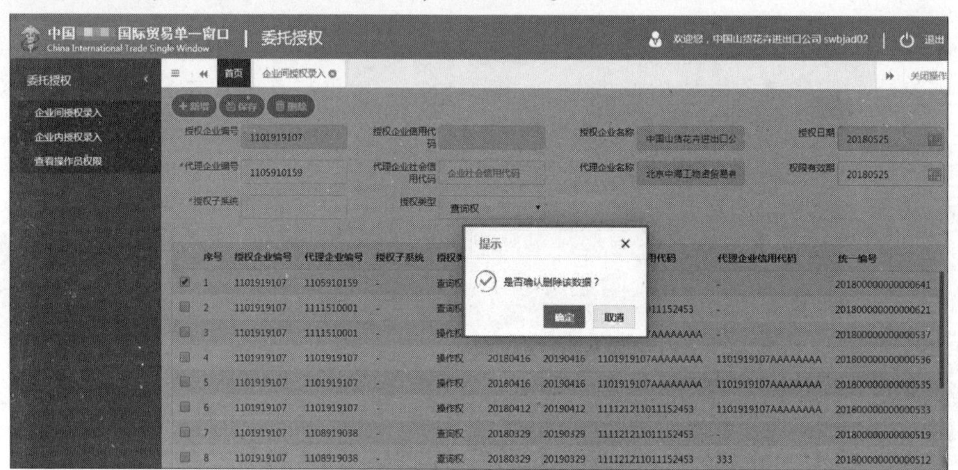

图 231　企业间授权录入删除

点击“确定”按钮，提示“删除成功”，列表中被删除的数据消失，如图 232。

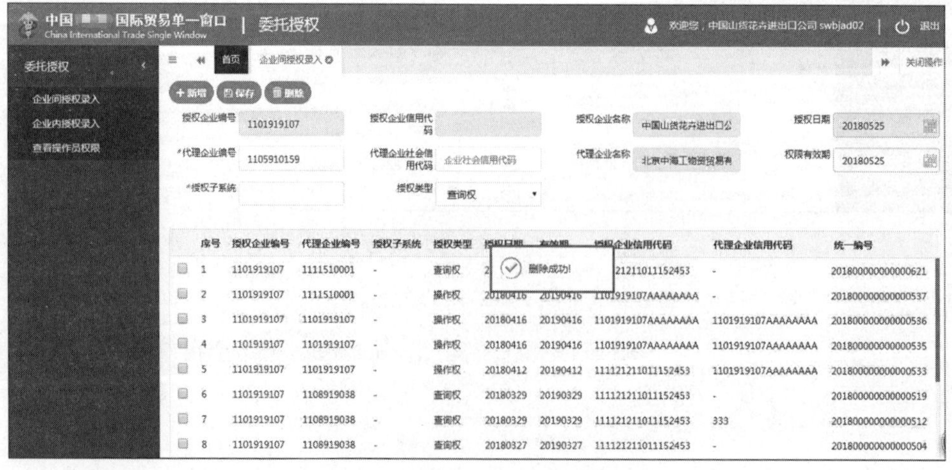

图 232　企业间授权录入删除成功

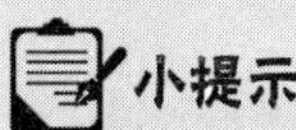

小提示

一次只能删除一条记录。

企业间授权记录被删除后，被授权企业的企业内授权记录全部被删除。

九、税费办理

（一）基本功能介绍

建设“单一窗口”标准版税费支付系统，主要包括信息备案、三方协议、税单查询、税单支付、角色与权限管理等功能模块，实现国际贸易企业通过“单一窗口”一点接入，足不出户即可完成税费支付业务的办理，提高办事效率。此外，在“单一窗口”标准版系统中实现海关与国库联网税费核销的功能，还可进一步提高税费电子化支付率，保障税收及时、安全入国库。

（二）操作指南

1. 登录方式

使用“单一窗口”标准版税费支付系统，必须使用 IC 卡或 IKey 等介质登录标准版系统。如果使用用户名、口令方式登录并进入税费支付，系统可能给予“请检查是否正常接入 IC 卡”等提示。

此外，进入系统的菜单或模块时，必须保持 IC 卡或 IKey 正确连接在电脑中，否则系统可能给予“请检查是否正常接入 IC 卡”等提示。

2. 关区备案信息

提供税费支付企业关区备案信息的查看功能。使用法人 IC 卡或 IKey 登录，并确保其正确连接在电脑中，点击左侧菜单栏“关区备案信息”，右侧界面展示如下图。

图 233　关区备案信息

系统自动获取当前企业在“单一窗口”已进行关区备案（已签约了三方协议的关区）的信息进行返填。在结果列表中选中记录，点击“关区备案明细”按钮，系统弹出备案明细信息（图 234）供查看。

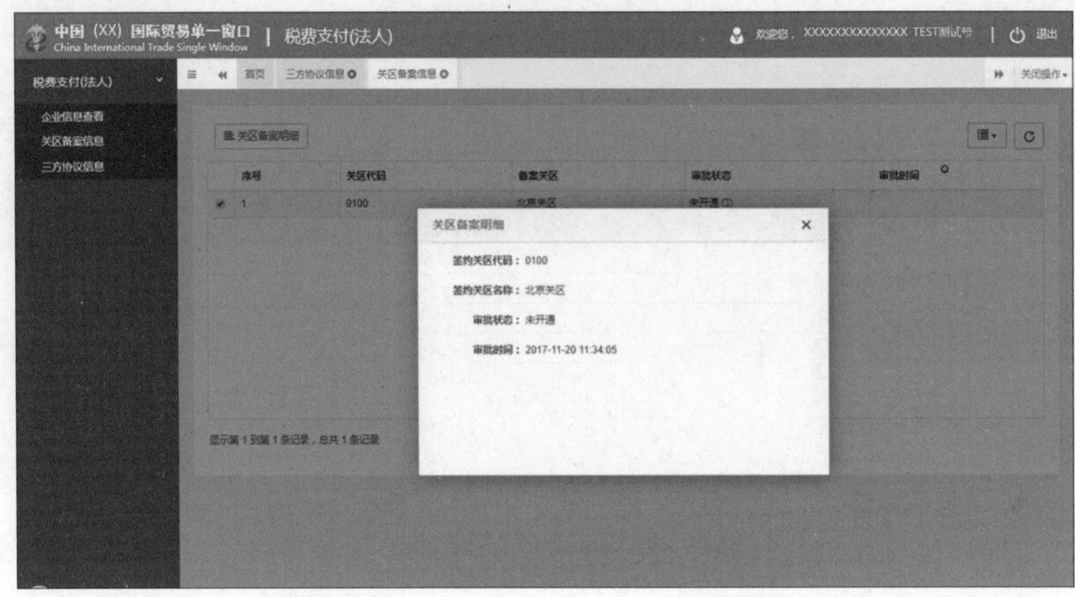

图 234　关区备案信息——关区备案明细

3. 三方协议信息

提供税费支付三方（银行、企业与海关）协议的签署、删除、查询与查看等功能。使用法人 IC 卡或 IKey 登录，并确保其正确连接在电脑中，点击左侧菜单栏“三方协议信息”，右侧界面展示如图 235。系统自动获取当前企业三方协议签约的信息进行返填。

图 235　三方协议信息

在图 235 中，如系统成功获取并在列表中返填出三方协议记录，可点击右侧“未签约”按钮或“签约失败”按钮，系统弹出是否重新发起协议签署的提示框，或填写协议内容的对话框。

协议签署

点击图 235 三方协议信息界面中“协议签署”按钮，系统弹出录入框如图 236。

图 236　三方协议签约——签约关区

将光标置于关区名称录入框内，可使用空格键调出下拉菜单，或直接输入关区名称、关区代码（数字），录入完毕后，关区代码灰色字段将自动进行返填。

操作完成后，点击“下一步”按钮，录入框如图 237 所示。

图 237　三方协议签约——签约银行

将光标置于关区名称录入框内，可使用空格键调出下拉菜单，或直接输入付款行名称，录入完毕后，付款行行号灰色字段将自动进行返填。

根据实际情况，手工录入开户行名、开户行行号、开户账号与缴款单位名称。其中，开户行行号仅允许录入数字。

操作完成后，点击“下一步”按钮，录入框如图 238 所示。

图 238　三方协议签约——签约完成

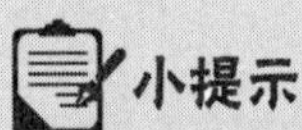

小提示

图 238 中的文字框，既代表当前步骤，又可作为按钮进行点击，可跳转至相应步骤的页面。

在上述操作过程中，可随时点击“取消”按钮，取消当前三方协议签约的操作，以便重新录入信息。

在图 238 中阅读《条款及协议说明》并确认所填信息，勾选“我同意注册条款”后，可点击“完成”按钮，系统弹出提示如图 239。

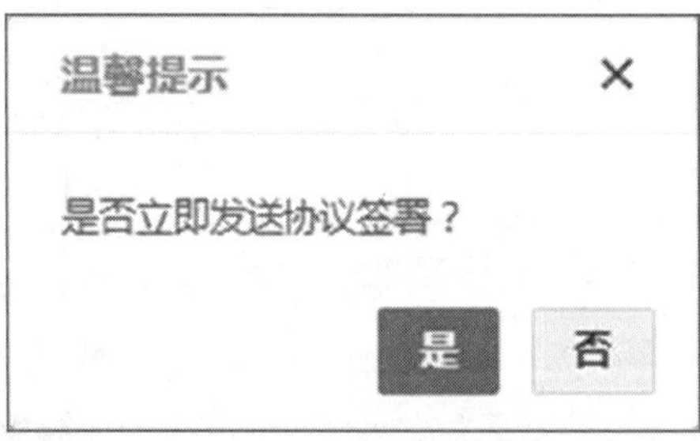

图 239　三方协议签约——发送提示

确保 IC 卡或 IKey 正确连接在电脑中，点击“是”按钮，即可向相关主管部门发送协议。如点击“否”，系统将当前已录入的数据进行保存，同时在结果列表中显示一条“未签约”状态的记录（图 240）。

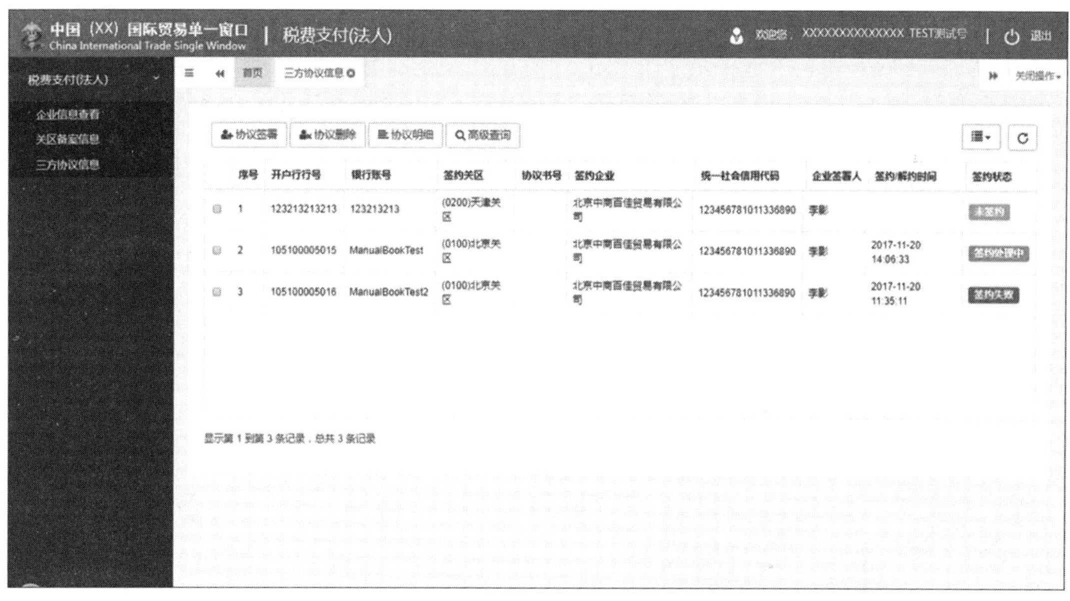

图 240　三方协议签约——未签约记录

小提示

发送协议即意味着数据将向相关业务主管部门进行发送，并等待其审批。

协议删除

在三方协议信息结果列表中选中记录，点击“协议删除”按钮，系统弹出提示如图 241。

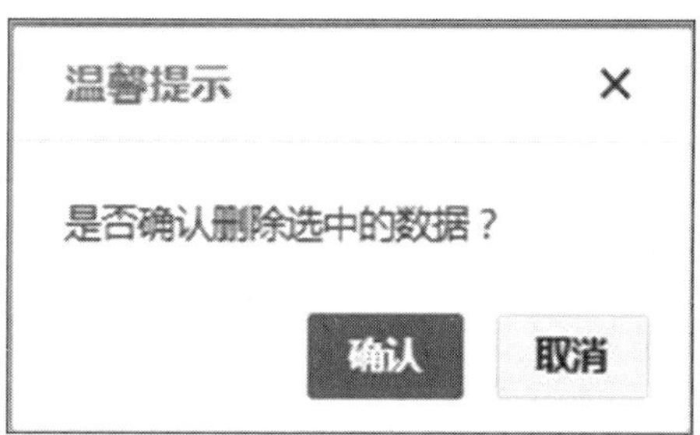

图 241　三方协议信息——删除提示

点击“确认”，可对“未签约”状态的数据进行删除。删除的数据将不可恢复，需重新录入，应谨慎操作。

协议明细

在三方协议信息结果列表中选中记录，点击“协议明细”按钮，系统弹出信息如下图，供查看。

图 242　三方协议签约——协议明细

高级查询

确保 IC 卡或 IKey 正确连接在电脑中，在图 235 三方协议信息中点击“高级查询”按钮，系统弹出查询框如图 243。

图 243　三方协议签约——高级查询

用户可自定义输入条件后，点击“查询”按钮。如点击“重置”按钮将清空查询条件，可重新填写。

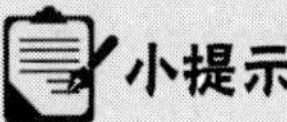

执行查询后，可将当前的高级查询对话框最小化或关闭，查询结果显示在列表中。

其中，签约/解约时间的选择方法为，将光标置于录入框中，在弹出的日历框中（图 244），可点击“<”或“<<”向前查找日期，在左侧部分选择开始日期，点击“>”或“>>”扩大日历范围，在右侧部分选择截止日期，点击“确定”后，执行查询即可。点击“清空”按钮，将清除已选择的日期，可重新选择。

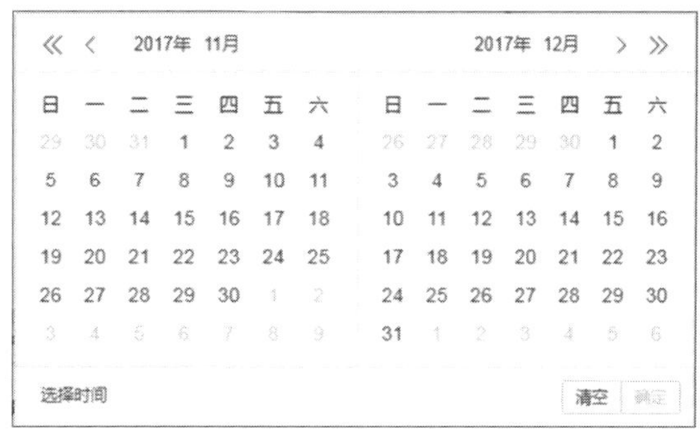

图 244　高级查询——日历框

税费单支付

在税费单支付界面中，上半部分为未支付税费单的查询、查看、直接支付等功能与结果列表。系统自动获取未支付的数据并展示在结果列表中。如成功获取数据，列表下方显示当前查询结果统计，可通过下拉菜单，自定义选择每页显示的记录数，也可点击底部右侧的页数按钮，进行切换。

直接支付

使用操作员 IC 卡或 IKey 登录，并确保其正确连接在电脑中（并具有该关区相应协议的支付权限），点击左侧“普通税费单查询/支付”，在未支付的界面中勾选一条记录，点击“直接支付”按钮，系统弹出支付录入框如图 245。

图 245　直接支付——选择缴款单位

①选择税单抬头单位

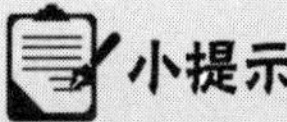

系统显示的初始税单抬头单位为“收发货人单位”，同时下方列表自动展示报关单/税单内收发货人单位的代码与名称。

将光标置于上图“税单抬头单位”一栏内，点击空格键，系统弹出下拉菜单（图 246），选择后续要打印的单位类型（下拉菜单内的单位类型，为报关单/税单内的对应单位），包括“收发货人单位、消费使用单位”两种。

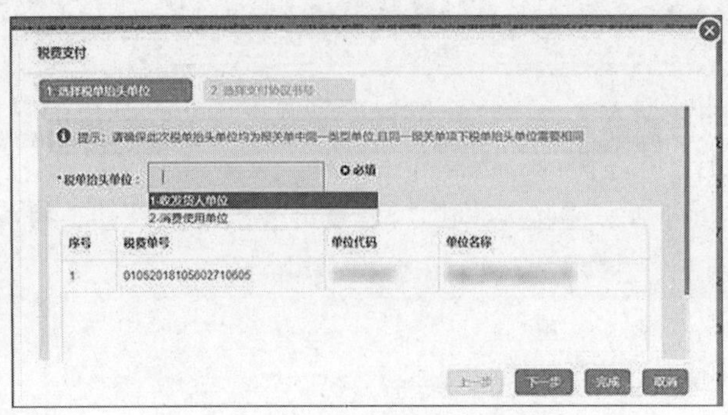

图 246　选择税单抬头单位

选择完毕后，下方列表中，根据报关单/税单内的信息，生成版式文件或核对单打印的单位代码、名称等信息。确认无误后，点击“下一步”按钮，进入选择协议书号界面。

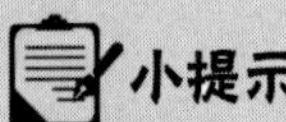
小提示

支付时选择的税单抬头单位为单位类型，因此列表中显示的税单抬头单位代码与名称，取自对应报关单中的具体内容。

②选择支付协议书号

图 247　选择支付协议书号

根据实际业务情况，勾选本次支付使用的协议号，点击“完成”按钮，系统弹出确认提示“是否确认申请支付”（图 248）。

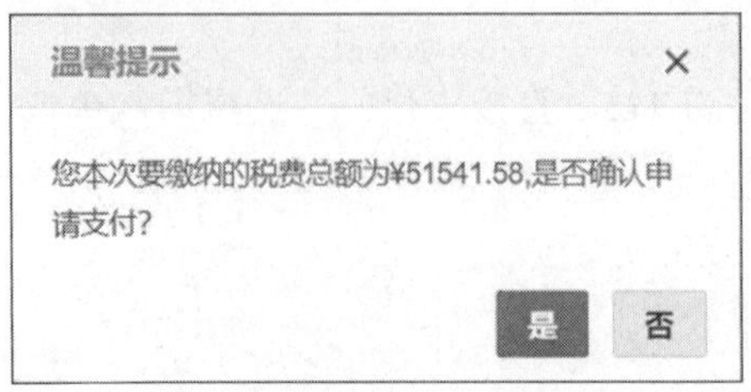

图 248　申请支付提示

确保 IC 卡或 IKey 正确连接在电脑中，点击“是”，完成申请支付的操作。点击“否”，当前支付提示框自动关闭，返回选择协议号的界面。

十、 跨境电商

（一）基本功能介绍

跨境电子商务交易规模的持续增长为全球经济的发展带来了重大机遇，有利于培育新动能，构建贸易新模式，引领消费新趋势，创造就业新岗位。电商的迅猛发展不仅极大地改变了企业和消费者的货物营销和买卖方式，为其提供了更多选择，而且为众多中小微企业参与全球经济带来了重大机遇，减少了其进入海外市场的准入障碍和成本。

跨境电子商务作为“一带一路”倡议的重要支撑，国家高度重视跨境电子商务发展。从 2012 年 2 月开始，海关总署会同国务院相关部委开展跨境贸易电子商务服务试点工作，依托电子口岸建设机制和平台优势，旨在解决快件、邮件渠道通关中存在的跨境贸易通关慢、结汇及退税难等问题，实现外贸电商企业与口岸管理相关部门的业务协同与数据共享，优化通关监管模式，提高通关管理和服务水平。

跨境电商进/出口“单一窗口”标准版实现了企业跨境贸易电子商务进口通关的统一化和规范化。企业在“单一窗口”标准版系统中，可录入、保存、申报相关数据，可根据各部门的监管要求，在系统中进行业务数据的一次录入，并一次性向各监管部门进行申报。此外，交易订单信息、运单信息、支付信息、清单等数据均为电子数据，实现通关无纸化通关，便利企业。

（二）操作指南

交易管理

接收电商企业或电商平台的订单数据并入库。

在图 249 所示界面中，点击左侧菜单栏“跨境电商进口——交易管理”，可展开业务菜单。

图 249 跨境电商进口——交易管理界面

订单查询

点击左侧菜单“交易管理——订单查询”，电商企业或电商平台企业或其代理申报企业可在此查询订单数据。

查询

点击“订单查询”，输入相应的查询条件并点击“查询”按钮，系统会显示符合条件的数据，界面如图 250 所示。

图 250 查询结果显示

界面底部显示当前查询结果统计。可通过下拉菜单，自定义选择每页显示的记录数，也可点击底部右侧的页数按钮，进行切换。

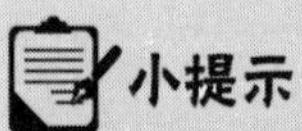

小提示

在订单查询中，所有字段均为非必填项，如用户不填写相应查询条件，系统将按照默认入库时间显示查询结果 。

入库时间最大区间为 1 个自然月，如，入库时间起始为“2018-07-01 00：00：00”，入库时间截止为“2018-07-31 00：00：00”。

点击业务状态字段后方的三角下拉按钮，企业可根据需查询的业务状态进行选择。

在显示的查询结果中，点击“订单编号”字段，页面将会跳转到订单详情界面，企业只可对显示页面进行查看，无法进行修改等操作，显示界面如图 251 所示。

图 251 “订单查询——订单详情”界面

显示的查询结果中，点击“业务状态”字段，页面将会弹出历史状态信息弹框。用户可通过该功能查询该业务状态的详细信息。

重置

点击查询结果显示界面中的“重置”按钮，用户填写的查询条件和显示的查询结果将被清空，用户可重新输入查询条件并进行查询。

十一、 查询统计

（一）基本功能介绍

进出口国际贸易涉及环节和对象众多，为满足国家口岸办、各个口岸监管部门、地方政府及相关职能部门、社会企事业单位等服务对象的查询统计要求，建设“单一窗口”标准版查询统计系统，为各类服务对象提供进出口国际贸易相关信息的状态查询、流程展示、实时监测预警、统计分析、全景展示等功能，提升企业贸易便利化水平，为口岸管理部门提高通关效率，制定改革措施提供辅助决策分析数据。

目前，系统提供进出口查询、通关状态订阅、许可证查询、企业资质查询与许可证联网状态查询等功能。

（二）操作指南

进出口状态查询

点击左侧“进出口查询”，可在右侧界面（图 252）录入相应查询条件，进行查询。

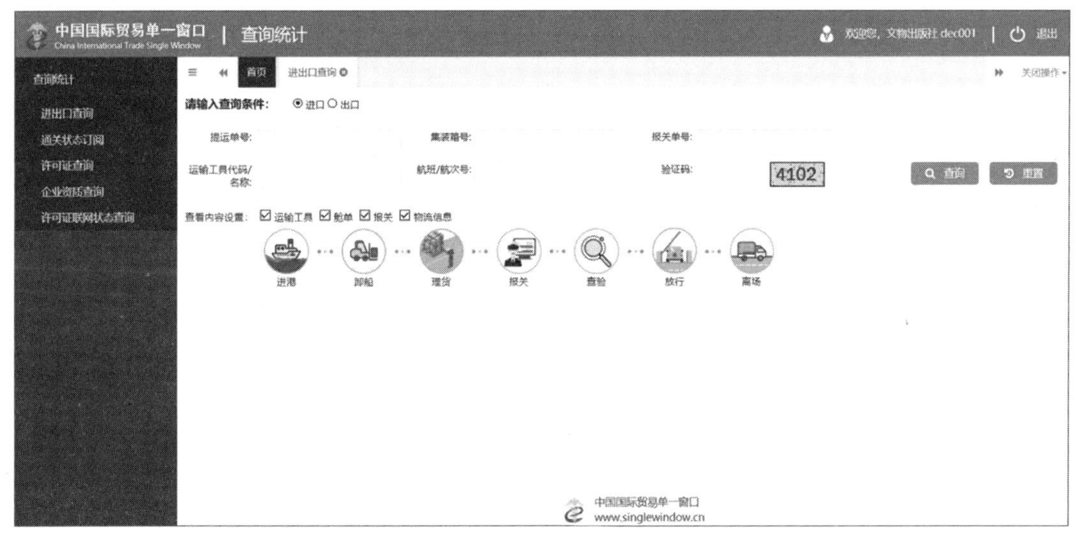

图 252　进出口查询界面

通关状态订阅

点击左侧“通关状态订阅”，可在右侧界面（图 253）选择、录入推送方式，选择订阅内容，并进行查看、取消订阅消息等操作。

图 253　通关状态订阅界面